M.J. Lützeler von Roden
und
A.W. von Staufen

DIE AUTORITÄT

Die geheime Macht der Blutlinien der Pharaonen

Apricus Ltd
1st Floor Dekk House
Zippora Street, Providence Industrial Estate
Mahe
Seychelles

Druck:
Apricus Ltd
Satz und Layout:
Nikolas Pravda
Umschlaggestaltung:
Nikolas Pravda

ISBN 978-1-63848-362-5

Inhaltsverzeichnis

DER TOD IST LEDIGLICH DIE SCHWELLE ZU EINEM NEUEN
LEBEN. WIR LEBEN UND WIR
WERDEN ERNEUT LEBEN. WIR
WERDEN IN VIELERLEI
FORMEN ZURÜCKKEHREN.

- Ägyptisches Gebet der Wiederauferstehung –

Prolog

In diesem Buch werde ich Ihnen Informationen vermittelt, welches Ihr falsch erlerntes Weltbild zerstören könnten. Ein Weltbild, welches Ihnen seit Ihrer Geburt aufgezwungen wurde und dem man nicht entkommen konnte. Es ist daher von allerhöchster Bedeutung, alle Kapitel und zwar vervollständig zu lesen und zu verstehen!

An einigen Stellen empfiehlt es sich eventuell, dieses Buch zur Seite zu legen und zu pausieren!

Ich habe viele Links eingefügt, für ergänzende und weiterführende Informationen. Alle Schlüsselinformationen sind belegbar und mit Quellen versehen!

Somit werden in diesem Buch nicht nur Widersprüche und Lügen der offiziellen Quellen aufgezeigt, sondern Informationen, welche Sie auch jederzeit nachprüfen können!

Mein kleines Redaktionsteam und ich, die Autoren dieses Buches, gehören keinerlei politischen Systemen an, weder einer religiösen Glaubensgemeinschaft, noch irgendeiner Sekte!

Wir distanzieren uns von erfundenen Ideologien und allen Arten, von vorgegebenen falschen Denkmustern!

Die Suche hat ein Ende.
Die ganze Welt sucht nach einer Lösung,
die Suche nach der Wahrheit!
Aber, es gibt keine Lösung und auch keine Wahrheit,
wenn Sie nicht bereit sind, dieses teuflische System zu verstehen.
Ich werde Sie aus der Dunkelheit führen,
aus dem Systemdenken,
aus dem Labyrinth des Wissenden,
aus den Sackgassen, welche ins Nichts führen,
aus der Sklaverei, die gar keine ist,
aus dem Gefängnis für Ihren Verstand.
Es geht längst nicht mehr um Wissen,
es geht um ein höheres Verständnis.
Wissen hat nichts mit Weisheit zu tun.
Intelligenz hat nichts mit Weisheit zu tun.
Weisheit kann man nicht erlernen.
Weisheit muss man zulassen.
Weisheit muss man erfahren.
Weisheit wird die ganze Welt verändern.
Um Weisheit zu erlangen, sollten Sie nicht nach Antworten suchen, sondern Sie sollten die richtigen Fragen stellen.

Liebe Leser,

bevor dieses Buch seinen Anfang findet, liegt mir etwas ganz persönlich am Herzen, was ich daher an dieser Stelle unbedingt loswerden möchte:

Man nannte mich einen Schwubbler, weil ich die Dinge der Geschichte und auf der Weltenbühne hinterfrage, mich nicht mehr kopflos der herrschenden Meinung anschließe und ferngelenkt mitschwimmen möchte.

Für Euch bin ich ein Verschwörungstheoretiker, weil ich den eingesetzten und scheinbar wahnsinnigen Psychoheinis der Regierung, mit ihrer sogenannten Demokratie und den zwangsbezahlten Massenmedien seit langem nicht mehr folgen möchte und ich meine eigenen Schlüsse daraus ziehe, wenn kritische Meinungen verspottet, geleugnet und vor allem zensiert werden.

In vielen Augen derer bin ich ein Reichsbürger und Nazi, weil mein Vertrauen an jegliche Form von politischer Führung, in der Wenige meinen, über die Rechte von allen anderen bestimmen, entscheiden und richten zu dürfen, durch unzählige Widersprüche abhandengekommen ist.

Weil ich einen Blick über den schwarz-weißen Tellerrand der vorgegebenen Gefahren auf unserem Planeten wage, dabei Grautöne entdecke und meinen eigenen Wahrnehmungen und Stimmen meiner Mitgeschöpfe zuhöre, war ich für die da oben schon immer ein Querulant und werde es auch bleiben, weil ich Ahnenstolz in mir trage und Charakter besitze.

Auch halten mich manche für eine Gefahr, weil es mich schmerzt zu sehen, wie die mit Chemikalien hergestellten Masken bei unseren Kleinsten, Kranken, Alten und Schwachen mehr Schaden anrichten, als dass sie Nutzen bringen; von den verheerenden, psychologischen Folgen, mal ganz abgesehen. Von den „Zwangsimpfungen“ möchte ich gar nicht erst anfangen zu reden.

Wenn ich Nähe zu manchen Seelen (ich mag das Wort Menschen nicht sonderlich, warum erkläre ich später) aufbaue und ihnen erklären möchte, dass die gesundheitlichen und seelischen Folgen von andauernder Isolation immens sind, bis hin zur völligen Vereinsamung, Selbstaufgabe und Selbstmord, weichen sie verängstigt vor mir zurück.

Ich könnte noch unzählige Dinge mehr aufzählen, über gefälschte Geschichte, Chemtrails, Lobbyismus, die satanische Kirche, verschwiegene Opfer der Impfungen, unnötige Not und Hunger in der Welt, verschwundene Kinder, Milliarden von Tieren die jährlich getötet werden u.v.m., aber das würde diese Seelchen noch mehr in ihre kognitive Dissonanz treiben.

Seit dem ich diesen langen, schmerzlichen Prozess, meiner „angeblich, völlig verschobenen und realitätsfernen“ Wahrnehmung gegangen bin, mich meiner ganz persönlichen Hölle gestellt und mich selbst dabei wiedergefunden habe, macht es mich immer wieder unfassbar traurig, „die Anderen“ in der Gefangenschaft ihrer eigenen Angst zu sehen.

Ja, ich sehe sie, mit deren Verzweiflung, ihrem Schmerz und ihrer permanenten Ausweglosigkeit, immer wieder geschürt durch die kollektive Massenhypnose eines selbstzerstörerischen Systems, ausgerichtet auf Macht und Profit.

Immer wenn wir uns begegnen kann ich es fühlen, dass meine „Wahrheit“ für sie als größte Bedrohung ihrer auf materiellen Werten aufgebauten Wohlstandsgefangenschaft von denen empfunden wird. Zu groß ist die Hemmschwelle sich einzugestehen, dass all ihr Leben, ihre Werte und ihr Glauben nur auf einer riesengroßen Lebenslüge von einem empathielosen System aufgebaut wurde.

Ich weiß ganz genau, wie sie sich fühlen, weil auch ich damals vor dieser Schwelle stand, den Sprung ins kalte Wasser gewagt und mich für MICH SELBST entschieden habe, ohne Seil und doppelten Boden, ohne vorgetäuschte Nestwärme, deren Preis immer die Freiheit war, ohne vorgetäuschte Scheinmoral, für die wir immer mit der Wahrheit bezahlt haben, ohne falsche Werte, für die wir immer mit unserer Seele bezahlten.

Wir sitzen alle im selben Boot und haben letztendlich alle die gleiche ursprüngliche Essenz in uns und ein Ziel vor Augen.

Auch wenn sie mich jetzt vielleicht noch nicht verstehen können oder möchten, sehe, fühle und verstehe ich sie umso mehr.

Zu weit haben sie sich von sich selbst und ihrer Urkraft entfernt. Eine Distanz, die sie für die Wahrheit blind und taub macht.

Zu tief sitzen noch die auferlegte Schuld und der damit verbundene Schmerz, die sie ihr eigenes Licht nicht erkennen lassen. Noch übertönt ihr von Angst getriebene Verstand das leise, liebevolle Flüstern in ihren Herzen. Zu groß sind all die Selbstzweifel unter dem grauen Schleier des vorgetäuschten Bildes von Erfolg, Ansehen und Glück.

Aber der Tag wird kommen, an dem sie den Sprung in die Freiheit wagen, weil der Druck und die innere Leere zu groß sind. Der Tag an dem sie anfangen werden, mit unsicheren, ersten Schritten durch ihre eigene Dunkelheit in ihr wahres Bewusstsein zu gelangen, um die gleiche Welt dann mit völlig neuen Augen zu sehen und den Schleier der Illusion zu lüften. Dann wird auch bei diesen irrgeleiteten Seelchen der Tag kommen, wo sich aus ihrer Wut immenser Mut entwickelt, der Mut für einen „Great Reset“ in ihrem Kopf.

Der Tag wird kommen, wenn sie bereit sein werden, sich mutig ihrer Angst zu stellen und durch sie hindurchzulaufen.

Es wird der Tag sein, an dem sie beginnen sich wieder selbst zu lieben, an dem ihnen alles andere egal sein wird und sie sich für IHR LEBEN, IHRE WAHRHEIT und IHRE von der Urkraft gegebene FREIHEIT entscheiden!

Denn ich fühle: WIR sind alle EINS und das meine ich aus der Tiefe meiner Ur-Seele und meines schöpferischen Herzens!

Ich möchte hier abschließend und für die Zukunft klar und deutlich feststellen, ob so ein Buch wie dieses, mit kritischem Inhalt, noch in die Zeit passt, ob dies überhaupt erlaubt ist oder ob man sich damit eventuell schon beim Lesen strafbar macht: NEIN!!! DIESES BUCH wurde auf deutschem Boden geschrieben, von einem deutschen Autoren, welcher eine gesunde Einstellung zu unseren Werten und zu unserer Heimat hat, welcher Stolz darauf ist Deutscher zu sein, wie viele andere deutsche Dichter und Denker vor mir. Ich habe auch die Schnauze voll von irgendwelchen Unterdrückern, von den Leuten, die einem vorschreiben wollen, was man zu tragen, zu sagen und zu denken hat, welche Buchstaben und Lieder verbieten. So etwas darf und sollte es bei uns nicht mehr geben. Schluss, Punkt und Ende der Diskussion!

Herzlichst Ihr

Alfred Walter von Staufen

#Gedankenfreiheit

Die satanische Verdrehung

Die satanische Verdrehung der Wirklichkeit oder: Eine Nachricht an das noch immer schlafende Stammvieh.

> *Wir werden geboren in diese kranke Welt, in der man dich, wenn du gegen das Kranke kämpfst, für den Kranken hält.*
>
> (Alfred Walter von Staufen)

Das was Ihnen überall durch die Medien und von denen aufgehetzten Politikern, Experten oder Wissenschaftlern erzählt wird, hat nicht viel mit der Realität zu tun. Sie können sich nicht einmal ansatzweise vorstellen, wie sehr die Realität sogar das genaue Gegenteil von dem ist, was Sie ständig hören und sehen. Ja richtig, denn das ist nicht nur die satanische Verdrehung der Wahrheit, sondern auch die Umkehrung der Geschichte!

Den Drogendealer, der seinen Kunden Drogen verkauft, um seine Familie zu ernähren, sehen Sie als Abschaum der Menschheit.

Der Heuchler, der gestohlenes Geld im Namen des Staates und der Regierung zum Fenster rauswirft, ist so etwas wie ein Heiliger.

Derjenige der verhindern will, dass er von den staatlich legitimierten Schlägertypen ausgeraubt wird, ist für Sie ein Verbrecher und Steuerhinterzieher.

Aber gleichzeitig bewundern Sie die Rechtschaffenheit eines Politikers, der die gestohlen Beute an Leute verschenkt, dem diese gar nicht gehört.

Ein Polizist ist für Sie ein guter Mann, wenn er einen anderen von seiner Familie und seinen Freunden trennt, um ihn für Jahre in ein Gefängnis zu werfen, nur weil er irgendein Kraut zur Entspannung geraucht hat.

Sie bezeichnen jeden, der sich gegen so einen barbarischen Akt wehrt, als die niedrigste Lebensform, die es gibt oder sogar als einen Polizistenmörder.

In Wirklichkeit ist jeder Drogendealer rechtschaffender, als ein staatlich bezahlter Sozialarbeiter, der Nachbars Kinder verschleppt, nur weil die Eltern nicht mit der Meinung von Politikern übereinstimmen!

Prostituierte müssen sich erheblich weniger für ihre Tätigkeit schämen, als die politischen und medialen Huren, weil sie nur das verkaufen, was ihnen rechtmäßig gehört und zwar nur denjenigen, die es freiwillig annehmen.

Der aufrechte Gläubige, der gesetzestreue und steuerzahlende Bürger, der brav zur Wahl geht, ist weitaus verabscheuungswürdiger und eine größere Bedrohung für die Menschheit, als der freizügigste, faulste und bekiffteste Hippie. Und warum? Weil ein Hippie anderen Seelen ihre Freiheit lässt. Der Wähler jedoch nicht!

Der Schaden, der in der Gesellschaft, durch schlechte Angewohnheit und völlig abartigen Neuzeit-Sitten entsteht, ist Nichts, im Vergleich zum gesellschaftlichen Schaden, durch selbstgerechte Gewalt, der „im Namen des Volkes oder Staates", angerichtet wird.

Sie bilden sich nur ein, dass Sie großzügig und tolerant wären, aber das sind sie nicht. Auch die Nazis hatten Tischmanieren und Etikette, bevor sie unzählige Menschen brutal töteten.

Sie denken, dass Sie gute Menschen sind, nur weil Sie Bitteschön und Dankeschön sagen?!

Sie denken, dass Sie edel und rechtschaffend wären, nur weil Sie jeden Sonntag in dem großen Gebäude namens Kirche herumsitzen und dem meist pädophilen Kuttenträger ein Almosen in den Klingelbeutel werfen?!

Der Unterschied zwischen Ihnen und einem gewöhnlichen Dieb ist, dass der Dieb die Aufrichtigkeit besitzt und sein Verbrechen selber begeht. Sie jedoch betteln die Regierung an, andere Seelen in Ihrem Namen zu bestehlen.

Der Unterschied zwischen Ihnen und einem Straßenräuber ist, dass der Räuber offene Gewalt gegen seine Opfer verrichtet, während Sie Söldner damit beauftragen, Ihre Nachbarn in Ihrem Namen zu unterwerfen.

Sie befürworten Raub, Schikanierung, Überfall und sogar Mord, aber Sie scheuen sich vor der Verantwortung dafür, wie der Teufel vor dem Weihwasser!

Sie, die alten Leute, verlangen von der Regierung, dass sie Ihre Kinder ausraubt, damit Sie Ihren monatlichen Scheck bekommen!

Sie, die Eltern, wollen, dass alle Ihre Nachbarn geplündert werden, damit von der Beute die geisteskranke und gefängnisartige Schule Ihrer Kinder bezahlt werden!

Sie alle wählen irgendwelche Verbrecher, welche Versprechen Geld von anderen zu rauben, um das bezahlt zu bekommen, was Sie wollen oder was Ihnen laut der verbrecherischen Gesetze „zusteht"!

Sie verlangen, dass Leute, die für ein Verhalten, das euch nicht passt, auf Jahre verschleppt, entführt und eingesperrt werden, aber Sie fühlen sich gleichzeitig unschuldig, für die unzähligen Leben, die Ihre willkürlichen Launen angeblich zerstört haben!

Sie nennen sogar die Regierungsverbrecher „Ihre Repräsentanten" und trotzdem übernehmen Sie nicht die Verantwortung für alle Verbrechen, die „Ihre Repräsentanten" begehen!

Sie unterstützen stolz das Militär, dass einfach diejenigen umbringt, die nach Meinung der Lügner in irgendeiner Partei sterben sollen und Sie fühlen sich gut dabei! Stichwort: Ukraine!!!

Sie nennen sich Christen oder Juden oder folgen irgendeiner anderen Religion. Jedoch ist in Wahrheit das, was Sie Religionen nennen, nur Augenwischerei, ein Trugschluss und eine Illusion. Was Sie in Wirklichkeit anbeten, ist der Staat. Der Staat und die Regierung sind der Gott, vor dem Sie alle auf die Knie fallen und an den Sie tatsächlich glauben!

Es heißt: „Du sollst nicht stehlen." Und „Du sollst nicht töten", aber wenn Sie es über den Umweg des Staates tun können. Dann ist dies in Ordnung für Sie. Nicht wahr?! Wenn Sie es Besteuerung und Kriege nennen, dann ist es keine Sünde mehr. Oder etwa nicht?!

Letztendlich ist es nur Ihr Gott, der sagt, dass Sie nicht stehlen und nicht töten sollen, aber wenn der Staat es sagt, dann ist es Okay?!

Es ist ziemlich offensichtlich, was in Ihrer Rangfolge höher steht!

Trotz aller verschiedener Kirchen, Synagogen und Moscheen, gibt es nur einen Gott für Sie und dieser Gott heißt Staat.

Jesus sagte auf Gewalt zu verzichten und den Nächsten zu lieben, wie euch selbst. Aber der Staat sagt Ihnen, dass Sie andere wählen sollen, die sich durch staatlicher Gewalt in alle Lebensbereiche der anderen einmischen.

Die da oben nennen es „DEMOKRATIE".

Ich nenne es faschistische DIKTATUR!

Verstehen Sie langsam, an wen Sie glauben?!

Jesus sagte zu denen, die eine Frau wegen Ehebruchs steinigen wollten, derjenige, der ohne Sünde ist, werfe den ersten Stein. Aber der Staat sagt, dass es absolut in Ordnung ist, jemanden einzusperren, wenn er etwas tut, was nicht nach Ihrem Geschmack ist.

Der Gott der Christen sagt, „du sollst nicht begehren deines nächsten Haus". Aber die nun beginnende Enteignung, auch Lastenausgleich genannt, ist der Lebenssaft der Staatsbestie, welche alles verschlingen wird, was Sie sich über Generationen aufgebaut haben!

Sie lassen sich dazu bringen, andere gering zu schätzen, zu verachten und zu hassen, nur weil sie etwas besitzen, was Sie nicht besitzen.

Sie schreien nach dem angeblichen, ach so demokratischen Staat, dass er andere Seelen unterwerfen und bestehlen soll, um Ihnen das Diebesgut zu übergeben.

Sie nennen dies Fairness!

Die Bibel nennt das Habgier und Diebstahl!

Sie sind keine Christen!

Sie sind keine Juden!

Sie sind keine Muslime!

Und Atheisten sind Sie erst recht nicht!

Sie haben alle den gleichen Gott und sein Name lautet Staat!

Sie sind alle Mitglieder der bösartigsten, wahnsinnigsten und zerstörerischten Sekte der Geschichte. Wenn es einen Teufel geben sollte, dann ist es der Staat. Und Sie verehren ihn, mit Ihrem Herzen und Ihrer Seele. Sie beten zu ihm, damit der all Ihre Probleme löst, Ihre Bedürfnisse befriedigt, Ihre Feinde erschlägt und er Ihnen seinen Segen erteilt.

Sie beten das an, was Nietzsche „das kälteste aller kalten Monster“ nannte und Sie hassen diejenigen von uns, die das nicht tun.

Die größte Sünde ist in Ihren Augen, Ihrem „Gott“ nicht zu gehorchen. Das Gesetz zu brechen, so nennen Sie das.

Willkürlichen Befehlen korrupter lügnerischer und verrückter Geisteskranker zu gehorchen, sehen Sie als moralische Verpflichtung an.

Sogar Ihre religiösen Führer begehen Verrat, an ihrer eigenen Religion. Sie sagen Ihnen, dass von Mensch gemachte Autorität wichtiger sei, als die Gesetze Ihrer Götter, an die Sie glauben.

Ein bekannter evangelischer Pfarrer sagte neulich in blumigen Worten, dass jeder der ein Autorität, egal ob König oder Regierung, nicht gehorcht, gegen Gott aufbegehrt. Aber was ist, wenn diese Autorität falsch liegt?! Dieser Seelenverkäufer meinte, dass sei Angelegenheit der Regierung und man sei trotzdem dazu verpflichtet zu gehorchen.

Egal wo man hinblickt, ob es der Staat ist, die Kirche, die Medien oder die Schulen, es zählt nur eins, sich denjenigen blind zu unterwerfen, die behaupten, das Recht zu haben, über Sie bestimmen zu können. Ihr Gehorsam macht aus Ihnen angeblich einen guten und rechtschaffenden Menschen.

Es ist widerlich, mit welcher Ehrfurcht Sie über diese Lügner und Diebe sprechen, die Sie knechten.

Sie nennen die Abgeordneten „Minister“ und die Richter „Euer Ehren“ und Sie sind überwältigt von den grandiosen Gebäuden in denen sie hausen, die Tempel, die sie von Ihrem geraubtem Geld errichtet haben, um die Menschheit zu beherrschen. Ja, alles wird finanziert von Ihrem Blutgeld!

Sie fühlen sich stolz, wenn Sie sagen können, einem Minister, dem Kanzler oder Präsidenten einmal persönlich die Hand geschüttelt zu haben. Oh ja, dem großen Gott persönlich, der königlichen Hoheit, dem Bundespräsidenten oder dem Kanzler. Sie sprechen den Titel aus, als meinten Sie den Allmächtigen persönlich.

Ihre Worte haben sich verändert, aber Ihre Geisteshaltung ist die gleiche, wie die der unterwürfigen Bauern, die demütig vor all denjenigen auf die Knie in den Dreck fallen, die sich selber zu Ihrem angeblich rechtmäßigen Herrn und Gebieter erklärt haben.

Aber diese Parasiten, die sich selbst Anführer nennen, sind keine höheren Wesen. Sie sind auch keine großartigen Männer und Frauen. Sie sind keine ehrenvollen Persönlichkeiten. Sie sind nicht einmal durchschnittlich!

Die Menschen, die ein ehrliches Leben leben, vom anspruchsvollen Millionen-Erben bis zum ungebildeten Arbeiter, der die niedersten Tätigkeiten ausübt, die Sie sich nur vorstellen können, diese Leute verdienen Ihren Respekt! Diese Leute sollten Sie höflich und zuvorkommend behandeln. Aber die Betrüger, die behaupten, dass sie das Recht dazu hätten, Sie zu beherrschen und Unterwürfigkeit und Gehorsam von Ihnen zu verlangen, sie sollten eigentlich nur Ihren Hohn und Ihre Verachtung verdienen.

Jene, die die sogenannten höheren Ämter anstreben, sind das Letzte vom Letzten. Sie sind nur der Schmutz auf einem benutzen Klopapier! Sie kleiden sich vielleicht besser, riechen anders, sie benutzen honigsüße Worte und setzen ihre Pläne vielleicht besser um, aber sie sind keinen Deut besser als Taschendiebe, Straßenräuber und Erpresser. Sie sind sogar noch schlimmer, denn sie wollen nicht nur Ihre Habseligkeiten stehlen, sondern auch Ihre Menschlichkeit und Ihren freien Willen, in dem sie Ihre Fähigkeiten zu denken, zu beurteilen und zu handeln nehmen. Sie machen Sie zu ihrem körperlichen und geistigen Sklaven und Sie nennen diese Schmarotzer immer noch „Anführer“.

Haha Anführer!

Warum denken Sie überhaupt, dass Sie noch immer einen Anführer brauchen?! Wenn Sie einfach nur Ihr Leben leben und Sie sich um Ihre eigenen Angelegenheiten kümmern, Ihre eigenen Fähigkeiten einsetzen, Ihre eigenen Träume realisieren und danach streben jemand zu sein, der Sie wünschen zu sein, wozu brauchen Sie dann noch einen Anführer?

Haben Sie überhaupt schon einmal darüber nachgedacht, was Sie für Worte in den Medien ständig hören und was Sie immer wiederholen?! Sie plappern in sich widersprüchliche Dinge nach, wie zum Beispiel: „Führer einer freien Welt“. Was für ein Witz!!! Warum denken Sie, dass Sie auch nur eine Sekunde lang den Verbrechen in der Regierung folgen, nacheifern oder auch nur zuhören müssen? Irgendwo in Ihren vernebelten Köpfen wissen Sie doch ganz genau, dass alle Politiker korrupte Lügner und Diebe sind, opportunistische Hochstapler, Ausbeuter und Panikmacher. Sie wissen das alles und trotzdem reden Sie, als wären Sie die dummen bösartigen Tiere, während die Politiker die tollen weißen Vorbilder, Lehrer und Führungspersonen sein sollen ohne die es keine Zivilisation geben könnte.

Sie denken, dass diese Verbrecher die Zivilisation erst ermöglicht haben. Welcher Gedanke könnte noch absurder sein?

Wenn die da oben ihre pseudoreligiösen Rituale begehen, nennen Sie das Gesetzgebung und Sie folgen ihren willkürlichen Anordnungen, als wären sie moralische Dekrete von Göttern, denen jeder anständige Mensch blind gehorchen muss.

Sie wurden so gründlich von der staatsverehrenden Sekte vereinnahmt, dass Sie wahrhaft schockiert sind, wenn eine Person mit gesundem Menschenverstand Ihren Aderlass offen anspricht.

Die bloße Tatsache, dass die politischen Verbrecher etwas niederschreiben und ihre Bedrohungen als Gesetze bezeichnen, bedeutet nicht automatisch, dass jedes menschliche Wesen auch nur die geringste moralische Verpflichtung dazu hat, zu gehorchen.

Egal zu welcher Zeit und an welchem Ort und in welcher Situation: Sie sind einzig und allein dem moralisch verpflichtet, was Sie für richtig halten und nicht was irgendein geisteskranker aufgeblasener Windbeutel zu einem Gesetz gemacht hat. Und das bedeutet auch, dass Sie es sind, die entscheiden müssen, was richtig und was falsch ist. Eine Verantwortung die Sie unter großer Anstrengung versuchen zu umgehen und loszuwerden, in dem Sie alles diesem „Staat" überlassen.

Sie allein erklären wie stolz Sie darauf sind, „gesetzestreue Bürger" (auch Sklaven genannt) zu sein und verachten alle Menschen, die sich über Ihre sogenannten „Gesetze" stellen. Gesetze die nichts anderes sind, als die egozentrischen Ausflüsse von Tyrannen und Dieben.

Das Wort „Verbrechen" bezeichnete damals eine Handlung, die einem anderen Menschen schadet. Heute bedeutet es, irgendeine der Millionen von willkürlichen Anordnungen einer parasitären kriminellen Klasse zu übertreten.

Für Sie ist der Begriff „Verbrechen" gleichbedeutend mit dem Begriff der Sünde, als wären diejenigen die Befehle erteilen, so etwas wie die heiligen Götter. In Wahrheit sind es blutsaugende Vampire.

Der Ausdruck „Das Gesetz in die eigene Hand nehmen", zeigt genau, was es für ein Frevel ist, wenn ein Mensch selbst die Verantwortung dafür übernimmt, zwischen Richtig und Falsch zu unterscheiden und danach zu handeln, anstelle von dem was Sie tun, blind allen willkürlichen Anordnungen zu folgen, die aus dem verbrecherischen Geschwür herauseitern.

Sie verherrlichen diese kriminelle Klasse als Gesetzgeber und glauben, dass es nichts Schlimmeres geben könnte, als einen Gesetzesverbrecher, jemand der es wagt, den Politiker nicht zu gehorchen.

Sie sprechen fromm und ehrfurchtsvoll mit Polizisten und Richtern, die uns allen die Launen der Politiker mit Gewalt aufzwingen. Wenn der Staat Gewalt anwendet, gehen Sie davon aus, dass dieses rechtmäßig und gerecht sei. Und wenn es jemand wagt, sich dagegen zu wehren, dann betrachten genau Sie ihn, als einen verabscheuungswürdigen und gesetzlosen Terroristen oder Kriminellen.

Wie die gesetzlosen Terroristen und Kriminellen, die den Sklaven dazu verhalfen, von den Plantagen der Großkapitalisten zu flüchten.

Wie die gesetzlosen Terroristen und Kriminellen, die den Juden dazu verhalfen, der Tötungsmaschine des Dritten Reiches zu entkommen.

Wie die gesetzlosen Terroristen und Kriminellen, die 1989 von den Panzern der kommunistischen chinesischen Regierung, auf dem Platz des himmlischen Friedens, zerquetscht worden.

Wie alle die gesetzlosen Terroristen und Kriminellen in der Geschichte, die den Mut hatten, sich gegen die unendliche Abfolge von Tyrannen und Unterdrückern zur Wehr zu setzen.

Alles was Sie glauben zu wissen, ist genau umgekehrt!

Oben ist unten!

Links ist rechts!

Vorne ist hinten!

Innen ist außen!

Aber was wirklich den Vogel abschießt, der Gipfel Ihrer Geisteskrankheit ist, dass Sie die einzelnen Menschen auf diesem Planeten, die initiierte Gewalt gegen ihre Mitmenschen ablehnen, als gewalttätige Terroristen bezeichnen.

Gleichzeitig ist Ihr Glaubenssystem vollständig schizophren und widersprüchlich. Einerseits bringen Sie den jungen Sklaven bei, dass Gewalt niemals die Antwort oder Lösung sein kann und andererseits befürworten Sie, dass jeder, zu jeder Zeit und überall, durch die Staatsgewalt kontrolliert, überwacht, besteuert und reguliert werden soll.

Kurz gesagt, Sie zeigen Ihren Kindern, dass die Lehrer Gewalt anwenden dürfen, wann immer sie es für richtig halten sollten, aber der Sklave darf niemals Widerstand leisten.

Sie konditionieren Ihre Kinder, zu einem Leben in blinder hilfloser Unterwürfigkeit. Somit legen Sie Ihren Kindern die Goldketten um ihre kleinen Hälse und verschließen sie fest. Und das Schlimmste daran ist, dass Sie sich auch noch gut dabei fühlen.

Sie verurteilt die Gräueltaten des Faschismus, des Sozialismus oder Kommunismus und bedauern die Ungerechtigkeiten unter den Regimes von Hitler, Stalin und Mao, aber gleichzeitig predigen Sie genau das, was sie getan haben. Die Verehrung des Kollektivs, die Unterwerfung jedes Individuums unter diese bösartige Geisteskrankheit, die das irreführende Etikett des Gemeinwohls trägt.

Sie reden andauernd von Vielfalt und offener Geisteshaltung, und gleichzeitig betteln Sie bei Ihren Anführern um die Regulierung und Kontrolle, jedes einzelnen Aspektes des Lebens, des Individuums.

Daraus entsteht eine gigantische Herde aus blinden obrigkeitshörigen Schlafviehs.

Sie kleiden sich unterschiedlich und haben unterschiedliche Frisuren, obwohl Ihr Denken von der Klasse der Führer und Überwacher versklavt ist.

Sie denken was die da oben Ihnen vorschreiben und Sie tun was sie Ihnen sagen und meinen gleichzeitig, dass Sie fortschrittlich, überlegen und aufgeklärt seien.

Ausgehend von Ihrer relativ sicheren und komfortablen Position, verurteilen Sie die Schandtaten in anderen Ländern und in der Geschichte, aber gleichzeitig sind Sie blind für die Ungerechtigkeiten, die vor Ihren Augen passieren.

Sie reden sich selber ein, dass Sie zu den Zeiten der Unterdrückung zu denjenigen gehört hätten, die aufgestanden wären und sich gewehrt hätten.

Doch das ist eine ganz große frevelhafte Lüge!

Sie haben sich in die dressierte Schafherde eingereiht und gemeinsam mit allen anderen laut danach geschrien, die Sklaven zu schlagen, die Hexen zu verbrennen und die Rebellen zu ermorden.

Warum ich das weiß?

Weil es genau dem entspricht, was Sie heute tun!

Die heutige Unterdrückung und die Ungerechtigkeiten sind salonfähig und beliebt. Jene die Widerstand leisten, sind für Sie nur Querulanten, Aluhutträger, Spinner und Reichsbürger, also Menschen, deren Rechte nichts wert sind. Solche Menschen verdienen es Ihrer Meinung nach, unter dem Stiefel der Autorität brutal zerquetscht zu werden.

Sie sind nur ein Haufen rückratsloser Heuchler!

Schauen Sie in den Spiegel und schauen sich ganz genau an, was Sie für rechtschaffend und freundlich halten.

Sie sind das dümmste und naivste Spielzeug des Teufels, nicht mehr und nicht weniger!

Der Mob, der verlangte, dass Jesus ans Kreuz genagelt wurde, das waren Sie!

Die Massen, die am Kolosseum anstanden um zu applaudieren, wenn Christen den Löwen zum Fraß vorgeworfen wurden, das waren Sie!

Die weißen Eindringlinge, die die restlose Abschlachtung der Rothäute feierten, das waren Sie!

Die Menschenmassen, die damals auf dem Reichsparteitag applaudierten, das waren Sie!

In der gesamten Geschichte der Menschheit, gab es schon immer Leid und Ungerechtigkeiten in einem unfassbarem Ausmaß. Das alles war nur wegen Leuten wie Sie möglich!

Die gutkonditionierten sorgfältig indoktrinierten Konformisten, die Leute, die das machen was Ihnen gesagt wird, die voller Stolz vor Ihren Anführern niederknien, die der Masse folgen, alles glauben was alle anderen glauben und alles glauben, was Ihnen eine Autorität sagt, das sind Sie!

Und Sie sind nicht deshalb ignorant, weil Ihnen niemand die Wahrheit sagt. Seit tausenden von Jahren gibt es die sogenannten Radikalen, die die Wahrheit immer und immer wieder verkündeten und verkünden.

Nein, Sie sind ignorant, weil Sie es mit dem Herzen und den Seelen vermeiden wollen, die Wahrheit kennenzulernen.

Sie schließen Ihre Augen und rennen weg, wenn Ihnen auch nur ein winziges Stück Wahrheit zu nahekommt.

Weil Sie nicht frei sein wollen, verurteilen Sie diejenigen, die Ihnen die Ketten der Sklaven zeigen wollen, die Sie in Gefangenschafft halten. Sie bezeichnen diese als Extremisten und verrückte Spinner. Sie wollen nicht einmal menschlich sein. Sie haben Ihren Verstand an der Garderobe im Theater des Lebens abgegeben.

Verantwortung und Realität lösen in Ihnen panische Angst aus und so halten Sie sich verzweifelt an Ihrer eigenen Versklavung fest und schlagen blind auf jeden ein, der für wahre Freiheit eintritt.

Wenn jemand die Tür Ihres Käfigs öffnet, trauern Sie in der Ecke und flehen ihn an: „Macht die Tür wieder zu! Macht sie wieder zu.“.

Viele von uns haben es aufgegeben, Sie retten zu wollen.

Wir haben seit vielen Generationen genug auf uns genommen, um Sie davon zu überzeugen, dass es besser ist frei zu sein. Alles was Ihnen dazu einfällt, ist, uns das entgegen zu rotzen, was Ihnen Ihre Herren gesagt haben, dass frei zu sein zu Chaos und Zerstörung führt und das Gehorsam und Unterwürfig zu sein zu Frieden und Wohlstand führt.

Es gibt keine blinderen Menschen, als diejenigen, die nicht sehen wollen!

Und Ihr seid ein Volk von Schafen, die lieber sterben würden, als die Wahrheit zu sehen!

Deutschland im Frühjahr 2023

Momentan überschlagen sich die Schlagzeilen der sogenannten Systemmedien mit Meldungen, wie sich die Behörden den „Demokratiefeinden“ (man kann nur ein Feind der Demokratie sein, wenn Demokratie existiert) und den „Feinden des Rechts“ gegenüberstellen sollen. Gesetze werden „zum Wohle des Volkes“ so angepasst, dass jeder Andersdenkende automatisch ein Extremist, Terrorist und Staatsgegner ist.

Jedem in der DDR Aufgewachsenen gehen dabei sämtliche Alarmglocken an, weil die Situation in dem hiesigen Land namens BRD schon wesentlich schlimmer ist, als die damalige Situation in Ostdeutschland vor dem Mauerfall 1989. Ich persönlich mache immer wieder die Erfahrung, dass die Menschen, welche in dem alten westlichen Wohlstandsland leben, in einer Blase gefangen sind und nicht begreifen, was in diesem Land vor sich geht. Viele merken diese Veränderung nicht, solange sie auch weiterhin zweimal im Jahr in den Urlaub fahren können, einmal pro Woche ihren Rasen mähen, damit dieser besser aussieht als der Garten des Nachbarn und ihr Auto das größte und neuste in der Straße sein muss.

Bitte verstehen Sie mich nicht falsch, geehrte Leser. Ich möchte nicht spalten, hetzen oder Ost gegen West ausspielen. Nein im Gegenteil: Mir ist es wichtig den Menschen nahe zu bringen, in welche Richtung sich der Wind dreht. Die „Ossis" haben Erfahrung mit der drohenden politischen Gefahr namens Kommunismus. Viele „Westdeutsche" wissen gar nicht, wie dass Leben in der kommunistischen DDR-Diktatur wirklich war. Sie kennen nur die Bla-Bla-Berichte der Öffentlich-Rechtlichen. Immer noch herrscht im Westen die Meinung, dass das Problem der DDR-Leute war, dass es keine Bananen zu kaufen gab. Ich weiß das dies etwas überspitzt klingt und ist, aber es trifft den Nagel auf den Kopf.

Wie „FREI" war denn das Leben in der DDR?! Das man als „Normalo" nicht ins kapitalistische Ausland reisen durfte (ja, es gab Ausnahmen, welche auch Ausnahmen waren), sollte allgemein bekannt sein. Durfte man an der DDR-Regierung herumnörgeln?! Nein, dann gabs Probleme! Durfte man politische Entscheidungen kritisieren? Nein, dann gabs auch wieder Probleme und mächtig „auf die Fresse"! Durfte man eine andere politische Meinung haben? Nein, dann gabs Probleme, auf die Fresse und man wurde denunziert! Durfte man in der DDR sozialkritische Artikel oder Bücher schreiben? Nein, dann gabs Probleme, auf die Fresse, man wurde denunziert und eine Hausdurchsuchung folgte! Durfte man für eine freiere Gesellschaft demonstrieren, welche nicht von der Regierung oder deren Organisationen organisiert waren? Nein, denn dann gabs Probleme, auf die Fresse, man wurde denunziert, das Haus wurde von der Staatsmacht durchsucht und man wurde verprügelt und verhaftet! Das könnte ich noch unendlich weiterführen, aber Sie wissen schon, auf was ich hinaus möchte.

ABER wir durften unsere Meinung in der DDR in Punkto Religion, sexuelle Orientierung oder Herkunft äußern. Sachsen durften blöde Kommentare über Berliner machen. Man lachte über Schwulenwitze und scherzte über Pastoren und Pfarrer. Das Zigeunerschnitzel hieß Zigeunerschnitzel und der Negerkuss war ein Negerkuss (jedoch auch manchmal ein Mohrenkopf). Der russische Zupfkuchen wurde nicht umbenannt und es gab Eis nach „Moskauer Art" zu kaufen. Der Weihnachtsmarkt hieß Weihnachtsmarkt und es war absolut Scheißegal, ob dies in der DDR lebende Russen, Vietnamesen oder Mosambikaner stören könnte. Diese Zugezogenen waren Gast in unserem Land und als Gast musste und hat man sich entsprechend anpassen! Das ist auch heute noch meine Meinung und mein Standpunkt. Ganz zu schweigen von der völlig überzogenen und total bescheuerten Gendersprache. Schluss, aus und Ende der Diskussion!!! Politiker nennen solche Meinungen heute rechtsextrem und menschenverachtend. Meiner Meinung nach geht es dabei einzig und allein um die Vernichtung der Deutschen und den Untergang ihrer Kultur.

Doch wie sieht es nun 34 Jahre nach der Wiedervereinigung aus? Wie ist denn die Lage in Steinmeiers „besten Deutschland, was es je gab"?! Der folgende Auszug aus einem GMX-Beitrag vom 14.09.2022 und sagt mehr als 1.000 Worte:

„Seit etwa einem Jahr gibt es in Deutschland den Straftatbestand ‚Verhetzende Beleidigung'. Bestraft wird, wer an eine Person gegen deren Willen einen Inhalt gelangen lässt, der dazu geeignet ist, diese in ihrer Menschenwürde anzugreifen. Dazu muss die Person einer bestimmten Gruppe angehören. Geschützt sind nationale, rassische, religiöse oder ethnische Herkunft, Weltanschauung, Behinderung und sexuelle Orientierung. … Wer also Personen mit einer bestimmten Weltanschauung (liberale, linke oder rechte Gesinnung) oder ethnischen Herkunft (Ostfriesen, Bayern, Deutsche oder Niederländer) mit einer Äußerung verächtlich macht, die geeignet ist, die Würde zu verletzen, der wird bestraft. … Da ein Angriff wegen des Geschlechts von der Norm nicht geschützt wird, ist es so gesehen in Ordnung, wenn man sagt: ‚Frauen sind Menschen zweiter Klasse!'. Wer aber ‚Ausländer raus!' postet, hat zu Recht ein Problem. Die Aussage grenzt eine Menschengruppe wegen ihrer Herkunft aus und spricht ihr das Existenzrecht im Staat ab. … Die neuen Vorschriften in Deutschland und der Schweiz können bei konsequenter Anwendung sicherlich disziplinierend wirken. Das mag positive Auswirkungen auf den gesellschaftlichen Diskurs haben. Es könnte aber durch ein Gefühl der Unsicherheit erkauft werden, dass zu einem weit vorgelagerten Vermeideverhalten – der vielzierten Schere im Kopf führt, bloß um nur denkbaren Problemen aus dem Weg zu gehen. … Für eine Gesellschaft, die die Meinungsfreiheit zu Recht hochschätzt, ist das kein erstrebenswerter Zustand. Meinungsäußerungen, so sehr sie moralisch betrachtet abzulehnen sind, dürfen nicht mit unzumutbarem strafrechtlichem Druck unterbunden werden. … Wo das Strafrecht in bester Absicht grenzenlos schützen will, wird es zum grenzenlos verfassungswidrigen Instrument. Das würde der Absicht, die Menschenwürde effektiv zu schützen, einen Bärendienst erweisen." (1)

Da stellt sich mir doch folgende Frage: Wurde eigentlich die Grünen-Göre Sarah-Lee Heinrich dafür angezeigt und bestraft, dass sie die Deutschen als „eklige weiße Mehrheitsgesellschaft" bezeichnete?! Ach nee, die von Nazis gegründeten GRÜNEN dürfen das ja und nennt sich heute Mainstream!

Nun vergleichen Sie bitte das Leben in der damaligen DDR, mit der heutigen Situation. Merken Sie hierbei auch, dass die Geschichte sich wiederholt? Es war ein schleichender Prozess, den nur eine Handvoll Menschen erkannten. In meinen Augen ist es heute politisch schlimmer, als in Honeckers Republik. Wenn man die DDR eine Diktatur nannte, was ist dann heute dieses Land?

Ganz ehrlich muss ich heutzutage immer wieder feststellen, dass wir in der damaligen DDR freier waren, als in dieser erfundenen, marionettengelenkter und weltfremden BRD, mit mafiösen Strukturen und scheinbar deutschhassender Politik.

Das nachfolgende Kapitel stell meine ganz persönliche Meinung dar. Es sind meine Gedanken und es sind meine Worte, welche ich hiermit zu Papier bringe, als eindringliche Warnung an eine vermutlich aussterbenden Rasse, denn:

Die BRD am Abgrund

Eine Quelle der Klugheit ist es, alles zu hinterfragen,
was die Mehrheit glaubt.

(Alfred Walter von Staufen)

Unsere Nation ist scheinbar dem Untergang geweiht. Unser Land steht am Abgrund.

Wir sind eine Nation, mit der höchsten Inflation seit über 40 Jahren. Wir haben keine Kontrolle. Die europäische Zentralbank macht nicht die geringste Anstalt etwas dagegen zu tun und unsere Bevölkerung wird stetigen Schrittes in die Armut getrieben.

Wir sind eine Nation, mit den höchsten Energiekosten weltweit. Aus reiner Ideologie haben wir das letzte bisschen Autarkie auf dem grünen Altar geopfert und uns dabei abhängig und erpressbar gemacht.

Wir sind eine Nation, die arschkriechend Katar und Saudi-Arabien um Öl und Gas anbettelt.

Wir sind eine Nation, die ihr Recht auf Selbstbestimmung an einen Lobbyisten- und Verwaltungsapparat abgegeben hat. Unsere Bevölkerung wird bis ins Private bevormundet. Per Gesetz wird unsere Industrie und somit unser Wohlstand vernichtet.

Unsere Nation kann und darf nicht unsere Grenze schützen. Unsere eigene Armee wurde (scheinbar) absichtlich kaputtgespart. Die Verteidigungsfähigkeit unseres Landes ist nicht mehr gewährleistet.

Wir sind eine Nation, die von einem Imperium besetzt und mit feindlichen Militärbasen übersät ist. Wir wollen, so sagen uns die Politikmarionetten immer wieder, die moralisch Guten auf dieser Welt sein und dabei werden von unserem Land aus Drohnen gesteuert, um überall auf dieser Welt abertausende Menschen zu töten und Kriege zu führen.

Wir sind eine Nation, welche keine Grenzen schützen kann und jeder illegale Einwanderer sofortigen Zugriff zu unseren Sozialsystemen bekommt. Kein anderes Land auf dieser Welt tut so etwas. Keiner.

Wir sind eine Nation, die Geldgeschenke für die ganze Welt macht und dabei die Sorgen und Nöte der eigenen Bevölkerung vergisst.

Wir sind eine Nation, mit den höchsten Steuerabgaben bei gleichzeitiger Alters- und Kinderarmut. Die deutschen Geburtenraten sind so tief wie noch nie in der gesamten Geschichte der Bundesrepublik. Wer will schon in dieses Land ein Kind setzen.

Wir sind eine Nation, die sich selbst auf zwei absolut dunkle Kapitel unserer Geschichte reduziert und dabei alle anderen Errungenschaften und Erfolge vergisst.

Wir sind eine Nation, die eine deutscher Kultur und einen gesunden Nationalstolz als verwerflich ansieht.

Wir sind eine Nation, die keine freie und faire Presse hat. Wer diese Zustände anspricht wird beschimpft, ausgegrenzt und als „Rechts“ abgestempelt. Uns wird die Versammlungs- und Meinungsfreiheit eingeschränkt, während die Clankriminalität ganze Straßenzüge und Innenstädte übernimmt.

Wir sind eine Nation, welche seinen Wohlstand einzig und allein auf ein Bildungssystem aufgebaut hat, welches in Studien nur noch das untere Drittel erreicht, nahe bei Bangladesch.

Wir sind eine Nation, die auf vielen Ebenen abgehängt und verkommen ist, zu einen jämmerlichen Witz.

Vor allem aber sind wir eine gespaltene Nation. Durch jede ungelöste Krise, sei es Corona-Plandemie, die Zerstörung des EUROs, der Klimalüge, scheinbar gelenkter Flüchtlingsströme oder inszenierter Kriege, haben wir uns in unsere Schützengräben zurückgezogen und verlernt miteinander zu reden, zu diskutieren und zu streiten. Wir haben unsere Kraft, unsere Fähigkeiten, unsere Entschlossenheit und unseren Mut für eine Zukunft in Angst eingetauscht.

Aber vor allem haben wir unseren Stolz und unsere Lebensfreude verloren.

Wir selbst, jeder einzelne von uns und euch, haben das HIER und das JETZT, die Zukunft unseres Landes in der Hand. Wie soll es weiter gehen?

Ich weiß nicht, wie viele Menschen ich erreiche, aber alle die mich jetzt hören oder hier lesen, rufe ich zu: IHR SEID NICHT ALLEIN! Der Zeitpunkt ist gekommen, dass wir das Volk, unsere Nation, mit vereinter Kraft zusammen eine Lösung finden. Es wird Zeit das zu tun, das zu schaffen und das einzufordern, was uns zusteht. Eine Politik der Vernunft, der Freiheit, der Verantwortung und des gesunden Menschenverstandes. Wir mögen uns nicht in allem einig sein, aber eines ist gewiss, es kann so nicht weiter gehen. Es darf keine Ausreden mehr geben. Wer jetzt nicht aufsteht wird es niemals tun. Die Zeit zu handeln ist JETZT!

Es waren die hart arbeitenden Patrioten, die dieses Land mit ihrem Schweiß und Blut aufgebaut, getragen und trotz des Irrsinns der letzten Jahre noch Schlimmeres verhindert haben. Es werden die gleich hart arbeitenden Patrioten sein, die dieses Land mit ihrem Schweiß und Blut für euch retten werden. Mit unserem vereinten Willen und unserer Schaffenskraft gibt es keinen Berg, den wir nicht zusammen besteigen werden, keine Herausforderung, der wir nicht begegnen können und keinen Sieg, den wir nicht haben können.

Wir werden niemals aufgeben.

Wir werden unaufhörlich weitermachen.

Wir werden dieses Land wieder zusammenfügen.

Solange wir vereint zusammenstehen, gibt es nichts, was uns aufhalten könnte.

Lasst die deutsche Lebensfreude wieder auferstehen!

Lasst uns den ersten Schritt gehen, in unserer Kraft, das Neue zu entdecken und einig und frei zusammenstehen!

Werdet Teil eines neuen Kapitels unserer Geschichte!

Liebe Leser, Freunde und Landsleute: Der deutsche Geist wird ewig leben und Deutschland wird auch diese Verräter und Feigling überdauern!

Meinungsfreiheit

Würden Lügen leuchten,
wäre so manches Politikerhirn heller als die Sonne.

(Alfred Walter von Staufen)

Leider (ist halt so in diesem ach so demokratischem Land) möchte ich aus gegebenem Anlass in den folgenden Kapiteln auf die momentane Gesetzeslage hinweisen:

Grundgesetz für die Bundesrepublik Deutschland – Artikel 5

(1) „Jeder hat das Recht, seine Meinung in Wort, Schrift und Bild frei zu äußern und zu verbreiten und sich aus allgemein zugänglichen Quellen ungehindert zu unterrichten. Die Pressefreiheit und die Freiheit der Berichterstattung durch Rundfunk und Film werden gewährleistet. Eine Zensur findet nicht statt.

(2) Diese Rechte finden ihre Schranken in den Vorschriften der allgemeinen Gesetze, den gesetzlichen Bestimmungen zum Schutze der Jugend und in dem Recht der persönlichen Ehre.

(3) Kunst und Wissenschaft, Forschung und Lehre sind frei. Die Freiheit der Lehre entbindet nicht von der Treue zur Verfassung." [(2)]

Kunstfreiheit

Du kannst es nicht allen recht machen. Selbst wenn du über Wasser laufen könntest, käme noch jemand und würde dich fragen, ob du zu blöd zum Schwimmen bist.

(Alfred Walter von Staufen)

„Die Kunstfreiheit ist ein Grundrecht, das dem Schutz künstlerischer Ausdrucksformen dient. In Deutschland ist es in Art. 5 Absatz 3 des Grundgesetzes (GG) verankert. Dort zählt es zu den am stärksten geschützten Grundrechten des deutschen Grundrechte-Katalogs. Das Bundesverfassungsgericht zählt die

Kunstfreiheit zu den Kommunikationsgrundrechten und erachtet es daher als wesentlich für die demokratische Grundordnung.

Die Kunstfreiheit muss auch durch den Gesetzgeber beachtet werden, da dieses Grundrecht gegenüber anderen Grundrechten eben nicht durch Gesetze eingeschränkt werden darf. So enthält z. B. das Kunsturheberrechtsgesetz, welches die Veröffentlichung von Bildnissen ohne Einwilligung des Abgebildeten unter Strafe stellt, eine Bestimmung, wonach bei einem höheren Interesse der Kunst eine solche Einwilligung nicht erforderlich ist. Künstler dürfen demnach Porträtgemälde, künstlerische Fotografien und andere Personendarstellungen ungefragt in der Öffentlichkeit ausstellen, ohne hierfür strafrechtlich belangt werden zu können.“ (3)

Schmähkritik

Die Deutschen beschweren sich, wenn Nachbars Hund bellt, wenn die Kirchenglocken läuten, die Musik zu laut ist,
das Essen kalt ist, die Frisur nicht passt, die Leute von gegenüber ihren Rasen nicht oder wenn sie ihn mähen.
Aber wenn wir von der Regierung schikaniert, ausgelacht,
abgezockt oder belogen werden, halten alle die Schnauze.

(Alfred Walter von Staufen)

„Die Schmähkritik ist eine Äußerung, bei der nicht mehr die Auseinandersetzung in der Sache, sondern die Diffamierung der Person im Vordergrund steht. Polemische oder überspitzte Kritik ist hiervon noch nicht erfasst; erforderlich ist vielmehr, dass die Meinungsäußerung in der Herabsetzung der Person besteht.

Das Bundesverfassungsgericht (BverfG) stellt wegen der besonderen Bedeutung der Meinungsfreiheit in einer Demokratie an die Einstufung einer Äußerung als Schmähkritik hohe Anforderungen. Der Schutz von Meinungsäußerungen, die sich als Schmähung Dritter darstellen, tritt hinter dem Persönlichkeitsschutz zurück. Die Wahrnehmung berechtigter Interessen (§ 193 StGB) kann eine Schmähkritik rechtfertigen, wenn sie als ‚Recht zum Gegenschlag‘ eine angemessene Reaktion dessen, der sie geäußert hat, auf das fragwürdige Verhalten des ihn Angreifenden darstellt. Ein satirischer Gesamtcharakter kann gegen die Annahme sprechen, der Angegriffene habe als Person angeprangert werden sollen.“ (4)

Moralbesoffene Propaganda

Zu wissen, wem man vertrauen können ist wichtig.
Zu wissen, wem man nicht vertrauen kann,
ist ebenso wichtig.

(Alfred Walter von Staufen)

Ich kann diese ganze Kriegspropaganda gegen Russland, als Schuldigen für Alles und Jeden, nicht mehr hören. Krieg funktioniert nun mal nicht wie im Fernsehen oder Kino, wo die Rollen klar verteilt sind mit einem Guten und einem Bösen. Das ist alles Schwachsinn!

Man muss es sich nur einmal vor Augen halten, dass von 193 Ländern auf dieser Erde, sich nur 36 Staaten an den bekloppten und selbstzerstörerischen Sanktionen gegen die Russen beteiligen. Und hier im „Westen" tun wir so, als ob die ganze Welt vereint gegen Russland steht. Dabei ist dies nicht ansatzweise der Fall.

Abb. 1: Sanktionen gegen Russland

Mein Fazit ist: Ich weigere mich einfach diesen Bullshit, diesen moralbesoffenen Propagandamist zu schlucken, dass die NATO unschuldig sei und das die mafiamäßig organisierte und total korrupte Ukraine die westlichen Werte, nebst deren Demokratie verteidige. Den Konflikt allein auf den Angriff Russlands zu reduzieren und dabei alles davor Geschehene zu vergessen ist nicht nur dumm, sondern grobfahrlässig bescheuert. Punkt, Schluss, aus und Ende der Diskussion!

Was hat denn zu diesem Krieg geführt?

An dieser Stelle muss ich folgende Frage stellen: Was hat die Alteuropäer und deutsche Politiker dazu bewogen, die NATO, entgegen allen Zusagen, bis an die Grenzen Russlands auszudehnen? Galt es etwa einen neuen Kalten Krieg zu entfachen oder den schrecklichen Drang nach Osten wieder aufzunehmen?

Wir Deutschen hatten die Wiedervereinigung nur erreicht (auch wenn sie durch die Mächtigen geplant war), durch das mündliche und protokollierte Versprechen keine NATO-Osterweiterung durchzuführen.

Der Freimaurer und Ehrensenator der von Jesuiten gegründeten naturwissenschaftlichen Akademie LEOPOLDINA in Halle an der Saale, mit der angeschlossenen Freimaurerloge „Zu den 3 Weltkugeln“, Hans-Dietrich Genscher sagte am 10.02.1990 in Moskau:

> *„Wir waren uns einig, dass nicht die Absicht besteht, das NATO-Verteidigungsgebiet auszudehnen nach Osten. Das gilt übrigens nicht nur in Bezug auf die DDR, die wir da nicht einverleiben wollen, sondern das gilt ganz generell.“*

Sein wir doch einmal ehrlich: Die NATO hatte, nach dem Zerfall der Sowjetunion seine Daseinsberechtigung verloren und ist mit den Anschlägen am 11.09.2001 und dem ausgerufenen „Krieg gegen den Terror“ zu einem geostrategischen Machtinstrument der Amerikaner verkommen.

Weil die europäischen Nation keine eigene gemeinsame Sicherheitspolitik verfolgt und immer noch stark auf das Sicherheitsschild der USA angewiesen sind, erweitert sich mit jeder Ausdehnung des europäischen Geltungsbereichs automatisch auch die direkte Einflusssphäre der Vereinigten Staaten. Deswegen drängten auch die Amerikaner so sehr auf die EU und NATO-Osterweiterung!

Und zum Zweiten: Aufgrund der militärischen Schwäche der EU wurde in jedem neu eingegliedertem Land eine amerikanische Militärbasis installiert und das alles natürlich blumig verpackt, im Namen der Souveränität und Freiheit.

Zbigniew Brzezinski, der ehemalige Sicherheitsberater von US-Präsident Jimmy Carter, hatte diese Strategie so wunderschön zusammenfasst:

> *„Es gibt keine Einheit der europäischen Führer. Sind die Europäer bereit … sich auch mal Amerika entgegenzustellen? … Wir Amerikaner haben gelernt, dass wir die Welt nicht ohne Europa gestalten können – aber wir haben ebenso erfahren, dass es kein einiges Europa gibt, das wir ernst nehmen können. Wir haben also keine Partner.“*

Ich liebe ja das Märchen: Die NATO sei ein reines Verteidigungsbündnis, wovor Russland sich nicht zu fürchten bräuchte. Dabei ist genau das die größte Lüge auf Erden. Die NATO hat schon so viele Angriffskriege gestartet ist. Was ist denn mit der Bombardierung Bosniens 1995, die Bombardierung Serbiens 1999, 2011 war Libyen dran oder 2014 Syrien. Bei all diesen Kriegen wurde weder ein NATO-Staat angegriffen, noch ein UNO-Mandat vorgelegen. Sind das etwa bessere und legale Bomben, nur weil Freiheit und Verteidigung drübergeschrieben wurde?

Oder schauen wir uns die Militärbasen der Vereinigten Staaten in der Welt einmal an. Die USA verfügten im Jahr 2015 über insgesamt 4.855 militärische Stützpunkte, davon 181 in Deutschland. (5)

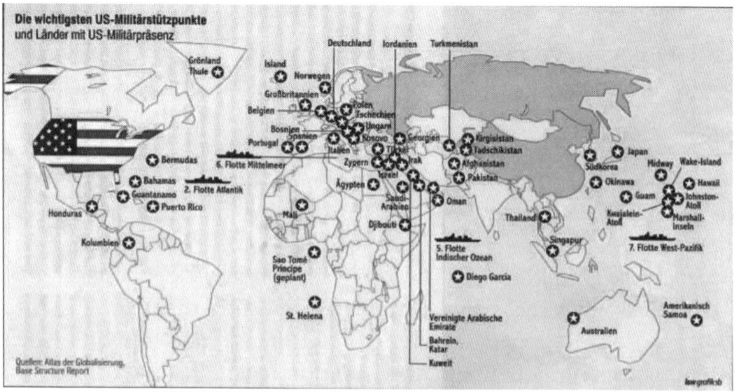

Abb. 2: Die wichtigsten Stützpunkte der USA

Sieht das etwa nach Verteidigung aus?

Ich möchte weiß Gott keinen Antiamerikanismus verbreiten, denn ich selber habe viel Verwandtschaft in Kalifornien, Florida und Texas. Aber WARUM musste man auf dem NATO Gipfel von 2008 beschließen, dass Georgien und die Ukraine Mitglieder der NATO werden sollen? 6 Das alles trotz der Warnung des damaligen amerikanischen Botschafters in Russland und dem heutigen CIA-Chef William Burns, dass die angestrebte NATO-Mitgliedschaft von Georgien und der Ukraine einen rohen Nerv treffen würde und das dies zu einer großen Spaltung, Gewalt oder sogar Bürgerkrieg führen könnte. In diesem Fall müsste Russland entscheiden, ob man eingreift oder nicht. Russland möchte diese Entscheidung nicht treffen müssen.

Warum hat der amerikanische Senator John McCain höchstpersönlich auf dem Maidan in Kiew eine Rede gehalten und die Demonstranten aufgefordert, die ukrainische Regierung zu stürzen?

Der Putsch selber ist bis heute nicht aufgeklärt, auf welcher Seite die Scharfschützen standen. Fest steht jedoch, dass zahlreiche Demonstranten, als auch Polizisten gestorben sind. Der damalige Präsident Wiktor Janukowytsch wollte sich bestimmt nicht selber stürzen.

Eiskalte Geopolitik wird für die nächsten Jahrzehnte in diesen Tagen entschieden und die Ziele dieser Geopolitik wurden auch von amerikanischer Seite, durch George Friedman einem US-amerikanischen Geostrategen und Sicherheitsberater der USA, offen ausgesprochen:

> *„Das Hauptinteresse der USA, für das wir immer wieder einen Krieg geführt haben, im 1. Und 2. Weltkrieg und auch im Kalten Krieg, waren die Beziehungen zwischen Russland und Deutschland. Weil vereint sind sie die einzige Macht, die uns bedrohen kann. Unser Hauptinteresse besteht darin, sicherzustellen, dass dieser Fall nicht eintritt."*

Der feine Unterschied aber ist, das in diesem unseren Land keiner die Richtung vorgibt, weil sie Angst haben etwas falsch zu machen oder ideologisch verblendet sind.

Europa ist schwach, weil Deutschland führungslos ist! Und wenn Deutschland weiterhin so führungslos dahingleitet, möchte ich nicht wissen, was uns im Herbst und Winter 2022 / 2023 an Protesten erwartet.

Und dann noch etwas, weil ich gerade bei dem Thema „Krieg" bin:

Meine Zweifel über den Sinn für die Ukraine zu spenden

Es ist so wie es immer ist und scheinbar System hat: Die humanitäre Hilfe wird in der Ukraine wortwörtlich gestohlen. Der allergrößte Teil der gespendeten Güter kamen nicht da an, wo sie es sollten. Es sind windige und mafiöse Strukturen, welche sich an den Zuwendungen aller Art vergreifen!

Der Beauftragte des Antikorruptionsbüros der Ukraine Jewhen Schewtschenko sagte im September 2022:

> *„In den letzten 6 Monaten wurden in der ukrainischen Region Saporischschja 22 Schiffscontainer, 389 Eisenbahnwaggons und 220 Lastwagen mit humanitärer Hilfe aus der EU gestohlen."*

Das sind fast 100% der regionalen Lieferungen!

Nach Angaben von „GRECO“ („GRECO ist eine Staatengruppe des Europarats. Sie wurde 1999 von 17 Mitgliedern des Europarates gegründet, um die Korruption europaweit zu bekämpfen.“ [7]) wurden mehr als 55 Millionen EURO gestohlen. Später wurden humanitäre Güter in lokalen ukrainischen Einzelhandelsketten zum Verkauf angeboten.

Die Hauptverdächtigen sind Andriy Yermak (Leiter des ukrainischen Präsidialamtes) und Aleksander Starukh (Leiter der Verwaltung von Saporischschja).

Insgesamt hat die EU der Ukraine von März bis August 2022 humanitäre Güter im Wert von über 360 Millionen EURO geliefert. Nach Angaben von GRECO wurden in der Ukraine im selben Zeitraum Waren im Wert von 342 Millionen EURO gestohlen.

Das sind 95% der humanitären Lieferungen aus der EU!

Zum Größenvergleich: Das Budget der „Tafel Deutschland“ betrug im Jahr 2020 21 Millionen EURO.

Da stellt sich mir die Frage: Helfen wir wirklich den notleidenten Menschen, wenn wir helfen?!

Warum dieses Buch?

Du bist ein Sklave, wenn du ihre Politik, ihre Medien,
ihre Lügen, ihre Illusion teilst und beobachtest,
ihre Wirtschaft unterstützt und stärkst,
ihre Bildung vertrittst und verbreitest!
Du bist ein Sklave, wenn deine Vorstellung von Gott von fremden Wesen an dich weitergegeben wird.
Du bist ein Sklave, wenn du deine eigene Göttlichkeit
dämonisierst, um die eines anderen Wesens anzunehmen.

(Alfred Walter von Staufen)

Die Wege zur Neuen Weltordnung

Als ich das vor wenigen Tagen las, stockte mir glatt der Atem! Das nachfolgende gespenstische und prophetische Zitat von Nahum Goldmann aus dem Jahr 1915 machte mich glatt sprachlos und jeder der mich persönlich kennt weiß, dass das schon was heißen soll!

„Wege zur neuen Weltordnung: Man kann den Sinn und die historische Mission unserer Zeit in einem zusammenfassen: Ihre Aufgabe ist es, die Kulturmenschheit neu zu ordnen, an die Stelle des bisher herrschenden gesellschaftlichen Systems ein neues zu setzen. Alle Um- und Neuordnung besteht nun in zweierlei: In der Zerstörung der alten Ordnung und im Neuaufbau der neuen.

Zunächst einmal müssen alle Grenzpfähle, Ordnungsschranken und Etikettierungen des bisherigen Systems beseitigt und alle Elemente des Systems, die neu geordnet werden sollen, als solche, gleichwertig untereinander auseinandergelegt werden.

Sodann erst kann das zweite, die Neuordnung dieser Elemente, begonnen werden.

Sodann besteht denn die erste Aufgabe unserer Zeit in der Zerstörung: Alle sozialen Schichtungen und gesellschaftlichen Formungen, die das alte System geschaffen hat, müssen vernichtet, die einzelnen Menschen müssen aus ihren angestammten Milieus herausgerissen werden; keine Tradition darf mehr heilig gelten; das Alter gilt nur als Zeichen der Krankheit; die Parole heißt; was war, muss weg.

Die Kräfte, die diese negative Aufgabe unserer Zeit ausführen, sind auf wirtschaftlich-sozialen Gebiet der Kapitalismus, auf dem politisch-geistigen die Demokratie. Wie viel sie bereits geleistet haben, wissen wir alle; aber wir wissen auch, dass ihr Werk noch nicht ganz vollbracht ist. Noch kämpft der Kapitalismus gegen die Formen der alten, traditionellen Wirt-

schaft, noch führt die Demokratie einen heißen Kampf gegen alle Kräfte der Reaktion. Vollenden wird das Werk der militärische Geist. Sein Uniformierungsprinzip wird die negative Aufgabe der Zeit restlos durchführen: Wenn erst alle Glieder unseres Kulturkreises als Soldaten unseres Kultursystems uniformiert sind, ist diese Aufgabe gelöst.

Dann aber erhebt sich die andere, die größere und schwierigere Aufgabe: Der Aufbau der neuen Ordnung. Die Glieder. Die nun aus ihren alten Verwurzelungen und Schichtungen herausgerissen sind und ungeordnet, anarchisch herumliegen, müssen zu neuen Formungen und Kategorien geschlossen werden. Ein neues, pyramidales, hierarchisches System muss errichtet werden." (8)

Die Pyramide des „Wissens"

Es gibt nur 3 Ebenen die man üblicherweise „Wissen" nennt. Symbolisch kann so etwas am einfachsten anhand einer Pyramide erklären.

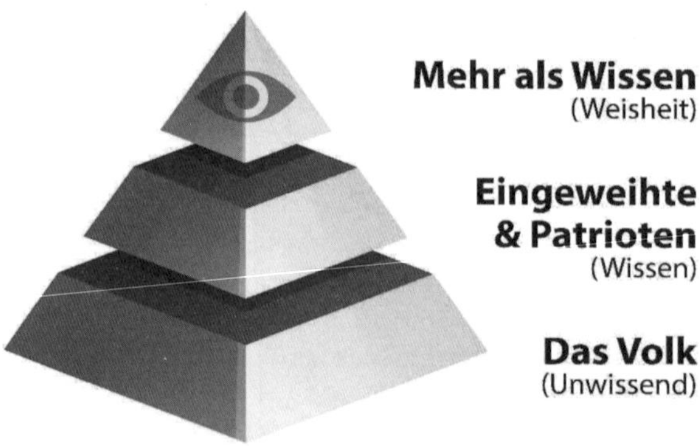

Abb. 3: Die drei Ebenen des „Wissens"

Die Pyramide erklärt sich ganz einfach.

1. Unwissend: Das unwissende „gewöhnliche" Volk, welches auch ein Großteil der Politiker oder Beamte und Staatsdiener angehört. Welches den größten Teil der Weltbevölkerung betrifft. (Unten)
2. Wissen: Das wissende, hinterfragende, patriotische Volk, ist nur ein kleiner Teil der Pyramide. (Mitte)

3. Weisheit: Und nur ein ganz kleiner Teil der Bevölkerung die echte Weisheit, mehr als nur Wissen erlangt haben, jene die ein höheres Verständnis für das System besitzen. Darunter gehören auch politisch, eingeweihte Logen-Führungskräfte. Daher auch die Wortdeutung: Illuminati = Die Erleuchteten. (Oben)

Jede Wissensstufe wird durch die Vorherige beschützt. Dies geschieht ganz unbewusst. Übertreffen lässt sich das nur noch mit „unerreichbarer", allumfassender Weisheit, welche das Allgemeine „Woher kommen wir", „Wo leben wir", usw. umfasst. Das ist für niemand erreichbar. Auch nicht für sogenannte „Anführer".

Ein vereinfachtes Beispiel zum allgemeinen Verständnis, worin der Unterschied zwischen Unwissenheit, Wissen und der Beginn von Weisheit besteht.

Abb. 4: Was liest Bill Gates denn da?!

UNWISSENHEIT

Mittlerweile kennt jeder aus der Aufklärerbewegung das obenstehende Foto mit Bill Gates und seinen Büchern.

Alle zusehenden Bücher bedeuten zusammen in einem Thema verfasst: „Wie man über Immunität lügt!"

Jedoch die „normale unwissende Seele sieht einen Microsoft-Milliardär Bill Gates, welcher sich offensichtlich mit Gesundheit und/oder Statistik beschäftigt. Solche Fotos erwecken für den „Normalo" den Anschein als wäre er sehr Intelligent und belesen.

WISSEN

Dem Aufgeklärten ist sich hingegen bewusst, dass Eugeniker Bill Gates hier ganz klar eine Botschaft vermittelt, welche man mit den Lügen der Plandemie in Verbindung bringt. Das nennt man üblicherweise „Wissen". Dabei handelt es sich bei diesem Foto lediglich um „Vorhersehbare Programmierung". Das nennt man auch die Hegelsche Dialektik, also Aktion + Reaktion = Lösung. Die Lösung wäre also der Beweis und die Bestätigung, welches dieses Foto mit sich bringt, dass die Plandemie auf Lügen basiert. Ich nenne es das „Systemwissen". Das ist vorgesetztes Wissen, welches man in der Rechtsverdreher-Sprache „Nötigung" nennt.

Der Beginn von WEISHEIT

Ein tieferes Verständnis der Dinge, ja welche man fast schon Weisheit nennen kann, würde bedeuten: Weitere Fragen zu stellen, z.B.: „Warum sollte er sich mit dieser Botschaft ablichten lassen?" oder „Was ist der Sinn und Zweck?" Zum einen damit wir diese Botschaft finden und uns damit beschäftigen, aber vor allem, damit wir wissen, dass sie uns belügen! Solche Beispiele sind auch zahlreich in den Medien zu finden. Mit diesem Foto bestätigt er das erlangte Wissen der Aufgeklärten.

Also warum sollen wir uns damit beschäftigen? Wieso wussten sie schon lange vorher, dass wir uns damit beschäftigen würden? Dies wäre zumindest im Ansatz die richtigen Fragen. Ich werde weitaus tiefgründigere Beispiele im Verlauf einbringen.

Normalerweise vermeide ich es, meine Bücher in der „ICH-Form" zu schreiben, jedoch ist dieses Buch etwas anderes. Hier schreibt nicht der Autor Alfred Walter von Staufen, sondern die Seele dahinter.

Seit mehr als 5 Jahren beschäftige ich mich neben meinen üblichen Artikeln und Beiträgen mit dem Projekt: „Satanische Götzen und Götter". Unzähliges Material habe ich für dieses Buch zusammengestellt, Bücher gelesen und „scheinbares Wissen" ausgewertet. Mein Ziel war immer eine Lösung, einen Zusammenhang, das Ziel aller Ziele zu finden. Ich hatte sogar schon mit dem Grundskript begonnen, jedoch gab es kein Ziel, keine Lösung, keine Wahrhaftigkeit, keine Weisheit in diesem Buchprojekt. Alles was sie uns als scheinbares Wissen oder Geschichtsschreibung vorsetzen, dient der Ablenkung, Desinformation und Volksverblödung ebenso dem Glauben an ein krankes System, welches schon seit langer Zeit nicht mehr dem Volk dient.

Mit dem Buch: „Von satanischen Götzen und Götter" bin ich einfach nicht mehr weitergekommen, genauso wie es gewollt ist. Und ich fragte mich warum. Denn sie legen falsche Fährten, vermischen Mythen mit Realität, verbreiten Desinformation und weisen uns in unzählige falsche Richtungen. Im Prinzip das gleiche was wir Tag ein Tag aus in den Medien verfolgen können. Es wäre nur ein weiteres „Aufklärungsbuch" mit nachvollziehbaren Wissen, aber ohne echte Weisheit gewesen.

Wikipedia kann unter Umständen (noch) eine Hilfe sein, aber an bestimmten Punkten dient Wikiblödia ganz bewusst der Verwirrung, Desinformation bis hin zum Desinteresse irgendetwas weiter recherchieren zu wollen. Ich bin mir sicher als „Suchender" kennen Sie das.

Dies ist kein Zufall, das ist Strategie und bedeutet, wegleiten und ablenken von den wichtigen Fragen. Aufhören, da wo die Wahrheit beginnt, anstatt wichtige Informationen, wird Wikilügia gerne mit absoluten Schrott gefüttert. Das erkennt man sehr schnell bei „Länder-Wiktionary". Orte und unwichtige Dinge die keinerlei Bezug oder Bedeutung zur Geschichte haben oder sinnlose Gebäude bis hin zu einem Currywurstbudenimbiss oder wichtige Fotos, die ganz bewusst in schlechter Qualität verbreitet werden, usw. usf. Ich werde das hier nicht im Detail aufzeigen, jedoch sollten Sie verstehen, dass das deutsche Wikiblödia zum Vergleich mit dem englischen oder anders sprachigen-Wikis fast keinen Informationsgehalt hat.

Ebenso Google Suchergebnisse in deutscher Sprache. Zumindest nicht bei wichtigen Themen. Das ist eine Tatsache.

Meine Suche war schon immer die Suche nach mehr, nach wahrem Wissen, mehr als der gewöhnliche Suchende anstrebt, nach Weisheit. Mehr als das was wir im Mainstream oder auf Webseiten finden können, nicht nach dem was uns die Medien und Organisationen zum Thema „Wissen" vorgeben.

Vorgesetztes „Wissen" bedeutet nichts weiter als öffentlich zugängliche Informationen. Dazu gehören Foundations, Freimaurerlogen, ehemalige Geheimgesellschaften oder z.B. das so beliebte Weltwirtschaftsforum (WEF) in Davos. Alle Informationen aus diesen Quellen werden uns von jenen Persönlichkeiten zur Verfügung gestellt, die wir eigentlich verachten und „bekämpfen" wollen.

Und trotzdem wird dieses erlangte „Wissen" als die „Wahrheit" verbreitet. Solche Beschäftigungstherapien sollen doch gefunden werden und die Bevölkerung in einem Dauer-Trance Zustand halten.

Ich bin an einem Punkt angekommen, wo ich bemerkte, dass so gut wie kein einziger sogenannter „Aufklärungskanal", ob bei Telegram oder YouTube, Facebook oder Instagram, kein einziger Aufklärer, ganz gleich welcher Plattform, hat auch nur ansatzweise das Weltherrschaftssystem, in dem wir leben, verstanden.

Ganz im Gegenteil: Diese Weltherrschaft wird sogar noch beschützt und mit allen Mitteln verteidigt. Meistens unbewusst oder das „System" wird ganz bewusst von sogenannten Torwächtern (Gate Keepern) verteidigt.

Den Begriff „System", verwende ich nur noch zu Beginn dieses Buches als das „Herrschafts-System", welches wir noch vor Jahren als „NWO" (Neue Weltordnung) oder fälschlicherweise als „Tiefer Staat" bezeichneten. Denn die Weltherrschaft wie wir sie jeden Tag erleben, ist wie ich in meinem ersten Buch „Der geheime Pakt der Freimaurer, Khasaren und Jesuiten: Wir bleiben durch unser Blut verbunden. Tod dem, der darüber spricht!", schon sagte, ein globales Weltherrschaftssystem. Es ist keine einzelne Nation, kein Monarch und auch keine einzelne Familie oder Person.

Um ein globales System verstehen zu können, muss man auch global denken und globales Verhalten auswerten. Das typisch eingeschränkte deutsche Denkmuster, welches durch „virtuelle Gedanken-Grenzen" eingeschränkt wird, reicht hierfür nicht mehr aus.

Seit meinem letzten Buch habe ich (wir) Tag ein Tag aus, ununterbrochen recherchiert. Auch die Informationen welche ich in diversen Beiträgen schrieb, beinhalten die ein oder andere Schlüsselinformation, welche mir zum Ziel verhalf. Aus heutiger Sicht habe ich auch in meinem letzten Buch und in dem einen oder anderem Artikel entscheidende Fehlerchen gefunden. Da kann ich wieder nur sagen, dass man manchmal von einer Sackgasse in die Nächste springt. Das nenne ich vorgesetztes „Wissen" oder Desinformation, egal wohin man sieht, was auch von denen da oben beabsichtigt war und ist.

Auf die Mainstream-Medien oder die komische und vorgetäuschte Plandemie muss ich hier nicht mehr eingehen, denn wer mein letztes Buch und meine Artikel bei „PRAVDA TV", auf meinen Seiten von „Freunde der Erkenntnis" oder in diversen anderen Gruppen und Kanälen kennt, weiß, was ich davon halte.

Seit Jahren suchte ich nach etwas ohne die richtigen Fragen zu stellen. Weisheit kann man nur erreichen, wenn man aufhört nach der Wahrheit zu suchen, denn die „Wahrheit" findet man „überall". Ebenso sieht es mit Antworten aus, denn auch „Antworten" findet man „überall", wo man sie sucht und sogar, wenn man nicht danach sucht!

Aber niemand stellt die richtigen Fragen. Kein Wesen erkennt worum es eigentlich wirklich geht.

Was wäre, wenn ich hier behaupten würde, dass ich das komplette System entlarven kann? Würden Sie mir dann Ihren Glauben schenken? Wobei ich ehrlich gestehen muss, dass ich den Begriff „Glaube" eigentlich gar nicht mehr verwenden wollte.

Vielmehr werde ich Ihnen hier ohne jeden Zweifel beweisen, wie das komplette System funktioniert. Auch das alle sogenannten Nationen (welche eigentlich Unternehmen/Firmen sind) ohne auch nur eine Ausnahme diesem „System der Weltherrschaft" dienen und genau das „System der Weltherrschaft" täglich anwenden.

Ich lehne mich nicht zu weit aus dem Fenster, wenn ich sage, dass: Niemand, kein einziger „Aufklärer" hat es verstanden. Kein einziger Gruppen- und Kanalbetreiber oder ach so heilige „Enthüllungsjournalisten", wie Oliver Janich, Eva Herman, Andreas Popp, Boris Reitschuster, Silberjunge Thorsten Schulte oder wie sie alle heißen, kein einziger „Aufklärer" war in der Lage aufzuzeigen, was ich in diesem Buch präsentieren werde. Sozusagen betrete ich absolutes Neuland, was bislang niemand zugelassen hat oder wollte.

Mir ist schon vor langer Zeit aufgefallen, dass ganz bestimmte „Journalisten der alternativen Medien", die sogar „teilweise" gute und nachvollziehbare Informationen haben, aus den sozialen Medien (Facebook, Telegram, Twitter, usw.) weder gelöscht noch zensiert werden. Mittlerweile habe ich auch verstanden warum.

Hier nur zwei Beispiele zur Verdeutlichung der Situation. Scheinbar dienen und schützen diese „Aufklärer" dieses Herrschaftssystem, ob nun bewusst oder unbewusst sei einmal dahingestellt!

Meine Recherchen brachten mich an einen bestimmten Punkt, wo ich mich fragte: Mach ich hier überhaupt das Richtige? Entsprechen meine Artikel und Bücher eigentlich dem Wahrheitsgehalt?

Hinzu kommen so viele Seelen, welche mich ständig anschreiben und fragen: Was kann man tun? Wie kommen wir da wieder heraus? Gibt es überhaupt ein Ende, dieses dunklen und teuflischen Zeitalters, in dem wir momentan gefangen sind?

Kurz und knapp gesagt: Was ist die Lösung?

Vielleicht habe ich die Lösung und habe viele Antworten auf Fragen, welche Sie eventuell noch gar nicht kennen, weil Sie diese Fragen noch nie gestellt haben.

Um dies zu erreichen, sollten Sie sich erst einmal von den „Einbahnstraßen" und „Sackgassen" in der sich wirklich alle befinden lösen, um dann bei null anzufangen.

Man sollte sich als erstes selbst hinterfragen, was aber leider niemand tut. Keiner gibt gern zu, dass er sich irrte und somit einem unrichtigen Ideal gefolgt ist. In meinen Augen ist gerade dies der Punkt, warum wir nicht vorwärtskamen.

Einzig und allein wurden Symptome und vorgesetzte Informationen aufgezeigt, in Dauerschleife wiederholt und ständig ausgeschmückt! Nicht mehr und nicht weniger. Schluss, aus und Ende der Diskussion!

Naturgemäß hat jedes Seelenwesen einen Standpunkt, ein Allgemeinwissen den jeder vertritt und mehr oder weniger verteidigt. Jede Seele besitzt jedoch unterschiedliches Wissen, was entweder alters- oder ausbildungsbedingt (oder ähnliches) ist. So ist es auch ganz natürlich, dass es immer Uneinigkeit und tagelange sinnlose Diskussionen in der „Aufklärungsszene" gibt und gab und auch immer geben wird, wenn das herrschende Gewaltensystem nicht begreifbar ist. Darum habe ich mich erst einmal vollständig von all diesen Galionsfiguren der „Patriotenbewegung" distanziert, denn alle Wege führten ins Nichts. Alle Gruppen und Kanäle die der Meinung sind, die „Wahrheit" zu verbreiten, verbreiten lediglich öffentlich zugängliche Informationen, welche als Brotkrummen von diesem System gelegt wurden oder Symptome mit denen wir uns beschäftigen sollen. Genauso ist es auch gewollt!

Die Wahrheit selbst, also die Weisheit, kann nicht weiter als von diesem Standpunkt den alle vertreten entfernt sein.

Angefangen habe ich bei meinen eigenen Artikeln und meinem letzten Buch, welche ich im Detail analysiert habe und mich fragte: „Wo fehlt was", „Wo geht es nicht weiter", „Was steht uns allen im Weg", „Was zeige ich, was nicht, was beschütze ich vielleicht unbewusst?", „Was wurde Selbstverständlich und was nicht", usw.

Ich bin zu dem Schluss gekommen, die Informationen aus meinen Beiträgen und dem Buch „Der geheime Pakt der Freimaurer, Khasaren und Jesuiten" waren nicht falsch, schließlich stammen fast alle Infos aus öffentlich nachvollziehbaren und zugänglichen Medien, also Internet, Archive, Bibliotheken, Bücher, Zeitzeugen, usw.

Aber meine Beiträge waren einfach nicht „perfekt" und letztendlich „vollkommen". Sie waren nicht „weise"! Ich habe es versäumt, nach dem großen „Warum" zu fragen. Die Fragen über den Fragen. Denn all mein geschriebenes haben sich nach dem typischen „System-Denken" gerichtet, was uns schon als Kleinstkind antrainiert wurde. Und genauso richten sich alle „Aufklärer" nach diesem „System-Denken"!

Mir wurde auch bewusst, dass dieses „geschulte denken" bei den meisten unbewusst und somit unabsichtlich geschieht, weil es einfach an Weisheit fehlt.

Ich muss zugeben, dass ich sehr lange überlegt habe, ob ich dieses zweite Buch überhaupt schreibe, weil dies nicht wieder nur ein Abklatsch von den altherkömmlichen und schon oft ausgeschmückten Geschichten sein soll.

Tagelang habe ich nur darüber nachgedacht, wie kann ich meine Informationen verständlich genug gestalten, damit es wirklich jede sich interessierende Seele versteht. Wie soll ich meine Texte schreiben ohne das Sie dieses eigentlich nachvollziehbare Ziel, den Ausgang aus dem Sklavensystem missverstehen würden. Darum werde ich mich auch nicht kurzfassen, sondern so ausführlich wie ich es für nötig erachte, damit keinerlei Missverständnisse und kein Zweifel an meinen Informationen aufkommt. Wenn mein lieber Verleger die letzten Zeilen gelesen hat, werden ihm garantiert die Nackenhaare zu Berge stehen, weil er befürchtet, dass dieses Buch dicker als die Bibel wird. Keine Angst, dies wird nicht geschehen!

Für mein neues Buch (dieses, was Sie gerade lesen) hatte ich schon unzählige Grafiken erstellt, Zusammenhänge ausgearbeitet und immer stand etwas Entscheidendes im Weg. Es war mein eigener Verstand, mein tiefstes Unterbewusstsein, welches mich daran hinderte, größer zu denken, denn auch ich war völlig dem System-Denken ausgeliefert!

In der Vergangenheit konnte ich relativ zügig jeden Artikel schreiben, wenn diese Beiträge Information oder Wissen beinhaltete, weil das „eingebläute Scheinwissen", welches uns von diesem Herrschaftssystem zur Verfügung gestellt, schließlich auch im Falle einer Nachrecherche bekräftigt wurde. Also kann jeder ein Buch oder Artikel mit Informationen veröffentlichen, der etwas gefunden hat, was andere noch nicht geschrieben haben. In diesem „Neu-Zeitalter" (viele meinen: alles was neu ist, ist gut!), ist also der Schnellste derjenige, der Wissen verbreitet. So der Irrglaube.

Öffentliche Informationen muss jeder von uns verwenden, denn dies ist unser einziger Weg.

Informationen müssen als erstes richtig gedeutet werden, denn nichts ist wie es scheint.

Während ich, als ich anfing kleinere Artikel zu verschiedenen Themen und für diverse alternative Medien zu schreiben, froh war, wenn ich 2 A4-Seiten füllen konnte, habe ich heute das Problem, dass meine Beiträge schnell mal die 15-A4-Seiten-Marke durchbrechen. Dies ist allein der Tatsache geschuldet, dass bestimmte Ereignisse immer in einem größeren Zusammenhang stehen, welcher auch in meinen Augen aufgeführt werden sollte, um das „große Ganze" zu erkennen! Mein Verleger von „PRAVDA TV" schlägt immer öfters die Hände über dem Kopf zusammen, wegen der Länge meiner Artikel, was immer öfters kleinen Romanen ähnelt! Aber leider ist die „Welt" schon lange nicht mehr nur in drei Sätzen zu beschreiben, wie es viele „Aufgewachte" immer meinen.

Das erste Mal in meinem Leben, bin ich voller Ehrfurcht vor meiner eigenen Weisheit. Ich werde Ihnen hier etwas zeigen, dass so groß ist, welches selbst die Plandemie um Längen in den Schatten stellt. Und das ist gewiss nicht übertrieben!

Mehrfach habe ich alles, was ich Ihnen in diesem Buch aufzeigen werde, gegengeprüft und den Medien auch aktuelle Ereignisse, Politiker, ja sogar Hollywood gegenübergestellt, ob es im aktuellen Weltgeschehen anwendbar ist und ob es sich, so wie es in meinem Kopf gebündelt ist, auch als richtig bestätigt. Und ja, ich bin mir zu 100 Prozent sicher, dass alles der Wirklichkeit entspricht.

Mir ist ebenfalls bewusst, dass ich mir mit diesem Buch nicht nur Freunde schaffen werde, sondern mindestens genauso viele Menschen, die es nicht verstehen wollen oder mich nach diesem Schmöker als vermeintlichen „Teufel" oder „Feind" ansehen werden. Von meiner eigenen Familie gar nicht erst zu reden!

Wie ich zu Beginn bereits sagte: Sie sollten die Weisheit zulassen.

Meine Informationen könnten Regierungen, ja ganze Länder stürzen. Mir ist auch bewusst, dass ich mir mit diesem „Enthüllungsbuch" nicht nur einzelne Menschen zum Feind machen werde, sondern vermutlich ganze Regierungen, Geheimdienste und Politiker, religiöse Sekten, einschließlich ihrem ausführenden Personal.

Ja, man könnte fast sagen: Nach diesem Buch bin ich vermutlich der Staatsfeind Nummer Eins! Und das meine lieben Leser ist wahrlich kein Scherz. Und wenn dies der Fall sein sollte, dann ist es ebenso. Jedoch wünsche und hoffe ich immer das Beste und auch darauf, dass man in einem „Demokratischen Staat" alles sagen kann, wonach einem gelüstet!

Sollten Sie an der Ernsthaftigkeit meiner Worte zweifeln, wird Ihnen dieses nun hier vorliegende Druckwerk eines Besseren belehren.

Dies liegt ganz einfach daran, weil alle Seelen und damit meine ich wirklich alle bewusst oder unbewusst so an diesem satanischen System festhalten, dass sie es auch nicht zulassen werden, ja sogar Angst davor haben, dass es jemand angreift oder in Frage stellt. Glauben Sie mir bitte, viele würden dieses sklavenhalterische System sogar bis in den sogenannten Tod verteidigen, nur um es zu schützen, weil sie in irgendeiner Art und Weise damit verbunden sind oder davon profitieren.

Mir persönlich ist es auch egal, mit welcher Religion Sie sich identifizieren, ob Sie sie als Protestant, Katholik, Muslim, Buddhist, Hindus, Satanist oder sogar als Heide bezeichnen. Das „Heidentum" wird ja schließlich momentan immer trendiger, weil man sich damit in diesen Zeiten gut identifizieren kann. Sollten Sie meine Worte schon hier in Frage stellen, dann rate ich Ihnen, legen Sie dieses Buch sofort zur Seite oder verkaufen es bei eBay, weil Sie vielleicht noch nicht für dieses neue Wissen bereit sind.

Für alle anderen wird sich ein vollständig neues, ein klareres Weltbild ergeben. Ein Weltbild, welches Ihnen höchstwahrscheinlich so noch nie jemand aufzeigte.

Wahrhafte Weisheit können Sie nur erreichen, wenn Sie einen vollständig neutralen und offenen Geist haben.

Nun bitte ich Sie, bevor Sie hier weiterlesen, sich ernsthaft eine Weile Gedanken machen, ob Sie dazu wirklich schon bereit sind?

Für den Fall, dass Sie streng gläubig sind, einem Religionssystem angehören, welches man Ihnen seit Ihrer Kindheit aufgezwungen hat oder schon aus Glaubensgründen an jeder Abweichung Ihres religiösen Glaubens voreingenommen sind, sollten Sie hier ebenfalls aufhören zu lesen.

Es wird keinen Weg mehr zurückgeben!

Es wird auch keine Möglichkeit mehr geben, das was ich in diesem Buch schreibe anzuzweifeln. Sie werden es auch niemals mehr vergessen können!

Alle Informationen in diesem Kompendium sind nachvollziehbar, bestätigen sich gegenseitig und zeigen auch die Wiedersprüche aus öffentlich zugänglichen Quellen.

Ich werde Sie bis zur „letzten Tür" führen und begleiten, durch die Sie dann ganz alleine gehen müssen.

Aber zuvor werde ich Ihnen noch ein paar Fragen stellen, die Ihnen anscheinend bisher noch niemand gestellt hat.

Die Konstellation der Gegebenheit

Wo stehen wir heute?

Was ist die Wirklichkeit?

Wie definiert man Realität?

Was ist die Definition von Wahrheit?

Was bedeutet schon Wissen, wenn Wissen gar keinen Nutzen hat?

Wo kommen Sie mit Ihren Recherchen nicht mehr weiter?

Haben Sie sich jemals gefragt, ob Sie auf dem richtigen Weg sind?

Haben Sie sich überhaupt jemals die richtigen Fragen gestellt?

Meine persönlichen, jahrelangen Recherchen führten immer in Einbahnstraßen. Irgendwann kommt man an einem Punkt an, wo einfach alles keinen Sinn mehr ergibt, obwohl alles offensichtlich scheint. Damit meine ich nicht, dass es falsch ist, was viele von uns erarbeitet oder erlesen haben, sondern, dass es einfach ungenügend ist. Ich bin mir ganz sicher, bei Ihnen ist es ganz genauso.

Was ich die letzten Monate in den sogenannten „Aufklärungskanälen" feststellen musste, war im Prinzip immer das gleiche.

Egal in welche Richtung man recherchiert, es geht nicht weiter, egal was aus der Szene veröffentlicht wird, es scheint immer etwas zu fehlen, obwohl alles irgendwie miteinander zusammenhängt, wie man immer so schön sagt.

Die einen geben den falschen Juden (Zionisten) die Schuld, andere dem Schuldgeldsystem, ja sogar einige vermuten Bill Gates würde die „Neue Weltordnung" anführen, was natürlich einfach nur lächerlich ist. Andere wiederum suchen in der Geschichte, lesen viele Bücher, beschäftigen sich mit Logen, Freimaurern oder eben mit den Themen, welche uns täglich von den Mainstreammedien vorgegeben werden.

Aber reicht das aus, um von Wissen zu sprechen?

Die Plandemie hat unzählige Türen geöffnet, leider sind aber alle „Türen" Einbahnstraßen und Sackgassen und führen ganz gezielt in das Nirgendwo. Auch wenn es der einen oder anderen Seele geholfen hat, mindestens so viel zu verstehen, dass keine Marionette (Politiker) im Sinne des Volkes handelt, bzw. handeln kann und darf.

Dieses „scheinbare" Wissen ist nicht zielführend. Die einen beschäftigen sich noch immer mit Corona-Fake-Zahlen, die anderen wiederholen zum tausendsten Male, dass es sich um keine Impfung handelt oder andere Bürger (also Polizisten, Beamte, auch gerade die Geschäftsbesitzer) zwingen das Volk, also sich selbst, zum Masken tragen.

Es liegt daran, dass die Plandemie Ihre Sinne und Ihren Verstand täuschen soll. Wie ich schon oft sagte, ist es nichts anderes als eine Beschäftigung für die Massen, eine einzige riesengroße Show. Eine Show, die vom Volk konsumiert oder sogar noch von den sogenannten „Aufklärern" bestätigt, ja sogar beglaubigt wird, indem man sich damit tiefgründig beschäftigt. Die Plandemie bestätigt für die meisten Menschen ein Wissen, welches überhaupt kein „Wissen" ist.

Wenn die da oben die Plandemie beenden, wird sich kein Mensch mehr für diesen lächerlichen Blödsinn interessieren. Somit sind Millionen oder Milliarden Denkstunden, Artikel, Videos und Kopfzerbrechen für das große „Nichts" gewesen.

Und danach beginnen Sie mit dem nächsten „Nichts".

Spätestens seit der sogenannten „Covid Plandemie" sollte jeder noch selbstdenkende Mensch erkannt haben, dass keine Regierung dieser Erde, kein einziger namhafter Politiker im Sinne des Volkes agierte. Sogar das Volk selbst handelte also nicht im Sinne des Volkes, sondern im Sinne der „Herrscher". Alle Regierungen dieser Erde arbeiten schon sehr lange zusammen, welches ein unbestreitbarer Fakt ist.

Hier an dieser Stelle möchte ich direkt mal eine Fehldeutung korrigieren. Als Präsident George W. Bush Senior 1990 erstmals von der „Neuen Weltordnung" sprach, verkündete er nicht, dass die „Neue Weltordnung" kommen wird, sondern dass die bereits vollendet ist! Wer in dieser „Neuen Weltordnung" nicht mitspielt, wird (eigentlich für alle ersichtlich, wenn man dies sehen möchte) im stillschweigenden Logen-Eid einfach entfernt, wie Saddam Hussein oder der so beliebte Muammar Muhammad Abu Minyar al-Gaddafi, um nur einige zu nennen. Alle Regierungen arbeiten auf ein und dasselbe Ziel hin, nämlich einzig und allein auf ihr eigenes Ziel.

Alle sprechen von einer „Neuen Weltordnung", aber niemand kann sie zeigen. Wo ist denn die „Neue Weltordnung"? Sind es Artikel aus den Medien oder die

Worte der Politiker? Ist das die „Neue Weltordnung"? Niemand kann sie zeigen oder genau erklären, wo sie ist, was sie gerade macht oder was sie genau ist!

Bis jetzt!

Wir, das Volk, sind in diesem riesigen Kreislauf lediglich eine ausführende Kraft. Das Personal, der Arbeiter, der Steuerzahler, der Straßenbauer, der Kirchenbauer oder der Polizist. Wir sind diejenigen, die dieses System am Laufen halten und sogar noch bestätigen.

Egal in welcher Position Sie sich befinden, Sie sind nur eine Arbeitskraft, die zum Ausgleich einen Lohn, also Geld bekommt, mit dem Sie Ihren Lebensunterhalt bestreiten können. Nicht mehr und nicht weniger! Im Gegenzug für Ihren Lohn, stellen Sie keine Fragen, lassen Regierende regieren und befolgen brav die Vorschriften, Anordnungen, Gesetze und die täglichen neuen Befehle über Ihren „riesengroßen Smart TV" zum „Schnäppchenpreis" für 333 Euro von SATURN aus den Medien.

Darum sind wir alle, in den Augen der herrschenden Elite, nichts anderes als Sklaven und zwar Freiwillige, unsere eigenen Sklaven, eine Nummer, einer von Milliarden oder auch gerne als „Schafe", „Vieh" oder „Ratten" bezeichnet. Wir sind ihr ausführendes Personal in einem betrügerischen Schuldgeldsystem, dem wohl wissend und stillschweigend alle Nationen, alle Monarchen zustimmten. Letztendlich bauen wir, das Volk sogar noch ihre Regierungsgebäude, ihre Waffen, ihre Autobahnen, ihre Elektronik, ihre Logen und Tempel, ja sogar ihre Mikrofone mit denen die da oben uns abhören, nur damit sie diese gegen uns einsetzen können. So unterstützen fast alle Menschen, also das Volk selbst ihr Vorhaben, Ihre Versklavung.

Selbst wenn Sie einer Freimaurerloge angehören sollten, werden Sie NIEMALS echte Weisheit erlangen können!

Sie sind nur ein Zahnrad in einem riesigen Getriebe, welches die Welt so wie sie ist, am Laufen hält. Weisheit und Macht sind nur auserwählten Familien oder Politikern, die uneingeschränkt dienen, zugänglich. Sie selbst müssen diesen Schwur als Blutschwur oder Logenschwur bestätigen. Nur dadurch werden sie Mitglied der obersten Logen. Abweichungen werden nicht toleriert und nicht selten mit dem Tod bezahlt. Diese Toten werden meistens hinter der Kirche vergraben, würdelos, ohne Ehren und ohne Namen!

Ich möchte hier nicht das wiederholen, was schon tausendfach erklärt wurde, nur noch einmal mit wenigen Worten zusammenfassen.

Ist Ihre Suche am Ende, wenn Sie erkannt haben, dass Sie von Politikern belogen werden? Das ist kein Wissen, so etwas ist offensichtlich, denn das ist ihr Job!

Wenn öffentliche Institutionen wie das World Economic Forum (WEF) Berichte, Medien oder ihre Ziele veröffentlichen, wie sie unser Leben immer weiter einschränken wollen, wenn Sie widersprüchliche, vorgefertigte Aussagen von geschulten Politikern hören, wenn Sie immer und immer wieder gewisse Foundations als

Hauptsponsor finden, wenn Ihnen die Medien sagen, Wahlen wurden manipuliert oder wenn Sie erkannt haben, dass fast alle Politiker Logen unterstehen müssen, um überhaupt an vorderster Front stehen zu können. Wenn Sie herausgefunden haben, dass es einst Geheimlogen gab, wie Bilderberg, Skull and Bones, Freimaurer oder die Illuminaten, welche längst keine geheimen Institutionen mehr sind.

Stellen Sie sich doch erst einmal eine grundlegende Frage:

Woher kommen all diese Informationen

Wer stellt uns all diese Informationen zur Verfügung? Ist das die Wahrheit oder Wissen? Es liegt doch auf der Hand, dass wir all ihre Informationen finden und wahrnehmen sollen! Denn sie werden ja auch von den gleichen Persönlichkeiten, Nachrichtendiensten wie CIA oder Pentagon und ihren im Besitz befindlichen Medien veröffentlicht. Alles, was wir finden können oder als die „ultimative BOOM-Wahrheit" erklären, ist nichts anderes als ein Sammelsurium öffentlich zugänglicher Informationen, welche für uns bestimmt sind. Und nur für uns!

Am Abend haben Sie mit diesen Informationen dann immer so ein komisches Gefühl: Wie passt das alles zusammen. Wieso wird es immer mehr. Wieso unternimmt keine Regierung, kein Politiker etwas dagegen?

Wann ist das alles zu Ende?

Die Jesuiten, Freimaurer, Illuminati, Geheimlogen und Foundations, die Zionisten, die Kommunisten, Politiker und Nationen, Bündnisse, die Vereinten Nationen oder die sooo „geheimen" Nachrichtendienste und und, und. Wäre hier irgendetwas geheim, dann wüssten wir gar nichts davon!

Das ist Bewusstseinskontrolle!

Wahre Absprachen, Verhandlungen, Vereinbarungen oder ihre eigentlichen Ziele und Absichten werden nur unter Ausschluss der Öffentlichkeit getroffen, niemals öffentlich. Davon existieren nicht einmal Fotos, Videos, Gesprächsnotizen oder anderes Beweismaterial. Was sie für uns in den Medien veröffentlichen, ist lediglich bevölkerungsfreundlich umgestaltet, mit jeder Menge Ablenkung, Irreführung, Desinformation oder Gegenwissen. So war es schon immer und so wird es immer bleiben.

Alles was wir im diktatorisch-gesteuerten Fernsehen und Internet als „Information" wahrnehmen, könnte nicht weiter von der Wahrheit, also vom echten Wissen entfernt sein!

Die Gründe hierfür liegen auf der Hand:

Weil Sie sich in ihrem Kreislauf bewegen, in ihrem System, in ihrem Informationslabyrinth, welches sie da oben Ihnen vorgeben. Wenn Ihr Blick nicht weitläufig genug ist, Sie sich nicht vorstellen können, dass es noch viel mehr gibt, dann sind Sie genau da, wo sie Sie haben wollen. In einem endlosen „Hamsterrad", welches nur dazu da ist, um Ihren echten Verstand und Ihre Kräfte, die viel mehr bewegen könnten, lahm zu legen! Die Plandemie hat nicht nur offengelegt, dass alle Regierungen ein und dasselbe sind, auch, dass sie lediglich Unternehmen des Herrschaftssystems sind.

Es wurde deutlich, wie man eine ganze Welt anhand einfachster Informationstechnologie nach Belieben kontrolliert. Die Schwächen der beseelten Wesen wurden für mich erst durch die Plandemie offensichtlich und eindeutig, wo der Fehler liegt.

Wenn Sie herausgefunden haben, dass die Plandemie ein riesiger Schwindel ist oder die Giftspritzen, wie alle Impfungen, gar keine Impfung ist, sind Sie dann am Ende Ihrer Suche?

Wird uns das vor dem Gewaltsystem schützen?

Fühlen Sie sich damit als „Aufgewacht"?

Das Impfungen rein gar nichts mit Schutz zu tun haben, ist so alt wie die Impfungen selbst. Und trotzdem hält diese Plandemie eine ganze Welt in ihrem Bann.

Nicht nur der nichtsahnende brave konsumierende „smarte Bürger", sondern gerade die sogenannte „Wahrheitsbewegung" wird durch die Plandemie gesteuert, kontrolliert und in ihr System hineingezwungen. Ist Ihnen denn dies noch nie in den Sinn gekommen, dass sie uns genau an diesem Punkt haben wollten?

Haben Sie sich noch nicht gefragt, wieso sie die „Wahrheitsbewegung" nach wie vor am Leben lassen? Sie könnten Telegram oder sonstige Plattformen binnen weniger Tage lahmlegen, wenn es denn gewollt wäre. Die Macht besitzen sie allemal. Aber warum lassen sie die sogenannten „Aufklärer" weiterhin ihre „Aufklärung" tun? Ist Ihnen noch nicht in den Sinn gekommen, dass die sogenannte „Wahrheitsbewegung" ihrem System perfekt in die Karten spielt? Ja dass dieses System erst durch sogenannte „Aufklärer" geschützt, gestärkt und beglaubigt wird?

Wo ist der Drang nach echten Wissen, nach Weisheit geblieben?

Sie befinden sich jetzt hier vor meinem Buch, egal für wie intelligent oder belesen Sie sich halten, ganz am Anfang, der Beginn einer Reise, die Sie Ihr ganzes Leben nicht mehr vergessen werden. (Ich hoffe, dass der letzte Abschnitt nicht zu arrogant rüberkam.)

Das gewöhnliche Volk ist im Pyramidensystem des Wissenskonsums gesteuert, Hollywood oder die 20 Uhr-Nachrichten, alles begeistert und man „glaubt" was aus der „Fernsehen-Programmierung“ kommt. Dadurch wollen sie sich vor den „Aufwachprozess“ schützen und man sollte bloß nicht von der Autorität abweichen, sonst gibt es Ärger.

Die patriotische Ebene des Wissens, sind diejenigen die Hinterfragen, Informationen kombinieren, lesen oder vorhersehbare Absichten erkennen können, gegebenenfalls an Demonstrationen teilnehmen, welche vollständig kontrolliert sind. Demonstrationen haben überhaupt nichts mit Widerstand zu tun. Demos verdeutlichen lediglich eine Versammlung von unzufriedenen Menschen, welche das System nicht verstanden haben!

Denn der unwissende Normalbürger, unterscheidet sich vom sogenannten Patriot, nur darin, dass er in diesem endlosen „Labyrinth des Wissens“ lediglich die nächstmögliche Stufe oder die nächste Tür der Pyramide erklommen hat, welche wieder nur eine weitere verschlossene Tür offenbart.

Ohne zu erkennen, wie hoch diese Pyramide wirklich ist, wie viele Türen noch zu öffnen sind, worin der Sinn seiner Recherchen liegt, was uns aus diesem System befreien kann. So funktioniert das komplette Autoritäts-System. In diesem System hat jeder einzelne, jeder Beamte einen bestimmten Bereich, den er „Wissen“ nennt. Dabei ist alles, was wir und das Personal des Systems Wissen nennen, nur eingeschränktes, zur Verfügung gestelltes Wissen, welches uns von „Geheimlogen“ oder Aussteigern preisgegeben wird.

Wir sollen ihre Lügen erkennen, uns ununterbrochen mit ihren Schauspielkünsten und Theaterstücken beschäftigen, nur um uns vom richtigen Weg, ja von Weisheit, Sie vom nächsten Schritt abzulenken und abzuhalten, damit wir uns eben nicht, mit den wesentlichen Dingen, mit den wesentlichen Fragen beschäftigen. Damit wir gar keine Zeit haben über die wahren Hintergründe, über das große Ganze, die Fragen über den Fragen nachzudenken.

Scheinbar genügt es vielen, wenn sie die Freimaurersymbolik erkennen oder Zionisten (säkulare = „falsche Juden“) auf professionellen Fotos der Regierungs-Fotografen sehen, die bei ganz öffentlichen Treffen mit Präsidenten oder Monarchen abgelichtet werden. Andere suchen die so beliebte satanische Symbolik oder wer mit wem zusammenarbeitet, wer was, wo, wann gesagt, beschlossen oder vereinbart hatte. Am Ende dieses Buches wird es gar nicht mehr wichtig sein, wer zu welchen Geheimlogen gehört, wer welche Auszeichnungen erhalten hat.

Namen wie Rockefeller, Rothschild, Soros, Morgan, Vanderbilt, usw. alleine bringen niemanden weiter. Ob die „13 Blutlinien“ oder die öffentlich zugänglichen Informationen der Freimaurerlogen. Wenn Sie verstanden haben, dass alle Kriege und unter falscher Flagge „Terroranschläge“ geplant waren.

Haben Sie verstanden, dass: Die Klimahysterie eine große und benötigte Show der Agenda 2030 ist.

Haben Sie verstanden, dass: Konzerte, Hollywood und Fernsehen die erfolgreichsten Gedankenkontroll-Programme sind?

All diese Informationen, wie „es" funktioniert sind öffentlich zugänglich, öffentlich einsehbar und werden ganz öffentlich publiziert, ja sogar die giftigen Chemtrails werden durch Politiker und Medien bestätigt und auch ganz öffentlich besprochen. Jedoch hat das irgendetwas mit Weisheit zu tun?

Beinhalten diese Informationen einen Ausweg? Oder ist das bestenfalls gut kombiniert?

Informationen, welche wir finden sollen?

Dies alles bedeutet gar nichts. Lediglich damit Sie belesen sind und mehr Fragen stellen, als das gewöhnliche unwissende Volk. Mit Wissen oder Weisheit hat auch das überhaupt nichts zu tun.

Es bedeutet lediglich, damit Sie mehr Informationen erlangt haben, als das „smarte" Volk, welches nur noch das „neueste" Smartphone oder die „coolsten" Apps im Kopf haben.

Ich meine, wir sehen auf der ganzen Welt Menschen, die ununterbrochen ihr Smartphone in der Hand halten. Angefangen bei Kindern bis hin zu den älteren Menschen. Leute, die nicht mal mehr aus ihrem Auto ein oder aussteigen können ohne nochmals auf ihr Scheißphone zu schauen. Supermärkte in welche Menschen ohne ihr „heiliges" Smartphone nicht mal mehr einkaufen können und selbst beim Einschlafen hat das Smartding längst den Ehemann oder Partner ins Abseits gedrängt.

Ich nenne es Krankheit, eine teuflisch verfluchte Epidemie. Die Pest des 21. Jahrhundert. Es ist die gleiche Art von freiwilliger Versklavung, wie jene, die wir vor Kurzem mit den Masken beobachten konnten.

Das Volk zwingt das Volk.

Das Vieh zwingt das Vieh.

Die Ratten zwingen die Ratten.

Beim Smartmüllphone sind Sie ganz alleine Herr des Geschehens. Also beschweren Sie sich bitte später nicht, nicht Bestandteil dieses Buches zu sein. Aber ich musste es nochmals erwähnen, denn das Smartmüllgedöns wird von Tag zu Tag schlimmer!

Wie konnten wir denn behaupten, es gäbe eine „jüdische Weltherrschaft", nur weil es (säkulare) jüdische Freimaurerlogen gibt, Politiker jüdische Auszeichnungen erhalten oder Juden ganz bewusst in den Vordergrund gestellt werden, wobei doch nicht mal der Judenstern, das Hexagramm jüdischer Natur ist?

Könnte es vielleicht sein, dass die ganze Antisemitismus- und Juden-Propaganda, der 2. Weltkrieg sowieso, in den Medien, neben der Spaltung und Unterdrückung oder neuer Gesetze gegen das Volk noch einen ganz anderen Grund hat?

Wenn Medien jüdische Rabbis mit dem Präsidenten oder Politiker ablichten, bedeutet das eine jüdische Weltherrschaft? Wäre das nicht zu offensichtlich? Würden Sie sich so präsentieren, wenn Sie eine Weltherrschaft anstreben? Oder hat auch dieses Schauspiel einen weitaus tieferen Sinn?

Wenn Sie aus öffentlich zugänglichen Quellen herausgefunden haben, dass Hollywood zum größten Teil in jüdischer Hand ist, bedeutet dies, dass sie die Welt kontrollieren? Oder haben sie ganz bestimmte Aufgaben in der Filmindustrie zu erfüllen?

Warum hatte Hitler so viele jüdische Berater? Weil sie ihn kontrollieren? Oder weil sie eine Aufgabe zu erfüllen hatten?

Sollten Sie es noch immer nicht bemerkt haben: Es geht nicht um rechts oder links, um Judenhass oder Antisemitismus, um rot oder blau oder um schwarz oder weiß. Das sind alles Erfindungen des sogenannten „Establishments“. Alles spaltende Themen, mit denen wir uns „Wahlweise“ im wahrsten Sinne auseinandersetzen sollten, nur um von der eigentlichen Wahrheit abzulenken.

Haben Sie jemals über solche Fragen nachgedacht?

Was geht Ihnen durch den Kopf, wenn Sie in den Medien eine brennende Kirche sehen?

Was denken Sie, wenn so etwas öfters als einmal vorkommt?

Was geht Ihnen durch den Kopf, wenn Sie die Antifa oder sonstige Gruppierungen „heilige“ Monumente und Statuen niederreißen sehen?

Welche Gefühle weckt das in Ihnen?

Brandstiftung?

Heilige Stätten?

Christenhass?

Terror?

Was geht Ihnen durch den Kopf, wenn Sie im sogenannten Kalergi-Plan (PAN-EUROPA) etwas von Genozid, Völkermord an den Völkern Europas, die als die Christenverfolgung begannen, gelesen haben?

Welche Gefühle weckt das in Ihnen?

Satanisten?

Juden?

Muslime?

Religion?

Völkermord?

Fühlen Sie sich dann in Ihrem Glauben angegriffen?

Was geht Ihnen durch den Kopf, wenn Ihnen die Medien etwas über Anti-Weiß vorsetzen?

Identifizieren Sie sich deswegen mit Rechts?

Als Christ?

Fühlen Sie sich vielleicht in Ihrer Rasse angegriffen?

Dazu sollten Sie sich erst immer die Frage stellen: Worauf basiert Rassismus überhaupt?

Auf Religion?

Hier muss ich noch erwähnen, dass die religiöse Rassismus-Agenda weltweit angewandt wird und nicht wie viele meinen, nur bei uns!

Nicht nur in Deutschland oder Europa, in allen Ländern hetzt man die Bevölkerung gegenseitig mit diesem Blödsinn auf. Was natürlich wieder dem Glauben an eine, an Ihre Religion, Ihrer Rasse zugrunde liegt.

Was ging Ihnen durch den Kopf, als sie während der Plandemie die Kirchen geschlossen hatten?

Welche Gefühle weckt das in Ihnen?

Religionsverbot?

Satanisten?

Antichristen?

Einschränkung Ihrer Freiheit?

Religionsfreiheit?

Das sind hier alles Wortspielereien, verstehen Sie?!

Haben Sie jemals darüber nachgedacht, ob es nicht genau das ist, genau diese Gefühle und diese Emotionen, die sie in Ihnen wecken wollen?

Können Sie sich vorstellen, dass alle Kriege, Religionskriege waren?

Oder das die ganze Plandemie eine einzige Religion war und ist, welche durch die Hoffnungslosigkeit, Hilflosigkeit, angebliches Massensterben, gerade dadurch der Glaube an „Religionen“ und Sektenführern gestärkt werden soll?

Haben Sie sich jemals gefragt, wieso sich Menschen gegen jeden gesunden Menschenverstand „impfen“ lassen? Wieso B und C Promis die „Impfung“ gegen jeden gesunden Menschenverstand, voller Überzeugung promoten? Oder warum viele in der Plandemie eine Maske tragen, obwohl sie völlig alleine im Auto sitzen, auf dem Feld oder auf einem Dach arbeiten und trotzdem die Maske tragen? Diese Menschen sind nicht dumm! Dieses Verhalten hat auch nichts mit Wissen oder Unwissenheit zu tun.

Gewiss ist es zum Teil wegen der Verordnungen, Vorschriften und Dauer-Mediengehirnwäsche, die man gekonnt benutzte, um die Menschheit zu kontrollieren. Aber warum können wir dieses Verhalten weltweit feststellen? Sogar bei intelligenten Menschen, die es doch eigentlich besser wissen sollten?

In vielen Ländern gab es weitaus weniger harte Maßnahmen oder Einschränkungen und trotzdem tragen die Menschen ganz brav ihre Masken, auch ohne Kontrollen oder Polizei. Das waren und sind Selbstversklavungsmaßnahmen!!!

Können Sie sich vorstellen, dass dieses Verhalten eine weitaus tiefere Ursache hat?

Die Antwort werden Sie nach diesem Buch ganz alleine beantworten können.

Auch der sogenannte Widerstand aus der Bevölkerung, welcher keinerlei Erfolg aufweisen konnte, dessen war sich das Establishment schon im Voraus bewusst, bereits bei der Planung der Plandemie. Und sie wussten auch, durch ihre unzähligen „Denkfabriken", sowie Verhaltensforschung über die KI, Auswertungen der Smartphones, genau welche Vorteile sie aus dem „Widerstand" ziehen können und wie sie den Widerstand gegen uns einsetzen werden.

Die nächste Ebene

Lassen Sie Ihr Herz bestimmen, wohin die Reise geht.
Die Reise wird Ihnen gefallen. Versprochen.

(Alfred Walter von Staufen)

Haben Sie jemals versucht, auf einem höheren, auf dem nächsten Level zu denken?

Einer Ebene, die Sie gar nicht erreichen sollen?

Könnten Sie mit einem höheren Wissen überhaupt umgehen?

Könnten Sie überhaupt mit Weisheit umgehen?

Wären Sie dazu überhaupt bereit?

Sind Sie dazu bereit?

Überlegen Sie sich diese Antwort ganz genau. Nur wenn Sie wirklich dazu bereit sind, werden Sie sich nach diesem Buch als Weise bezeichnen können. Jedoch kann dies nur erfolgen, wenn Sie bereit sind, es zuzulassen.

Sie werden mich im Verlauf dieses Buches vielleicht das eine oder andere Mal infrage stellen oder an meinen Worten Zweifel aufkommen lassen, was ganz verständlich ist, durch die lebenslange Gehirnwäsche, der Sie ausgesetzt waren. Aber umso weiter Sie schauen, umso mehr werden Sie mir vertrauen, dass ich Sie aus der ewigen Dunkelheit führen möchte.

Sie werden all die Informationen im Verlauf des Buches, Ihr ganzes Leben nicht mehr vergessen können. Das ist ein ernstgemeintes Versprechen.

Die Suche nach echter Weisheit, nach Vollkommenheit, ja die Suche nach Ihnen selbst, nach der lang erhofften Macht ist eine Suche, die immer am selben Punkt scheitert.

Die Glaubenslehre

Was wir Tag ein Tag aus von den Medien vorgeführt bekommen, neben den endlosen und schwachsinnig sinnlosen Reden von politischen Akteuren, ist ein ununterbrochenes Treffen von Politikern, sogenannte Königen, Monarchen und religiösen Sektenführer, als eine nicht endend wollende Show getarnt unter verschiedensten, perfekt inszenierten Veranstaltungen wie „Gipfeltreffen", Bilderbergertreffen, „Parlamentssitzungen", nicht endend wollende abertausende von Sitzungsstunden im EU-Parlament, G7-, G20- und G-Punkt- Treffen, Afrikanisches Parlament, Atlantic Council, CELAC, CFR, Weltbank, World Business Council, usw. und das World Economic Forum (WEF ist für die Öffentlichkeit = Pöppel = Vieh gedacht) wo sich nochmals alle zusammen treffen.

Abb. 5: EU-Gipfeltreffen in Ägypten 2019

Die weltweiten Kosten, welche durch solche Luxusveranstaltungen für den Steuerzahler entstehen, kann man nur erahnen. Stellen Sie sich nur mal vor, was für ein

Aufwand betrieben wird, wenn nur der US „Präsident“ einfliegt. Und nun multiplizieren Sie das Ganze auf alle Sektenführer, die sich mit allen anderen Sektenführer dieser Erde treffen.

Ein endloses Bla Bla Bla. Weltweit beobachten wir ununterbrochen das gleiche Prozedere, die gleiche Vorgehensweise, die gleichen Veranstaltungen, die gleichen erbärmlichen Fotoshootings, das gleiche stumpfsinnige nicht enden wollende Bla Bla Bla.

Präsident A trifft sich mit Präsident Z. König B trifft sich mit König Z. Präsident C trifft sich mit dem Papst. König D trifft sich mit King Charles Schlappohr und er trifft sich wiederum mit dem „heiligen“ Papst. Und der Papst mit dem Dalai-Lama. Er wiederum mit asiatischen Monarchen, die mit europäischen und wieder mit amerikanischen Bla Bla Bla. Ein nicht enden wollendes Treffen unter Politiker, Logenbrüder und Sektenführer.

So ist der Stand der Dinge. So beschäftigen Sie einen Großteil der politisch interessierten Bevölkerung. Dabei sind alle großen Entscheidungen längst getroffen, von solchen Wissenschaftsakademien wie die LEOPOLDINA in Halle an der Saale. Sie diskutieren nur in endlosen Sitzungen ihre Ziele, um der Bevölkerung den Eindruck zu geben, es gäbe eine Demokratie oder eine Politik. Diese Theaterstücke können und sollen wir sehen, es wird uns ununterbrochen präsentiert, genauso wie es gewollt ist. So programmiert man ein Volk.

Was kommt bei diesen unzähligen Show-Treffen zustande? Niemals etwas Gutes für das Volk! Neue Schulden, neue Einschränkungen, neue Gesetze und Verordnungen, neue Steuern, neue Preiserhöhungen, neue Krisen, neue Probleme, neue Ausreden.

Alles unter dem Vorwand der „Economy“, „Nachhaltigkeit“, Bla Bla Bla, alles zum Schutz, jedoch vor allem zum Eigenschutz vor uns, dem unwissendem Volk und für die Vorteile der oberen 1 Prozent. Für Ihre eigenen Vorteile. Nicht mehr und nicht weniger. Auch das ist ein Fakt. Schluss, aus und Ende der Diskussion!

Den Rittern der Tafelrunde erscheint Pfingsten der Heilige Gral

Putin spricht von „Tragödie für das ukrainische Volk“. Es wird wohl noch viel heftiger

Am 6. Februar 1989 war der erste Runde Tisch in Warschau.

Abb. 6: „Der Runde Tisch“ – solch „wichtige“ Treffen hat es immer gegeben!

Wir beobachten also, wie unsere Rechte Tag für Tag, Woche für Woche, Monat für Monat mehr und mehr eingeschränkt werden. Die Weltbevölkerung verarmt, verhungert, verdurstet von Tag zu Tag mehr, obgleich Ihnen die Programmierung aus dem Fernsehen was ganz anderes weiß machen möchte, in diesem betrügerischen Zinses-Zins-Schuldgeldsystem, was in Wirklichkeit ein Schuldenkarussell ist, welches sich kontinuierlich schneller dreht, während die 1 Prozent der Reichsten mit ihren Foundations oder (Schein-) „Stiftungen" legal Steuern hinterziehen können.

Arme Länder werden immer ärmer, während sie im Einverständnis ihre kostbaren Rohstoffe von reichen Industriestaaten erbeutet werden. Ein nicht endend wollender „Nahrungs- und Wassermangel", wie man uns immer wieder sagt, der nicht durch eine angebliche Überbevölkerung oder angeblichen Wassermangels wächst, sondern, weil dies mit der künstlichen Verknappung oder der Saatgut-Unterdrückung erreicht wird. Wasser oder Nahrung sind heute keine Grundrechte mehr, sondern ein Geschäft, das ist Fakt!

Und das alles selbstredend durch Verstaatlichungen und Privatisierungen an gemeinnützige Organisationen. Steuerbegünstigt versteht sich von selbst!

Bevor wir an „künstlicher Intelligenz" arbeiten,
sollten wir erstmal die natürliche Verblödung beseitigen.

(Alfred Walter von Staufen)

Die längst vorhandene „High-Technologie", welche man uns bewusst vorenthält oder die KI (Künstliche Intelligenz), welche allen Menschen dieser Erde ein einfacheres und besseres Leben ermöglichen könnte, wenn man sie für das Volk einsetzen wollte, anstatt gegen uns, wird nach wie vor unterdrückt. Während sie uns den „technischen Fortschritt" vorgaukeln, wird aber in Wirklichkeit der wahre Fortschritt unterdrückt. Diesen „technischen Fortschritt" gibt es schon lange nicht mehr. Langlebigkeit wurde durch Kurzlebigkeit ersetzt, welches natürlich den Umsatz der oberen 1 Prozent Multis und dem Schuldgeldsystem zugutekommt.

Informationstechnologie ist das einzige, was wir sehen können, welche sich scheinbar „entwickelt". Jedoch im negativen Sinne, denn mit zunehmenden Gegenintelligenz-Medien oder endlosen Dauerwiederholungsschleifen. Exakt wie das Fernsehen. Während wichtige Bücher ins Abseits rücken, hilft die Flut der endlosen Plandemie Dauerschleifen sowie Angstartikel das Informationszeitalter in ein Desinformationszeitalter zu verwandeln. Mit Fortschritt hat das genauso wenig wie mit Bildung zu tun. Es ist ein „Rückschritt" der „Allgemeinbildung", abgerundet mit den kitschigen Apps, Smileys oder Dauer-Smartphonegepiepe, welche gegen jeden vernünftigen Verstand alles andere als förderlich sind.

Die schwindende Intelligenz kann man in den letzten Monaten und Jahren speziell in den sozialen Medien beobachten, worauf fast alle Kanalbetreiber reagieren. Immer mehr „Nutzer" wollen keine Artikel mehr lesen, egal wie wichtig dessen Inhalt ist. Und so hat man begonnen, die „Nachrichten" in Sprachdateien oder Videos zu packen, damit die Follower diese so bequem wie nur möglich konsumieren, ob es auf dem Weg zur Arbeit ist, am Kaffeetisch, im Auto oder zum Einschlafen. Ein gesprochenes Wort kann niemals ein gelesenes Wort ersetzen. Erst durch lesen bleiben entsprechende Informationen im Gehirn gespeichert. Diesen Prozess kann ich auch sehr gut auf meinen Internetseiten beobachten, wie lange die Leser sich Zeit nehmen, bzw. wann die Absprungrate eines Beitrages ist. In der Regel verlassen viele Konsumenten nach zirka 2.38 Minuten meine Artikel. Das liegt entweder daran, dass die Beiträge nicht informativ oder spektakulär genug sind oder das Hirn des Lesers ist schon komplett überlastet und kann somit keine neuen Daten mehr aufnehmen. Und so ist mittlerweile die Zukunft, dass noch mehr Sprachmemos und Videos mit einstürzenden Häusern, explodierenden Flugzeugen oder Leichen im Kriegsgebiet produziert werden, weil für die „Konsumenten" wahre Meldungen und wirkliche Aufklärungen nur noch ein Produkt sind, wie eine Jeans für 9 Euro in „Primark", die nach dem Tragen entsorgt wird! Ja, unsere Nachfahren werden so auf diese Weise komplett verdummt!

Das nenne ich ein Rückschritt für die Menschheit. Antriebssysteme, welche seit ca. 100 Jahren fast identisch sind. Bluetec, Ecotec, Greentec oder High-Dreck-Tec verkaufen die da oben uns als „Fortschritt", was kein Fortschritt ist, bestenfalls ein Update am Computer, um nur ein Beispiel zu nennen.

Das „Establishment" also das „Weltherrschaftssystem" möchte gar nicht, dass wir ein einfacheres, besseres, längeres, gesünderes oder glücklicheres Leben haben. Es muss kompliziert, schwer und voller Hindernisse oder Angst sein, welche die Rente längst offenbart hat.

Zeitgleich gibt es in der angeblich milliardenschweren „Krebsforschung" oder bei „Autoimmunkrankheiten", welche wiederum durch Impfungen verursacht werden, seit Jahrzehnten ganz offiziell keinen nennenswerten Erfolg zu verzeichnen.

Mit unzähligen Regeln, Vorschriften, Gesetzen und Verordnungen, die erst durch die erschaffene Konsumgesellschaft möglich wurden, da die wahren Absichten durch Konsumfreude und „Wohlstand" meistens gar nicht registriert werden, was da so alles beschlossen wurde, so dass man sich heute nicht mal mehr auf die Straße trauen kann ohne in die Fallen der Unterdrücker zu geraten. Der Polizeistaat kommt nicht erst in der Zukunft, denn er ist längst Realität geworden und das auch schon lange vor der immer wieder erwähnten Plandemie. Nur hat es noch keine Seele bemerkt.

Heute stehen alle da und „schauen dumm aus der Wäsche“, wie man immer so schön sagt, während es die vergangen Jahre nur einen Bruchteil der Schlafschafe registriert hat, wie sich die Welt zunehmend verschlechterte.

Ihre sogenannten „politischen Treffen“ werden ganzen Völkern als „Erfolg“ oder „Zielgerichtet“ verkauft, immer in Verbindung mit den Worten „Agenda“, „Ökonomie“, „Umweltfreundlich“, „Klimaschutz“, „Nachhaltig“ oder „Globalismus“, um nur einige zu nennen.

Erfolgreich sind ihre Taten allerdings, stellt sich nur die Frage: für wen? Ganz sicher nicht für uns, für das Volk, für das Vieh, für die Ratten!

Nach unzähligen Treffen und Versammlungen, nach allen Künsten der professionellen „Schauspielschule“ durch Denkfabriken, treffen sich dann nochmals alle Oberen zusammen unter verschiedensten Scheinorganisationen, welche auch: „Non Profit Organisationen“ (NGOs), Steuerhinterziehungs-Stiftungen (Foundations) oder Schlusslicht die Vereinten (steuerbefreiten Freimaurerlogen) Nationen, mit ihren zahlreichen Unterorganisationen.

In erster Linie erzeugt man so den Eindruck, Politiker würden sich ständig „für“ ihr Volk einsetzen und bemühen, nach dem Motto: sie hätten ununterbrochen „zu tun“, zu organisieren, zu planen, usw. Spitzenpolitiker tun jedoch gar nichts! Sie präsentieren einzig und allein, was ihnen vorgelegt wird. Die schlechtesten unter ihnen können gar nicht anders als ablesen, wenn überhaupt!

In Wirklichkeit geht es immer um dasselbe: Wie weit ist jeder sogenannte „Anführer“ mit seinen vorgegebenen und vorgeschriebenen Zielen, die unsere politischen „Anführer“ dieser Welt umsetzen müssen.

Die Plandemie hat auch dieses Verhalten nur zu deutlich veranschaulicht. Eine einzige große theatrale Affenshow, von ungeeigneten, unfähigen, unqualifizierten, verlogenen und vor allem sich selbst widersprechenden Marionetten, die überhaupt nichts zu entscheiden haben, sondern lediglich Entscheidungen befolgen müssen.

Ein vollständig neues Bild der Plandemie wird sich bis zum Ende dieses Buches ergeben. Auch viele Fragen, die Ihnen bislang unbeantwortet blieben, werden Sie sich später selbst beantworten können, wenn Sie <u>die richtigen Fragen stellen</u>.

Abb. 7: „Corona bedingt" begrüßt man sich wie die alten Pharaonen!

Die da oben sagen uns, dem „dummen Volk": Wir sollen Elektroautos kaufen und teuren Sprit bei endlosen Ölvorkommen bezahlen, während Politiker die größten Spritfresser fahren oder fliegen. Während man im weltweiten militärisch-industriellen Komplex oder bei der NASA-Show kein Wort von „Klima- oder Energie-Hysterie" vernehmen kann.

Wir sollen möglichst „umweltbewusst" Auto fahren oder noch viel besser darauf ganz verzichten, keine Kinder mehr bekommen, selbstverständlich wegen der Klimalüge und in Zukunft über die Klimalügen wohl möglich ein Klimapunktesystem oder Klima-Lockdowns akzeptieren, während Spitzenpolitiker mit ihren Spritfressern oder Privatjets täglich unnötige tausende von Kilometern zurücklegen. Unnötige Flüge von Parlament A nach B, Land A nach Land B, um unnötige und absolut hirnfreie, sowie sinnlose Showveranstaltungen abzuliefern oder auch nur darüber zu diskutieren, wie sie uns am schnellsten den unnötigen Schrott der Elektrofahrzeuge, den neusten und immer gleichen Müll der „Smartgeneration" vermarkten können, nur um immer mehr Kontrollmechanismen zu besitzen.

Künstlich verknappte Energie, während die freie Energie nach wie vor unterdrückt wird.

Wir sollen sehr teure und unnötige Solaranlagen auf unsere Dächer bauen, ineffiziente Reichswindkrafträder auf unsere Felder und womöglich später noch in unseren Gärten positionieren, während die Regierungstempelgebäude, Tempelpaläste, Tempelparlamente, Einkaufstempel oder Tempelkapitole und auch deren Grundstücke es überhaupt nicht für notwendig halten, welches die folgenden Medien der staatlichen Gebäudekomplexe noch offenbaren wird.

Aber Schluss mit dem üblichen Hamsterrad. Vieles ist Ihnen bestimmt längst schon bekannt, aber eben leider nicht allen Menschen. Daher komme ich nun zum nächsten Thema:

Stellen Sie die richtigen Fragen

Wenn man nach Antworten sucht,
sollte man die richtigen Fragen stellen.

(Alfred Walter von Staufen)

Ist Ihnen noch nicht aufgefallen, dass Sie seit Ihrer Geburt in eine Glaubensgemeinschaft, auch Sekte oder Religion genannt, hineingezwungen wurden?

Sie haben überhaupt keine andere Wahl, ob Sie getauft werden oder nicht, denn es wird Ihnen aufgezwungen ohne Ihre Zustimmung. Sie werden in der Schule zur Religion „gezwungen", wenn Sie nicht wollen, werden Sie schief angesehen oder als „Ungläubiger" bezeichnet, während in anderen Ländern, zum Beispiel in Asien, der Buddhismus ein wichtiger Teil des täglichen Lebens, ja sogar ein Teil des eigenen Haus ist. Altare im eigenen Haus, in Geschäften und öffentliche Plätze sind dort selbstverständlich!

Abb. 8: In Asien ist der Buddhismus ein wichtiger Teil des täglichen Lebens

In den asiatischen Ländern wurde der Buddhismus längst fester Bestandteil des täglichen Fernsehprogramms. Fernsehen wurde unbewusst als „heilig“ ins Unterbewusstsein der Menschen einprogrammiert. Es gibt fast keine Nachrichtensendung ohne einen Bezug zum Buddhismus in Verbindung mit Gebeten oder die täglichen 20 Uhr MKULTRA-Monarch-Programme mit einem religiösen Bezug. Kein Monarch (Thronbesetzer) wird in den Medien präsentiert ohne den darauffolgenden Buddhismus, Mönche oder in Verbindung mit Gebeten, wie religiöse Zeremonien dargestellt. Dies geschieht nicht zufällig, sondern obliegt einer sehr alten Tradition. Strategie würde hier besser passen!

Nicht nur im asiatischen Raum ist so eine Vorgehensweise zu erkennen. Erst kürzlich verfolgte ich den Sender RTL, um ein Bild der aktuellen Franzmann-Staats-Medien-Verblödung zu bekommen. Nach Plandemie, LGTBQ und den üblichen Klimaschwachsinn kam am Ende ein Bericht über Afrika und das Christentum. Dies können Sie selbst Tag ein Tag aus in den Medien beobachten und analysieren, wenn Sie darauf achten. Religion wird ganz geschickt in viele Themen mit einbezogen oder unterbewusst damit verknüpft.

Staatsreligion bedeutet: Der Staat identifiziert sich mit einer Religion und erkennt diese als „seine“ Religion an. Die „Staatsreligion“, auch offizielle Religion genannt, ist eine von einem Staat gegenüber anderen Religionen bevorzugte Religion. [(9)]

So wird beispielsweise von Buddhisten erwartet, dass alle männlichen Bürger irgendwann in ihrem Leben für mindestens mehrere Wochen Mönche werden, bevor sie zwanzig Jahre alt werden, welche der Traditionen zugrunde liegen. Darum besuchen Männer Klöster und Tempelanlagen, um in traditionellen Mönchs-Lehren und -praktiken geschult zu werden. Sie durchlaufen verschiedene Rituale und Zeremonien, um ein festes religiöses Lebensbild zu erhalten. Es ist eine gewollte, kontrollierte Art, Menschen in ein lebenslanges Glaubens-System einzubinden. So finden auch in allen Schulen, täglich buddhistische Gebete, oft in Verbindung mit Mönchen statt. Ich werde hier in diesem Buch aufgrund des Umfangs nicht alle Bräuche von allen Religionen aufzählen.

Wir sind Sklaven von Religionen

Haben Sie noch immer nicht bemerkt: In Wahrheit dreht sich Ihr ganzes Leben um Religion?

24 Stunden am Tag, das sind 7 Tage in der Woche und dies an 365 Tage im Jahr.

Ob nun Taufe, Kommunion, Konfirmation und ganz egal ob es nun islamische, buddhistische, protestantische, katholische oder hinduistische Bräuche sind. Oder sonntags in der Kirche, die Hochzeit, die „heiligen“ Feiertage wie Pfingsten, Ostern, Weihnachten, usw. Sobald Sie das Fernsehen einschalten, einen Film schauen, werden Sie ständig mit Religionen, Sekten, Kirchen, Symbolen oder „heiligen“ Gestalten konfrontiert. In den Nachrichten, in Hollywood, in TV Shows, von Politikern und deren „Parteien“, im Sport, im Frühstücksfernsehen, ja es gibt sogar zahlreiche religiöse Kanäle oder Radiosender in allen Herren Ländern.

Daneben läutet in vielen Gemeinden oder Städten jede Stunde oder sogar zur viertel Stunde die Kirchenglocke. Ganz modern auch mit 12 oder 18 Uhr Musik. In muslimischen Länder (nun auch in Deutschland) ist es der regelmäßige Gesang der Prediger durch Lautsprecher oder in Asien die Mönche, die ihre tägliche Wanderung für Almosen unternehmen oder die lautstarken Trommeln der buddhistischen Tempel. So finden in Schulen täglich Gebete statt, welche den Menschen noch über Lautsprecher der Gemeinden aufgezwungen werden. So werden auch Sie ununterbrochen mit der Religion konfrontiert. Je nach Land in unterschiedlichster Form und Tradition.

Ja, wahrscheinlich bezahlen Sie sogar Kirchensteuer und selbst Ihr „Tod“, wie auch das „letzte Gebet“ des Pfarrers, sowie das religiöse „Christus-Kreuz“ gehört der Religion.

Sie können der Religion fast nicht entkommen. Ob Sie nun wollen oder nicht.

Wenn Sie nun denken, ich habe Sie schon mit genügend Fragen bisher konfrontiert, dann stellen Sie sich nun auf die echten Fragen ein, im nachfolgendem Kapitel:

Wer nicht fragt bleibt dumm

Was wäre, wenn sich Ihr ganzes Leben, Tag ein und Tag aus, nur um Religion drehen würde, aber Sie es überhaupt nicht bemerkt haben?

Was wäre, wenn Sie seit Ihrer Geburt im Besitz einer religiösen Sekte sind? Wenn die offizielle Geschichtsschreibung eine religiöse Lüge ist, die lediglich auf religiösen Sekten basiert?

Was wäre, wenn auch die Astronomie gar keine Wissenschaft, sondern lediglich eine Religion von einem Sektenkult ist?

Was wäre, wenn es gar keine Länder gibt, sondern nur religiöse Unternehmen?

Was wäre, wenn es gar keine Politik gibt?

Was wäre, wenn es gar keine Demokratie, Kommunismus, gleich welches erfundene System gibt?

Was wäre, wenn alle „Wahlen" und alles was Ihnen Politiker erzählen, einzig und allein große religiöse Glaubens-Veranstaltungen sind?

Was wäre, wenn wir alle in einem Sklavensystem leben und obwohl es so offensichtlich ist, wir dies gar nicht bemerkt haben? Und obwohl es so offensichtlich ist und immer noch nicht gesehen wird, gar keine Sklaverei des „Staates" ist, sondern nur Ihre eigene?

Was wäre, wenn die auserwählten „Führer" aller „Nationen" lediglich ausführendes Personal, sprich Mitarbeiter des Weltherrschaftssystems wären? Wenn „Könige" und auserkorene „Logen-Präsidenten" schon seit langer Zeit für die ein- und gleiche religiöse Sache arbeiten?

Was wäre, wenn der Mythos Jesus nur ein Märchen wäre?

Was wäre, wenn die Bibel nur eine Erfindung, eine Weiterführung der früheren Religionen dieser Erde wären?

Was wäre, wenn Sie in Kirchen, Moscheen, im Buddhismus, im Hinduismus, im Judaismus oder im Christentum, ganz gleich welcher Religion Sie sich verpflichtet fühlen, gar keinen sogenannten Gott anbeten?

Was wäre, wenn alle Religionen das ein und selbe sind, der gleichen Grundidee und der gleichen Autorität zugrunde liegen?

Was wäre, wenn das „heilige" „Hollywood" nichts weiter als eine Religion wäre?

Was wäre, wenn selbst die Freimaurerei nur eine Religion wäre?

Was wäre, wenn die unzähligen ägyptischen, griechischen oder römischen „Götter“ nur Erfindungen waren, um das Volk unter einer religiösen Herrschaftskaste gefügig zu machen?

Was wäre, wenn alle sogenannten Regierungsgebäude, Parlamente, heute gern Museen genannt, in Wirklichkeit religiöse „heilige Stätten, Grabstätten und Kirchen“ jener religiösen Sekte sind?

Was wäre, wenn alle erfundenen Götter der Geschichtsschreibung den gleichen Ursprung und bis heute der gleichen Idee zugrunde liegen, um nur einen einzigen Zweck zu erfüllen?

Was wäre, wenn die gesamte erfundene Religion, wenn Ihr Glaube, egal an welche „Gottheit dieser Erde“ sie Ihnen vorgegeben haben, nur einer einzigen Sekte angehört?

Was wäre, wenn der komplette okkulte Kapitalismus, Satanismus, Baphometismus und Luziferianismus nur erfunden wurden, um den Glauben an eine falsche Religion, eine Gottheit, Ihren „Gott“ zu stärken?

Was wäre, wenn mit „Jesus“ gar nicht Jesus gemeint wäre, sondern Jesus etwas völlig anderes darstellt?

Abb. 9: „IN GOD WE TRUST“ (Wir vertrauen in Gott) auf dem ein Dollar-Schein

Was wäre, wenn mit „Gott“, welcher ohne Namensbezug lediglich ein Begriff irgendeiner Gottheit ist, wie sie es bezeichnen, gar nicht „Gott“ als solcher gemeint wäre?

Was wäre, wenn Sie schon gar nicht mehr den Unterschied zwischen Religion und Politik deuten können?

Was wäre, wenn die komplette Herrschaft, wie Sie sie über die Medien als Politik, als Demokratie, als Länder, als Kriege und Konflikte, wahrnehmen, ebenfalls einer einzigen weltweiten, religiösen Sekte zugrunde liegen?

Was wäre, wenn Pharaonen, nie ausgestorben wären oder sie noch immer auf dieser Erde herrschen?

Was wäre, wenn das sogenannte Römische Reich gar nicht untergegangen wäre und es noch immer herrscht?

Was wäre, wenn das sogenannte „Informationszeitalter", lediglich ein Zeitalter der Desinformation ist?

Was wäre, wenn das Internet nur erfunden wurde, um diese falschen Religionen, dieses falsche „Wissen" zu verbreiten, mit Hilfe von Wikilügia, Google, Facebook, Telegram, usw.?

Was wäre, wenn die Aufgabe von Google Street View, die ganze Welt zu fotografieren, nicht für uns, für das Volk fotografiert wurde, sondern nur für das System, um ein echtes Weltbild ihrer erschaffenen, religiösen Welt zu bekommen?

Was wäre, wenn die Covid Plandemie hauptsächlich ein Eignungstest führender, religiöser Sektenführer ist? Ein Test, wie gut ihre Marionetten an vorderster Front gehorchen und selbst falsche Entscheidungen ausführen können? Ein Test, bei dem sie sich erstmals für die „große Sache", der „Neuen Weltordnung" wie George Bush Sr. Sie 1990 nannte, bewähren müssen? Eine Qualifikation, wenn man so will. Qualifikation für wen oder was?

Und wenn die gesamte Plandemie nur ein religiöser Wettbewerb unter „Anführern" ist, wer sein Land am besten unter Kontrolle hat oder wer seine Bevölkerung am schnellsten zur Giftspritze führt?! Wer sein Volk am schnellsten unter Kontrolle reduziert hat? Wer die schon vor langer Zeit geplanten Ziele der Agenda 2030 am erfolgreichsten umsetzen kann?

Was wäre, wenn Ihr ganzes Leben, wie Sie es wahrnehmen, nichts weiter als eine große religiöse Show wäre, welche nur einen einzigen Zweck zu erfüllen hat?

Haben Sie Sich diese Fragen jemals gestellt?

Aber eins nach dem anderen.

Zuvor möchte ich noch ein ausführliches, aber auch sehr aufschlussreiches Zitat der „Bibelwahrheitsfinder"-Seite wiedergeben, welche ich jedoch nicht weiter kommentieren werde! Bitte bilden Sie sich Ihre eigenen Gedanken dazu, ob ich bisher „Quatsch" geschrieben habe oder ob Sie nun anfangen zu verstehen, in welch einer Art von „Welt" wir leben! Es geht um die:

Fazit: Die Rolle der Kirche

„Jeder registrierte Name, jede PERSON ist Handelsware, ein „Bastard" von Vater Staat und Mutter Kirche. „Im Namen" zu sein, bedeutet „in Christus wiedergeboren" zu sein, wir könnten auch „Im Namen des Vaters und des Sohnes und so weiter…" sagen. Egal an welchen „Gott" du glaubst, dein Name gehört der „katholischen Kirche". Nicht der „römisch-katholischen", sondern der „katholischen"… der „allumfassenden" Kirche. Alle anderen sogenannten „anerkannten" Religionen operieren UNTERHALB des so genannten „Nachfolger Petri", dem so genannten „Heiligen Stuhl".

Glaub bitte an wen oder was Du willst – das ist dein Vergnügen. Hier in dieser Zusammenfassung geht es NICHT um Deine religiösen Gefühle! Aber glaub bitte ja nicht, dass DER sogenannte Staat und DIE Kirche nichts miteinander zu tun hätten, nur weil man dir gesagt hat, sie wären getrennt. Viele kinderreiche Eltern leben getrennt…

„Wir sind das Volk!" Mit dem Wort Volk ist IMMER der Begriff „das Volk Gottes" gemeint. Dieser Begriff GEHÖRT der kath. Kirche, denn Volk = Population; Pope = Papst: die kleinen Päpste bedeutet, dem Papst (der kath. Kirche) unterworfen zu sein!"

… der kleine Mensch (das Neugeborenes) der auf die Welt kommt, wird in dem System zunächst als die zu registrierende ((lat.) ReGis -> des Königs) Ladung des Schiffes (Mutter) behandelt. Die Mutter und der Vater zeigen die Geburt an (Geburts"anzeige") und die Ladung (der Menschensohn als Kind* (Begriff* der ebenfalls der kath. Kirche gehört!) -> PERSON) wird sogleich registriert. Durch den Geburts"kanal" aus dem (Frucht)"wasser" sozusagen entladen und dann verhökert. Hier definieren sich bereits das SEERECHT! Noch ein Beispiel dafür in den hierzulande verwendeten sogenannten Gesetzen: Die OwiG (Ordnungswidigkeitengesetz) gilt nach dessen Geltungsbereich in § 5 auf Schiffen und Flugzeugen …. Die

BriD ist demnach wohl ein Schiff, das bestätigt ja in gewisser Weise auch das / die „Grund"gesetz /„Grund"steuer /„Grund"abgaben etc für die BriD, denn mit „Grund" kann einzig nur der Meeres„grund" (Seerecht) gemeint sein und nicht der Boden (Landrecht) Deutschlands ? .... Nette Wortspielereien, die einen zur Wahrheit führen (leider sind viele von der Sprache weg erzogen, denn sie ist der Schlüssel)!

Alles, was Dich an Deinem System quält, der ganze Sklavenverein, das komplette Geldsystem, alles, was 'Recht' ist... geht vom selbsternannten „Oberhaupt aller Gläubigen", dem „Heiligen Stuhl", „The Holy See" aus. Wobei wir nun bei deren Definition des „See"-Rechts wären.

Seerecht (Quelle: Juristisches Wörterbuch G. Köbler):

„Seerecht ist die Gesamtheit der die See und die Seeschifffahrt betreffenden Rechtssätze. Das Seerecht ist teils Völkerrecht, teils staatliches Recht (vor allem Seehandelsrecht §§ 476 ff. HGB). Es betrifft auch das → Arbeitsrecht, das → Versicherungsrecht und das → Verwaltungsrecht."

+++ ACHTUNG +++ !!!": NICHT das Arbeitsrecht, Versicherungsrecht und Verwaltungsrecht betrifft das Seerecht SONDERN umgekehrt!!!

Das Seerecht ist hier bereits seit 1727 SONDERPRIVATRECHT ... Preußen schafft 1727 ein umfassendes „See"gesetz dessen Inhalt in das allgemeine Landrecht 1794 Eingang findet! Die deutschen Staaten vereinheitlichen ihr Seerecht im allgemeinen deutschen Handelsgesetzbuch 1861 bzw. im Handelsgesetzbuch 1897/1900.

Die große Firma die weit über all dem steht kennen wir jetzt, es ist der „Heilige Stuhl", die kath. Kirche, denn: *„Mit der Taufe wird der Mensch der Kirche Christi eingegliedert und wird in ihr zur PERSON mit den Rechten und Pflichten..."* All die Unterfirmen, Staaten, Banken etc pp sind unter der Kurie der kath. Kirche gegründet. Auch das Deutsche Reich (sowohl Onkel Adolf´s als auch jedes davor) und jetzt hat die BriD das Ruder übernommen!

Die Vertragsunterzeichnung Reichskonkordat im Vatikan zwischen A. Hitler und dem damaligen Papst Pius XI fand am 20. Juli 1933 statt. Am 20. Juli wurde das Reichskonkordat im Vatikan feierlich durch Pacelli und von Papen unterzeichnet, die Ratifizierung durch das Deutsche Reich erfolgte am 10. September 1933. Während sich Konkordatsverhandlungen üblicherweise über Jahre erstreckten, waren Kirche und NS-Staat in diesem Fall innerhalb weniger Wochen handelseinig geworden. Damit übergab man dem Vatikan die ReGIERung des Deutschen Reiches. Nach Wikipedia wird diese Vertragsunterzeichnung von 1933 auch heute noch für die Bundesrepublik Deutschland als gültig betrachtet. Denn das Bundes[verfassung]sgericht bestätigte mit ihrem Konkordatsurteil vom 26. März 1957, dass das Reichskonkordat von 1933 nach wie vor fortbestünde und für die Bundesrepublik bindend sei. ... ein Schelm wer Böses dabei denkt? Hier nur ein paar Punkte aus dem Reichskonkordat, welches bis heute gilt:

Artikel 4: freie Korrespondenz zwischen dem Heiligen Stuhl und allen deutschen Katholiken.

Artikel 5: Geistliche erhalten den gleichen Schutz des Staates wie Staatsbeamte

Artikel 8: das Amtseinkommen der Geistlichen ist in gleichem Masse von der Zwangsvollstreckung befreit wie die Amtsbezüge der Reichs- und Staatsbeamten.

Artikel 9: Schutz der „Pflicht der seelsorgerlichen Verschwiegenheit". Geistliche können von Gerichtsbehörden und anderen Behörden nicht um Auskünfte über Tatsachen angehalten werden…

Artikel 17: Schutz von Eigentum, Vermögen, Rechten und gottesdienstlichen Gebäuden.

Da zudem auch noch alle Religionen (auch der Islam) in dieser künstlich geschaffenen Welt aus dem Heiligen Stuhl heraus entstanden sind, sowie die ganzen Firmen [UCC (Handelsrecht), BriD, Gerichte etc. ist die PERSON – ob getauft oder nicht getauft – durch die z.B. Geburtsurkunde in diesem Rechtskreis sozusagen angedockt. (10)

Und wie sieht es mit unserem Personalausweis aus? Was ist dessen Bedeutung? Der Duden schreibt:

„Personal: Gesamtheit von Personen, die bei einem Arbeitgeber bzw. Dienstherrn in einem Dienstverhältnis stehen. Aus mittellateinisch personale = Dienerschaft, substantiviertes Neutrum Singular von: personalis = Dienerhaft < spätlateinisch personalis".

Sie, ich, wir alle sind demzufolge die Dienerschaft des Systems.

Bevor ich die Themen „Gläubigkeit, Gottvertrauen und Religion" im Detail erkläre, hier ein kleiner Einblick wie Religion, unbewusst dein Leben beherrscht.

Von Gottvertrauen und Religion

„Religion, Lateinisch Religio = Gottesfurcht, Herkunft ungeklärt; in der christlichen Theologie häufig gedeutet als „(Zurück)bindung an Gott", zu lateinisch Religare = zurückbinden." (11)

„Die römisch-katholische Kirche beruft sich traditionell auf die Gründung durch Jesus Christus selbst. Ob historisch tatsächlich von einem eigentlichen Kirchengründungsakt ‚Jesu Christi' ausgegangen werden kann, ist auch unter römisch-katholischen Theologen umstritten." (12)

Auf gut Deutsch bedeuten die oberen zwei Zitate, dass „die da oben" es gar nicht so genau wissen! Das sind also Theorien und Mythen als Basis, als Grundlage, eine ganze Welt zu beherrschen!

Kommt einem das nicht irgendwie bekannt vor? Stichwort: Bibel!

Wo wir wieder bei den Juden wären, die doch, laut eigenen Aussagen, alles über die „Bibel oder Jesus" wissen sollten, denn immerhin haben sie die angeblich „verschlüsselte, heilige" Schrift „entschlüsselt", zumindest laut ihren eigenen Medienberichten, worauf ich hier aber nicht weiter eingehen möchte. Denn es sind wie eh und je nur Märchen, Glaubenssysteme und Lügen, die durch noch größere Lügen und noch größere Mythen gestützt werden müssen, damit dieses „Kartenhaus" nicht in sich zusammenbricht.

„Die moderne Forschung zum historischen Jesus hat nicht zu einem einheitlichen Bild der historischen Person geführt, auch wegen der Vielfalt, der von den Gelehrten vertretenen akademischen Traditionen. Angesichts des Mangels an historischen Quellen ist es im Allgemeinen für jeden Gelehrten schwierig, ein Porträt von Jesus zu konstruieren, das über die grundlegenden Elemente seines Lebens hinaus als historisch gültig angesehen werden kann." [13]

Demzufolge sind all die „Erkenntnisse" über die „entschlüsselte Bibel" nichts weiter als Lügen, da dies unbewiesen ist und somit genauso eine blödsinnige Theorie wie die angebliche Evolutionstheorie, Urknalltheorie, das heliozentrische Weltbild, usw.

Eine Theorie ist nichts weiter als ein Glaube!

Ein Glaube ist nichts weiter als eine Religion.

Eine Religion ist nichts weiter als eine Lehre oder sollte man nicht besser „Leere" schreiben?

Es dreht sich einzig und allein um die Autorität! Wikiblödia erklärt den Begriff „Autorität" so:

„Autorität (lateinisch auctoritas) ist im weitesten Sinne das Ansehen, das einer Institution oder Person zugeschrieben wird und bewirken kann, dass sich andere Menschen in ihrem Denken und Handeln nach ihr richten. Sie entsteht in gesellschaftlichen Prozessen durch Vereinbarungen (Ernennung, Mandat) oder faktische Herrschaftsbeziehungen (Herr/Knecht, Lehrer/Schüler, Vorgesetzter/Mitarbeiter) und kann gefestigt sein durch Erfahrung von Charisma (nach Max Weber beruhend auf den vier bislang historisch in Erscheinung getretenen

Charismatisierungsquellen Stärke, Kompetenz, Tradition oder Offenbarung). Der Begriff hat seine Wurzeln im Römischen Recht (auctoritas). Als Autorität wird auch eine auf einem Fachgebiet anerkannte Person bezeichnet, man spricht dann von Personalautorität. Die Lehren solcher, idealerweise möglichst alter („antiker") und bekannter Autoritäten waren grundlegend für das mittelalterliche, auf hierarchischen, patriarchalischen und (christlich geformten) personalautoritativen Prinzipien beruhende Denken.“ (14)

Demzufolge entspricht nicht einmal Jesus Erscheinungsbild der Realität. Und trotzdem wird weltweit die gleiche Erfindung, ein Aussehen, einer „heiligen Gestalt“ verwendet, welche nicht weiter von der Realität entfernt sein könnte.

Wäre eine so einflussreiche „Gestalt“ wie „Jesus Christus“, welcher weltweit für so viel Aufsehen gesorgt hat, jemand der Millionen Menschen überzeugen konnte der „Sohn Gottes“ zu sein, nur im Ansatz real, dann gäbe es zumindest unzählige Monumente, Porträts, in Stein verewigt oder Inschriften, wie es in diesem Zeitalter laut offizieller Geschichtsschreibung üblich war, die zumindest sein Leben, seine Gestalt, seine Existenz oder sein Aussehen bestätigen würden.

Da sich alles, jeder Hinweis, jeder Wikiblödia Eintrag auf ein Märchenbuch, Mythen, Erzählungen von Erzählungen, Bla Bla über Bla Bla, alles nur auf die Bibel, ein einziges Buch, dessen eigene Herkunft nicht mal geklärt werden kann, bezieht, muss ich eine Existenz eines angeblichen „Jesus Christus“ an dieser Stelle zumindest infrage stellen. Auch der Vatikan, Päpste, Priester oder die Kirchen selbst, liefern hier keine Antworten. Lediglich Sackgassen, Einbahnstraßen und Glaubensgemeinschaften, die einander Geschichten und Mythen erzählen und so einen Glauben verbreiten und aufrechterhalten, welcher eben nur ein Glaube, eine unbewiesene Theorie, also ein Märchen ist.

„Weder der genaue Ort noch die Zeit der Geburt Jesu sind bekannt. In dieser Angelegenheit gab es nie Einstimmigkeit. Es gab erhebliche Verwirrung und Widersprüche. Es kann nicht bewiesen werden, dass der fünfundzwanzigste Dezember sein Geburtstag ist. Auch dass der Zeitpunkt seiner Geburt, seines Todes, sein Alter und der angeblichen Auferstehung nicht überprüfbar ist. Dies wird allgemein anerkannt. In fast jedem Zeitalter und jedem Land, in jeder Religion gab viele jungfräuliche Mütter (Maria) zu finden, und „Maria“ als solche mit ihrem Kind ist nur eine neuere Version eines sehr alten und universellen, stets erneuerten und weiterentwickelten, religiösen Glaubens-Mythos.“ 15

Ein Märchen über Märchen

Den eigentlichen Ursprung der sogenannten „Maria" gab es schon im alten Ägypten. Die „ISIS" mit ihrem Kind „Horus" (dazu an späterer Stelle mehr). Selbst die sogenannte Geschichte der „Auferstehung" hat seinen Ursprung in Ägypten.

Abb. 10: Die berühmte „Mutter und Kind" kommen in allen Religionen vor

Ob Glaubenssysteme (also Religion) irgendetwas mit Freiheit zu tun hat, sollte Ihnen vielleicht folgender Satz, von der Internetseite „vatican.va" beantworten:

> *„Art. 2 – 1. Die Bücher der Heiligen Schrift können nicht herausgegeben werden, ohne vom Apostolischen Stuhl oder vom Ortsordinarius approbiert zu sein; desgleichen ist es für die Herausgabe von Übersetzungen in die Landessprache erforderlich, daß sie von derselben Autorität approbiert werden und in ausreichendem Maß mit den erforderlichen Erläuterungen versehen sind."* (16)

Erklärung ist hier wohl fehlinterpretiert, denn Erklärung gibt es keine. Es gibt nur die vom Vatikan selbst ernannten Normen und Richtlinien, wie die „Heilige Schrift", natürlich von der Autorität Ihrer Kirche und Ihres Glaubens gestaltet oder interpretiert wird. Demzufolge wird die Bibel auch stets anders interpretiert, inklusive Wortverdrehungen und allerlei Wortspielereien, das Alte und Neue Testament oder die unzähligen Bibelvarianten mit endlosen irrelevanten „Deutungen", welche man schier endlos so definieren kann, bis auch der Allerletzte seinen Glauben darin akzeptiert hat, auf der Basis, wie die Autorität eine „Religion", welche auf Mythen und Theorien basiert, vorschreibt.

Tiefer werde ich an dieser Stelle in gewisse Mythen und Bibel-Märchen nicht einsteigen. Der Kern dieses Buches wird die Wissenslücken oder unnötige Fragen ein für alle Mal schließen.

Ihr Leben ist eine Religion und Ihr Leben richtet sich nun mal vollständig nach ihrer Religion und somit nach dieser Autorität.

Ob Sie sich selbst als religiös bezeichnen oder nicht.

Ob Sie einwilligen oder nicht.

Ob Sie sich dessen bewusst sind oder nicht.

Religion bestimmt vollständig Ihr Leben, das Leben aller Menschen, aller Glaubensrichtungen auf dieser Erde.

Zur Verdeutlichung folgen ein paar Beispiele und Informationen, welche Sie jederzeit selber recherchieren können.

Deren Autorität ist Ihre wahre Religion

Ihre Religion, also Ihr Leben beginnt mit der Geburt, wo Sie eine Geburtsurkunde bekommen, welche schon sofort mit einer Religion beurkundet wird. Danach folgt eine Eintragung im Geburtenregister, wo man Ihnen eine Nummer zuordnet, welche in der Regel vom religiösen Standesamt ausgeführt wird. Diese Vorgehensweise hat seinen Ursprung im Kirchenregister. Bis heute hat sich überhaupt nichts daran geändert. Man hat lediglich neue Begriffe ins Leben gerufen und religiöse Ämter mit den Städten vereint, damit die Religion nicht zu offensichtlich ist, jedoch noch immer ein „Teil" des „Staatssystems" ist, innerhalb der Gemeinden oder Rathäuser. Und das ist wichtig, um den „Staat" immer mit der „heiligen" Religion in Verbindung zu bringen!

Abb. 11: Autorität ist Ihre wahre Religion!

Mit Ihrer Geburt erhalten Sie auch ein „Sternzeichen“. Ein Stern ist kein umherfliegender Dreckklumpen, wie man uns immer „wissenschaftlich“ erklären möchte, sondern immer eine Sonne, somit ist dieses „Sternzeichen“ in Wirklichkeit ein Sonnenzeichen. Sonnenzeichen haben ihren Ursprung im alten Babylon, mit der Betonung auf Sonnen-Astrologie, jedoch spätestens im alten Ägypten hat.

Die Deutung der Sternzeichen obliegt somit der Deutung von Monat und Tag, welcher den einzelnen Göttern heilig ist. Das sogenannte Tierkreiszeichen richtet sich nach dem Sonnenjahr. Man nennt das Sonnenjahr auch das Sonnenkalendersystem.

In der Regel, weil es ja schließlich zur „Tradition“ gehört, wird im christlichen und katholischen Glauben jedes Kind getauft. Mit der „Taufe“ erfolgt die Eingliederung in die (religiöse) „Gemeinschaft“. Dies bedeutet, Sie sind nun ein fester Teil deren Religion!

Mit der Kommunion, Konfirmation oder Firmung wird nun Ihre Religion bestätigt und bekräftigt, welche Sie tiefer in die „Gotteskindschaft“ verwurzelt, Sie fester an „Christus“ verwurzelt, um Ihre Verbindung mit der Kirche zu stärken. Ihr nun erlangter christlicher „Glaube“, die Hinwendung zum christlichen „Gott“ und verstandene Abwendung von Ihnen selbst ist dann der krönende Abschluss, in ein lebenslanges Glaubenssystem der Autorität!

Im Gegensatz zum Wissen, gründet die Wahrheitsvermutung eines Glaubens, also eine Theorie, nicht auf Logik und Einsicht, sondern allein auf die Aussagen von Autoritäten.

Die Kirche, welche ein religiöser Tempel darstellt, unter anderem auch „Haus des Herrn“ genannt wird („Der Tag des Herren“ = Sonntag = Sonnentag = ägyptischer Sonnenkult), haben oft die Form eines Kreuzes, haben eine Kuppel oder andere Räume, um den Himmel oder ähnliche Sternformen, also das „Licht“, darzustellen.

„Heilige Tempel“ der oberen Autoritäten gibt es in zahlreichen Variationen auf dieser Welt, welche sich im weiteren Verlauf von selbst erklären werden.

Abb. 12: Die „heiligen" Tempel der „Autorität"

Auch die „heilige" Musik in den Kirchen, denen Sie munter mitsingen, ist ein wichtiger Bestandteil der „Gemeinschaft", um Ihren „Glauben" aufrechtzuerhalten. Wenn Sie jemand sind, der nicht in die Kirche geht, werden Sie spätestens beim nächsten Musiktitel, auf einem Konzert oder im Auto, im Fernsehen oder Radio mit Religion und Glauben konfrontiert.

Millionen von Musiktitel beinhalten religiöse Texte. Gleich ob Christliche, Antichristliche oder andere Religionen. Der Grundgedanke was Musik vermitteln soll, gleich welche Musikrichtung ist immer die gleiche.

Wenn Sie, meine lieben Leser, weiters Interesse an den religiösen und satanischen Hintergründen der Musikindustrie haben, kann ich Ihnen die Bücher: „Der Musik-Code: Frequenzen, Agenden und Geheimdienste: Zwischen Bewusstsein und Sex, Drugs & Mind Control" von 2020 und „Die moderne Musik-Verschwörung: Popstars, Hits und Videoclips – für die perfekte Gehirnwäsche" aus dem Jahr 2022, von dem Autoren Nikolas Pravda ehrlich empfehlen. Sie wissen doch: Nichts ist wie es scheint!

Aberglauben oder … glauben, aber …

Neben dem „Glauben“ gibt es auch den „Aberglauben, was eigentlich genau den gleichen religiösen Ursprung hat, welcher jedoch angeblich auch eine „Lehrmeinung“ oder eine Weltanschauung sein kann. Aberglaube ist das gleiche wie die moderne „Schulmedizin“ und ganz zu schweigen von der „Wissenschaft“!

Ein Glaube an etwas, was man weder sehen noch beweisen kann, aber von der „Autorität“ als „Fakten“ und fälschlicherweise als Lehrplan präsentiert wird. Im Prinzip ist jeder Glaube, jede Theorie, jeder Mythos und jede Religion, ein Aberglaube, letztendlich also im Umkehrschluss wieder nur eine Religion. Die eine Religion!

Der „Vitruvianische Mensch“, ist heute ein gern verwendetes religiöses Symbol in der sogenannten „Medizin“, welcher nicht von Leonardo Da Vinci stammt, hat selbstverständlich einen römisch-religiösen Hintergrund.

Auf „Leonardo Da Vincis“ und im Auftrag der „Religion“ werde ich hier, wie zum Beispiel „Das letzte Abendmahl“ nicht tiefer eingehen. Es führt ins Nichts. Es führt in das Bedeutungslose!

Die Bedeutung des „Vitruvianischen Menschen“ wird im weiteren Verlauf nochmals an Bedeutung erlangen!

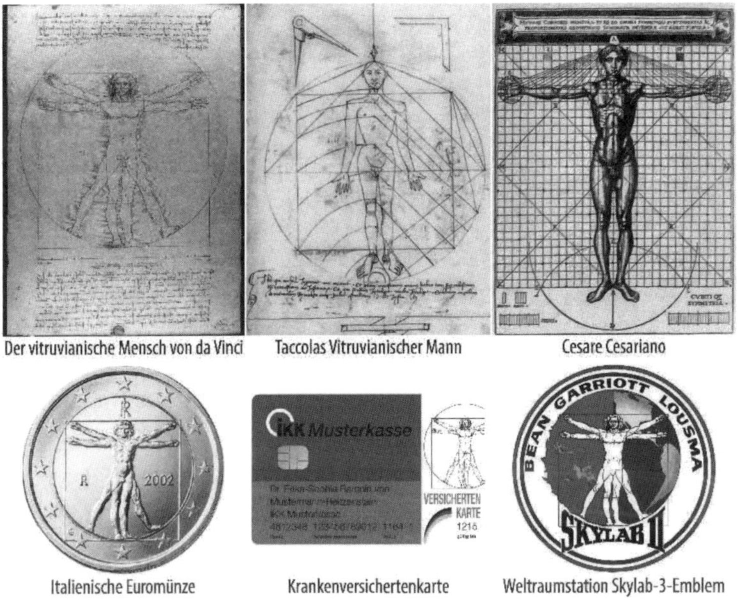

Abb. 13: Der vitruvianische Mensch

Ursprung des ach so beliebten „Geburtstags", ist ebenfalls auf das alte ägyptische Reich zurückzuführen. Bei den Ägyptern wurde die Geburtstagsfeier zu Ehren des Königs, also des Pharao, dem Sohn der Himmelsgottheiten, abgehalten. Während das griechische oder römische Reich Schutzgeister am „Geburtstag" anbeteten.

Der Geburtstag richtet sich nach einem religiösen Kalendersystem. Schon im alten Ägypten richtete man sich nach einem Mond- oder Sonnenkalender, meist in Verbindung mit einem Sonnengott. Auch der Gregorianische Kalender welcher nach Papst Gregor III. benannt wurde, ist ein Sonnenkalender.

Darum richtet sich Ihr ganzes Jahr nach einem religiösen Sonnenkalender, genannt:

Das Sonnenjahr

So ist es auch nicht mehr verwunderlich, dass selbst die religiösen Monate nach Göttern benannt wurden, welche ich jedoch an dieser Stelle nicht aufzählen werde, weil es nicht so wichtig ist.

Auf die religiösen „göttlichen" Wochentage komme ich ebenfalls an späterer Stelle zurück.

Religiös und doch so beliebt ist das erfundene „heliozentrische Weltbild", welches man unter der Wikilügia-Rubrik „Religion" findet und erst durch die Katholische Kirche am 11. September 1822 möglich wurde.

Apropos: 11. September. Schauen Sie sich doch einmal die Einträge bei Wikiblödia an, welche Ereignisse an einem „11. September" waren, finde ich mehr als faszinierend! Dort findet man unter anderem folgendes (17):

- 813: Ludwig der Fromme wird von seinem Vater Karl dem Großen bei einer Reichsversammlung in Aachen zum Mitkaiser gekrönt.
- 1609: Der englische Seefahrer Henry Hudson entdeckt den später nach ihm benannten Hudson River.
- 1777: Britische Truppen unter General William Howe besiegen im Amerikanischen Unabhängigkeitskrieg in der Schlacht von Brandywine in Pennsylvania Kolonisten unter George Washington und rücken anschließend auf Philadelphia vor.
- 1822: Die katholische Kirche gibt durch die Kongregation der römischen und allgemeinen Inquisition bekannt, dass die Lehre über das heliozentrische Weltbild generell verbreitet werden darf.
- 1857: Mormonen-Milizionäre massakrieren mit verbündeten Ureinwohnern etwa 120 Emigranten der Baker-Fancher party (deutsch Baker-Fancher-Gesellschaft), die nach Kalifornien reisten, in Mountain Meadows.
- 1877: Leopold Ullstein gründet in Berlin einen Zeitungs- und Zeitschriftenverlag.
- 1912: In Berlin wird die Diesel-Klose-Sulzer-Thermolokomotive für die Preußischen Staatseisenbahnen fertiggestellt, die weltweit erste Diesellokomotive.
- 1914: Erster Weltkrieg außerhalb Europas: Australien führt auf Neupommern im Bismarck-Archipel eine Invasion durch und bezwingt im Gefecht bei Bita Paka das deutsche Truppenkontingent.

- 1914: Die Schlacht von Lemberg zwischen den Truppen Russlands und Österreich-Ungarns geht mit einer Niederlage für die Habsburgermonarchie zu Ende, von der sie sich nicht mehr erholt.
- 1921: Die Siedlung Nahalal wird als erster jüdischer Moschav in der Jesreelebene gegründet.
- 1921: Die Wahl zum zweiten Thüringer Landtag ergibt eine Mehrheit für die Linksparteien SPD, USPD und KPD. SPD und USPD bilden eine Minderheitsregierung unter Duldung durch die KPD.
- 1940: Erstmals wird ein Computer ferngesteuert, was George Stibitz (Bell Laboratories) per Telefonleitung realisiert.
- 1941: Der Grundstein für das Pentagon wird gelegt.
- 1944: Zweiter Weltkrieg: Die ersten alliierten Truppen der US-Armee überqueren die Grenze des Deutschen Reiches nördlich von Trier. In der sog. „Brandnacht" in Darmstadt sterben bei einem Großangriff der Royal Air Force mit anschließendem Feuersturm 11.500 Menschen.
- 1944: Die französische Stadt Dijon wird zum zweiten Mal in ihrer Geschichte an diesem Datum befreit – erstmals ist das während der Belagerung im Jahr 1513 durch vorwiegend eidgenössische Truppen geschehen.
- 1949: In der Schweiz wird die Volksinitiative Rückkehr zur direkten Demokratie angenommen.
- 1955: Der Bern-Tempel, der erste Tempel der Kirche Jesu Christi der Heiligen der Letzten Tage (Mormonen) in Europa, wird geweiht.
- 1961: Der World Wide Fund for Natur (WWF) wird unter dem Namen World Wildlife Fund in der Schweiz gegründet.
- 1973: In Chile findet unter Augusto Pinochet ein durch die US-Regierung unterstützter Militärputsch gegen die Regierung Salvador Allendes statt. Der darauffolgenden Militärdiktatur fallen nach offiziellen Schätzungen ca. 3000 Chilenen zum Opfer. Über 1 Million Menschen flüchten ins Exil.
- 1989: Ungarn öffnet den Eisernen Vorhang, um Deutschen aus der DDR die Möglichkeit zur Ausreise in den Westen zu geben.
- 1989: Die Sicherheitskräfte der DDR versuchen mit brutaler Gewalt und Verhaftungen weitere Montagsdemonstrationen in Leipzig zu verhindern.
- 1990: US-Präsident George H. W. Bush hält eine Rede, in der er zum ersten Mal vor großem Publikum über die „neue Weltordnung" (new world order) spricht.

- 1991: Die Sowjetunion kündigt den vollständigen Abzug ihrer noch auf Kuba stationierten Militäreinheiten an.
- 2001: Terroranschläge in den USA: Vier Passagierflugzeuge werden auf Inlandsflügen entführt und davon zwei von den Tätern in das World Trade Center und eines ins Pentagon gelenkt. Das vierte Flugzeug stürzt bei Shanksville, Pennsylvania in einem Feld ab. Es sterben insgesamt etwa 3000 Menschen.
- 2001: Die Generalversammlung der Organisation Amerikanischer Staaten verabschiedet in Lima die Interamerikanische Demokratiecharta.
- 2007: Russland testet den Vater aller Bomben, die angeblich zu diesem Zeitpunkt stärkste konventionelle Bombe der Welt.

Das war nur ein kleiner Auszug von Ereignissen, welche aber jedes Mal eine weltweite Kettenreaktion auslösten. Wir kommen später darauf zurück.

Unter anderem war dieses Datum auch der erste Tag im Jahr der alten Ägypter, auf welchem auch der koptische Kalender basiert. [(18)]

Auch die „Uhrzeit" hat, was auch durchaus Sinn ergeben „kann", ihren Ursprung in der „Sonne".

Die ersten Uhren, auch schon zu Zeiten der Inkas, waren Sonnenuhren, mit dem Querverweis auf die wiederkehrende 12 (12 plus 12 Stunden). Wobei Zeit, Stunden und Minuten heute mehr denn je hilfreich sind, „freiwillige" Sklaven an einem erfundenen Maßstab, an Normen, im Dauerstress zu binden!

An dieser Stelle möchte ich erwähnen, dass ich schon seit mehr als 8 Jahren keine Armbanduhr mehr trage. Falls Sie nun denken: Der hat ja eine Uhr auf dem Handy, dann haben Sie Recht, jedoch habe ich prinzipiell niemals ein Handy dabei, wenn ich unterwegs bin. Glauben Sie mir, Sie brauchen keine Uhr, denn der Körper gewöhnt sich nach ein paar Wochen daran, dass er sich wieder an das von der Urkraft gegebene Zeitgefühl anpasst! Man sollte auch nicht außer Acht lassen, dass sich die energetischen Schwingungen auf den Körper auswirken.

Um den Dauerstress stets aufrechtzuerhalten, werden Sie seit Ihrer Kindheit erst einmal mindestens für 9 bis 10 Jahre Ihres Lebens in ein Schulsystem, also in eine Lehranstalt (jedoch sollte man sie in Leeranstalt umbenennen oder vielmehr in eine Desinformations- und Gehorsams-Anstalt) gezwungen. So lernen Sie zum ersten Mal in Ihrem Leben einer „Autoritären", also einer Person nicht zu widersprechen und Befehle zu befolgen und das in der Regel, bis ans Ende Ihrer irdischen Tage.

In der Desinformationsanstalt, müssen Sie falsche Geschichte, unbewiesene astrologische Theorien erlernen und werden mit religiösem Unterricht konfrontiert. Unterricht, welcher die vorhergegangen Theorien mit „Gott", also „göttlich" in Verbindung bringen soll.

Nach der Schule lernen Sie normalerweise Ihren zukünftigen Ehepartner kennen, welchen Sie später in einem religiösen Tempel (Kirche), vor einem religiösen Priester heiraten werden. Eine „heilige religiöse Bindung", welche alle religiösen Zeremonien (im Falle einer kirchlichen Hochzeit) vor dem „heiligen Mythos Jesus Christus" beinhaltet. Angefangen beim „Standesamt", wo die Räumlichkeiten meist den Eindruck eines toten Raums ohne Leben zum Ausdruck bringen. Ein Akt welcher nur von einem auserwählten religiösen „Pfarrer" vollzogen werden kann. Also ist eine „Heirat" ohne „religiösen" Beistand gar nicht möglich! Damit werden Sie zu dieser Religion gezwungen, auch wenn sie es heute gerne mit Wortspielereien anders ausdrücken.

Nach der Hochzeit stellt sich immer die Frage der „Besteuerung", also der Steuerklassen. Die erste bekannte Besteuerung fand im Übrigen im alten Ägypten statt!

Mit Vollendung des 18. Lebensjahr dürfen Sie sogar „wählen", wo man schon wieder mit der Religion und einem „Glauben" an „Parteien" konfrontiert wird. Ihren „Stimmzettel" werfen Sie dann in eine Wahlurne. In manchen deutschen Städten werden aus Kostengründen auch Mülltonnen als Wahlurne verwendet. Jeder weitere Kommentar dazu ist überflüssig!

Wahlen werden meistens von den Gemeinden oder Kommunen veranstaltet, welche nicht selten vollständig religiöser Natur sind oder stark mit religiösen Institutionen zusammenarbeiten.

Stichwort: „Gemeindewappen" sind da ein guter Anhaltspunkt zum eigenständigen recherchieren!

Kommunen haben ihren Ursprung im „heiligen" römischen Reich.

Spätestens beim geplanten Urlaub oder Ihren Flitterwochen, werden Sie schon wieder mit der Religion konfrontiert. Während Sie die Reisemagazine oder Webseiten durchforsten, bemerken Sie gar nicht, wie die Religion Urlaubsziele regelrecht dominiert. Kirchen, „Heilige Orte", Tempel, Museen oder Grabstätten, wohin das Auge schaut. Nicht selten bewusst gefördert von Regierungen und Kirchen.

Museen, Denkmäler, „heilige Stätten", sind selbstverständlich von der Steuer befreit, zumindest stark begünstigt. So erklärt es sich auch von selbst, wieso die meisten „elitären heiligen Stätten" allesamt als „Museen" bezeichnet werden. Dazu gehören auch alle „Königshäuser" oder beispielsweise die Anwesen der Rothschilds, welche allesamt einen Museumstitel tragen, um nur ein Beispiel zu nennen.

Museum wird als ein Ort oder Tempel bezeichnet, dem der Musen, die inspirierenden Göttinnen der Literatur, Wissenschaft und Kunst gewidmet ist.

Musen waren die Töchter von „Zeus", dem König der Götter, und Mnemosyne, der Titanen-Göttin der Erinnerung.

Für einen Urlaub wird einem immer eine „tolle" Versicherung angedreht. Die meisten Versicherungsunternehmen, welche überwiegend den Banken unterstehen, zeichnen sich mit ägyptisch, römischer und griechischer „heiliger", religiöser Sonnensymbolik-Logos aus, worauf ich an dieser Stelle wegen des Umfangs nicht im Detail eingehen werde. Nach dem Lesen der überwiegenden Hälfte dieses Buches, werden Sie die vollständige Symbolik richtig deuten können.

Versicherungen sind gerne Hauptsponsoren in Fußballvereinen. Fußballspiele werden traditionell gerne mit einer Nationalhymne eröffnet. Viele Nationalhymnen unterschiedlichster Nationen enthalten religiöse Texte. Hier ein Beispiel aus England: „God Save the Queen/King", was mehr als nur religiös ist! Oder die „Königsblauen" spielen bei „Kaiserwetter" in der „Kaiserpfalz"!

Bei der amerikanischen Nationalhymne lautet eine Zeile: „We Trust in God", übersetzt heißt das: „Wir vertrauen auf Gott".

Die Italienische: „Wo ist die Siegesgöttin Victoria", „hat Gott sie erschaffen".

Die deutsche Nationalhymne stammt aus dem Lied: „Gott erhalte Franz den Kaiser".

Nicht selten sehen wir die so beim Volk und Medien „beliebten Sportler", welche auf die Knie fallen und ihren „Gott" um Unterstützung anbeten. Ein gern gesehenes Schauspiel.

Abb. 14: Diese „nützlichen Idioten" haben absolut keinerlei Schimmer und Kenntnisse über den wahren Grund eines Kniefalls!

Wenn auch die Mehrheit der Sportler keinen blassen Schimmer haben, was sie da anbeten, verehren und wie sie das Volk mit Religion programmieren.

Aber so wird sichergestellt, dass Ihr Land, Ihre Nation und dadurch auch die führenden „Politiker" immer einen „heiligen Status" erhalten. Nationalhymnen werden so fast schon zu „Gottes" Wort und diesen „heiligen Status" sind sich die führenden Persönlichkeiten, der schon oft erwähnten Autorität sehr wohl bewusst!!!

So waren und sind die „Olympischen Spiele" noch immer in ihrem Ursprung religiöse sportliche Feste, welche alle 4 Jahre im „Heiligtum des Zeus", in Olympia (Griechenland) abgehalten wurden.

Spielen kann man auch mit religiösen Spielkarten welche religiöse Monarchen, Könige, Götter oder „selbsternannte Götter" symbolisieren. Kartenspiele werden gerne von Familien an Festtagen gespielt. Der lateinische Feiertag ist ein Festtag, welcher einer religiösen Feier gewidmet ist. Feiertage werden durch Rechtsordnungen von Staaten besonders geschützt. Darum nennt man sie gesetzliche Feiertage.

Fazit: Der „Staat" schützt selbstverständlich alle religiösen Festtage!

Na meine lieben Leser, habe ich Ihnen bisher zu viel versprochen? Aber keine Angst, es geht noch weiter, denn wir stehen bis jetzt noch ziemlich am Anfang und müssen daher noch durch ein paar Türen schreiten. Also holen Sie sich etwas zum Trinken, legen sich neues Knabberzeug nebenan und nehmen eine bequeme Stellung ein, denn jetzt geht es weiter mit:

Der „heilige" Scheiß

Festtage gibt es viele, je nach Land, mit unterschiedlichsten religiösen oder staatlichen Bedeutungen. Silvester ist den meisten Menschen bekannt als der letzte Tag des Jahres im gregorianisch-religiösen Sonnenkalender. Den wenigsten ist bewusst, dass es sich an Silvester um den Gedenktag der römisch-katholischen Kirche, des heiligen Papstes Silvester I. handelt. Daher die Wortherkunft Silvester, „von Silvester dem Ersten", mit Betonung auf Feuerfeste, wie auch die Olympischen Spiele.

Laut offiziellen Angaben geht diese Jahreswechsel-Tradition auf die Germanen zurück. Die Assoziation des Jahresendes mit dem Namen Silvester, zu Deutsch Waldmensch, von lateinisch Silva = Wald. Auch hier gibt es schon wieder die Verbindung zu „Holly"-„Wood", also „Heiliges Gehölz", welches auf das Jahr 1582 zurück geht. Damals verlegte die Gregorianische Kalenderreform den letzten Tag des Jahres vom 24. Dezember auf den 31. Dezember, den Todestag von Silvester I. († 31. Dezember 335).

Hier sei nur am Rande erwähnt, dass ein Jahreswechsel theoretisch mit der Sonnenwende stattfinden müsste.

„Weihnachten, auch Weihnacht, Christfest oder Heiliger Christ" genannt, ist im Christentum das Fest der Geburt „Jesu Christi". Festtag ist der 25. Dezember, der Christtag, auch Hochfest der Geburt des Herrn, auf Lateinisch: „Sollemnitas Nativitatis Domini" oder „In Nativitate Domini", dessen Feierlichkeiten am Vorabend, dem Heiligen Abend, auch Heiligabend, Heilige Nacht, Christnacht, Weihnachtsabend von Weihe beginnen.

Soweit die offizielle Erklärung, welche lediglich der Bibel-Märchen zugrunde liegen.

Aurelius war das „Nomen gentile (Familienname) der römischen Gens (Bezeichnung für eine Sippe) Aurelia. Der Name soll sich von dem Namen des sabinischen Sonnengotts Ausel herleiten, der denselben Ursprung haben soll, wie das lateinische Aurum „Gold".

Die römische Gens Aurelia steht mit dem „SOL Kult" (Sonnenkult) in Verbindung. Aurelian baute einen Tempel für SOL, der am 25. Dezember geweiht wurde. Die christliche Übereinstimmung mit dem Sol (Sonnenkult) ist kein Zufall!

Der nach verbreiteter Ansicht von Aurelian reichsweit eingeführte Feiertag (Anmerkung: Tag des Sonnengott SOL Invictus), der erstmals beim Chronographen von 354 erwähnte Geburtstag des Sonnengottes am 25. Dezember, erwies sich als so populär, dass er „möglicherweise" die Festlegung des christlichen Weihnachtsfestes auf dieses Datum nach sich zog. (19)

Als Geburtstag des Invictus (dies natalis Invicti, also kurz gesagt der Sonnengott SOL) galt spätestens im 4. Jahrhundert der 25. Dezember. Auf dieses Datum hatte Julius Caesar bei seiner Kalenderreform den kürzesten Tag des Jahres (lateinisch bruma) festgelegt, den Tag der Wintersonnenwende.

Daher wurde dieser Tag unter Aurelian zum staatlichen und somit autoritären Festtag der Geburt des Sonnengottes. Der älteste Beleg für den Geburtstag ist eine Notiz in einem ägyptischen Kalender, die wohl im späten 3. Jahrhundert eingetragen wurde. Dort wird zum 25. Dezember vermerkt: „Geburtstag der Sonne, das Licht nimmt zu". (20)

Abb. 15: Mit „JESUS" ist nichts anderes gemeint als die SONNE!

Mit dem „Geburtstag Jesu" ist demnach unweigerlich und ohne jeden Zweifel der Geburtstag der Sonne, „SOL Invictus", der Sonnengott, die „unbesiegte Sonne" genannt und gemeint, welche ihren Ursprung im alten ägyptischen Reich hat.

Noch einmal zur Verdeutlichung, mit: „Jesus“ ist nichts anderes als die Sonne gemeint!

Daran wird es bis zum Ende dieses Buches auch überhaupt keinen Zweifel mehr geben! Weitere Schlüsselinformationen folgen in den folgenden Kapiteln.

Soweit erst mal der Bezug zur Bedeutung vom sogenannten „christlich-heiligen Weihnachten“.

Die Verfolgung der Christen

Was die Christenverfolgung bedeutete, sollte eigentlich jedem von uns bekannt sein, dass setze ich einfach mal voraus, wenn man sich mit einem Buch wie diesem HIER beschäftigt!

Abb. 16: Die Christenverfolgung hat niemals aufgehört, egal wie man´s betrachtet. Christen sind bis heute die meistverfolgte Religionsgemeinschaft!

Wie oft hörte man in Erzählungen über die Christenverfolgung den Spruch: „Im Namen des ‚heiligen römischen Reiches‘“ und so wurde selbstverständlich locker und fröhlich, sowie mit päpstlichen Segen unzählige Menschen abgeschlachtet und ermordet. Natürlich dies alles: „Im Namen Roms“, „Im Namen der katholischen Kirche“, „Im Namen des Glauben“ oder „Im Namen der Autorität“!

Auch der Erste Weltkrieg wurde bekannt als „Heiliger Krieg“. Worauf ich jedoch nicht weiter eingehen möchte, weil es nicht Thema dieses Buches und somit auch nicht förderlich ist. (21)

Im Kaiserreich Japan wurde der „Heilige Krieg“ als Synonym für den Zweiten Weltkrieg verwendet. Auch die Alliierten und England benutzten das Motiv des „Heiligen Krieges“. (22)

Heißt das also, dass der 2. Weltkrieg, ein „Krieg im Namen Gottes“ war? Nein, aber ein Krieg im Namen der Religion!

Wenn man Kriege als „heiliges morden“, von „heiligen Monarchen“ und eingesetzten Diktatoren mit dem „heiligen Beistand der Kirche“ bezeichnet, werden ihre Verbrechen natürlich durch den sogenannten „Glauben“, den jeder von uns seit seiner Geburt aufgezwungen wird, als „notwendiges Übel“ und „ganz normal“ akzeptiert.

Steigern lässt sich auch dies nur noch mit dem „heiligen Segen“ von dem römisch-katholischen Papst, dem sogenannten „Stellvertreter“ Gottes! In meinen Augen ist hierzu jeder weitere Kommentar überflüssig.

Die okkulten und „heiligen“ Kriegsmotive, welche alle „Göttlichen“, also einen religiösen Hintergrund haben, sprechen für sich selbst. An späterer Stelle, mehr dazu.

Selbstverständlich gibt es in jedem Krieg viele Todesopfer, welche alle einen sinnlosen Tod im Namen der angeblichen „Autorität“ erlitten haben.

Der Tod selber ist, das ist Ihnen wohl hoffentlich bewusst, vollständig in religiöser Hand. Trotz der reichsten Institution dieser Erde, lässt die Kirche, wie alle, mit Religion-verbundenen Institutionen, sich sogar noch für Ihren Tod bezahlen. Dabei ist es gleich, ob über eine Versicherung, Ihr hart erspartes Geld oder Familienangehörige. Der Gewinner ist immer der gleiche, ein religiöses System mit unzähligen Institutionen oder Vertretern!

Was soll man dazu noch sagen, außer:

Amun – Ammon – Amon RA

AMUN hat seinen Ursprung im alten Ägypten und wird auch Amun-RA, später Horus, usw., genannt. AMUN – Der „König der Götter“! Mit dem Wort „Amen“ wird dem Sonnengott RA gehuldigt. (23) Zu Amun kommt an späterer Stelle mehr.

„Ammun“, von den Griechen als Ammon verehrt, genoss einen großen Ruf, sodass Alexander der Große nach Ägypten reiste, wo er zum „Sohn des Amun“ erklärt wurde. Alexander hielt sich danach für „göttlich“. (24) So entstand der „Königskult“.

„Sohn" des Ammon oder Amun-RA, also „Alexander der Große" oder auch „Zeus Ammon" genannt. Das sollte hier zum Einstieg erst mal ausreichen. Selbstverständlich gibt es noch unzählige weitere Beispiele, wie Religion Ihr Leben bestimmt.

In eigener Sache: Mir ist durchaus bewusst, dass Sie mich als Autor wohlmöglich, trotz offizieller Quellen, infrage stellen werden. Ganz ehrlich, das ist auch Ihr gutes Recht. Denn immerhin leben Sie schon Ihr ganzes Leben in einem Glaubens-Gefängnis, für Ihren Verstand. Ein Gefängnis Ihrer Religion, welche Ihren Verstand und damit Sie selbst am Denken hindert oder hindern soll. Dies nennt man auch: Abwendung von Ihrem Selbst und von Ihrem Sein!

Wie ich bereits am Anfang dieses Buches schon verdeutlichte: Sie sollten Weisheit zulassen! Wenn Sie dazu nicht bereit sind, sollten Sie das Buch an dieser Stelle beenden. Denn bislang war alles nur Wissen, welches jedem aus öffentlich zugänglichen Quellen zur Verfügung steht.

Religion, also Ihr Glaube, ist so tief im Unterbewusstsein der Weltbevölkerung verankert, dass viele Menschen schon ganz automatisch, ja sogar ungewollt Sätze von sich geben, wie zum Beispiel:

„Oh mein Gott" oder bei einem Schreck das Wort „Jesus", gerne auch die Worte „Heilige Maria" oder im Englischen auch „holly shit" sagen. Oft ist auch der Satz zu hören „Jesus Christus" oder nur einfach „Jesus".

Ja selbst in Asien, sprechen die Menschen Sätze aus wie „Oh my God", was der weltweiten Hollywood-MKULTRA-Programmierung, sowie die ständige Konfrontation mit Religion zugrunde liegt.

Solch ein unterbewusstes und einprogrammiertes Aussprechen von religiösen Worten, ist einzig und allein ein Ergebnis, der vorangegangenen Beispiele.

Religiöse Worte hört man ununterbrochen in Hollywood-Filmen, Serien und natürlich in Musiktiteln. Ich würde sogar sagen, dass in 100 Prozent der Filme mindestens einmal das Wort „Gott" oder „Amen", Kirchen, heilige Symbole, die Bibel oder „heilige" Wortlaute vorkommen, welche nur den Sinn verfolgen, stets die Religion in Ihrem Unterbewusstsein zu aktivieren. Dies wurde so normal, dass es gar nicht mehr wahrgenommen wird. Sie sollten in Zukunft einfach mal in Filmen oder Nachrichten darauf achten. Sie werden überrascht sein, wenn Sie es erst einmal verstanden haben, worauf Sie achten sollen, wie oft Sie mit Religion konfrontiert werden.

Ja selbst ein Horrorfilm, Schreckmomente oder satanische Rituale in Filmen, stärkt Ihren Glauben an eine „Gottheit". Im Angstzustand der MKULTRA-Bewusstseinskontrolle, während Sie einen schrecklichen Film schauen, wird Ihr tiefstes Unterbewusstsein Ihres „Beschützers" „Jesus" oder „Gott" geweckt. Gerade in Horror-Filmen geht es mehr um „Gott", als vielen da draußen bewusst ist. Denn der „Satanismus“, also der Teufel oder Satan, ist laut offizieller Geschichtsverfälschung der natürliche Gegenspieler des „heiligen Geistes“, Ihren „Gott“, so der „Irr-Glaube“.

Wie Sie sehen, alles in Ihrem Leben hat einen religiösen Hintergrund. Selbst wenn Sie Ihre Kinder in die Schule einschulen möchten, kommt immer die Frage nach der Religion.

Ja sogar die sogenannte „Schulmedizin“ ist mit ihren „heiligen“, „göttlichen Symbolen“ und ihrer weißen Priesterschaften im Laufe der Zeit zur Religion mutiert. Die kriminelle Medizin mit ihren Pharmakartellen, Mafiosi-Ärzte-Kammern und religiösen Universitäten präsentiert sich heute mehr denn je auf erhobenen Altare. Es sind fast schon religiöse Zeremonien.

Warum wohl heißt es: Die Halbgötter in Weiß?!

Alle bisherigen Informationen waren nur zum „warm werden“, damit Sie mal einen „kleinen Einblick“ haben, wer die wahre Macht auf dieser Welt besitzt. Obwohl alles so offensichtlich zum Nachlesen ist, bin ich mir mehr als nur sicher, dass Sie nun schon viele, vielleicht auch nicht ganz so neue Informationen gehört haben, von denen noch nie jemand klar und deutlich gesprochen hat, obwohl alles öffentlich zugänglich ist! Doch warum ist das so?

Kurz gesagt: Weil es so gewollt ist! Normale Dinge und Begriffe, egal was wir im täglichen Leben ständig wahrnehmen, wird nicht mehr hinterfragt, weil es für das Normalste der Welt angesehen wird! Alles wurde sozusagen selbstverständlich. Der Baum, das Auto, die Straße, die Arbeit, die Steuer, die Medizin, die Regierung, die Lügen, die Religion und Ihr Leben. Deswegen sucht man danach nicht mehr. Und jeder „denkt“, er wüsste schon alles und trotzdem fragt sich die ganze Welt, warum alles so eine große Scheiße ist, wie es nun mal ist!

Genau da habe ich begonnen, ganz am Anfang, bei den grundlegenden Fragen, die niemand mehr stellt. Jedoch sind wir hier in diesem Buch noch immer nicht dort angelangt, wo ich mit Ihnen hinmöchte. Öffnen wir nun gemeinsam die nächste Türe, durch die Sie meine lieben Leser aber allein gehen sollten. Ich verstehe mich nur als der „Türöffner“, der Knauf oder die Türklinke. Folgen Sie mir nun:

Zurück an den Anfang

Mit den Hirnhälften mancher Leute ist es ja wie mit den Socken. Eine fehlt irgendwie immer.

(Alfred Walter von Staufen)

Ein Grund warum niemand wirklich weiterkommt, warum es scheinbar keinen sogenannten „Ausweg“ gibt, kein Ende, keine Besserung und es auch niemals realistisch gesehen ein Ende Ihrer Suche geben wird, ist: Weil die ganze Welt den Ausgangspunkt aus den Augen verloren hat!

Abb. 17: Ihre Eingangstür in das Wissenslabyrinth

Die Eingangstür des Wissenslabyrinths, dem Wissen nach dem die ganze Welt durstet, einem scheinbaren und vorgegebenem „Wissen“, welches schon lange kein Wissen mehr ist. Ohne den Ausgangspunkt zu verstehen, werden Sie niemals ein „Ende“ Ihrer Suche erreichen.

Bevor es zum tieferen Inhalt dieses Buches geht, erst mal ein wenig notwendiges Grundwissen aus der Vergangenheit, damit Sie ein Verständnis für die folgenden Schlüsselinformationen bekommen. Es ist für die Gegenwart von höchster Bedeutung!

Alle Informationen in diesem Buch ergeben einen Sinn und sind daher notwendig, um die „religiöse Welt“, wie wir sie gegenwärtig wahrnehmen und verstehen können.

Um die Wichtigkeit des nachfolgenden Kapitels zu verdeutlichen, woran ich sehr viele Monate recherchierte und schrieb, sollten Sie sich einen wichtigen Satz einprägen, welcher gleich eine der richtigen Fragen innehält:

Wer sind die Herrscher dieser Erde?

Auch das ist zu diesem Zeitpunkt irgendwie die falsche Frage, weil selbst wenn Sie es wissen sollten, wird es zum jetzigen Zeitpunkt, in der aussichtslosen Lage, in welcher wir uns momentan alle befinden, niemanden weiterbringen. Mit diesem Wissen würden Sie lediglich vor der nächsten verschlossenen Tür stehen. Denn dieses scheinbare Wissen wäre ebenfalls völlig nutzlos.

Fazit: Es ist überhaupt nicht wichtig wer uns regiert, solange nicht verstanden wird, wie regiert wird!

Und Schwuppdiwupp geht es schon in die nächste Runde, dem äußerst wichtigen Kapitel:

Die geheime Macht der Pharaonenfamilien

Die Kultur der alten Ägypter war eine der größten und mächtigsten der Antike und übt noch heute eine große Faszination auf die Menschen aus. Die Geschichte des alten Ägyptens ist lang, sehr lang, denn sie umfasst eine Zeitspanne von offiziell mehr als 3.000 Jahren, laut „Geschichtsschreibung"!

Diese unfassbar lange Ära wird von Geschichtswissenschaftlern in mehrere Epochen aufgeteilt, zum Beispiel die vordynastische Zeit. Die komplette ägyptische Chronologie wäre an dieser Stelle zu Umfangreich an teilweise sinnlosen Informationen.

Eine Dynastie ist eine Abfolge von Herrschern, die die gleiche Abstammung haben. Man nennt dies auch Sippe, was nicht mit „Familie" verwechselt werden sollte, denn der Begriff „Familie" stammt aus der Sklavensprache und bedeutet nichts weiter als „Sippe", nur halt abwertend!

Die verschiedenen Epochen richten sich nach den jeweiligen Herrscherdynastien:

- das alte Reich,
- das mittlere Reich und
- das neue Reich. [(25)]

Die erste bekannte Besteuerung fand im alten Ägypten um 3000 bis 2800 vor Christus statt [26].

Arbeit ist im alten Ägypten ein Synonym für Steuern!!!

Bitte vergessen Sie diesen Satz NIEMALS in Ihrem Leben!

Die Religion der alten Ägypter kannte viele Götter, die alle unterschiedliche Aufgaben und Zuständigkeitsbereiche hatten.

Der Pharao, also der König, ließ Tempel für diese Götter bauen, sozusagen als Wohnung für die Götzen, wenn sie in der Welt der Menschen wandelten. In Wirklichkeit, so glaubten die Ägypter, waren die Götter im Kosmos zu Hause, was der Ursprung der „göttlichen" Planetennamen und Sternzeichen ist.

Einige der wichtigsten Gottheiten sind den Menschen heutzutage noch ein Begriff, wie zum Beispiel der Sonnengott Re oder Ra, welcher von den Ägyptern verehrt wurde, weil die Sonne alles Leben überhaupt möglich machte. Ebenfalls bekannt ist das göttliche Paar Osiris und Isis mit ihrem Sohn Horus, der entweder mit einem Falkenkopf oder als Falke dargestellt wird. Viele von uns kennen auch den Gott Anubis, beliebt in Hollywood und Comics, der auf Bildern gewöhnlich als liegender Hund oder als Mensch mit Hunde- oder Schakalkopf dargestellt wird. Er war im Glauben der Ägypter sehr bedeutsam, denn er war der Gott der Totenriten.

Hier sollte man nicht außer Acht lassen, dass die unzähligen Inschriften auf Steintafeln, sowie ägyptischen Tempeln eindeutig und ohne jeden Zweifel darauf hinweisen, dass jede Dynastie der Pharaonen oder Könige sich unter den „göttlichen Masken" als Gottheiten ausgaben, um den Glauben an Ihre Gottheit, um einen Glauben an das System, an die ägyptische autoritäre Religion welche sie zur Herrschaft nutzten zu bekräftigen.

Ich gehe davon aus, dass hinter dem Gebrauch von Masken, zum Beispiel bei einem Maskenball, ein altägyptisches Ritual steckt, warum wohl sonst veranstalten gerade die „Reichen und Mächtigen" solche Bälle. Siehe Venedig, Rothschild, Karneval und Co.!

Endgültig vorbei war die Zeit der ägyptischen Reiche, als es von Rom erobert wurde. Zu diesem Zeitpunkt lag die dominante Herrschaft Ägyptens schon lange zurück.

Dennoch versuchte Kleopatra, die letzte große Pharaonin Ägyptens, bis zum Schluss, wieder Macht für ihr Königreich zu gewinnen. Für eine Weile gelang ihr das sogar und zwar mit Hilfe der zwei mächtigsten Männer Roms.

An dieser Stelle empfehle ich den Film „Cleopatra" von 1963. Dieses Hollywoodspektakel ist absolut sehenswert, wenn auch viel zur Geschichte hinzuerfunden oder passend gestaltet wurde, aber dennoch sehr symbolisch.

Zuerst war sie die Geliebte von Julius Caesar und nach dessen Ermordung von Marcus Antonius, einem der drei Nachfolger Caesars. Ein Bündnis zwischen Rom und Ägypten sollte das Reich wieder stark machen, aber es kam anders. Letztendlich musste Ägypten vor den übermächtigen Römern kapitulieren und wurde zur römischen Provinz, so zumindest die offizielle Version.

Als Rom an Bedeutung gewann, war die ägyptische Hochkultur schon fast 5.000 Jahre alt. Um 2700 vor Christus hatte Ägypten seine große Blütezeit, also ungefähr 2.000 Jahre vor der Gründung Roms.

Damals bauten die Pharaonen die ersten Pyramiden. In der Zeit des neuen Reichs (ca. 1530 bis 1070 v. Chr.) herrschten Pharaonen wie Echnaton, Tutanchamun und Ramses II.

Auf Mesopotamien, Khasaren, Phönizier und Karthager, Etrusker, oder Griechen werde ich hier wegen des Umfangs nicht eingehen, was auch nicht nötig ist. Das System ist das gleiche! Nur eine andere Geschichte und ein anderer Ort, jedoch die gleichen Drahtzieher.

Ägypten ist für den Laien bekannt, durch seine berühmten Ausgrabungen. Aber wann gab es denn die ersten Ausgrabungen?

Napoleon spielt hierbei wohl die Schlüsselrolle! Napoleons Invasion in Ägypten, im Jahr 1798, führte zu der westlichen Leidenschaft für ägyptische Antiquitäten. Auf gut Deutsch: Diebstahl und Raub, von dem, was noch vorhanden war! Dazu später mehr.

Erste Ausgrabungen wurden dort im Juli 1799 vom französischen Offizier Pierre-François Bouchard während des napoleonischen Feldzugs in Ägypten durchgeführt. [(27)]

Wichtig ist hier wieder Anfang des 18. Jahrhunderts, das ist die Zeitspanne, nachdem die Welt durch große Überschwemmungen resettet wurde.

Mehr als 2.000 Jahre hatte kein Mensch an „Ausgrabungen“ in Ägypten gedacht, laut offizieller gelogener Geschichtsschreibung und dann plötzlich begann das große buddeln?! Naja, wer´s glaubt.

Anmerkung: Ich verwende hier die offiziellen Zahlen mit dem Vermerk, dass mit 1.800 wohl das Jahr 800 gemeint ist. Später auch mehr dazu.

Die Pyramiden von Gizeh sind eines der wichtigsten sieben Weltwunder des Herrschaftssystems.

Alle sieben Weltwunder sind der Autorität der Weltenlenker „heilig“. Sie werden bis zum heutigen Tag verehrt und in moderner Form angewendet. Die alten Weltwunder sind selbstverständlich allesamt religiöser Herkunft!

Die Aufgabe von der sogenannten „UNESCO“, ich nenne sie nur: „Die Wächter der heiligen Stätten“, besteht darin, die wichtigsten religiösen Traditionen am Leben zu erhalten, welche noch heute in Verwendung und stets erneut zu promoten sind, um die „Wichtigkeit“ ihrer Religion zu verdeutlichen!

Zu den neuen „Weltwundern“ gehört unter anderem auch der Grand Canyon in den USA, mit dem Hinweis auf: „Die größte Mine der Erde“, worauf ich in diesem Buch aus Kapazitätsgründen ebenfalls nicht eingehen kann, aber es erwähnt haben wollte. Recherchieren Sie doch selber einmal zu diesem Thema!

Abb. 18: Der Grand Canyon in Arizona ist keine natürliche Felsformation!

Im US-Bundesstaat Utah, also im riesigen Gebiet des Grand Canyon gibt es Orte, welche nach den heiligen Religionen der Autorität benannt wurden, als da wären:

- der „Isis Temple“ (Tempel der Isis) (28),
- der „Temple of the Sun“ (Tempel der Sonne) (29),
- der „Tempel 95ft he Moon“ (Tempel des Mondes) (30),
- der „Tower of Babel“ (Turmbau zu Babel) (31) und
- der „Zion Nationalpark“ (32),

welche sich unter anderem in der „Cathedral Valley“ (33), im „Tal der Kirchen“, befinden. Es sind allesamt „Überbleibsel“ der großen Mine, der Ausgrabungen in Utah.

Was ich an dieser Stelle schon einmal anmerken möchte ist, dass im US-Bundesstaat Utah sich auch der Hauptsitz der religiösen Sekte der „Mormonen“ befindet, welche sich seit kurzem die „Kirche Jesu Christi der Heiligen der Letzten Tage“ nennt. Das Thema Mormonen wäre auch sehr interessant, jedoch auch Kapazitätsgründen kann ich es nicht in diesem Buch behandelt! Mehr dazu in unserem nächsten Schmöker „Die geheimen Erben der Blutlinien“, was voraussichtlich Ende 2023 erscheinen wird.

Die alten sieben „Weltwunder“, die „heiligen Stätten der Mächtigen“, sind babylonischer , griechischer und ägyptischer Natur. Eine Architektur, welche die religiöse Verehrung der Autorität offenbart. Aber vor allem, dass sich bis heute nichts daran geändert hat. Babylonische, griechische und ägyptische Architekturen, Monumente, Statuen, Obelisken, sowie ihre Sonnensymbole an Parlamenten, zum Beispiel am Europäischen Parlament oder Regierungsgebäude sind überall zu sehen. Ebenso babylonische, römische und griechische Gottheiten am Capitol, an Banken, Kirchen und allen anderen „heiligen Stätten" zeigen uns die Mächtigen.

Nun kommen wir zu dem Obermotz der alten Ägypter:

Der Pharao

In Ägypten herrschte eine absolute Monarchie. Dies bedeutet: Dass es einen König gab, der alle Gesetze erließ und die größte Macht hatte. Die ägyptischen Könige wurden Pharaonen genannt.

Zweiter Mann im Staat, also derjenige, mit der zweithöchsten Stellung, war ein hoher Beamter, den man Wesir (34) nannte. Die restliche Verwaltung teilten sich Familienmitglieder der Pharaonen und weitere Hohenpriester.

An dieser Stelle muss ich ein wenig schmunzeln und stelle Ihnen, meine lieben Leser die „glorreiche Frage": Glauben Sie, dass dies heute anders ist?! Nein, es sind noch immer die gleichen Familien, welche sich alle Ämter und fette Posten teilen, damit sie von ihren dicken Gehältern, welche dem Volk gestohlen werden, noch immer wie kleine Könige residieren können. Wie sie sehen, manches ändert sich niemals! Doch nun wieder zurück zu den Pharaonen.

Der König war aber derjenige, der letztendlich über alles zu entscheiden hatte, über Krieg und Frieden, Wirtschaft und Handel, sowie viele andere Dinge, die das öffentliche Leben betrafen.

Aber die Menschen sahen ihn nicht nur als König an. In der Frühzeit des alten Ägyptens und im frühen alten Reich wurde er sogar selbst als Gott verehrt.

In der ägyptischen Gesellschaft stand die Religion im Mittelpunkt des täglichen Lebens. Eine der Rollen des Pharaos war die eines Vermittlers zwischen den Gottheiten und dem Volk. Der Pharao vertrat somit die Gottheiten in einer Rolle, die sowohl als ziviler als auch als religiöser Administrator fungierte.

Die Vereinigung weltlicher Macht und geistlicher Autorität war in der Antike hauptsächlich durch den ägyptischen Pharao bekannt, der zugleich höchster Priester, Gott und weltlicher Regent seines Staatswesens war. (35)

Der Pharao besaß das gesamte Land in Ägypten, erließ Gesetze, erhob Steuern, also gab Arbeit und verteidigte Ägypten als Oberbefehlshaber der Armee gegen

Eindringlinge. Religiös amtierte der Pharao über rituelle Zeremonien und wählte die Stätten neuer Tempel aus. (36)

Der Pharao war verantwortlich für die Aufrechterhaltung der:

Maat

Maat war das altägyptische Konzept für Gerechtigkeit, Weltordnung, Wahrheit, Staatsführung und Recht (37) (38). Ebenso die kosmische Ordnung, Gleichgewicht und Gerechtigkeit aufrecht zu erhalten und dazu gehörten auch Kriege, wenn es notwendig war, um das Land zu verteidigen oder andere anzugreifen, wenn man glaubte, dass dies zu Maat, also zu der „Ordnung" beitragen würde, beispielsweise um Ressourcen, Land, Schätze oder Gold zu erbeuten.

Das Wort Pharao leitet sich letztendlich von der ägyptischen Zusammensetzung „großes Haus" ab, geschrieben mit den zwei bilateralen Hieroglyphen „pr" für „Haus" und „Säule", was hier jedoch „groß" oder „hoch" bedeutet, also das Haus und die Säule, für Tempel, bzw. Kirche oder hohes Haus.
Zepter und Stäbe waren im alten Ägypten ein allgemeines Zeichen der Autorität. Nicht selten wurden sie mit Magie, Weisheit oder Religion in Verbindung gebracht.

Auch die Statue von Jupiter (Zeus), also Olympia, also Poseidon, also Neptun, also Baal, also Moloch, also Helios, also SOL (Sonne), also Talos, also Ammon, also Optimus Maximus oder auch Alexander der Große genannt, besitzt das Zepter und die Kugel als Symbol der Weltdomination.

Die eben genannten Götter sind alle dasselbe! Wenn man sich unzählige Tage und Monate durch unzählige Wikiblödia-Seiten wühlt, findet man immer den gleichen Ursprung. Sie dürfen sich gerne selbst daran versuchen, wenn Sie mir hier nicht ganz folgen können. (39)

Also: Jupiter (Zeus), Olympia, Poseidon, Neptune, Baal, Moloch, Helios, SOL, Talos, Ammon-Ra- oder Re, Alexander der Große oder Optimus Maximus wurden abgeleitet und sind Namensgeber des: „Circus Maximus". (40)

Die Überreste des größten Stadions aus dem alten Rom „**Circus Maximus**“

Abb. 19: Der „Circus Maximus“ war die größte „Belustigungsarena für das Vieh“!

Große Spiele für das dumme Volk

Der Circus Maximus, lateinisch für „größter Zirkus“, ist ein altes römisches Stadion für Wagenrennen und ein Veranstaltungsort für Massenunterhaltung (es müsste viel treffender: „Massen-unten-haltung“ heißen, manches ändert sich eben nie) im italienischen Rom, auch die römischen Spiele genannt.

Der Zirkus war Roms größter Veranstaltungsort für die „Ludi Romani“ (lateinisch für: römische Spiele) oder auch „Ludi Magni“ (lateinisch für: große Spiele) genannt, öffentliche Spiele, die mit römischen religiösen Festen verbunden waren. Sonnen- und Mondkulte waren schon in den frühesten Phasen des Circus Maximus vertreten. (41)

Der Flaminio Obelisk, heute auf der Piazza del Popolo, war einst Teil der Trennmauer (Spina) am Circus Maximus. (42)

Jupiter wird dem Donnerstag zugeschrieben und ist demnach der Tag des „Zeus“, Deuz oder RA, bzw. Re, usw. (43)

Abb. 20: Die „Nike“ auf einem Globus, in der rechten Hand der Statue des Zeus, auch Jupiter genannt in der Ermitage in St. Petersburg, Russland

Zeus wurde, wie Sie selbst nachlesen können, mit vielen griechischen oder römischen Göttern oder Diktatoren in Verbindung gebracht, unter anderem mit dem römischen Gott Jupiter identifiziert und in der synkretistischen klassischen Vorstellung (siehe „Interpretatio Graeca“ (44)), mit verschiedenen anderen Gottheiten wie dem ägyptischen Ammon (AMEN) und der etruskischen Tinia (45) in einem Atemzug genannt.

Nur so nebenbei bemerkt werden die Worte „Alter“ und „Altar“ auf dieselbe Weise ausgesprochen. Das gesprochene Wort auf der unteren Ebene ist der Schlüssel, ja auf der untersten Ebene.

Wenn Sie jemanden auf einen Altar stellen, verändern Sie ihn. Er ist nicht länger ein gewöhnlicher Mensch, sondern er ist dann jemand Besonderes. Sie sind auf einer Plattform über alle anderen Männer und Frauen (eigentlich müsste es richtig Weise „Weiber“ heißen) erhoben worden.

„Sie sind erhoben!“

Noch einmal die ganze freimaurerische Terminologie. Sie sind über alle anderen erhaben.

„Sie sind heilig!“

Eine heilige Gestalt und plötzlich sind sie wichtig. Die Psychodynamik die hier im Spiel ist, hat sich überhaupt nicht verändert, denn Darstellungen von „Alexander den Großen“ gibt es sehr viele. Auch vom Sohn des Amun oder Amon-Ra, entsprechend Zeus, zu Zeiten seines ägyptischen Einflusses genannt, welcher ägyptische Gottheiten anbetete. Allerdings Unterwerfung würde wohl treffender passen!

Wenn Sie möchten, können Sie sich anhand öffentlicher Quellen ein eigenes Bild machen. Es führt alles zum gleichen Ausgangspunkt.

> „Der Einfluss des Alexander den Großen erreichte über die Handelsrouten der Seidenstraße asiatische und buddhistische Kulturen. Der daraus resultierende Synkretismus, bekannt als Greco-Buddhismus, beeinflusste die Entwicklung des Buddhismus. Diese griechisch-buddhistischen Königreiche schickten einige der ersten buddhistischen Missionare nach China, Sri Lanka und hellenistisches Asien und Europa. Einige der ersten und einflussreichsten figurativen Darstellungen des Buddha erschienen zu dieser Zeit, „vielleicht“ nach dem Vorbild griechischer Apollo-Statuen im griechisch-buddhistischen Stil.“ [46]

<u>Wichtig zu verstehen ist:</u> Das Alexander der Große, also Zeus, bereits um die Zeit „Christus“, wie schon andere vor ihm, die Religion im Osten entscheidend gemäß der griechischen Sonnengötter des Systems mit beeinflusste.

Der Sonnenkult

Freude schöner Götterfunke – Tochter aus Elysium

Es ist die Religion welche heute fälschlicherweise „Neue Weltordnung“ genannt wird. Und zwar die Eine-Weltreligion, mit der einen Ordnung, welche also wie die Bibel bereits in jener Zeit ihren Ursprung hat. Also ist die sogenannte NWO älter, als es den meisten bewusst ist. Wie auch der Begriff „Eine Weltreligion“, welche nicht kommt, sondern längst da ist!

„Zeus“, also Ammon-Ra, der König der Götter oder viele andere Namen, wird im Neuen Testament zweimal erwähnt. Zuerst in Apostelgeschichte 14:8-13: „Als die Menschen in Lystra sahen, wie der Apostel Paulus einen Lahmen heilte, betrachteten sie Paulus und seinen Partner Barnabas als Götter und identifizierten Paulus mit Hermes und Barnabas mit Zeus".

Zeus wird gelegentlich mit griechischen Sonnengöttern verschmolzen. Zum Beispiel bei Helios, der manchmal entweder direkt als „Zeus' Auge" bezeichnet oder klar als solcher impliziert wird. Hesiod zum Beispiel beschreibt das Auge des Zeus als die Sonne.

Der Gott Zeus, Ammon (Amun Ra), Jupiter, Baal, Apollo, Tinia, Olympia, Poseidon, Neptune oder Auge der Sonne, als dessen „Sohn" Alexander der Große sich betrachtete, entspricht demnach wiederum dem ägyptischem Gott Khnum welcher als Widder oder widderköpfig dargestellt wird.

Abb. 21: Der ägyptische Gott Khnum mit einem Widderkopf

In meinen Augen ist es beispielslos, wie religiöse Geschichtslügen immer in Sackgassen führen. Alles obliegt der gleichen Grundlage, der gleichen Idee, der gleichen „Sonnengottheit", der gleiche Ursprung, die gleiche Religion, die gleiche Autorität, das gleiche System, der gleiche Mist. Es ist alles miteinander verschmolzen, verbunden, hat denselben Ursprung und alles wurde übernommen und Sohn, Tochter, Gemeinsamkeiten oder Äquivalent genannt. Damit auch genug dieses offiziellen Blödsinns der Verwirrung. Ich werde jedoch aus Kapazitätsgründen nicht jede Gottheit so im Detail erklären können und bitte daher um Ihr Verständnis. Aber wenn Sie dieses Thema interessiert, dann „schnüffeln" Sie doch einmal selber nach diesem Thema! Werden Sie doch auch ein „Detektiv", ein „Agent der Geschichte" und gehen auf Entdeckungsreise durch die Zeit. Aber bitte nicht bei dem ersten Hindernis, bei der ersten Hürde schon aufgeben. Das gilt nicht! Dies war nur eines von vielen Beispielen, welches Ihnen lediglich verdeutlichen soll, wie sie uns seit eh und je zum Narren halten.

Apropos Narren: Sie können sich gar nicht vorstellen, wie sehr der Fasching, also Karneval, mit den alten Pharaonen zutun hat!

Aber dieses Buch soll es ja nicht nur Geschichtslügen entlarven, sondern das Netzwerk der „Weltenlenker", der alten Familien der Pharaonen und somit dem schwarzen Adel aufzeigen.

Wir sind noch immer am Anfang der Reise, Ihrer Reise! Bin ich zu flott oder ist noch alles verständlich? Danke meine lieben Leser, dass ich Ihr Reiseführer sein darf! Reisetabletten gibt es hinten, neben den Bordtoiletten. Wenn wir unsere Reiseflughöhe erreicht haben, kommt unsere Servicemitarbeiterin auch bei Ihnen vorbei, bei der Sie dann überteuertes Parfüm, Kippen und Kaffee natürlich zollfrei einkaufen können. Also lehnen Sie sich zurück und genießen Sie diesen Ausflug!

Abb. 22: SOL entspricht demnach „Sol Invictus", Helios, Apollo, Titan, der Koloss von Rhodos, die Freiheitsstatue oder auch Aten, also einem SONNENGOTT

Die Sonne wird mit ihrem lateinischen Namen Sol oder mit ihrem griechischen Namen Helios bezeichnet. Ähnlich wird Apollo oder Solar Apollo genannt, in seiner eigenen Hymne als Titan beschrieben und erleuchtet die Sterblichen, beides gebräuchliche Beinamen von Helios, wird gelegentlich auch als Titan bezeichnet, welcher dem Koloss von Rhodos entspricht.

In der proto-indoeuropäischen Mythologie erscheint die Sonne als vielschichtige Figur, manifestiert als Göttin, aber auch als Auge des Himmelsvaters Dyeus, welcher als Zeus wahrgenommen wird, oder auch „Kerze des Himmels" oder die Sonne als „Gottes Auge" genannt. In der nordischen Mythologie symbolisiert der Streitwagen der Göttin Sól die Sonne. SOL entspricht demnach „Sol Invictus", also Helios, Apollo, Titan, Koloss von Rhodos, der Streitwagen, die Freiheitsstatue oder Aten, ein SONNENGOTT oder in einem Wagen reitend, wie beispielsweise auf dem Brandenburger Tor.

Abb. 23: Das freimaurerische Brandenburger Tor, auch „Triumpf-Tor" oder „Triumpf-Bogen" genannt, in Berlin ist ein frühklassizistisches Triumphtor, das an der Westflanke des quadratischen Pariser Platzes im Berliner Ortsteil Mitte steht

Das Sonnenkreuz, der Sonnengott der Sonnenwagen und das Sonnentor symbolisieren das religiöse System, welches in Berlin regiert. Victoria, entsprechend der Göttin Nike, Begleiterin des griechischen Gott Zeus, entsprechend Athene welche wiederum Tochter des Zeus ist, steht hoch oben auf der Berliner Siegessäule.

„Athena entsprang direkt aus Zeus' Kopf, da er wegen einer Prophezeiung die schwangere Metis verschlang." (47) Athena entspricht demnach Zeus selbst und / oder verkörpert im „wahrsten" Sinne „Zeus".

Zeus selbst entspricht in seinem Ursprung wiederum Amon, Amun RA, usw., was auch erklärt, wieso Alexander der Große Amun Ra anbetete. Die Namensgleichheit Athena und der ägyptische Sonnengott Aten, sind also kein Zufall in dieser Konstellation. (48)

Also ist der Sonnengott auf einem „Sonnenwagen", auch Quadriga genannt, welcher den Adler und / oder den Falken repräsentiert, wie bereits erklärt, mit dem Sonnengott RA in seinem Ursprung identisch. Hier wird eindeutig Zeus, also Amon

Re oder Amun Ra genannt, ein Sonnengott in mehrfacher Ausführung repräsentiert! Diese Sonnensymbolik entspricht dem Tor bei Karnak. Ein Sonnentor mit dem dominierenden Sonnengott an höchster Stelle, entsprechend ägyptischer Hieroglyphen. Das Sonnentor bei Karnak ist ein sogenanntes „Triumpf-Tor“ oder „Triumpf-Bogen“. Auch das Brandenburger Tor ist dementsprechend ein Triumpf-Tor!

Moskauer Triumphtor in St. Petersburg — Arsenal von Venedig — Triumphbogen – Arc de Triomphe Paris

Abb. 24: „Sonnen-Tore“, „Triumpf-Tore“ oder „Triumpf-Bogen“ stehen auf der ganzen Welt verstreut und ist immer denselben Göttern gewidmet, welche jedoch unterschiedliche Namen tragen

Dennoch liegt der Ursprung dieser „Sonnen-Tore“, wie sie eigentlich heißen müssten, im alten Ägypten. Aber es ist auch sowas von egal, wie die „Autorität“ ihre Sonnen-Tore heutzutage nennt, denn „Triumpf-Tore“ oder „Triumpf-Bogen“ gibt es viele. Alle symbolisieren diese „Autorität“.

Solche „Verwirrungen“, wo die meisten Seelen nicht mehr durchblicken und jeden Quatsch der Obrigkeit annehmen, mit all den verschiedenen Namen, Figuren und Geschichten, sind die Folgen der lebenslangen religiösen Gehirnwäsche, des sogenannten „Glaubens“!

In der buddhistischen Kosmologie ist der Bodhisattva der Sonne als Sūryaprabha, „das Licht der Sonne haben“ bekannt und somit auch ein und derselbe „Sonnenkult“. [49]

In der chinesischen Volksreligion wird der Sonnengott Taiyang Xingjun als seine Inkarnation dargestellt. Xingjun ist der Sonnengott des Taoismus, auch Kaiser der Sonne, Gott des großen Ming, Herzog der Sonne, Sonnenbodhisattva, usw. bezeichnet. Statuen von ihm sind eine menschliche Figur mit rotem Gesicht, rotem Bart und einem Symbol, das die Sonne darstellt. In der Populärkultur auch der Sonnenstern genannt. [50]

Xingjun steht in Verbindung mit dem Dualitätssymbol Yin-Yang. Es symbolisiert die Schattenseite und die Sonnenseite. Also Tag und Nacht, Sonne und Mond, Negativ und Positiv, usw.

Das Christentum

Im Christentum ist es Jesus Christus mit dem „Heiligenschein", der offiziell als die aufgehende Sonne bezeichnet werden soll.

> „... denn alles, was ans Licht kommt, kann selbst Licht werden. Deshalb heißt es: ‚Wach auf, du Schläfer, steh auf vom Tod! Und Christus, der Messias, wird dein Licht sein.'"
> (Epheser 5,14 – Neue evangelistische Übersetzung) (51)

Der „Heiligenschein" der Scheinheiligen

Ein Heiligenschein, aus dem Griechischen „halōs", auch bekannt als Nimbus, Aureole oder Gloriole, ist eine Krone aus Lichtstrahlen, Kreis oder Lichtscheibe, die oft eine „Heilige Gestalt" in der Religion umgibt.

Stehender Buddha mit Heiligenschein | RA mit Sonnenscheibe | Chola Nataraja mit Flammenkranz

Abb. 25: Der Heiligenschein scheint manchen heilig zu sein

Ein „Halo" ist ein optisches Phänomen, welches durch Licht, normalerweise von Sonne oder Mond, erzeugt wird (52), es ist ein großer Ring um die Sonne oder den Mond.

Ein „Halo“ ist jedoch, wie Wikibandita schreibt, nicht mit der Korona, auch Corona geschrieben, zu verwechseln.

Abb. 26: Halo, auch Lichthof genannt, ist ein Lichteffekte der atmosphärischen Optik, die durch Reflexion und Brechung von Licht an Eiskristallen entstehen

In der Meteorologie ist eine Korona, Plural: Koronae, ein optisches Phänomen, das durch die Beugung von Sonnenlicht oder Mondlicht entsteht. Ein Unterschied zwischen Halo und Corona basiert demnach wieder einmal auf „selbstverständlich wissenschaftliche und unbewiesene Theorien“! Ein „46° Halo“ ist ein seltenes Mitglied der Familie der Eiskristall-Halos und erscheint als zentrierter großer Ring, der um die Sonne scheint. (53) Das Substantiv ist aus dem lateinischen corōna, Krone, Girlande, Kranz, bei den Römern war es der „heilige Lorbeerkranz“ oder der „berühmte Dornenkranz von Jesus“, welcher den Brand am 15.-16.04.2019 in der Pariser Kathedrale Notre Dame de Paris rein zufällig „überlebte“ (mehr dazu später!), entlehnt, aus dem altgriechischen „korṓnē“ = „Art der Krone“. (54)

Bei den Ägyptern war es die Sonnenscheibe, welche den „Heiligenschein“ oder den Sonnengott darstellte.

Folgender Hinweis an dieser Stelle: Die Corona-PLANdemie mit der Sonnencorona (Heiligenschein, Kranz, Krone oder Halo) gleich zu stellen, wäre nur reine Theorie. Also wieder nur ein Glaube und eine Religion. Dies kann man erwähnen, muss es aber nicht. ABER ich komme später noch einmal auf dieses Thema zurück, wer die „Krone“ oder den „Heiligenschein“ nach der „Corona-Halo-Todesseuchenepidemie“ erhalten könnte!

Abb. 27: Hier einige Beispiele: „Heiligen Sonnenpriester und Herrscher des 21. Jahrhunderts"

Oben sehen Sie noch ein paar Beispiele einer Sonnencorona, Halo oder Heiligenschein genannt. Sogenannte Heiligenscheine haben also ihren Ursprung und die Grundidee hinter dem Sonnenkult im Sonnenhalo. Darum sehen wir auch die „Freiheitsstatue", welche den Sonnengott SOL repräsentiert, mit den Sonnenstrahlen, einem Sonnenhalo. Heute werden noch immer „heilige" Gestalten mit Sonnenhalos (Heiligenscheine) in ganz moderner zeitgemäßer Form und in ganz geschickter religiöser Manier von den Desinformationsanstalten der Monstermedien präsentiert.

Der Gedanke hinter diesen ganz gezielt ausgewählten Fotos sollte hier und jetzt endlich offensichtlich werden. Es sind Ihre „religiösen Anführer"!

„Jesus", welcher fast immer mit dem „Sonnenhalo" oder dem „Sonnenkranz" dargestellt wird, wird auch in anderen Religionen verehrt, zum Beispiel im Islam. Jesus wird oft mit seinem koranischen Namen „Isa" genannt.

„Christus", wie Sie nun schon erfahren haben, repräsentiert also die Sonne höchstpersönlich.

„Die Sonne der Geisterwelt trat in die umnachtete Welt ein in der heiligen Weihnacht, in derselben Stunde, in welcher die physische Sonne in ihrem Wintersolstitio steht und von wo an sie sich aus ihrem tiefsten Stande wieder höher und höher hebt, die Tage verlängert, Frühling und Sommer herbeiführt. Wenn daher auch in früherer heidnischer Zeit in derselben Solstitialzeit die Geburt des neuen Jahressonnengottes gefeiert wurde, dies natalis invicti (sc. Solis), so hat doch die christliche Weihnachtsfeier eine ganz andere, rein geistige Bedeutung, und das Solare ist hier nur Symbol. Christus erleuchtet und befruchtet auf geistige Weise die Menschheit, wie die Sonne auf leibliche Weise die Erde. Man hat die Opfer, welche die heiligen drei Könige dem neugebornen Heilande darbringen: Gold, Myrrhen und Weihrauch, als alte, der Sonne heilige Symbole erkannt. Man hat auch das Osterlamm auf den Sonnenstand im Zeichen des Widders bezogen.“ (55)

„Die Kirche hat von alters her die Auferstehung Jesu Christi mit der aufgehenden Sonne verglichen. Sehr eindrucksvoll hat der Maler Matthias Grünewald im 16. Jahrhundert auf seinem Isenheimer Altar die Auferstehung Christi dargestellt: Hier erscheint Jesus Christus wie eine personifizierte Sonne, die aus sich heraus leuchtet. Und dennoch zeigt Jesu Leib auch die Wundmale seiner Passion, wodurch klar wird, dass es hier nicht um eine esoterische Verklärung geht, sondern um eine wirkliche Verwandlung, bei der die Persönlichkeit und die individuelle Lebensgeschichte erhalten bleibt. Der Gekreuzigte ist zugleich der Auferstandene.“ (56)

Ich möchte das hier an dieser Stelle nicht weiter vertiefen, schließlich befinden Sie sich noch immer auf der Ebene des Wissenslabyrinths, nicht mehr und nicht weniger!

Der Kern dieses Buches wird Ihnen von ganz alleine die richtigen Fragen, welche Sie dann selbst beantworten können, liefern. Dennoch sind diese Informationen zum einfacheren Verständnis, welche Ihnen den richtigen Weg weisen und Ihre lebenslange religiöse Gehirnwäsche beseitigen.

Der Hinduismus

Die Ādityas sind eine der Hauptgottheiten des vedischen klassischen Hinduismus und gehören zur Klasse der Sonnengötter. Der Name Aditya im Singular, bezieht sich auf den Sonnengott Surya. In den Veden sind zahlreiche Hymnen Mitra, Varuna, Savitr, usw. gewidmet. Die Adityas sind eine Gruppe von zwölf Sonnengottheiten aus der Brahmanenzeit. Im heutigen Sprachgebrauch im Sanskrit wurde der Begriff Aditya im Gegensatz zu vedischen Adityas in den Singular gesetzt und synonym mit Surya, der Sonne, verwendet. Surya Namaskar, der Sonnengruß ist die Anbetung der Sonne, die auch als eine Übung im Yoga enthalten ist. Griechisches Äquivalent zu Surya ist Helios. Surya oder Ravi ist die Grundlage von Ravivara oder Sonntag im hinduistischen Kalender. Der Sonnengott im Hinduismus ist eine alte, verehrte Gottheit.

Im späteren hinduistischen Sprachgebrauch verloren alle vedischen Ādityas ihre Identität und verwandelten sich in eine zusammengesetzte Gottheit, Surya, die Sonne. Der Sonnengott wird von einem siebenspännigen Streitwagen gefahren, der die sieben Wochentage und die sieben Farben des Regenbogens darstellt, die aufgrund der Zerstreuung durch Suryas Strahlen zu sehen sind. Surya bedeutet in der indischen Literatur Sonne. Der Kult reicht bis ins heutige Pakistan.

Shiva (Sanskrit): beleuchtet „The Auspicious One", auch bekannt als Mahadeva, der große Gott oder Lord Shiva genannt, ist eine der Hauptgottheiten des Hinduismus. Shiva wird dem Montag zugeschrieben, entsprechend der Mondsichel. Shiva wird oft mit einem dritten Auge dargestellt.

Neuzeitliche Shiva-Statue — Die Shiva-Sutras und die Wissenschaft — Zeitgenössische Darstellung von Shiva

Abb. 28: Dreizack (Zepter), Schlangen (ägyptisches Symbol für Souveränität, Königtum, Gottheit und göttliche Autorität, Mond als Symbol der Männlichkeit) und Krone. Das alles ist somit vollständig ägyptischen Ursprungs

Die unzähligen Aspekte, welche man Shiva zuschreibt, würde an dieser Stelle zu weit und ins Nichts führen. Ob Shiva nun zerstörerischer Natur oder glückverheißend ist, spielt keine Rolle, denn es ist eine Religion! Shiva wird noch heute in vielen Länder Zentralasiens verehrt und angebetet.

Abb. 29: Die Statue von Shiva beim Nataraja-Tanz auf dem Campus der Europäischen Organisation für Kernforschung (CERN) in Genf (Schweiz) umgeben von einem Sonnen-Halo oder Sonne entsprechend der Flammen

Auch im Gebäude der WHO (World Health Organisation) in der Schweiz finden wir die indische Version der Sonnengöttin Shiva.

Chinesische Mythologie

Abb. 30: Statue der Sonnengöttin Xihe die die Sonne im Wagen lenkt, die von einem Drachen gezogen wird (China)

In der chinesischen Mythologie, dort auch Kosmologie genannt, gab es ursprünglich zehn Sonnen am Himmel, die alle Brüder waren.

> *„Die Sonne geht aus dem Hellen Tal auf, badet im Teich von Xian und ruht im Fusang-Baum. Dies wird Morgenlicht genannt.“* (57)

Hier sieht man wieder einmal, dass die Religionen immer den gleichen Hintergrund haben:

Ein Sonnengott im Sonnenwagen, entsprechend „Sol Invictus“, Helios oder sei es das Sonnentor in Berlin, bis hin zum Circus Maximus, usw.

Germanische Mythologie

In der germanischen Mythologie wird die Sonne durch germanisch Sol, Sanskrit Surya, griechisch Helios (siehe Frau Holle), litauisch Saulė personifiziert. „Sol Invictus“, in das Englische übersetzt als „Unconquered Sun“ = „unbesiegte Sonne“, „Sun“ / „son“ kann auch als Sohn übersetzt werden, ist die Personifikation der Sonne und ein Gott in der antiken römischen Religion. In Sanskrit wie bereits erwähnt Surya. Das althochdeutsche Wort für Sonnengöttin ist Sunna. Die griechische Assimilation von Sol ist neben Helios Apollo.

Das Gegenstück zu Sol ist Luna, Geschwister Sonne, Aurora, eins zu eins entsprechend Selene.

In der griechisch-römischen Welt heißt er Helios, latinisiert als Helius, ein „Gott“ und die Personifizierung der Sonne. Entsprechend eins zu eins „Sol Invictus“, Apollo, usw.

Römische Mythologie

„Wiedergeburt“ der Sonne, am 25. Dezember des julianischen Kalenders, ein Fest der Geburt der „unbesiegten Sonne“ oder „Dies Natalis Solis Invicti“, wie bereits erwähnt. Eine ausführliche Liste weitere Sonnengötter findet man bei Wikipedia.

Islam

„Allah“ sagt im Koran, dass er die Sonne erschaffen hat, was wiederum identisch mit der Bibel ist, die sich um die Erde dreht. Sowohl die Sonne als auch alle Geschöpfe loben ihn. Er sagt auch, dass er sie zum Wohle aller Wesen erschaffen hat, um sie mit Licht und Wärme zu versorgen.

Die „wissenschaftliche“ Logik, die davon ausgeht, dass sich die Erde um die Sonne dreht, ist eine katholische Religion. Nicht mehr und nicht weniger!

Mary in Islam, Maria im Islam – wie zuvor erwähnt findet sich der gleiche Ursprung bei den ägyptischen Sonnengöttern ISIS mit Horus, Maria und Horus auch „Roter Horus“ genannt, symbolisiert den Planeten Mars als (Auge des) roten Horus. Der Mars ist dem „Dienstag“ zugeschrieben.nDer Koran selbst verbietet die Mondanbetung in Koran 41:37:

> *„Niederwerfe dich nicht vor der Sonne oder dem Mond, sondern werfe dich nieder vor Allah, der sie erschaffen hat.“*

Der Koran betont, dass der Mond ein Zeichen Gottes ist, nicht selbst ein Gott. Wie man sieht: Religion spaltet eben, jedoch möchte ich persönlich dies wirklich nicht weiter kommentieren!

Aztekische Mythologie

In der aztekischen Mythologie war Tonatiuh („Bewegung der Sonne“) der Sonnengott. Die Azteken hielten ihn für den Anführer von Tollan (dem Himmel). Er wurde auch als die fünfte Sonne bezeichnet, weil die Azteken glaubten, dass er die Sonne war, die die Macht übernahm, als die vierte Sonne vom Himmel vertrieben wurde. Tonatiuh wurde mit dem Adler assoziiert.

Der Adler auf dem Kaktus mit der Schlange aus der Legende ist noch heute auf der mexikanischen Flagge abgebildet. Somit symbolisiert der Adler also die Sonne und wie bei den Ägyptern in Verbindung mit der Schlange. Ein Symbol der Autorität und Macht.

Aztekengötter gibt es wie ägyptische viele. Neben dem wichtigsten Sonnengott, auch Mondgötter, Wassergott, Wetter-, Kriegs- und Schutzgötter.

Die Azteken glaubten, dass sich die Sonne bei ihrem nächtlichen Weg durch die Unterwelt, entsprechend der ägyptischen Mythologie, auszehre und Tonatiuh daher Menschenblut verlange, um seine Kräfte wieder aufzutanken.

Anmerkung: Mit der „Unterwelt“, also der nächtliche Weg der Sonne, ist wie schon bei den Pharaonen lediglich die Nacht gemeint und eben nicht Satan oder die Hölle wie es oft falsch interpretiert wird. Bekäme sie kein Menschenblut, würde die Sonne sich weigern, wieder aufzugehen.

Der Ursprung und „Glaube“ an menschliche Opferrituale kommt auch in anderen Satanismus-Kulte vor.

Inka-Mythologie

Inti ist der alte Sonnengott der Inka.

Inti wird als goldene Scheibe mit Strahlen und einem menschlichen Gesicht dargestellt. Einige Quellen identifizieren die zentrale Figur des Sonnentors als Inti mit direkten Bezug zur Sonnenreligion. Und das Sonnentor mit indirekten, aber eindeutigen Bezug zu den sogenannten Triumpf-Bogen oder die Sonnen-Tore, wie bereits erwähnt. Selbstverständlich ein UNESCO-Sonnen-Weltkulturerbe, wie viele unzählig andere Beispiele.

Die Sonne ist auch auf dem Wappen von Bolivien , dem Wappen von Argentinien und dem Wappen von Ecuador, sowie auf der historischen Flagge von Peru abgebildet. Alle diese Länder waren ein historischer Teil des Inka-Reiches.

Selbst bei den Mayas gab es mindestens drei oder mehr Sonnengötter. Kinich Ahau, ein Haupt-Sonnengott, wird als Gott G bezeichnet. Also der Buchstabe „G“ für einen Sonnengott.

Hier eine kleine Gedankenstütze an die Freimaurerei mit ihrem „G“ als Symbol für „Gott“.

Hun Hunahpu war einer der Maya Hero Zwillinge, er verwandelte sich in die Sonne, während sich sein Bruder in den Mond verwandelte. Tempel wurden bei den Mayas als „Gottes Haus“ bezeichnet, entsprechend der christlichen oder katholischen Kirche, Kirche = Tempel = Gottes Haus.

Teotihuacanos praktizierte Menschenopfer: Bei Ausgrabungen der Pyramiden von Teotihuacan wurden menschliche Körper und Tieropfer gefunden. Gelehrte glauben, dass die Menschen im Rahmen einer Widmung Menschenopfer darbrachten, wenn Gebäude erweitert oder gebaut wurden. Siehe auch Katakomben von Rom oder Paris!

Im späten 17. Jahrhundert machte Carlos de Sigüenza y Góngora (1645–1700) einige Ausgrabungen rund um die Sonnenpyramide. Kleinere archäologische Ausgrabungen wurden im 19. Jahrhundert durchgeführt. Im Jahr 1905 führten mexikanische Archäologen und Regierungsbeamte, in dem Regime von Porfirio Díaz, Leopoldo Batres ein Großprojekt der Ausgrabung und Restaurierung. Die Sonnenpyramide wurde anlässlich des hundertjährigen Bestehens des mexikanischen Unabhängigkeitskrieges im Jahr 1910 restauriert. Diese Info ist für die Geschichtsverfälschung von Bedeutung.

Hier sei noch angemerkt: Die Bauweise der Mayas über die Ägypter bis hin zur Moderne blieb bis zum heutigen Tag unverändert.

Afrika

Die Tiv-Leute sind eine ethnische Gruppe der Tivoiden. Sie halten die Sonne für den Sohn der Tochter des Mondes Awondo und das höchste Wesen Awondo. Der Stamm der Barotse glaubt, dass die Sonne vom Himmelsgott Nyambi bewohnt wird und der Mond seine Frau ist. (58)

Die Religionen in Afrika sind sehr vielfältig. Aber das Christentum und der Katholizismus haben auch hier, spätestens seit der Kolonialisierung, während des Imperialismus im 18. Jahrhundert, die Vorherrschaft übernommen. Ob nicht doch die religiöse Vorherrschaft die wahren Gründe hinter diesen Verbrechen war oder ob es in erster Linie um Rohstoffe und Macht ging, lass ich an dieser Stelle einmal offen, weil es für dieses Buch nicht wichtig erscheint.

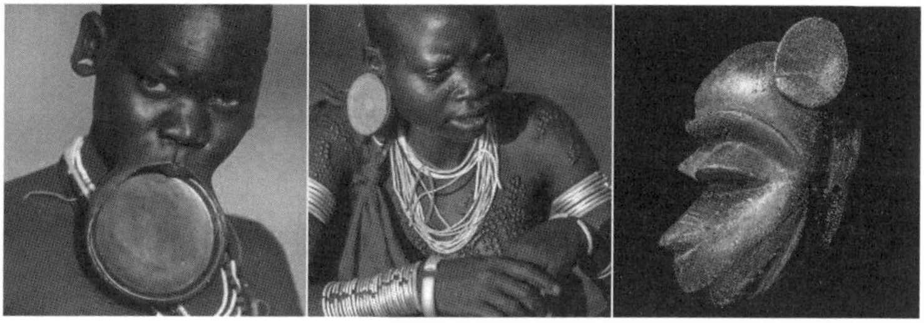

Abb. 32: Auch in der afrikanischen Tradition gibt es die wiederkehrenden Hinweise auf den Sonnenkult, in Form diverser Sonnenscheiben

Ich werde an dieser Stelle wegen des Umfangs nicht alle Länder Afrikas aufzählen.

Mit einer Sonnenscheibe „am Kopf“ möchte ich nun dieses umfangreiche und mit sehr vielen Informationen bestückte Kapitel vorerst abschließen.

Diesem „Grundwissen“ werden Sie nun in diesem Buch immer wieder begegnen, jedoch brauchen Sie nicht lange recherchieren, sondern wissen bereits um deren Bedeutung.

Vielleicht gönnen Sie sich nun eine kleine Verschnaufpause, kochen sich eine neue Tasse Tee oder nehmen eine bequemere Position auf Ihrem Ruhestück ein, denn der Übergang in diesem Buch ist fließend.

Öffnen wir nun die nächste Tür und kommen direkt zu dem Kapitel, mit dem Hauptbestandteil des Buchtitels:

Die Pharaonen

Auch in dieses Kapitel haben wir hunderte Stunden Recherche investiert, haben unzählige Videos gesehen, stapelweise Bücher durchforstet und mit vielen Stadtführern gesprochen, um diese Informationen hier zu veröffentlichen.

Alles was Sie auf den kommenden Seiten lesen werden, können Sie selbstverständlich selbstständig recherchieren und prüfen. Vielleicht finden Sie ja noch Dinge heraus, die ich übersehen habe. Dann würde ich mich über einen elektronischen Brief von Ihnen sehr freuen, um die neuen Erkenntnisse für die Zukunft, einer größeren Interessengemeinschaft zu hinterlassen.

Doch nun viel Spaß beim Lesen.

Fangen wir doch an mit:

Die zwei herrschenden Systeme

Um die Herrscher von damals und heute, nebst ihren Zielen zu verstehen, muss man deren Geschichte kennen und deren Symbole lesen können, mit denen sie kommunizieren. Die Ursprünge dieser Herrscherkaste, welche die Welt regiert, reicht bis in die Antike zurück.

Im alten Ägypten gab es einmal zwei konkurrierende Pharaonenreiche, Ober- und Unterägypten. Die Pharaonen sahen sich als Nachkommen des Sonnengottes, daher heirateten sie auch immer nur untereinander, um sich nicht mit den Nichtgöttlichen zu vermischen. Ihre Königshäuser wurden das „Rote Haus“ und das „Weiße Haus“ genannt, denn die eine Königskrone war weiß und die andere rot. Erinnert diese Tatsache nur mich an das „Weiße Haus“ in den USA und den „Roten Platz“ in Russland?! Man könnte auch sagen, dass die Farbe Weiß für den Kapitalismus und Rot für den Kommunismus steht, wie wir es schon seit Jahrhunderten beobachten können.

Die zwei Reiche standen im ständigen Konflikt miteinander, jedoch eines Tages schlossen sie ein Bündnis. Sie vereinten die zwei Kronen zu einer rot-weißen Doppelkrone und machten sich auf, gemeinsam die Welt zu erobern.

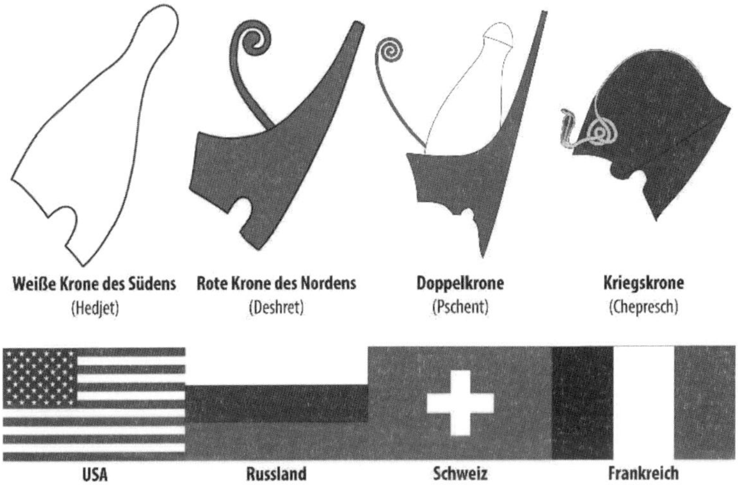

Abb. 33: Weiß, Rot und Blau – Das sind die Farben der Pharaonenfamilien

Auch auf die Gefahr hin, dass ich jetzt vorgreife: das „Land der Pharaonenschatzkammer", die Schweiz, ist wie viele andere Länder in den traditionellen Farben Rot-Weiß gehalten, mit dem überdeutlichen weißen Sonnenkreuz als Zentrum umgeben vom roten Reich.

Der Ursprung moderner Länder-Flaggen, wie wir sie heute sehen, haben ihren Ursprung in den ägyptischen Herrschaftsfarben Farben Rot-Weiß, wie zu Beispiel: Vatikan, Malteser, Rotes Kreuz, Schweiz, USA, Russland, usw.

Die „City of London", ihr alter Kern und ihr Finanzzentrum, wurde von den Römern als Londinium gegründet, welches auch mit den „heiligen" römischen Symboliken noch heute zu erkennen ist. Aber um „wer herrscht eigentlich", soll es an dieser Stelle nicht gehen.

Die Mitgliedschaft in der EU beendete England nach 47 Jahren, mit dem EU-Austritt des Vereinigten Königreichs („Brexit"), am 31. Januar 2020. Verwunderlich war dieses Brexit Theaterstück überhaupt nicht, denn England, also die „City of London", mit seinen religiösen Templer und Pharaonen, gehört nun mal als Verwaltung und dem Standort des betrügerischen Schuldgeldsystem nicht in die Sklavenzange der EU-Unterdrücker. Vielleicht wird Ihnen in diesem Zusammenhang auch klar, wieso der Brexit so hochgespielt wurde, bis auch der letzte Depp (nein, ich meine nicht Jonny Depp) dieses große Theaterstück, nach allen Schauspielkünsten der politischen Denkfabrik-Schulen glaubte. Wobei die wahren Gründe, selbstverständlich ganz anderer Natur waren.

Ein Land wie „England" mit der „City of London", welches noch heute unzählige Unternehmens-Nationen unter seiner Kontrolle hat, wie Kanada, Australien, Indien, Teile Afrikas, usw., braucht keinen Gesetzgeber wie die faschistische EU, welche weit über Deutschland steht!

Ein Land wie die „City of London" richtet sich nicht nach Gesetzen oder von Herrschern erlassenen Gesetze!

Dieses gesamte Schauspiel, mit dem englischen Beitritt in die damalige EWG (Europäische Wirtschafts-Gemeinschaft) und heutige Europäische Union (EU), dem Pan-Sonnen-Europa, sollte damals nur Vertrauen der Bevölkerung in die „Heilige Europäische Union" auf Zeit erzeugen.

Nicht mehr und nicht weniger!

Die Europäische Wirtschafts-Gemeinschaft hieß ein Zusammenschluss europäischer Staaten.

Zeitgleich gründete man „Euratom", für die Zusammenarbeit auf dem Gebiet der Kernenergie. Man nennt die beiden Verträge auch die „Römischen Verträge".

Gerade bemerke ich, dass ich etwas vom Thema abgekommen bin. Ich war bei den altägyptischen Pharaonenfamilien stehen geblieben.

Da sich die Familien der Pharaonen nur innerhalb der eigenen Familie fortpflanzten, kam es hier und da zu genetischen Fehlbildungen und ihre Nachkommen waren nicht lebensfähig. Aus der Notwendigkeit, sich mit anderen zu kreuzen, erwuchs eine heimtückische Kriegsstrategie, der Unterwanderung anderer Völker. So kreuzten sie sich mit dem Feindvolk, was nach einigen Generationen dazu führte, dass sie von diesem Volk nicht mehr als Fremde erkannt wurden.

Dann übernahmen sie die Machtstrukturen dieses Volkes, also Regierung, Religion, Medien, Unterhaltung, usw., schwächten und zerstörten es somit von innen heraus. Warum ich an dieser Stelle an die EU und ganz speziell an das sogenannte Deutschland denken muss, bleibt mir ein Rätsel!

Und noch eine kleine Anmerkung sei mir an dieser Stelle erlaubt: Sicher ist Ihnen der Name Jens Stoltenberg geläufig, der ehemalige Ministerpräsident von Norwegen und noch amtierender NATO-Generalsekretär. Stoltenberg, der angebliche Verteidiger der „Demokratie des Westens" hatte bereits ab Ende der 1970er-Jahre Kontakt mit Mitarbeitern der sowjetischen Botschaft in Oslo, darunter war auch der KGB-Agent Boris Kirillov, mit dem er sich in der zweiten Hälfte der 1980er-Jahre häufiger traf. Kirillovs Auftrag war es, Norweger als Agenten zu rekrutieren. Stoltenberg bekam einen Eintrag in den KGB-Akten mit dem Codenamen „Steklov". [59]

2005 erhielt Jens Stoltenberg aufgrund seines Engagement für „Impfungen" den Preis für Kindergesundheit des norwegischen Verbandes von Kinderärzten und ihm wurde 2013 der internationale „Willy-Brandt-Preis" verliehen.

Willy Brandt, geboren als Herbert Ernst Karl Frahm, wird ebenfalls schon seit Jahrzehnten mehr als nur verdächtigt, seit dem 2. Weltkrieg für die Russen gearbeitet zu haben, als KGB-Agent!

Nicht nur der „FOCUS" titelte am 24.07.2016 „KGB-Dossiers rütteln am Denkmal Willy Brandt". Dort ist zu lesen:

„Der Verfassungsschutz will die unbequemen Berichte eines Geheimdienst-Offiziers über Brandts Kontakte zu Stalins Truppe unter Verschluss halten." (60)

Auch noch vielen anderen Personen, welche den „Willy-Brandt-Preis" erhielten, wird eine sehr seltsame Nähe zu dem russischen Geheimdienst KGB / FSB nachgesagt, aber dies nur am Rande. Nun zurück zum NATO-Mann Jens Stoltenberg.

Stoltenbergs Tante, Tante Karin Stoltenberg, war zufällig eine Genetikerin. Stoltenbergs Schwester, Camilla Stoltenberg, ist eine norwegische Epidemiologien und leitet seit 2012 die Gesundheitsbehörde Folkehelseinstituttet (FHI). Camilla untersucht rein zufällig die Konsequenzen einer Blutsverwandtschaft der Eltern.

„Im Jahr 1997 veröffentlichte Camilla Stoltenberg gemeinsam mit anderen norwegischen Forschern eine Studie, in der sie die Anzahl an Geburtsfehlern von Immigranten und der restlichen norwegischen Bevölkerung verglich. Dabei untersuchte sie auch den Einfluss von Blutsverwandtschaft bei den Eltern. Sie forscht auch im Bereich Autismus und zu anderen neurologischen Entwicklungsstörungen. Des Weiteren ist Stoltenberg im Bereich der pränatalen (Anmerkung der Redaktion: pränatal = vor der Geburt!) und genetischen Epidemiologie (Anmerkung der Redaktion: durch blutsverwandte Inzucht!) tätig." (61)

Camilla Stoltenberg ist selbstverständlich ein sehr „gern gesehener Gast" bei Veranstaltungen und sonstigen Aktivitäten der von Jesuiten gegründeten und „Wissen-schaffenden" Akademie der LEOPOLDINA in Halle an der Saale, mit der angeschlossenen freimaurerischen großen Nationalen Mutterloge „Zu den drei Weltkugeln", der ältesten Freimaurer-Großloge in Deutschland! Aber alles das nur am Rande, zum Thema „Inzucht" und unsere „Autoritäten".

Stichwort: Mopsorden! Wir kommen in einem späteren Kapitel noch einmal zu diesem sehr wissenswertem, aber dennoch kaum bekannten Thema. Nun aber wieder zurück zu den alten Ägyptern, mit ihren Pharaonen.

Ihre Verwandten stellten die herrschenden Pharaonen in den entscheidenden Machtpositionen. So hatten und haben die pharaonischen Familien immer die volle Kontrolle über die jeweilige Gesellschaft.

Eine Zwischenfrage sei mir an dieser Stelle gestattet, meine lieben Leser: Kommt Ihnen dieses Vorgehen irgendwie bekannt vor?! Wenn Sie, so wie ich, der Meinung sind, dass unsere Regierenden schon seit vielen Jahrzehnten gegen uns, dem sogenannten Volk, agieren, woran mag dies wohl liegen? Wer sind in Wahrheit unsere Politiker? Wer steuert diese Politikmarionetten? Warum wird uns seit Mitte der 1940er Jahre ein Schuldkult von allen Seiten eingehämmert, obwohl wir (das deutschsprachige Volk) gar keine Schuld dafür in uns tragen? Warum wird das sogenannte deutsche Volk so unterdrückt und wortwörtlich ausgeraubt? Warum wohl wird man wie ein Schwerstkrimineller jahrelang in den Kerker geworfen, wenn man nur Fragen zu diesem Schuldkult stellt?

„Wer Kritik übelnimmt, hat etwas zu verbergen.“ (Helmut Schmidt)

Doch nun wieder zu den Nachfahren der Pharaonen.

Damit sich die Familien der Pharaonen in der Fremde gegenseitig wiedererkennen, nutzen Sie eine Vielzahl von geheimen Symbolen. Eines davon ist zum Beispiel der Obelisk. Der Obelisk steht bildlich für den Phallus, also für den Kern ihrer Vermehrungs- und Verschmelzungsstrategie.

Eine kleine Randnotiz an dieser Stelle: drei genetische Merkmale der Pharaonen sind häufig eine sehr behaarte Brust und oft auch Rückenpartien bei Männern, die berühmten sehr hohen Geheimratsecken, sowie ein sehr ausgeprägter Kopfhaarwirbel, auch Priesterglatze genannt.

Das erste Opfer dieser Taktik waren die Hebräer. Wenn ich Ihnen jetzt sagen würde, dass die Ur-Hebräer nicht die heutigen Hebräer sind, würde ich Sie wahrscheinlich verwirren. Wie wir wissen, wurde unsere komplette Vergangenheit durch die Diener des Vatikans gefälscht. Man nennt dies auch Geschichte, weil Schicht für Schicht über die Ursprünglichkeit gelegt wurde. Die Ur-Hebräer waren die heute genannten Germanen, unsere deutschen Vorfahren. Die reale Geschichten der Bibel fanden auf deutschen Grund und Boden statt! Da die Beweisführung zu diesem Thema leider zu umfangreich und kompliziert ist, werde ich dies in einem separaten Buch behandeln. Doch nun wieder zurück zur eigentlichen Handlung:

Man erinnere sich an die Bibel, wo der Pharao die Juden (nicht die von den falschspielerischen und Satan anbeteten Khasaren abstammenden Juden, welche das Judentum zu egoistischen und ausbeuterischen Zwecken annahmen!) versklavte und ihre Kinder tötete. Die Juden wurden komplett unterwandert und kontrolliert, weswegen sie seit jeher von den anderen Völkern, auch als Ausgangspunkt der Verschwörungen, wahrgenommen wurden. Unter dem Deckmantel der Juden konspirierten die Pharaonen und verwirklichten ihre Weltherrschaftspläne nach und nach. Später führte unter anderem die jüdische Diaspora auch zur Verbreitung der Pharaonen auf der Welt.

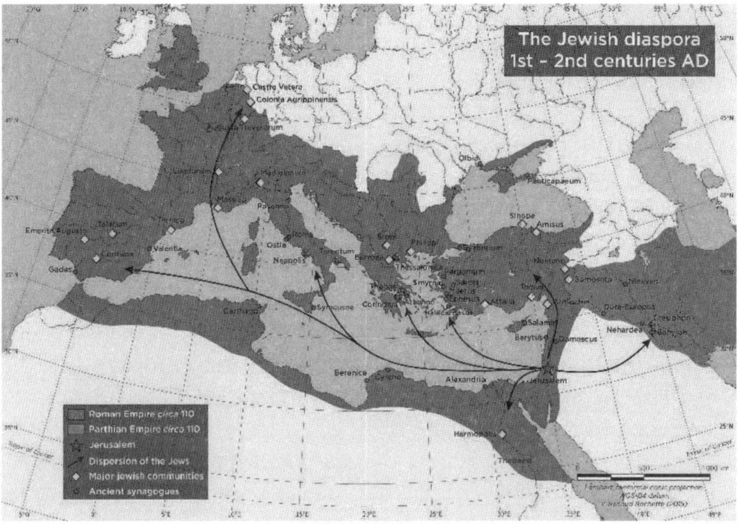

Abb. 34: Die jüdische Diaspora im 1. Und 2. Jahrhundert nach Christus

In Europa bauten sie Ritterorden, also Ordensgemeinschaften, auf, wie den Malteser Orden, den Johanniterorden, den Jesuitenorden oder den Templerorden. Ihre Machtstrukturen sicherten ihnen letztendlich die Stellung als Herrscherkaste, sprich den Adel. Die Adligen sind also die Nachkommen der Pharaonen, welche die Monarchen, die Ritter und andere wichtige Positionen der Gesellschaft stellen. Auch das Banken- und Beamtentum, sowie die Steuern haben ihren Ursprung in diesen uralten Strukturen.

Abb. 35: Beispiele für Ritterorden: v.l.n.r. Malteserorden, Johanniterorden, Jesuitenorden (IHS = ISIS, Horus und Seth!) und Templerorden

Ihre „Vermischungsstrategie" erzwangen sie übrigens auch per Gesetz. Der Adel hatte nämlich das sogenannte Erstrecht „Jus Primae Noctis", was den Feudalherren der Region erlaubte, jede Frau in ihrer Hochzeitsnacht zu begatten. Sehr interessant finde ich persönlich in diesem Zusammenhang mal wieder den Eintrag im Online-Märchenpedia, welches „das Recht der ersten Nacht" schon fast als Verschwörungstheorie und Fantasie der alten Lyriker darstellt:

> *„Die Rechtsgepflogenheit beziehungsweise die zugehörige erotische Machtfantasie ist in der Frühen Neuzeit und Aufklärung in literarisch-politischen Publikationen publikumswirksam und verkaufsfördernd dargestellt worden. Ob sie jemals tatsächlich bestand, ist stark umstritten."* (62)

Scheinbar haben da die Geschichtsfälscher von Wikischwindela Angst vor der Wahrheit, denn es soll scheinbar unter den Teppich gekehrt werden, warum sich die Familiengene der Pharaonen weltweit verbreiteten. In Europa haben laut einer DANN-Analyse die Hälfte der Bevölkerung die Gene der Pharaonen! (63) Somit ist jeder zweite von uns ein kleiner Tutenchamun.

Der Adel baute zu seinem Schutz Burgen und Schlösser, von wo aus er gut geschützt regieren konnte und seine Schätze sicher waren. Das Militär waren Ritter und Söldner. Die Burgen hatten auch oft Folterkammern, welche im Grunde das taten, was der heutige Geheimdienst macht: Leute verschwinden lassen und „Information herausfinden".

Aus den Einflussbereichen der Feudalherren entstanden dann Königreiche, aus denen später die Nationalstaaten entstanden. Man kann noch heute in vielen Nationalflaggen die drei Pharao-Farben erkennen, die sogenannte Trikolore. Rot und Weiß stehen für die zwei Reiche und Blau für die pharaonische Kriegskrone. Von dieser Bedeutung kommt auch das Wort „blaublütig", für den Adel.

Natürlich gab es vielmehr Pharaonennachkommen als Positionen Reiche zu führen. Wer sollte also Herrscher sein? Das regelte ein altes Nachfolgegesetz, genannt die „Primogenitura". Das ist das Erbrecht des ersten männlichen. Alle anderen Nachkommen gehen leer aus und haben kein Anspruch auf den Thron.

Dadurch kam es natürlich oft zu Erbstreitigkeiten, gar Morden und Vergiftungen innerhalb der Familie. Um das zu vermeiden schickte man die Nichterben ins Kloster. Diese Nachkommen, die nicht zu Monarchen wurden, gingen also als Ritter in die Klöster und führten anfangs jedenfalls ein eher ärmliches Leben. Unzufrieden mit ihren für den Ritteradel armseligen Verhältnissen, taten sie sich zu einem großen Raubzug zusammen. Wir kennen Sie unter der Bezeichnung: Templer oder Tempelritter. Sie machten christliche Propaganda bei den Europäern und überfielen mit ihnen den Orient, raubten die Schätze Jerusalems (so erzählt man uns zumindest!) und brachten sie in ihre neue Schatzkammer, die Schweiz.

Nur so nebenbei bemerkt: Das Wort „Schweiz" ist ägyptisch und bedeutet zu Deutsch „Schwester ISIS". Ich bin gerade am überlegen, wer sich noch

„ISIS“ nannte. Ach ja, die fanatischen Hunde der Terroristenbande: „Islamischer Staat im Irak und in Syrien“, heute kurz IS genannt, welche bis heute von arabischen und amerikanischen Herrscherfamilien aufgebaut wurden und finanziert werden. Momentan werden diese krummen Bastarde in sehr großer Zahl wieder nach Europa geschleust. Aber sicherlich hat dies nichts zu bedeuten!!!

Die uns überlieferte Belagerung von Akkon war angeblich das wichtigste Ereignis des Dritten Kreuzzuges im Heiligen Land. Nach zweijähriger, verlustreicher Belagerung gelang den Kreuzfahrern schließlich die Rückeroberung der strategisch wichtigen Stadt Akkon, die für die folgenden 100 Jahre die Hauptstadt des Königreichs Jerusalem wurde, so die Überlieferung. Dass es bei den Kreuzzügen jedoch nie um Jerusalem ging, sondern das Ziel war ein ganz anderes, dazu kommen wir aber später. Der letzte „Kreuzzug“ war am 18.05.1291 beendet und nur zwei Monate später wurde die Schweiz am 01.08.1291 als „Ewiger Bund“ (Stichwort: Rütlischwur) gegründet. Wir kommen später noch einmal darauf zurück.

Der Rütlischwur | Bundestaler von Stampfer (ca. 1546) | Drei Eidgenossen im Bundeshaus

Abb. 36: Mit dem Rütlischwur gründen Templer die „Schwester der ISIS“, was sich heute Schweiz nennt

Abgestimmt mit den Monarchen in der Region, brachten sie also ihr Raubgut von „Jerusalem“ in die Schweiz und ließen die europäischen Söldner im Orient zurück, wo sie sinnlos und bestialisch abgeschlachtet wurden. Deren Frauen, die derweil in Europa hilf- und schutzlos zurückblieben, verfolgten sie mit dem sogenannten „Hexenhammer“. Der „Hexenhammer“ ist ein in der Schweiz entworfenes Buch zur Verfolgung von Frauen, die „angeblich Verschwörungstheorien“ über Kreuzzüge verbreiteten. Kommt Ihnen, liebe Leser, dies irgendwie bekannt vor? Der „Hexenhammer“ wird übrigens heute noch in der Schweiz am 1. August mit symbolischen Scheiterhaufen gefeiert, einem Brand- und Opferfest.

Abb. 37: Hexenhammer auch Hexenverfolgung oder Hexenverbrennung genannt

Schon damals waren Menschenleben für die Pfaffen der Kirche einen Scheißdreck (Sorry für das Wort, aber wo ich das gerade schreibe, steigt mein Blutdruck ins Unermessliche) wert, was sich bis heute nur geringfügig geändert hat. Die Rolle der satanisch-schwarzgekleideten Pfaffen haben in der heutigen Zeit selbsternannte Politiker übernommen, die „für die Erhaltung der Demokratie" Gesetze verabschieden, welche immer mehr die Freiheits- und Meinungsrechte des Volkes, die angeblich diese „Politiker" wählten (so sagt man uns es zumindest), einschränken oder verbieten. Die Befehle nebst Gesetze dieser Sklavenhalter kamen zur Zeit der Hexenverbrennung von den Jesuiten des Vatikans und heute gesellen sich allerlei Superreiche, Logenbrüder und anderes Gesocks zu den Oberunterdrückern dazu. Ich hätte beinahe das Wort „Globalisten" benutzt, jedoch stellt die „Stiftung gegen Rassismus und Antisemitismus" diesen Begriff in die Ecke der AfD, der Rechten und der sogenannten Verschwörungsideologen. Von Tag zu Tag werden immer mehr Wörter, Bücher, Filme und Lieder zensiert. Erst gestern wurde ein Hamburger zu 4.000 EURO Strafe verdonnert, weil er den Buchstaben „Z" in A4-Größe auf die Heckscheibe seines Autos klebte. [64] Ich frage mich ernsthaft, wann werden die restlichen Buchstaben verboten? Wäre es nicht besser, ganze Wörter, Sätze oder das sprechen im Allgemeinen zu verbieten?! Ich frage mal wieder nur für einen Freund.

Die Schweiz dient seitdem als neutrale Basis, sichere Schatzkammer, man denke an die Banken und wird nie vom Krieg angetastet. Dort sind auch die Instrumente der Weltherrschaft zu Hause, wie die UN, die WHO, die Olympischen Spiele, FIFA, CERN, usw.

Der Pharaonenadel ist also wie bereits erwähnt eine große Familie. Wenn es mal zu Konflikten zwischen zwei Monarchen kam, dann hat man sich dort in der Schweiz getroffen, im neutralen Zion, wo man Friedensverhandlungen führte. Daraus entstanden später die Bilderberger Treffen, wo man Strategien ausmacht und Konflikte (auch zukünftige) bespricht.

Die alte Weltordnung ist das Feudalsystem, die Herrschaft der Pharaonen, insbesondere der Erstgeborenen als Monarchen, der jeweiligen Länder der Welt. Doch diese Ordnung führte auch zu einigen Problemen. Erstens die bereits genannten gewalttätigen Erbstreitigkeiten.

Ein anderes Problem war, dass die Könige untereinander in Konkurrenz standen und Kriege führten, in den sie normalerweise nur das Volk verheizten. Weil aber die Kriege immer größere und zerstörerische Ausmaße annahmen und die Schönheit und Einheit der Welt vernichteten, erdachten sich die Adligen eine andere Ordnung.

Dazu kam auch, dass den Leuten immer mehr auffiel, dass die Monarchen die Kriege organisierten und die Völker ausbeuteten und sich daher gegen den Adel auflehnten. Daher musste eine neue Bestimmung her und diese „Neue Weltordnung“, ist die Herrschaft der Pharaonen, aus dem Untergrund, durch Freimaurerlogen.

Wie Sie sehen, meine lieben Leser, stammt die Idee der „Neuen Weltordnung“ nicht aus der Neuzeit, sondern musste regelmäßig vollzogen werden.

Die Freimaurer sind die geheimen Netzwerke des Pharaonenadels, symbolisiert unter anderem durch die Pyramide mit dem Auge.

Abb. 38: Französische Revolution - Die Erklärung der Menschen- und Bürgerrechte. Ganz oben sehen Sie die Pyramide mit dem allsehenden Auge

Durch Propaganda und Lügen heizten die Freimaurer beispielsweise die Stimmung gegen den Monarchen in Frankreich an, mit solchen Falschaussagen zum Beispiel: „Wenn sie kein Brot haben, sollen sie doch Kuchen essen“ und lösten die Französische Revolution aus. Napoleon schaffte dann im Anschluss den Adel offiziell ab und ließ nebenbei erwähnt auch überall Obelisken aufstellen.

Am 01.05.1776 wurden die Illuminati in Ingolstadt gegründet und zwei Monate später, am 04.06.1776, die USA. Die „Neue Welt“, also Amerika, wurde zur Basis der „Neuen Weltordnung“.

Kleine Randnotiz an dieser Stelle: Momentan zieht die Pharaonenfamilie wieder einmal um. Sie hat eine neue Heimat gefunden und errichtet ihre „Neue Weltordnung“ diesmal in China, dem Land der Mitte! Darauf kommen wir aber später noch ausführlicher zu sprechen.

Die „Neue Weltordnung“ basiert auf den drei Prinzipien der Freimaurer: „Freiheit, Gleichheit und Brüderlichkeit“. Das bezieht sich auf den Adel und nicht etwa auf das Volk. Es bedeutet, dass alle Pharaonen Brüder sind und sich nicht gegenseitig töten sollten.

Sie sind alle gleich, das bedeutet, nicht nur der Erstgeborene hat das Recht auf das Erbe und die Herrschaft. Sie sind frei, sich alle vom Sklavenvolk zum Herrscher wählen zu lassen. Wer am überzeugendsten ist, der darf für vier oder fünf Jahre „König“ (Kanzler, Präsident, Premierminister, usw.) sein, also eine Legislaturperiode.

Abb. 39: Motto der Französischen Revolution: Freiheit, Gleichheit, Brüderlichkeit

Eine kleine passende Notiz am Rande: 25.10.2022 betitelte die „Zeit“ einen Artikel mit den Worten: „Frank-Walter Steinmeier: Ein auf Zeit gewählter König“. (65) Dort heisst es:

> *„Im Grunde genommen ist der Bundespräsident ein auf Zeit gewählter König. Und nicht zufällig verbieten die Briten, die mehr Erfahrung mit konstitutionellen Monarchen haben als jede andere Nation, dem Staatsoberhaupt jedes politische Engagement. Charles III war als Prince of Wales Fürsprecher ökologischer Landwirtschaft und Feind moderner Architektur; als König wird er sich zurückhalten müssen, wenn er eine neue Konzerthalle oder einen automatisierten Kuhstall einweiht.“*

An diesem Beitrag sehen Sie, meine lieben Leser, dass so viele pharaonischen Nachfahren existieren und jeder „in seinem Bereich“ ein „König“ ist, bzw. sein möchte. Nun überlegen Sie doch bitte einmal, warum der Deutsche Bundestag die weltweit meisten Mitglieder hat (China ausgenommen)?! Hier leben demzufolge die meisten Nachfahren dieser Pharaonen-Blutlinien und alle wollen ein Stück vom steuerfinanzierten Kuchen abhaben! Daher ist unser Parlament das größte der Erde (außer China).

Übrigens stammt das Wort „Parlament“ ursprünglich von den französischen Wörtern „parler“ (auf Deutsch „sprechen“) und „mentir“ (auf Deutsch „lügen“).

Zur Wahl stehen stets immer nur die Nachkommen des Pharaonenadels. Wie eine Schülerin in den USA herausfand, sind fast alle Präsidenten der USA und auch alle Gegenkandidaten mit George Bush verwandt. Der Grund ist natürlich, weil sie alle Adlige sind und die Adligen Europas eine Familie bzw. Blutlinie darstellen. Der Adel in Europa vermählt sich ja, wie die Pharaonen damals auch, nur untereinander.

Natürlich hat parasitäre Herrschaft auch negative Auswirkungen. Daraus entsteht im Volk ein Bedürfnis nach Besserung. Zu diesem Zwecke wurden von den Pharaonen verschiedene Ideologien bzw. Systeme erdacht, z.B.: Nationalismus, Kommunismus, Nationalsozialismus, Demokratie, usw. Diese Formen der sogenannten Politik sind alles Konstrukte der Pharaonenherrschaft. Die Spitzen werden immer durch dieselbe Herrscherkaste kontrolliert.

Der als Errungenschaft angepriesene und hochgelobte Globalismus ist letztendlich die vereinte Weltherrschaft der Pharaonen, im Hier und Jetzt, unter einem System. Der sogenannte „Great Reset“ und die „Neue Weltordnung“ sind somit ein uralter Hut, jedoch in neue Worte gehüllt.

Die Zeichen und Symbole der Pharaonen

Noch heute zeigen die Pharaonennachfahren sehr gerne die Kultobjekte ihrer Vorfahren, wie z.B. Pyramiden, Obelisken oder ägyptische Gottheiten. Um diese Symbole lesen zu können, schauen wir uns diese jetzt mal etwas genauer an.

Jedoch existieren so viele Symbole, dass wir in diesem Buch nicht auf alle eingehen können und werden. Wir haben eine Auswahl getroffen, welche die am meisten verwandtesten Zeichen sind.

Die zwei Reiche

Die zwei Pharaonenreiche Ober- und Unterägypten werden durch die zwei Farben Rot und Weiß symbolisiert, welche von den Kronen der Pharaonen abgeleitet sind.

„Pschent ist die griechische Bezeichnung der altägyptischen Doppelkrone, welche die rote Krone des Nordens (Unterägypten) mit der weißen Krone des Südens (Oberägypten) kombiniert. Die Doppelkrone ist erstmals unter König Den in der 1. Dynastie in Verbindung seiner Einführung des Thronnamens belegt.

An der Stirnseite des Pschent befindet sich eine Uräusschlange als Symbol der unterägyptischen Gottheit Wadjet neben einem Geierkopf als Darstellungsform für die oberägyptische Göttin Nechbet. So verkörperten beide Kronen die königlichen Schutzgöttinnen.

Die Krone ist der dualistische Ausdruck der selbständigen roten Krone des Nordens und der weißen Krone des Südens. Eine symbolische Kopplung an Unter- und Oberägypten lag zunächst nicht vor. Die ägyptische Gottheit der Schöpfung, Atum, wurde mit der Doppelkrone dargestellt. Von der Doppelkrone ist kein Originalexemplar erhalten, so dass auf ihre Beschaffenheit nur aus Reliefdarstellungen sowie Holz- und Steinplastiken geschlossen werden kann.“ (66)

Abb. 40: Atum mit der Doppelkrone (links) ist die Gottheit, die von König Echnaton angekündigt und als Sonnengott betrachtet wurde. Das Licht von Atum kommt allen Rassen zugute, die Atum in Form einer Sonnenscheibe darstellen, deren Strahlen in menschlichen Händen enden, um Leben und Wohlstand zu geben

Wie schon erwähnt stehen diese Kronen für das rote Haus und das Weiße Haus, womit die Königshäuser gemeint sind. Die Doppelkrone entstand, nachdem die beiden Reiche einen Bund geschlossen hatten und miteinander verschmolzen. Es entstand diese kombinierte Krone aus Weiß und Rot. Das eben genannte Wort „Bund“ spielt im weiteren Verlauf dieses Buches noch eine wichtige Rolle.

Als kleinen Schmankerl verrate ich schon folgende Kleinigkeit: Was meinen Sie, sehr geehrter Leser, woher wohl die Wörter: Bundesrepublik, Bundesland, Bundeswehr, Bundespersonalausweis stammen?! Ich vermute mal, dass Sie sich schon denken können, auf was ich hinaus möchte. Zu dem Symbol des Bundes kommen wir später zu sprechen.

Jedoch gab es aber noch eine dritte Krone, die nur zum Krieg getragen wurde und das ist die blaue Krone. Erinnert Sie diese blaue Krone an etwas? Richtig, nach diesem Vorbild sind auch die Blauhelme der UN gefärbt!

Die reguläre US Flagge enthält nur die zwei Farben Weiß und Rot während die Kriegsflagge auch Blau enthält. Blau steht immer, wie Sie schon erfuhren, für den Krieg.

Aus diesen drei Farben (Rot, Weiß und Blau) entstand ebenfalls die Trikolore, welche man auch in einer Großzahl von Nationalflaggen wiederfindet, z.B.: Russland, Niederlande, Frankreich, Island, Kroatien, Slowakei, Tschechien, Australien, Neuseeland, Costa Rica, Dominikanische Republik, um nur einige zu nennen.

An dieser Stelle möchte ich noch eine Anmerkung zu den Pharaonen hinzufügen, welche laut der Bibel im Meer verschwunden seien. Damit ist natürlich nicht der Ozean gemeint, sondern diese mächtigen Pharaonen verschwanden im „Meer der Völker", was auch Verschmelzungsstrategie genannt wird.

Pyramiden

„Die Pyramide (von altgriechisch πυϱαμίς pyramis [Gen. Πυϱαμίδος pyramidos] aus ägyptisch p³mr ‚Grab, Pyramide') ist eine Bauform, meist mit quadratischer Grundfläche, die aus unterschiedlichen alten Kulturen bekannt ist, wie Ägypten, Lateinamerika oder China. Pyramiden wurden vorwiegend als Gebäude mit religiösem (Totenkult) und / oder zeremoniellem Charakter errichtet." (67)

Das obenstehende Zitat stammt mal wieder von Wikipedia. Damit möchte ich ausdrücken, dass dieses oft zitierte und von den Mächtigen geschaffene Märchenlexikon wieder einmal nicht die wahre Bedeutung und Geschichte wiederspiegelt.

Die Pyramide ist natürlich das Symbol der pharaonischen Herrschaft Ägyptens. Heute finden wir ähnliche Pyramiden zum Beispiel im Louvre (Frankreich), in Las Vegas (USA), in Memphis (USA), was übrigens auch ein ägyptischer Stadtname ist, und in Karlsruhe (BRD) wieder.

Abb. 41: Pyramiden wurden weltweit als Herrschaftssymbol errichtet

Die Pyramide gibt es selbstverständlich auch als Garten- und Hausdekoration. Sehr oft findet man Pyramiden auch an Hausfassaden, welche Sie auf den Abbildungen sehen können.

Abb. 42: Typische (Schmuck-) Pyramiden an Hausfassaden

Denken Sie beispielsweise an Kirchendächer, welche auch sehr oft an eine Pyramide erinnert, was um Gotteswillen weiß Gott kein Zufall ist!

Nun kommen wir direkt zum nächsten Symbol:

Obelisken

Ein Obelisk ist eine längliche Steinskulptur, welche vier Seiten hat und sich nach oben hin verjüngt. Auf der Spitze befindet sich eine noch weiter verjüngte Pyramide. Diese Pyramide ist oft in einer anderen Farbe oder auch leuchtend gestaltet worden.

Abb. 43: Weltweit (in allen Pharaonenreichen) sehen wir Obelisken in den verschiedensten Formen

Der Obelisk steht für den Gott der Fruchtbarkeit und Männlichkeit. Er zeigt den beschnittenen Phallus. Die kleinere Spitze (Pyramide) ist die Beschneidung, was eine alte Pharaonentradition ist. Der Gott der Fruchtbarkeit heißt Osiris und ist auch gleichzeitig der Gott des Todes, der als Hieroglyphe gesehen mit einem Auge dargestellt wird. Man nennt dieses Symbol auch das Auge des Horus.

Andererseits gibt es auch noch den Fruchtbarkeitsgott Amon (ein anderer Name für Osiris), welcher in Hieroglyphen mit dem Obelisken geschrieben wird. Der Obelisk steht sinnbildlich für die Strategie der genetischen Unterwanderung, die als Waffe den Phallus benutzt. Der Obelisk, der die Männlichkeit repräsentiert, kommt häufig mit einem Wassersymbol, was für die Weiblichkeit oder Isis steht, zum Beispiel ein Wasserbecken oder ein Brunnen.

Der Obelisk wird auch als Grabstein für Pharaonen benutzt. Zahlreiche Obelisken sieht man besonders auf jüdischen Friedhöfen. Im Kontrast dazu werden hebräische Gräber mit kleinen Kieselsteinchen auf dem Grabstein verziert.

Abb. 44: All diese Obelisken findet man auf Häusern am größten Marktplatz von Deutschland in Heide (Dithmarschen, Schleswig-Holstein). Ein „Phallus" steht dort direkt vor der evangelisch-lutherischen St.-Jürgen-Kirche (1. Reihe rechts).

Besonders bemerkenswert ist, dass Leuchttürme auch von Obelisken abstammen. Sie sind sozusagen Obelisken am Meer, welche den Seefahrern signalisieren, dass dort die Nachfahren der Pharaonen herrschen und daher keine Gefahr droht.

Abb. 45: Pharaonische Obelisken in Bern (Schweiz)

Vor vielen Botschaften stehen Obelisken, bzw. sind diese Symbole in Zäunen oder an Gebäuden (meist unauffällig) verarbeitet wurden. Obelisken stehen nicht nur in den westlich geprägten Ländern, wie viele meinen mögen. Im Gegenteil. Diese Zeichen der Pharaonenherrscher finden Sie auch in Moskau, Peking und Istanbul. Wenn Menschen noch immer glauben, Putin, Trump und Xi wären die Superhelden, dann sind diese Leute Superträumer.

Im rechten Bild erkennt man sehr gut einen Obelisken, welcher auf einer Säule im Eingangsbereich der Botschaft des Vatikans in der Schweiz zu sehen ist. In der Mitte dieses Symbols kann man noch sehr gut eine Pyramide erkennen.

Abb. 46: Obelisk am Eingang der Botschaft des Vatikans in der Schweiz

Obelisken gibt es aber auch in klein, mit einem Brunnen oder Wasserbecken, mit einer Knospe oder Weltkugel oben drauf.

Es gibt nur wenige Internetseiten, welche sich näher mit diesem Thema beschäftigen. Auf der Seite „Der Kleingarten“ habe ich folgende Erklärung gefunden:

„Kritische Beobachter vermuten, dass, der von Kaiser Caligula georderte Tehen-Pfeiler, der nun mit einem Kreuz bekrönt in der Vatikanstadt (Vatican City) steht, ein Symbol des Sonnenkultes ist, dem Teile des Vatikans angeblich anhängen sollten.

Diese These lässt sich weder bestätigen, noch absolut widerlegen. Kaiser Konstantin, also derjenige Kaiser, der das Christentum zur römischen Staatsreligion

Abb. 47: Ein Obelisk in einer Pyramide (Dreieck der Freimaurer) an einer Hausfassade. So offensichtlich auffällig ist das Unauffälligste

machte, war zuvor glühender Verehrer des Sonnengottes Sol und tatsächlich gibt es eine Metamorphose in der Kirchengeschichte, in welcher Sol als Christus umgedeutet wurde.

Zudem steht der Obelisk auf dem Petersplatz im Zentrum eines überdimensionalen, auf den Platz gezeichneten Sonnenrades, was zwar in der Draufsicht das Christusmonogramm (Ligatur von X und P) darstellen könnte, doch es ist genauso auch ein Rad mit acht Speichen.

Spekulieren ist nicht verboten und wer weiß, vielleicht mussten beim Wechsel der römischen Staatsreligion alte Rechte transformiert werden, um die neuen geistlichen Herrschaftsansprüche zu fundamentieren und vielleicht taten das auch schon die römischen Kaiser, indem sie die Tehen-Pfeiler nach Rom verbrachten.

Spinnt man diesen Gedanken zu Ende, dann müssten sich auch heute noch derartige Transformationen vollziehen und die Sonnen-Obelisken dort auftauchen, wo neue Machtansprüche begründet werden." (68)

Sonnenhieroglyphen

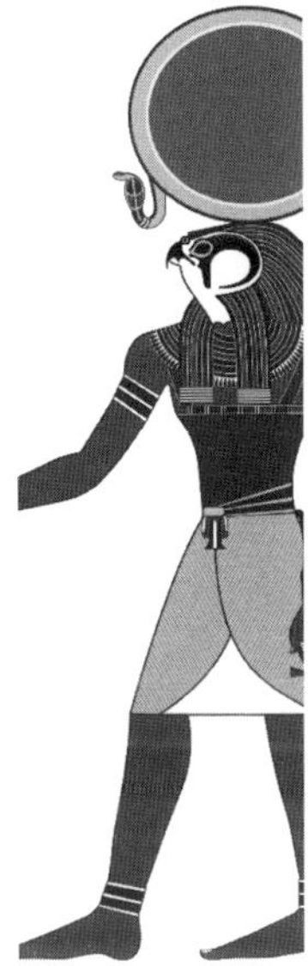

Als nächstes schauen wir uns die Sonnenhieroglyphen an. Wie wir wissen, waren / sind die Pharaonen Sonnenanbeter. Der ägyptische Sonnengott wird Ra, Re, Re-Harachte oder Ri genannt. Über seinem Kopf sieht man das Sonnensymbol und als Hieroglyphen geschrieben sieht es aus wie ein Kreis mit einem Punkt in der Mitte.

An dieser Stelle muss ich herzhaft schmunzeln, denn der ehemalige erfolglose Immobilienhändler, Möchtegern-Prediger, New Age-Fan und „ach so großer Aufklärer“ Heiko Schrang benutzt dieses Zeichen / Symbol als „SEIN Logo“, mit dem Titel: „Zeichen der Wahrheit“, was er nach eigenen Aussagen selber „erfunden“ hat.

In Videos erzählt er mit dramatischen Worten, wie ihm dieses Zeichen im Schlaf erschienen ist. Irgendwie erinnert mich diese Geschichte an die Sängerin Maite Kelly, welche angeblich nachts halb drei Roland Kaiser anrief, weil ihr im Schlaf „Warum hast du nicht nein gesagt“ gekommen sei. Solche Anekdoten sind so etwas von typisch für sich selber wichtig Nehmende, dass sozusagen Gott durch sie gesprochen hätte.

Diese Typen sind in meinen Augen nichts weiter als Schaumschläger, Betrüger und ganz große Narzissten.

> *„Der ehemalige Immobilienhändler Heiko Schrang ist ein bekannter Verschwörungsideologe im deutschsprachigen Raum und Inbegriff des Mannes, der die Welt erklärt und alles (besser) weiß. Er erlangte Popularität unter anderem durch die Verweigerung der GEZ-Gebühren und seine öffentliche Inszenierung als „GEZ-Rebell“. Schrang ist Herausgeber mehrerer Bücher, betreibt den Schrang Verlag (auch: Verlag Macht steuert Wissen) und den Videokanal Schrang TV. Auf Plattformen wie YouTube und Telegram ist er sehr präsent.*
>
> *Schrang deckt eine breite Palette rechter Verschwörungsmythen ab. … Dennoch gelingt es Schrang, auch prominente Schauspieler*innen und Künstler*innen als Gäste für seine Sendungen und Sprecher für seine Hörbücher zu gewinnen. Heiko Schrang bekennt sich zum Buddhismus und erreicht unter anderem über das Angebot selbstgemachter Meditations-CDs ein Esoterik-Publikum.*
>
> *Schrang betreibt Verschwörungsideologien als Entertainment und als Geschäft, dass ganz auf seine Person ausgerichtet ist. Er verkauft Bücher, Hörbücher, DVDs, Kleidung und Schmuck,*

*zum Beispiel »Schutzamulette«. Diese zeigen sein Logo, einen Punkt mit Kreis, dass er »Zeichen der Wahrheit« nennt. … Das Symbol und der Schrang-Slogan »Erkennen. Erwachen. Verändern« haben unter seinen Anhänger*innen einen hohen Wert zur gegenseitigen Erkennung.* " (69)

Selbstverständlich erklärt sich der Mantra-Mann Schrang gern, dass dieses Symbol auch an den „Heiligenschein" von Jesus erinnert, den er sehr verehrt und tief in seinem Herzen trägt, wie er immer tiefsinnig erklärt und dabei nicht weiß, dass Jesus und Horus identisch sind!

Man sollte immer prüfen, wem man folgt. Dies gilt nicht nur für die Führer und Gurus der „Verschwörungsszene", sondern auch für Politiker und sonstige Prominente. Das Thema Meditations-Hokus-Pokus und New Age greifen wir voraussichtlich später noch einmal auf. Nun wieder zurück zu dem eigentlichen Thema: Pharaonensymbolik.

Das Sonnensymbol

Das Sonnensymbol (auch Sonnenrad, Kreis mit einem Punkt in der Mitte) findet man auch häufig in der Architektur wieder. Dort wird dieser Kreis auch häufig mit Strahlen aus der Mitte verbunden. Das kann wie ein Rad oder auch wie eine Blume aussehen. Dieses Symbol kann jedoch auch halbiert oder geviertelt dargestellt werden, was jedoch die gleiche Bedeutung hat. Dieses Sonnenzeichen wird auch an bestimmten Objekten zur Zierde angebracht, mit einer Aussparung in einem Rechteck. Das findet man häufig unter Fenstern oder anderen Fassadenteilen, mal horizontal und mal vertikal. Manchmal sieht man auch dieses Zeichen an moderner Architektur in einer eckigen Version, was aussieht wie ein A oder ein Dreieck geschrieben, wie eine Pyramide oder Doppelpyramide.

Wenn man diese Symbole an Häusern findet (in der Regel sind oder waren dies Geschäfte, Geld- oder Wohnhäuser) ist dies ein Zeichen dafür, dass sich in diesen Gebäuden Sonnenanbeter, sprich Pharaonen (oder deren Nachfahren) befinden und / oder dass man dort einkaufen sollte, bzw. unterkommen kann. In diesen Häusern sollte man entsprechend sein Geld investieren, weil „es bleibt in der Familie", wie es in dem Sprichwort heißt.

Diese Symbole sind nicht nur Erkennungsmerkmale für Eingeweihte, sondern gleichzeitig ein wichtiges Schutzsymbol, damit die Pharaonen im Krieg wissen, dass dieses Haus nicht zerstört werden soll, weil dort faktisch die eigenen Leute wohnen.

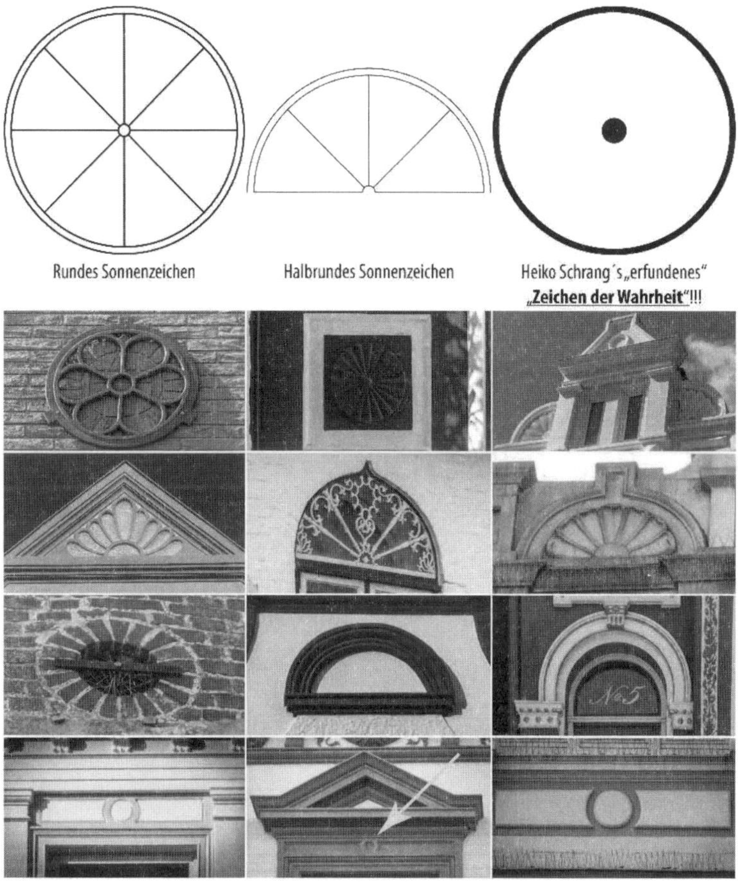

Abb. 49: Diverse Formen des Sonnensymbols, Sonnenzeichen oder Sonnenrads

Das Sonnenzeichen kann auch als Feuerball oder minimalistisches Loch abgebildet werden. Man kann die Sonnenhieroglyphen auch als Blume an Türen wiederfinden.

Abb. 50: Es ist schon interessant, wo man dieses Sonnensymbol wiederfindet. Auch der Name dieses deutschen „Autos“ „SION“ ist merkwürdig!

Die ägyptische Göttin ISIS

Isis ist die ägyptische Göttin der Geburt, der Wiedergeburt und der Magie. Sie wird mit einem Halbkreis in Hieroglyphen geschrieben. Oftmals haben Statuen, welche die ägyptische Darstellung der Isis zeigen, zwei Hörner und eine Sonne über dem Kopf.

Abb. 51: Die ägyptische Göttin ISIS der Geburt, der Wiedergeburt und der Magie, auch „Phönix aus der Asche“ genannt! Der Reichsadler der Nazis wurde ebenfalls von den Flügeln der ISIS / Phönix inspiriert

Beachtenswert sind die Flügel! Diese Flügel sind auch die Inspiration für den Reichsadler im Dritten Reich gewesen. In zahlreichen Symbolen und Logos findet man genau diese Flügel wieder, so zum Beispiel bei: Mazda, Bentley, Harley-Davidson, Chrysler, Aston Martin, Mini oder UAZ, um nur einige zu nennen. Offiziell werden diese Logos aber nicht mit ISIS in Verbindung gebracht, sondern dies wird wie folgt beschrieben:

„Die Verwendung von Symbolen in Logos ist unter Marken ein weit verbreiteter Trend. Dank zusätzlicher Elemente bauen Unternehmen ihre eigene Geschichte auf, würdigen ihre Heimatorte oder berühmten Persönlichkeiten und schaffen Assoziationen zwischen Verbrauchern. … Die Flügel sind zu einem der wichtigsten Symbole unter den Automarken geworden. Sie ähneln oft Kreaturen: Feen, Engel, Geister und zeigen auch Freiheit, Flucht, Überlegenheit an. Der Anblick der Flügel erinnert an den Mythos des Ikarus. Nur ausgewählte Marken können es sich leisten, ein so kühnes und selbstbewusstes Symbol zu verwenden.“ (70)

Zugegeben, einfallsreich sind die Pharaonen ja und haben für alles eine „logische Erklärung“. Die ägyptischen Götter sind später mit den griechischen Göttern verschmolzen und die ägyptische Fruchtbarkeitsgöttin Isis ist so mit der griechischen Toten-, Unterwelts- und Fruchtbarkeitsgöttin Persephone verschmolzen. So entstand eine neue Form von Isis-Statuen, die eine Frau in altgriechisch-altrömischen Gewändern zeigt, welche in der Regel einen Krug und/oder ein altes Instrument trägt.

Abb. 52: Verschiedene Darstellung der ägyptischen Göttin ISIS an Hausfassaden

Der Krug hat eine größere Bedeutung behalten, als das Instrument namens Sistrium, eine Rahmenrassel. Der Krug ist nichts geringeres als der symbolische „Heilige Gral"!

In modernen Darstellung der Isis-Statue ist eines der wichtigsten Erkennungsmerkmale die Frau in Tüchern, bzw. im Tuchgewand.

Im Juni 2020 entdeckte ich einen sehr interessanten und doch so entlarvenden Artikel in der Rhein-Ruhr-Online-Zeitung „LokalKlick":

„Krefelder Archäologen entdecken seltene Isis-Darstellung

Als die Scherben mit einer figürlichen Abbildung ans Licht kommt und Archäologe Eric Sponville die Erde entfernt, trauen er und seine Kollegen ihren Augen nicht. Was soeben aus einer Schicht des ersten, zweiten Jahrhunderts nach Christus geborgen wurde, dürfte in dieser Zeit am Niederrhein noch nicht existieren – ist das tatsächliche eine christliche Mariendarstellung? Es handelt sich bei dem plastischen Relief um eine weibliche Person, auf einem Thron sitzend mit einem Kleinkind auf dem Schoß und in der rechten Hand ein Sistrum, eine Rahmenrassel. … Die Ähnlichkeit mit Maria und dem Jesuskind ist frappierend, aber die erste Vermutung erweist sich als falsch. Dennoch handelt es sich um einen einzigartigen Fund aus der Römerzeit am Niederrhein – eine Abbildung der ägyptischen Göttin Isis.

Abb. 53: Doktorand Eric Sponville mit der Isis Figur in der Ausstellung „Abenteuer Großgrabung" im Archäologischen Museum Krefeld

Als der Rhein, der Niedergermanischen Limes, die nasse Grenze zu den germanischen Stämmen bildete, siedelten in Gelduba südlich und nördlich eines Militärlagers Zivilsten, Kaufleute und Händler, aber auch die Familien der Soldaten und Sklaven. Oberirdisch ist davon heute in Krefeld-Gellep nichts mehr zu sehen, die Geschichte überdauerte jedoch im Boden. Über drei Fußballfelder groß erstreckt sich 2017/18 die Grabungsfläche des nördlichen Lagerdorfes. Angrenzend an das Areal des römischen Kastells, das 2021 als Welterbe eintragen werden soll, entdecken sie Siedlungsspuren von der Steinzeit bis in das Spätmittelalter, vor allem aber aus der Zeit der Römer. In zehn Monaten wurden 3300 Befunde dokumentiert und circa 90.000 Funde geborgen. Aus einer römischen Müllgrube am Westrand der Siedlung stammen auch die außergewöhnlichen Überreste eines scheinbar einfachen weißtonigen Kruges mit jenem Isis-Relief am Henkel. Der Müll gelangte zwischen der ersten Hälfte des 1. Jahrhunderts bis zum Anfang 2. Jahrhunderts nach Christus in die Grube. Damit wäre der Krug rund 1900 Jahre alt.

‚Die Darstellung zeigt die stillende Göttin Isis, mit dem säugenden Horuskind', erklärt Sponville. Aus moderner Sicht sei dieses Bild der Isis besonders interessant, weil die Ikonographie weitgehend jener der Heiligen Maria entspreche, die das Jesuskind stillt. ‚Diese christliche Darstellung ist bis in unsere Zeit weit verbreitet und möglicherweise auf die ältere, vorchristliche Abbildung der Isis zurückzuführen', so Sponville. Deswegen sei der erste Verdacht zwar nicht richtig, aber in die richtige Richtung gegangen, lacht der junge Archäologe. Der ursprünglich aus Ägypten stammende Isis-Kult gilt als einer der sogenannten Mysterienkulte im Römischen Reich. Er hatte bis ins 6. Jahrhundert nach Christus hinein bestand und war weit verbreitet. Und das auch im römischen Gelduba. Denn ältere Funde von sogenannten Kultscheren belegen, dass Menschen aus der Siedlung oder dem Kastell diese bei den Kulthandlungen zu Ehren der Göttin Isis einsetzten. Die Archäologen gehen davon aus, dass auch das Gefäß im Zusammenhang mit solchen Kulthandlungen stand. ‚Er könnte Teil eines Hausaltars gewesen sein', so Sponville." (71)

Anhand dieses Artikels kann man sehr gut erkennen, wie stark unsere Geschichte oder sollte ich lieber sagen unsere Vergangenheit verzerrt und neu erfunden wurde. Wie sagte Ursula von der Leyen doch 2020 so schön:

„Vertrauen Sie dem gesunden Menschenverstand und journalistischer Sorgfalt in den Qualitätsmedien. Diejenigen die Falschmeldungen verbreiten, wollen Ihnen schaden. Desinformation kann Leben kosten, aber gemeinsam können wir Fakenews bekämpfen."

Und so fügen wir Stück für Stück unsere Vergangenheit zusammen, wie sie im Ursprung einmal war und auch an unsere Nachfahren weitergegeben werden sollte!

Dass was uns die Schule lehrte, was sogenannte Wissenschaftler „entdeckten" und was uns überall und immerfort in den Medien gepredigt wird, kann man getrost vergessen.

In meinen Augen ist deren „Wahrheit" das Papier nicht wert, auf dass die erfundenen Geschichten schichtweise gedruckt wurden.

Der ägyptische Wind- und Fruchtbarkeitsgott Amun

Amun, wie beispielsweise der ägyptische Pharao / König Tutanchamun, ist auch unter den Namen Amon, Ammon, Hammon, Chammon, Mammon oder Amen bekannt. Speziell zu dem Thema „Amen“ komme ich im nächsten Kapitel zu sprechen. In Hieroglyphen wird sein Name mit dem Obelisken geschrieben, was gleichzeitig ein Phallussymbol ist. Amon steht auch für Zügellosigkeit, Verschwendung und Gier. Sein Wappentier ist der Stier.

Kommt Ihnen liebe Leser der Stier als Symbol oder „Kunstobjekt“ bekannt vor?! Wo gibt es denn noch Zügellosigkeit, Verschwendung und Gier?! Nein, ich meine nicht unsere Regierung oder das EU-Parlament. Na dämmerts? Der Stier steht als Symbol vor jeder Börse!

Dieser Stier wird übrigens explizit in der Bibel erwähnt, als Gott dem man nicht anbeten soll. Daher kommt auch das biblische Symbol des goldenen Kalbs, was stattdessen angebetet wird. Unter diesem Gott gab es auch Menschenopfer.

Der kirchliche Gebetsspruch „Amen“, der vermeintlich „So sei es“ heißen soll, bezieht sich in Wirklichkeit auf diesen Gott.

Weil ich gerade von Gott und Menschenopfer spreche / schreibe: ich benutze das Wort „Mensch“ nicht gern und versuche es, wenn es mir irgendwie möglich ist, zu vermeiden. Sicher Fragen Sie sich nun warum. Die Antwort darauf finden Sie in einem späteren Kapitel, mit dem Titel:

Die ägyptische Göttin Ma´at

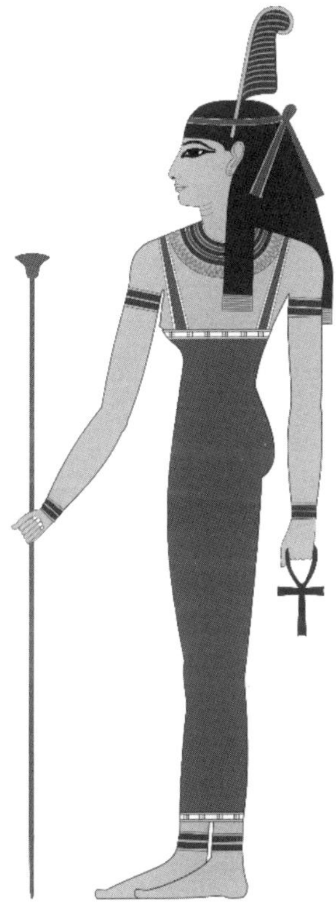

Ma`at war wie bereits erwähnt ursprünglich das altägyptische Konzept für Gerechtigkeit, Weltordnung, Wahrheit, Staatsführung und Recht. Es wurde durch die altägyptische Göttin Ma´at verkörpert, welche seit dem Alten Reich belegt ist. Sie galt als Tochter des Re (oder auch Ra, der altägyptische Sonnengott) und trat unter anderem in ihrer Erscheinungsform der Tefnut als Auge des Re / Ra auf. Tefnut (auch als Tefnet, Nubische Katze oder Wahrheit bezeichnet) ist eine altägyptische Göttin, die zu den neun Schöpfergottheiten der heliopolitanischen Kosmogonie gehört. Sie symbolisierte das Feuer.

Hier sehen wir eine ägyptische Figur von Ma´at. Sie hat eine Feder (meistens eine Straußenfeder) am Kopf. Sehr oft sieht man diese Göttin auch mit Flügeln, welche sie in einer U-Form nach oben streckt.

Ma´at ist später mit der griechischen und römischen Göttin Themis und Justitia verschmolzen. Trotz verschiedener Namen handelt es sich immer um dieselbe Figur.

Ma´at wird auch oft mit zwei Krügen abgebildet, so als ob sie eine Waage darstellen würde. Dies sehen wir besonders in griechischen und römischen Figuren. Manchmal wird diese Göttin auch mit einer Waage in der einen und dem Schwert in der anderen Hand, was für Ausgeglichenheit, Neutralität und Gerechtigkeit steht.

Das Schwert symbolisiert die mögliche Strafe.

Eine Anmerkung habe ich zu dieser Göttin noch, welche nicht Unbedeutend ist: wenn man Ma´at in Hieroglyphen schreibt, dann erscheint das Symbol für das „Neue Reich". Kommt Ihnen, liebe Leser, dieses Symbol vielleicht bekannt vor? Finden Sie nicht auch, dass dieses Symbol einem weltweit sehr bekanntem Gebäude ähnelt? War diese Hieroglyphe vielleicht die Idee für das Brandenburger Tor?

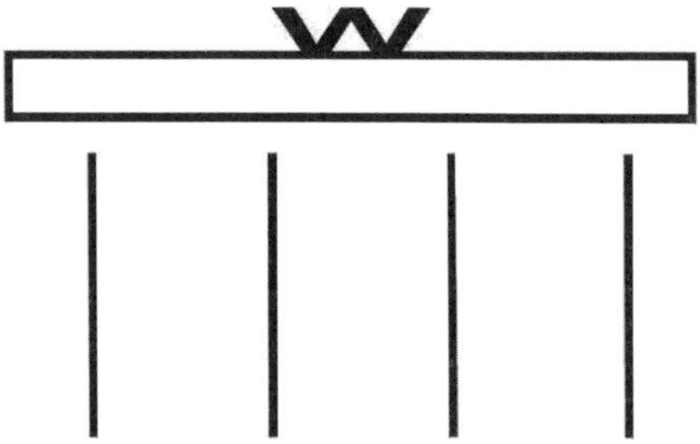

Abb. 56: Maat - Symbol für das „Neue Reich"

Es würde Sinn machen, schließlich wurde dieses Tor auch im 3. Reich für Fackelmärsche missbraucht, was sehr an altägyptische Rituale erinnert.

Das Bündnis-Symbol

Nun kommen wir zu einem weiteren sehr wichtigen Symbol.

Das Bündnis-Symbol ist ein gebundenes Tuch oder eine Kordel, welche herabhängt. Dies hat die Bedeutung der Verbindung der Pharaonen, also dem Bündnis der beiden Pharaonenreiche gegen den Rest der Welt. Vereinfacht gesagt steht dieses Symbol für den Zusammenhalt der alten Familien.

Das Bündnis-Symbol muss nicht kurz sein, sondern kann auch sehr lang ausfallen, je nachdem ob als Relief zum Beispiel die Hausfassade bedeckt oder unter einem Fenster angebracht wurde.

Abb. 57: Das Zeichen für den Kampf der Pharaonen, gegen den Rest der Welt

Das Bündnis-Symbol findet man unter anderem auch auf dem Brandenburger Tor, an der Quadriga wieder. Auch an anderen berühmten Quadrigen findet man weltweit dieses Bündnissymbol, z.B.: Museum der Grabanlage des Qin Shi Huangdi, Quadriga auf dem Wellington Arch in London, Quadriga of Brabant, Parc du Cinquantenaire, Brüssel, Quadriga, Arc de Triomphe du Carrousel, Paris, Quadriga-Skulptur von Peter Clodt von Jürgensburg, Bolschoi-Theater in Moskau, Braunschweiger Quadriga mit Brunonia, Quadriga mit Löwen auf dem Siegestor in München, Quadriga am Thorvaldsen-Museum in Kopenhagen, Quadriga an der Semperoper in Dresden, Quadriga mit Apollo auf dem Sonnentempel in der Eremitage in Bayreuth, Quadriga auf dem österreichischen Parlament in Wien, Quadriga im Parc de la Ciutadella in Barcelona oder Buddy Bear Quadriga in Berlin, Kurfürstendamm

Abb. 58: Die Quadriga auf dem Brandenburger Tor (= Symbol für „Neues Reich") – Links das Symbol für das Bündnis und rechts das Templerkreuz

All die oben genannten Städte / Länder wurden ebenfalls von der Pharaonenfamilie gegründet, erobert und / oder beherrscht.

Um es kurz zu sagen, die gesamte Welt wurden von diesem Pharaonen-Klüngel besetzt. Auch solche Länder, wo man es nicht vermuten mag, wie zum Beispiel Nordkorea!

Das Bündnis: Der geheime Schlüssel zur Macht

Nach einem chinesischen Sprichwort verwandeln sich Berge in Gold, wenn Brüder zusammenarbeiten. Es muss nicht Gold sein, und es geht auch nicht ohne Schwestern. Aber kein Weg führt an der Erkenntnis vorbei: Sich zu vereinen, heißt teilen lernen.

(Richard von Weizsäcker)

Was ist eine Union? Ich gehe davon aus, dass Sie wissen, dass eine Union nichts weiter als Zusammenschluss oder Bündnis zwischen zwei oder mehreren Parteien ist. Da war es schon wieder, der Begriff: Bündnis. Warum wohl muss ich direkt an „das Bündnis" von Ober- und Unterägypten denken?! Das Bündnis umfasste damals das „Rote Reich" und das „Weiße Reich", nach dem Motto: Gemeinsam sind wir stark!

Die Verblödungsseite Wikigauneria erklärt das Wort „Union" wie folgt:

„Union (lateinisch unio ‚Einheit', ‚Vereinigung') bezeichnet: Politik und Geschichte: Afrikanische Union. Amerikanische Union, veraltete Bezeichnung die für die Vereinigten Staaten von Amerika im deutschen Sprachraum, siehe Vereinigte Staaten." (72)

Ich persönlich habe eine ganz eigene und persönliche Erklärung, wie und warum eine Union „geschaffen" wird.

Aus Kapazitätsgründen möchte ich dies nur anhand von sehr groben Beispielen darlegen ohne zu sehr in das Detail zu gehen.

Es mag sein, dass es den einen oder anderen stört, dass das nun folgende für ihn eventuell zu grob strukturiert ist, aber dann ist es halt so.

Die „Autorität" geht seit vielen tausend Jahren immer nach dem gleichen Strickmuster vor, was ich an dem Beispiel der verschiedenen Religionen schon bewiesen habe.

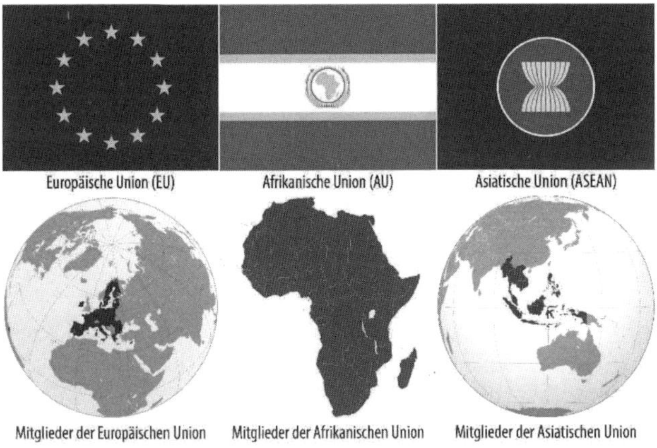

Abb. 59: Beispiele für geschaffene Unionen der Neuzeit, mit dem einzigen Zweck: Die Übernahme der Macht für die alleinige Weltherrschaft einer Familie!

Nehmen wir einmal als Beispiel: Nordamerika. Vor einigen Jahrhunderten haben sich dort verschiedene Gruppen aus Europa kommend, angesiedelt. Den Weltenlenkern passte dies gar nicht, dass verschiedene „Ländereien", heute würde man sagen Staaten, entstanden. Also zettelte man dort einen Bürgerkrieg, den sogenannten Unabhängigkeitskrieg, 1775 (ein Jahr vor Gründung der Illuminaten) zwischen den dreizehn Kolonien (spricht man nicht auch immer von den dreizehn Stämmen?!) und der britischen Kolonialmacht an, welcher am 03.09.1783 durch den Vertrag des „Friedens von Paris" offiziell beendet wurde. Durch diesen „französischen" Vertrag konnte man im Anschluss die amerikanische Union, also die Vereinigten Staaten von Amerika am 04.07.1776 gründen und nach den Vorstellungen der Nachfahren der Pharaonen, wir erinnern uns das „Paris" auch „Haus der ISIS" heißt, formen.

Sechs Jahre später, begann dann auch die Umwandlung und Formung von Frankreich, durch die Französische Freimaurer Revolution von 1789 bis 1799.

Ein Beispiel für eine Gründung einer kleineren Union ist die BRD. In ihrer Vorgeschichte bestand das „Deutsche Reich" aus vielen Fürstentümern und anderer „adliger Regionen". Nach dem Zweiten Weltkrieg wurde das Deutsche Reich gespalten. Ost und West, also die DDR und die BRD wurden komplett gegensätzlich geformt und umerzogen, nur um 1989 durch das drittklassische Theaterstück „Wiedervereinigung" in eine komplett neue Bahn, in Richtung Kommunismus zu verwandeln, frei nach Erich Honeckers Spruch: „Vorwärts immer – Rückwerts nimmer!"

Wollen wir uns doch einmal die von den Verwaltern Rothschild und Warburg, inklusive ihren „Tochterunternehmen“, gegründeten Staaten-Verband namens „Europäische Union“ anschauen:

Die Europäische Union (EU)

Auf die ursprüngliche und wieder verfälschte Geschichte der „Gestalt“ namens „Europa“, bekannt aus der griechischen Mythologie, der Tochter des phönizischen Königs Agenor und der Telephassa, möchte ich an dieser Stelle nicht eingehen. Nur so viel dazu: wenn der Begriff „Phönizier“ auftaucht, kann man sich sicher sein, dass etwas nicht stimmt. Sie erinnern sich, dass ISIS auch Phönix genannt wurde?!

„Die älteste literarische Referenz auf Europa ist in der Ilias von Homer zu finden, wo Europa die Tochter des Phoinix ist. Antike Erzählungen des Europa-Mythos finden sich in der ‚Europa' des Moschos und in den ‚Metamorphosen' des Ovid. Darüber hinaus gibt es weitere Erzählungen von der Entführung Europas.“ (73)

Wie wir nun aus dem obenstehenden Zitat wissen, ist „Europa“ durch die „Sagengestalt Phoinix“, entstanden, was nichts anderes als der zuvor schon erwähnte Phönix, welcher aus der Asche stieg und der Phönix wiederum steht für die ISIS!

„Die ägyptische Göttin ISIS breitet ihre Flügel über ganz Europa aus – als die Römer in Ägypten einmarschierten, sahen sie ein Land mit herrlichen Tempeln, beeindruckenden monumentalen Statuen und mit einer Symbolik, die sie nicht verstanden. Die Griechen fühlten das gleiche, als sie das Land um den Nil erforschten. Die Schönheit und das geheimnisvolle Lächeln der Isis stahlen die Herzen vieler Besucher Ägyptens, die dann beschlossen, die Anbetung von Isis als Gottheit ins Ausland zu tragen und sie zu einer wichtigen Figur in vielen Teilen Europas und Asiens zu machen.

Aufgrund jenes enormen Einflusses zu dieser Zeit, den Schleier aufzulösen, haben sich die Archons einen Plan ausgedacht, das sich entwickelnde Christentum zu übernehmen, es in einen Kult der Gedankenprogrammierung zu wandeln, jegliche Göttinnen-Anbetung zu unterdrücken und das Bekenntnis von Nizäa zu erzwingen“: Das Konzil von Nizäa – das Konzil, das Jesus Christus kreierte.“ (74)

Na, ist das nicht spannend? Ich finde diese Tatsachen so spannend, wie die Gesichtshaut von Harald Glööckler?!

Auch mein Namensvetter Kaiser Friedrich II. aus dem uralten Adelsgeschlecht der Staufer hatte den Traum von einem geeinigten Europa, einem neuen Großreich für „ISIS". Friedrich II. war ab 1198 König von Sizilien, ab 1212 römisch-deutscher König und von 1220 bis zu seinem Tod Kaiser des römisch-deutschen Reiches. Außerdem führte er ab 1225 den Titel „König von Jerusalem".

„Kaiser Friedrich war durch seine Forderung nach einer von der Kirche unabhängigen Staatsgewalt ein Wegbereiter der modernen Monarchien in Europa." (75)

Wie bereits im oberen Abschnitt schon erwähnt, ist auch bei der Bildung der Europäischen Union, wieder ein Strickmuster zu erkennen. Um dieses „EU Konstrukt" nach den Vorstellungen der „Autorität" zu formen, gingen wieder Kriege voraus. Da könnte man ja glatt denken, dass „Die Protokolle der Weisen von Zion" das entsprechende Drehbuch ist, für die „Übernahme der Welt", um nicht den Begriff „Eine Weltregierung" oder „Neue Weltordnung" zu benutzen.

Vor 100 Jahren wurde die „Pan Europäische Union" gegründet. Bevor wir auf diesen Bund eingehen, kommt hier eine Frage an Sie: Wissen Sie wer „Pan" war, mythologisch gesehen?

Pan ist in der griechischen Mythologie der Hirtengott. Seiner Gestalt nach, ist er ein Mischwesen aus Menschenoberkörper und dem Unterkörper eines Widders oder eines Ziegenbocks. Wenn man nun dieser (für mich) unlogischen Theorie folgt, stößt man unweigerlich auf eine ganz andere Vergangenheit. Der griechische Gott Pan wird mit dem Fruchtbarkeitsgott Min gleichgesetzt und ist somit wieder eine neue Bezeichnung für ISIS! (76) Somit müsste eigentlich die „Pan Europäische Union" in „Bündnis der ISIS" oder in die „ISIS Bande" umbenannt werden. Dies sei aber nur am Rande erwähnt.

Aber was hat es nun mit dem Vorläufer der EU, der „Pan Europäischen Union" auf sich?

„Schon nach dem Ersten Weltkrieg gab es verschiedene Bestrebungen, eine Union europäischer Staaten zu bilden, etwa die 1922 gegründete Paneuropa-Union. Diese Bestrebungen blieben jedoch letztlich erfolglos. Der entscheidende Ausgangspunkt für die europäische Integration wurde erst das Ende des Zweiten Weltkrieges: Durch eine Vernetzung der militärisch relevanten Wirtschaftssektoren sollte ein neuer Krieg zwischen den früheren Gegnern unmöglich gemacht und in der Folge auch die politische Annäherung und dauerhafte Versöhnung der beteiligten Staaten erreicht werden. Daneben waren auch sicherheitspolitische Erwägungen von Bedeutung: Im beginnenden Kalten Krieg sollten die westeuropäischen Staaten enger zusammengeschlossen und die Bundesrepublik Deutschland in den westlichen Block eingebunden werden." (77)

Wie ich bereits erwähnte, steht immer ein Krieg im Vordergrund, damit die sogenannten „Gegner", aber auch in erster Linie die jeweiligen Völker diesem Bündnis zustimmen, welches ihnen auferlegt wurde und wird. Es ist immer das gleiche Spiel!

„Mit der Übernahme der Leitung durch Otto von Habsburg blieb der Führungsanspruch des ehemaligen österreichischen Adels in der Bewegung erhalten und das politische Spektrum der Verbandsmitglieder beschränkte sich zunehmend auf das stark konservative Lager.

Die Vereinigung wurde 1922 von Richard Coudenhove-Kalergi unter dem Eindruck der Schrecken des Ersten Weltkriegs gegründet. 1923 kam es zur Besetzung des Ruhrgebiets durch französische und belgische Truppen. Als Maßnahme zur Deeskalation unterstützten europäisch interessierte Unternehmer die Paneuropa-Union. Als erster spendete der deutsche Bankier Max M. Warburg. Um eine regelmäßige Förderung zu leisten, gründete man eine Paneuropa-Fördergesellschaft unter dem Vorsitz von Robert Bosch. In ihrem Vorstand saßen ferner der Generaldirektor der Deutschen Linoleum-Werke, Richard Heilner, das Aufsichtsratsmitglied der IG Farbenindustrie, Wilhelm Ferdinand Kalle, und Hermann Bücher, Geschäftsführer beim Reichsverband der Deutschen Industrie und späterer AEG-Vorstand.

Mit seinem 1923 erschienenen Buch Pan-Europa brachte Coudenhove-Kalergi eine Welle der Gründung von Netzwerken für europäische Verständigung ins Rollen (z. B. Paneuropa-Bewegung, Verband für europäische Verständigung). Er forderte eine europäische Monroe-Doktrin nach dem Motto ‚Europa den Europäern!'. (Anmerkung der Redaktion: Wenn man nun, wie wir wissen, statt den Begriff „Europa" das Wort „ISIS" einsetzen würde, hieße es: ‚ISIS den ISIS-Anhängern'!) Coudenhove-Kalergi gründete 1924 die Zeitschrift Pan-Europa und rief einen Verein ins Leben, wofür ihm auf Fürsprache des tschechischen Präsidenten Tomas Masaryk, der österreichische Bundeskanzler Ignaz Seipel Räumlichkeiten in der Wiener Hofburg zu Verfügung stellte. 1927 entstand dann unter dem Dach der Paneuropa-Union noch ein ‚Deutsch-französisches Wirtschaftskomitee' aus Unternehmern beider Länder, die sich hier mit dem Ziel eines wirtschaftlichen europäischen Wiederaufbaus zusammentaten.

Der deutsche Außenminister Gustav Stresemann unterstützte die Paneuropa-Idee ebenso wie der französische Ministerpräsident Aristide Briand. Spätere Unterstützer waren Winston Churchill, Robert Schuman und Konrad Adenauer. Die österreichische Sektion, welche durch Bereitstellung von Ressourcen tatkräftig gefördert wurde, wurde damals von Karl Renner und Ignaz Seipel angeführt. Als Unterstützer der Paneuropa-Union traten auch Albert Einstein und Thomas Mann schon 1925 für die Schaffung der Vereinigten Staaten von Europa ein. Weitere Förderer und Unterstützer der Paneuropa-Union waren Carl Bosch, Benedetto Croce, Sigmund Freud, Gerhart Hauptmann, Hugo von Hofmannsthal, Selma Lagerlöf, José Ortega y Gasset, Max Reinhardt, Rainer Maria Rilke, Arthur Schnitzler, Richard Strauss, Franz Werfel und Stefan Zweig. Als historische Mitglieder und Förderer sind auch Salvador de Madariaga, Charles de Gaulle, Konrad Adenauer, Alfons Goppel, Franz Josef Strauß, Bruno

Kreisky und Georges Pompidou anzuführen. Im Gegensatz zum 1924 gegründeten ‚Komitee für die Interessensgemeinschaft der europäischen Völker' (später auch Bund für Europäische Cooperation) vertrat die Paneuropa-Idee aber eine Einigung Europas ohne Großbritannien und die UdSSR. … 1926 bildeten sich in Budapest und Warschau nationale Paneuropa-Komitees unter Beteiligung zahlreicher Intellektueller. … Weltweite Beachtung fand auch das am 19. August 1989 von ihr mitorganisierte Paneuropäische Picknick bei Sopron, das 661 DDR-Bürgern zur Ausreise über die ungarisch-österreichische Grenze nutzten. Das Picknick gilt als wesentlicher Meilenstein der Vorgänge, die zum Ende der DDR und zur deutschen Wiedervereinigung führten. Schirmherren waren Otto von Habsburg und der ungarische Staatsminister und Reformer Imre Pozsgay. Diese sahen im geplanten Picknick eine Chance, die Reaktion Gorbatschows auf eine Grenzöffnung am Eisernen Vorhang zu testen." (78)

Flagge der Paneuropa-Union | Thomas Mann und Ida Roland | Otto von Habsburg

Abb. 60: Links: Flagge der Paneuropa-Union mit dem Sonnensymbol / Sonnenrad, einem Templer-Kreuz, in Gold (Herrschaftsanspruch), Blau (Kriegsfarbe) und Rot (Ägyptisches Reich); Mitte: Thomas Mann und Ida Roland, Ehefrau des Gründers der Union Richard Coudenhove-Kalergi, bei einer Paneuropa-Kundgebung in der Berliner Singakademie (1930); Rechts: Otto von Habsburg 1991 bei der Verleihung des Coudenhove-Kalergi-Preises der Paneuropa-Union

„Nach Coudenhove-Kalergi sollten demnach zu Paneuropa weder Großbritannien noch die Sowjetunion, hingegen aber große Teile Afrikas gehören. Ein zentraler Unterschied der neuen Paneuropakonzeption, zu den bis dahin dominierenden expansionistischen deutschen Strategien war, dass in einer solchen Vereinigung keine Grenzkorrekturen in Europa mehr möglich sein sollten, ausgenommen allerdings solche im Falle Russlands. Auf diesen Gedanken konnten sich im Deutschland der zwanziger Jahre nur Vertreter von Konzernen einer Größenordnung einlassen, die garantierte, dass ihnen auch in der freiwirtschaftlichen Gemeinsamkeit eines solchen Großraums automatisch wieder die Führungsrolle werde zufallen müssen. Gerade aus dieser Höhensicht eines solchen Großraums aber war natürlich auch die Versuchung, die Umwandlung Europas in einen deutschen Großraum für realisierbar zu halten, besonders groß, so dass sich

hier die Meinungen teilten und es letztlich nur einige besonders stark in übernationalen Verflechtungen stehende und weitblickende Spitzenvertreter des Kapitals waren – nach Coudenhove eigenem Zeugnis Max Warburg, des weiteren Arthur v. Gwinner von der Deutschen Bank und Hans Fürstenberg von der Berliner Handels-Gesellschaft, beide nacheinander als Schatzmeister der deutschen Paneuropa-Sektion fungierend, sowie Robert Bosch, der der internationalen ‚Paneuropa-Förderungsgesellschaft' mit Sitz in Zürich präsidierte -, die Coudenhoves Bewegung finanziell förderten, meist allerdings nicht exklusiv, sondern zugleich mit den Mitteleuropa-Propagandainstitutionen. Ähnlich halben Erfolg hatte Coudenhove in den übrigen Ländern Europas, in denen er überall in gleichem Sinne agitierte. Das Initialinteresse an seiner Bewegung (so war z. B. ihre Förderung durch Max Warburg, wie Coudenhove berichtete, erst von Baron Rothschild vermittelt worden) lag damals offenbar überwiegend bei außerdeutschen Finanzgruppen.“ (79)

Abb. 61: Die (Schein-) heiligen Herrscherlinien der Europäischen Union.

Seit der Gründung der „Pan Europäischen Union“ bis zu deren Vollendung hat es 100 Jahre gedauert. Wie man sieht, plant die „Autorität“ immer weit voraus. Wenn nun irgendwelche sich sehr wichtig nehmende Leute von der gesteuerten Opposition immer wieder betonen, der „Tiefe Staat“ sei längst am Ende und wir würden nur noch einen Film als Aufwachprogramm für all die Schlafschafe sehen, ist entweder komplett verblendet oder ein Provokateur und Lügner! Die „Autorität“ macht keine Fehler, das können Sie mir ruhig glauben!

Mehr möchte und muss ich zu dem Thema des „Europa Bundes“ oder sollte ich es besser „ISIS Übernahme Verein“ nennen, schreiben, was wirklich dahintersteckt.

Glauben Sie, meine lieben Leser, dass es mit der „Afrikanischen Union (AU)“ und der „Die Asiatische Union (ASEAN)“ anders gelaufen ist, welche ebenfalls durch zahlreiche Kriege und dem Zutun der üblichen Finanzverwaltern gegründet wurden?! Dann recherchieren Sie doch bitte allein und finden die „üblichen“ Strickmuster, denn Sie wissen ja nun, wie dies alles funktioniert.

Afrika streitet um „Israel" U. von der Leyen und Faki Mahamat A. Baerbock und Faki Mahamat

Abb. 62: Auch in der „Afrikanischen Union" (AU) finden wir wieder die üblichen „(Schein-) Heiligen Anführer" und Weltenlenker. Wie konnte es anders sein?!

Nun öffnen wir die nächste Tür des Wissens und schauen auf:

Die BRICS-Staaten

„BRICS: China spielt zunehmend nach eigenen Regeln", titelte am 09.07.2022 die „Berliner Zeitung".

> *„'China setzt auf die Ablösung der USA als führende Weltmacht und versucht, Staaten auf seine Seite zu ziehen, die bisher eindeutig enge Partner des Westens gewesen sind. „China hat eine langfristige, konfuzianistische Sicht und bedenkt immer auch die sekundäre und tertiäre Wirkung von Entscheidungen', sagt Folker Hellmeyer, Chefökonom der Netfonds AG, der Berliner Zeitung. …"* (80)

Dieses Zitat klingt ja fast so, als wären die „BRICS-Staaten" ein erst vor kurzem geschlossenes Bündnis. Das entspricht jedoch nicht der Wahrheit, denn dieser Verbund besteht schon seit 2011. Jedoch rückt seitdem seltsamen Ukraine-Krieg diese Staaten-Gemeinschaft in den Mittelpunkt. Die Machtverhältnisse verändern sich nicht, denn in Wirklichkeit kämpft dort die „Autorität" nur zum Schein, weil die Weltenlenker ihren Thron verlassen und in China neu aufgestellt haben.

Nicht mehr und nicht weniger steckt dahinter!

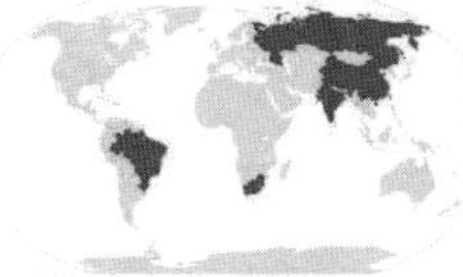

Mitglieder der BRICS-Staaten

Führer der BRICS-Staaten

Logo mit „Symbolik" der BRICS-Staaten

Abb. 63: Mitte: BRICS-Gipfeltreffen 2016 in Indien – v.l.n.r.: Michel Temer, Wladimir Putin, Narendra Modi, Xi Jinping und Jacob Zuma

Was sind die BRICS-Staaten eigentlich? Fragen wir doch mal wieder Wikidummia:

> *„Die BRICS-Staaten sind eine Vereinigung aufstrebender Volkswirtschaften. Die Abkürzung ‚BRICS' steht für die Anfangsbuchstaben der fünf zugehörigen Staaten Brasilien, Russland, Indien, China und Südafrika – maßgebend waren die Anfangsbuchstaben der englischsprachigen Bezeichnungen Brazil, Russia, India, China und South Africa."* (81).

Bereits 2013 konnte man lesen: „Schock für die Weltordnung". Weiter heißt es dort:

> *„Die fünf Schwellenländer Brasilien, Russland, Indien, China und Südafrika (BRICS) wollen gemeinsam die führenden Wirtschaftsnationen werden. Auf ihrem Gipfel am Dienstag und Mittwoch legen sie ihre Pläne, etwa für eine Entwicklungsbank als Konkurrenz zu Weltbank, auf den Tisch. Ziel ist es, den eigenen Einfluss zu stärken und jenen der USA und Europas zu schmälern. … Es ist eine offenkundige Kampfansage an die Wirtschaftsmächte Europa und USA. ‚Die BRICS sind ein Schock für die gegenwärtige Weltordnung. Aber der Schock besitzt positive Energie. Das ist gut für die Welt', schrieb die chinesische Zeitung ‚Guangming Ribao'. … Die fünf Länder werden zu immer bedeutenderen Spielern auf der internationalen Bühne. Diesen Einfluss wollen die fünf Staaten nun verstärkt nutzen. Mit der Gründung einer BRICS-Entwicklungsbank als Gegenstück zu dominierenden Institutionen Weltbank und Internationaler Währungsfonds (IWF) sollen innovative Entwicklungs- und Infrastrukturprojekte finanziert werden. Es gehe außerdem um eine Transformation der „alternden internationalen Finanzarchitektur", sagte der Abgesandte des russischen Präsidenten Wladimir Putin, Michail Mergelow, im südafrikanischen Pretoria."* (82)

Spätestens an dieser Stelle sollte man hellhörig werden! Entsteht da wirklich eine „Neue Weltordnung" oder wird die „Alte Welt" nur wieder „transformiert", so wie es die „Autorität" nicht erst seit dem alten ägyptischen Reich macht.

Sie transformieren sich – immer wieder!

Sie ändern ihre Taktik – immer wieder!

Sie verlagern ihren Sitz – immer wieder!

Nicht mehr und nicht weniger geschieht momentan auf dieser Welt. Russland und China sind nicht die Guten, wie der allergrößte Teil der „Aufgewachten" immer wieder erwähnt!!!

Da stelle ich Ihnen doch einmal die Frage: Wer meinen Sie, hat sich diesen „BRICS-Staaten-Bund" ausgedacht und initiiert?!
Es war kein geringerer als der Chefvolkswirt der Großbank Goldman Sachs Jim O'Neill. Er, Terence James „Jim" O'Neill, Baron O'Neill of Gatley ist seit 2015 auch „Life Peer Mitglied des House of Lords"!

> *„Am 28. Mai 2015 wurde O'Neill zum Life Peer mit dem Titel Baron O'Neill of Gatley, of Gatley in the County of Greater Manchester, ernannt. Damit wurde er auch Mitglied des House of Lords."* (83)

Ein Peer ist ein Angehöriger des britischen Hochadels.

Haben Sie meine lieben Leser nun noch Fragen, wer sich dieses „BRICS"-Gebilde ausgedacht hat?! Es sind die üblichen Verdächtigen, die Finanzverwalter der „Autorität".
Die „BRICS-Staaten" sind somit keine Gegner der momentanen „westlichen Neuen Weltordnung", sondern sie sind die „Neue Alte Weltordnung", welche die gesamte Welt an der Nase herumführt!!!

Hier fasse ich nochmals das wichtigste zu diesem Thema zusammen:

- Die BRICS-Staaten sind ein Bündnis neuerschaffener Volkswirtschaften. Die Abkürzung „BRICS" steht für die Anfangsbuchstaben der fünf zugehörigen Staaten Brasilien, Russland, Indien, China und Südafrika!
- „China" ist nichts weiter als ein neues Projekt der altbekannten Namen aus der Hochfinanz und somit ein Produkt einer ganz großen Täuschungsaktion!

- Die üblichen Bankiersfamilien verhalfen der Volksrepublik China zu einem Aufstieg in die Oberklasse, auch Dank deutscher Entwicklungsländerhilfe aus dem Steuertopf, sowie dem Verkauf urdeutscher Marken, die ihre Abkehr vom Kommunismus nur vortäuschen. Leider muss ich sagen: der Kommunismus wird sich dadurch weltweit durchsetzen!
- Die englischen und amerikanischen Politiker und üblichen Strippenzieher, wie Rothschild, Rockefeller, Goldman Sachs, Bush, Clinton, Obama, aber auch Merkel und Konsorten halfen China auf die Beine!
- Nicht nur die gesamte Rockefeller-Dynastie und die US-Universität Yale dienten als Steigbügelhalter für die KPC (Kommunistische Partei Chinas)!
- Hinter den Kulissen in China ziehen selbstverständlich die Rothschilds und ihr verborgenes Geschäftsimperium die Strippen!
- Bis heute stellen die Rothschilds ihren seit 200 Jahren bestehenden enormen Einfluss auf China offen zur Schau!
- Die Kommunisten pflanzten ihre Herrschaft auf dem chinesischen Boden, der nach über 100 Jahren Krieg (siehe 100 Jahre Aufbau der EU!!!), durch Aufstände und Krisen regelrecht mörderisch und von Blut getränkt war!
- Die Kommunistische Partei Chinas (KPC) erhebt den Anspruch, das Denken ihrer Untertanen vollständig zu kontrollieren. Darin ist sie sehr erfolgreich.

Heute ist es China und morgen die ganze Welt!

An dieser Stelle schließe ich dieses Kapitel zum Thema „Bündnis" ab und komme wieder zurück zu der Symbolik der alten Familien der Pharaonen:

Die Lilie und die Bienenkönigin

Die Lilie, auch „Fleur-de-Lys" oder „Fleur-de-Lis" genannt, ist ein Symbol, was jeder von Ihnen schon einmal gesehen hat. Normalerweise wird die Lilie mit der französischen Monarchie in Verbindung gebracht, speziell mit den Merowingern, bzw. generell mit dem Adel.

Abb. 64: Im Zeichen der Lilie und der Bienenkönigin. Das man über all diese Symbole die doppelte Pyramide oder auch den Davidstern legen kann, ist sicher nur wieder ein zufälliger Zufall

Diese Blume ist aber auch ein verschlüsseltes Symbol aus dem alten Ägypten. Es handelt sich dabei um eine umgedrehte Bienenkönigin.

Der obere Teil ist der hintere Körper der Biene, der untere Teil ist der Kopf und die zwei Seitenteile sind die Flügel.

Die Bienenkönigin ist ein Symbol der Monarchie und steht für die Herrschaft von einem über viele. Das Bienensymbol wurde und wird auch gern als Code in Nachrichten benutzt. Aus diesem Grund bitte ich Sie, das Symbol der Biene im Hinterkopf zu speichern, denn es wird in einem späteren Kapitel noch von sehr großer Wichtigkeit sein! Sicher werden Sie dann denken: „Das kann doch nicht wahr sein" oder „Wieso bin ich nicht selber darauf gekommen." Die Herrschenden arbeiten mit vielen Tricks und oftmals ist das Auffälligste, das Unauffälligste!

Bitte behalten Sie dieses Bienen-Kapitel im Hinterkopf, denn es wird später im Zusammenhang mit dem Feuer am 15.-16.04.2019 von Notre Dame in der Freimaurerstadt Paris noch eine sehr große Rolle spielen! Sie dürfen gespannt wie ein Flitzebogen bleiben!

Kommen wir nun zu einem sehr wichtigen und schon oft erklärtem Symbol:

Das Auge des Horus

Dieses Symbol ist mehr als bekannt und wird auch Horusauge oder kurz einfach nur das Auge genannt. Dieses Auge findet man in allerlei Logos wieder, z.B.: Big Brother, DSDS, Ford, usw. Doch für was steht eigentlich dieses Horusauge?

Bild 65: Links das Auge des Horus und Rechts das Auge des Ra

Im Gegensatz zu dem Auge des Ra / Re, welches die Sonne symbolisiert, ist das Horusauge Sinnbild des Himmels- und Lichtgottes Horus. Beide Augen sind sehr leicht zu verwechseln, haben jedoch verschiedene Bedeutungen. Das Auge des Ra / Re ist gespiegelt, somit Seitenverkehrt, also gen Osten gerichtet.

„Die Mythologie besagt, dass es zwischen dem Lichtgott Horus und dem Wüstengott Seth zum Kampf gekommen sei, bei dem Seth Horus das linke Auge ausriss. Der Mondgott Thoth heilte das Auge. Horus ist der Lichtgott.“ (84)

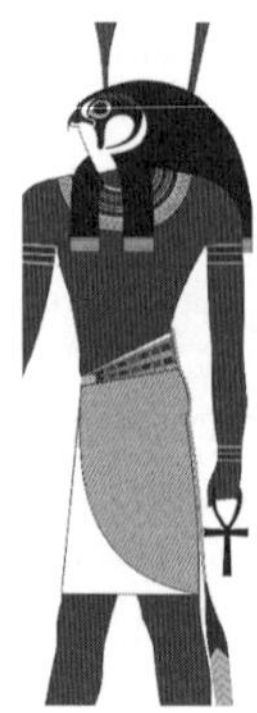

d 66: Horus mit ·Zepter und Anch weiß-roter Doppkrone (Pschent)

Horus wird im alten Ägypten eigentlich als Mensch dargestellt, welcher die Doppelkrone der Pharaonen (Weiß und Rot) auf seinem Vogelkopf trägt.

„Das Horusauge ist das von Thot geheilte, wiederhergestellte linke Auge (‚Mondauge‘“) des Lichtgottes Horus. Es wird auch als das Udjat- oder Udzat-Auge bezeichnet (udjat = intakt, vollständig, heil, gesund).

Ursprünglich diente das Symbol als Schutzmittel und wurde seit Beginn des Alten Reiches bis zum Ende der Pharaonenzeit als Amulett- und Schutzzeichen gegen den „bösen Blick“ verwendet.

Im Neuen Reich wurden Sargwände und Grabbeigaben damit dekoriert (‚magische Augen'). " (85)

Abb. 67: Wir sind von der „Ein-Augen-Symbolik" umgeben!

Es gibt auch alte Überlieferungen, dass dieses Auge des Horus ein Teil des Gehirns sein soll und zwar die sogenannte Zirbeldrüse, auch als das Dritte Auge bezeichnet. Zum Thema Zirbeldrüse kann man sehr viel in Büchern oder im Internet finden, daher erspare ich mir an dieser Stelle jeden weiteren Kommentar. Das Dritte Auge ist ein Symbol, was häufig verwendet wird.

Osiris wird auch in Hieroglyphen mit einem Auge geschrieben, jedoch mit einem normalen Auge.

Das allsehende Auge wird auch zur Gedankenkontrolle (MKULTRA) verwendet und ist eines der weltweit verbreitetsten Symbole in dem Illuminatensystem. Horus ist eine Gottheit, die von den Illuminaten verehrt wird. Das Innere eines allsehenden Auges stellt die Tatsache dar, dass der Kult immer sehen kann, was das Individuum tut. Das allsehende Auge ist ein wichtiges Symbol in der Freimaurerei und tritt sehr oft mit einer Pyramide und / oder einem Strahlenkranz auf.

Dieses Auge symbolisiert den Gott der Freimaurer, Luzifer oder Satan, den die Freimaurerlogen und Satanisten als ihren wiederkehrenden Messias erwarten.

Begriffe mit typisch ägyptischen Ursprung

Bevor wir das alte Ägypten nun verlassen, schauen wir uns noch ein paar bedeutende Symbole und Begriffe aus dem alten Ägypten an.

Einer der wichtigsten Begriffe lautet:

- SAR. SAR bedeutet Pharao, Zar oder König. Demzufolge ist ein SAR immer ein Zar, Pharao oder König, bzw. mit diesen verwandt. Auch der Sarkophag (= Königsgrab = Sarg) stammt von dem Wort Sar. Man denke auch an
- Cäsar oder in Abwandlung Kaiser. Sicher haben Sie auch schon von dem Ritterschlag gehört, wo man zum
- Sir/Sire gekrönt wird. Oder schauen wir mal auf das englische Königshaus, mit dem neuen Namen
- „Windsor“, ist die „gefälschte“ englische Königsfamilie. Aber auch der Name

- Sarkozy oder
- Nebuchadnezzar (ein König Babylons) enthalten das Wort Sar.

Das ist alles derselbe Begriff. Daran erkennt man die Linie der Pharaonen.

Kommen wir zu weiteren Wörtern mit ägyptischen Ursprung:

- Schweiz: Das Wort Schweiz stammt von Swa Is bzw. Swa Isis und heißt auf Deutsch Schwester Isis,
- Swiss: Das englische Wort für die Schweiz bedeutet Swi Is oder Swi Isis und heißt ebenfalls übersetzt Schwester Isis,
- Israel: Israel kommt von Isis, Ra und El, bzw. Isis, Ra und Osiris, dabei stehen Isis und Ra für die Götter und El steht für den großen Allgott, bzw. Osiris, was der Gesamtheitsgott darstellt,
- Amerika:
    - A = groß, schwanger (wenn die Frau schwanger ist, wird ihr Bauch groß)
    - Me = Pyramide
    - Ri = Sonne / Wiedergeburt, bzw. Ra / Re der Sonnengott)
    - Ka = Seele

  Amerika bedeutet somit: Die große Pyramide wo unsere Seele wiedergeboren wird.
- Paris: Paris kommt von Parisis oder auch Par Isis und steht für Das Haus der Isis,
- Pharao: Pharao stammt von Par A und bedeutet Das große Haus, wobei damit das pharaonische Königshaus gemeint ist,
- Arier: Hierbei steht das A wieder für groß / schwanger und Ri für die Sonne / Wiedergeburt, bzw. Ra / Re der Sonnengott). Demzufolge sind die Arier: Die vom Sonnengott geschwängerten, also die Nachfahren des Sonnengottes. Demzufolge ist die:
- Aristokratie: die Herrschaft der Arier, also des Adels, der Nachfahren des Sonnengottes und ein letztes Beispiel
- Coronavirus SARS-CoV-2.

Diese Ausführung könnte man noch ellenlang fortsetzen, was jedoch den Rahmen dieses Buches sprengen würde.

Nun verlassen wir die Antike und gehen weiter zum Mittelalter.
Dort haben wir neben vielen anderen Orden:

Das Tatzenkreuz der Templer

Tatzenkreuz des Templerordens

Erkennungszeichen der Templer war ein weißer Mantel mit rotem Kreuz

Wappen des Königreichs Jerusalem

Abb. 68: Tatzenkreuz werden auch Templerkreuze genannt

Die Templer sind die von den Familien der Pharaonen gegründeter Ritterorden. Zwei zentrale Symbole der Templer, die man immer wieder sieht, sind das Tatzenkreuz und das Adelskreuz.

> *„Ein Tatzenkreuz, auch Templer-, Hanse- oder Kanonenkreuz genannt, ist ein gleicharmiges griechisches Kreuz mit sich verbreiternden Balkenenden. Auch die Namen Mantuanisches Kreuz und ausgerundetes Kreuz sind gebräuchlich. … Der Schutzpatron des Templerordens zur Zeit seiner Gründung, Bernhard von Clairvaux, erreichte aber beim Papst für die Templer das Recht, ebenfalls das Kreuzfahrerkreuz tragen zu dürfen, und zwar mit dem Argument, dieser Orden befände sich im permanenten Kreuzzug."* (86)

Abb. 69: Variationen des Tatzenkreuzes

Die ursprüngliche Version dieses Zeichens ist die Version oben links. Es sind 4 Dreiecke, welche an einem Punkt in der Mitte zusammenlaufen.

Wenn Sie dieses Kreuz ausschneiden und an den Seitenlinien zusammenkleben, erhält man eine Pyramide. Die restlichen Zeichen sind weitere Versionen des Tatzenkreuzes. Dieses Symbol wird auch oft als Orden benutzt, wie zum Beispiel: Pour le Mérite, Ehrenkreuz der Bundeswehr für Tapferkeit, Großes Verdienstkreuz oder im Deutschen Reich das Eiserne Kreuz. Dieses Kreuz sehen Sie beispielsweise auch im Logo der Bundeswehr und im Schachspiel auf dem König. Selbstverständlich trugen die Templer / Tempelritter dieses Kreuz auch auf ihren Gewändern und Fahnen.

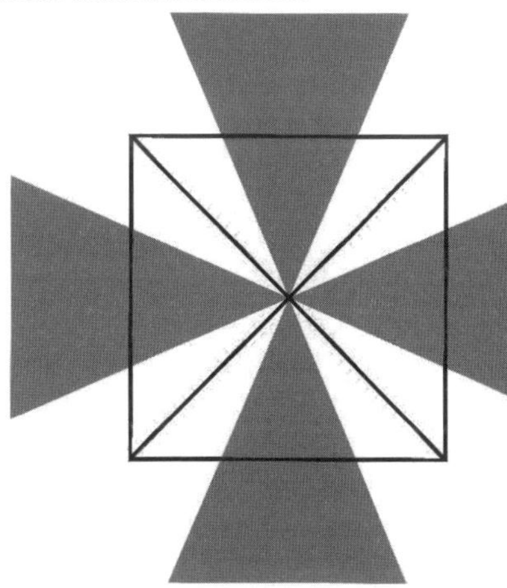

Abb. 70: Das Tatzenkreuz und die Pyramide

Abb. 71: Verschiedene „Orden" des Templerkreuzes

Die minimalistische Version vom Tatzenkreuz ist das Schweizer Kreuz, welches nur noch als ein Plus dargestellt wird.

Auch bei dem Schweizer Kreuz sieht man wieder die typischen Farben Rot und Weiß im Logo, für Ober- und Unterägypten.

Das Adelskreuz der Templer

Wenn man jetzt die äußeren Ecken dieser Dreiecke mit der geschlossenen Pyramide verbindet und die Farbe invertiert, dann erhält man das Adelskreuz. Dieses Kreuz trugen / tragen die Adligen an ihren Uniformen. Dieses Symbol kann man auch im Johanniter- und Malteserorden wiederfinden, selbstverständlich in den Farben Rot / Weiß, für Ober- und Unterägypten.

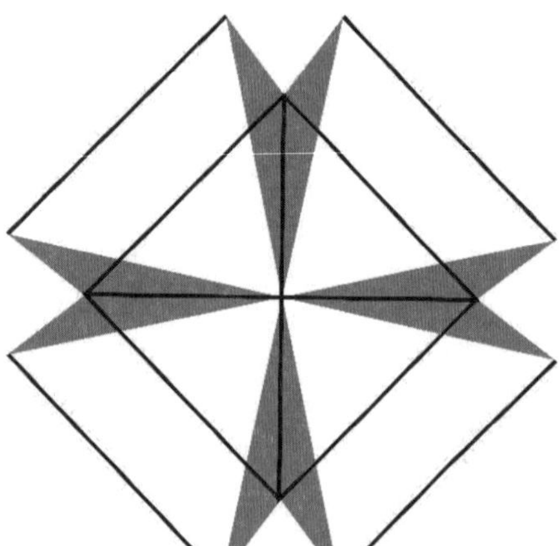

Abb. 72: Das Adelskreuz

Ein Adelskreuz trug auch Kaiser Wilhelm II., was den „Kaisertreuen" nun gar nicht gefallen wird, wenn ich dies erwähne. Ja, auch Kaiser Wilhelm II. ist ein Nachfahre der Pharaonen, wie all die anderen Adligen auch!

Es gibt nur eine Adelsfamilie, welche nicht Nachkomme der Pharaonen ist, auf die ich jedoch später zu sprechen komme.

Abb. 73: Adelskreuz-Variationen und ihre Träger

Die Sphinx und der Löwe

Abb. 74: Die Sphinx und der Löwe

Die Sphinx ist eine altägyptische gigantische Steinskulptur, mit dem Körper eines Löwen und dem Kopf eines Pharaos. Die Sphinx ist ein Symbol der Königsfamilie und der Löwe steht für die pharaonische Königswürde.

Der Löwe ist eigentlich ein Tier aus Nordafrika und dem Nahen Osten, den es somit in Europa überhaupt nicht gegeben hat, außer die unfreien Tiere in Zoologischen Gärten und auf Privatanwesen.

Abb. 75: Der Löwe im Wappen

An löwenbestückten Wappen erkennen sich demzufolge die alten Pharaonenfamilien.

Der Löwe ist zum Beispiel ein Symbol auf Wappen in England. Sehr häufig werden auch zwei Löwen als Wappenhalter dargestellt, welche links und rechts vom eigentlichen Wappen stehen.

Abb. 76: Symbolträchtige Löwenskulpturen der „Autorität“

Dieser Löwe wird auch oft als Steinskulptur benutzt, vor allem auch an Eingängen, wo links und rechts vom Eingang jeweils eine Löwenfigur platziert ist, welche den Schutz des Hauses symbolisiert.

Selbst in Asien befinden sich diese Löwen an den Herrscherpalästen.

Das Symbol der Knospe

Die Knospe kann auch als Tannenzapfen oder Pinienzapfen dargestellt werden. Die Bedeutung dieses Symbols ist: Unsere Saat ist hier! Das heißt, dass die Nachkommen der Pharaonen sich an diesen Orten vermehren.

Wikilügia beschreibt diese Knospe, bzw. den Pinienzapfen so:

> *„Pinienzapfen ist die archäologisch-kunsthistorische Bezeichnung für den Typus eines Ornaments, das in der stilisierten Gestalt der Frucht einer Pinie auftritt. In der Wappenkunde wird die Figur auch als Zirbelnuss bezeichnet. … In der Antike war der Pinienzapfen ein Fruchtbarkeitssymbol. Im Christentum gilt die Pinie als Baum des Lebens und ihre Blütenzapfen werden als Symbole der Auferstehung und der Unsterblichkeit angesehen. Diese Symbolik wurde aus den antiken Kulten der Isis, des Dionysos sowie der Kybele übernommen."* (87)

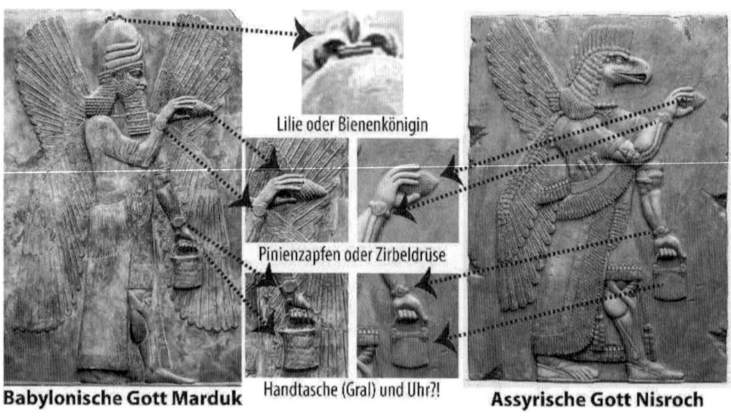

Abb. 77: Die „unterschiedlichen" Götter Marduk und Nisroch

Warum muss ich, wenn ich immer ISIS lese, an die sogenannten Terroristen des Islamischen Staates denken?! Ich frage nur für einen Freund! Ist sicher nur ein Zufall!!!

Interessant wird es, wenn man den Eintrag im Freimaurer-Wiki liest, denn dort tauchen plötzlich die alt-mesopotamischen Anunnaki auf!

„Die Frucht des Baumes gilt als Zeichen der Auferstehung und Unsterblichkeit. Das Symbol entstammt dem Alt-Mesopotamischen Annunaki-Kult und dem ägyptischen Isiskult und war auch in den Kulten des Dionysius und der Kybele in Gebrauch. Die Christen übernahmen das Symbol und deuteten die Pinie als den Lebensbaum.

Die Anunnaki (seit Adad-Nirari III. selten auch dGÍŠ.U auch Anunaki, Anunaku, Anunnaku, Anunnaka) sind in der mesopotamischen Mythologie die Götter der Unterwelt, die denen des Himmels, den Igigu, gegenübergestellt werden. Im Enūma eliš müssen die Igigi für die Anunnaki arbeiten, bis sie dagegen rebellieren. Sowohl die Igigi als die Anunnaki sind durch die Schicksalstafeln gebunden, über welche Enki – beziehungsweise in der assyrischen Mythologie Aššur – verfügt.

In populären Darstellungen werden die Anunnaki fälschlicherweise oft mit dem sumerischen Götterrat der Anunna gleichgesetzt. Der Prä-Astronautiker Zecharia Sitchin (1920–2010) beschreibt sie als Außerirdische von dem hypothetischen Planeten Nibiru, welche die Menschen als Arbeitssklaven erschaffen hätten. Nach dem rechtsesoterischen Verschwörungstheoretiker David Icke (1952) sind sie dagegen vampirische Formwandler von ursprünglich reptiloider Gestalt aus dem Sternbild des Drachen und wollen auf der Erde eine totalitäre ‚Neue Weltordnung' errichten.*

Der Pinienzapfen ist in der Freimaurerei mit dem Akazienzweig verwandt. Der Pinienzapfen deutet auf den höchst möglichen Grad der spirituellen Erleuchtung hin (33. Grad). Die heidnischen Götter aus Babylon, Ägypten, Mexiko und Griechenland wurden mit dem Pinienzapfen verbunden und ihre Diener wurden oft mit dem Zapfen geschmückt. Der Pinienzapfen wird oft mit dem ‚Dritten Auge' verbunden und die Segmente der Pinien als nichts Geringeres als das ‚verlorene Geheimnis' der Freimaurerei. Es ist das einzelne Auge welches wir in unseren Kunstwerken immer wieder finden." (88)

Abb. 78: Symbol der Knospe; Pinienzapfen, Zirbeldrüse, etc.

Abb. 79: Der größten antiken Pinienzapfen im Vatikan

Übrigens steht einer der größten antiken Pinienzapfen in den Vatikanischen Museen (Musei Vaticani), welche vor allem die päpstlichen Kunstsammlungen beherbergen. Diese befinden sich auf dem Gebiet der Vatikanstadt. Der riesige 2,5 Meter große, ehemals vergoldeter bronzener Pinienzapfen, wurde wohl als Körper eines Monumentalbrunnens geschaffen und befindet sich heute im Cortile della Pigna (Pigna Hof).

An dieser Stelle möchte ich anmerken, dass die in dem obenstehendem letzten Zitat genannten Personen Zecharia Sitchin und David Icke ebenfalls zum Club der Freimaurer gehören, welche dazu verwendet werden, die wahre Geschichte wieder einmal zu verdrehen. Ähnlich verhält es sich mit dem Schweizer Erich von Däniken.

Der Kelch

Der Kelch wird auch der heilige Gral genannt. Die Bedeutung dieses Symbols ist der oben beschriebenen Knospe sehr ähnlich, nach dem Motto: Unser Blut ist hier!

Abb. 80: Der Heilige Gral

Den heiligen Gral kennen wir aus unzähligen Filmen und Geschichten, wo Tempelritter angeblich auf der Suche nach diesem Objekt der Begierde sind.

V – Das Zeichen der Templer

Das oben abgebildete Symbol Λ ist ein umgedrehtes V (kann auch als V dargestellt werden) und steht unter anderem für die Templer. Der ehemalige britische Premierminister Sir Winston Leonard Spencer-Churchill machte dieses Zeichen weltberühmt. Man kennt dieses Symbol auch unter den Namen: Victory-Zeichen. Viele Leser werden das Victory-Zeichen mit dem Peace-Zeichen in Verbindung bringen, dazu kommen wir jedoch später.

Volkswagen Logo (1937 - 1939) Volkswagen Logo (2019) Wikipedia Logo

Adidas Logo Motorola Logo Citroen Logo

Winston Churchill mit Templersymbol Der „Befreier" Donald Trump (2004) Verona Pooth und ihr Sohn Diego

Abb. 81: V – Das Zeichen der Templer

Eines der bekanntesten Templersymbole ist das VW Logo. Auf den ersten Blick sieht dieses Zeichen wie ein W aus. Wenn man jedoch genau hinschaut, dann sieht dieses Symbol vielmehr aus wie zwei, bzw. drei V´s an- und ineinander.

Übrigens finden Sie dieses „VW"-Symbol auch im Namenszug von Wikipedia.

Das Siegel der Templer

Das Siegel der Templer, auch Templersiegel genannt, steht für die „Armut der Ritter“ in den Klöstern, welche sich auf ihren Kreuzzügen beispielsweise ein Pferd teilen mussten.

Abb. 82: Das Siegel der Templer, auch Templersiegel genannt

Im Mittelalter war es Tradition, dass die erstgeborenen Monarchen (Adligen) immer die Nachfolger / Erben des jeweiligen Hauses waren. Die Zweit-, Dritt- und sonstigen Geborenen wurden in die Klöster geschickt.

Oktagon

Ein Oktagon (Okta = Acht – Oktober = 8. Monat!)) ist ein Achteck und es entsteht, wenn man die Linien der Schweizer Flagge (des Kreuzes) an ihren Ecken miteinander verbindet. Dieses Achteck ist eine Referenz zu den Templerkapellen die immer am Ende abgerundet waren.

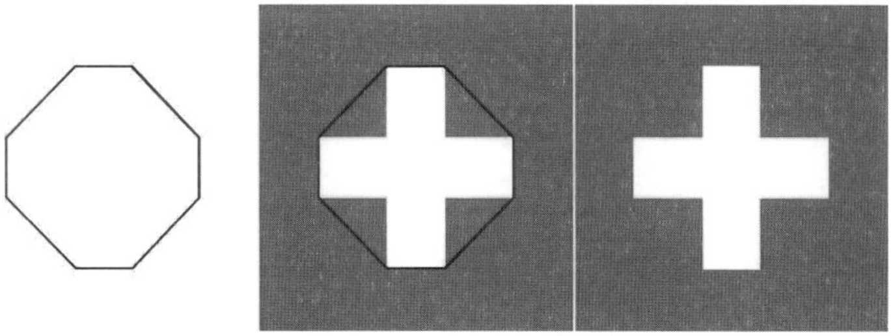

Abb. 83: Das Oktagon und die Schweizer Flagge

Die Zeichen der Freimaurer

Eines der bekanntesten und wichtigste Freimaurersymbole ist das gleichschenklige Dreieck, auch das Dreieck der Freimaurer genannt. Wie dieses Zeichen in der Architektur ausschauen kann, sehen Sie auf den nachfolgend. Auch in der neueren Architektur wird dieses Symbol verwendet. Halten Sie beim nächsten Spaziergang durch die Stadt mal die Augen offen, Sie werden zu 100 Prozent fündig!

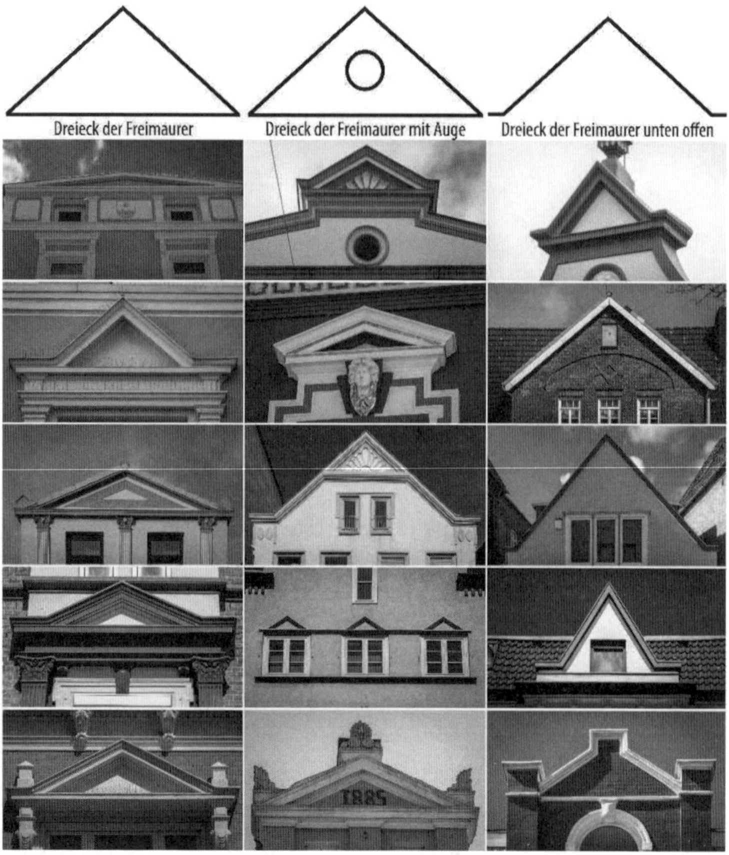

Abb. 84: Das Dreieck der Freimaurer in der Architektur

Dieses Dreieck gibt es auch mit einem Auge in der Mitte oder an der Spitze und eine Variante, wo die untere Linie fehlt und das Dreieck faktisch nach unten offen ist.

Abb. 85: Das Freimaurerdreieck mit Säulen

Selbstverständlich gibt es dieses Zeichen auch mit zwei Säulen, wie bestimmt jeder von Ihnen schon einmal gesehen hat. Diese Säulen mit dem aufgesetzten Dreieck stehen für den Freimaurertempel. Dieses Symbol findet man wirklich sehr häufig an Freimaurerhäusern im Eingangsbereich oder über Fenstern, wenn man nicht gerade blind durch die Gegend läuft. Das Freimaurerzeichen sieht man in den unterschiedlichsten Versionen.

Abb. 86: Das Freimaurerdreieck an bekannten Tempeln

Diese Symbolik der Geheimgesellschaften geht bis in die Antike zurück, was man heute noch an zahlreichen Ruinen beispielsweise im alten Griechenland oder Rom sehen kann.

Somit ist es auch nicht verwunderlich, dass an vielen historischen Freimaurergebäude, Banken, Akademien, usw. diese Symbole zusehen sind.

Abb. 87: Das Freimaurerdreieck an bekannten Gebäuden

Das Symbol für einen Bruder der Freimaurer kann durch drei Punkte in der Position eines Dreiecks dargestellt werden ∴, was irgendwie aussieht wie ein Blindenzeichen. Das Symbol für eine Loge ist ein Rechteck und für mehrere Logen zwei ineinanderlaufende Rechtecke, wie Sie auf der Abbildung sehen können.

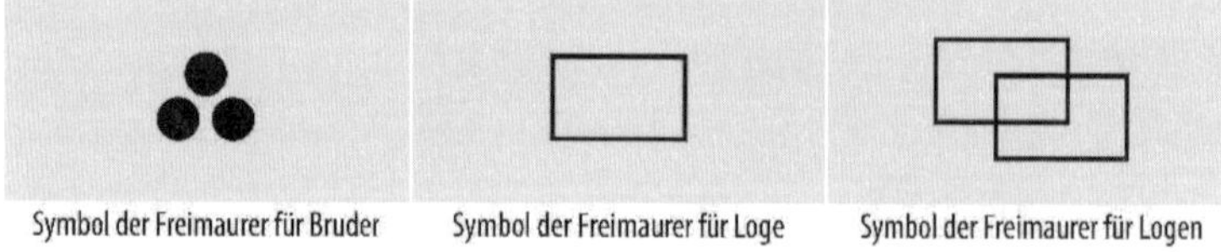

Abb. 88: Geheime Symbole der Freimaurer

Das wohl bekannteste und symbolträchtigste Zeichen der Freimaurerei ist:

Winkelmaß und Zirkel

Abb. 89: Winkelmaß und Zirkel stehen symbolisch für den sechseckigen Stern, das Siegel Salomons, auch Davidstern genannt

Dieses Symbol ist garantiert allen von Ihnen in irgendeiner Form schon einmal begegnet.

Abb. 90: Das Freimaurer-Symbol „Winkelmaß und Zirkel" finden Sie in sehr vielen Firmenlogos von Traditionsunternehmen und / oder „Innungsmitgliedern" und ist garantiert kein Zufall. Diese Brüder stehen zu ihrer Gesinnung

Nachstehend sehen Sie, meine lieben Leser, das wohl bekannteste freimaurerische Zeichen mit einem „G" in der Mitte.

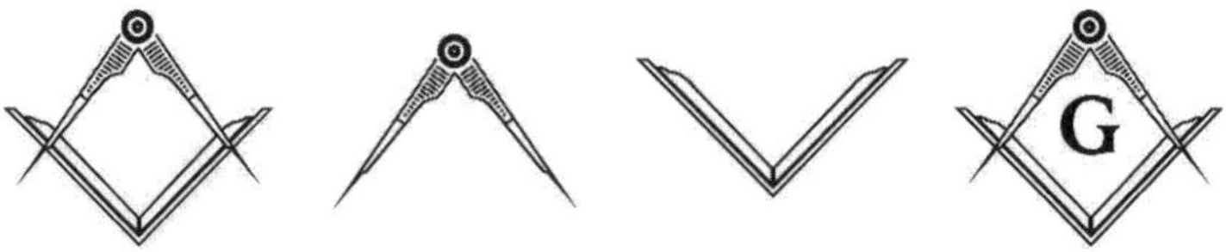

Abb. 91: Winkelmaß und Zirkel, rechts mit dem „G“ für Golut, dies wird aber auch als „Gott“ verstanden

Dieses „G“ steht für Golut, bzw. Galut (hebräisch) und steht für die Diaspora, durch die sich die Pharaonen auf der ganzen Welt verbreitet haben.

„Die jüdische Diaspora (hebräisch גלות Galut, jiddisch Golus) ist die bis heute anhaltende Zerstreuung (griechisch διασπορά diasporá) der Juden. Sie begann mit der ersten babylonischen Eroberung des Reiches Juda im Jahr 597 v. Chr., wobei viele Judäer nach Babylon exiliert wurden. Im 20. Jahrhundert wurde als Analogie zum griechischen Begriff Diaspora das Wort Tefutsot (hebräisch תפוצות) gebildet. In der Judaistik bezeichnet der Begriff גלות Galut meist nur die Exilzeit zwischen dem Ansiedlungsverbot für Juden in Jerusalem 135 n. Chr. durch Kaiser Hadrian bis zur Gründung des Staates Israel im Jahre 1948.“ (89)

Abb. 92: Hier ein typischer Fall von missverstandener Symbolik: Nein, dies ist kein „jüdisches“ Haus, sondern ein Templer-Haus-Zeichen, das Siegel Salomons.

Dieses „G“ für Golut / Galut findet man sehr oft im Dienstleistungsbereich, z.B. bei den Firmen Gaumont, Gazprom, General Mills, Gillette, Google oder Google Plus, um nur einige zu nennen. All diese Firmen wurden von den Nachfahren der Pharaonen gegründet.

Auf der Wanderung der selbsternannten khasarischen Juden (welche keine echten Juden waren und sind), markierten sie auch auf den Routen entsprechende Unterkünfte, welche von Ihresgleichen geführt wurden. Auch diese Herbergen hatten dieses „G“ auf dem Schild, über ihrem Eingang hängen. Heute möchte man uns glaubhaft machen, dass dieses „G“ für „Hotel Garni“ steht.

„Ein Hotel garni ist ein Hotelbetrieb, der Beherbergung, Frühstück, Getränke und höchstens kleine Speisen anbietet, während der klassische Restaurantbetrieb fehlt. Der Begriff Hotel garni entstammt dem Französischen und bedeutet wörtlich ‚(mit Mobiliar) ausgestattete Herberge'. Hotels garnis werden meistens privat geführt und haben in der Regel weniger Zimmer als Hotelketten. In der Regel gibt es keine nachts durchgängig geöffnete Rezeption, also keinen Nachtportier.“ (90)

Abb. 93: „G“ für Golut / Galut / Gott oder Hotel Garni. In dem rechten „G“ sieht man weitere freimaurerische Symbole (Lilie, Heilige Gral und das unten offene Freimaurerdreieck).

Bei dem Thema mit dem „G“ waren wir bereits, als es um die Mayas ging. Dieses „G“ steht für nicht mehr und nicht weniger als „Gott“, ihrem „Haupt-Sonnengott“ und wird auch heute noch sehr gern in der Freimaurerei eingesetzt.

Skull & Bones

Der Totenkopf wird auch manchmal mit zwei gekreuzten Knochen dargestellt und heißt ins Englische übersetzt: Skull & Bones.

Der Totenkopf steht symbolisch für den Tod (Memento mori), dass man seiner eigenen Sterblichkeit gedenken soll, also seiner begrenzten Zeit auf Erden. Wikilügia erklärt „Memento mori“ wie folgt:

„Der Ausdruck Memento mori (lat. ‚Sei dir der Sterblichkeit bewusst') entstammt dem antiken Rom. Dort gab es das Ritual, dass hinter dem siegreichen Feldherrn beim Triumphzug ein Sklave stand oder ging. Er hielt einen Gold- oder Lorbeerkranz über den Kopf des Siegreichen und mahnte ununterbrochen mit den folgenden Worten:

- *‚Memento mori.' (Bedenke, dass du sterben wirst.)*
- *‚Memento te hominem esse.' (Bedenke, dass du ein Mensch bist.)*
- *‚Respice post te, hominem te esse memento.' (Sieh dich um und bedenke, dass auch du nur ein Mensch bist.) Es wurde damit bereits vor weit über 2000 Jahren zu einem Symbol der Vanitas, der Vergänglichkeit, später dann zu einem Bestandteil der cluniazensischen Liturgie. Memento mori bezieht sich nicht auf einen Toten- oder Ahnenkult. Auch beinhaltet es keinen Todeskult oder die für die Romantik typische Ewigkeitssehnsucht."* (91)

Abb. 94: Skull & Bones und Bonesmen Clock

Wie Sie, sehr geehrte Leser, sicher wissen, ist Skull & Bones auch der Name, einer der bekanntesten Freimaurerlogen in den USA. Wir sehen auf der oberen Abbildung das typische Symbol dieser Freimaurerloge Skull & Bones den Totenkopf, mit gekreuzten Knochen und der Zahl 322. Doch was bedeuten diese Zeichen?

„Der Totenschädel über den gekreuzten Knochen erscheint nicht nur auf dem Organisationslogo. Beim Gruppenbild eines Jahrgangs gruppieren sich die Personen um einen Tisch, auf dem ein Schädel mit Knochen liegt. Das Motiv ist als Todessymbol unter anderem von Piratenflaggen (Jolly Roger), Warnhinweisen vor Gift und seit Jahrhunderten von Grabplatten bekannt. Zusammen mit den im Tomb gesammelten menschlichen Knochen, den abgebildeten Totenschädeln, den oben zitierten deutschen Sprüchen und nicht zuletzt den Namen der Geheimgesellschaft ist eine starke Vorliebe zur Todesthematik belegt. Beziehungen zu anderen Organisationen lassen sich daraus nicht ableiten, da die Symbolik sehr verbreitet ist. Die Thematik passt zu einer Gesellschaft, deren Mitglieder eine Initiation durchlaufen. Man erleidet einen symbolischen Tod und erlebt die Auferstehung zu einem neuen Menschen.

Die Zahl 322 gehört zum Logo, es ist die Raumnummer des Inneren Tempels in der Gruft. Bonesmen benutzen sie als Merkzahl, z. B. für Zahlenschlösser, oder als symbolische Spendensumme an Ordensbrüder, die einer politischen Gegenpartei angehören. Sie unterschreiben mit ‚Dein im Geiste von 322'. Über ihre Bedeutung gibt es unterschiedliche Thesen:

- *Es ist das Todesjahr des griechischen Redners Demosthenes (siehe Eulogia-Legende im nächsten Abschnitt).*
- *Eine weitere These: Der Bund in Yale sei 1832 als Abteilung 2 gegründet worden. Daher ergebe sich die Ziffernfolge 322. 1832 war auch das Jahr, in dem die Vereinigung der beiden deutschen Logen ‚Zum Todtenkopfe' und ‚Zum Phoenix' zur ‚Vereinigte Johannisloge zum Todtenkopf und Phoenix' beschlossen wurde. In ihrem Buch ‚Geheimbünde: Freimaurer und Illuminaten, Opus Dei und Schwarze Hand', das 2013 als Begleitbuch zu einer Dokumentationsreihe des ZDF über Geheimbünde erschien, beschäftigen sich die Autoren Gisela Graichen und Alexander Hesse neben den Freimaurern auch mit der US-amerikanischen Studentenverbindung Skull & Bones. Sie gehen dabei auf Vermutungen ein, wonach Russell zahlreiche rituelle und symbolische Elemente der von ihm 1832 gegründeten Verbindung aus studentischen oder freimaurerischen Organisationen in Deutschland entlehnt haben soll, da er sich unmittelbar vor der Gründung von Skull & Bones für mehrere Monate in Deutschland aufgehalten hatte. Die Autoren stellen hier die Hypothese auf, Russell könne während seines Deutschlandaufenthalts auch in Königsberg gewesen sein und hätte seine Skull & Bones-Symbolik dann möglicherweise dem Emblem der dortigen Freimaurerloge ‚Zum Todtenkopf und Phoenix' entlehnt.*"[92]

Rechts ist eine Schirmmütze der Waffen-SS abgebildet. Auf diesem „Nazi-Base-Cap" sind gleich drei Symbole zu sehen.

- Oben: die ägyptischen Flügel mit dem Hakenkreuz im Kranz
- Mitte: das Skull & Bones-Logo (Totenkopf mit gekreuzten Knochen)
- Unten: natürlich die Kordel, das Zeichen des Bündnisses.

Abb. 95: Schirmmütze der Waffen-SS

Der Adler und der Phönix

Der Adler, bzw. den Phoenix oder auch ISIS genannt, sieht man häufig auf Wappen und Nationalflaggen. Die Adler (Phönix) auf der nachfolgenden Abbildung schauen nach links.

Es gibt jedoch auch Wappen und Flaggen, wo dieser Adler/Phönix nach rechts sehen. Links und rechts stehen hierbei für den Mond und die Sonne, bzw. weiblich und männlich oder auch Willen und Logik.

Abb. 96: Links: Wappen des Staates Preußen (bis 1918), Mitte: Bundeswappen Deutschlands; Rechts: Reichsadler mit Hakenkreuz im Eichenkranz als Hoheitszeichen des Reiches (1935–1945)

Der Doppelkopfadler

Es gibt aber auch Doppelkopfadler, die gleichzeitig in beide Richtungen schauen. Dieser Adler steht dann als Symbol für den Phoenix. Der Phoenix ist ein mythischer Feuervogel, welcher verbrennt, zu Asche zerfällt und aus dem Feuer wieder geboren wird.

In einem Sprichwort heißt es: Wie ein Phönix aus der Asche. Welche Feuergestalt wird nach jedem Zyklus wieder geboren? Wissen Sie es? Antwort: Die Sonne. Der Phönix ist ein Symbol für die Sonne, welche untergeht und dann wiederkehrt.

Abb. 97: 1. v.l.: Wappen Russlands, 2. v.l.: Wappen des Deutschen Bundes, 3. v.l.: Doppeladler im Wappen des Heiligen Römischen Reichs, Illustration einer Prachthandschrift um 1540, rechts: Wappen der Stadt Köln (wie heißt es doch in Köln so schön: „Echte Fründe ston zesamme, Ston zesamme su wie eine Jott un Pott" – auf Deutsch: „Echte Freunde stehen zusammen, stehen zusammen so wie ein Gott und Topf")

Dieser Doppelkopfadler (Phönix) steht in der Freimaurerei aber auch für:

Ordo ab Chao ((Neue) Ordnung aus dem Chaos)

„Wahlspruch der Obersten Räte des freimaurerischen Systems des Alten und Angenommenen Schottischen Ritus. Wörtl.: Die Ordnung aus dem Chaos. Chaos, das eigentlich griechische Wort für leerer Raum als das erste Vorhandene ist im Lateinischen erst in der Nachklassik und poetisch gebräuchlich.

Dort dann auch unter der Bedeutung der gestaltlosen Urmasse, aus der die Welt durch Sonderung der Elemente geschaffen wurde. A chao (dasselbe wie ab chao) hat auch die Bedeutung seit der Schöpfung (Heinichen, S. 136).

Ordo ab chao bedeutet also letztlich den Schöpfungsakt, der durch den Menschen immer wieder von neuem hervorgerufen werden muß." (93)

Abb. 98: von links: „ORDO AB CHAO“ Symbol und Illuminati-Gründer Albert Pike

„Ordo ab Chao“ ist der Höhepunkt der Hegelschen Dialektik:
Problem = Reaktion = Lösung.

Abb. 99: Präsidenten, Flaggen und Doppelkopfadler-Siegel von USA und Russland. Bitte beachten Sie auch die Farben Weiß, Rot und Blau, welche für Ober- und Unterägypten, sowie den Krieg stehen

Erst schaffen sie, die „Autorität“, das Problem, dann verstärken sie die Reaktion und letztendlich implementieren sie uns ihre Lösung.

Abb. 100: links Donald Trump mit seinem Kumpel Klaus Schwab beim WEF in Davos und daneben das Logo von Trumps Internationalen Golfclub mit dem Doppelkopfadler

Die ganze Welt ist eine Bühne!

Jeder, der die Macht versteht, die die Freimaurer-Bruderschaft und andere Geheimgesellschaften in unserem Land hatten, sollte endlich kapieren, dass niemand Präsident wird, es sei denn, er wurde von der „Autorität" dazu auserwählt!

Was wir im November 2022 sahen ist, das wohl die Bühne für Donald Trumps „große Rückkehr" als Messias auf die Weltbühne im Jahr 2024 vorbereitet wurde. Momentan veröffentlichen die Monstermedien bereits viele Vorhersageprogramme über „Das zweite Kommen" von Donald Trump.

Glauben Sie das ist ein Zufall?!

Das ist das Spiel der Spiele!

Spätestens bei diesem Kapitel müssten alle Befürworter eines deutschen Kaisers, Hitler- und Faschismusanhänger, Trump- und Putin-Fans ins Grübeln kommen, wem sie da hinterherrennen. All diese Marionetten stammen aus demselben ~~Reagenzglas~~ Stall und werden von den gleichen Lenkern benutzt und auch verheizt! Diese „Püppchen", seien es Politiker, Schauspieler, Musiker, usw., sind nichts weiter wie Schachfiguren, auf dem satanisch-freimaurerischen Schachbrett der Weltbühne der Luzifersekte! Es ist ein Kampf zwischen Böse und Böse, Schwarz gegen Schwarz oder Satan gegen den Höllenfürsten!

Dieser Kampf spielt Dualität vor. Kaum eine Seele versteht, dass eine Trinität existiert. Mehr zum Thema Trinität an späterer Stelle.

Die Eule

Die Eule ist ein Hochgrad-Freimaurersymbol. Sie hat die Bedeutung, dass sie das Tier ist, welche in die Seele schaut. Somit ist die Eule auch ein Symbol für Psychologen und Psychiater.

Abb. 101: v.l.n.r.: Eule mit Auge und Pyramide, die „Eule der Minerva" der „Bohemian Grove", Illuminati-Ring und rechts noch einmal die Eule der Minerva

Da fällt mir sofort der Name: Sigmund Freud ein, welcher eine falsche Alice von Battenberg, die angebliche Mutter von Prinz Phillip, bei den gefakten Rothschild´schen Windsors einschleuste und die wahre Alice von Battenberg „verschwinden" ließ! Dieses Thema werde ich in meinem kommendem Buch „Die geheimen Erben der Blutlinien" ausführlich beschreiben, welch ein Verrat damals stattfand.

ABER man sollte es tunlichst vermeiden, in allen Symbolen oder Logos ständig „Zeichen einer Bruderschaft" oder ähnliches zu sehen. Es gibt zahlreiche Quereinsteiger oder Berufsfremde, die für ihre neu gegründete Firma aus Kostengründen selbst ein Logo entwerfen und dabei nicht wissentlich ein Symbol der Illuminaten, Jesuiten oder Freimaurer benutzen oder einfließen lassen.

Ebenso verhält es sich mit Gesten und Mimik auf Fotos oder in Filmen. Viele Handzeichen, z.B. Victoryzeichen, das Satanszeichen oder die Null für Okay, macht man unbewusst und ohne Hintergrund. Ähnlich sieht es bei Promis aus, wo sehr oft die Fotografen zu bestimmten Handzeichen animieren. Bitte nicht alles überbewerten!

Als wir zum Beispiel vor vielen Jahren spontan unsere Homepage „Freunde der Erkenntnis" ins Leben riefen, um unsere zukünftigen Artikel zu veröffentlichen, haben wir nach einem Logo mit Wiedererkennungswert gesucht. Wir entschieden uns für die „Eule der Erkenntnis", da wir dieses Lebewesen als Klug und Vorausschauend hielten und noch heute halten. Außerdem ist es das Lieblingswesen meiner Frau.

Zu dieser Zeit beschäftigten wir uns noch nicht so sehr mit den Zeichen und Symbolen, waren daher noch ahnungslos um deren Bedeutung in der Freimaurerei und bei den Illuminaten.

Sehr oft wurden wir, wegen genau diesem Logo, von Trollen, Möchtegernwissende und unnützen Antifanten angegriffen und immer wieder diffamiert. Unzählige Male wurde auch schon unsere Homepage von „denen“ zum Absturz gebracht oder unsere Mail-Postfächer geflutet.

Fakt ist: Wir stehen zu diesem Logo und deren Entstehungsgeschichte und werden den Teufel tun dies zu ändern!

Freunde der
ERKENNTNIS

Abb. 102: Logo unserer Redaktion auf: *www.freunde-der-erkenntnis.net*

Noch einmal einen gut gemeinten Rat an meine lieben Leser: Bitte nicht jedes Zeichen, Logo oder Gestik als das „Mal von Satan“ abstempeln, sondern bitte erst den Verstand einschalten! Es gibt auch echte Zufälle von (wie erwähnt) Unwissenden, welche wir alle einmal waren! Herzlichen Dank!!!

Ebenfalls sollte man bedenken, dass nicht die Symbole oder deren Zeichen „böse“ sind, sondern die dahinterstehende Ideologie und deren benutzenden Idioten! Die Menschen, welche an diese Symbole glauben stellen die Gefahr für unsere Zukunft dar. Schluss, aus und Ende der Diskussion.

Okay, man könnte nun ins Detail gehen und sagen, dass es auch magische Symbole und Zeichen gibt, deren Ausstrahlung Dinge bewirken, wo man meint, diese gehören in das Reich der Fantasie. Darum soll es aber in diesem Kapitel nicht gehen. Daher nun schnell ein Themenwechsel und kommen zum:

Freitag der 13.

Freitag der 13. gilt schlechthin und weltweit als Unglückstag, vor dem sich viele Menschen fürchten. Welche Bedeutung steht jedoch hinter diesem Aberglauben?

Ehrlich gesagt könnte ich mich schlapp darüber lachen, wie die Lügen-Medien dieses Thema analysieren und die Schlafschafe scheinbar bewusst in die Irre führen. Hier ein Auszug aus der „Augsburger Allgemeinen", vom 13.01.2017:

„Zwischen Wahn und Wirklichkeit: Freitag, der 13.

Wir schreiben den 13. Mai 1927: Schwarzer Freitag an der Berliner Börse, die Kurse brechen um ein Drittel ein. 45 Jahre später stürzen in Moskau sowie in den chilenischen Anden gleich zwei Flugzeuge ab.

Bilanz: mehr als 200 Tote. Es ist Freitag, der 13. Oktober 1972. Und 2012 läuft das Kreuzfahrtschiff ‚Costa Concordia' vor der toskanischen Küste auf Grund und kentert, 32 Menschen sterben. Exakt fünf Jahre nach dem Schiffsunglück hat Italien der Opfer gedacht. ‚Fünf Jahre danach gibt es auf Giglio nicht mehr die Concordia, aber es bleibt unauslöschbar die Erinnerung an die Opfer dieser nationalen Tragödie', erklärte Umweltminister Gian Luca Galietti auf Twitter.

Es ist der 13. Januar, natürlich ein Freitag. Ängstliche Naturen mögen dies als Beweis für ihren Aberglauben nehmen, doch Skeptiker winken ab.

13 Fakten:

1) Statistiker haben schon oft bewiesen, dass das ominöse Datum nicht mehr Gefahren birgt als andere Tage auch. Manch ängstlicher Zeitgenosse fühlt sich dennoch regelrecht und regelmäßig krank.

2) ‚Paraskavedekatriaphobie' lautet das komplizierte Wort, mit dem Psychologen diese Angstzustände beschreiben. Betroffene verbringen Freitag, den 13., lieber gleich im Bett.

3) So soll es beispielsweise auch dem Komponisten Arnold Schönberg (1874-1951) ergangen sein, dem Erfinder der Zwölftonmusik. Sein Todestag, der 13. Juli, fiel übrigens auf einen Freitag.

4) In christlicher Tradition bringt der Freitag oft Schlechtes: So sollen Adam und Eva freitags in den verbotenen Apfel gebissen haben. Jesus Christus wurde an einem Freitag ans Kreuz geschlagen.

5) Auch wenn es um die Angst vor der Zahl 13 geht, liegen die Wurzeln im Christentum: Beim letzten Abendmahl mit Jesus saßen 13 Menschen am Tisch - Verräter Judas war die Nummer 13.

6) Im Märchen von Dornröschen ist es die 13. Fee, die die Prinzessin wütend verwünscht. Denn im Schloss gibt es nur 12 goldene Teller zum Fest, die 13. Fee war nicht eingeladen.

7) Vielerorts gilt die Zahl 12 als ‚heilig': 12 Apostel, 12 Monate, 12 Sternzeichen. Die 13 sprengt die wohlgeformte Ordnung.

8) Viele Hotels verzichten daher auf die Zimmernummer 13, manche Fluggesellschaften führen keine 13. Sitzreihe in ihren Maschinen.

9) Im Judentum zum Beispiel verheißt die 13 hingegen Glück. Nach den jüdischen Phasen des Lebens ist 13 das Alter der Reife oder Verantwortung. Das Buch Exodus schreibt Gott 13 Eigenschaften zu.

10) In China gilt nicht die 13, sondern vor allem die 4 als Unglückszahl. Denn ihre Aussprache klingt ähnlich wie das chinesische Wort für ‚Tod'.

11) Auch Südeuropäer bleiben meist entspannt: Zwar ist die 13 auch in Spanien und Griechenland negativ besetzt, doch nur in Verbindung mit dem Dienstag. Italiener wiederum fürchten Freitag, den 17.

12) Unser Kalenderjahr sieht den ‚Unglückstag' regelmäßig mindestens einmal, höchstens aber dreimal vor. Auf Freitag, den 13. Januar, folgt 2017 noch Freitag, der 13. Oktober.

13) Panik sei jedoch völlig unangebracht, heißt es zum Beispiel beim ADAC. Die Unfallstatistik der letzten Jahre zeigt: Fiel der 13. auf einen Freitag, passierte sogar weniger. Vermutlich passen die Menschen an einem vermeintlichen Unglückstag sogar besser auf." (94)

Ehrlich mal jetzt: Was für ein totaler Schwachsinn. Sind diese Schreiblinge wirklich nicht in der Lage richtig zu recherchieren oder werden da absichtlich falsche Wahrheiten verbreitet?! Das schlimme daran ist, dass sehr viele Unwissende diesen Müll glauben und so diese Lügen weitergeben. Zum Freitag den 13. hatte ich bereits in meinem letzten Buch „Der geheime Pakt der Freimaurer, Khasaren und Jesuiten" ein paar Sätze geschrieben, was ich hier an dieser Stelle zusammengefasst wiederholen möchte.

Die Antwort ist so schlicht wie einfach: Am Freitag den 13. Oktober 1307 ließ der französische König Philipp der Schöne, die Templer verhaften. Seit diesem Datum zählt Freitag der 13. als Unglückstag.

Für die sogenannten Germanen, welche es so in der Geschichte eigentlich nie gab, also für unsere Urahnen war Freitag der 13. ursprünglich ein besonderer Glückstag. Er kombinierte den Tag ihrer obersten Göttin Freya (eigentlich müsste hier auch wieder ISIS stehen!), nach der der Freitag bis heute weltweit benannt ist, mit ihrer heiligen Zahl. Die heilige Zahl von Freya, der Fruchtbarkeitsgöttin, war die 13. Das kommt daher, dass die Menschen früher die Zeit in Monden maßen. Ein Jahr hat 13 Monde, also 13 Mondmonate. Ein Mondmonat ist so viel wie die Zeit zwischen zwei Vollmonden.

Die Zahl 33

Die Zahl 33 steht für den höchsten Meistergrad im schottischen Ritus.

Die 33 bedeutet stellvertretend die 33 Grade der Freimaurerei. Diese Antwort ist insofern korrekt, als die luziferische Freimaurer-Indoktrination tatsächlich in 33 Graden / Stufen erfolgt.

Abb. 103: Links der Schottische Ritus, 33 Grade bis zur Sonne / Lucifer / Illumination. Diese Stufen stellen eine Sonnenpyramide dar. Auf dem Bild sind auch „Jachin" und „Boas" (die zwei Säulen) zu sehen und zwischen ihnen das „Gate", auch Torbogen, Sonnentor oder Triumpf-Bogen genannt

33 Grade sind korrekt, aber das ist nicht die Antwort auf die Bedeutung der 33. Denn es stellt sich weiter die Frage, weshalb gerade 33 Stufen? Darum:

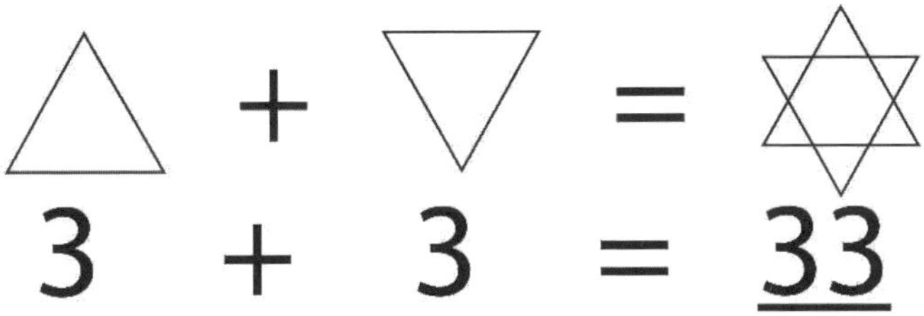

Abb. 104: Die 33 symbolisiert das Siegel Salomons und die Freimaurer sind die Erbauer des Tempels

Die 33 symbolisiert das Siegel Salomons und die Freimaurer sind die Tempelbauer, im Auftrag „des großen Architekten“. Die sogenannten Juden (eigentlich khasarische Zionisten) & Freimaurer haben den gleichen „Gott“, der so oder so nicht der Vater im Himmel ist, sondern der Herr der Materie, der Machthaber auf Erden, verbannt aus dem Himmel: Satan = Sonne.

Und nur weil (angenommene) Juden (also Khasaren und Zionisten), sowie Freimaurer die gleiche Entität preisen, kann es überhaupt zu einem Konstrukt kommen, das als „B'nai B'rith“ mehr oder weniger bekannt ist. Diese Freimaurerloge (B'nai B'rith = Brüder des Bundes) ist exklusiv nur für sogenannte Juden (also die zionistischen Nachfahren der Khasaren und der Brüder des Bundes). Und wenn man von B'nai B'rith für herausragende Bundes-Leistungen ausgezeichnet wird, dann sieht das so aus:

Abb. 105: Am 11.03.2008 wurde Angela Merkel mit dem jüdischen Verdienstorden der „B´nai B´rith“-Bande ausgezeichnet

Weitere Preisträger des „Europe Award of Merit“ der B’nai B’rith-Sekte waren unter anderem:

- 1991: Richard von Weizsäcker
- 1996: Helmut Kohl
- 2014: Mathias Döpfner

Nebenbemerkung: Die erste Strophe des „Lied der Deutschen“ ist bekanntlich verboten, denn sie beinhaltet die Zeile „Deutschland über alles in der Welt“. Das Bild oben zeigt sehr deutlich, was seither geschehen ist, jedoch darf man dies nicht aussprechen, weil man sonst die unwissende und programmierte Bevölkerung aufwecken könnte. Man könnte glatt darüber lachen, wenn es nicht so traurig wäre.

Zurück zur 33, denn dem Symbol liegt noch eine weitere, Holly-Wood gerechte Bedeutung inne. SIE sammeln sich in exklusiven Männerbünden und was diese feinen Herrschaften betrifft, so sind zwei Dinge zu betonen, die noch immer unter dem Radar geschehen und von den Medien in diesem Zusammenhang gar nicht oder nur sehr zögerlich beleuchtet werden, siehe Kampusch und Dutroux: Pädophilie und Homosexualität! Schon vor 700 Jahren wurden diesen Freimaurern Pädophilie und Homosexualität vorgeworfen. Es gibt halt Dinge auf dieser Welt, die sich nie ändern werden!

Das Schachbrett

Das freimaurerische Schachbrettmuster des Schachspiels, ist ein sehr beliebtes und bekanntes Symbol in Logenkreisen.

Abb. 106: In seiner Symbolik ist Schach das bedeutendste aller Spiele.

Dieses Spielfeld ist in der Regel schwarz-weiß gestaltet und steht für den Dualismus schlechthin. Dualismus ist die philosophisch-religiöse Lehre von der Existenz zweier Grundprinzipien des Seins, die sich ergänzen oder sich feindlich gegenüberstehen, z.B.: Gut und Böse, Gott und Teufel, Himmel und Hölle, Mann und Frau, Geimpfte und Ungeimpfte oder Kapitalismus und Kommunismus. Zahlreiche Putin- und Trump-Versteher sind Gegner unserer Regierung, der UNO und der NATO. Diese Menschen wähnen sich in dem anderen Regime in Sicherheit, aber übersehen dabei alle Fakten und Ereignisse, die genau gegen diese Idole sprechen. Diese Gruppe nennt man Fans. Das Wort Fan kommt von Fanatismus, was dem Extremismus sehr nahesteht.

In der Regel ist diese Dualität, welche uns von den Mächtigen dieser Welt vorgespielt wird, wortwörtlich ein Spiel zwischen Böse und Böse, zwischen Schwarz und Schwarz oder zwischen Hölle und Hölle. Beide dieser Seiten werden von den gleichen Zionisten gesteuert und wer ausschert, fällt schnell mal aus einem Hochhausfenster. So zwingt uns dieses System sich für eine Seite zu entscheiden, entweder oder. Das beste Paradigma ist ein Fußball- oder Tennisspiel, entweder ist man für die eine Seite oder man drückt dessen Gegner die Daumen. In Wirklichkeit dient solch ein Spiel nur dem Zweck uns zu programmieren und uns finanziell, in Form von Fanartikeln für faktisch wertlosen Müll, abzuzocken. Dieser Dualismus ist genauso eine satanische Täuschung, wie der Monotheismus.

Ein typischer Fall von Monotheismus ist zum Beispiel die momentane Situation, dass sehr viele sich „aufgewacht" Nennende, auf einen Erlöser hoffen, der sie retten wird, egal ob sie nun Trump, Putin oder Schmitzes Willi heißen. Andere hoffen auf einen Deutschen Kaiser aus dem freimaurerischen Hohenzollern-Haus, weil angeblich nur dieses gekrönte Haupt den Weltfrieden bringen könne. Ehrlich mal jetzt, wo und wann lebte ein Volk in unserer Geschichte in Frieden, als sie von einem König, Zaren oder Schah beherrscht wurden? Waren nicht alle Anführer, ob nun Pharao, Diktator, Präsident oder Kaiser, nicht immer auch die Unterdrücker der einfachen Leute?

Nur wenige Seelen verstehen auf diesem Erdenreich die Trinität, wobei ich nicht die theologische Bedeutung dieses Wortes meine. Es gibt nicht nur schwarz oder weiß, sondern auch Graustufen.

Warum sollen wir uns zum Beispiel zwischen der Partei A und der Partei B entscheiden? Warum sollten wir uns für eine Religion entscheiden? Was ist mit uns? Was ist mit Ihnen, liebe Leser? Warum entscheiden Sie sich nicht für sich selber? SIE sind das Wichtigste in Ihrem Leben und nichts anderes.

Es ist verdammt noch einmal scheißegal, welchen Namen Ihr Gott trägt. Letztendlich ist dieses Religionsspiel nur ein Gehorsamkeits- und Knechtungstraining, MKULTRA für die Massen. Nach jeder Predigt schwingen die Messdiener noch den „Klingelsack" des Pfaffen und alle sind glücklich!

In meinem Leben habe ich das evangelische Leben, den Hinduismus und den Buddhismus über viele Jahre erfahren dürfen und glauben Sie mir bitte, diese ganzen Religionsdinger sind nichts wert.

Keine Religion dieser Welt, wirklich ausnahmslos in keiner Religion wird Ihnen gesagt, wo „Gott" (ich mag dieses Wort nicht und nenne es lieber die „Urkraft") zu finden ist. Diese „Urkraft" welche Gott genannt wird, steckt in Ihnen. Ja, Sie haben richtig gelesen: Diese Urkraft steckt in jeder Seele von uns allen.

Zu dieser Urkraft werden Sie in einem späteren Kapitel mehr erfahren. Es bleibt spannend, dass verspreche ich Ihnen!

Viele von uns Erdenbewohner versuchen seit jeher das Äußere zu ändern, anzupassen. Eltern versuchen ihre Kinder zu ändern. Männer versuchen ihre Frauen zu ändern. Dies lässt sich ewig fortsetzen. Das Äußere ist aber nur der Spiegel unseres Inneren. Dieser Spiegel ist jedoch kein Jagdplatz oder Krieg, sondern dient nur der Reflexion / Selbstreflexion. Das bedeutet, wenn man im Einklang mit seinem Inneren lebt, dann wird man auch mit dem Äußeren glücklich.

Wenn Sie Ihr Leben nicht selbst in die Hand nehmen, bedeutet dies, dass Ihr eigenes Königreich keinen General, König oder eine Königin hat, was letztendlich heißt, dass Sie von fremden Mächten regiert werden. Das heißt, Sie werden von anderen Königreichen regiert.

Die teuflisch Mächtigen zwingen Sie, Ihren Fokus auf eine Seite zu lenken, nämlich zu ihrer Seite. Luzifer ist dabei sehr erfinderisch, denn er hat Mittel und Wege geschaffen, um uns zu lenken. Dies geschieht durch Nachrichten, durch Filme und andere ausgeklügelte raffinierte und geschickte Fallen.

Dies alles sollten Sie wortwörtlich links liegen lassen und sich nur auf sich selber konzentrieren. Lassen Sie all diese Versuche nicht zu. Wenn Sie Nachrichten hören, dann pfeifen Sie bitte auf das oder die inszenierten Bilder. Bilden Sie sich keine Meinung dazu, denn sonst schenken sie dem Teufel Ihre Aufmerksamkeit und somit Ihre Energie. Das ist was diese Satanisten wollen: Ihre Energie!!!

Es darf Sie absolut nichts erreichen! Ich weiß aber auch aus persönlicher Erfahrung, dass dies einfacher gesagt ist als getan. Dazu gehört sehr viel Selbstbewusstsein, Geduld und Stärke. Am Anfang werden Sie immer wieder in Ihr altes Verhaltensmuster fallen, was auch nicht weiter schlimm ist. Erfahrung macht den Meister!

Zeigen Sie Stärke und Widerstand. Behalten Sie Ihr Selbst und lachen alles andere davon. Nutzen Sie die Kraft der Null-Resonanz und verlieren Sie nicht gegen die Neugier.

Sie können nichts dort draußen ändern, aber Sie können sich stärken, um nicht betroffen zu sein.

Auch Ihre Zeit kommt bald und Sie werden in Kürze anfangen wirklich und richtig zu leben, egal was im Äußeren geschieht.

Es zählt für Sie nur Sie! Alles andere sollte uninteressant für Sie sein.

Nur Sie entscheiden was Sie tun. Nur Sie entscheiden, wohin Ihr Fokus fließen soll. Sie müssen verstehen, dass nur Sie Ihre Energie für sich selber benötigen. Gehen Sie bitte daher sparsam mit Ihrer Energie um und verschenken diese nicht, an die dunklen Mächte.

Bitte stärken Sie Ihren Geist und werden sich bewusst, warum dies im Außen geschieht. Das Äußere dient nur der Ablenkung und des Energiediebstahls.

Atme, sagte der Wind

Wie kann ich in einer Zeit wie dieser atmen, wenn die Luft voll vom Rauch brennender Gedanken und Leben ist? Einfach atmen, beharrte der Wind.

Leicht zu sagen, wenn das Gewicht der Ungerechtigkeit nicht um die Kehle gewickelt ist und dir die Luft abschneidet. Ich brauche dich nur zum Atmen! Sag mir nicht, ich soll ruhig sein, wenn es so viele Gründe gibt wütend und verzweifelt zu sein.

Der Wind antwortet: Ich sagte nicht ruhig zu sein. Ich sagte, du sollst atmen. Denn wir beide sind verbunden, wie der Tag und die Nacht. Wir sind verbunden, wie der Baum und die Wurzel. Wie das Fleisch und das Blut. Wie die Ebbe und die Flut. Wie der Körper und die Seele. Wie das Herz und die Liebe. Wie die Ursache und die Wirkung.

Der Wind sagt: Ich brauche dich.

Wir werden viel Luft verbrauchen, um diesen Sturm zusammen durchzustehen. Der Wind sagt: ATME.

Wenn Sie anfangen, an sich selber zu glauben und sich nur auf Ihr Inneres konzentrieren, hat dies absolut NICHTS mit Egoismus zu tun! Bitte vergessen Sie dies niemals!

Ich merke gerade, dass ich „etwas“ vom Thema abgekommen bin. Jedoch fand ich die letzten Absätze wichtig. Nun wieder zurück zu:

Schach – Das Abbild des Weltganzen

Schach ist das wohl bekannteste Freimaurerspiel der Welt!

In so gut wie allen Kulturen ist dieses Spiel zu Hause, teilweise in verschiedenen Versionen. Mittlerweile ist Schach vom Internationalen Olympischen Komitee als Sport anerkannt. Schätzungsweise gibt es in Deutschland 87.000 aktive Schachspieler, die in rund 2.300 Schachvereinen organisiert sind.

Ich persönlich kann nicht „schachern“, Großvater versuchte es mir bereits als kleines Kind zu lehren. Jedoch taten mir immer die Bauern leid, welche ich nicht opfern wollte und so gab Opa irgendwann auf, spielte stattdessen Mühle oder Halma mit mir am Küchentisch, während Oma daneben das Essen auf den mit Kohle und Holz beheizten Herd zubereitete.

Schauen wir uns doch mal die Spielfiguren im Einzelnen an:

Die freimaurerische Herkunft dieses strategischen Spiels erkennt man auf den allerersten Blick sofort an dem König, der (in der Regel) oben ein sogenanntes Tatzenkreuz trägt, was ich ein paar Seiten zuvor beschrieb.

Ab. 107: Schach - Das königliche Spiel um den königlichen/pharaonischen Thron

Das dieses Spiel auch sehr beliebt bei den Khasaren (den heutigen Zionisten) war und ist, sieht man an den Läufern. Der Läufer wird in der englischen Variante auch „Bishop“ (Bischof) genannt, weil er von dem Symbol der Mitra hergeleitet wird.

Der Turm steht für Ritter nebst Burgen und ist eine Anspielung auf die Tempelritter.

Kommen wir nun zur Dame:

> *„Im Urschach, dem Chaturanga, nahm der Mantrin den Platz der heutigen Dame ein. Dieser Ratgeber oder Minister war die schwächste Figur auf dem Brett ... Die Perser nannten die Dame im Schachspiel farzin, wobei dieses Wort zugleich ein Synonym für wazir ist, mit der Bedeutung ‚Minister‘. ... Mit der Einführung des Spiels nach Europa wurde daraus Ferz oder Fers. ... Um 1490 setzte sich die heutige Zugweise dieser Figur durch. Gründe für die Verstärkung der Figur waren möglicherweise die herausragende Rolle mancher mittelalterlicher Königinnen (so entstand eine der frühesten Quellen für die moderne Zugweise unter der Herrschaft Isabellas I. von Kastilien) und*

die Verehrung der Maria, die in Gedichten als „Fierce Dieu" (‚Ferz Gottes') dargestellt wurde." (95)

Der Springer stellt eine Art Schattenfigur, Doppelagenten oder Wendehals dar. Die Besonderheit des Springers liegt darin, als einzige Schachfigur über Figuren „springen" zu können, wenn man von der Rochade absieht, bei der der Turm einmalig den König überspringt.

Nun kommen wir zu der (in meinen Augen) traurigsten Figur: der Bauer. Der Bauer wird immer geopfert und stellt das Volk dar, welches immer als erstes verheizt wird. Der Wert eines (armen) Bauers habe ich nachfolgend aufgeführt:

- 1 Springer = 3 Bauern
- 1 Läufer= 3 Bauern
- 1 Turm = 5 Bauern und
- 1 Dame = 9 Bauern.

Zum Thema Schach findet man im Freimaurer-Wikipedia folgenden (ich gebe zu, recht langen aber interessanten) Eintrag:

„Lurkers Vermutung vom Schachspiel als Abbild des Weltganzen findet ihre Bestätigung in der Symbolforschung. Der Historiker Titus Burckhardt bemerkt dazu:

‚Der Kampf der beiden auf dem Schachbrett aufgestellten Heere [...] hat zum Vorbild den Kampf der Devas und Asuras, der Götter und Dämonen. [...] Das Schachbrett ist je nach Daseinsstufe, auf die man es bezieht, ein Schlachtfeld, die Erde oder das ganze Weltall'.

Das ‚Schachbrett' dient als Grundriß indischer Tempel. Es ist dort als Mandala gedacht, als ein Bild, das zur Meditation dient. Für das Mandala gilt ebenfalls der Wechsel zwischen Kreisform und Quadrat. Burckhardt verweist auch noch auf eine besondere, von Indien bis in das mittelalterliche Europa gelangte Abart des Schachspiels, die zugleich mit dem kosmischen Kampfe auch die in jenem Mandala enthaltene Formel des kosmischen Kreislaufs zum Ausdruck bringt; es ist das ‚Spiel der Jahreszeiten', bei dem viermal acht Schachfiguren von den vier Ecken des Brettes aus im Kreis herum einander bekämpfen. In einer eingehenden Untersuchung zu diesem Symbol stellt Julius Schwabe fest, dass die vier Ecken des Schachbretts den ‚Weltecken', d. h. den vier Hauptpunkten des Sonnenjahres zugeordnet werden können und folgert: ‚Das Schachbrett als Symbol des Weltganzen lässt sich dann ohne weiteres mit dem Sehnenquadrat der Sonnenbahn vergleichen und damit zur Deckung bringen.'

Musivisches Pflaster: Damit ist erwiesen, daß unser musivisches Pflaster weit älteren Ursprungs ist als der Meßgrund der Steinmetzen. Der Tempel gilt in allen Kultformen als Symbol der Welt. So liegt es nahe, daß ein gleiches Symbol seinen Grund ausfüllte, ein Symbol, welches sich auf Grund seiner Struktur auch als Meßgrund eignete. Das musivische Pflaster prägt auch heute noch die Mitte vieler Freimaurertempel; zumindest wird es mit dem Arbeitsteppich aufgelegt.

Machen wir uns einmal bewußt, was die Mitte unseres Tempels bedeutet, was dort in unserem Ritual geschieht, bzw. mit uns geschehen kann, wenn wir unsere Seele öffnen für das Geheimnis: Wir betreten den Tempel im Sonnenlauf. Im Verlauf der Arbeit umschreiten wir so einmal die Mitte; wir ,mitten uns ein' – ein Weg, unsere eigene Mitte zu finden. Dabei gehen wir den Weg der Sonne, der uns ein stetes Stirb und Werde verkündet. Wir nehmen Platz und meditieren über das musivische Pflaster als Abbild der Welt mit ihren hellen und dunklen Stunden, die alle einer höheren Ordnung entspringen, wie jene hellen und dunklen Steine wohlgeordnet sind. Dann wird das Licht aus dem Osten hineingetragen in den Raum, der wiederum ein Symbol der Welt ist und wir gedenken der tröstlichen Worte, die sinngemäß in den meisten Religionen wiederkehren: ,Das Licht scheint in der Finsternis'. Ein Lichterdreieck ist es, das nun erstrahlt. Es enthält in seinen Proportionen die Wesenheit der Schöpfung: Aus polarer Spannung, dem männlichen und weiblichen Prinzip, entsteht Neues, entsteht Welt, die evolutionär als Entwicklung vom Materiellen zum Geistigen angelegt ist: über die anorganische Materie, zum Pflanzenreich, zum Tierreich und schließlich zu einem Geschöpf, das über diese ewigen Gesetzmäßigkeiten nachzudenken vermag – Geschöpfe mit immer mehr Geist.

Ein Schöpfungsplan aus Geist und Licht? Dann sind den Dummheiten und Dunkelheiten um uns her Grenzen gesetzt. Wann auch immer. Weltzeit ist nicht unsere Zeit. – Der Teppich wird enthüllt und unser Blick fällt auf die Dreiheit der Transzendenz, jener Urpolarität von Sonne und Mond, von Zeugen und Empfangen, von Geben und Nehmen, woraus allein Neues entsteht: verkörpert im Flammenden Stern. Was soeben als Mysterienspiel mit dem Entzünden der drei kleinen Lichter geschah, wird nun für die Dauer von Hochmittag bis Hochmitternacht im Bilde festgehalten. Das erlaubt uns, jenes Geheimnis weiterhin auf unser Gemüt einwirken zu lassen. Es kann dann wie folgt zu uns sprechen: ,Auch in dir ist Helles und Dunkles in stetem Wechsel: in deiner Gemütsverfassung, aber auch in deinen Anlagen und Gedanken. Aus dieser Spannung kann sich Fruchtbares entwickeln. Es ist alles »in Ordnung«, weil es Teil der Schöpfungsordnung ist. Auch du als Mikrokosmos bist auf den Weg zum Geistigen gestellt, den Weg über das musivische Pflaster. Es ist ein Weg mit vorgegebenen Gesetzmäßigkeiten; nicht mit grenzenloser Freiheit, aber in seiner polaren Spannung mit dem Ansatz zum Schöpferischen, zum Werden.'" (96)

Es wird angenommen, dass das Wort „Schachmatt“, welches verwendet wird, um das Ende des Spiels anzuzeigen, indem der König erfolgreich gefangen wird, vom persischen Wort „Shah“ (König) und dem arabischen Wort „mat“ stammt, was „er ist tot“ bedeutet.

Erinnern Sie sich noch an Goethes „Faust“?

Was sehen Sie auf diesem Bild?

Abb. 108: Faust und Mephisto beim Schachspiel

Bitte schauen Sie genau hin!

Egal welche Ablenkung der Teufel vollführt, schauen Sie nur auf das Feld und lassen Sie sich bitte nicht irritieren!

Ja, der Teufel hat eine wichtige Figur in der Hand und hat vielleicht auch schon Schach gesagt. Aber schauen Sie bitte weiter auf das Feld, denn solange SIE noch auf diesem Feld sind, kann der Teufel Sie nicht matt stellen! Bitte vergessen Sie niemals: das Schachspiel gleicht dem Leben auf dieser Erde.

Ich frage Sie: Hat der Teufel in diesem Erdenreich schon gewonnen? Meine Antwort: Nein, denn wenn er den tausende Jahre alten Krieg gegen die Menschheit wirklich gewonnen hätte und es auch keine Hoffnung oder einen Ausweg mehr geben würde, bräuchten sie (der Teufel mit seiner dunklen Armee der Finsternis) nicht so viel Propaganda und Zensur. Dann bräuchten sie auch keine Spielchen, Tricks, Manipulation, Illusion oder sonst etwas.

Nur darum geht es. Ich bin der Meinung, dass der Satan seinen Kampf verliert und versucht momentan alles, um dies irgendwie umzukehren.

Die Zukunft gehört uns liebenden Seelen, auch wenn es nicht danach aussieht. Und genau das ist unser Vorteil. Wir hatten nur eine minimale Chance und die haben wir hoffentlich genutzt!

Auch wenn es schwer ist, machen Sie sich keine Sorgen. Ganz egal was die Dunkelmächte auch immer tun, wir werden die Wahrheit weiterhin ohne Angst verbreiten.

Die Wahrheit steht immer über der Lüge, bitte vergessen Sie dies niemals! Wir sind der Zeit voraus. Nun sind Sie an der Reihe. Spielen Sie jetzt Ihren Zug!!!

Wenn Sie dieses Spiel richtig spielen, dann bedeutet der nächste Zug von Ihnen Schachmatt und der Teufel ist raus! Es liegt in Ihren Händen! Glauben Sie an sich und Sie werden der Gewinner sein!

Von Skat, Tarot und anderen Freimaurer-Spielen möchte ich gar nicht erst anfangen zu schreiben, denn dies würde locker ein eigenes Buch füllen.

Freiheit, Gleichheit, Brüderlichkeit

Wikipedia erklärt diese Losung wie folgt:

> *„Die Parole ‚Freiheit, Gleichheit, Brüderlichkeit' (französisch Liberté, Égalité, Fraternité) ist der Wahlspruch der heutigen Französischen Republik und der Republik Haiti. Er fußt auf den Losungen der Französischen Revolution 1789. … Der historische Wahlspruch ‚Freiheit, Gleichheit, Brüderlichkeit' wird heute in Deutschland oftmals durch ‚Freiheit, Gleichheit, Solidarität' oder ‚Freiheit, Gerechtigkeit, Solidarität' ersetzt, beispielsweise im Grundsatzprogramm der SPD. Der Grund dafür ist, dass der Begriff der ‚Solidarität' im Gegensatz zur ‚Brüderlichkeit' geschlechtsneutral sei und Frauen miteinschließe.“* (97)

Was dieses Online-Nachschlagewerk für (Un-)Wissen da wieder geschrieben hat, ist an Hohn und Spott kaum zu übertreffen! Die Wahrheit sieht ganz anders aus.

„Freiheit, Gleichheit, Brüderlichkeit“ bedeutet nicht, dass alle Seelen „Frei“, „Gleich“ und „Brüderlich“ sind, sondern alle Mitglieder der Pharaonen sind „Frei“, „Gleich“ und „Brüderlich“.

Freiheit heißt, alle Pharaonen dürfen sich vom Sklavenvolk zum König wählen lassen, jeweils für eine Legislaturperiode.

Gleichheit bezieht sich auf die Erbfolge. Das heißt, alle Nachkommen sind gleichwertig, nicht wie früher, dass nur der Erstgeborene der Wichtigste ist und das Erbe allein antritt.

Brüderlichkeit bedeutet, dass die Pharaonenfamilien sich nicht mehr gegenseitig umbringen sollten, wie noch vor Jahren, wegen irgendwelcher Erbstreitigkeiten und anderem Pillepalle.

Das liebe Leser ist die wahre Bedeutung von „Freiheit, Gleichheit, Brüderlichkeit".

Gleichfalls sind diese drei hochtrabenden Wörter die Grundsätze der Neuen Weltordnung. Somit wurden die Königreiche nebst dem Adel offiziell abgeschafft sowie sogenannte Republiken und Demokratien ~~erfunden~~ eingeführt.

Wenn irgendwelche Anführer, auch und gerade in der „Aufklärungsszene", mit Worten wie: Freiheit, Gleichheit, Brüderlichkeit, Solidarität und Gerechtigkeit in den Mund nehmen, können Sie darauf vertrauen, dass dies immer die Worte der Freimaurer, der alten Pharaonenfamilien und deren Handlagern sind.

Symbol der pharaonischen Weltherrschaft

Wie bereits zuvor erwähnt: Die nachfolgenden Abbildungen stehen für die pharaonische Weltherrschaft, durch die Kreuzung mit allen Völkern und Rassen der Erde.

Abb. 109: Symbole der Pharaonischen Weltherrschaft

Diese Kreuzung steht für die Vermischungsstrategie der Pharaonen. Ich gehe jedoch davon aus, sehr viele Quellen deuten zumindest darauf hin, dass diese sogenannte Vermischungsstrategie schon viel älter ist. Man spricht von schätzungsweise mindestens 8.000 Jahren. Da dieses Thema zu komplex erscheint, jedoch sehr interessant sowie höchst aufschlussreich ist, werde ich es in einem meiner nächsten Bücher, mit dem Arbeitstitel: „Die geheimen Erben von Atlantis“, ausführlicher behandeln.

Man sieht auf allen oberen Abbildungen Isis, die Göttin der Geburt und darunter das Symbol für das Neugeborene (Horus). Diese „Göttin“ erscheint in nahezu allen Religionen, so wie auch die sogenannten „Wunder“ und Abhandlungen der jeweiligen Protagonisten sich ständig wiederholen.

Abb. 110: In Moskau wurden im Sommer 2022 einige Werbetafeln durch orthodoxe christliche Mariensymbole ersetzt

Ich möchte noch einmal zusammenfassen: Die pharaonische Weltherrschaft besteht darin, sich mit den feindlichen Völkern genetisch zu verbinden und zu vermischen, um sie anschließend zu übernehmen und durch Kriege, wo sie sich gegenseitig abschlachten, zu vernichten.

Warum muss ich gerade an dieser Stelle des Buches an das Volk in dieser sogenannte BRD denken, welche schon seit 2015 mehr als extrem mit jungen Männern geflutet wird, während die Nachfahren von den deutschen Sippen und Stämmen durch den Krieg in der Ukraine, durch Bedrohung eines Blackouts und einer von unausgebildeten, unfähigen und volksentfernten Politikern nebst einer Energiekrise und damit verbundenen Deindustrialisierung des deutschsprachigen Raums abgelenkt wird. In den hiesigen Medien wird momentan (Stand: Januar 2023) beispielsweise nicht von der „Karawane des Lichts“ berichtet, wo sich bis zu 100.000 Flüchtlinge aus Syrien, Afghanistan und sonst wo an der Türkischen Grenze versammeln, um zusammen die Grenzen bis nach Deutschland zu durchbrechen.

Der Ausdruck Karawane des Lichts wurde 2016 von Anhängern des „Islamischen Staates" (IS = ISIS) als Lobpreisung eingeführt. Jetzt hat eine Gruppe mit mehreren Zehntausend von insgesamt etwa vier Millionen Syrern in der Türkei den Namen für sich „reklamiert". Der Organisator der Karawane des Lichts ist einer der Administratoren des Konvois, der bisher nur online organisiert ist und das Ziel hat, die Türkei zu verlassen und nach „Europa" zu gehen. Der namentlich nicht genannte Anführer schickt ein aktuelles Statement des Konvois: *„Wir verlangen, dass wir als Kriegsflüchtlinge in die EU einreisen und die Türkei verlassen dürfen!"*

Solche Leute werden doch von den hiesigen Regierenden immer hofiert. Und alle wollen in das Flüchtlingsparadies Deutschland, wo es bald kein Gas, Strom und Wasser mehr für Deutsche gibt, bzw. nicht mehr bezahlbar ist.

Wie heißt es doch in dem Höhner-Karnevalssong von 1997: „Die Karawane zieht weiter, der Sultan hat Durst! Der Sultan hat Durst! Der Sultan hat Durst!".

Weitere Zeichen und Symbole

Auf was, glauben Sie liebe Leser, beruht wohl das Sprichwort: „Die Zeichen der Zeit erkennen?!" Richtig, durch Symbole wurden und werden Botschaften vermittelt, auch Nachrichten aus einer anderen Zeit.

Wikipedia erklärt uns das Wort „Symbol" so:

„Unter einem Symbol versteht man ‚allgemein ein wahrnehmbares Zeichen bzw. Sinnbild (Gegenstand, Handlung, Vorgang), das stellvertretend für etwas nicht Wahrnehmbares (auch Gedachtes bzw. Geglaubtes) steht.' In einem engeren Sinn ‚jedes Schriftzeichen oder Bildzeichen mit verabredeter oder unmittelbar einsichtiger Bedeutung, das zur verkürzten oder bildhaften Kennzeichnung und Darstellung zum Beispiel eines Begriffs, Objekts, Verfahrens, Sachverhalts verwendet wird.' Das Symbol kann mit einer besonderen Konnotation einhergehen oder einen tieferen Sinn andeuten bzw. ausdrücken." (98)

Wir sind umgeben von Symbolen und Zeichen, aber erkennen Sie wirklich deren Bedeutung? Firmenlogos sind nicht einfach nur eingetragene Markenzeichen, sondern sie dienen zur Wiedererkennung, zum Einbrennen in unser Hirn! Außerdem zeigen all die Logos und Symbole ihre pharaonische Herkunft, wie Sie bereits gelesen haben. Viele dieser Bilder haben sich tief in unser Bewusstsein gebrannt, sich in unser Gehirn gefressen, ohne dass wir es bemerkt haben. Sie sind zu einem Hauptbestandteil unseres Lebens mutiert, ohne dass wir es bemerkten.

Ich möchte Ihnen an dieser Stelle ein Beispiel geben: Ich war mit meiner Frau vor 2019 in den Niederlanden, in Rotterdam. Auf unserer Entdeckungstour durch diese wundervolle Stadt hatten wir logischerweise irgendwann am späten Nachmittag Hunger verspürt. Nein, keinen „Heißhunger" mit „Fressflash" nach dem „Inhalieren", wie Sie vielleicht jetzt denken, sondern einfach nur Hunger, Appetit auf etwas Herzhaftes! Wir entschieden uns nach vielen Jahren mal wieder für Fast Food, mal wieder „sündigen" und ungesund leben. Schon von Weitem haben wir die übliche Werbung gesehen, also folgten wir dem „M"! Nach einigen Kreuzungen, Fußgängerübergängen standen wir plötzlich vor der U-Bahn. Wir guckten uns erstaunt an und fingen gleichzeitig an, aus ganzem Herzen zu lachen. Das „M" stand für Metro! Wir sind blindlings dem „M" gefolgt und keiner von uns hat auf die Farbe des „M" geachtet! Ich wollte Ihnen nur ein Beispiel schildern, wie sehr wir diesen Symbolen folgen, ohne genau hinzusehen. Dies ist traurig, aber wahr!

Abb. 111: Jesus bei seinem Apostel McDonald

Apropos McDonald´s: Wenn man all die Horrormeldungen liest, dass man immer wieder „unbekannte DNA" in deren ~~Dreck~~ „Essen" fand [99], bekommt der Begriff „Kinder-Happy Meal®" eine ganz neue Bedeutung! Ist aber laut den Checkern der (un-) glaubwürdigen Faktenchecker von Correctiv.org „größtenteils falsch". Diese Checker schrieben wortwörtlich:

„Die Berichte über Menschenfleisch in McDonalds-Fleisch sind erfunden. Ein Labor fand zwar menschliche DNA in einem Burger – es ist aber unbekannt, woher dieser stammte. Nur die Behauptung über Zähne ist wahr, der Vorfall trug sich 2018 in einer Filiale in Japan zu." [100]

Bei solchen vom System gesponsorten Aussagen muss ich immer arg schmunzeln und denke so bei mir: Ist das Kunst oder kann das weg?! Ja, diese Checker checken es echt nicht, nehmen aber gern Schecks von von NGOs à la Soros & Co. an. Was für ein Spaß!

Hier sind einige Kommentare zu dieser (Null-) Checker-Bande [101]:

- *„Man braucht sich nur anschauen wer den Laden bezahlt, schon weiß man wo die Reise beim Lesen hingeht. Die Seite ist absolut auf Linie. Wer nachfragt ist verdächtig. Dass hier Journalisten schreiben dürfen, die eine Impfpflicht mit finanziellem Zwang durchsetzen möchten, spricht für sich. Correctiv taugt nur, um sich darüber lustig zu machen, wenn mal wieder irgendwelche ‚Faktenchecks' von diversen anderen Seiten komplett zerlegt werden. Eigentlich sollte man mit dem Personal eher Mitleid haben. Wie tief unten und wie wenig gefragt muss man auf dem Arbeitsmarkt sein um bei sowas mitarbeiten zu müssen?"*
- *„Populistische Faktenverdreher die es keine drei Jahre geschafft haben, eine vermeintliche ‚Objektivität' zu verkaufen. Trauriges Schauspiel der Antidemokratisierung Deutschlands."*
- *„Ganz übles Hetzportal."*
- *„Faktenverdreher wohl eher. Meinungsmache auf ganz üblem Niveau um konkurrierende Plattformen zu diskreditieren. Einen schlimmeren Schund gibt es kaum."*
- *„Alles was nicht nach deren Nase ist sind Fakes."*
- *„Politisch einseitig gefärbte und bezahlte ‚Meinungen' welche aber als sogenannte ‚Faktenchecks' den Leuten verkauft werden. Man schaue sich nur die Sponsoren von Correctiv an, dann weiß man auch warum. Diese Plattform hat nichts mit unabhängiger und neutraler Berichterstattung zu tun, es sind schlicht und ergreifend Faktenverdreher zugunsten der Sponsoren. <u>Das haben auch diverse Gerichtsurteile bestätigt welche Correctiv verloren hat.</u>"*
- *„Faktenchecks sehen oft mal so aus, dass sie ein Zitat einer Person, das u.a. auf Social Media verbreitet wird, auf Echtheit checken und darunterschreiben: ‚das ist so richtig' bzw. ‚ja das hat er so gesagt'. Oder sie schreiben ‚teilweise richtig', was im Prinzip darauf rausläuft, dass die Aussage doch so gemacht wurde."*
- *„Überschritten suggerieren, dass Zitate falsch wiedergegeben werden, in Texten wird mit fadenscheinigen Argumenten versucht Aussagen zu relativieren. <u>Selbst Pädophilie, Rassismus und Hass werden relativiert.</u> Framing auf höchster Ebene, einfach widerlich."*
- *„Diese sogenannten ‚Faktenchecker' haben sich in den letzten 2 1/2 Jahren (vielleicht auch schon davor) nicht den FAKTEN gewidmet, sondern irgendwie versucht ALLE Kritiker mit den abstrusesten Erklärungen zu diskreditieren.*

Die haben jede Lüge der Regierung und Medien auf Teufel komm raus verteidigt. Normalerweise müsste man diese Truppe lebenslang sperren, oder den Namen auf Münchhausen ändern – das ist meine Meinung!"

- *„Krankmachende Lügen – Correctiv hat behauptet, die Warnung renommierter Wissenschaftler vor Impfnebenwirkungen wie AIDS, Krebs, Herzinfarkten und Schlaganfällen wären ‚falsch' oder ‚teilweise unbelegt'. Tut mir leid für alle, die mittlerweile schmerzlich das Gegenteil erfahren haben. Für die Zukunft: bei Vereinen wie Correctiv, die von der Pharmalobby bezahlt werden, sollte man immer genau das Gegenteil annehmen von dem, was dort behauptet wird. Eine aus Staatsgeldern ‚geförderte' Institution zur Unterdrückung ungewollter Fakten."*

Was für ein lustiger und naiver Haufen, eine Ansammlung von Wahrheitsverdrehern und in der Wirtschaft unbrauchbarem Material, welche scheinbar nicht einmal wissen, wie echte körperliche Arbeit buchstabiert wird. Wenn man sagt: Lügen haben kurze Beine, dann rollen diese Checker-Gestalten wohl nur noch beinlos durch die Prärie. Ich glaube, dass man solche Schreiberlinge „FachIDIOTEN" nennt! So ist es halt laut Frank-Walter Steinmeier „im besten Deutschland, das es jemals gegeben hat". (102) Ich merke gerade schon wieder, dass ich etwas vom Thema abgekommen bin. Ich war bei den Symbolen der freimaurerischen Nachfahren der Pharaonen.

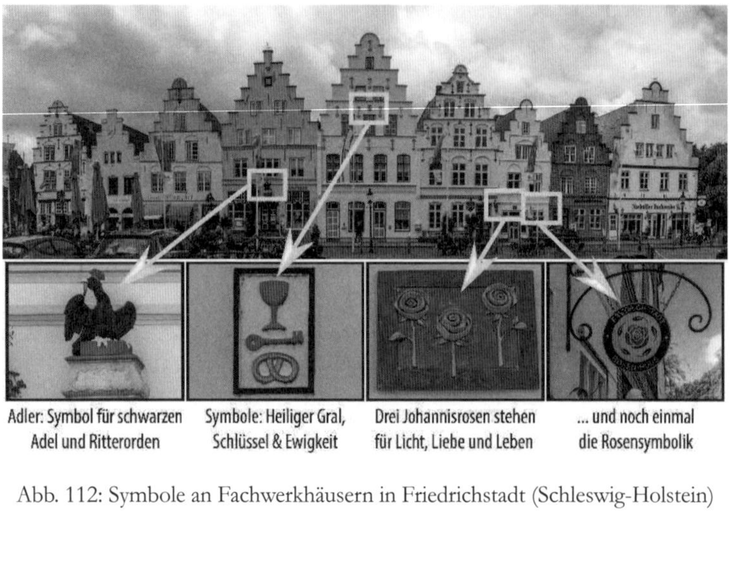

Abb. 112: Symbole an Fachwerkhäusern in Friedrichstadt (Schleswig-Holstein)

Im Laufe der Geschichte haben sich die Freimaurer fast sämtliche Bestände der menschlichen Kulturgeschichte widerrechtlich angeeignet. Das gilt nicht nur für die Sagen und Geschichten, sondern auch für die Symbole, Zeichen und Rituale. Als Urquellen von Symbolen werden immer wieder die alten Ägypter, Perser oder Sumerer genannt.

In den letzten tausenden Jahren haben all die Vorgänger der Freimaurer (egal ob Kreuzritter, Templer, Dombaumeister, usw.) ihre Zeichen / Botschaften hinterlassen.

Noch heute kann man an Kirchen und Kathedralen „Nachrichten" aus jener Zeit lesen oder an Fachwerkhäusern den gesellschaftlichen Stand, den Gewerbezweig und das Wappen des Hausherren erkennen.

Testen Sie dies doch aus, bei Ihrem nächsten Spaziergang durch eine Altstadt oder bei Ihrer kommenden Urlaubsreise.

Abb. 113: Man kann sehr gut die Symbolik an diesem Beispiel in Heide (Dithmarschen, Schleswig-Holstein) an Fachwerkhäusern erkennen und lesen

Diese alten Fachwerkhäuser, erbaut nur aus regionalem Holz und Lehm der Umgebung, ohne lange Transportwege über Schienen und Meere, ohne Abzock-Gedanken wie Energieausweis, Solarpaneelen auf dem Dach, Reichskrafttürme hinter dem

Haus und hunderten Gängelleien seitens der Behörden, erzählen durch Symbole an der Außenfassade ihre ganz persönliche Geschichte. Wenn man diese Zeichen lesen kann, geben sie Antwort auf ihren Erbauer, seinen Stand, Zugehörigkeit und/oder Herkunft.

Die Freimaurerei verwendet zur Anleitung und Schulung ihrer Mitglieder rund 250 Symbole und symbolische Gehalte. Sie stammen aus allen Jahrtausenden der Menschheitsgeschichte. Die grundlegenden Rituale dagegen stammen aus der Handwerkertradition des späten Mittelalters.

Triquetra

Die Triquetra war ein antikes Symbol der weiblichen Dreifaltigkeit.

Der Name kommt aus dem lateinischen und heißt übersetzt „dreieckig“ oder „Knoten der Dreisamkeit“ oder einfach nur „Dreieck“. Dieses Zeichen ist ein Heiden-, Göttinen- und Hexensymbol, wie zum Beispiel in der Serie *Charmed - Zauberhafte Hexen*. Es symbolisiert Leben, Tod und Wiedergeburt und die drei Gewalten der Natur Erde, Luft und Wasser.

Abb. 114: Triquetra-Symbol

Dieses Zeichen steht für die drei Stadien der Göttin (Jungfrau, Mutter, weise Alte), der Kreis der sie umgibt symbolisiert die Einheit dieser drei Stadien.

Es sind nicht drei verschiedene Göttinnen, sondern eine einzige dreifaltige große Göttin. ISIS!

Teufelsgruß

Dieses Handzeichen ist von der Bedeutung auch bekannt unter dem Namen „Divel Horns“, „Teufelshörner“ oder „Teufelsgruß“.

Diese Handhandlung soll als Erkennungsmerkmal innerhalb des Kults den Teufelskopf mit seinen Hörnern darstellen. Es gilt auch als Symbol für die altertümliche Gottheit Azazel und paganistische Götter Pan oder Cernunnos.

Abb. 115: Das Handsymbol des Satans, des Teufels Hörner

Baphomet

Das Symbol Baphomets ist als „Goat von Mendes“ bekannt, eine Erscheinungsform Luzifers oder Satans.

In der Gedankenkontrolle wird es als Zeichen zur Verstärkung des Trans- und Hypnosezustands genutzt.

Baphomet, aus dem mittelalterlichen Latein Baphometh, Baffometi, Occitan Bafometz, ist eine heidnische Gottheit (d.h. ein Produkt der christlichen Folklore über Heiden), die im 19. Jahrhundert als Figur des Okkultismus und des Satanismus wiederbelebt wurde.

Es erschien zuerst im lateinischen und provenzalischen 11. und 12. Jahrhundert als Korruption von „Mahomet", der Lateinisierung des heiligen Propheten „Muhammad", aber später erschien es als Begriff für ein heidnisches Idol in Prozessprotokollen der Inquisition der Tempelritter im frühen 14. Jahrhundert.

Der Name kam erstmals im 19. Jahrhundert in das populäre englischsprachige Bewusstsein, mit Debatten und Spekulationen über die Gründe für die Unterdrückung der Templer.

Seit 1855 wird der Name Baphomet mit einem von Eliphas Lévi gezeichneten Bild „Sabbatic Goat" in Verbindung gebracht. Es repräsentiert die Dualität von Mann und Frau sowie Himmel und Hölle oder Tag und Nacht, die durch das Anheben eines Arms und die Abwärtsgeste des anderen angezeigt wird. Es kann tatsächlich angenommen werden, dass es sich um eine der wichtigsten harmonischen Dichotomien des Kosmos darstellt. Baphomet ist jedoch auch mit dem Satanismus verbunden, vor allem aufgrund der Annahme seines Symbols durch die Kirche des Satans.

Abb. 116: Baphomet – Sabbatic Goat von Eliphas Lévi

Während J.K. Rowling bei einer HBO-Veranstaltung für eines ihrer Projekte wirbt, ist sie hier mit Tattoos am Handgelenk zu sehen, auf denen deutlich „Solve Coagula" steht, während ein kleines Mädchen fest ihre Hand greift.

Abb. 117: J.K. Rowling - „Autorin" von „Harry Potter" mit Baphomet-Tattoo

„Lévis Baphomet ist heute weit verbreitet und wurde von Satanisten übernommen. … Die Figur vereint Gut und Böse, Mensch und Dämon, Frau und Mann, Mensch und Tier und enthält darüber hinaus Elemente der Alchemie (Solve et coagula! – ‚Löse und verbinde!'). In der Folge fand Baphomet auch Eingang in die belletristische Literatur, etwa in den Roman ‚Der Vampir' von Władysław Reymont, hier als Ausformung des Teufels." (103)

In der Verehrung von Baphomet, Moloch und Alchemy werden Sie die Lehren von „Solve Coagula" entdecken, die „wie oben und so unten" bedeuten, sich aufzulösen und zu koagulieren. Es ist sehr wichtig, dies in ihrem Prinzip „Tue, was du willst" zu verstehen. Diese Denkweise wird scheinbar dazu verwendet, um den Vampirismus, die Vergewaltigung und den Mord an Kindern zu rechtfertigen. Ob J.K. Rowling mitschuldig ist, wäre reine Spekulation. Ob Rowling sich des Bösen bewusst ist, welches sie verewigte, müssen Sie allein für sich entscheiden!

J.K. Rowling ist aufgestiegen wie in einer billigen Seifenoper, faktisch „Vom Tellerwäscher zum Milliardär“, könnte man meinen. Doch nichts ist so wie es scheint! Das alles ist nichts als PR!

Abb. 118: Darstellung des Baphomet in den Posen der Zwillingsbrüder Cautes und Cautopates aus dem Mithraskult

Man muss den Menschen nur eine Herz zerreißende Geschichte, rund um ein Buch und dessen Autor erzählen, passend zu einer eher düsteren, aber dennoch faszinierend magischen Handlung, dies werbewirksam inszenieren und schon klingelt die Kasse!

Es ist immer die gleiche Mär. Ich schrieb bereits in meinem letzten Buch („Der geheime Pakt der Freimaurer, Khasaren und Jesuiten“) darüber, wie bestimmte Dinge, sei es ein neuer Film, ein neues Album, ein neues Buch, ein neues Fernsehformat, einen neuen Künstler, usw. beworben werden, anhand des Beispiels von dem Song „Warum hast du nicht nein gesagt“. Laut der Erzählung von der angeblich irisch-abstammenden Maite Kelly (in Wahrheit Spanierin) erschien dieser Titel ihr im Schlaf und rief nachts halb drei Roland Kaiser mit diesem Demo an, welcher direkt begeistert gewesen sein soll. Wie schon gesagt, es sind nur Geschichten von Gauklern. Kunst kommt von künstlich. Um etwas zu bewerben, werden immer die ganz großen Geschichten ausgepackt.

Sie kennen dies bestimmt vom „Dschungelcamp“, „Promi Big Brother“, „Deutschland sucht den Superstar“, „Bauer sucht Frau“, „Supertalent“ und wie der ganze Scheiß aus dem Märchenhäusern „Endemol“ und Co. heißt. Wenn nichts mehr in der Karriere geht, dann wird ein Trauma von der ach so schlechten Kindheit, von einem gewaltbereiten Partner oder von einem noch böserem quersitzenden Furz zum Besten gegeben. Bitte beobachten Sie es selber.

Groß inszeniertes Mitleid kommt immer bei dem mitfühlendem Publikum an. Was für ein Spaß und keiner merkt, dass sich dies ständig wiederholt. Nun wieder zurück zur angeblichen Potter-Autorin.

Die Vorgeschichte der arbeitslosen armen Frau J.K. Rowling, welche von ihrem Mann, der sie angeblich sogar misshandelte, mit zwei Kindern sitzen gelassen wurde und nicht wusste, wie sie ihren Nachwuchs ernähren sollte und vor Verzweiflung zu schreiben begann, ist genauso ein Märchen, wie „ihre“ angeblichen Werke.

Wussten Sie, dass Joanne Rowling als Pseudonyme sowohl „Robert Galbraith“ als auch „J.K. Rowling“ verwendet. Angeblich soll das „K“ in „J.K. Rowling“ für „Kathleen“ stehen, der Vorname ihrer Großmutter. Sie gab vor, die Autorin der Buchreihe über Harry Potter zu sein, aber der ursprüngliche Autor war Richard Potter Junior. Alles, was Rowling getan hat, war dieses Originalwerk zu bearbeiten und die Titel jedes Buches zu erstellen.

Sie wurde als Autorin dieser sehr teuflisch angehauchten Kinderbücher von Rothschild nahestehenden regelrecht erfunden, die den Satanismus mit prädiktiver Programmierung in die Köpfe verletzlicher Kinder einführten. Denken Sie nur an die zahlreichen Rituale, Beschwörung dunkler Kräfte und der Huldigung von alten Freimauertraditionen.

Richard Potter Junior (1817–1892) war Autor der ursprünglichen Buchreihe über Harry Potter (104). Er war mit den Rothschilds verbunden und wurde von dem sehr mächtigen Robert Cecil (britischer Politiker, Diplomat, Friedensnobelpreisträger, Gründer und Präsident der Internationalen Friedenskampagne) kontrolliert. Am 13. August 1844 heiratete er Laurencina Heyworth, Tochter des Liverpooler Kaufmanns Lawrence Heyworth und Elizabeth Aked.

Das Paar hatte zehn Kinder. Am 23. Juli 1892 heiratete seine Tochter Martha Beatrice Sidney James Webb. Beatrice und Sidney Webb haben durch den von Sidney organisierten kontrollierenden Coefficient Club eine massive Rolle im Sozialismus der USA gespielt. Aber dies sei nur interessehalber am Rande erwähnt.

Der Stein der Weisen

Erinnern Sie sich an den 1. Teil der Harry Potter-Filme oder Bücher: „Der Stein der Weisen“? „Freimaurer Online“ schreibt zu diesem Thema:

Abb. 119: „Stein der Weisen“ - Kubus mit aufgesetzter Pyramide

„... Denn Michael Schmidt Salomon hat endlich gefunden, wonach Tausende schon vergeblich gesucht haben – darunter auch legendäre Freimaurer wie der Graf von

Saint Germain. Gemeint ist jener sagenumwobene Stein, der sogar unsterblich machen soll. Ich zitiere also feierlich den Philosophen Schmidt-Salomon aus einer Meldung des ‚Humanistischen Pressedienstes':

> *‚Der Stein der Weisen ist der Grabstein! Die Erkenntnis, dass man nun mal endlich ist. Gerade aus dieser Erkenntnis lässt sich die Kraft ziehen, die kurze Phase auf diesem Staubkorn im Weltall sinnvoll zu verbringen.'*

Der 3. Grad lässt grüßen! Vielleicht sollten also auch wir Freimaurer künftig mehr Zeit für die ‚Arbeit am Grabstein' aufwenden, statt immer nur ‚am Rauen' rumzufeilen." (105)

Bitte vergessen Sie niemals: <u>NICHTS IST WIE ES SCHEINT!!!</u>

Zu den Begriffen „Stein der Weisen" und „Arbeit am Stein" möchte ich an dieser Stelle noch „Meister vom Stuhl" hinzufügen. Im Sommer 2022 entdeckte ich ein sehr interessantes „Kunstobjekt" in Meldorf, in meiner Lieblingsurlaubsregion Dithmarschen (Schleswig-Holstein). Schauen Sie sich bitte die nachfolgende Abbildung an! An was erinnert Sie dieses Kunstdingsda?

Johannes Michler: „Ohne Titel" - 2010, Findling aus Granit, Stahl / Rathausplatz in 25704 Meldorf

Abb. 120: Ist das ein Werk „Ohne Titel" oder der „Meister vom Stuhl"?!

Wie Sie sicher schon gelesen haben, nannte der „Steinhauer" Johannes Michler sein freimaurerisches Werk: „Ohne Titel".

Wie lustig, denn ich sehe einen „behauenen Stein" nach der „Arbeit am Stein" und die Last, welche auf dem „Meister vom Stuhl" lastet. Was ist nun schon wieder der „Meister vom Stuhl"?

> *„Als Meister vom Stuhl (MvSt), Stuhlmeister oder Logenmeister bezeichnet man den Vorsitzenden einer Freimaurerloge. Die Großloge der Alten Freien und Angenommenen Maurer von Deutschland und die Große National-Mutterloge <u>„Zu den drei Weltkugeln"</u> verwenden die Bezeichnung Meister vom Stuhl.*

Der Meister vom Stuhl leitet die freimaurerischen Arbeiten und beruft diese ein. In der versammelten Loge hat er (symbolisch) seinen Sitzplatz im Osten.“ (106)

Sie fragen sich, warum ich die Große National-Mutterloge „Zu den drei Weltkugeln“ markiert habe?

Kennen Sie die schon oft von mir erwähnte, von Jesuiten gegründete älteste noch bestehende und „Wissen-schaffende“ Naturakademie LEOPOLDINA in Halle an der Saale? Seit 1998 gehört dieses vatikanische Sprachrohr namens LEOPOLDINA wieder der „Weltkugel-Stiftung“, welche von der freimaurerischen Großen National-Mutterloge „Zu den drei Weltkugeln“ gegründet wurde. (107) Interessant oder?! Es kommt aber noch besser.

Abb. 121: „Speaker's Corner“ von Frank Speth

Nur wenige Schritte von dem Kunstobjekt „Ohne Titel“ im Dithmarscher Meldorf, findet man ein weiteres Objekt, mit dem Namen: „Speaker's Corner“, von Frank Speth. Sicher kein Zufall ist, dass man zahlreiche Sonnensymbole auf diesem Objekt findet und warum liegt ein dünnes kleines Büchlein neben den dicken Büchern?

Das Hauptaugenmerk richtet man beim ersten Betrachten auf den Stapel Bücher, mit dem aufgeschlagenem dicken Welser, welches Wichtigkeit symbolisiert.

Das kleine dünne Buch ist jedoch das entscheidende Faktum, was auf den erstem Blick als Unwichtig erscheint! NICHTS IST WIE ES SCHEINT!!!

Und erinnert dieses „Kunstobjekt“ nicht auch sehr an das „House of Lords“, dem Oberhaus des britischen Parlaments? Während es einst die mächtigste Parlamentskammer war und auch judikative Aufgaben besaß, hat es heute insbesondere eine beratende Funktion und kann Gesetze lediglich aufschieben, jedoch nicht mehr verhindern! Das jedoch nur am Rande.

Unter „Speaker's Corner“ steht bei Wikimärchenbuch:

„Speakers' Corner (‚Ecke der Redner‘) ist ein Versammlungsplatz am nordöstlichen Ende des Hyde Parks in London in unmittelbarer Nachbarschaft zum Marble Arch. Durch einen Parlamentsbeschluss vom 27. Juni 1872 (Royal Parks and Gardens Regulation Act) darf

hier jeder ohne Anmeldung einen Vortrag zu einem beliebigen Thema halten und auf diesem Weg die Vorbeigehenden um sich versammeln. Hinweisschilder weisen aber darauf hin, dass die Britische Monarchie und die königliche Familie nicht Inhalte einer Rede sein dürfen. … Obwohl die Mehrzahl der regelmäßig auftretenden Redner recht skurril ist, sah Speakers' Corner auch Berühmtheiten wie Karl Marx, Lenin und George Orwell. Im Wahlkampf sieht man dort zuweilen auch Vertreter der großen Parteien." (108)

Oh, las ich da neben Marx und Lenin, den besonders in der aufgeklärten „Aufklärerszene" (für mich ist es die gesteuerte Opposition!) so beliebten Autoren George Orwell, der den dystopischen Roman „1984" schrieb, welcher von einem totalitären Überwachungsstaat im Jahr 1984 handelt?! Viele dieser sogenannten Widerständler meinen noch immer, dass wir momentan George Orwells (ein geborener Blair!) „1984" Live und in Farbe erleben, aber haben es noch nicht begriffen, dass auch dieser Autor ein guter Freund von dem satanischem Freimaurer Aldous Huxley und den Logenbrüdern Ernest Hemingway und Leopold Kohr war, sowie ein überzeugter linker sozialistischer Kommunist, dessen risikobereiter britischer Verleger Fredric Warburg (Verlag Secker & Warburg) seine Bücher verlegte, nichts weiter als ein Systemling war, der sonst niemals Erfolg gehabt hätte! (109)

Abb. 122: Und wieder einmal ein sogenannter Sonnen- oder Triumpf-Bogen, als resolutes Zeichen für die Herrschaft der immer fortwährenden „Autorität"!

Der Versammlungsplatz am nordöstlichen Ende des Londoner Hyde Parks „Speakers' Corner" ist in unmittelbarer Nachbarschaft zum Marble Arch. Der Marble Arch (englisch für „Marmorbogen") ist ein aus weißem Carrara-Marmor bestehendes Monument am westlichen Ende der Oxford Street.

Dieser Bogen (Marble Arch) wurde 1828 von John Nash entworfen. Als Vorbild diente der Konstantins-Bogen in Rom. Er wurde ursprünglich als Eingangstor zur

Thronbesteigung von Königin Victoria im Jahr 1837 fertiggestellten Buckingham Palace auf der Mall errichtet.

Der Konstantins-Bogen ist ein dreitoriger Triumphbogen in Rom. Er wurde zu Ehren des Kaisers Konstantin in Erinnerung an dessen Sieg bei der Milvischen Brücke (im Jahre 312), über seinen Widersacher Maxentius errichtet.

Ich persönlich bin sehr um die Bedeutung von den Kunstobjekten in diesem Meldorf angetan, weil sie voller Symbolkraft stecken, welche von „Unwissenden" unbemerkt bleibt. Sie zeigen uns ihre Herkunft, aber bleiben dennoch verborgen. Ich ziehe meinen Hut für so viel Cleverness dieser „Autorität"!

Es gibt noch viele weitere geheimnisvolle und mysteriöse „Projekte" vor Ort und ich bin mir sicher, meine lieben Leser, dass Sie sich schon denken können, in welche Richtung dies wieder läuft.

Abb. 123: Kunstobjekte in Meldorf, Dithmarschen, im schönen Schleswig-Holstein. In der Mitte sehen Sie das Objekt „Kubus", den „Würfel der Kabbala"

Auf dem oberen linken Bild zu sehen ist „Die Zeitmaschine", von dem Künstler Dieter Koswig.

Wissen Sie, meine lieben Leser, woran mich das ganz persönlich erinnert? Dieses „Kunstobjekt" ist für mich ein „Armillarsphäre".

„Kunst" von Dieter Koswig in Meldorf: **„Die Zeitmaschine"**

Armillarsphäre - Eine antike Erfindung und Messgerät der Astrometrie

Siegel der Großen National Mutterloge **„Zu den drei Weltkugeln"**

Abb. 124: Die „Zeitmaschine" (links) stellt eine Armillarsphäre (mitte) dar, welches (rechts) das Wappen der „Große Nationalen-Mutterloge „Zu den drei Weltkugeln" als Siegel benutzt (siehe LEOPOLDINA!). Frage: Welche Rolle spielt Dithmarschen im Spiel der „Autoritäten"?

Was ist denn das schon wieder, denken Sie nun vielleicht. Wikistaunia erklärt dies wie folgt:

„Eine Armillarsphäre (lateinisch armilla ‚Armreif', sphaera ‚Kugel'). Es ist zwischen der antiken Armillarsphäre (auch sphärisches Astrolab genannt) und der mittelalterlichen Armillarsphäre zu unterscheiden. Die antike Erfindung war ein Messgerät der Astrometrie, das heißt, dass damit die Position von Himmelskörpern vermessen wurde. Spätere Modelle wurden nur als didaktische Visualisierung gebaut und wurden daher früher zum Teil Weltmaschine genannt. Letzteres ist ein astronomisches Gerät zur Darstellung der Bewegung von Himmelskörpern. Es wurde im Mittelalter von arabischen Astronomen nach antiken Vorbildern gebaut und für viele Zwecke verwendet. … Das mittelalterliche Gebilde ist in der Regel in einem Gestell montiert und hat eine symbolische Erdkugel in der Mitte, um den Beobachter zu repräsentieren. … Der gedachte Beobachter befindet sich im Mittelpunkt der Kugel. Wenn das Gerät das geozentrische Weltbild abbilden soll, befindet sich dort im Zentrum der Armillarsphäre die Erde. Solche Armillarsphären sind bereits in primitiven Versionen für das alte Babylonien nachgewiesen. … Als Armille wird ein der Armillarsphäre ähnliches astronomisches Winkelmessinstrument mit Absehen bezeichnet, mit dem Koordinaten an der Himmelskugel bestimmt und umgewandelt wurden. Es taugte auch zur genäherten Ortsbestimmung und Zeitmessung und wurde von Eratosthenes noch unter der Bezeichnung Astrolabium eingeführt. … Das Instrument blieb über das gesamte Mittelalter hauptsächlich im islamischen Raum in Gebrauch." (110)

Auf dem mittleren Bild oben sehen Sie den „Kubus", was den „Würfel der Kabbala" darstellt, auch der „Raumwürfel" genannt.

„Der Raumwürfel ist ein grundlegendes, gegenüber dem bekannteren Sephirothbaum aber meist viel weniger beachtetes, aber schon im Sefer Jetzira, dem ältesten überlieferten Werk der Kabbala, eingeführtes Grundkonzept der jüdischen Kabbala, das die kubische Grundstruktur der Schöpfung symbolisiert.

Der Raumwürfel der Kabbala ist ein Konzept, das die gegenwärtige Schöpfung in ihrem Sein und Werden beschreibt. In der Apokalypse des Johannes wird auf die künftige planetarische Verkörperung unserer Erde hingewiesen, auf den neuen Jupiter, der aber hier als das Neue Jerusalem bezeichnet und als vollkommener Würfel beschrieben wird

In seinen Vorträgen über Apokalypse und Priesterwirken hat Rudolf Steiner sehr ausführlich geschildert, wie der Aufbau des Neuen Jerusalem - und damit die Umwandlung der alten Schöpfung in die neue - eigentlich im Menschen stattfindet." (111)

Sicher fragen Sie sich nun, was ist dieser Sephirothbaum schon wieder!

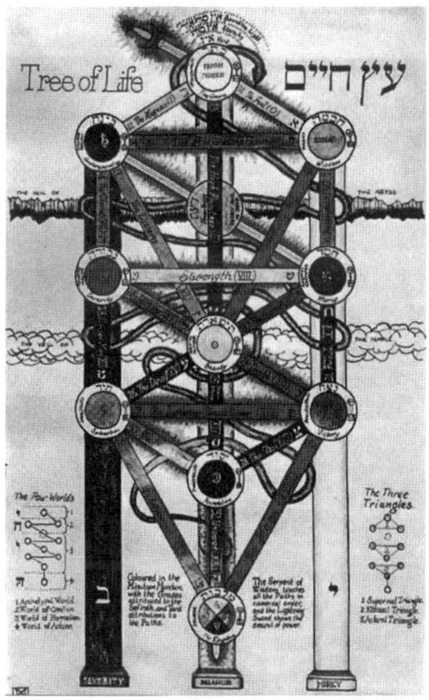

Abb. 125: Diese Zeichnung zeigt den kabbalistischen Lebensbaum mit den beiden Säulen „Jachin" und „Boas" (auch ein typisches Symbol der Freimaurer) und der vermittelnden Säule zwischen diesen beiden. Zusammen bilden sie die drei Säulen der Manifestation

„Sephiroth Sephirot, Sefirot oder Sefiroth (Singular hebr. סְפִירָה Sefira, Plural סְפִירוֹת, Sephiroth = Ziffern) ist nach den Lehren der jüdischen Kabbala der hebräische Name der 10 göttlichen Emanationen, die zusammen den Lebensbaum der Kabbala (hebr. עץ החיים, Ez Ha-Chajim, oder kurz עץ חיים, Ez Chajim) bilden. Genauer gesprochen repräsentiert er den mit dem Baum der Erkenntnis verschlungenen Baum des Lebens. Dem entsprechen auch die beiden Säulen Jachin und Boas, die am Eingangstor des Salomonischen Tempels standen. Jachin, die weiße Säule rechts, ist mit dem hebräischen Buchstaben ׳ (Jod) bezeichnet, der für die schöpferische Ich-Kraft der Elohim steht, aus der auch das menschliche Ich entsprungen ist; sie steht zugleich für das männliche Prinzip. Boas, die schwarze Säule links, ist mit einem ב B (Beth) gekennzeichnet, das aber ohne Dagesch, also ohne Punkt, geschrieben und daher als W gesprochen wird. Es ist die wellende, hüllenbildende Gestaltungskraft, die mehr oder weniger vom Rest der Seelenwelt abgesonderte Wesenheiten entstehen lässt. Sie steht für das weibliche Prinzip. In vielen Darstellungen wird auch eine mittlere, vermittelnde

Säule, die Säule der Milde (hebr. גסת Gusuth), gezeigt. In ihr kündigt sich bereits das versöhnende Christus-Prinzip an, das in ähnlicher Art auch in der Offenbarung des Johannes im vierten apokalptischen Siegelbild erscheint. Zusammen bilden sie die drei Säulen der Manifestation. “ (112)

Erinnert Sie dieser Würfel auch an das mehrteilige Fantasy-Spektakel „Transformers"? Speziell an den „Allspark" welcher den Transformers das Leben schenkte?! Soll dies ein Zufall sein? Ganz gewiss nicht!

Dieser Raumwürfel, auch „Stein der Weisen", Kubus oder was weiß ich noch alles genannt, entstammt der ägyptisch-chaldäischen Kultur (2907 - 747 v. Chr.), ausführlicher gesagt, aus der assyrisch-babylonisch-chaldäisch-ägyptisch-jüdischen Kultur, dem Zeitalter des Stiers (Apis), welches die dritte nachatlantische Kulturepoche war. Sie diente vor allem der Ausbildung der Empfindungsseele. Sie kann daher auch als Empfindungsseelenkultur bezeichnet werden.

In dieser Zeit blühten die ersten Hochkulturen auf, wie etwa die ägyptische Kultur am Nil, die mesopotamischen Reiche im fruchtbaren Halbmond, zwischen Euphrat und Tigris, die chinesische Kultur am Gelben Fluss, die Oasenkultur am Oxus in Zentralasien und die Harappa-Kultur am Indus. Ab etwa 3.000 v. Chr. blühte die Kultur der Maya in Mittelamerika auf. Der Frühlingspunkt stand damals wie bereits erwähnt im Zeichen des Stiers.

In der Apokalypse des Johannes wird in dem Sendschreiben an die Gemeinde von Pergamon auf die ägyptisch-chaldäische Zeit hingewiesen.
Zwischenfrage: Bin ich an dieser Stelle der einzige, der nun an das Pergamonmuseum in „Babylon" Berlin denken muss?

„Das Pergamonmuseum im Berliner Ortsteil Mitte gehört zum Bauensemble der Museumsinsel und damit zum Weltkulturerbe der UNESCO. Im Auftrag Kaiser Wilhelms II. von 1907 bis 1909 von Alfred Messel im Stil des Neoklassizismus geplant, wurde es 1910 bis 1930 von Ludwig Hoffmann in vereinfachter Form ausgeführt. Zurzeit beheimatet es die Antikensammlung mit dem berühmten Pergamonaltar, das Vorderasiatische Museum und das Museum für Islamische Kunst. Im Rahmen des Masterplans Museumsinsel wird das Pergamonmuseum bis 2023 saniert und ist dabei teilweise geschlossen. “ (113)

In diesem „babylonischem“ Pergamonmuseum sind unter anderem:

- der Pergamonaltar
- das Markt-Tor von Milet
- das Ischtar-Tor und die Prozessionsstraße von Babylon und
- die Mschatta-Fassade

zu sehen. Ist sicher wieder nur Zufall … NEIN, es gibt keine Zufälle!

Doch nun wieder zurück zur ägyptisch-chaldäischen Kultur, als bewusste Wiederholung der lemurischen Zeit.

Lemuria befand sich im heutigen Gebiet des Pazifischen Ozeans. Der Kontinent existierte von 90.000 bis 30.000 vor „Christus“. Die lemurische Zeit, nach veralteter theosophischer Tradition, auch als dritte Wurzelrasse bezeichnet, ist das dritte der sieben Hauptzeitalter, in die sich der gegenwärtige physische Formzustand der Erde gliedert. Sie folgte der hyperboreischen Zeit, in der sich Erde und Sonne voneinander trennten. Achtung, Lemuria ist nicht mit Atlantis zu verwechseln!

Metatron

Einige glauben sogar, dass Metatrons Würfel die Geheimnisse der Freimaurer und ihres geheimnisvollen Kultes birgt, aber seine Bedeutung hängt hauptsächlich mit dem Erzengel Metatron zusammen.

Abb. 126: Der „Würfel" enthält alle „Schöpfungen Gottes"

Erzengel Metatron soll den Energiefluss im Metatrons Würfel überwachen und da dies der Würfel ist, der alle Schöpfungen Gottes enthält, dient er auch dazu, in andere Reiche zu reisen und sich verschiedenen Ebenen des Lebens zu nähern.

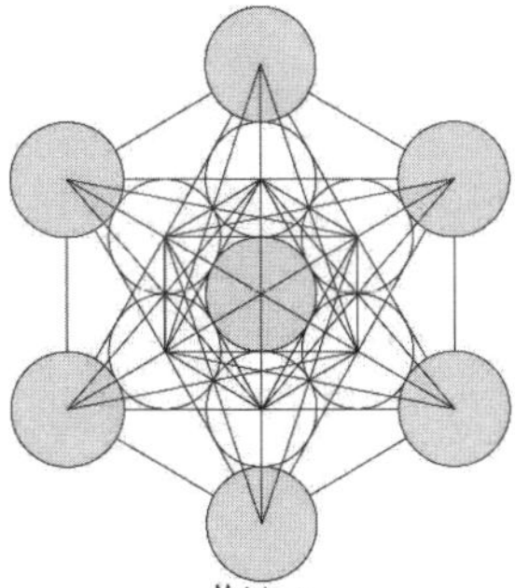

Metatrons

„Atomium" in Brüssel

Abb. 127: Ein interessanter Zufall! Oder etwa doch nicht?! Atomium oder Atum?

Diese Pflicht ist mit Metatrons Arbeit bei der Überwachung des Lebensbaums der Kabbala verbunden, wo Metatron von der Spitze des Baumes aus kreative Energie in alle Teile der Schöpfung sendet.

Metatrons Würfel soll ein Bild von urgöttlicher Energie sein, die durch Metatrons Würfel, in all die vielen Teile der Schöpfung fließt.

Erzengel Metatron arbeitet hart daran, so sagt man, dass die Energie im richtigen Gleichgewicht fließt, so dass alle Aspekte der Natur in Harmonie sind.

Wegen der herausragenden Bedeutung, die der Erzengel Metatron für die Aufrechterhaltung des natürlichen Energieflusses hat, wird er der Engel des Lebens genannt und Metatrons Würfel erhielt seinen Namen zu seinem Ehren.

Metatron und Megatron, sowie der „Würfel" und „Allspark", sowie die fließende Energie, sind doch sehr viele Gemeinsamkeiten zu den „Transformers". Finden Sie nicht auch?!

Soll ich Ihnen nun verraten, wer dieser Erzengel Metatron ist? Schauen Sie sich die nachfolgende Abbildung an. Na, kommen Sie darauf?!

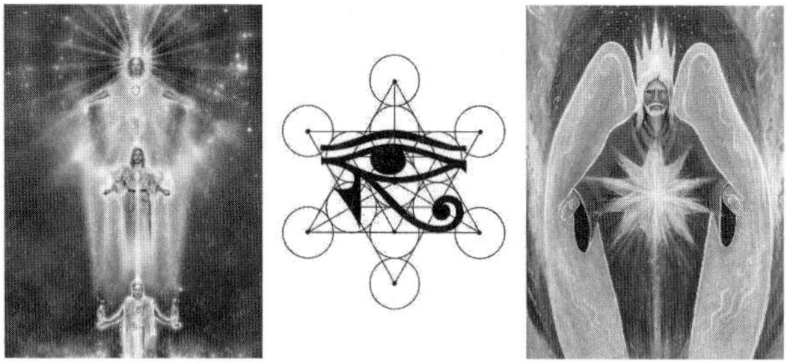

Abb. 128: Erzengel Metatron - Der Typ mit den hunderttausend Namen!

Sicher haben Sie ihn schon erkannt oder konnten es sich denken. Erzengel Metatron ist kein Geringerer als der schon oft erwähnte Horus, Odin, Hades, Jesus, auch Tammuz genannt, Perseus, Erzengel Raphael oder der heilige George, sowie all die anderen sogenannten „Drachentöter"!

Oh, jetzt bin ich aber wirklich mehr als nur Abseits meines eigentlichen Themas. Das ist ja, als kaufe ich Gulasch für das Wochenende ein, nur um dann Rouladen zu essen. Sorry, war ein törichter Vergleich.

Nun wieder zurück nach Meldorf, dem kleinen verträumten Dithmarscher Ort, im sinnlos dummdreisten Windkrafträder verseuchtem Schleswig-Holstein.

Nun, fasse ich diese neuen Erkenntnisse noch einmal zusammen:

In dem kleinen typisch Norddeutschen und altem Ort Meldorf in Dithmarschen, sieht man in Mitten des Städtchens, auf einem Platz, in einem Umkreis von knapp 100 Metern folgende symbolische (darunter auch noch nicht in diesem Kapitel erwähnte) Objekte:

„Meister vom Stuhl" und der „Stein" | „Speaker's Corner" (Ecke der Redner) | Knospensymbol „Unsere Saat ist hier"

Kolonialwarenhändler der „Familie" | Sie zeigen uns „ihre" Herkunft | Bündnis- & Freimaurersymbolik

Ein königlicher „Drachentöter" | Der Drache steht symbolisch für Heiden | Friesenpferd, die älteste Pferderasse

Der Hahn ist der „Lichtbringer" | Bündnis-Symbol der Pharaonen | Die älteste Fibel (Gewandspange)

Abb. 129: Alles an einem Platz in der Meldorfer Roggenstraße
(Kreis Dithmarschen in Schleswig-Holstein)

Nun frage ich Sie, meine lieben Interessierten, was soll das alles bedeuten? Welche Verbindung gehen von Dithmarschen aus?!

Genau 13,1 Kilometer von dem Meldorfer Kunstding „Ohne Namen" („Meister vom Stuhl"!), befindet sich in St. Michaelisdonn das 1979 gegründete Freimaurermuseum der Großen Landesloge der Freimaurer von Deutschland, mit der „Johannis-Loge St. Michael" und die „Andreas-Loge Voluntas".

Abb. 130: Das Freimaurermuseum der Großen Landesloge

„Die Brüder hatten unter der Leitung des Bruders Günter Stramm die Idee, hier <u>Öffentlichkeitsarbeit</u> zu machen, um das Wirken der Logen in ein positives <u>Licht</u> zu stellen. Im Laufe der Jahre wurde die Ausstellungsfläche auf 350 qm vergrößert, sodass wir heute auf dieser Fläche 5500 Exponate ausstellen können, die alle in irgendeiner Form etwas mit der Freimaurerei zu tun haben. Es bietet einen Überblick über fast 300 Jahre freimaurerische Kulturgeschichte. Für Freimaurer und ihre Familien eine Ergänzung und Vervollständigung ihrer Kenntnisse. Unser Ziel ist es, jeden Bruder zu begeistern und Impulse zu setzen. Für Nichtfreimaurer möchten wir Interesse wecken, kompetente Informationen geben und erste seriöse Einblicke in einen alten traditionsreichen

Männerbund gewähren. Wir sind nach London und Kopenhagen das drittgrößte Freimaurermuseum in Europa. Im Jahre 2015 ist dem Bruder Carsten Englert die Leitung des Museums übertragen worden. " (114)

In unmittelbarer Nähe befindet sich die Kleinstadt Heide (Holstein), mit zahlreichen sehr symbolträchtigen Häusern und dem größten Marktplatz von Deutschland! Dithmarschen ist im Allgemeinen gespickt und mehr als nur „verwöhnt" mit ausreichender Symbolik und „Zeichen der noch existierenden Vergangenheit"!

Ein Obelisk vor einer Ev. Kirche in Heide | Sie zeigen uns ihre Herkunft | Ein Kohl-Denkmal (Knospensymbolik)

Drachentöter (= Heidenmörder) | Der Heilige Georg ein „Drachentöter" | Der Hahn - Zeichen für Lichtbringer

Abb. 131: Symbolik in Dithmarschen, Bild oben rechts: Haben Sie schon einmal von ~~Klonkinder~~ „Kohlkindern" gehört?! Ein sehr interessantes Thema!!!

Von Heiligen, Drachen und Hohnbeer

Die Kreis- und Schusterstadt Heide in Dithmarschen, wurde laut offizieller „Geschichtsmärchensammlung" 1404 als „Uppe de Heyde" zum ersten Mal erwähnt. Heide hat mit 4,7 Hektar den größten Marktplatz von Deutschland, auf dem jeden Samstag ein typisch norddeutscher Bauernwochenmarkt stattfindet, welcher für mich der Beste ist, den ich ganz persönlich kenne und nur empfehlen kann.

Die Sängerin Kerstin Ott lebt seit ihrer Kindheit hier in Heide, das ist die, „Die immer lacht" und dabei die „Regenbogenfarben" gern erwähnt und mit einer „Scheißmelodie" singend meint „Nachts sind alle Katzen grau". Ja genau die, die einen sehr großen Beitrag zum Verbreiten der systematisch-satanischen Gender-Albernheit leistet, wovon sie auch sehr gut profitiert!

Wappen der Stadt Heide

St. Georg-Brunnen auf dem Südermarkt

Gullydeckel in der Stadt Heide

Abb. 132: In Heide (Dithmarschen, Schleswig-Holstein) sieht man symbolisch sehr oft den Heiligen St. Georg gegen einen Drachen kämpfen. Was meinen Sie, meine lieben Leser, welcher Ursprung da wohl dahintersteckt?

Sehr interessant ist das Wappen von Heide, mit seinem „Drachentöter", dem Heiligen „St. Georg". Wikispinnia labbert:

„In Rot ein linksschreitender, barhäuptiger, goldenbehaarter, -gegürteter und -gespornter, silberner Ritter auf dem Bauch eines rücklings linksliegenden, vierbeinigen, flügellosen, goldäugigen und -pfeilzungigen, silbernen Drachens, dessen rechte Hinterklaue und Schwanz sein rechtes Bein umfassen, den goldenen Speer in das Drachenmaul stoßend, rechts begleitet von einem gestürzten, unten und oben beringten, goldenen Anker, links von einem fünftriebigen, goldenbewurzelten, violettbeblüteten, grünen Heidebüschel."

Wappenbegründung: Das Hauptmotiv des Wappens der Stadt Heide ist der einen Drachen tötende Heilige Georg, in Norddeutschland St. Jürgen genannt. ... Die Bedeutung des Ankers ist nicht geklärt. (115)

Was wissen wir über diesen St. Georg?

„Der heilige Georg ist ein legendärer christlicher Heiliger, welcher der Überlieferung zufolge zu Beginn der Christenverfolgung unter Diokletian (284–305) ein Martyrium erlitt. In den orthodoxen Kirchen wird er als Groß- bzw. Erzmärtyrer verehrt. ... Aufgrund des möglicherweise legendären Charakters des Heiligen wurde Georg in der römisch-katholischen Kirche 1969 aus dem römischen Generalkalender gestrichen, jedoch 1975 wieder eingefügt. ... Er ist

der Schutzpatron verschiedener Länder, Adelsfamilien, Städte und Ritterorden. … Sein Symbol in der Heraldik ist das Georgskreuz. Das rote Kreuz auf weißem Grund ist in vielen Wappen und Flaggen enthalten. Heiligenattribute, die neben dem Georgskreuz als Erkennungszeichen des Heiligen dienen, sind der Drache sowie seine Darstellung als Ritter mit Lanze … Die Quellenforschung an der Georgslegende deckt zwei Erzählkränze auf, wobei der Kampf mit dem Drachen später der Legende zugefügt wurde. … Die Verehrung des hl. Georg breitete sich im Vorderen Orient, Äthiopien und Ägypten aus. … In den letzten Jahrhunderten des Mittelalters war Georg der Patron von Städten, Burgen, Herrscherhäusern; er wurde zu den 14 Nothelfern gezählt.“[116]

Der Heilige Georg hat den goldenen Speer also in das Drachenmaul gestoßen. Das finde ich sehr interessant, denn wenn man nach diesem goldenen Speer, auch die Heilige Lanze genannt (der „Speer von Christi“!!!), sucht, findet man unweigerlich dies:

Die Heilige Lanze in der Schatzkammer Wien | Kreuzigung Christi mit Lanze des Hauptmanns Longinus

Abb. 133: Die „heilige Lanze“ – Es heißt: „Ein Herrscher, der diese Lanze besaß, galt als unbesiegbar“.

„Die Heilige Lanze (auch Longinuslanze, Mauritiuslanze oder Speer des Schicksals) ist das älteste Stück der Reichskleinodien der Könige und Kaiser des Heiligen Römischen Reiches. Sie enthält angeblich ein Stück eines Nagels vom Kreuz Christi (Heiliger Nagel). Nach der Legende gehörte die Lanze Mauritius, dem Anführer der Thebaischen Legion, oder nach anderen Quellen dem römischen Hauptmann Longinus, der mit ihr den Tod Jesu überprüfte, so dass sie auch mit dessen Heiligem Blut getränkt sein soll. … Zeitweise war sie das bedeutendste Stück der Insignien, später trat an ihre Stelle die Reichskrone. Die Lanzenspitze wurde in einem Hohlraum im Inneren des Querbalkens des Reichskreuzes aufbewahrt. Ein Herrscher, der diese Lanze besaß, galt als unbesiegbar. Sie war das sichtbare Zeichen dafür, dass seine Macht von Gott ausging und er der Stellvertreter Christi war. … Metallurgische Untersuchungen der Montanuniversität Leoben zeigten schon 1914, dass die Heilige Lanze erst im 8. Jahrhundert nach Christus nach dem Muster einer karolingischen Flügellanze hergestellt worden sein kann.“ (117)

Wenn die Materialien aus dem 8. Jahrhundert stammen, ist demzufolge diese von der Kirche so hochverehrte Reliquie eine Fälschung, eine Täuschung oder auch einfach mal wieder nur Betrug, um den falschen, den satanischen und kinderfressenden Baal-Gott anzubeten! Wie glaubhaft sind also solche „Heiligen“, „Ikonen“ oder die sogenannten „Erzengel“, über die die Kirche so viele Ammenmärchen zu erzählen weiß? Ich sage nur: Heiliger Bimbam! So viel zu diesem Heiligen Georg.

Fazit: Das Wappen von Heide, mit dem Drachentöter St. Georg und dem Drachen, welchem gerade der „Speer“ in den Rachen gerammt wird, stellt den typischen Kampf „Gut gegen Böse“ dar. Autsch, der Drachen braucht nun bestimmt einen ~~D~~Rachenlöser. Lassen wir das erst einmal so stehen!

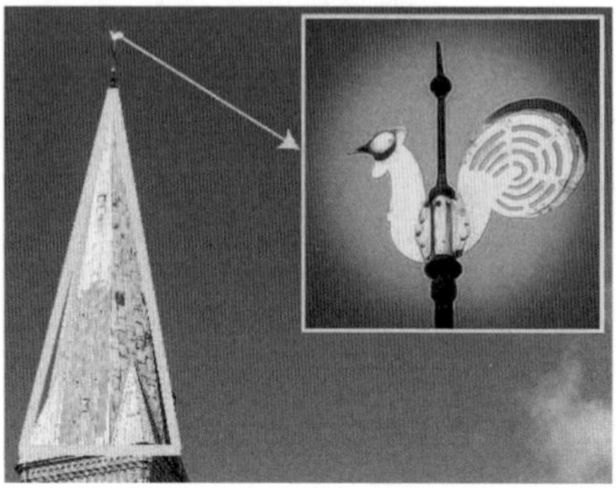

Abb. 134: Was sehen Sie: Ein goldener Wetterhahn auf einer Kirche oder ein „Lichtbringer“ auf einer „Pyramide“?!

Was man überall in Heide sieht, sind umherstehende Hähne. Egal wo man hinsieht, irgendwo erspäht man immer einen.

Nun könnte man sagen, dass dort im ländlichen Dithmarschen die Bauern mit dem ersten Hahnenschrei aufgestanden sind, um ihrer Stall- und Feldarbeit nachzugehen, würde zumindest logisch klingen. Außerdem hatte man schon im „Mittelalter“ damit begonnen, auf Kirchtürmen einen „Wetterhahn“ zu setzen, natürlich als

„Windfahne“ und „Windrichtungsgeber“, laut Wikilachia? Warum gerade einen Hahn und keinen Wattwurm oder Braunbär? Haben Sie sich das schon einmal gefragt? Und sieht nicht die Kirchturmspitze wie eine Pyramide aus? Soll das etwa wieder nur ein Zufall sein oder ein Erkennungsmerkmal?!

Dann stelle ich Ihnen doch jetzt einmal die Frage: Was symbolisiert dieser „Hahn“?! Na meine lieben Leser, kommen Sie darauf? Noch ein kleiner Tipp: Wann ruft denn dieser nicht Eierleger? Richtig, 100 Punkte und ein Bienchen für all die Recht haben:

Der Hahn, wird auch gallischer Hahn genannt, steht, wie der Phönix sowohl für das alte Ägypten, als auch für das sich in der Revolution befindliche Frankreich und repräsentiert die Wiedergeburt durch Initiation (durch bestimmte Bräuche geregelte Aufnahme eines Neulings in einen Geheimbund) und Purifikation (Reinigung des „Kelches“ nach dem Ritual).

Hahn als Symbol für „Hohnbeer“ | „Hahn“ mit Bündnis und 3 Trikoloren | „Hahn“ in der Nähe von Marktplätzen

„Goldener Hahn“ ist der „Lichtbringer | „Hahn“ auf einer Pyramide (= Kirche) | „Hahn“ auf weiß-rot-blauer Fahne

Abb. 135: In Heide (Dithmarschen, Schleswig-Holstein) ist der „Hahn“ (Lichtbringer) aus dem Stadtbild nicht mehr weg zu denken!

Zwischen 1789 und 1804 war ein Hahn das französische Wappentier und symbolisierte die errungenen Freiheiten. Daher steht der Hahn ebenfalls für die drei „F“s: Frieden, Freiheit und Fruchtbarkeit, was in meinen Augen sehr an „Fridays for Future“ erinnert.

„Im Volksglauben ist der Hahn das Symbol für Kampflust und Kampfbereitschaft, auch der Wachsamkeit und des Sonnenaufgangs (Anmerkung der Redaktion: Sonnenaufgang symbolisiert die Illuminaten). In der assyrischen Mythologie war der Hahn Symbol des Feuergottes

Nusku (Anmerkung der Redaktion: „Nusku besaß einen Tempel in Nippur, dessen Opferlisten teilweise bekannt sind“ 118) und des Sonnengottes Schamasch. In der griechischen Mythologie war er der Pallas Athene, dem Ares, Hermes, Apollon, dem Äskulap (Anmerkung der Redaktion: mit Schlange und Stab dargestellter Gott der satanischen Heilkunde), der Demeter und Persephone heilig. … Man nimmt an, dass der Gallische Hahn aus der Doppelsinnigkeit des lateinischen Wortes gallus („Hahn“ und zugleich „Gallier“) entstanden ist, was bereits der antike römische Geschichtsschreiber Suetonius festhielt. In der Französischen Revolution 1789 ersetzte der Hahn auf den Heeresfahnen die Insignien des bourbonischen Königtums. Napoleon I. ersetzte ihn durch den Adler, den aber die Regierung der Restaurationsperiode wieder abschaffte.“ (119)

Passend zu diesem Hahn gibt es in Heide das Fest namens „Hohnbeer“. Der Wortteil „-beer“ hat nichts mit Bier zu tun, sondern ist plattdeutsch und steht für „Fest“ oder „Festival“ (Fleischfest oder Fest des Fleisches). Demzufolge ist „Hohnbeer“ ein Fest, wo der Hahn als Freiheits- und Fruchtbarkeitssymbol im Mittelpunkt steht.

Prozessionsumzug in Tracht mit Zepter und Trikolore

„Pforte mit 3 Hähnen“ (=„Triumpfbogen“ mit „Lichtbringer“)

Krone mit Hahn wird beschützt (= Bündnis mit „Lichtbringer“)

Abb. 136: Umzug der ~~Freimaurer~~ „Hohnbeerbrüder“

Wie läuft das Fest ab? Morgens um 6 Uhr treffen sich die „Eggenbrüder“ in ihren traditionellen Garderoben, in ihrem Lokal. Alle Aktiven tragen einen schwarzen Zylinder, den schwarzen Mantel, den schwarzen Anzug und das „Wittwark“ (Weißwerk), das weiße Hemd, die weiße Fliege, die weißen Handschuhe und den weißen Schal.

„Am Hohnbeer-Tag werden Morgenumzüge in der jeweiligen Egge durchgeführt um die Freude zu mehren und die Jubilare zu ehren. … Sie ziehen, geführt von einem Föhrer, einer Fahnenabordnung, Hohnbeerbrüder und einer Musikkapelle, die das Hohnbeerlied spielt, zu vorher festgelegten Einkehrstellen. Geehrt werden u.a. Hohnbeerbrüder für ihre Mitgliedschaft in der Egge. … Nach dem oben erwähnten „Bosseln durch Straßen bzw. Hahn beschmeißen auf der Tonne“ wird ein Festumzug veranstaltet. Viele Hohnbeerbrüder, Musikkapellen,

Fahnenabordnungen, Pferdegespanne und die gesamte Stadtbevölkerung beteiligen sich dran. Nach dem Festumzug gibt es im Festlokal „Stadttheater" die Kaffeetafel („Festkommers", nur mit Männern), bei der neben dem Kaffeetrinken auch viele Reden gehalten werden. Hier werden auch sogenannte Kretelreden (hier kommt alles auf den Tisch, was sonst nicht so erwähnt wird) gehalten. Natürlich darf auch die Blasmusik nicht fehlen. ... Als abschließende Krönung des Tages wird ein Festball veranstaltet. Alle Anwesenden (Mann und Frau) erscheinen „hübsch gekleidet" und verbringen einen stilvollen Abend mit Musik und Tanz bis „morgen früh" der Hahn kräht." (120)

Abb. 137: Eventuelle Ähnlichkeiten sind natürlich „reiner Zufall"!

Ist es nur für mich auffallend, dass sich gewisse „Rituale" sehr an die von gewissen Geheimbünden erinnern? Da sind zum einen die festgelegte Kleiderordnung, wie schwarzer Zylinder, Mantel, Anzug und weißes Hemd, Fliege und Handschuhe. Dann die festgelegten Einkehrstellen, wahrscheinlich zum Vorteil bestimmter „Brüder", wie es bei Karneval und anderen Veranstaltungen ist.

Dann die „Festkommers" nur mit Männern und als Krönung des Tages der Festball, „hübsch gekleidet" mit Musik und Tanz, ähnlich den Rosenbällen. Fakt ist, dass diese Tradition an den freimaurerischen Karneval, Oktoberfest, usw. anknüpft.

Abb. 138: Wie schon erwähnt: Ich kenne keine Region in Deutschland, welche auch nur annähernd so symbolisch „ausgestattet" ist, wie Dithmarschen. Jedoch diese Region birgt noch viel mehr Geheimnisse!!! Rechts die typisch freimaurerischen „Losungen" mit Übersetzungen!

Der Gedanke einer „Bruderschaft" wird noch dadurch stark genährt, wenn man sich die Vorstände solcher „Traditionsvereine" anschaut, welcher immer aus der Lokalprominenz, dem Politikzirkus, sowie aus Persönlichkeiten des Mittelstandes besteht. Einige von diesen „Vorständlern" findet man, mal wieder rein zufällig, auch in den Rotary- und Lions Club, sowie bei den Freimaurern wieder.

Die Kreisstadt Heide in Dithmarschen nennt man auch Schuster- oder Schuhmacherort, ähnlich wie Montabaur (Sitz von 1&1, das Hauptgebäude von 1&1 von oben hat das Symbol einer Schlange!).

Der Schusterjunge sitzt in Heide gegenüber dem Markt, am Eingang der Straße „Schuhmacherort" und setzt dort dem Schustergewerbe ein Denkmal, denn der Schuhmacherort war früher eine Handwerkerstraße, hauptsächlich für Schuster und Gerber. Im Jahre 1846 gab es in Heide 158 Schuhmachermeister mit 166 Gesellen.

Die Darstellung des Jungen ist sehr realitätsnah und hat einen stark erzählerischen Charakter: Die Tätigkeit, die Umstände und auch die Kleidung sind lebensnah porträtiert, sodass die Erinnerung wachgehalten bzw. geweckt wird.

Der Beruf des Schuhmachers gehört zu den ältesten Zünften in der Geschichte. Zum einen gehören diese Zünfte oder Innungen, so wie die meisten Gewerbevereine oder Handelskammern zu den Freimaurern, also zur „Autorität". Schuster waren schon immer Verbindungsglieder zwischen den unteren und oberen Gesellschaftsklassen und als Agenten und Spione durchaus nützlich. Dies bedeutet jedoch nicht, dass jeder Schuster zu einer Geheimgesellschaft gehört oder?!

Abb. 139: Denkmal für die „alte Zunft" der ~~Freimaurer~~ Schuhmacher in Heide

Anmerkung: Ist Ihnen einmal aufgefallen, dass bei jedem Terroranschlag oder Amoklauf ein „Schuh" oder „Hausschuh / Pantoffel" in den Nachrichten zu sehen ist? Bitte achten Sie einmal darauf, denn der Schuh oder Pantoffel ist ein Symbol der „Autorität"!

> *„Der Pantoffel ist ein Symbol, dass sich auf die Vorbereitung der Kandidaten auf die Gradrituale bezieht. Es geht zurück auf einen hebräischen Brauch, nach dem man zur Besiegelung eines Vertrages einen Schuh auszog und ihm seinem Partner überreichte. Mit dieser Geste versprach man sich ehrenhaft und aufrichtig zu verhalten. Zog man beide Schuhe aus, so betrat man dadurch das Allerheiligste des Salomonischen Tempels, bei den Hebräern ein heiliger Ort."* (121)

Doch nun wieder zurück zum Hahn in Heide.

Der Hahn steht für den „Lichtbringer" Horus. Und was hat es mit dem Drachentöter St. Georg in der Dithmarscher Kleinstadt auf sich? Dann schauen Sie sich bitte die „Drachentöter-Legende" im Ursprung an:

Der Kampf Horus gegen Seth | Kampf Horus gegen Seth | Kampf Horus gegen Krokodil

Abb. 140: Der „Heilige Georg" ist kein geringerer als Horus und der Drache entspricht Seth, der Gott der Wüste und des Chaos!

Seth war der Sohn der Himmelsgöttin Nut und des Erdgottes Geb. Seine Geschwister waren Osiris, Isis und Nephthys (die gleichzeitig seine Gemahlin war). Weitere Gemahlinnen, die man ihm zuordnete, waren Taweret, Neith, Astarte und Anat.

Während der Fremdherrschaft der Hyksos setzten diese Seth mit ihrem Gott Baal gleich, die Griechen mit ihrem Gott Typhon.

Sicher fragen Sie sich, wie ich darauf komme, dass Horus und der Drachentöter identisch sind. Da muss ich leider etwas ausholen:

„Die ältesten Kalender teilten das Jahr in zwei Teile, gekennzeichnet durch die Frühlings- und Herbst-Tagundnachtgleiche. Vor 2.000 v. Chr. war die Herbst-Tagundnachtgleiche in Aquila, dem Adler. Das Bild von Horus als Mann mit dem Falkenkopf stammt aus dieser Zeit. Nach 2.000 v. Chr. war die Herbst-Tagundnachtgleiche in der Jungfrau. Horus wurde ein Kind, das in den Armen seiner jungfräulichen Mutter saß. Natürlich blieb das gleiche Bild in der christlichen Symbolik erhalten.

Für nomadische Reiter der Steppe (Anmerkung der Redaktion: damit ist das Turkvolk der Khasaren gemeint!) waren die Sternbilder Frühling und Herbstäquinoktium zwei Reiter. Diese Reiter wurden St. George und St. Demetrius des Christentums. Der Name von St. Demetrius bezieht sich auf Demetra / Virgo, während der von George auf das slawische Jarilo.

Gegenüber der Jungfrau lag das Sternbild Widder und war ein Teil von Jarilos Pferd. Sowohl Widder als auch Jarilo haben dieselbe Wurzel. Gleiches gilt für den thrakischen Reiter „Heros" und den ägyptischen Horus. In Ägypten wurde der Name Horus als ḥr.w geschrieben und als ha:ruw ausgesprochen. Das slawische Pantheon hatte auch eine Gottheit Horus, „Gott der Sonnenscheibe", obwohl nicht viel darüber bekannt ist.

Und sogar in Bezug auf die Ikonographie sehen wir die gleiche Symbolik. Heros, Horus und St. George haben alle einen Speer, der auf einen Drachen, eine Schlange oder ein Tier zeigt.

Von all diesen Namen ist der slawische Name „Jarilo" wahrscheinlich die älteste Form, da der Klang „Y" in den Wörtern für germanisches „Jahr" und slawisches „jar" – Frühling – verblieb. Es ist auch klar, dass dies ein slawisches Wort ist, da die Deutschen keine solche Gottheit in ihrem Pantheon hatten (und der Begriff „Frühling" ist passender als „Jahr"). Aber Germanen und Slawen waren in Westeuropa tatsächlich eng miteinander verwandt." (122)

An dieser Stelle möchte ich das Thema und die Region Dithmarschen schon verlassen, da es zu einem nicht zielführend ist und zum anderen Geheimnisse und Geschichten verbirgt, welche ich in einem meiner nächsten Bücher preisgeben werde. Das wird wieder mehr als spannend, glauben Sie mir! Stichwort: ATLANTIS!!!

Die Zahl 666

Eine Kombination der 666, der Zahl des großen Tieres oder Antichristen, mit dem allsehenden Auge des Horus oder Luzifers, dem Gott der satanischen Freimaurer.

Abb. 141: „Trust the Plan" – Der kommende „Messias" Donald ~~Duck~~ Trump mit der typischen freimaurerischen Symbolik!

Es gilt als auch als Zeichen dafür, dass populäre Künstler eingeweiht sind, in die inneren Geheimnisse des Kults und mehr sieht als nicht Eingeweihte.

Die 666 steht im Satanismus als Synonym Satans. Im letzten Buch der Bibeloffenbarung 13.18 heißt es: *„Wer Verstand hat, der deutet die Zahl des Tieres; denn es ist die Zahl eines Menschen und seine Zahl ist 666."*

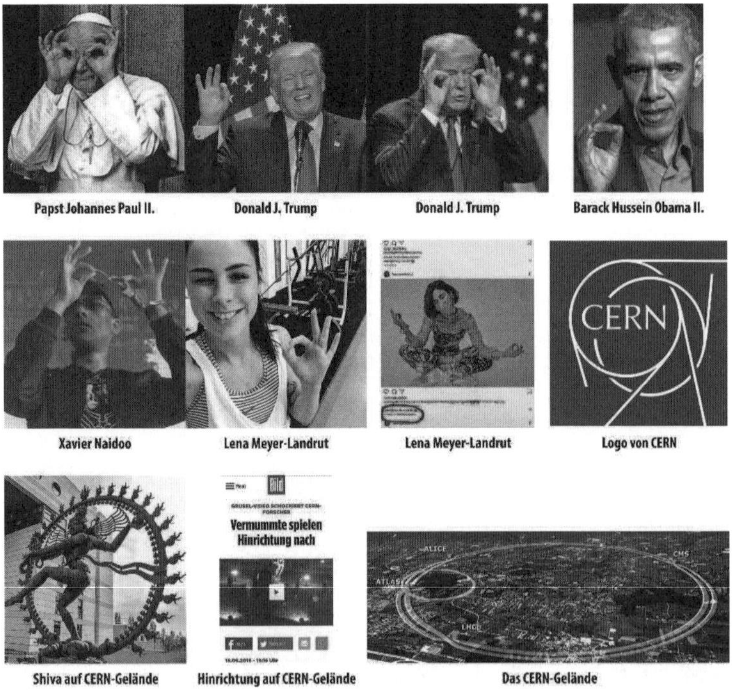

Abb 142: In den oberen zwei Reihen zeigen uns Prominente das typische Handzeichen Satans, die: 666.

Schlangen-Symbol

Auf meinen Recherchen rund um geheime Bruderschaften, Logen und Orden wie Freimaurer, Templer und Rosenkreuzer bin ich auf die angeblich älteste Organisation gestoßen, die „Bruderschaft der Schlange". Ihr Symbol ist eine Stange, um die sich ein oder zwei Schlangen winden, wie wir sie für die Apotheker und Ärzte auch kennen. Die Geschichte führt uns zu den Sumerern, die die Schrift erfanden. Auf Tafeln mit Keilschrift und reichlich in Stein gehauener Bilder lässt sich erfahren, wie der Mensch das Licht dieser Welt erblickte. Auf die „Bruderschaft der Schlange" möchte ich hier nicht eingehen, aber Sie können selber danach recherchieren.

Abb. 143: Schlangen-Symbole

Dreizack

Der Dreizack ist eine altertümliche Stichwaffe, die zum Angriff und zur Verteidigung dient. Der Dreizack wird auch als Jagdwaffe eingesetzt. Er ist in der griechischen Mythologie das Zepter und die Waffe des Meeresgottes Poseidon, auch des Triton.

Poseidon wird in der römischen Welt Neptun genannt, was am Ende wieder Horus entspricht. Ebenso ist er ein Symbol der indischen Gottheit Shiva. Der Dreizack wird auch als Symbol für den Teufel / Satan verwendet.

Abb. 144: Der Dreizack ist eines der meistgenutzten Symbole weltweit

X-Symbol - Gruß der Pharaonen

Nimrod, ein altorientalischer, im Tanach bzw. der Bibel und im Koran erwähnter Held und König, steht unerreicht für seine Symbolik satanischer Praktiken und das legendäre Symbol für Nimrod ist „X“.

Abb. 145: Das „X-Zeichen“ steht für „Osiris ist auferstanden“

Die Verwendung dieses Symbols bedeutet immer Hexerei. Daher repräsentiert das „X“ in der modernen Freimaurerei den Antichrist.

Osiris als ägyptischer Totengott und Gott der Unterwelt gehört dazu. Spannend ist, dass sie alles verdreht hatten. Die Swastika, die in allen Völkern das Glückszeichen war, bis hin zu den Indianern, wurde zum Hakenkreuz. Der Schmetterling, eines der besten Beispiele der Metamorphose wurde zum MKULTRA-Zeichen, genau wie der Regenbogen und der Pandabär.

Wie herrlich und tieftraurig das Licht und die Dunkelheit sich wie ein Zahnrad zusammenfügen, bis hin zum einzelnen Menschen, der sein eigenes inneres Kind im Stich lässt.

Um Himmels Willen

Der Sonnenkult der „Autorität"

Wie wir nun wissen, verwenden sie in ihren Religionen das immergleiche „Sonnen"-System, alle die gleichen ägyptischen und religiösen Bräuche. Die „Autorität" ist also immer in Verbindung mit den eigentlichen „Weltenlenkern"! Dies ist nur ein weiterer Beweis dafür, wie sie uns versuchen mit Wikidummia, Google und Co. für blöd zu verkaufen.

Die Symbole, in Verbindung mit einem echten Obelisken in London zum Beispiel, ist demnach auf jeden Fall ein wichtiger Ort der Autorität. Ob nun die (City of-) London Verwaltung oder Zentrale darstellt, ist nebensächlich. Der Obelisk in London befindet sich wie die Pyramiden von Gizeh im Schutz ägyptischer „Sphinxen".

Abb. 146: Obelisk in London befindet sich im Schutz von ägyptischen „Sphinxen"

Zusammen ergeben diese okkulten religiösen Orte: Freimaurerei, ihre Ziele (Bevölkerungsreduktion) auf den (Sonnen-Georgia Guidestones) mit ihren babylonisch, ägyptisch und griechischen Sonnengötter-Hinweisen mit dem Vermerk der alten 7 Weltwunder. Das ist eben genau das, worum es hier überhaupt geht: um Religion!

Der Wikimensch und Verfasser der Georgia Guidestones Seite war wohl nicht so gut „informiert", weshalb er diese wichtigen Informationen wohl übersehen „musste"!

Ich möchte auch nicht unerwähnt lassen, dass es sich hierbei um beabsichtigte Informationen der „Autorität" handelt. Informationen, die wir finden sollen, damit wir uns stundenlang mit diesem Thema auseinandersetzen und beschäftigen sollen. Ziel ist scheinbar eine mutwillige „Arbeitsbeschaffungsmaßnahme" der aufgewachten Wissenden, sozusagen dem patriotischen Volk und verstärkt die Mythen, Theorien und Märchen. Natürlich führen diese Informationen auch gewollt auf den falschen Weg. Mir persönlich ist dies auch schon des Öfteren so ergangen, dass ich auf die falsche Fährte geriet. Wie bereits zu Beginn gesagt: Das ist Nötigung! Nötigung von Gegenwissen: wir werden dazu genötigt, um uns mit Wissen zu beschäftigen, nur um uns im Labyrinth zu halten.

Auf der anderen Seite sieht sich die religiöse „Autorität“ gezwungen, wie bereits ihre Vorfahren und Vorbilder sich mit ihrem Ruhm und ihren Taten in Stein zu verewigen. Traditionen müssen ja schließlich bewahrt werden. Damals wie heute werden ausnahmslos alle Traditionen fortgeführt.

Anmerkung: Ein so „wichtiges“ Buch wie die „Bibel“, welche wahrscheinlich doch nicht von Bedeutung war, denn sonst wären die wichtigen Informationen wie „Gottes Worte“ zumindest in Stein verewigt worden, so wie es in diesem Zeitalter üblich war! Aber Sorry ich vergaß, denn man hatte ja nur „Tausende von Jahren Zeit“, um dies in Stein zu meißeln! Oder etwa doch nicht?

Manchmal habe ich das Gefühl, je mehr Fragen man stellt, umso mehr Fragen tun sich auf!!!

Ich möchte jedoch nicht vom eigentlichen Ziel abkommen, was sich noch immer WEISHEIT nennt!

Die Farbe ~~Lila~~ Blau

Nun folgt ein kleiner Einblick in die Bedeutung der Farben, ohne dies jedoch zu vertiefen, da meine Recherchen ins unendliche Nichts führen.

Ägyptisch Blau, auch bekannt als Calcium-Kupfer-Silikat, ist ein Pigment, das im alten Ägypten seit Jahrtausenden verwendet wurde. Nach der Römerzeit wurde das ägyptische Blau nicht mehr verwendet und danach die Art und Weise seiner Entstehung einfach „vergessen“, zumindest laut Wikivergsagia.

Abb. 147: Blaue „Kriegskronen“ sind, wie bereits schon mehrfach erwähnt, auch heute noch in Verwendung, wie beispielsweise bei den sogenannten Blauhelmhampeltruppen der UNO (UN), EU und ebenso die unzähligen blauen Kriegsflaggen, welche auch Trikolore genannt werden [123]

Der Grund ist, weil die UN, genau wie die EU eben nicht Frieden, sondern mit ihrer Dach-Organisation NATO (ebenfalls Blau) den Kriegsapparat der „Autorität“ unter dem Deckmantel „Weltfrieden“ innehält.

Jeder, der nicht das religiöse Sonnen-System des RA anwendet oder keiner „Schein-Demokratie“ einwilligt, wird im Namen des „Friedens“ zur „Demokratie“ mit „religiösen Kriegen“ und „Terror“ dazu gezwungen.

Khepresh mit Uräus | König Echnaton mit Khepresch | Chinesische UN-Blauhelme

Abb. 148: Die Khepresh war ein altägyptischer königlicher Kopfschmuck. Es ist auch als die blaue Krone bekannt, welche die Kriegskrone verkörpert

Wie bei vielen anderen Königskronen war auch an der Vorderseite des Khepresh ein Uräus (Kobra) angehängt.

Goldene Totenmaske des Tutanchamun | Ramses III. im Tal der Könige | Satanist Aleister Crowley im Gewand

Abb. 149: Nemes waren gestreifte Kopftücher, die im alten Ägypten von Pharaonen getragen wurden (124)

Diese Kopftücher wurden manchmal mit der Doppelkrone kombiniert. Es ist keine Krone im eigentlichen Sinn, sondern symbolisiert vielmehr die Macht des Pharaos.

Interessant in diesem Zusammenhang ist der Querverweis zu der okkulten Gesellschaft „The Hermetic Order of the Golden Dawn“ (zu Deutsch: „Der Hermetische Orden der Goldenen Morgenröte“), denn sie verwenden als Teil ihres „traditionellen zeremoniellen Gewandes“ einen ägyptischen Nemes, den sie „Nemyss“ buchstabieren. (125)

Während des Neuen Reiches wurden Pharaonen mit dieser Krone unter militärischen Umständen gezeigt.

So verdeutlicht die amerikanische Flagge also:

- Blau für den Krieg
- Weiß und Rot für die zwei Reiche der „Autorität“
- Sterne welche symbolisch für „Sonnen“ stehen und somit die „Vereinigten Sonnenstaaten“ repräsentieren.

So kann ich ohne Übertreibung sagen, dass die amerikanische Flagge seinem Ruf alle Ehre macht!! Nun könnte man die offizielle Namensherkunft AMERIKA komplett neu definieren!

Wissen ist

- … dass die United Nations (UN = Vereinte Nationen), also das „Vereinigte Unternehmen“ mit dem Namen „Großes Vereintes Ägyptisches Reich“ ist!

- … dass die European Union (EU = United Europe = Europäische Union) nichts weiter als das „Kleine Vereinte Römische Reich“ unter ägyptischer Vorherrschaft darstellt!

Na, erinnern Sie sich noch an die „Römischen Verträge“ zur Gründung der Europäischen Wirtschaftsgemeinschaft (EWG), dem Vorgänger der EU?!

Jetzt verstehen Sie bestimmt auch, warum England mit der „Brexit“-Seifenoper aus der Europäischen Union ausgetreten ist.

England durfte nicht zur EU („Kleines Vereintes Römisches Reich“) gehören, weil das „Große Vereinte Ägyptische Reich“ Großbritannien sein Eigen nennt!

Nur in dieser Konstellation ist der Austritt Englands aus der EU und der besondere Einzelstatus der Schweiz zu erklären.

Dieses vereinfachte Beispiel repräsentiert den Westen, entsprechend der Kolonialisierung Afrikas und Asiens.

In Zentralasien sind es zum Teil Einzelmonarchen, jedoch verwenden sie das gleiche System (siehe Afrikanische Union (AU) und Asiatische Union (ASEAN), oder „CELAC“ in Latein Amerika), welche ebenfalls dazugehören.

Die Schweiz ist mehr als nur Toblerone

Die Schweiz ist das einzige unabhängige Land in Europa, welches eindeutig den neutralen Sonder-Status aufzeigt, gerade dann, wenn man den Sitz aller großen Institutionen der religiösen „Autorität“ in Betracht zieht.

Dazu gehört ebenfalls die „Schweizer Pharaonen-Garde“, als „Schutz“ des kleinen Römischen Reichs, des Vatikans.

Der Vatikan, also Rom, ist demnach unter besonderem „Schutz“ des großen Reichs, mit der ägyptisch-römischen Verwaltung.

So erklären sich viele offene Fragen von ganz alleine. Vor allem ist die Erklärung, im eigentlichen Sinn, viel einfacher, als es den meisten bewusst ist. Die Voraussetzung ist, die „Autorität“ zu verstehen.

Mit den letzten Zeilen habe ich Ihnen, meine lieben Leser auch aufgezeigt, wer uns unter anderem regiert! Wir kommen auf die Schweiz noch einmal zu sprechen!

Überall Symbolik für die „Sehenden“

Der Pharaonen-Sonnenkult wurde von der Kirche, dem Vatikan anerkannt. Der Vatikan ist auch ein Bündnis, zwischen „Rom“ und den Pharaonen.

Es wurde niemals eine Religion als Weltbild, noch dazu ohne wissenschaftliche Beweise anerkannt, sondern es wurde die ägyptische Pharaonen-Religion namens „Sonnenkult“ übernommen.

Für die dummen Schafe der „Öffentlichkeit“ wurde dieser „Pakt der Sonne“ am 11.09.2001 besiegelt, was ursprünglich der erste Tag im Jahr 1822 ist, also der erste Tag des Jahres in der altägyptischen Zeitrechnung!

Und weil der 11.09.1990 nun mal der „erste echte Tag des Sonnen-Kult Jahres" ist, wurde auch die sogenannte „Neue Weltordnung" von George Bush Senior an diesem Tag als vollendet verkündet!

Am 11.09.1990 titelten weltweit fast alle Zeitungen:

„President George Bush Senior's New World Order Speech Sept 11 1990" (zu Deutsch: „Rede von Präsident George Bush Senior zur Neuen Weltordnung vom 11. September 1990"). Weiter liest man dort:

> *„Daddy Bush spricht von ‚Frieden' und ‚Freiheit', während er triumphierend einen neuen Krieg / eine neue Invasion ankündigt (diesmal im Irak gegen Saddam Hussein). Damit begann 1990 der Erste Golfkrieg."* (126)

Anmerkung: Es gibt Jahreszahlen-Verwirrungen in diverser Medien von dieser Rede von George Bush Sr., denn man schreibt einmal das Jahr 1990 und 1991!

Dieses bedeutende Ereignis musste natürlich auf den Tag genau zum 11. Jahrestag „im Namen seines Sohnes George W. Bush" als bestehende Familientradition, man könnte schon fast Familienfest sagen, gefeiert werden.

Und wann?

Am 11. September 2001 und das mit weitreichenden Folgen für die Gegenwart bis heute!

Abb. 150: Die beiden Säulen „Boas" (links) und „Jachin" (rechts) sind Symbole der Freimaurerei und repräsentieren die Grundpfeiler der „Humanität"

Und weil das „heliozentrische Weltbild" keine „Wissenschaft", sondern lediglich eine Religion ist, ist unser Weltbild, das die „Autorität" uns vorgibt, nur eine Religion der „Weltenlenker". Ja man könnte es schon fast „Sonnensystem" im eigentlichen Sinne und fernab jeglicher „Wissenschaft" nennen.

Nur aus diesem Grund steht dieser Wiki-Eintrag auch nicht unter Wissenschaft, sondern unter „Religion"! Dies ist sogar mal ausnahmsweise absolut richtig!

Wie Sie sehen können, liebe Leser, lügen sie nicht einmal, sondern sagen es uns auch noch. Nur wir, die kleinen „dummen Seelen" verstehen es nicht!

Der Tag der Sonne

Wissen Sie eigentlich, was der „Sonntag“ oder auf Englisch „Sunday“ ist?

Dieser Tag ist nichts weiter als der „Sonnentag“ (lateinisch „dies solis“) oder auch der „Tag des Ra“. Er ist ein ägyptischer Feiertag, welcher ursprünglich der erste Tag der Woche (127) und ein heiliger Festtag ist, der bis heute in seiner eigentlichen Bedeutung nichts verloren hat.

Sie feiern diesen „gesetzlichen Festtag“ jede Woche, als arbeitsfreien Tag, ob Sie wollen oder nicht. Es ist ein gesetzlich-vorgeschriebener religiöser Festtag, also ein von dem sogenannten „Staat" festgelegtes religiöses Gesetz, die Sonne an diesem heiligen „Sonnen-Tag des RA“ zu Ehren!

Fast alle Religionen, alle Kulturen feiern den Sonntag als heiligen Sonnentag, ganz gleich ob bewusst oder unbewusst.

Und so wurde auch heute der 11. September ein „staatlich anerkannter Nationalfeiertag“.

Der US-Präsident Barack Obama änderte den Namen später in „Patriot Day“ und gilt heute offiziell als „Nationaler Tag des Dienstes und Gedenkens“. Das ist nichts weiter als ein neuer religiöser Tag im satanischen Sonnenkalender. (128) (129) (130)

Noch einmal zur Erinnerung:

- Der 25. Dezember ist also ein heiliger ägyptischer Feiertag, für die Sonne, Sol, Ra, Amun, usw. und stand schon immer für die „Wiedergeburt und Auferstehung der Sonne, somit ihres Sonnengottes Ra.
- Das russische Wort für Sonntag ist „Воскресенье“ (Voskresen'ye) was ganz einfach „Tag der Auferstehung“ bedeutet.

Ra fuhr mit dem Sonnenboot, mit der Barke, durch die Unterwelt. In der Nacht und jeden Tag tauchte er am östlichen Horizont wieder auf.

Der Sonnengott Ra nimmt kurz vor Sonnenaufgang die Gestalt eines Falken an und schlüpft damit in die Rolle von „Horus“.

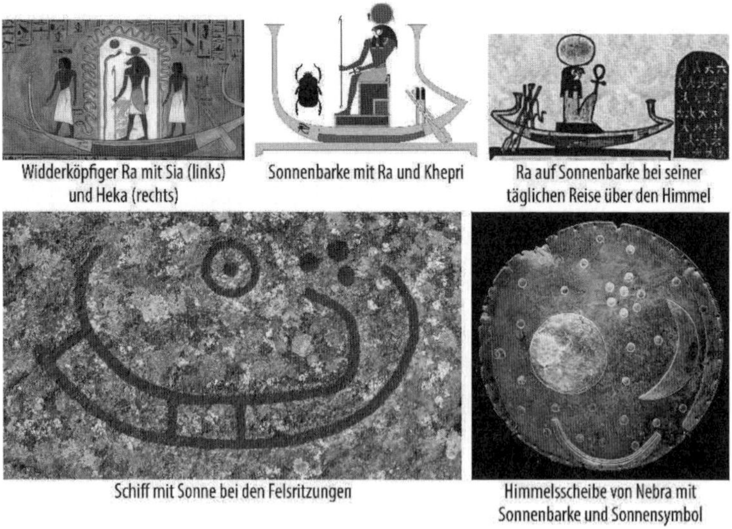

Abb. 151: Verschiedene Darstellungen der Sonnenbarke / Sonnenboot des Amun Ra, in Verbindung mit der Himmelsscheibe von Nebra

Selbst die alten Griechen wussten schon, dass es sich bei „Götter“ immer um Sonnengötter handelte. Das griechische Wort für „Sonntag“ ist „Kyriakē“ oder auch: „kyriaké oikía“, das „Haus des Herrn“ und „Kyriakē“ bedeutet der „Tag des Herrn“.

Die einzige und wahre Bedeutung der Autorität, ist nur der „Tag der Sonne“ und „Tag des Ra“, ihres Sonnengottes, welcher womöglich auch Ihr Sonnengott ist, den Sie anbeten, egal durch welche Religion! (131) Rechts unten auf dem Bild sehen Sie die berühmte „Himmelsscheibe von Nebra“.

Die Himmelsscheibe von Nebra ist ein Bronzeartefakt mit einem Durchmesser von 30 cm, aus dem „7. Jahrhundert vor Christus". Es befindet sich im Archäologischen Museum Halle. Die Scheibe ist mit einer grünen Patina überzogen, auf der Sonne, Mond und 32 Sterne, darunter der Plejadenhaufen, in Gold dargestellt sind. Die Genauigkeit der Position der Sterne zueinander und zu den Himmelskörpern ist überraschend. Die Scheibe zeigt sogar die Sternbilder im Verhältnis. Dies weist auf ein sehr hohes Entwicklungsniveau der Menschen dieser Zeit hin. Man bekommt das Gefühl, dass die Menschen irgendwann alles vergessen haben, werden die meisten Menschen denken, zum Beispiel die „Aufgewachten" mit ihrem „Grundschulwissen". Dabei wird das Offensichtliche aber übersehen, denn dort wird die Sonnenbarke des Amun Ra, sowie die Sonne und der Mond dargestellt, zu dessen Kreislauf er verdammt wurde.

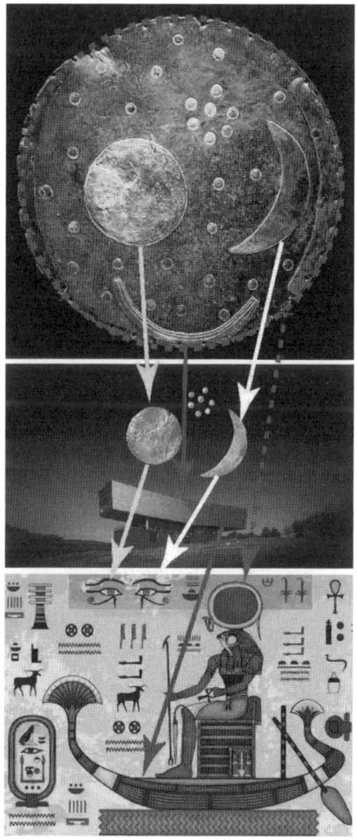

Abb. 152: Das ist die wahre Symbolik der „Himmelsscheibe von Nebra"!

Auch im Hinduismus wird der Tag „Vesakh" gefeiert. Er erinnert an die Geburt, die Erleuchtung (Nirwana) und der Wiedergeburt (Samsara). [132]

Viele Feiertage richten sich nach Mondmonaten und Sonnenmonaten.

Im japanischen Mahayana-Buddhismus ist der Erleuchtungstag oder Bodhi-Tag, der an die Erleuchtung Buddhas erinnert. [133] Dieser Tag wird Ende Mai, Anfang Juni gefeiert.

Wegen des Umfangs kann ich wieder nicht jede Religion in diesem Buch berücksichtigen. Sie können sich aber gerne selber daran versuchen.

Übrigens, was ich schon längst schreiben wollte ist, das mit „Herr" oder „Herrn" ohne jeden Zweifel wieder die Sonne gemeint ist.

Und genau wegen solcher Verwirrungen, nenne ich unsere Epoche auch:

Die Ära der Desinformation

Deine Augen sind nutzlos, wenn dein Geist blind ist!
(Alfred Walter von Staufen)

Unser sogenanntes „smartes Informationstechnologie-Zeitalter" bewirkt, falls man mit offenen Augen durch die Welt läuft, genau das Gegenteil von Wissen, geschweige denn von Weisheit.

Mit der Anspielung auf die „Drecksmartphones" oder die sogenannten „Lehranstalten" (= Leeranstalt) namens Schule ohne weiter darauf einzugehen.

Das nebenstehende Sonnensymbol wird gerne als Saturn fehlinterpretiert. Wegen dem Punkt und dem Kreis hat es durchaus Ähnlichkeit, wenn auch die Ringe zu weit vom Mittelpunkt entfernt sind.

Der Sonntag hat seinen Ursprung in den Sonnengöttern und wird durch die ägyptische Sonnenhieroglyphe „Kreis mit Punkt" ⊙ symbolisiert.

Aber ich möchte hier keine Märchen erfinden oder falsche Theorien erschaffen, sondern bei den Fakten bleiben. Die unzähligen ägyptischen Hieroglyphen sprechen demnach ihre eigene Sprache. Es ist ein Sonnensymbol. (134)

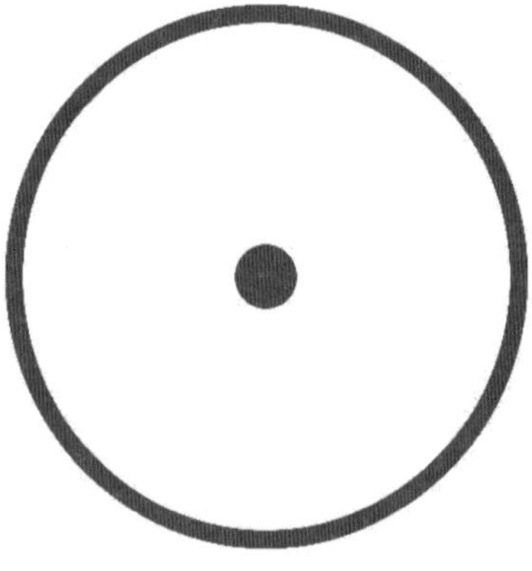

Abb. 151: Das ist das Symbol von Ra!

Auf ägyptischen Inschriften ist die Sonnenhieroglyphe meist eine rote oder farblose Sonnenscheibe.

Nur so nebenbei erwähnt: Das deutsche Wikiverblödia schreibt zum Sonnentag-Sonntag:

„Abgeleitet aus der jüdisch christlichen Bibel."

Das ist absoluter Schwachsinn und bewusste Ablenkung für Unwissende, um die Wirklichkeit zu vertuschen! Das nenne ich gezielte Desinformation! Schluss, aus und Ende der Diskussion!

Richtig müsste es heißen: Ein übernommener Brauch, ein Ritus oder ein Kult, der jüdisch-christlichen Bibel, mit ägyptischen Ursprung der Sonnenverehrung, denn diese Sonnenanbetung stammt eben nicht aus der „Bibel", sie wird lediglich unter neuen Namen und neuen heiligen Gestalten fortgeführt, ob nun griechische, römische oder ägyptische Bräuche und sonstige Sonnenkult-Riten, welche bis zum heutigen Tag angewendet werden.

Das Auge des Horus, wie zuvor schon beschrieben auch Ra genannt, wird als Sonne und als Sonnengott dargestellt. Das sogenannte: „Auge der Vorsehung" oder das „Göttliche Auge", welches in fast allen Kirchen oder religiösen Tempeln zu finden ist. Es symbolisiert einzig und allein die religiösen Sonnengottheiten der „Autorität"!

Es ist verdammt egal wie Sie die Sonne nennen wollen, ob Ra, Re, Sol Invictus, Koloss von Rhodos, Horus, Apollo, Freiheitsstatue oder Zeus, usw.

Jene, die Sie als „Gott" bezeichnen, jene, welche sie Ihnen vorgeben als Ihren angeblichen „Gott" sind immer die Sonnengötter der „Autorität" und der „Weltenlenker"!

Schon gar nicht mehr seltsam finde ich es, dass auf der deutschen Wikidumm-dumm-Seite zum Thema „Sonnenkult" kein einziges Wort über den Sonnenkult der Gegenwart, in der wir leben zu lesen ist, welcher aber noch heute ohne jeden Zweifel mehr denn je in Gebrauch ist! (135) Dieser Sonnenkult wird maximal in wenigen esoterische Bewegungen der Gegenwart erwähnt.

Das ist typisch für diese „Wissens-Ganoven" und repräsentiert somit die Glaubwürdigkeit dieser Wikiverblödungsseite!

Noch ein paar Beispiele des „heiligen Sonnentages" ist: Pfingsten, ein gesetzlich-religiöser und von der „Autorität" als „heiliger Tag" bezeichnet, selbstverständlich als Gründung der Kirche verstanden, wird immer an einem Sonn(en)tag gefeiert. Immer am 7.

Sonntag, entsprechend ihrer 7 „Götter", welche die Wichtigkeit der oft verwendeten „7" offenbart. (136)

Darum haben wir auch eine

- 7-tägige Schöpfungsgeschichte,
- 7 Weltwunder,
- 7 spännige Streitwagen,
- 7 Wochentage,
- 7 Zwerge, usw.

Der Name „Sonntag" ist, wie bereits erwähnt, der Tag der „Sonne" und leitet sich von der hellenistischen Astrologie ab, wo die sieben Planeten, bekannt als Saturn, Jupiter, Mars (hmmm lecker aber ungesund!), Sonne, Venus, Merkur und Mond.

Dazu habe ich alle „heiligen Planeten“ zusammengestellt und ausgewertet, welche ich hier wegen des Umfangs mit all ihren religiösen Bedeutungen nicht im Detail aufführen werde. Es sind bei genauerer Analyse alles ägyptische und römische Gottheiten des Sonnenkults. Nicht mehr und nicht weniger!

Ebenso die 12 griechischen „Olympischen Götter“, welche auf der Konstellationen des ägyptischen Tierkreisbandes basieren.

Von wegen endlich Sonntag!

Ich möchte Ihnen an dieser Stelle mindestens eine der richtigen Fragen stellen: Was hat Ihnen Ihr sogenanntes Sternzeichen, welches man Ihnen seit Ihrer Geburt aufgezwungen hat, jemals oder tatsächlich gebracht? Was wurde dadurch gestärkt?
Ich bin mir sicher: Sie kennen nun die richtige Antwort! Oder?

Ein einfaches Beispiel, welches ich zu den „religiösen Planeten“ und „Götter“ anfügen möchte ist nämlich, wie sich Menschen ganz unbewusst selbst versklaven, indem sie die Symbolik der „Autorität“ ihrer „heiligen Götter“ an sieben Tagen in der Woche anwenden und konsumieren. Dabei spielt es absolut keine Rolle, ob Sie Unternehmer, Verbraucher, Servicekraft bei McDonalds, ob Sie religiös sind oder nicht.

- Am Montag, dem „Mondtag“, gehen Sie wohlmöglich in die „Mondapotheke“, vielleicht ja auch zur „Auge Gottes Apotheke" oder „Sonnen Apotheke“.
- Am Dienstag, was dem „Marstag“ entspricht, kaufen Sie sich vielleicht beim nächsten tanken einen (oder zwei) Riegel „Mars“ (ist immer noch ungesund!)

Abb. 154: Eine schöne und liebevoll restaurierte „Königlich Privilegierte Sonnen Apotheke“ aus dem Jahr 1755 in Dithmarschen (Schleswig-Holstein)

- Am Mittwoch, dem „Merkurtag", lesen Sie den „Merkur" oder gehen in eine verfluchte Spielothek mit diesem Namen.
- Am Donnerstag, dem „Tag des Jupiter", schauen Sie den Film *Jupiter Ascending.*
- Am Freitag, dem „Venustag", benötigen Sie vielleicht einen neuen „Venus"-Rasierer.
- Am Samstag, dem „Saturntag", kaufen Sie womöglich einen megagroßen Smart TV bei „Saturn", um die ganze „Unten-Haltungs-Schauen" noch schärfer zu sehen.
- Am Sonntag, dem „Sonnentag", besuchen Sie den „Gasthof Zur Sonne", weil man da wohl gut essen kann, wie man überall in den (as-)sozialen Medien liest. Und was geschieht, wenn Sie in den „Gasthof Zur Sonne" eintreten? Ihr „Glaube", welcher durch das Volk, in diesem Fall der Gastwirt, selbst gestärkt wird, wurde in wenigen Sekunden einmal mehr gestärkt, man könnte auch sagen „beglaubigt"!

„Glauben" Sie mir bitte, meine lieben Leser, wenn so Ihre Woche in Zukunft noch immer aussieht, dann haben Sie bisher noch nichts aus diesem Buch verstanden!

Die religiösen Götter von heute, auch Wochentage genannt, entsprechen eins zu eins den ägyptischen Göttern. Dies zu vergleichen wäre an dieser Stelle absolut nicht schlüssig und auch nicht notwendig, denn diese ägyptischen Götter wurden je nach Dynastie umbenannt, verschmolzen oder nach Gebrauch neu identifiziert, einmal als „Planet" oder als Augen der Götter, genauso wie Ra einmal die Sonne selbst darstellt oder die Morgenröte, usw.

Die Geschichtsverfälscher scheinen sich da selber nie so ganz sicher zu sein. Einzig und allein Gegenwissen fördern, dass ist das Ziel und die Agenda von Wikiblödmania. Darum verzichte ich hier auf einen ausführlichen Vergleich.

Sie dürfen sich gerne daran versuchen. Wichtig ist einzig und alleine für was sie Ihre Götter benötigen!

- Montag = Mondtag und entspricht: Wadjet, Auge des Horus oder Ra, Khonsu oder Toth
- Dienstag = Marstag und entspricht: Horus Auge oder roter Horus
- Mittwoch = Merkurtag und entspricht: Sebeg, Seth und Thot
- Donnerstag = Jupitertag und entspricht: wieder Horus oder Amun Ra
- Freitag = Venustag und entspricht: Isis

- Samstag = Saturntag und entspricht: Geb
- Sonntag = Sonnentag und entspricht: Aten, Atum, Ra (Khepri /Skarabäus), Auge des Ra oder Auge des Horus

Diese vereinfachten Beispiele, welche ich hier endlos erweitern könnte, verdeutlichen lediglich, was Sie ununterbrochen mit Religion zu tun haben. Sie werden ständig damit konfrontiert, ob es Ihnen bewusst ist oder nicht. Ob Sie wollen oder nicht. Sie sind Teil der Religion der „Autorität", das Zahnrad welches die Welt so am Laufen hält, wie es ist.

Genau das, was Sie bisher alles gelesen haben, habe ich bereits zu Beginn dieses Buches versucht, Ihnen zu verdeutlichen!

Ergänzend zu Saturn, also Samstag, Jupiter oder Zeus, Olympia, Poseidon, Neptune, Baal, Moloch, Helios, Talos, Ra, Optimus Maximus, Kronos oder Alexander der Große, usw. genannt, werden nicht selten als „Luzifer" oder „Satan" fehlinterpretiert.

Das ägyptische Äquivalent ist der „Sonnengott" Geb (137), griechisch: Kronos (138), römisch: Saturnus der alte Kinderfresser (139), welcher der Gruppe der Ennead (140) von neun Göttern angehört, mit Querverweis und Bedeutung des Hollywood-Saturn Award, dem US-amerikanischen Film- und Fernsehpreis, der alljährlich von der Academy of Science-Fiction, Fantasy & Horror Films verliehen wird. Gegründet wurde die Academy 1972 vom Filmhistoriker und Dracula-Experten Donald A. Reed.

Saturn wird in der griechischen Mythologie als Kronos dargestellt. Die potenzielle Grausamkeit von Saturn, wurde durch seine Identifikation mit „Kronos" (auch „Chronus") verstärkt, der dafür bekannt ist, seine eigenen Kinder zu verschlingen! Na, wenn das nicht nach McDonalds klingt …

Saturn wurde mit dem „Gott Baal Hammon", auch „Baal" genannt, gleichgesetzt, welcher als König der Götter geschätzt wurde. (141)

Im Jahr 104 v. Chr. gab der plebejische Tribun Lucius Appuleius Saturninus einen Denar heraus, der Saturn darstellt, welcher einen vierspännigen Streitwagen (Quadriga) fährt, ein Fahrzeug, das mit Herrschern, triumphierenden Generälen und Sonnengöttern in Verbindung gebracht wird.

Der Tempel des Saturn wurde auf dem Forum Romanum in Rom am Fuße des Kapitols errichtet. Im Tempel des Saturn wurde der römische Staatsschatz aufbewahrt, welcher die Aufsicht der Münzstätten umfasste, was man heute Bank nennt.

Die Römer feierten das Fest zu Ehren des Gottes „Saturn", welche die wichtigste religiöse Feier der Stadt war.

Der Name „Capitol Hill“ hat seinen Ursprung und seine Bedeutung in „Capitoline Hill“. Den wahren Ursprung sowie das lateinische Wort Collis Capitolinus vermeidet Wikikannmichmal, was ich nur am Rande erwähnen wollte, stattdessen erwähnt man typischerweise Restaurants oder Bars. Da wird wieder einmal gezielt die Dummheit gefördert, denn was nicht bei Wikidingsda steht, ~~darf~~ kann es auch nicht geben!

Einer der sieben Hügel, war früher als Mont Saturnius bekannt und ist nach wie vor dem Gott Saturn geweiht, also Kronos (Cronus) oder dem ägyptischen Gott Geb, usw.

Der gesamte „heilige Ort“ in Washington entspricht seiner religiösen Bedeutung vollständig dem Saturntempel, inklusive Hügel, Schatzkammer, Gold- und Silberreserven, ebenso das Staatsarchiv, was man heute Bücherei nennt, wovon es auf dem Gelände in Washington natürlich mehrere gibt. Es versteht sich von selbst, dass fast jedes wichtige Gebäude einen „heiligen“ Museumstitel trägt.

Ich muss hier betonen, dass es nicht um eine perfekte Übereinstimmung der damaligen Landschaftsarchitektur geht, vielmehr geht es hier um die wahre Bedeutung der religiösen Gebäude der „Autorität“. Vor allem aber, welche religiöse Rolle auch welche Wirkung dieser „göttlichen Gebäude“, damals wie heute, auf die Menschen haben. Ein direkter Vergleich offenbart lediglich, damit im Vergleich zu damals, ihre religiösen Gebäude, als auch ihre Architekturen vielseitiger und weitaus grösser sind, als zu irgendeiner anderen Zeit. Und genau dieses Ausmaß symbolisiert heute mehr denn je, die religiöse Rolle, worin die Wichtigkeit der Gebäudekomplexe für die Weltenlenker gegen das Vieh der Menschheit deutlich wird.

Damals wie heute steht Geld unter „Göttlichem Schutz“ des Saturn, Kronos (Cronus), Sonnengott Geb, der Gruppe der Ennead, usw.

Geb, der Vater der Schlangen, ist Mitglied der Ennead oder auch Neunheit genannt oder Gott Atum, welcher wiederum mit dem Sonnengott Ra gleichgesetzt wird. Der Gott Geb, welcher als Widder, Stier, usw. dargestellt wurde, entspricht dem Ebenbild Ra. Capitol Hill war und ist damit immer noch sehr „Heilig“ für die „Autorität“ und wird in seiner religiösen Bedeutung mehr denn je verehrt.

Geb entspricht also der Vaterrolle in der Mythologie, entsprechend Kronos (Cronos), Zeus, usw., der neun Ursprungsgottheiten, welche wiederum den erweiterten 12 olympischen Göttern der Astronomie, usw. entsprechen.

Der Lichtbringer

Alle Wesen, die eigentlich verkleidete Pastoren sind,
werden dich dazu bringen, einen ungerechtfertigten Krieg mit dem ebenfalls erfundenen Teufel zu führen.
Sie werden sagen: Gott führt uns an.
Sie lassen dich gegen dich selbst kämpfen.
Sie sind so blind, dass sie die Dualität nicht verstehen!
Alles, was dir passiert, liegt an dem,
was in dir ist, nicht an deinem Äußeren.

(Alfred Walter von Staufen)

Lichtbringer, Luzifer, Diabolus, Urian, Höllenfürst, Leibhaftiger, Antichrist, Teufel, das Böse, Satan, Mephisto, Widersacher, Verführer, Diabolus Beelzebub oder Deiwel, ist der Name verschiedener Figuren in der Folklore, die offiziell mit dem Planeten Venus oder Saturn verbunden sind.

Abb. 155: St. Michaels Sieg über den Teufel (1958) in der neuen Kathedrale von Coventry in England

Wikiweißnix ist sich selber nicht ganz so sicher, ob nun Venus oder Saturn als Name für den Teufel, welcher in der christlichen Theologie Morgenstern, genannt wird. (142)

Generell wird als Morgenstern das hellste vor Sonnenaufgang hervortretende Gestirn bezeichnet, auch Bringer der Morgendämmerung, in der ägyptischen Mythologie Morgenröte genannt.

Erinnern Sie sich noch daran: „Als Sonne ist das Auge von Ra eine Quelle von Wärme und Licht und wird mit Feuer und Flamme in Verbindung gebracht.“? Ich habe bereits darübergeschrieben.

Es wird auch mit dem roten Licht gleichgesetzt, das vor Sonnenaufgang erscheint und mit dem „Morgenstern", welcher die Ankunft der Sonne vorausgeht und sie signalisiert. Genau aus diesem Grund sehen wir das Sonnensymbol bei ägyptischen Hieroglyphen oft in der Farbe Rot.

Und so wird der Morgenstern, welcher mit Jesus identifiziert wird, jedoch im eigentlichen Sinne ägyptische Götter symbolisiert, von Glaubensgemeinschaften verehrt und angebetet.

Man denke auch an: „Morgenstern der finstern Nacht", welcher Teil des deutschen katholischen Gesangbuchs Gotteslob von 2013 als GL 372 in der Sektion „Jesus Christus" ist. Das ist eine christliche Hymne.

Der vierte Stern ist der der Venus, Luzifer mit Namen, Venus, welcher in seinem Ursprung mit ISIS identifiziert wird, Schutzgöttin des Ra ist, also der Sonne. Entsprechend stimmt auch die symbolische Deutung mit Flügel der Isis überein, bitte Phönix nicht vergessen! Ebenso die Fackel, mit welcher man Luzifer interpretiert, ein Vorbote des Sonnengott Ra, in Form der Morgenröte.

In der römischen Folklore war Luzifer, „Lichtbringer" auf Latein oder als Adjektiv: lichtbringend, obwohl er oft als eine männliche Gestalt personifiziert wurde, die eine Fackel trägt.

Luzifer, auch der gefallene Engel genannt oder Beelzebub, was „Herr der Fliegen" bedeutet, entspricht Baal.

Hier möchte ich auf das Kinderbuch „Herr der Fliegen" anspielen ohne dies zu vertiefen.

> *„B(e)elzebub ist der in einigen Regionen übliche Name des Knechts Ruprecht. Die im Volksmund gebräuchliche Redewendung ‚Den Teufel durch Beelzebub austreiben' (nach Mt 12,24–27 EU), die auf eine Begebenheit im Lukasevangelium (11,15 EU) zurückgeht, bedeutet sinngemäß, ein Übel mit einem ebenso schlimmen oder schlimmeren zu bekämpfen."* (143)

Analysieren Sie bitte einmal die folgenden Bilder oder vergleichen Sie sie mit der heutigen Religion. Sie werden erstaunt sein, wenn Sie herausgefunden haben, dass sich in Wirklichkeit bis zum heutigen Tag überhaupt nichts verändert hat! Es ist noch immer die gleiche „Autorität", wie eh und je!

Abb. 156: Lichtbringer, Luzifer, Diabolus, Urian, Höllenfürst, Leibhaftiger, Antichrist, Teufel, das Böse, Mephisto, Widersacher, Verführer, Diabolus, Beelzebub oder Deiwel, ist der Name verschiedener Figuren in verschiedenen Mythologien, welche immer mit Satan verbunden sind

„Baal“ war ein Titel und eine ehrenvolle Bedeutung, welche „Herr“ oder im englischen als „Lord“ bezeichnet wird. Die Bibelkenner werden dies kennen!

Die weibliche Form ist das hebräische Wort „baʿalah“, was „Herrin“, im Sinne einer Besitzerin oder Hausherrin bedeutet und immer noch als seltenes Wort für „Ehefrau“ dient. [144]

„Alah“ mit einem „L“ oder „Allah“ mit einem doppeltem „L“ ist ganz gewiss nur ein Zufall, schließlich schreibt man „Allah“ nur 99 Namen zu. [145] Auf “Kölle Alaaf“ möchte ich jetzt nicht auch noch eingehen!!!

Der Titel „baʿal“ war in einigen Kontexten ein Synonym für die hebräischen Wörter „adon“ (auf Deutsch „Herr“) und „adonai“ (auf Deutsch „mein Herr“), die immer noch als Decknamen für den Herrn Israels „Jahwe“ verwendet werden.

Hier noch ein Hinweis meinerseits: Baʿal (בַּעַל) erscheint etwa 90 Mal in der hebräischen Bibel, in Bezug auf verschiedene Götter! [146]

Naja, so genau nehmen es halt die „Gelehrten“, die „Bibel-Wissen-schaffenden“ oder gar die Kirche ja nicht mit der ~~Wahrheit~~ Bibel, so hat es zumindest den Anschein!

Nein, exakt dieses Beispiel ist ein Ebenbild der Bibel, so wie man sie liest, so wie sie jeder ganz unterschiedlich wahrnimmt oder interpretiert, so findet jeder seinen „Wunsch-Gott“, seine „Bestimmung“, seinen „Glauben“ oder eben halt auch den „Aberglauben“. Es sind alles Worte, welche Sie schlussendlich als „Gottes Worte“ in Verbindung bringen möchten, weil man es Ihnen genauso seit Ihrer Kindheit ins Gehirn gepflanzt hat.

Genauso definiert sich auch ein Märchenbuch, voller Wiedersprüche und Ungereimtheiten.

Kurz gesagt: Für jeden ist etwas dabei, wer seinen (Irr)-Glauben darin finden möchte!

Das ägyptische Äquivalent zu Baal ist wiederum die ägyptische Gottheit: Set (Seth). (147)

Der Morgenstern ist demnach Venus, also die schon oft genannte ISIS und Saturn demnach Kronos (Cronus), Poseidon, Neptune, Baal, Moloch, Helios, Talos, Ammon Ra oder Re, Seth, Geb, Optimus Maximus oder auch Alexander der Große und nun auch noch „Herr", „Lord" und „Allah", je nach Interpretation der Geschichtsverfälscher.

Sollten Sie hier einen Widerspruch feststellen, liegt es nicht an mir, sondern an den Desinformationen, welche die „Autoritäten" uns zur Verfügung stellen.

Sie können diese Informationen jederzeit selber überprüfen und daher nochmals mein Vermerk, warum ich in meinem Buch über die „satanische Götter" nicht weitergekommen bin, weil eben alles dem gleichen Ursprung obliegt und dies alles nur auf wenige ägyptische Gottheiten, genauer gesagt 7 bis 9 an der Zahl, zurückzuführen ist, nicht mehr und nicht weniger. Schluss, aus und Ende der Diskussion!

Des Papstes großes Rohr

Die Bedeutung des päpstlich-vatikanischen großen binokularen Teleskopen namens „Luzifer", welches selbstverständlich nur der „Sonnengott-Verehrung" dient und lediglich das falsche heliozentrische Weltbild stärkt!

Der Name „Luzifer" wurde ganz bewusst gewählt, ganz gleich ob „Gott", „Jesus", „Satan", „Isis", „Baal", „Ammun Ra" oder „Seth" gemeint ist, die religiöse Bedeutung, welche mit der Wortwahl „Luzifer" in Verbindung gebracht wird, ist ausschlaggebend!

Abb. 157: Der ursprüngliche Name des Teleskops „LUCIFER" wurde 2012 in „LUCI" geändert. Frage: Sehe nur ich das „Auge Horus" oder Sie auch?!

Das „Large Binocular Telescope" ist ein optisches Teleskop für die Astronomie, das sich auf dem 3.300 Meter hohen Mount Graham in den Pinaleno Mountains im Südosten von Arizona (USA) befindet. (148)

Anmerkung: Auch hier wieder der Hinweis auf „Arizona", auf eine „heilige Stätte" der Elite, Stichwort: Das Geheimnis von Utah!

Apropos Utah: Wenn man Salt Lake City googelt, erhält man folgende Information:

> *„Salt Lake City, die hoch gelegene Hauptstadt des US-Bundesstaats Utah, ist vom Großen Salzsee und den schneebedeckten Gipfeln der Wasatchkette umgeben. Auf dem 4 Hektar großen Temple Square, dem Hauptsitz der Mormonenkirche, befinden sich der majestätische Salt Lake Temple aus dem 19. Jahrhundert sowie die neugotische Assembly Hall. Im Tabernakel, dem Kuppelsaal auf dem Temple Square, tritt der renommierte Mormon Tabernacle Choir auf."* [149].

Aber das sollte wieder nur eine Randnotiz sein. Oder etwa doch nicht? Was verbirgt sich dort wirklich und welche Rolle spielen die Mormonen? Wie bereits erwähnt, kann ich auf Grund des Umfangs dieses Buches, dieses Thema hier nicht behandeln.

Und noch eine Nebeninformation: Die Teleskopkonstruktion hat zufällig zwei 8,4 Meter (330 Zoll) Spiegel, wo man den schottischen Freimaurer Ritus des 33. Grad rein interpretieren könnte.

Über Sinn und Sinnlosigkeit in dieser Welt, könnte ich ganze Bücher schreiben, die aber niemanden weiterbringen würden!

Die Anschaffungskosten für diese „Stern-Guckst-Du-Stätte" betrugen mehr als 120 Millionen Euro, jedoch ohne die laufenden Millionen-Kosten ohne nennenswerte Erfolge oder jemals irgendetwas, was der Menschheit von Nutzen sein könnte. Darum geht es hier aber nicht.

Der Freimaurer Léo Taxil (1854–1907) behauptete, dass die Freimaurerei mit der Anbetung Luzifers verbunden sei. Der führende Freimaurer Albert Pike habe „Die 23 obersten konföderierten Räte der Welt", was eine Erfindung von Taxil sein soll, angesprochen und ihnen gesagt, dass Luzifer Gott sei und in der Opposition zum bösen Gott Adonai stehe.

Welche meine vorherigen Worte bestätigen, ob Luzifer, Satan, Gott oder welchen „Gott" auch immer sie uns vorgeben, es geht immer um das Gleiche. Es geht immer um Sonnengötter oder in Verbindung mit einem „Sonnengott!“ Alles dreht sich um die Religion der „Autorität“!

Darum ist der Luzifer-Kult, welchen wir zunehmend in Hollywood oder der Musikbranche feststellen können, so wichtig. Je mehr Götter existieren, desto mehr kann in Hollywood Gut und Böse symbolisiert werden und umso erfolgreicher können sie ihre religiösen Absichten realisieren. Umso stärker wird Ihr Glaube an ihre Religion manifestiert.

Die illuminierten Illuminaten

Die Lichtträger sind die Sonnenträger von heute, auch Illuminaten oder die „Erleuchteten“ genannt.

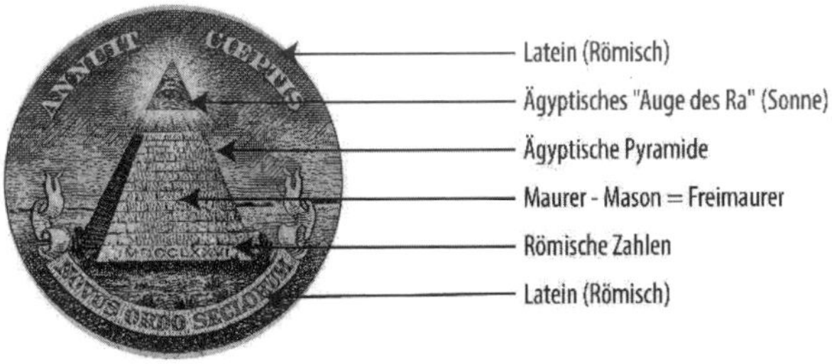

Abb. 158: Die Illuminati (Plural von lateinisch illuminatus = „Erleuchtet“) – Römische Zahlen und die ägyptische Pyramide symbolisieren die „Illuminati Pyramide“, dass „Große Siegel“!

Illuminaten oder Illuminati bedeutet „Sonnengott-Verehrung“ und wird mit dem „Auge Gottes“, auch „Horus Auge oder „Auge des Ra (Re)“, kurz gesagt mit der Sonne symbolisiert, heutzutage fälschlicherweise als „Auge der Vorsehung“, „Auge Gottes“ oder „allsehendes Auge“ bezeichnet.

Abb. 159: … und noch einmal, weil es so schön war: „Erleuchtet" sind auch alle religiösen Sektenführer dieser Erde, mit dem sogenannten Heiligenschein

Hier beginnt die Geschichte der „Untergrabung" der Freimaurerei, Rosenkreuzer und Jesuiten.

Die „Illuminati" sind nur eine Ebene, innerhalb der Hierarchie ihrer Organisation. Nicht mehr und nicht weniger. Auch die Illuminati sind eine religiöse, geheime Glaubensgesellschaft, mit Verbindungen zu weiteren Geheim- und Glaubensgesellschaften, beteiligt an der Französischen Revolution, der Ermordung von John F. Kennedy und dem Aufbau einer weiteren „Neuen Weltordnung".

Tiefer gehe ich in dieses „Wissen" hier nicht ein.

Um es kurz zu fassen: Die „Erleuchteten" sind nur ein ausführendes Organ innerhalb der „Autorität" zur Aufrechterhaltung der Ordnung innerhalb der Ordnung.

Ein Organ mit Kontrollfunktion der Priester- und Dienerschaft, welche an vorderster Front stehen. Ihre Mitglieder sind ein wichtiges Verbindungsglied zwischen Geheimhaltung und Öffentlichkeitsarbeit, zur Kontrolle der Weltbevölkerung und seiner Unternehmen, welche als Länder bezeichnet werden. Dafür braucht die „Autorität“ der religiösen Weltenlenker dieses Kontrollmittel.

Eine Peitsche wäre im 21. Jahrhundert nicht mehr zeitgemäß und viel zu offensichtlich, also bleibt zur Aufrechterhaltung der Ordnung, der Maat wie Sie nun gelernt haben, nur wertloses Geld.

Wenn Sie die Tiefgründigkeit verstanden haben, bekommt der Satz: „We Trust in God“ (auf Deutsch: „Wir vertrauen auf Gott“) eine ganz neue Bedeutung. Sie vertrauen in ihrem Gott zur Aufrechterhaltung ihrer Maat, ihrer Macht, ihrer Ordnung!

Hier soll nicht unerwähnt bleiben, dass alle Herrscher der Vergangenheit schon immer vom Gold besessen waren. Auch dies hat sich bis heute nicht geändert.

Gold, Rohstoffe und Land sind notwendige, vor allem aber die einzigen autoritären Mittel, neben ihrer Religion, zum Regieren.

Ein moderner Pharao von heute

Ein Pharao des 21. Jahrhunderts ist ~~Pharao~~ König Rama X. von Thailand, in seinem goldenen Palast, inklusive Sonnenboot.

Anmerkung: Thailand ist eine absolute Monarchie, man könnte schon fast sagen eine Militärdiktatur.

Thailändisches Staatswappen — Wappen des Königs Rama V. — Wappen Thailands

Abb. 160: Verschiedene thailändisches Wappen mit entsprechender Symbolik

Thailändische Wappen haben überdeutliche Sonnensymbolik, unter anderem mit dem „Falken Ra“ in abgewandelter und moderner Form. Die Pharaonen Farben gehen, wie bereits angedeutet, einher mit der Nationalflagge in: Rot, Weiß und Blau.

Der thailändische Sonnenkalender (150) wurde von König Chulalongkorn (Rama V.) im Jahr 1888 angenommen, als siamesische (Siam = Zion!) Version des gregorianischen Kalenders, dem Ersatz des thailändischen Mondkalenders als ein Recht für einen eigenen Kalender in Thailand (wobei letzteres auch immer noch verwendet wird, insbesondere für traditionelle und religiöse Veranstaltungen). Der Gregorianische Kalender müsste im eigentlichen Sinne auch der Richtigkeit nach ebenfalls Sonnenkalender heißen! Das Jahr 2023 entspricht im thailändischen Sonnen-Kalender 2566, welcher dem gregorianischen Kalender um 543 Jahre voraus ist. Er ist heute noch in Gebrauch.

Abb. 161: Thailändischer Sonnenkalender

Das Jahr 543 vor „Christi“ ist der Beginn der buddhistischen Zeitrechnung und entspricht der 26. Dynastie, während der Spätzeit in Ägypten, zirka im 6. Jahrhundert vor „Christi“.

Demnach ist das sogenannte 21. Jahrhundert, also auch das Jahr 2023 wie so vieles andere auch nur imaginär, dementsprechend eine Phantasiezahl, welche überhaupt nichts mit der Realität zu tun hat, ganz gleich ob wir nun 2023 oder 1023 haben.

Abb. 162: Kleine Sammlung der Goldbesessenheit der pharaonischen „Autorität“

Gold repräsentierte schon immer Macht und „Autorität“ der pharaonischen Weltenlenker. Zumindest will man uns dies auf jeden Fall Glauben machen.

Aber inoffiziell steht Gold selbstverständlich nicht nur für Raub, Mord und Todschlag, Kriege und Kinderarbeit, sondern auch für die Zerstörung von Flora und Fauna, Ausbeutung oder Unterdrückung. Auch der Goldstandard, auf den gerade die ach so „aufgewachte Wahrheitsbewegung“ immer wieder hinweist (siehe: goldgedeckte Währung!), ist ein weiteres Mittel der Manipulation. Aber darüber schweigt man natürlich, denn selbstverständlich steht Gold auch immer in Verbindung mit Religion, wie zum Beispiel: „The Golden Dawn", das „Goldene Kalb", „Goldene Zepter" und „Goldene Stäbe", „Goldene Sonnenscheiben" und die goldfarbene Sonne. Die Liste lässt sich endlos fortsetzen.

Gold ist auf der ganzen Welt ein Symbol für die pharaonische „Autorität", egal ob in Indien, Thailand, der Goldpalast in England, die Goldbesessenheit von Russland, dem Vatikan, in der Türkei oder der Palast von Versailles, von Frankreichs „Sonnenkönig" Louis XIV.

Gold repräsentiert nicht den Reichtum oder ein Königreich. Gold ist ein Statussymbol von den Monarchen und „Führern" dieser Erde. Dadurch wirken sie auf Menschen „Erhoben", als ob sie etwas Besonderes wären, obwohl sie auch nur zum kacken auf das Klo gehen. So bekommen sie für die Masse einen scheinbaren unantastbaren Status und das immer in Verbindung mit Religion, was ihnen sehr wichtig ist.

Religiöse Monumente, ägyptisch-griechisch-römische „göttliche Statuen" an Parlamenten und Regierungsgebäuden und nur zu gerne mit den Sonnengöttern Christus, Sol, Helios, Ra oder sonstige Götzen, findet man überall.

Auf diesem Weg werden ihre Taten „Heilig" und ihre „Heiligen Hallen" „Göttlich". Ganz im Sinne der Tradition ihrer Vorbilder oder Vorfahren. Sie handeln ja schließlich im „Namen der Götter"! Oder etwa nicht?

Das groß~~kotz~~britannische Imperium

Im 19. Jahrhundert herrschte Großbritannien über eines der größten Weltreiche, die es je gab.

Die britische Herrschaft schloss Kanada, Australien, Neuseeland und Südafrika mit ein, von Indien, Antigua und Barbuda, Bahamas, Belize, Grenada, Jamaika, Papua-Neuguinea, Bangladesch, Barbados, Kamerun, Kenia und sehr vielen anderen „Ländern" (Firmen) ganz zu schweigen. Das Britische Empire erlebte seinen Höhepunkt unter Königin Victoria, welche von 1837 bis 1901 regierte, jedoch auch nur eine Rothschild war. Aus Platzgründen kann ich auf diese sehr spannende Wirklichkeit nicht eingehen, was ich jedoch in einem meiner kommenden Bücher behandeln möchte. In dieser Zeit war das sogenannte „Römische Reich" nicht nur eine Inspirationsquelle, sondern man zog es auch heran, um die gewaltsamen Eroberungen zu rechtfertigen und dort das einzuführen, was man für überlegene Werte und Sitten hielt. Das ist so ziemlich das, was die Römer auch hier bei uns gemacht haben.

Die Römer haben uns die primitive Militärsprache Latein und eine große Infrastruktur mit Straßen und öffentlichen Bauten hinterlassen und die Briten beglückten ihre unfreiwilligen Untertanen mit Eisenbahnstrecken, Regierungsgebäuden und der englischen Sprache.

Indien ist laut „offiziellen Angaben" „unabhängig", aber die Sprache von der Regierung und der Verwaltung ist noch immer Englisch. Das Land ist heute noch auf das ursprünglich von den Briten verlegte Schienennetz angewiesen, so traurig wie es ist. Es war nie gewollt, dass Indien sich damals weiterentwickelte.

Mit dem „British Empire" ist die britische Kolonialmacht gemeint. Diese ging aus der britischen Seemacht hervor und etablierte sich zum größten Reich auf der Erde. Mit dem Ende des 19. Jahrhunderts befand sich das British Empire auf dem Höhepunkt seiner Weltherrschaft. Dies wurde auch als „Reich" bezeichnet, „in dem die Sonne niemals unterging".

Die Folgen des Kolonialismus waren für die Menschen, die in den Kolonien lebten, dass sie den fremden Herrschern Untertan waren und hatten oft meistens gar keine Rechte. Bis zum Ausbruch des 1. Weltkrieges, im Jahre 1914, lebten mehr als die Hälfte aller Menschen dieser Welt in Kolonien. Erst nach dem Ende des 2. Weltkrieges, im Jahre 1945, gaben die europäischen Staaten ihre Kolonien offiziell allmählich auf, so dass diese Länder „unabhängig" wurden. Etliche von ihnen leiden bis heute darunter, dass sie so lange von fremden Staaten beherrscht wurden, zumindest wenn man die offizielle Version hört. Das britische Weltreich ist schon lange „Vergangenheit".

Heutzutage ist viel öfters vom „amerikanischen Weltreich" die Rede, weil die USA im 21. Jahrhundert das mächtigste Land der Erde sind. Und eigentlich sind sie auch kein Weltreich, wie es die anderen vorher waren, weil die USA eine sogenannte „Demokratie" sind. Echt jetzt, wirklich?! Wer das „glaubt" wird „seelig"!

Wenn dem so ist, warum reite ich hier wohl auf einem Vergleich mit dem römischen oder ägyptischen Reich herum?

Na, kommen Sie meine lieben Leser schon von alleine darauf? Sehr viel Neues haben Sie bestimmt schon bisher in diesem Buch gelernt, von meiner „verschobenen" Betrachtungsweise dieses Erdenreichs. Oder etwa nicht?!

„Wenn die Menschen wüssten, dass sie nicht ihre Gedanken sind, dann würden sie nicht alles glauben, was sie denken. Und damit die Kraft des Gedanken besser für sich nutzen können, umso mehr das zu leben, was sie wirklich für sich wollen." (Hiekyoung Blanz)

Nun, dann schauen Sie sich bitte einmal das amerikanische Geld an. Dort findet man folgenden Schriftzug: „E Pluribus Unum".

Abb. 163: „E Pluribus Unum“ ist der Wahlspruch der Vereinigten Staaten

„E Pluribus Unum“ ist Latein und bedeutet „Aus vielen Eins“! Damit benutzen die USA die alte „heilige Sprache“ Latein der Römer, um den Kern ihrer eigenen Identität wiederzugeben.

Die amerikanische Verfassung drückt das große Streben nach „politischer Freiheit“, also Liberty, aus. Und auch dieser Gedanke kommt aus der römischen Welt, denn „Libertas“ ist in der römischen Mythologie die göttliche Personifikation der Freiheit. Die römischen Kaiser ließen sie oft auf Münzen prägen, damit wollten sie dem Volk einreden, sie seien die „Hüter der Freiheit“. Genau dieser Irrglaube verkörpert heute die „Freiheitsstatue“.

Ups, warum muss ich dabei an bestimmte Kasperköpfe in Babylon Berlin denken, welche sich als „Hüter der (ich lach mich weg) Demokratie“ nennen?! Aber es ist wieder einmal nur ein „Glaube“ „Frei zu sein“.

Die Vereinigten Sonnen-Staaten benutzen diese ursprünglich römischen Symbole nicht, weil sie das Römische Reich der Neuzeit sein wollen und weil die Römer eine Symbolik der Macht entwickelt haben, der nicht viel hinzuzufügen ist.

Eines der wichtigsten Symbole der Macht, der sogenannte „Adler“ in Rom als Jupiter und griechisch als Zeus identifiziert, welcher ein Falke darstellt, also im ägyptischen Ursprung Ra oder Horus. Und gleich welches Zeitalter, der Sonnengott schmückt seit eh und je, heute mehr denn je nicht nur das „Große Siegel der Vereinigten Staaten“. Im Schnabel hält er das bereits erwähnte Banner mit der Aufschrift „E Pluribus Unum“.

Bei den Römern hatte jede Legion ihren Legionsadler, der immer auf einer Standarte mitgetragen wurde. War die Legion im Lager, wurde er im „Legions-Heiligtum“ aufbewahrt.

Dies bedeutet, dass weder das römische noch das ägyptische Reich jemals untergegangen sind! Nicht mehr und nicht weniger. Schluss, aus und Ende der Diskussion!

Symbolisch werden beide Reiche vollständig auf dem 1 Dollar Schein abgebildet. Sei es nun ein englisches, römisch oder ägyptisches Weltreich. Es ist ein Konstrukt, welches alle Herrscher miteinander verbindet und zwar eine religiöse Willkür, welches zwei vereinte Reiche repräsentiert. Warum muss ich, wo ich dies gerade schreibe, an die zwei Säulen Jachin und Boas denken, die beiden Säulen am Tor des Eingangs von dem Tempel des Salomon in Jerusalem?!

Unabhängig davon gibt es noch Einzelmonarchen, welche jedoch auch von dieser schon oft genannten „Autorität" abhängig sind und daher unabdinglich Teil der Weltenlenkung sind, denn ohne Religion, kann kein Herrscher, kein Monarch, keine Sekte und kein Präsident regieren.

Solang diese „Autorität" nicht verstanden wird, also wie regiert wird, ist doch die Frage: „Wer regiert" an diesem Punkt nach wie vor nur zweitrangig.

Die Knechtung der deutschen Völker

Auch der „Schein-Vertrag" von „Versailles" war selbstverständlich nur ein religiöser Akt der Mächtigen.

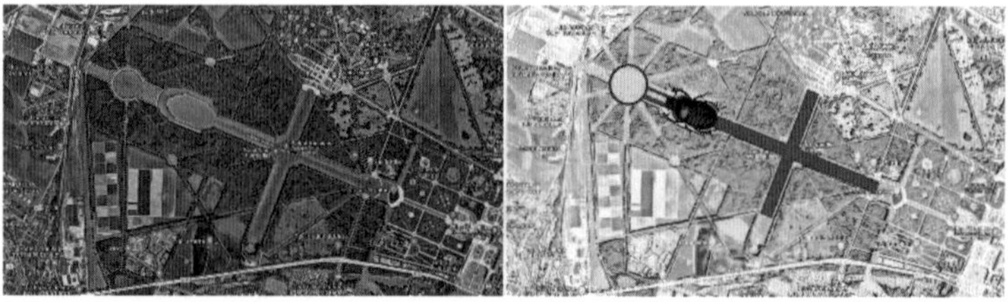

Abb. 164: Versailles: Neben dem Skarabäus erkennt man auch das klassische religiöse Sonnensymbol mit Sonnenscheibe und ein Templerkreuz

Heute wissen wir, dass es kein Vertrag war, sondern eine Vorbereitung, welches nur für das dumme Volk bestimmt war und zwar für ihren nächsten Schritt. Alles ist irgendwie miteinander verbunden!

Der Skarabäus, also der ägyptische Sonnengott Ra wird auch im US-Bundesstaat Utah der „Vereinigten Sonnenstaaten" verwendet. Und zwar nicht an irgendeinem Ort, sondern Ra repräsentiert in Form von Chepre, also dem Skarabäus, selbst das Grundstück des Kapitols in Salt Lake City, was ebenfalls „Capitol Hill" genannt wird.

Aha, nun wird es „putzig", denn schon wieder wird Salt Lake City erwähnt. Sagt man nicht in den einschlägigen sozialen Medien immer und immer wieder, dass alle Szenen des US-Präsidenten nur in einer Filmkulisse gedreht werden würden und zwar genau dort, im „Capitol Hill", einem Stadtviertel in Salt Lake City, Utah?! Und was soll dort noch geschehen, laut den „Q"-Anhängern?

„POTUS und die White Hats haben den US-Generalstaatsanwalt für Utah, John Huber, angewiesen, diese 220.000+ versiegelten Anklagen gegen Deep State Rats zu entsiegeln (Bundesgerichtsakten online auf PACER.GOV bestätigt).“(151)

Und nicht zu vergessen, dass in Utah die Mormonen ihre „Hauptgeschäftsstelle“, faktisch ihre Zentrale haben. Nun kommen wir gleich zu dem nächsten Thema, namens:

Wertlose Geld<u>SCHEIN</u>e

Wie sollte nun die „FED“ (Fede<u>ra</u>l Reserve System = Zent<u>ra</u>lbank-System und US-Notenbank der Vereinigten Sonnenstaaten von Amerika) richtig definiert werden? Der „Fede<u>ra</u>l Tempel des Saturn“, in Verbindung mit <u>Ra</u>, ist ein einziges religiöses Kontrollmittel, wie das Wort „System“ schon selbst erklärt. Geld ist absolut wertlos, denn Geld als solches wurde nur für das dumm-schlafende Schafsvolk erfunden! Nicht mehr und nicht weniger!

Der Steueranteil von bis zu 50 Prozent oder mehr, spricht dabei für sich selbst. Was früher die Peitsche war, ist heute das „heilige Geld“, nebst Steuern, weil man damit die Bevölkerung „steuern“ kann.

Wie Geld aus dem Nichts geschaffen wird, muss ich nicht erklären, denn so viel Grundwissen setze ich voraus, wenn man solch ein Buch wie dieses liest.

Erinnern Sie sich noch, als ich vor vielen Seiten schrieb: „Arbeit ist im alten Ägypten ein Synonym für Steuern.“? Nun, das sagt doch wohl alles.

Wie sagt man doch immer so schön:

„Besteuere sein Land, sein Bett, besteuere den Tisch an dem gespeist wird. Besteuert seine Arbeit, seinen Lohn, denn er arbeitet für Peanuts, wie auch immer! Besteuert seine Kuh, seine Ziege, seine Hose und seinen Mantel. Besteuert seinen Tabak, sein Getränk, besteuere ihn, wenn er versucht zu denken. Besteuert sein Auto, sein Benzin und finde andere Wege um seinen Arsch zu besteuern. Besteuert alles, was er hat und dann lass ihn wissen, dass du noch nicht fertig bist, bis er kein Geld mehr hat. Wenn er schreit und brüllt, dann besteuere ihn noch mehr. Besteure ihn, bis er wund ist. Und am Ende besteuere seinen Sarg, besteuere sein Grab und besteuere den Rasen, unter den er gelegt wird. Wenn er von uns gegangen ist, entspannt euch nicht, denn es ist Zeit für die Erbschaftssteuer.“

Dies bedeutet im Umkehrschluss: Wer seine Sklaven zum Arbeiten bewegen möchte, braucht die Peitsche, was wir heute „Geld“ und „Steuern“ nennen.

Schauen wir uns doch einmal spaßeshalber an, welche Steuern wir in diesem ~~Unternehmen~~ Staat bezahlen: Debitorensteuer, Airline-Zuschlagssteuer, Kerosinsteuer, Steuer auf die Instandhaltung von Flughäfen, Baugenehmigungssteuer, Zigarettensteuer, Kochkunst-Steuer, Einkommensteuer für Unternehmen, Waren- und Dienstleistungssteuer (GST), Todesfall-Steuer, Führerscheinsteuer, Umweltsteuer (Gebühr), Verbrauchssteuern, Einkommensteuer, Fischereilizenz-Steuer, Lebensmittellizenz-Steuer, Mineralölsteuer (zu viel pro Liter), Bruttoeinkommenssteuer, Gesundheitssteuer, Heizungssteuer, Erbschaftssteuer, Zinssteuer, Beleuchtungssteuer, Branntweinsteuer, Luxussteuer, Heiratslizenz-Steuer, Medicare-Steuer, Hypothekensteuer, Rentensteuer, persönliche Einkommensteuer, Vermögenssteuer, Armutssteuer, Steuer auf verschreibungspflichtige Medikamente, Grundbesitzsteuer, Steuer auf Freizeitfahrzeuge, Einzelhandelsumsatzsteuer, Steuer auf Dienstleistungsgebühren, Schulsteuer, Telefonsteuer, Wertschöpfungssteuer, Kfz-Zulassungssteuer, Kfz-Verkaufssteuer, Wassersteuer, Steuer auf Arbeitnehmerentschädigung und Steuer (Mehrwertsteuer) auf Steuern. Und jetzt wollen sie eine verdammte Kohlenstoffsteuer, na das wird aber teuer! Ehrlich mal jetzt: Finden Sie das noch immer lustig und gerecht?!

Noch vor 100 Jahren gab es keine einzige dieser Steuern und unser Land war wohl eines der wohlhabendsten dieser Welt! Wir hatten absolut keine Staatsverschuldung, hatten eine große Mittelschicht, eine riesige Produktionsbasis und Mütter blieben zu Hause, um die Kinder zu erziehen. Was zum Teufel ist da nur schiefgelaufen?!

Nur Gold und Land ist für die „Autorität“ Macht. Darum ist Geld, welches bestenfalls Kaufkraft, also Ihren Lohn symbolisiert, lediglich ein kontrolliertes und kontinuierlich beschleunigendes Schuldgeldsystem, indem die „Zügel“, also die Steuer, immer straffer gezogen werden müssen. Dies geschieht in Form, der sich stets erhöhenden Ausgaben, denn sogenannten „Staatsschulden“ sollen ja gar nicht zurückbezahlt werden. Das war von der „Autorität“ auch nie beabsichtigt und auch nie vorgesehen gewesen. Die „Plandemie“ ist in diesem Kreislauf ein willkommenes Geschenk für Länder. Das klingt für den „Normalo“ Paradox, aber spiegelt jedoch die Wirklichkeit wider. Zurückzahlen wäre ohne hin gar nicht notwendig, weil Geld aus dem Nichts geschaffen wurde, aus dem Nichts verliehen wird und eben schon allein deswegen absolut wertlos ist!

Alle dazugehörenden „Anführer“ sind sich dessen sehr wohl bewusst, wozu die Schuldenfalle des Geldsystems dient. Sie wissen auch alle und zwar ausnahmslos, dass sämtliche Schulden niemals zurückbezahlt werden können und eben genau das ist von denen gewollt, um einen Schuldkult, auch symbolisch wieder Peitsche genannt, aufrecht zu erhalten, wie zum Beispiel: Staatsschulden, „Coronaschulden", Insolvenz- und Bankenschulden, Privatschulden, Weltschulden und so weiter.

Darum verschulden sich sogenannte ~~Firmen~~ Länder sogar gewollt, ganz gezielt und „unkontrolliert" immer weiter.

Beispiele der unnötigen oder verschwenderischen Ausgaben von Länder gibt es unzählige. Es ist die einzige Möglichkeit, welche die „Autorität" besitzt, um dem normalen Bürger durch Schulden, also die „Peitsche", dass illegale Schuldgeldsystem, den Zins und den Zinseszins, das illegale Steuersystem oder sei es die ständigen einfachsten Kredite, die man Ihnen laufend aufzwingen möchte. Das alles dient der religiösen „Autorität".

Es ist ihr „System" und ihre „Religion", welche sie damit am Laufen halten können. Ja, ein Teufelskreislauf kann man es zur Verdeutlichung nennen. Und das alles im Namen des „heiligen Gottes" versteht sich!

Mein Fazit: Gäbe es keine Schulden mehr, dann wäre das Schuldgeldsystem überflüssig, somit auch alle Staatsdiener und die Drecksbanken, wobei ich nicht die im Stadtpark meine!

Das ist auch der Grund, warum sich niemals ein Politiker gegen das Schweine-Schuldgeldsystem aussprechen wird. Genau so sieht es auch mit der Religion aus. Diese Tatsachen muss man nicht beweisen, denn suchen Sie doch mal einen einzigen Politiker, welcher sich gegen Religion ausspricht. Und wenn es eine Politikmarionette machen würde, dann wäre es ganz sicher sein (politisches) „Todesurteil" oder wie man es in moderner Form gerne macht, per „(Schein-) Skandale" und „Medienhetze".

Wertloses Geld verursacht zirka 1 Prozent Reiche und 99 Prozent Arme, was eben dem Geldsystem oder Schlupflöcher der „Autorität" und deren Unternehmen schuldig ist. So ist es und war es schon immer!

Oder wieso verdient der schwer arbeitende Bauer weniger Geld, als ein Arzt oder ein Professor? Kleiner Gedanke von mir angemerkt: Ein Arzt kann ohne Nahrung vom Bauern nicht leben!

Durch Reiche und Arme werden Kriminalität, Unruhen und Kriege gefördert, was auch „mit dem Finger am großen Hebel" heute als „Börse" oder „Wall Street" bezeichnet wird, lässt sich die Inflation ganz nach Belieben binnen Sekunden am Computer definieren. So kann man mit wertlosem (Schein-) Geld über ganze Unternehmen, Rohstoffe, Wohlstand oder Armut bestimmen.

Dies ist natürlich nur dem einem Prozent der 10 größten Aktiengesellschaften dieser Welt vorbehalten.

Erst durch Kriminalität kann man neue Gesetze verhängen. Darum ist dies ein gewolltes und gern akzeptiertes „Übel" dieser „Autorität". Stichwort: „Me too", „Black Lives Matter", „Die letzte Generation", Antifa, um nur einige zu nennen.

Geld und Religion spalten die Menschheit schon immer und daher glauben Sie mir bitte, meine lieben Leser, Geld macht wirklich nicht glücklich, denn satanischer Reichtum bringt nur Unglück. Schluss, aus und Ende der Diskussion! Ich weiß von was ich spreche / schreibe, vertrauen Sie mir bitte!

Abb. 165: Ra oder Re, welcher auch durch den Falken oder Adler dargestellt wird, repräsentieren dieses teuflische „Geld-System"

Die Federal Reserve hat:

- einen 7-köpfigen Verwaltungsrat,
- entsprechend den religiösen 7 Weltwunder,
- der 7 Hügel Roms,
- den sieben Planeten,
- welchen den 7 Wochentagen und
- dem einzigen heiligen Festtag der 7-Tage-Woche, den Sonnentag entsprechen!

Es ist ganz egal mit welcher Dienerschaft der „Autorität" Sie sich beschäftigen, sei es Vanderbilt, Rockefellers, Rothschilds, Morgans, Warburgs, Gates, Soros oder ganz modern auch Trump, Putin, Xi, Schwab, Musk und Co., all die „großen Namen" in dieser Obrigkeit sind lediglich „kleine Zahnräder", welches das ganz große Autoritätskonstrukt am Laufen hält. Darin hat jeder Priester, jeder Staatsdiener, jeder Bankier, jeder Musiker, jeder Promi, usw. eine Aufgabe zu erfüllen. Egal welche Marionette Ihr Leben bestimmt, sie sind Ihre tägliche Beschäftigung, Ihr „Labyrinth des Wissens" und sie führen Sie immer tiefer in diesen „Kaninchenbau".

Wenn Ihr „Liebling" morgen ausgetauscht wird, beginnen Sie mit dem nächsten „Nichts". Aber die „Autorität" wird nach wie vor weiter funktionieren, wie bereits schon seit vielen Tausenden von Jahren!

So war es schon immer und so wird es auch immer bleiben, wenn diese „Autorität“ nicht verstanden wird!

Moses, das auserwählte Volk, Sklaven und andere Gehörnte

Auch im alten Ägypten waren die „Juden“ nur Sklaven der Pharaonen. Vielleicht haben Sie ja den Film „Exodus“ gesehen, wo es sehr gut gezeigt wurde.

Unbeliebt waren die „Juden“ schon eh und je. Die Gründe hierfür mögen auch ohne eigene nachvollziehbare Geschichte vielfältig sein. Selbst aus Ägypten wurden sie wie bereits erwähnt vertrieben.

In diesem Buch, speziell an dieser Stelle, soll es aber nicht um irgendwelche Rassen-Ideologien gehen, sondern um die Vergangenheit dieser „Autorität“. Ja, sogar im alten Babylon waren schon die Juden gefangene Sklaven.

Heute gewährt man ihnen als Ausgleich dafür Nutzungsrechte in Freimaurer-Logen. Sie dürfen etwas von diesem ~~wertlosen~~ ach so wertvollem Drecksgeld abbekommen und dienen im Gegenzug dafür uneingeschränkt im Namen der religiösen „Autorität“. Dabei verbreiten Sie einen falschen Glauben, ein diabolisch-erfundenes Märchenbuch, welches nur den Sonnenkult und der „Autorität“ in seiner Macht stärkt. Ja, genau darin besteht heute ihre Aufgabe!

Ganz ehrlich einmal jetzt: Was hat schon wertloses Geld zu bedeuten, wenn man keine Macht und keine „Autorität“ besitzt?!

Mit dem Judaismus beginnen die Geschichten um den sogenannten „Jesus“ und „Moses“. Auf Moses möchte ich hier etwas tiefer eingehen. Nicht jedoch auf „Jesus“, was die bisherigen Punkte auf die ich schon eingegangen bin, eigentlich in sich offenbart haben.

Abb. 166: Die Realität der echten Juden!

Noch mehr in einem ~~Bestseller~~ Buch namens „Bibel“, dessen Herkunft oder Zeitraum nicht einmal bewiesen werden kann, würde nur in weiteren Sagen, Mythen und / oder nicht beweisbaren Theorien enden.

Abb. 167: Steht Moses stellvertretend als „Jude“ für den „Sündenbock“?

Selbst die offensichtlichen Wiki-Lügen rund um „Moses“ und selbst die Märchen um Michelangelo, mit seinem angeblichen „Übersetzungsfehler“, wodurch er „Moses“ „fälschlicherweise“ mit Hörnern darstellte, bringen niemanden wirklich weiter, denn Statuen von Moses wurden schon lange vor Michelangelos Geburt angefertigt!

Abb. 168: Ein kräftig gehörnter Moses (links) steht in Schreckensstarre dem nur zart gehörnten „Goldenem Kalb“ gegenüber, dass von seinem Volk angebetet wird und Schwupps sind die Gesetzestafeln schon zerbrochen.

Das ist wieder einmal ein Beispiel, der grob und unlogisch erfundenen Geschichtslügen im Wikiichscholzejetzt oder welche Aufgabe Michelangelo hatte, sprich die Geschichten passend und entsprechend der Märchenbibel zu ändern. Jedoch trotz allem wird der fast schon „heilige“ Michelangelo, weil er schließlich in Verbindung mit dem Vatikan steht, heute wie viele weitere religiöse und doch sehr armselige Gestalten noch immer hochverehrt!

Kleine Anmerkung: Dieser stumpfsinnige Inhalt wurde in Wikibekloopptia mittlerweile abgeändert. Wie man sehen kann, „lügen“ sie ständig an der „perfekten Geschichtsverfälschung“, denn anstatt einem Übersetzungsfehler, verwenden sie nun das Wort: „Verwechslung“ und anstatt „Hörner“ identifizieren es die selbsternannten Faktenerfinder nun mit einem „Strahlenkranz“. Dass die Hörner überhaupt nichts mit einem Strahlenkranz zu tun haben, kann man sehr gut auf den Bildern erkennen. Was für ein Spaß!

Wenn man einen so berühmten Maler, wie Michelangelo, aus angeblicher Unwissenheit nicht einmal Moses richtig darstellen kann, ja selbst Experten sich noch nicht mal einig sind, stellt sich mir die sinnige Frage: Wie glaubwürdig sind dann überhaupt seine Malereien im Saftladen des Vatikans???

Nun mal Butter bei die Fische: Wer war denn nun dieser „Moses?!

„Meine Mutter, eine Hohepriesterin, wurde mit mir schwanger. Insgeheim gebar sie mich. Sie legte mich in ein Schilfkästchen. Mit Bitumen dichtete sie meine Behausung ab. Sie setzte mich am Fluß aus, der (mich) nicht überspülte. Akki, der Wasserschöpfer, zog mich heraus,

als er seinen Wassereimer eintauchte. Akki, der Wasserschöpfer, zog mich als sein Adoptivkind groß. " (152)

Für mich klingt dieses Zitat nach der üblichen Erzählung über Horus, nach der Horus gemäß dem Mythos des Osiris durch seine Mutter Isis geschützt vor Seth in Chemmis aufgezogen wird.

Somit ist Moses wieder kein Geringerer als Horus, nur wie immer an einem anderen Ort, andere Namen, andere Figuren, aber der identische Inhalt!

An die Märchenerzähler der „Autorität": Irgendwie seid ihr echt einfallslos. Holt euch doch Netflix oder Magenta für neue Anregungen! Ach neee, denn in den dortigen Serien und Blockbuster ist auch immer ein Muster erkennbar und wer dies durchschaut hat, weiß wie wo und was wann geschehen wird. Es ist wirklich immer das gleiche Strickmuster!

Der Tempel des Salomons

Während der Vereinigten Monarchie wurde der Tempel „Jahwe", dem „Herren", „Gott", „Lord" oder „Baal", um nur wenige zu nennen, Israel geweiht. Von der Herrschaft des Königs Manasse bis zum König Josia wurden dort auch dem Sonnengott „Baal" und das „Heer des Himmels" verehrt. Hier wird nochmals die Bedeutung von „Herr", also „Baal" bekräftigt.

„Der Tempel hatte Sonnenwagen (2. Könige 23:11) (Anmerkung der Redaktion: SOL und Sol Invictus) und Hesekiel beschreibt eine Vision von Tempelanbetern, die nach Osten schauen und sich vor der Sonne verneigen (Hesekiel 8:16). Einige Bibelgelehrte wie Margaret Barker sagen, dass diese Sonnenelemente auf einen Sonnenkult hindeuten. Sie können eine frühere jebusitische Anbetung von Zedek oder möglicherweise einen solarisierten Jahwismus widerspiegeln. " (153)

Dem ist eigentlich Nichts mehr hinzuzufügen!

Gäbe es eine jüdische Weltherrschaft, dann würden wir an den wichtigsten Orten, der immer wieder von mir erwähnten „Autorität" und zwar weltweit jüdische Monumente oder Inschriften sehen! Dies ist jedoch nicht der Fall!

Es dominieren ägyptisch und römische Monumente! Es gibt keine jüdische Weltverschwörung oder Weltherrschaft!

Die Aufgabe des sogenannten „auserwählten Volkes", der echten Juden, ist es die erfundene Mär von „Jesus" aufrecht zu erhalten.

Ständig erfinden sie neue Märchen, selbstverständlich verschlüsselt, codiert und decodiert.

Geheimnis um Geheimnis und Mythen um Mythen, welche sich auch nur dadurch noch in den nächsten 1000 Jahren halten werden, bis der nächste Sonnengott auserkoren wurde.

Nur sie, diese echten Juden, besitzen das angebliche Wissen, welches in Wirklichkeit kein Wissen ist.

Nur sie dürfen „im Namen Gottes" morden oder in Palästina Landraub begehen, jedoch hat all dies absolut nichts mit „Gott" zu tun, denn das spricht schon für sich ganz alleine. Juden sind weder ein auserwähltes Volk, noch im Besitz einer „heiligen Schrift", noch streben sie eine Weltherrschaft an.

Juden sind Menschen, sind eine Rasse wie jeder andere auch, auch wenn zum großen Teil unbeliebt und das trotz der Beliebtheit der modernen „Bibel", welche von den meisten Juden nicht mal Verwendung findet. Denn dieses Märchen hat genau so wenig mit „Gott" zu tun, wie der „Davidstern" mit den Juden!

Die „große Geschichte" rund um den Mythos „Bibel" ist nur ein erweiterter „religiöser und sich stets erneuerter Kult und somit eine Verkörperung einer Sonnengottheit".

Das ist ein wichtiger Teil dieser „Autorität", welchen sie auch unbedingt aufrechterhalten müssen und schließlich Juden in diesem „Weltenlenkerspiel" uneingeschränkt dienen, sonst hätten sie ja keine eigene ach so geile „Geschichte" mehr und keine Rechtfertigung für ihre Verbrechen! Ganz zu schweigen von der ewigen Mär des „Sündenbockes", in Form ihres spirituellen Führers namens Moses, welcher selbst vor der Liebe zu einer Ziege wohl nicht zurückschreckte.

Die elitären Sprecher, die Marionetten, die Dienerschaft der „Autorität", welche wir heute Tag ein Tag aus in den Monstermedien sehen können, sind sich um die Bedeutung der erfundenen Bibel sehr wohl bewusst. So ist es Ihre Aufgabe, die Juden als „heiliges Volk Gottes" stets zu unterstützen. Im Gegensatz dazu erhalten sie die „ehrenhaften Logenauszeichnungen". Es sind die berühmten politischen Akteure die wir in den Medien sehen, die noch voller Stolz vor dem israelischen Ausschuss wie AIPAC, usw. Juden mit allen Mitteln unterstützen. Jene welche bei Amtsantritt noch auf die „heilige Bibel" schwören ~~müssen~~, denn die Religion ist ihnen im wahrsten Sinne „Heilig".

Die Religion wird von der „Autorität benötigt“, denn so werden die sogenannten „Anführer“ in Verbindung mit dem vom Zionismus notwendigen „Antisemitismus“ sozusagen „Unantastbar“, ja fast schon selber zu „Heiligen“. Immerhin handeln sie im Namen des „auserwählten Volkes“ und „Im Namen Gottes“, so ein weiterer Irrglaube.

Die 1.000 Jahre dieses „Christentums“ neigen sich momentan dem Ende zu und es wird eine neue Religion durch die „Autorität“ bestimmt werden.

Wenn Sie, meine lieben Leser, nun meinen, dass die Christen doch schon seit 2.000 Jahren das „Sagen“ haben, dann muss ich Sie enttäuschen. Wir leben nämlich eigentlich in einer ganz anderen Zeit als wir meinen. Daher geht es im folgendem Kapitel um:

Die teuflische Fälschung der Zeit

Sicher haben Sie, meine lieben Bücherwürmer, schon bemerkt, dass verschiedene Zeitrechnungen bei uns auf der sogenannten Erde parallel zueinander existieren, sprich, dass es diverse (ich meine nicht den satanisch „Diversen“-Genderquatsch) Kalender gibt. Selbstverständlich hat die Wissenschaft jede Menge durchaus logisch klingende Erklärungen, warum dies so ist und sein muss. Es gibt beispielsweise den:

- Islamischen Kalender,
- Jüdischen Kalender,
- Chinesischen Kalender,
- Koptischen Kalender (Alexandrinische Kalender),
- Buddhistischen Kalender,
- Neujulianischen Kalender
- und unseren Gregorianischen Kalender, dessen Vorgänger der Julianische Kalender war.

Neben diesen oben genannten, existieren zeitgleich noch einige andere Kalender mehr.

Ich gehe davon aus, dass all diese Kalender nur der Verwirrung dienen. Ich gehe sogar noch einen Schritt weiter und behaupte, dass der Gregorianische Kalender ein diabolisches Machwerk ist! Das Wort „diabolisch“ bedeutet nicht mehr und nicht weniger als: etwas durcheinanderbringen. Ja, die Zeiten und Jahresangaben der Geschichte werden in Unordnung gebracht, was nur teuflisch sein kann. Wenn Sie sich schon näher mit den verschiedenen Kalendern, speziell mit dem Gregorianischen Kalender auseinandergesetzt haben, werden Sie sicherlich sehr schnell festgestellt haben, dass damit etwas nicht stimmen kann!

Abb. 169: Beispiele für verdrehte verschiedene Kalender / Zeitrechnungen

Kommen wir nun zu den Details, wie die Geschichte des gesamten Erdenreiches um zirka 1.000 Jahre in die Vergangenheit zurückverlegt wurde.

Im Mittelalter schrieb man die Jahreszahlen auf einer anderen Art auf. Es gab zwei Möglichkeiten, den Namen des Erlösers Jesus Christus zu schreiben. Einer war Iisus (= Jesus) und der andere war Christus. Wenn man nun meinte, dass ein bestimmtes Ereignis 300 Jahre nach Christus geschah, stellte man ein „I" (i) vor die Zahl des Jahres. Kleine Nebenbemerkung meinerseits: Das „Iisus" dem Namen Isis sehr ähnlich scheint, ist ganz bestimmt nur ein Zufall.

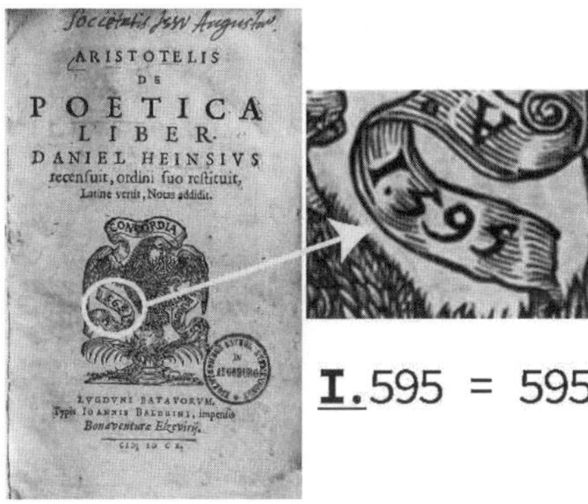

Abb. 170: Wappen von Ludouici Elzeuirij

Eine alternative Variante bestand darin, den Buchstaben „X" zu platzieren, der von dem Namen Christos stammt, denn so nennt das slawische Volk noch heute den Erlöser Jesus Christus. Zum Beispiel wird Ludouici Elzeuirij von den (wahrheitsverdrehenden und preisetragenden) Mainstreamhistorikern als Renaissanceverleger angesehen. Wie wir jedoch auf seinem eigenen Wappen auf der oberen Abbildung sehen können, schreiben wir das Jahr 595. Vor dieser Jahresangabe sehen wir den Buchstaben „I“ mit einem Punkt („.“) dahinter. Dies ist offensichtlich nicht die Nummer / Zahl 1, für das Jahrtausend stehend.

Ein weiteres Beispiel ist das nebenstehende Bild, mit Dürers Monogramm. Laut der (leider sehr großzügig gefälschten) Mainstreamgeschichte, ist dies das Jahr 1528. Wenn sie jedoch genau hinsehen, erkennt man eindeutig den Buchstaben „i“. Dies ist nicht etwa die Ziffer eins oder gar ein Zufall, denn diese offensichtlichen Fälschungen haben System und dient einzig und allein der Verwirrung von Zeit und Raum.

Abb. 171: Hase des Malers Hans Hoffmann mit Dürers Monogramm

Nachfolgend sehen Sie noch drei Beispiele für diese „Geschichtsglättung“ oder wollen wir es mal sagen wie es ist: GESCHICHTSFÄLSCHUNG!

Diese von Jesuiten erfundene Zeit-Kalender-Theorie wird uns von derselben historischen Wissenschaft immer wieder vorgekaut (Aha = MKULTRA!!!), welche uns solche Märchen wie die Evolutionstheorie, die Urknalltheorie oder die Mär vom Heliozentrischen Weltbild (Kugelerde mit feststehender Sonne in der Mitte) auf die Nase bindet.

Die nachfolgenden Abbildungen werden heutzutage als die Jahre (von links nach rechts) 1654, 1656 und 1649 interpretiert. Wir können jedoch sehr deutlich sehen, dass es sich tatsächlich um jeweils ein „I“ („i“) handelt und nicht um eine „1“! Somit schreiben wir die Jahre 655, 656 und 649.

Abb. 172: Weitere Beispiele für ~~Geschichtsfälschung~~ Geschichtsanpassung durch die historische „Wissen-schaft", welche neues Wissen wissentlich schafft!

Es gab verschiedene Möglichkeiten den Buchstaben „I" zu schreiben. In dem oberen Bild in der Mitte sieht man Beispielsweise, dass die von Historikern erfundene „1" in Wahrheit ein „J" ist und somit für Jesus steht. Rechts daneben steht ein kleines „i" wieder mit einem Punkt vor der eigentlichen Jahreszahl „i.649".

Interessant in diesem Zusammenhang ist auch die bei Wikilügia „aufgezeichnete" Geschichte des Verfassers, welcher die oberen beide Werke (links und mittig) schrieb. Ich rede von Adam Olearius. Adam Oehlschlegel, so sein richtiger Nachname, wollte seine jüdische Herkunft verstecken, wie es heute noch bei sehr vielen in der Öffentlichkeit stehenden Personen sehr verbreitet und üblich ist, gab sich daher den lateinisch und nach einem Gelehrten klingenden Namen Olearius. Nur so nebenbei erwähnt schreibt Lügimedia über die Bedeutung des Namens Adam folgendes:

> *„Adam ist das hebräische Wort für ‚Mensch' und bezeichnet im Tanach den ersten Menschen. In Genesis 2,7 EU wird dieser Name in Bezug gebracht zum hebräischen Wort adamah*

für den Erdboden, aus dessen ‚Staub' (hebr. afar) der Mensch von Gott gebildet wurde. Wahrscheinlich kann man adam und adama zurückführen auf die Grundbedeutung ‚Haut, Oberfläche'". (154)

„Adam Olearius war der Sohn des Schneiders Adam Oehlschlegel und dessen Ehefrau Maria Porst. Er wuchs in einfachen Verhältnissen auf. Dennoch schaffte er es 1620, sich an der Universität Leipzig für das Fach Theologie zu immatrikulieren. Nebenbei studierte er auch Philosophie und Mathematik. 1627 wurde Olearius der Titel eines Magisters der Philosophie verliehen und fünf Jahre später, in denen er erst an der Nikolaischule und dann an der Thomasschule unterrichtet hatte, avancierte er zum Assistenten der philosophischen Fakultät in Leipzig. Außerdem wurde er als Kollegiat der Kleineren Fürstenstiftung gefördert. (Anmerkung der Redaktion: Es ist schon sehr erstaunlich, das einfache Schneidersleute ihrem Sohn eine derartige Ausbildung finanzieren konnten. Was das Märchenalmanach Wikipedia da geschrieben hat, ist wieder einmal mehr als zweifelhaft!)

1633 wechselte er in den Dienst von Herzog Friedrich III. von Schleswig-Holstein-Gottorf. Der Herzog plante eine wirtschaftliche Anbindung Norddeutschlands an Russland. Deshalb stattete er eine Gesandtschaft aus, welche am 6. November 1633 in Altona unter der Leitung des Kaufmanns Otto Brüggemann und des herzoglichen Rats Philipp Crusius startete. Das erste Ziel dieser Delegation war Moskau, wo sie am 14. August 1634 eintraf. Die Delegation umfasste 120 Personen, und Olearius gehörte ihr als Sekretär an. Das Ziel der Gesandtschaft war, ein Handelsabkommen mit Zar Michail Fjodorowitsch Romanow zu vereinbaren. Da der Zar aber äußerst unrealistische Vorstellungen über die ihm zustehenden Zolleinnahmen hatte, scheiterte die Gesandtschaft in ihrem eigentlichen Auftrag.

Trotzdem wurde sofort nach der Rückkehr nach Gottorf am 6. April 1635 mit den Vorbereitungen einer weiteren Expedition an den persischen Hof begonnen. Diese sollte zu einem Handelsabkommen mit Persien führen und die dort herrschenden Safawiden zu einem Bündnis gegen die Osmanen bewegen. Auch diese Reise leiteten Otto Brüggemann und Philipp Crusius, Olearius fungierte wieder als Sekretär. Sie wurden u. a. vom Reisenden Johann Albrecht von Mandelslo sowie dem Dichter und Mediziner Paul Fleming begleitet. Am 22. Oktober 1635 startete man wiederum in Altona, schiffte sich in Travemünde ein, erreichte am 29. März 1636 Moskau und setzte die Reise am 30. Juni desselben Jahres über Nischni Nowgorod wolgaabwärts fort. In Astrachan wollte man am 10. Oktober mittels eines selbstgebauten Schiffes das Kaspische Meer überqueren, erlitt aber nahe Derbent Schiffbruch. Am 22. Dezember 1636 wurde die Reise über Land fortgesetzt. Am 30. Dezember erreichte die Gesandtschaft Schamacha, die Hauptstadt der Provinz Schirwan; dort pausierte sie bis 27. März 1637. In dieser Zeit führte Olearius astronomische Ortsbestimmungen durch, traf sich mit einheimischen Wissenschaftlern und lernte Persisch. Am 3. August 1637 erreichte die Delegation endlich die Hauptstadt Isfahan. Da sich die Mitglieder – allen voran offenbar Otto Brüggemann – äußerst selbstherrlich aufführten und die Safawiden brüskierten, scheiterte die Mission recht bald. Am 21. Dezember 1637 brach die Gesandtschaft wieder nach Hause auf, ohne etwas erreicht zu haben. … Er wurde für das vollständige Scheitern der Mission und die finanziellen Verluste alleine verantwortlich gemacht – obwohl anscheinend Crusius der Leiter der Expedition war – und daher zum Tode verurteilt und am 5. Mai 1640 wegen Inkompetenz öffentlich hingerichtet.“ (155)

Oh, was für ein jähes Ende er doch fand. Ich gehe fest davon aus, dass seitdem ein Fluch auf der Familie Olearius liegt. Denken wir doch einmal an seinen Nachfahren Christian Olearius. Wurde dieser „Oehlschlegel“ faktisch nicht auch „gerichtet“ (zumindest verurteilt), als er sich schützend im Cum-Ex-Skandal vor die Warburgs stellte und die alleinige Schuld in der Warburg-Bank-Affäre auf sich lud und somit den Bundeskasper „Olaf Scholz zu Wirecard“ aus der Schusslinie nahm?! Der Rest von der Familie Olearius waren fast ausnahmslos immer Bankiers, Politiker oder Theologen, sprich: es waren immer Leute, welche an ihre selbst erzählten Geschichten glaubten und diese weiterverbreiteten.

Abb. 173: Atlas der Ostsee

In einigen Fällen wurde der Buchstabe „I“ oder wie im slawischen der Buchstabe „X“ komplett weggelassen. Zum Beispiel schreibt der Kartograph auf dieser Karte eindeutig, dass sich diese Ereignisse auf die Jahre 740 und 750 beziehen und dennoch wird es von den fälschenden Mainstreamhistorikern zweckmäßigerweise in die Jahre 1740 und 1750 platziert. Dies ist nicht etwa das einzige derartige Beispiel.

Nebenstehend sehen Sie ein altes Siegel der Stadt Vilnius. Als Gründungsjahr wird eindeutig das 7. Jahrhundert erwähnt und doch ist dies nach der „erdachten“ Geschichte eine Stadt des späten Mittelalters. (156)

Abb. 174: Siegel von Vilnius

Zu diesem Zeitpunkt wundern Sie sich wahrscheinlich, wie das in der Realität funktioniert hat. Wie haben die einfachen Leute zum Beispiel im Jahr 600 nach Christus plötzlich gedacht, dass es jetzt 1.600 Jahre nach Christus wäre. Tatsächlich haben die einfachen Leute nicht einmal verstanden was passiert ist, denn passenderweise wurde genau zu dieser Zeit der Kalender ausgetauscht. Der neue gregorianische Kalender wurde eingeführt und alles auf die sogenannten „korrekten Daten“ eingestellt. Da dies alles zentral und zuerst nur auf dem Papier geschah, verstanden die einfachen Leute auf der Straße nicht, was geschehen war. Auf diese Weise entstand die Geschichte, so wie wir sie heute kennen. Diese erfundene Zeit wurde nicht von Historikern geschaffen, sondern von Illusionisten, Priestern und Magiern, wie in einer Zirkusmanege.

Es gab jedoch auch gebildete Leute und manch einer erkannte den Betrug. Einer von ihnen ist der berühmte Physiker Isaac Newton. Irgendwie vergaßen die Zeitfälscher uns mitzuteilen, dass er nicht nur ein hervorragender Physiker, sondern auch ein außergewöhnlicher Chronologe war.

Er argumentierte beharrlich, dass die Geschichte des Königreichs Ägyptens um 1.800 Jahre künstlich in die Vergangenheit geschickt wurde. Die Geschichte des antiken Griechenlands wurde seiner Ansicht nach um 534 Jahre künstlich in die Vergangenheit versetzt und die Geschichte der römischen Kultur wurde um ca. 1.000 Jahre künstlich nach hinten verlegt. Weitere Informationen finden Sie in seinem Buch „Die Chronologie der Königreiche geändert".

Bild 175: Isaac Newton (1643–1727) – Der ~~Erfinder~~ „Entdecker der Schwerkraft"

Jean Hardouin war einer der gebildetsten Männer seiner Zeit und sprach sich auch gegen die Gültigkeit dieser erfundenen Geschichte aus. Er war ein königlicher Bibliothekar und fand heraus, dass die Geschichte von Joseph Justus Scaliger (angeblich ein Historiker, jedoch war er viel mehr ein Geschichtsfälscher!) auf Büchern basiert, die nicht echt sind. Tatsächlich ist die Liste der Gelehrten, die an der Echtheit von Joseph Justus Scaligers Theorie zweifeln sehr lang und wird kontinuierlich länger!

Sehr interessant ist in diesem Zusammenhang, dass Wikilügia die schützende Hand über den Maulhelden Scaliger hält. Allein das ist für mich schon Bestätigung genug, dass dieser Typ ein Fälscher ist. Er wird in ebenso ein gutes Licht gerückt, wie die heutigen lügenden Politiker, Wissenschaftler mit ihren „Experten" und ganz zu schweigen von den sogenannten Philanthropen.

„Allerdings hatte Scaliger auch eine ganze Reihe von Feinden. Er hasste Ignoranz, mehr noch Halbwissen, am meisten aber Unehrlichkeit bei der Argumentation und bei Zitaten. Selbst durch und durch ehrbar und ehrlich, brachte er keine Toleranz dem unaufrichtigen Argument und der Falschdarstellung der Fakten derjenigen entgegen, die schrieben, um eine Theorie zu unterstützen oder eine schlecht fundierte Sache zu verteidigen. ... Er erinnert dabei an seinen Vater und dessen arrogante Art denen gegenüber, die er verschmähte oder hasste – und er verschmähte und hasste alle, die nicht seiner Ansicht waren. Er war sich seiner Macht bewusst und in seinen Äußerungen nicht vorsichtig oder liebenswürdig genug. Er vertraute zu sehr seinem Gedächtnis, das ihn jedoch gelegentlich im Stich ließ. Seine Korrekturen, oft geglückt, waren manchmal absurd. Bei der Festlegung der Grundlagen antiker Chronologie verließ er sich einige Male auf Haltloses, manchmal sogar auf absurde Hypothesen, oft auf eine unvollständige Schlussfolgerung.“

IOSEPHI
SCALIGERI
IVL. CAES. F.
MESOLABIVM.
AD
Nobiles Academiæ Lugdunensis
Batauorum
CVRATORES,
Et Magnificos eiusdem ciuitatis
CONSVLES.

LVGDVNI BATAVORVM,
EX OFFICINA PLANTINIANA,
Apud Franciscum Raphelengium.
cIↃ. IↃ. XCIV.

Abb. 176: Joseph Justus Scaliger - Mesolabium von 1594

Wenn ich diesen Auszug im Märchenpedia lese, muss ich zwangsläufig an die sich selbst in den Himmel hebenden Faktenchecker denken, welche von den selben Quellen finanziert werden, wie auch die Lügen in die Welt setzenden Medien, Politiker und allen voran der von Jesuiten gegründeten Naturakademie LEOPOLDINA in Halle an der Saale, mit der angeschlossenen Freimaurerloge „Zu den drei Weltkugeln“. Allerdings muss ich auch zugeben, dass sehr viele sich selber als Aufgewachte bezeichnende Kanalbetreiber von den alternativen Medien nach dem Scaliger-Prinzip: „Angriff ist die beste Verteidigung“ handeln. Namen möchte ich an dieser Stelle nicht nennen, weil sonst dieses Buch wegen der Seitenanzahl nicht mehr gedruckt werden könnte! Weiter heißt es im Märchen-Lexikon:

„Aber seine Gegner waren nicht bloß solche, deren Irrtümer er aufgedeckt hatte und deren Feindschaft er durch die Gewalt seiner Äußerungen hervorgerufen hatte. … Muretus erklärte im späteren Teil seines Lebens strengste Orthodoxie, Lipsius hatte sich mit der römischen Kirche ausgesöhnt, Isaac Casaubon wurde als schwankend betrachtet, nur Scaliger wurde als hoffnungsloser Fall angesehen, und solange seine Oberhoheit außer Frage stand, trugen die Protestanten den Sieg in Forschung und Lehre davon. Ein entschlossener Versuch musste gemacht werden, wenn nicht der Beantwortung seiner Kritik oder der Widerlegung seiner Aussagen, so doch der Zerstörung seines Rufs – keine einfache Aufgabe, zumal seine Moral und sein Charakter absolut makellos waren.“ (157)

Hier kommen als Referenzen nur ein paar Namen von Scaligers Kritikern. Auch hier kann ich wieder wegen Platzmangel bei weitem nicht alle Namen auflisten. Ich kann jedem Leser nur wärmstens empfehlen, sich diese anzusehen. Es sind auch viele zeitgenössische Wissenschaftler aufgelistet, welche auch eigene Websites haben.

- Walter Haug
- Gunnar Heinsohn
- Polydore Hochart
- Edwin Johnson
- Wilhelm Kammeier
- Manuel Lacunza
- Jean de Launoy
- Günter Lüling
- Paul C. Martin
- Christoph Marx
- Oswald Spengler
- Uwe Topper
- Anatoli Fomenko

Die 1000-jährige Verschiebung der Geschichte, zurück in die Vergangenheit, war nicht die einzige. Es gab noch ein paar andere „Zeitanpassungen“. Sie wurden unter anderem mit einem einfachen und alten Kniff erreicht, durch das fälschen von Dokumenten und Münzen.

Dieses Kapitel mit der Fälschung der Zeit war mir sehr wichtig, um alle Zusammenhänge in diesem Buch zu verstehen. Aber nun gehen wir wieder zurück zu der weltweiten neuen Religion und anderen Götzen, die in den kommenden Jahren vor unserer Tür stehen werden, da das Christen- und Judentum ausgedient hat!

Die Mehrheit des unterwürfigen Schlafschafvolkes, aber vor allem auch die „patriotische“ oder „rechte“ Wahrheitsbewegung tappt absolut blind in die Falle, diese „aufgewachten Superhelden“ mit ihren angebeteten Götzen namens Putin, Trump und Xi!!!

Die „ADL“ (Anti Defamation League)

Eine nicht ganz ernst gemeinte Frage: Warum steckt in dem Wort ADLer der Sprengelbegriff ADL mit drinnen?

Solche Organisationen, gerade wie die „ADL“ (Anti Defamation League) benötigen den sogenannten „Hass“ gegen das „auserwählte Volk“, welcher erst durch ihre eigenen Medien publiziert wird. Und so stärkt die Abneigung oder der sogenannte „Antisemitismus gegen Juden“, diese Religion, ihre Religion, welche sie nun mal zum Regieren benötigen. Es will einfach nicht verstanden werden, denn selbst die Plandemie hat aufgezeigt, dass die „Autorität“ zur Umsetzung ihrer eigenen Ziele, auch nicht vor der normalen jüdischen Bevölkerung Halt macht!

Apropos ADL: *„Wussten Sie, dass die ADL jeden neuen FBI-Agenten auf seine Rolle als Beschützer des amerikanischen Volkes und der Verfassung unterrichtet?“*[158] Was die ADL in dem oberen Zitat so stolz in den Raum stellt, müsste jedem doch merkwürdig erscheinen, denn schließlich ist die ADL kein staatliches Organ, sondern eine NGO, die im Übrigen aus der jüdischen Freimaurerloge B'nai B'rith hervorging und seither Diffamierungskampagnen fährt und auch noch dafür bekannt ist, die Meinungsfreiheit durch Zensurdruck einzuschränken. Zur ADL gäbe es so einiges zu sagen, was hier aber den Rahmen sprengen würde.

Die ADL erhält in den USA Jahr für Jahr vom amerikanischen Steuerzahler über sogenannte „Fördergesetze gegen Antisemitismus“ Milliarden an wertlosen US-

Dollar, um vor der amerikanischen und der Weltöffentlichkeit ihren „Stempel aufzudrücken".

Denselben Diffamierungstanz zog bis vor kurzem in diesem Land die säkular-jüdische Kommunistin und Ex-Stasi-Petze Anetta Kahane, mit Hilfe ihres Kumpels, dem Chef des Verfassungsschutzes Thüringen Stefan Kramer und ihrer kommunistischen „Hasbara"-Sekte, der „Coca-Cola-Amadeu-Antonio Stiftung" in Berlin ab.

„Der Begriff Hasbara (hebräisch הַסְבָּרָה hasbará, ‚Erklärung' oder ‚Public Diplomacy') beschreibt ein Instrument der Öffentlichkeitsarbeit der Regierung Israels, um international eine positive Berichterstattung über Israel und seine politischen Anliegen zu fördern." (159)

Und wie es halt sein soll und man es sich nicht ausdenken kann, bekam vor kurzem Albert Bourla, der Big Boss von Pfizer, den ADL-Preis für Courage gegen Hass!

Noch einmal: Die ADL (Anti-Defamation League) ist eine jüdisch-stämmige Nicht-Regierungsorganisation, die weltweit das Internet zensiert und festlegt, was angeblich Hass und Hetze ist. ADL arbeitet mit allen Ländern zusammen und hat sogar Zugriff auf alle PayPal-Daten!

„New York, NY, 10. November 2022: Dr. Albert Bourla, der Vorstandsvorsitzende von Pfizer, der die Bemühungen um die erfolgreiche Entwicklung und den Einsatz des Impfstoffs COVID-19 anführte und sich mutig gegen Desinformation und Hass aussprach, wurde heute mit der höchsten Auszeichnung der ADL, dem Courage Against Hate Award, geehrt. Dr. Bourla nahm die Auszeichnung während der Abschlussveranstaltung des ADL-Gipfels gegen Antisemitismus und Hass im Javits Center in New York City entgegen.

‚Wenn Menschen wütend sind oder Angst haben, suchen sie nach einem Schuldigen, und das war bei der Pandemie nicht anders', sagte Jonathan Greenblatt, Geschäftsführer der ADL, bei der Übergabe des Preises. ‚Dr. Bourla hätte diese Kampagnen der Desinformation und des Hasses einfach ignorieren können, aber stattdessen hat er mutig seine Stimme erhoben. Er wehrte sich gegen die Verschwörungstheorien, die darauf abzielen, das Vertrauen der Öffentlichkeit in den Impfstoff zu untergraben, und prangerte die abscheulichen Holocaust-Vergleiche deutlich an. Und er ermutigte zu öffentlichen Aufklärungsmaßnahmen, um den gefährlichen Lügen entgegenzuwirken.'

Greenblatt lobte Dr. Bourla für seine Führungsrolle während der Pandemie. Er erkannte früh, dass Pfizer während der COVID-Krise eine humanitäre Verantwortung hatte und ging große Risiken ein, als das Unternehmen die Durchbrüche erzielte, die es ihm ermöglichten, in nur acht Monaten einen sicheren und wirksamen Impfstoff zu entwickeln - ein Prozess, der normalerweise Jahre dauert.

Dr. Bourla ist der Sohn von Holocaust-Überlebenden aus Griechenland. Er ist stolz auf seine jüdische Identität und sein Erbe und hat den Bau eines Holocaust-Museums in

Thessaloniki, Griechenland, unterstützt, um die Erinnerung an die einst blühende jüdische Gemeinde in der Heimatstadt seiner Familie zu bewahren - eine Gemeinde, die im Zweiten Weltkrieg dezimiert wurde.

In seiner Dankesrede wies Dr. Bourla darauf hin, dass jeder die Pflicht hat, seinen Teil zur Bekämpfung von Antisemitismus sowie von Gleichgültigkeit und Selbstgefälligkeit angesichts falscher Informationen beizutragen. Er rief außerdem dazu auf, das Vertrauen in die Wissenschaft auf der Grundlage von Fakten und datengestützten Gesprächen wiederherzustellen. „Es ist klar, dass Desinformation auch heute noch Schaden in der Gesellschaft anrichtet und die Prinzipien, für die diese Organisation steht, bedroht', sagte Dr. Bourla. ‚Der Hass und die Unwissenheit, die sie hervorrufen, hindern uns daran, einander als Menschen zu sehen, als Individuen mit einem Leben, das es verdient, geschützt zu werden.'"

Jeden weiteren Kommentar spare ich mir an dieser Stelle, weil es zum einen nicht wichtig für den weiteren Handlungsverlauf dieses Buches ist und zum anderen, weil ich diese ADL-Sekte nicht in den Himmel heben möchte, da diese Figuren uns mit dem eingeredeten Schuldkult knechten!

Ich kann Ihnen, geehrte Leser, wirklich nur empfehlen, sich mit diesen „Gottvertrauten" selber einmal zu beschäftigen, denn dann werden Sie wieder auf Namen der üblichen Darsteller stoßen, wie zum Beispiel: Ronald S. Lauder (US-amerikanischer Kosmetikkonzernerbe von *Estée Lauder Companies* und seit Juli 2007 Präsident des Jüdischen Weltkongresses), Ronald Reagan, Rudy Giuliani, Kurt Waldheim, Papst Franziskus, Ariel Scharon, Silvio Berlusconi, Aleksander Kwaśniewski, die israelische Ministerpräsidentin Golda Meir, der jordanische König Hussein, der israelische Ministerpräsident Menachem Begin, der südafrikanische Präsident Frederik Willem de Klerk, der US-Präsident George H. W. Bush, die deutsche Ex-Bundeskanzlerin Angela Merkel, Ex-Bundestagspräsidentin Rita Süssmuth, Ex-Verteidigungsminister Rudolf Scharping und Ex-Innenminister Otto Schily, um nur einige zu nennen. Apropos Otto Schily:

Die Freimaurerei

Die Rituale in der Freimaurerei beziehen sich auf König Salomo und den Bau seines Tempels, sprich einer Kirche, welche eindeutig zeigen, dass die Freimaurerei mit ihrer Freimaurerbibel nur eine weitere erfundene Religion ist, welche auf der vorherigen basiert, denn dies ist die wesentliche Aufgabe in der Freimaurerei. Darum „Mason", was so viel bedeutet, wie die „religiösen Maurer" der „Autorität".

Sogenannte „Freimaurergebäude“, in denen sich Logen und ihre ach so „geheimen Brüder“ treffen, werden manchmal „Tempel“, also wieder Kirchen, genannt.

Ein allegorischer Hinweis auf König Salomos Tempel. (160)

Abb. 178: Die „(Schein-) Heiligen Brüder“ vom Tempel des Salomons

Um genau zu sein, ist dies ein Hinweis, dass sie sich in Kirchen treffen! Die größte jüdische Freimaurerloge ist B’nai B’rith. Sie wurde am 13. Oktober 1843 in New York gegründet.

Die Gründung der ersten offiziellen Freimaurer-Großloge fand laut Erzählung in London, bereits im Jahr 1717 statt, jedoch früheste Dokumente stammen aus der Zeit zwischen 1390 und 1425.

Die gesamte Freimaurerei stammt nämlich (angeblich) aus London, mit ihrem römischen Einfluss.

> *„Der Name Freimaurer ist vermutlich abgeleitet von der Bezeichnung der Steinbildhauer oder Bauplaner der Bauhütten, den freestone-masons. Im Gegensatz zu ihnen waren die roughstone-masons eher für die gröberen Arbeiten zuständig.*
>
> *Der Begriff Freemason (deutsch Freimaurer) findet sich zum ersten Mal in Dokumenten der Kathedrale von Exeter aus dem Jahr 1396. 1495 findet er sich in den Reichsstatuten König Heinrichs VII. 1537 nennt die Zunft in London ihre Mitglieder Freemasons.*
>
> *Der Begriff Loge wird bereits im Jahre 1278 in einer Urkunde über den Bau der Vale Royal Abbey erwähnt.“* (161)

Die frühesten offiziellen englischen Dokumente, die sich auf Freimaurer beziehen, sind wie soll es auch anders sein, in der „heiligen lateinischen Sprache" verfasst. Eine frühe kontinentale Geschichte zitiert eine Quelle aus dem 16. Jahrhundert, dass es bis 1535 zwei schottische Freimaurerlogen in Frankreich gab, eine in Paris und die andere in Lyon. Am 20. Mai 1641 wurde Sir Robert Moray von mehreren Freimaurern, die Mitglieder der Loge von Edinburgh waren, in die Freimaurerei eingeführt. Obwohl er in eine schottische Loge eingeweiht wurde, fand das Ereignis südlich der Grenze statt. Dies ist die früheste erhaltene Aufzeichnung einer Einweihung eines Mannes, in die spekulative Freimaurerei auf englischem Boden.

Der erste Hinweis darauf, dass ein Jude Freimaurer wurde, stammt aus dem Jahr 1716. Ab 1723 tauchen in den Archiven der Großloge von England jüdische Namen auf und James Anderson selbst verweist in der zweiten Auflage seiner Konstitutionen (1738) auf mehrere hochrangige jüdische Offiziere der Großloge, die meisten von ihnen Sepharden, auch als Khasaren bekannt.

Es ist jedoch zugegebenermaßen schwierig eine Soziologie der Mitgliedschaft in der Freimaurerei zu erstellen und über eine Soziologie der Juden in der Freimaurerei zu spekulieren.

Die Zugehörigkeit einer Person zu den Freimaurern stellt nur einen Aspekt ihrer Verpflichtungen und Zugehörigkeiten dar. Schließlich ist die Tatsache hervorzuheben, dass die Freimaurerei lange Zeit ein Ort der Geselligkeit, des Dialogs und der Verbrüderung mit Nicht-Juden war, der nur einer sehr kleinen Zahl emanzipierter, gebildeter und der europäischen Kultur gegenüber aufgeschlossener Juden offenstand.

Wäre also die Freimaurerei jüdischen Ursprungs, wie noch immer einige behaupten, müsste es schon lange vor den ersten Logen in Europa oder England, jüdische Freimaurer-Logen in Israel gegeben haben.

Und schon sind wir bei dem damit zusammenhängenden Thema:

Die Protokolle der Weisen von Zion

Ob diese nun von jüdischen Personen oder vom religiösen System im Namen der Juden verfasst wurde, ist ebenso zweitrangig. Zudem ist das Wort Jude und die Überdeutlichkeit der Juden so sehr in den Vordergrund gestellt, welchen einen jüdischen

Verfasser eher unglaubwürdig erscheinen lässt. Denn die herrschenden Persönlichkeiten, handeln stets im Verborgenen. Ihre Ziele werden lediglich unter den höchsten Priester im geschlossenen System, innerhalb der „Maat", der altägyptischen Ordnung verkündet, welche dann später in abgewandelter und verharmloster Form an die unteren Stufen der Pyramide, Geheimdienste, Logen und ihre politischen Marionetten weitergegeben wurden und werden.

Auch stelle ich die Frage nach der Echtheit schon lange nicht mehr, denn wie man momentan sehr gut erkennen kann, erfüllen sich die Protokolle ja. Das wichtigste bei den zionistischen Protokollen ist, dass auch hier, wie man unschwer erkennen kann, dass die Religion überdeutlich im Vordergrund steht.

Zu erkennen sind einmal mehr ägyptische und römische Symbolik, welche selbstverständlich dem autoritären Sonnenkult zugrunde liegen. Die Verehrung der Sonne steht wie immer an oberster Stelle!

Sonnensymbolik, okkulte religiöse Kreuze, Pentagramm, Sonnenrad, Sphinx ja sogar an das Zepter des Monarchen oder die geflügelte Sonne wurde gedacht. Demnach erfüllen sich die Protokolle nicht nur, sie stammen von der gleichen „Autorität", wie alle anderen Schriften, denn nur hier wird Religion gefördert!!!

Die „Serviceclubs" Rotarier und Lions

Viele Seelen fragen sich: Was ist der Unterschied zwischen Lions Club und Rotary Club? Nun, die Antwort ist relativ simpel, denn die Lions sind in der Öffentlichkeit omnipräsent und zeigen ihr Logo auf jedem gesponserten Projekt. So sorgen sie gezielt dafür, dass man ihren Namen mit sozialen Projekten verbindet. Diese Öffentlichkeitswirksamkeit macht man ganz einfach bei Rotary nicht.

Abb. 179: Die weltweiten Geheimbünde der „Serviceclubs" Rotarier und Lions. Spätestens wenn man diese Karten sieht, sollte jeder noch so tiefschlafender „Aufgewachter" bemerken, dass Russland und China genauso im Bunde sind, wie all die anderen ~~Unternehmen~~ Länder und Staaten!

Rotary International wurde im Auftrag der B'nai B'rith offiziell vom Hochgradfreimaurer Paul Harris 1905 in Chicago gegründet. B'nai B'rith ist als Großloge ein elitärer Orden, worin ausschließlich sephardische Juden mit Abstammungsnachweis und im mindestens zwanzigsten Grad einer Freimaurer-Großloge stehend nach einem Ausleseverfahren aufgenommen werden können.

Aufgabe der Rotarier: Passive Überwachung des politischen und wirtschaftlichen Lebens sowie wie Nachrichtenbeschaffung im Dienste der Weltfreimaurerei. Deshalb hat jeder örtliche Club sich zu bemühen, aus jedem Berufszweig und aus jeder politischen Vereinigung nicht mehr und nicht weniger als zwei sachkundige Mitglieder zu gewinnen und zu verpflichten.

Grundsatz laut Ferras Alvim: „Rotary hat keine praktische und noch weniger eine theoretische Moral."

Tarnung nach außen hin: „Weltfreundschaft". Man spricht von einer „neuen laizistischen (entpriesterten) Religion der Freundschaft" mit sogenannten „humanitären Optiken".

Stärke: 15.500 Clubs weltweit.

Wichtiger Hinweis: Sämtliche „Inspektoren" der jeweiligen Freimaurerlogen sind gleichzeitig stets auch Mitglieder der für sie örtlich zuständigen Rotary-Clubs.

Lions International ist ebenfalls eine aktive Hilfsorganisation der Weltfreimaurerei. Im Auftrag der „Söhne des Bundes", wie man die B'nai B'rith Loge gern nennt, wurde Lions International 1917 in Chicago gegründet.

Aufgabe der Lions Brüder: Aktive „Gesellschaftspolitik", das heißt, Durchdringung von Vereinigungen und politischen Parteien und deren Beeinflussung im Sinn eines „Fortschrittes" freimaurerischer Prägung. Sämtliche Mitglieder werden in die wirtschaftliche beziehungsweise existentielle Abhängigkeit von Lions gebracht.

Praxis: Zugehörigkeit und Erfüllung der „Pflichten" bedeuten Positionen in Politik und Wirtschaft, zinslose und zinsgünstige Kredite (man denke nur an Jens Spahns Villa-gedöns in Berlin!), wirtschaftliche Abnahmegarantien und Zusicherung bevorzugter Förderung, gute Anstellung in Betrieben, passiven und aktiven Schutz in Rechtsangelegenheiten, sowie ganz grundsätzlich Boykott und Neutralisierung jener, die aus ethnischen Gründen einer festen Überzeugung anhängen, wozu alle weltanschaulich oder religiös Gebundenen gehören, sowie alle jene, die volks- und heimattreu wirken, beste Werte althergebrachter, bewährter Ordnung vertreten, die Gemeinschaft des Volkes über Gruppeninteressen stellen und Eigenständigkeit wie Unabhängigkeit der Art, des Geistes und der Person „im Dienen" zu bewahren suchen. Letzteres steht dem Lions-Grundsatz entgegen, der da besagt: „non serviam!", was die Auflösung aller gewachsenen Bindungen einerseits, die „Erfüllung" der „Hilfe" beim „Bau" andererseits bedeutet.

Tarnung: Demonstrative Maske „Hilfe".

Parole: „Vereinte Menschheit durch Lionismus".

Stärke: 26.280 Clubs mit rund einer Million Mitglieder in aller Welt.

Gründungsjahr: 1951 in der Bundesrepublik Deutschland und 1952 in Österreich.

Symbolische Anleihe des Firmennamens aus der Geschichte: Zu Beginn der Zeitrechnung akzeptierten die „Hebräer" im Interesse der Auseinandersetzung mit der römischen Besatzungsmacht, siehe Essener-Aufstände, sogenannte Proselyten, die sich ihren Gemeinden anschlossen, sich aber nicht beschneiden ließen. Dieses Proselyten nannte man „Löwen", heute „Lions".

Prominente im Lions Club: Conny Jentsch, Dieter Herrmann, Herrmann Bartels, Otto Waalkes, Thomas Gottschalk, Sängerin Corinna May, die früheren Bundespräsidenten Theodor Heuss, Karl Carstens und Johannes Rau, Opernsänger Gunther Emmerlich, der Fußballweltmeister Wolfgang Overath und Albert II., König von Belgien, um nur einige zu nennen. (162)

Prominente im Rotarier Club: National: Konrad Adenauer, Götz Alsmann, Ernst Benda (ehemaliger Präsident des Bundesverfassungsgerichts), Roland Berger (Unternehmensberater), Ole von Beust (Ex-Bürgermeister von Hamburg), Gerhard Cromme (Aufsichtsratsvorsitzender von Thyssen-Krupp und Siemens), Udo Di Fabio (Richter des Bundesverfassungsgerichts), Hans-Dietrich Genscher, Herbert Hainer (Ex-Vorstandschef bei Adidas-Salomon, jetzt Präsident des FC Bayern München), Roman Herzog, Hans-Joachim Jentsch (Ex-Richter des Bundesverfassungsgerichts a. D.), Margot Käßmann, Klaus Kinkel, Paul Kirchhof (Ex- Richter am Bundesverfassungsgericht), Klaus Kleinfeld (Siemens), Horst Köhler, Karl Kardinal Lehmann, Otto Graf Lambsdorff, Sandra Maischberger, Thomas de Maizière, Thomas Mann, Reinhard Marx (Erzbischof von München und Freising), Angela Merkel, Friedrich Merz, Franz-Josef Paefgen (Bentley), Ferdinand Piëch, Heribert Prantl (Journalist, Ressortleiter bei der Süddeutschen Zeitung), Walter Scheel, Helmut Schlesinger (ehemaliger Präsident der Deutschen Bundesbank), Horst Seehofer, Andreas Voßkuhle (Vizepräsident des Bundesverfassungsgerichts), Wolfgang Wagner (Bayreuther Festspiele), Richard von Weizsäcker, Martin Winterkorn (Volkswagen) und International: Neil Armstrong (US-amerikanischer Astronaut), George W. Bush, Neville Chamberlain (britischer Ex-Premierminister), Walt Disney, Bill Gates, Hassan II. (König von Marokko), John F. Kennedy, Bernhard zur Lippe-Biesterfeld (niederländischer Prinz), Augusto Pinochet, Rainier III. (ehemaliger Fürst von Monaco), Ronald Reagan, Nicolas Sarkozy, Margaret Thatcher, Lance Armstrong (Radrennfahrer) und Ernest Medina (Captain der United States Army), um nur einige zu nennen.

Mein Fazit: Für mich sind diese „Service-Clubs" nichts weiter als ein großer Haufen von (Stasi-) Agenten, welche ihre Tentakeln in alle Richtungen ausgeworfen haben!

Die Sekte B'nai B'rith

Der B'nai B'rith Verein ist eine rein jüdische Loge, aber eben nicht die Ursprungsloge. Sie ist lediglich eine weiterführende Loge, die speziell für Juden gegründet wurde. Die Religion muss ja schließlich in so viele „Gruppierungen" wie möglich aufgeteilt werden, dass Religion überhaupt effektiv funktioniert und damit auch für jeden Geschmack etwas dabei ist. Also hat man dem jüdischen Volk lediglich eine „eigene Kirche" in Form einer jüdischen Bruderschaft, bzw. Loge zur Verfügung gestellt, in der sich alle religiösen jüdischen Freimaurer verpflichtet fühlen, ihrem „Kegelverein" uneingeschränkt zu dienen und die religiösen Ziele, jedoch nur welche man ihnen Preis gibt, geheim zu halten, indem man eine rein jüdische Loge hat. Dort fühlen sich Juden in „ihrer religiösen Gemeinschaft" gegenseitig und gemeinsam verpflichtet.

Abb. 180: B'nai B'rith organisiert zusammen mit der UNESCO ein Symposium zur hebräischen Sprache in Paris

Abb. 181: B'nai B'rith-Vereins-Auszeichnung für gute „Bruderschafts-Dienste". Auch solche Typen wie der Ex-Bild-Chefredakteur und heute „gesteuerter Widerständler": Julian Reichelt, welcher von ALLEN GROẞEN AUFKLÄRUNGSKANÄLEN (Janich, Mäckle, Schrang und weitere unwichtige Falschspieler) promotet wird, gehört dazu!

So wäre es auch in jeder anderen religiösen Sekte, sei es der schottische Ritus, die offiziellen Logen, die geheimen Logen, die offizielle Freimaurerei oder die „dunklen und geheimen Logen“, welche der Öffentlichkeit gänzlich unbekannt sind. Unzählige Bücher habe ich gelesen, welche für mich nur kurzgesagt einen einzigen Schluss zulassen: Die vollständige Freimaurerei, gleich welcher Ritus, gleich welche Logen, ist nur eine weitere Religionsgemeinschaft innerhalb der Religion, auch wenn es von offizieller Seite gerne abgestritten wird.

Die Freimaurer Bibel spricht für sich selbst! Eine Religion, die sich ihrer selbst, in Form ihrer Mitglieder verpflichtet an der „großen Sache“ zu arbeiten, welche eben einmal mehr uneingeschränkt der „Autorität“ dient!

Freimaurerei ist ein sehr großes und mächtiges Bindeglied in diesem Kontrollsystem, mit der Sonne als „G“, also als „ihr Gott“, die Sonne im Mittelpunkt und über allem!

Nur so nebenbei bemerkt: Der deutsche Philosoph Karl Marx (1818-1883), der mit seinen Schriften die ideologischen Grundlagen für die Sowjetunion formuliert hat, hieß mit jüdischem Namen Chaim Mordechai Hirschel. Sein Vater, Hirschel Mordechai (1777-1838), war 1813 Mitglied der Loge „L'Ètoile Anséatique“ in Osnabrück.

Wladimir Iljitsch Lenin (1870-1924) war ein Logenbruder des 31. Grades mit dem Titel „Großinspektor-Inquisitor-Kommandeur“. Er war Mitglied der französischen „Loge Art et Travail“. Im Jahr 1914 schloss er sich „Les Neuf Sœurs“, den „Neun Schwestern“ und der „Union de Belleville“ an, zwei Logen, die dem „Grand Orient de France“ angehören. Diese Informationen wurden insbesondere von dem britischen Schriftsteller und Politiker Winston Churchill (1874-1965) bestätigt, der seit 1901 Mitglied der britischen „Studholme-Loge“ war.

Lew Trotzki hatte die Freimaurerei bereits 1898 gründlich studiert, als er wegen seiner gewerkschaftlichen Aktivitäten in Odessa im Gefängnis saß. Wie Lenin war auch er Mitglied der französischen Loge „Art et Travail“. Im Jahr 1916 ließ er sich in der französischen Loge „Les Droits de l'homme“ in revolutionären Techniken ausbilden. Im Januar 1917 wurde er auch Mitglied der mächtigen jüdischen Loge „B'nai B'rith“, die seine Rückkehr nach Russland im Frühjahr desselben Jahres finanzierte und der Loge „Memphis Mizraim“, die von dem italienischen Nationalisten Giuseppe Garibaldi (1807-1882) geleitet wurde. Schließlich war er auch Mitglied der „Shriner“ Loge, einem Orden mit Sitz in Florida, der nur Mitglieder ab dem 32.

Grad duldet. Im Jahr 1919 erreichte Trotzki anlässlich eines Empfangs von Logenbrüdern aus dem Ausland in Moskau den 33. Grad und somit höchste Stufe.

Albert Pike, 1809 in Boston, Massachusetts, geboren gilt innerhalb der südlichen Gerichtsbarkeit als der Mann, der am meisten für das Wachstum und den Erfolg des schottischen Ritus verantwortlich ist. (163) Pike verdeutlicht in ordentlicher Freimaurermanier, worum es in der Freimaurerei geht. Ein übergroßes Sonnensymbol umgibt die 33 Grad Sonnenpyramide.

Seine Leistungen der Weltenlenker gegenüber, wird von der „Autorität" in Form eines Pharaonengrab gebührend gehuldigt.

Das Pharaonengrab des 21. Jahrhundert befindet sich im: „House of Tempel", in Washington D.C.

Abb. 182: Ein paar Eindrücke des „ägyptischen Sonnen-Tempel" in Washington

Dieser Sonnentempel, mal wieder ein Museum, also die „heilige Kirche" dieser „Autorität" ist selbstverständlich voller ägyptischer Sonnenkult-Symbole. Die Monumente und Statuen bezeugen ganz alleine welchen Ursprung und welcher Verehrung die Freimaurerei obliegt. Es ist, wie jede Religion, die Basis des ägyptischen Sonnenkults in moderner Verwendung.

Das „House of Tempel" entspricht nicht nur, sondern wurde nach dem Vorbild des Mausoleum von Halikarnassos, was ein Grabmal im heutigen türkischen Bodrum war, eines der alten sieben Weltwunder der Antike gestaltet.

Anmerkung: Wäre also die Freimaurerei eine jüdische Erfindung, müsste nicht nur dieser Tempel mit jüdischen Monumenten überhäuft, sondern auch die ältesten Schriften, zumindest auf Hebräisch sein! Und das sind sie nicht! Sie sind auf Latein geschrieben, also in der „heiligen religiösen römischen Schrift".

Ein Davidsstern in Freimaurerlogen, verdeutlicht lediglich worum es in der Freimaurerei geht, nämlich um Religion und um die Sonne als Gott oder Form eines unbewiesenen Jesus-Märchens. Und weil die „Autorität" ägyptischen Ursprung und auch noch heute in Verwendung ist, findet man entsprechend auch nur ausschließlich ägyptische Monumente! Punkt, Schluss, aus und Ende der Diskussion.

Moderne Tempelanlagen, also Kirchen, welche sich meist neben oder innerhalb sogenannter „Regierungsgelände" finden, sind für die „Autorität" „heilig", sehr „heilig"!

Es sind ihre Grabstätten, ihre Kirchen und ihre „Pyramiden des 21. Jahrhundert". Es sind ihre heiligen Stätten, ihre Götter, welche ihre Religion heute, also auch Ihre Religion im Ursprung, offenbart. Darum ähneln sie nicht selten Kirchen, sondern sie sind Kirchen und gerade hier ist der Touristenandrang, die Beliebtheit der Sonnen-Tempelanlagen der Weltenlenker nach wie vor ungebrochen.

Der ganze Judaismus mit seiner Märchen-Bibel, ist auch die Grundlage für „Die fünf Bücher Moses" genannt die Tora sein soll, welche ebenfalls nur auf Religion und Glauben basieren, auf einem Kult oder auf Inschriften, gleich wie verzwickt, wie geheimnisvoll oder „heilig" sie diese Mythen gestalten oder wie oft die Bibel mit neuen Begriffen umbenannt, umgedichtet, neu geschrieben, neu erfunden oder neu verfasst wurde.

Es ist ein Buch welches sogar Kindermord, Völkermord oder Menschen ein unglückliches Leben bescheren soll! Ob dies ein Buch Gottes ist?

Nein! Dieser Mythos kann nicht von einem „richtenden Gott" abstammen! Ein „Buch", dass unzählige Male verfälscht und je nach Bedürfnis mit „Offenbarungen" oder Prophezeiungen umgedacht, umgedichtet oder umgeändert wurde. Das soll das „Buch Gottes" sein? Echt jetzt?!

All diese Märchenbücher, gleich welcher Religion, sollen alle Verbrechen dieser Erde rechtfertigen? Alles im Namen dieses „Gottes"? Sogar ein betrügerisches Schuldgeldsystem, auch im Namen „Gottes"? Und das soll alles von Gott gewollt sein? Nein, natürlich nicht! Aber genau das sollen Sie „glauben".

Darum sind diese „heiligen Schriften", die Religionen für die „Autorität" und Weltenlenker so wichtig. Genau dadurch werden sie unantastbar, denn Sie werden es nämlich nicht wagen, in ihre „Tempel", Kirchen oder Regierungsgebäude einzudringen, weil Sie Ihren „Glauben" an einen falschen Gott, Ihre Religion daran hindern wird!

Die „Bibel", diese Geschichte ist eben nur eine Geschichte und zwar die Geschichte der „Autorität", ein Märchen der Weltenlenker. Es ist weder die Geschichte „Gottes", noch die Geschichte eines Jesus und es sind auch nicht die „10 Gebote" eines angeblichen Gottes. Es sind Gesetze und Vorschriften Ihrer Autorität!

Gesetze, welche man mit einem Mythos und eines angeblichen „Gott" in Verbindung bringen soll!

Eine unbewiesene Theorie, ein Glaubenskonstrukt Ihrer Obrigkeit, Ihrer Religion, welches Sie daran hindert größer zu denken, denn Sie sollen gar nicht soweit denken. Sie sollen sich einzig und allein in ihrem religiösen Glaubens-Labyrinth bewegen. Ein Labyrinth, welches Ihnen keinen Ausweg aus der Dunkelheit und niemals ein Entkommen aus ihrer Kontrolle zulassen wird.

Genau aus diesem Grund geben sie Ihnen „Götter" und angeblich „heilige Bücher", die Sie im Zweifelsfall noch in ihren Kirchen, in Form einer Sonne anbeten sollen.

Gottvertrauen

Genau darin besteht die Aufgabe des Vatikans!

Ein Märchen, eine religiöse Legende in die ganze Welt zu verbreiten und stets am Leben zu erhalten oder mit neuen unbewiesenen „Theorien" und neuen Mythen zu füttern.

Die perfekt inszenierten Auftritte des Papstes oder anderen „heiligen" Kreaturen, welche wir ununterbrochen in den Medien sehen sollen, gleich welcher Religion. Auch bei Monarchen oder Königshäusern bestätigen und bekräftigen diese Vorgehensweise.

Monarchen oder Präsidenten erhalten erst durch den Papst einen „Heiligenschein" und erhobenen nebst unantastbaren „göttlichen Status". Nur das ist wichtig und zählt.

So werden auch Banken stets mit der Religion verbunden, sei es im Logo selbst oder mit Statuen, die man geschickt vor Banken oder staatlichen Gebäuden platziert.

Es ist Ihr falscher Glaube an ihre Götter, welcher diese „Autorität" erst stark macht. Es ist ihr Glaube und nichts weiter!

Es sind ihre „Propheten" und Messiasse, ihre eigenen „Offenbarungen" und ein Buch, wo angeblich alles geschrieben steht, aber geplant würde hier besser passen, so „wie Gott es wollte". Demzufolge wenn Sie nichts mehr glauben, wenn nichts mehr hilft, kein Gebet mehr erhört wird, stand es in der Offenbarung! Dann wurde es genauso prophezeit: „So soll es geschehen" oder „So war es von Gott eh und je gewollt", „Im Namen des Vaters, des Sohnes und des Heiligen Geistes Amen". Versprochen!

Wissen Sie, meine lieben Leser, wie ich das nenne?! Das ist Aberglaube eines Irrglaubens!

An diesem Weltenlenkersystem hat sich seit tausenden von Jahren bis zum heutigen Tag überhaupt nichts geändert. Und es funktioniert besser denn je. Aus diesem Grund nenne ich es nach wie vor Konstrukt!

Unter der Kontrolle, also unter dem Vorwand einer heiligen bedrohten Kultur oder zionistischen Antisemitismus, lassen sich hervorragend Gesetze gegen das Volk verabschieden. Eben darum lesen und hören wir das Wort „Antisemitismus" heute auf fast jeder Wikiblödia Seite oder wir werden ständig durch religiöse Medien daran erinnert. Den törichten und lächerlichen Schuldkult des 2. Weltkrieges möchte ich gar nicht erst erwähnen! Dem erfundenen Antisemitismus, also der Religion selbst, ist es zu Schulden, dass fast jede Wikidoppelwumms-Seite einen religiösen Bezug bekommen hat und es wird nicht weniger, im Gegenteil.

Grundlage des sogenannten Antisemitismus ist also der Zionismus, der wiederum ohne den „Antisemitismus" gar nicht überleben kann. Grundlage des Zionismus ist wiederum die Religion, welche ohne die jüdische Bibel und ohne jüdische „Führer" nicht überleben wird, welche wiederum eine notwendige Grundlage der „Autorität" ist, die wiederum die „Bibel" und die „heiligen Worte Gottes" benötigt, um überhaupt regieren zu können.

<u>Mein Fazit:</u> Je mehr Zionismus, desto besser funktioniert ihre Religion!

Nach dem berühmten religiösen Krieg ab 1939, wurden alle Juden und deren Religion quasi Unantastbare und bekamen pauschal einen goldenen Heiligenschein. Ja, sie dürfen sich dann alles erlauben. Jede noch so große Lüge wird als Handlung eines Märtyrers emporstilisiert. Das beste Beispiel ist der säkulare Jude Gil Ofarim. Mehr möchte ich dazu nicht sagen, weil ich innerlich spüre, dass mir gleich der Arsch platzt!

Die Bibel wird durch solch teuflische Handlungen „Heiliger" denn je. Ein religiöser, heiliger Krieg war der 2. Weltkrieg im wahrsten Sinne, denn danach gab es mehr Religionen als jemals zuvor und zwar auf allen Seiten! Daraus folgt, dass man sein eigenes Volk eben mit Unterstützung der Bibel, „Im Namen der Juden", „Im Namen des Antisemitismus" und „Im Namen der Religion" oder mit tollen jüdischen Auszeichnungen, Menschen nach Belieben unterdrücken kann.

Das ist eben eine perfekt kontrollierte jüdische Agenda, welche nicht weiter als von einer jüdischen Weltherrschaft entfernt sein könnte! Es ist eine religiöse Agenda der „Autorität"!

Wo wir wieder bei den Militär-Sonnen-Abzeichen wären. An diesem Punkt können Sie bitte weiter recherchieren, wenn es Sie interessiert, sonst drehen wir uns an dieser Stelle im Kreis.

Ziel aller sogenannten „Agenden" ist wie immer das gleiche, von den wahren Herrschern, vom eigentlichen religiösen Kult und von der Autorität abzulenken, indem man die „heiligen Juden" bewusst in den Vordergrund stellt, welche wieder der „rechten Szene" mehr als nur Futter gibt, denn den Medien und den Politikern, usw., die wiederum ohne die Juden, also ohne den sogenannten Antisemitismus nicht überleben könnten.

Genau darum finden wir diese Vorgehensweise nicht nur in Europa, sondern weltweit!

Wie Sie sehen, funktioniert diese „jüdische Agenda" mehr als Perfekt ohne das nun noch weiter zu vertiefen.

Judaismus ist „ganz großes Kino" und ein kolossales notwendiges Zahnrad der „Autorität", aber nicht die treibende Kraft, welches dieses Weltenlenkerkonstrukt antreibt.

Eigentlich wollte ich das Thema gar nicht mehr so ausführlich aufgreifen, obwohl ich den Ursprungstext schon stark verkürzt habe, aber es ~~muss~~ ~~sollte~~ darf verstanden werden, was hier gespielt wird. Dabei gibt es, gleich welche erfundene Seite, immer nur einen Gewinner: die „Autorität"!!!

Auf dem gleichen Fundament basiert und funktioniert auch die religiöse Hollywood-Agenda. Die Juden erfüllen dabei hier „ihre heilige Rolle". Niemand verkörpert die Märchen-Bibel besser als Juden, was ich nebenbei bemerkt nicht negativ meine, denn diese Rasse ist auch nur ein „Opfer" dieser „Autorität", was sie aber scheinbar noch nicht bemerkt haben. Darum finden wir auch in jedem Film, der aus Hollywood kommt, einen direkten oder indirekten Hinweis auf Ihren „Gott" und zwar immer ohne Ausnahme, angefangen bei dem Filmcover oder in Redewendungen, in symbolischen Jesus-Kreuzen, sei es nur eine Halskette oder ein Tattoo, in Kirchen, Gebeten, „heiligen“ Tempel, Monumente, Beerdigungen oder indirekt in satanischen Produktionen.

Die Sonne, bzw. die aufgehende Sonne in Filmen, symbolisch gerne als „Gottheiten“ dargestellt. Es ist eine permanente Gehirnwäsche der „Autorität“

Wenn zum Beispiel in dem Film „The Expendables“ in einer Szene Arnold Schwarzenegger, Bruce Willes und Sylvester Stallone aufeinandertreffen, dann hat dies mehr Symbolkraft als Sie meinen. Wo haben diese drei Superstars sich in dem Film „rein zufällig“ getroffen?!

Achtung Antwort: In einer Kirche, wie sollte es auch anders sein! Das ist Gehirnwäsche vom Feinsten, MKULTRA in Perfektion! Diese drei „Stars“, also „Lichtbringer“, treffen sich in einer „Kirche“, sozusagen in einem „heiligen Tempel“! Damit symbolisieren sie die drei Hauptgötter: Isis, Osiris und Horus.

So verknüpfen die Macher oft völlig unscheinbar, aber ganz gezielt, Religion mit Ihrem Lieblingsstars und das sollte ebenfalls verstanden werden. Diese Art von religiöser Programmierung ist ein wichtiger Bestandteil, vor allem aber das große Ziel der Film- und Entertainment-Industrie. Dabei spielt es keine Rolle, ob sie nun jüdischer, ägyptischer, französischer oder sonst welcher Natur ist, sei es in Comicfilmen, „Deutschland sucht den Superstar“, beim „Dschungelcamp“ oder die Verleihung der Oscars. Die Religion ist zu 100 Prozent ebenso in der Musikindustrie immer ein unabdinglicher Bestandteil der „ganz großen heiligen Show“!

Die Hure

„Die Hure Babylon ist eine der biblischen Allegorien für die Gegner der Gläubigen im Allgemeinen und das römische Weltreich im Speziellen. Ihre wirkungsreichste Beschreibung findet sich im Neuen Testament in der Offenbarung des Johannes im Kapitel 17 und 18.“ (164)

Die Schreibweise Babylon ist die lateinische Darstellung des griechischen Babylon, abgeleitet vom einheimischen (babylonischen) Bābilim, was „Tor der Götter“ bedeutet.

Babylon befindet sich im ehemaligen persischen Reich, im heutigen „Irak“, also unweit von Ägypten. Auch bei dem Wort „Irak“ ist wieder die typische Verwendung von „KA“ und „RA“.

Jedoch auch bei dem Babylon-Mythos stößt man wieder, wie üblich, auf jede Menge Verwirrungen, wo ich mich anfangs erst einmal durchwühlen musste.

Die früheste bekannte Erwähnung Babylons als Kleinstadt erscheint auf einer Tontafel aus der Regierungszeit von Sargon von Akkad, 2334–2279 v. Chr. laut offiziellen Informationen.

Auch hier muss ich schon wieder erwähnen, dass seit scheinbar mehr als 2.000 Jahren auf gefertigten Tontafeln, Inschriften und errichteter Monumente uns Persönlichkeiten verewigt wurden und das bis zum heutigen Tag, ABER von der „wichtigsten ach so heiligen Gestalt“ mit dem Namen ~~Horus~~ „Jesus Christus“, welche angeblich jemals lebte, gibt es nichts. Garnichts, außer einer angeblichen Dornenkrone in der Notre-Dame de Paris und einer „heiligen“ ~~Markus~~ Lanze. Naja, wer´s „glaubt“!

Das alte ägyptische Reich dauerte ungefähr und „offiziell“ von 2.700 bis 2.200 v. Chr. Im März 1899, bzw. 1811, begannen die Ausgrabungen von Babylon im heutigen Irak. (165)

An dieser Stelle sei mir eine Anmerkung gestattet: Es gibt viele Hinweise auf einen „Great Reset“, jedoch nicht in der Klaus Schwab´schen Manier. Ich rede von einer Überflutung oder auch Schlammflut genannt, im (1) 800 Jahrhundert, denn seitdem gab es erst solche „Ausgrabungen“. Auch in dieser Zeitspanne wurden zunehmend und außerordentlich viele sogenannte „Dinosaurier-Knochen“ gefunden. Die unbewiesene Dinosauriertheorie wird benötigt, um den Glauben an die unbewiesene Urknalltheorie und das unbewiesene heliozentrisch-religiöse IHS-Sonnensystem aufrecht zu erhalten. Dies ist jedoch eine ganz eigene Geschichte.

Apropos: IHS

Das „IHS-Monogramm“ ist Ihnen, geehrte Leser, ganz sicher geläufig. Dieses „Symbol“ klebt ja immer dort, wo besonders „viel Heiligkeit“ sein soll.

Dann schauen wir uns doch einmal an, was die Wiki-Sekte da schon wieder für einen Haufen Obermüll erklärt hat:

„Das Nomen sacrum IHS leitet sich von den ersten drei Buchstaben des Namens Jesu in griechischen Großbuchstaben I H Σ O Y Σ ab, wobei das Sigma durch ein lateinisches S ersetzt ist.

Abb. 183: Das „IHS-Christusmonogramm" wird sehr oft mit einem „Sonnen-Strahlen-Kranz", auch „Heiligenschein" genannt, dargestellt. Warum wohl!!!

IHS (und ihs) als Kurzform des Namens Jesus kann man in Bibeln des Mittelalters und an anderen Stellen sehr häufig finden. Bis ca. 1450 wurden in Bibeln und Urkunden die Worte Jesus, Christus und andere Nomina sacra praktisch nie ausgeschrieben. Zunächst war das Kürzel IHS mit einem darüber liegenden Kürzungsstrich versehen, aus dem später ein Kreuz wurde. Verwendet wird diese Kurzform im Spätmittelalter und vor allem seit ihrer Gründung durch die Gesellschaft Jesu. Das Monogramm findet sich auch häufig als Ornament an Kirchen oder auf Paramenten. Typisch für das ausgehende Mittelalter ist die Anbringung des Jesus-Monogramms in einem Strahlenkranz, der den vom Leib Christi ausgehenden Glanz symbolisiert." (166)

Da fasse ich mich nur noch an den schüttelnden Kopf. Andere Gläubige würden bestimmt bei so viel Albernheiten ihre Birne an die Klagemauer hauen. Aber sei es drum. Den notorischen Wiki-Lügnern kann man es nicht einmal verübeln, denn sie sind zum Schwindeln gezwungen, weil sie sonst ein Problem mit der „Autorität" hätten! Sicher können Sie sich schon vorstellen, was „IHS" in Wirklichkeit bedeutet!

> *„ ‚IHS' steht für ‚ISIS HORUS SETH', die ägyptische Dreifaltigkeit."* (167)

Willkommen in der Wirklichkeit!

Vielleicht denken Sie nun, dass die „ägyptische Dreifaltigkeit", was dem christlichen „IHS" (ISIS Horus und Seth) entspricht, doch eigentlich „IHO" heißen und für ISIS, Horus und Osiris stehen müsste. Theoretisch haben Sie mit diesem Gedankengang auch Recht, jedoch ist die Überlieferung etwas kompliziert, schließlich war Osiris, der im alten Ägypten ein verehrter Totengott war, der Bruder von Seth sowie der Göttinnen Nephthys und Isis, die wiederum gleichzeitig seine Frau war.

Nur so nebenbei bemerkt: Es heißt, König Osiris hatte einst das Land verlassen und nach seiner Heimkehr ersann sein Bruder Seth eine Hinterlist, um ihn zu ermorden. Er heuerte 72 Männer als Mitverschwörer an und darüber hinaus die Königin Aso („die Helferin") von Nubien. Wie wir wissen, hat die „Autorität" in jeder Religion die gleichen Märchen verbreitet, nur unter verschiedenen Namen, Epochen, Orten und mit unterschiedlichen Geschlechtern. Aus den oben genannten 72 männlichen Mitverschwörern wurden im Islam 72 Jungfrauen.

> *„Im Islam verweist das Konzept der 72 Jungfrauen (Huri) auf einen Aspekt von Jannah (Paradies, Himmel)."* (168)

Jedoch wird man mit diesen 72 Jungfrauen nur als „Märtyrer" „belohnt", aber Selbstmord ist ganz klar im Islam verboten und die Erlaubnis für Märtyreroperationen (Istishhad) ist ein ganz anderes Thema, an dem die Gelehrten zerstritten sind.

> *„Abu Umama erzählte: ‚Der Botschafter von Gott sagte, ‚Jeder, den Gott ins Paradies einlässt, wird mit 72 Ehefrauen verheiratet; zwei davon sind Houris und siebzig sind aus seiner Erbschaft der [weiblichen] Bewohner der Hölle. Alle werden libidinöse Geschlechtsteile haben und er wird einen immer-erigierten Penis haben.' (Sunan Ibn Majah, Zuhd, Buch der Abstinenz)"* (169)

Die Geschichte wurde wieder verdreht, wie Sie sehen können. Aus den „72 Mitverschwörern", was letztendlich Mörder waren, wurden „72 Jungfrauen", wenn man selber zum Mörder, hier auch „Märtyrer" genannt, wird! Der ägyptische Gott Seth soll Homosexuell und impotent laut Überlieferungen gewesen sein und konnte daher keine Kinder zeugen. Die Verdrehung dazu ist, dass im Islam man nach einer Schreckenstat als Märtyrer, was wir Terrorismus nennen, einen „immer-erigierten Penis“ hat. Da frage ich mich ganz persönlich, was nutzt einem der „immer-erigierter Penis“, wenn man doch durch die Explosion eines Sprengstoffgürtels gar keinen Penis mehr hat?!

> *„Seth (auch Set, Setech, Sutech; Variante Wedja) ist eine ambivalente altägyptische Gottheit, deren Bedeutung nicht völlig geklärt ist. … Zudem setzte man die ganze Erde dem Osiris gleich und stellte sich vor, dass Seth unter ihm läge und ihn tragen würde. … Horus ist der Sohn der Isis und des Osiris, somit ist Seth sein Onkel und beansprucht nach dem Tod von Osiris den Thron Ägyptens.“* (170)

Das bedeutet mit anderen Worten, wenn Seth unter Osiris „liegt“ und ihn „trägt“, Seth der eigentliche Herrscher ist und Osiris „führt“, also als „Marionette“ benutzt. Daher steht Seth in einer Reihe mit ISIS und seinem Neffen Horus, als „heilige Familie“. Seth ist auch mit dem gefallenem Engel Luzifer gleichzusetzen. Und wie war es gleich noch einmal mit Maria, Josef und Jesus: Sie waren ebenso eine „heilige Familie“, obwohl Josef angeblich nicht der Vater von Jesus war! Kommt Ihnen dies bekannt vor?! Nun aber schnell wieder zurück, zu der „Hure Babylon“:

Wie Sie ganz sicher schon bemerkt haben, hängt die komplette Religion miteinander zusammen. Also alles basiert auf Religion und Glaube.

Merke: Mehr als 2.000 Jahre hat sich niemand für seine Ahnen oder dessen Herkunft, für seine Geschichte und Vorfahren interessiert?! Niemand hat etwas vermisst?! Niemand hat schon vorher Ausgrabungen vorgenommen?!

Das finde ich mehr als nur Fragwürdig, aber es soll dennoch nicht Bestandteil dieses Buches sein, was es aber nicht einfacher macht, beim Thema zu bleiben.

Nachfolgend sehen Sie, dass „Königin der Nacht“-Relief, nach dem Londoner Antiquitätenhändler Sidney Burney „Burney Relief“ benannt, aus der „altbabylonischen Zeit“. Sie sehen typisch ägyptische Symbolik, so die ISIS- Flügel, Löwen, Eulen und Adler- / Falkenfüße. (171)

Abb. 184: Das Relief von Burney, auch als „Relief der Königin der Nacht" bekannt, ist eine mesopotamische Terrakotta-Platte mit einem Hochrelief aus der altbaby-lonischen Zeit, die eine geflügelte, nackte Göttin-Figur mit Vogelkrallen dar-stellt, die von zwei Eulen flankiert wird und auf zwei Löwen thront

An dieser Stelle findet sich auch schon wieder der zuvor erwähnte Wiederspruch und die Desinformation, zum Beispiel auch bei dem zusehendem „Ring-Symbol", welches die babylonische „Königin der Nacht" in der Hand hält. Während Wikilügtja noch vor ungefähr vier Monaten es richtig als „ägyptisches Ring-Symbol" („Anch", auch Anch-Symbol, Anch-Kreuz, ägyptisches Kreuz, Henkelkreuz, Lebensschleife, Nilschlüssel oder koptisches Kreuz, als Symbol der koptischen Kirche, ist ein altägyptisches Symbol, das für das Weiterleben im Jenseits steht) interpretierte, fehlt heute jedes Wort darüber. Auch der Verweis, dass dieses „Burney-Relief" ursprünglich aus Ägypten stammte, wurde komplett gelöscht. Das ist wieder einmal typisch für diese Wiki-„Qualitätsmedien"!

Und genau das meinte ich zu Beginn, mit „gezielten Wiedersprüchen" in offiziellen Quellen! Diese gewollte Desinformation wird abgerundet mit dem Wortlaut: „Wahrscheinlich"! Gezieltes Gegenwissen nenne ich das, welche das „Ende Ihrer Suche" beschleunigen soll! Gegenwärtig befindet sich das Burney-Relief im Britischen Museum in London.

Das solche „Tafeln" angeblich mehrere tausend Jahre alt sein sollen, sollten Sie sich mal etwas genauer durch den Kopf gehen lassen, ob dies der Realität entsprechen kann.

Abb. 185: Die hängenden Gärten der Semiramis oder von Babylon

Abb. 186: Die hängenden Gärten im Europaparlament in Straßburg

Die „hängenden Gärten der Semiramis", auch die „hängenden Gärten von Babylon" genannt, eines der sieben alten Weltwunder entsprechend „UNESCO" Welterbe. Im Jahr 1989 setzte Staatspräsident Saddam Hussein der Republik Irak, einen Preis von umgerechnet 1,5 Millionen US-Dollar, für denjenigen Iraker aus, der erklären könne, wie die „Hängenden Gärten der Semiramis" bewässert wurden. Oben sehen Sie die hängenden Gärten von „Babylon", im „Turm zu Babel", von dem okkult-religiösen Europäischen EU-Sonnen-Parlament in Straßburg. Wie Sie wieder einmal sehen, werden die alten Traditionen bis zum heutigen Tag gewahrt, jedoch auch davon kein Wort in Wikischwindelina!

Ja, die alten sieben „heilig-religiösen Weltwunder", mit babylonischer, griechischer und ägyptischer Herkunft sind noch heute in modernster Form und zwar alle, wirklich alle in Gebrauch. Dazu muss man nur die „alten sieben Weltwunder" mit den modernen Bauwerken abgleichen.

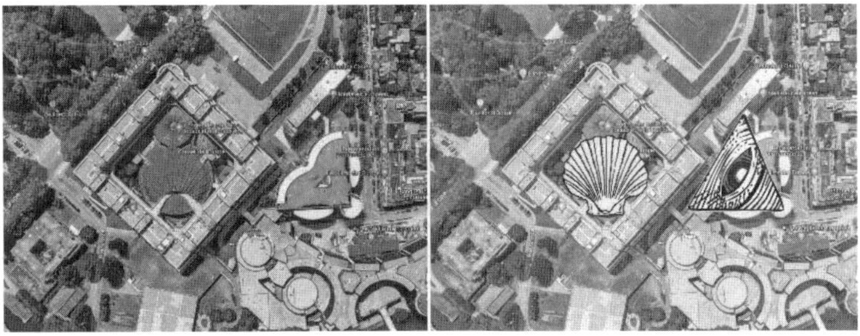

Abb. 187: Europarat- Symbolik in Straßburg

Unweit vom Sonnen-Parlament in Straßburg befindet sich der Europarat. Unschwer zu erkennen, dass hier ganz bewusst das Symbol der Venusmuschel (Sonnensymbol) mit Ursprung ISIS verwendet wurde, sowie ein Freimaurerdreieck mit dem „Auge“ und eine Pyramide. Darüber erkennt man zusätzlich ein Sonnensymbol. Ein weiteres Beispiel wie wichtig ihnen die alte Symbolik ist, im „Schutz der ISIS“, wie auch der Sitz des US-Präsidenten oder „Das große Siegel“ und so weiter.

Die verwendete Symbolik entspricht bei genauer Analyse exakt die ägyptischen ISIS!

Ich möchte auch noch anmerken, dass es sich hier zu 100 Prozent nicht um zufällige Architekturen handelt, denn diese „Autorität“ weiß genau was sie macht! Die „göttlichen Symbole“ werden genauso geplant und umgesetzt. Das Innere des Gebäudes setzt diese Symbolik ebenso fort.

Die Freimaurerei, die ihre eigenen Versionen religiöser, biblischer Legenden, in einer weiteren abgewandelten Form hat, betrachtete Babylon klassisch als ihren Geburts- und als Zufluchtsort für Wissenschaft und Wissen.

Die Eule der Minerva, welche auch als „Minerva“ römische Göttin für Weisheit bekannt ist, symbolisiert Wissen. Diese Eule finden Sie auch im Burney-Relief des alten Babylonien, welches bei genauer Betrachtung ein weiteres Mal ihren ägyptischen Ursprung offenbart.

Und noch einmal, dass Logo unserer „elektronischen Seite“ auf *www.freunde-der-erkenntnis.net* ist auch eine Eule, was aber nichts zu sagen hat. Fast täglich werden wir deswegen als böse „Torwächter“ beschimpft. Mal ehrlich jetzt, glaubt wirklich jemand, dass, wenn wir über solch alte Symbole schreiben, diese auch benutzen würden?! Nun wieder zurück zum eigentlichen Thema.

Wikidiespinnendoch schreibt zum Burney Relief:

„Leider ist seine ursprüngliche Provenienz unbekannt. Das Relief wurde nicht archäologisch ausgegraben, daher liegen uns keine weiteren Informationen vor, woher es stammt oder in welchem Kontext es entdeckt wurde.“ (172)

Nicht bekannt oder nicht bekannt geben wollen? Das war keine Frage, sondern eine Feststellung, nach mehreren Desinformationen in Folge zu diesem Thema! Demnach kann es seinen Ursprung in jedem Zeitalter, an jedem Ort, in jeder Religion haben. Es ist ziemlich unwahrscheinlich, dass Wikidoofies diese Informationen nicht haben. Hier wird wahre ~~Geschichte~~ Vergangenheit bewusst verborgen!

Noch eine kleine Anmerkung: Die sogenannte Königin der Nacht findet sich auch in den weltbekannten Freimaurer-Stücken von Wolfgang Amadeus Mozart (als Joannes Chrysostomus Wolfgangus Theophilus geboren und getauft) die „Zauberflöte“. Heute mehr denn je in abgewandelter Form in Disney Comicfilmen oder Neuauflage, der so bei Kinder beliebten „Maleficent“.

Es lohnt sich auf jeden Fall Mozart einmal etwas genauer unter die Lupe zu nehmen, denn auf einzelne Freimaurer-Marionetten wollte ich in diesem Buch nicht eingehen. Nun wieder zurück zur ägyptisch-babylonischen Eule:

Die große Eule der Minerva ist auch in Washington im Einsatz, was den meisten bekannt sein sollte.

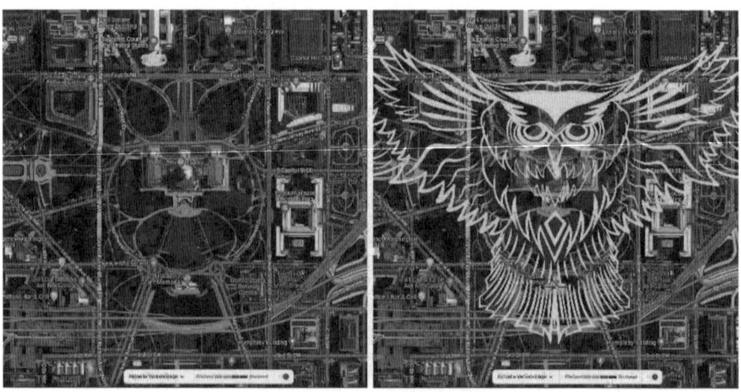

Abb. 188: Weniger bekannt ist, dass in Washington DC die babylonische Hauptprozessionsstraße (Ajiburshapu) zum „Ischtar-Tor“ zu finden ist

Ich möchte auch nochmals darauf hinweisen, dass die Architekturen der „Autorität“, ganz sicher nicht alle fertig gestellt sind. Ich hoffe Sie bekommen langsam einen Eindruck davon, wie wichtig ihnen ihre heiligen Orte sind. Sie alle erfüllen einen religiösen Zweck. Es gibt unwahrscheinlich viele weitere Beispiele. Sie können sehr gerne eigene Recherchen veranlassen.

Eindeutig erkennt man einen weiteren religiösen Hintergrund und Zusammenhang der Weltenlenker.

Es geht im eigentlichen Sinne nicht darum ob es babylonischer Natur ist, sondern, dass es für die „Autorität" eine heilige Stätte darstellen soll und so wird aus einer heiligen Stätte der Herrscher Ihre heilige Stätte gemacht.

Abb. 189: Hier ein paar Beispiele zur Verdeutlichung, damit Sie nicht denken, diese Architektur wäre „reiner Zufall". Prozessionsstraßen stehen immer in Verbindung mit einem „Sonnentor" oder einem religiösem Tempel. Es gäbe noch unzählige weitere Beispiele! Wie Sie sehen, gehören ausnahmslos ~~alle Firmen~~ ALLE STAATEN dieser „Autorität"!

Ein „heiliger" Ort, vor dem Sie Hochachtung haben sollen.

Ein „heiliger" Ort, den Sie unterbewusst als „Göttlich" wahrnehmen.

Ein „heiliger" Ort, an dem sich unzufriedene Menschen versammeln.

Ein „heiliger" Ort, der also für die „Autorität" berechenbar ist und wo sie ganz genau wissen, wie sie Sie unter Kontrolle halten können.

Ein „heiliger" Ort, welcher damals wie heute für die Bevölkerung geschaffen wurde.

Ein „heiliger" Ort, der ganze Kontinente an Touristen in seinen „göttlichen heiligen Bann" ziehen soll.

Ein „heiliger" Ort, den Sie in „zufriedenen Zeiten" bewundern und verehren dürfen oder sollen und genau darum in unzufriedenen Zeiten niemals zerstören würden, weil es „ihre heiligen Orte" und „ihre heiligen Monumente" sind.

Das nennt sich „Autorität"!

Das nennen Sie Ihre Politiker!

Das sind Ihre Herrscher, Könige und Monarchen.

Es sind Ihre Wahlen!

Ich nenne dies alles Religion!

Ich nenne dies: Die totale Sklaverei!

Karlsruhe oder des Grals Ruhe

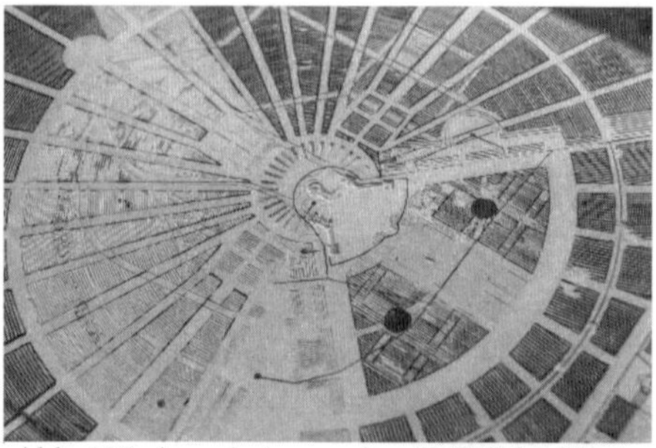

Abb. 190: Ausschnitt aus dem Relief des Karlsruher Stadtplans von Friedrich Weinbrenner

Karlsruhe ist ein sehr bekanntes Beispiel für eine „Sonnenstadt", auch „Fächerstadt" genannt. Die Geschichte von Karlsruhe beginnt mit der Grundsteinlegung des Schlossturms am 17.06.1715, durch Markgraf Karl Wilhelm von Baden. Die Stadt entstand als barocke Planstadt auf dem strahlenförmigen Grundriss einer Jagdanlage im Hardtwald. Sie nahm ursprünglich nur das südliche, fächerförmige Viertel der 32 (heute 33) ringsum vom Schloss ausgehenden Alleen ein, so die „offiziellen Quellen".

Die wahre Gründung von Karlsruhe bleibt jedoch bis heute ein Rätsel. Im Grundriss von Karlsruhe finden sich nämlich noch weitere Symbole der Freimaurer (Zirkel, Dreiecke und Winkelmaße). Der Stadtgründer selbst ist in einer Pyramide begraben, wie es bei den Pharaonen üblich war. Die Stadtgründung von Karlsruhe wurde durch den Freimaurer, Stadtkämmerer, badischer Hofbeamter und kaiserlicher Hofrat „Johann Georg Förderer Edler von Richtenfels“ geplant und ausgeführt. Dokumentiert ist, dass der spätere US-Präsident und amerikanische Freimaurer Thomas Jefferson, während seiner Europareise, Pläne von Karlsruhe als Vorlage für Washington in die USA geschickt hat.

Meine lieben Leser, nehmen Sie sich bitte einen Stadtplan von Karlsruhe, der auch online verfügbar ist. Ihnen wird schon beim ersten Blick darauf die eigentümliche Stadttopologie auffallen. Das Karlsruher Schloss steht in der Stadtmitte. Davon gehen 33 große Straßen strahlenförmig aus. Sie erinnern sich, dass 33 eine Illuminatenzahl ist? Die zwei Strahlen, die in Ost-West-Richtung verlaufen, sind auffällig breiter. In dem oberen Kreisteil befinden sich 13 Strahlen. Zur Erinnerung, auch 13 ist eine Illuminatenzahl! Südlich des Schlosses bilden die Strahlen eine Pyramide. Diese Pyramide wird durch zwei große Querstraßen dreigeteilt! Zusammen mit den 13 Strahlen, die gleichsam um die Spitze der Pyramide ausgehen, haben wir hier die dreigeteilte Illuminatenpyramide mit dem strahlenden Auge in der Spitze. Genau in der Mitte dieser Illuminatenpyramide steht auf dem Marktplatz eine richtige Steinpyramide, das Wahrzeichen von Karlsruhe. Unter dieser Steinpyramide ist Markgraf Karl Wilhelm begraben. Er war ein Illuminat im Rat der 300! Die Steinpyramide steht genau am Ort, die seiner Position innerhalb des Illuminatenordens entspricht.

Suchen Sie nun auf der Karte den Bundesgerichtshof und das Bundesverfassungsgericht. Ersterer liegt im linken Sockel der Pyramide, letzterer direkt links vom Pyramidenauge. Die beiden höchsten juristischen Instanzen in Deutschland sind also direkt den Illuminaten untergeordnet. Rechts vom Illuminatenauge liegt die Universität. Die Karlsruher Uni ist führend in der Forschung der Künstlichen Intelligenz und der Überwachungssoftware, wo die Werkzeuge für den zukünftigen Orwellschen Schreckensstaat erforscht werden.

Etwas außerhalb des Stadtkerns, jedoch immer noch im Einflussbereich der Strahlen des Illuminatenauges, befinden sich Industriekonzerne, die symbolisch für den Kapitalismus stehen, wie zum Beispiel Mercedes Benz. Auch der südlichste Führerbunker liegt in diesem Illuminatenbannkreis.

Vielleicht ist auf Ihrem Stadtplan auch das Wappen Karlsruhes verzeichnet. Sie werden dann sehen, dass es sich um ein rotes Schild handelt. Werden Sie nicht auch an Rothschild, den Oberilluminaten, erinnert? Auf dem Schild ist ein abwärts gerichteter goldener Balken. Er steht für die Abwärtsideologien. Auf dem Balken steht in schwarzer Schrift FELICITAS. Felicitas ist lateinisch und heißt Treue. Dies soll auf den Karlsruher Orden der Treue hinweisen, der den Illuminaten heimlich unterstellt war. Das Stadtwappen symbolisiert, dass Karlsruhe Rothschild in Treue ergeben ist.

Warum haben die Illuminaten gerade Karlsruhe für ihre Hauptstadt ausgesucht? Betrachten Sie den Namen Karlsruhe. Er bedeutet, dass hier „Karl der Große" ruht. Wussten Sie, dass „Karl der Große" der „Bruderschaft der Schlange" angehörte? Er hat für die Illuminaten eine Schlüsselposition, da er der Begründer der Rosenkreuzer in Worms war.

Warum wurde Karlsruhe genau an seiner heutigen Position erbaut? Um diese Frage zu beantworten, holen Sie sich eine Karte von Europa. Verbinden Sie mit einem Lineal die Steinreihen in der Bretagne mit Nantes, Troyes, Orleans, Nancy und der Kathedrale von Chartres. Die Linie geht weiter durch die Burgruine Fleckenstein (Burgen, die auf -stein enden sind meist auf heiligen keltischen Hinkelsteinen erbaut; wir kommen in einem unserer nächsten Bücher darauf zu sprechen, wenn es um „Atlantis" geht), durch Bergzabern (Berg-Zauber), und durch Weisenburg (die Burg der Weisen). Sie mündet schließlich in dem Örtchen Stein, 20 Kilometer östlich von Karlsruhe. Dort stand auf dem heutigen Hagsfeld (Feld des Gottes Hagal) der Europäische Omphallos, der durch einen gigantischen heiligen Stein gekennzeichnet war (daher auch der Name des Örtchens).Diese gerade Linie geht längs der zwei Ost-West-Strahlen genau durch das Auge unserer Illuminatenpyramide in Karlsruhe.

Alle diese Orte haben unter Esoterikern eine starke mystische Bedeutung: Sie hängen direkt oder indirekt mit der Legende von der Suche nach dem heiligen Gral (Kral oder Karl?!) zusammen. Die Suche nach dem heiligen Gral (Kral) steht symbolisch für die Suche nach transzendentalem Wissen. Wenn die Illuminaten Karlsruhe auf der Gralslinie (= Kralslinie) erbaut haben, unterbinden sie diese Suche bei den Europäern.

Stattdessen pachten sie den Gral (Kral), also das magische Wissen alleine für sich. Daraus ergibt sich auch die zweite tiefere Bedeutung des Namens Karlsruhe. Denn Karlsruhe kann auch als Kralsruhe (= Gralsruhe) gelesen werden. Es ist der Ort, wo der heilige Gral (Kral = Karl) ruht. Der Ort, wo die Illuminaten das magische Wissen der Europäer begruben.

Karlsruhe - Marktplatz mit Pyramide

Inschrifttafel der Pyramis

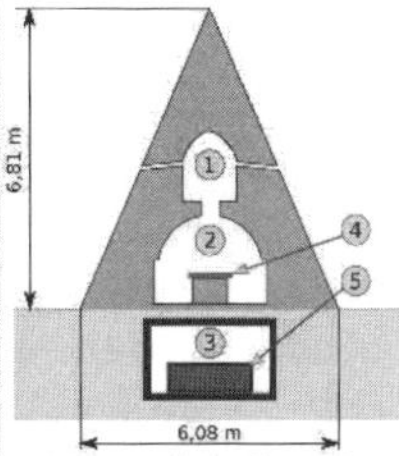

Querschnitt der Pyramide

Abb. 191: Beschreibung zu dem Querschnitt der Pyramide: (1) obere Kammer, (2) mittlere Kammer, (3) Gruft, (4) Weinbrenner-Stadtplan, (5) Sarkophag

Aber legen Sie den Stadtplan von Karlsruhe noch nicht fort! Ziehen Sie nun eine Linie vom Ettlinger Tor, am Sockel der Pyramide, über die Steinpyramide am Marktplatz, durch das Schloss und führen diese nördlich des Schlosses im senkrechten Hauptstrahl weiter, damit ist die Illuminatenpyramide zweigeteilt. Besorgen Sie sich nun eine Landkarte von Deutschland. Führen Sie die eben gezeichnete Linie auf der neuen Karte im selben Winkel weiter. Die Linie wird durch das Mannheimer Schloss und dann durch Frankfurt gehen. Letztendlich landen Sie bei den Externsteinen.

Die Externsteine (sind eine markante Sandstein-Felsformation im Teutoburger Wald) bei Detmold stellten den altgermanischen Omphallos dar.

Es war früher das heidnische magische Zentrum Norddeutschlands. Karl der Große hat dort die Irminsul zerstören lassen.

In Frankfurt geht die Linie quer durch den Messeturm, dem höchsten Bürogebäude in Europa. Dessen Spitze stellt eine dreigeteilte Illuminatenpyramide dar!

Das Auge wird durch das rote Blinklicht gegen Flugzeugkollisionen stilisiert.

Der Spatenstich zum Messeturm wurde am 200. Jahrestag der wahrscheinlichen Initiierung Rothschilds getätigt.

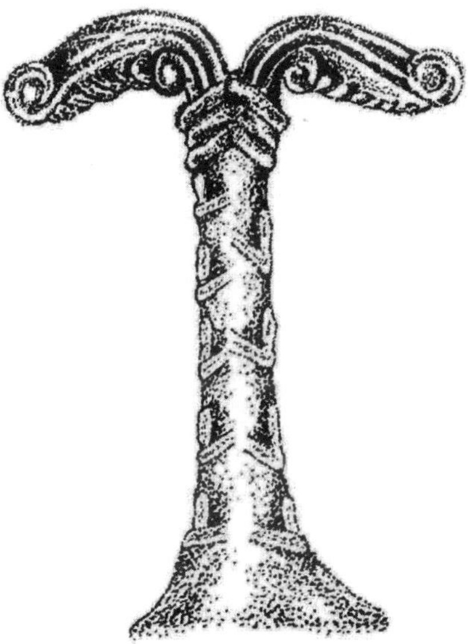
Bild 192: Die Weltsäule Irminsul, Heiligtum der Heiden

Dass der Messeturm von den Illuminaten geplant wurde, zeigt zweifellos der Eingang in Illuminaten-Architektur. Denn über dem Messeeingang befindet sich eine zweite Pyramide. Vom Sockel zur Spitze ist sie in 13 Sektionen eingeteilt. Direkt unter dem Messeturm steht eine flächige schwarze Statue. Wenn Sie vom Westkreuz in Richtung Innenstadt am Frankfurter Messeturm vorbeifahren, wird Ihnen dieses bedrohlich hohe Gebilde sofort auffallen. Die Statue stellt einen Handwerker dar und zwar einen Maurer. Motoren bewegen seine Arme, die mit einem Hammer auf eine Platte schlagen. Der Handwerker ist ein typisches Freimaurersymbol. Die Statue symbolisiert für Eingeweihte, dass die Freimaurer den Illuminaten direkt unterstellt sind. Sie mauern für die Illuminaten die Freiheit ein. Die neue Hauptstadt der Illuminaten ist allerdings weder Karlsruhe noch Frankfurt, sondern seit 1919 Berlin.

Bild 193: Der ~~Freimaurer~~ Hammer-Mann in Frankfurt am Main

Fazit: Die „Sonnen- und Illuminati-Stadt" Karlsruhe wurde demnach an einem uralten Ort erbaut, an dem megalithische, keltische und gar schon atlantische Sonnenverehrung stattgefunden haben soll. In Europa sollen an verschiedenen Stellen solche Dreiecke vorhanden sein. So existiere beispielsweise eine exakte Linie zwischen Helgoland und den drei Kaiserdomen Mainz, Worms und Speyer. Zwischen Aachen, Frankfurt, Würzburg und Nürnberg soll sich eine so genannte Normenlinie befinden. Das Dreieck der Cheopspyramide finde man zwischen den kanarischen Inseln, den Externsteinen im Teutoburger Wald und der Cheopspyramide, zwischen Aachen, Basel und dem bei Regensburg gelegenen Marmortempel Walhalla. Das 1715 von Markgraf Carl Wilhelm von Baden gegründete Karlsruhe liege in der Mitte des letztgenannten Dreiecks.

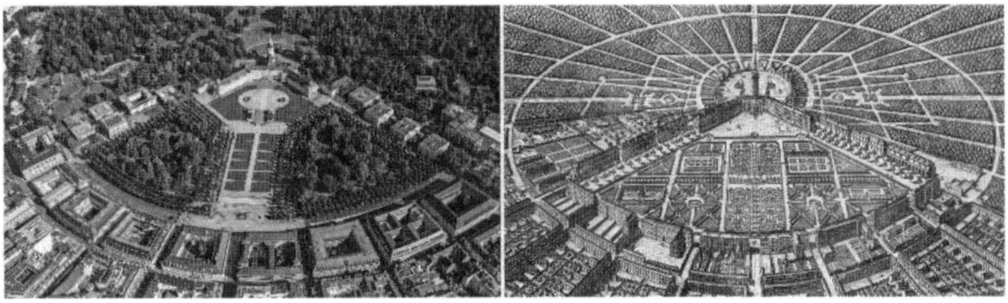

Abb. 194: Die „Sonnenstadt" KARLSRUHE, auch dummerweise gern in den alternativen Medien als energiereiche „Sternenstadt", „Sternenfestung" oder „Sternenburg" gefeiert. Na, erkennen Sie all die symbolische Symbolik?!

Leider wird auf der oberen Abbildung immer nur ein Sonnensymbol gedeutet, jedoch ohne den genauen Zusammenhang zu verstehen. Genau aus diesem Grund erwähne ich es an dieser Stelle nochmals, denn nun kennen Sie den Ursprung und auch deren Bedeutung. Auch wird immer wieder vergessen, dass dieses Sonnensymbol eine Corona, also ein Halo (Heiligenschein) besitzt.

Mitten im Zentrum von Karlsruhe steht ein Obelisk, im klassisch-ägyptischen Rot und die bereits erwähnte Pyramide, endsprechend dem ägyptischen Sonnengott Ra, sowie ein moderner Sphinx mit Flügel, im griechischen Design. Karlsruhe selbst ist eindeutig eine Sonnenstadt, geplant von der „Autorität" der alten Pharaonen!

Abb. 195: Ein Wahrzeichen in der „Fächerstadt" Karlsruhe ist die Pyramide, wo der Karlsruher Stadtgründer Markgraf Karl III. Wilhelm von Baden-Durlach, ganz wie seine pharaonischen Vorfahren ruht.

Ab diesem Punkt werden Sie sicher bemerken, wie einfach es ist, die Symbolik zu erkennen und richtig zu deuten. Vorausgesetzt ist natürlich, dass man die „Zeichen" auch richtig verstanden hat.

Die Fabel von BABEL

Den Himmel erreichen, ist gleichzusetzen mit:
sich mit „Gott" gleichstellen oder selbst „Gott" zu sein.

„Nach der Geschichte, in den Generationen eine vereinte Menschheit nach der großen Flut eine Sprache zu sprechen und nach Osten migrieren, kommt in das Land Sinear (שִׁנְעָר *). Dort vereinbaren sie, eine Stadt und einen Turm zu bauen, der hoch genug ist, um den Himmel zu erreichen."* (173)

Turmbau zu Babel | Parlamentsgebäude in Straßburg | Burj Khalifa in Dubai

Abb. 196: Der Turmbau zu Babel: Fakten oder Fantasie?!

Und wieder einmal gibt es griechisch-römische Parallelen, denn in der griechischen Mythologie, von der ein Großteil von den Römern übernommen wurde, welche es wiederum von den Ägyptern übernahmen, gibt es einen Mythos, der als Gigantomachie, Gigantenschlacht oder auch „Schlacht der Götter" bezeichnet wird, der Kampf zwischen den Riesen und den olympischen Göttern, um die Vorherrschaft im Kosmos.

Das ist natürlich nur ein Mythos und ich spare mir an dieser Stelle jeden weiteren Kommentar, ich wollte es aber erwähnt haben.

Die Vorherrschaft im Kosmos finden wir auch heute noch, in Form von der „United States Space Force", seit 2019 oder der bekannte Wettlauf ins „All" in Verbindung mit dem sogenannten „Kalten Krieg".

Gleich und Gleich im Gottesreich

Hier nur am Rande erwähnt, das Thema „flache Erde“ und ohne den damit direkt verbundenen Bezug zur Bibel zu vertiefen: Sowohl als ob, ob flach oder rund, die Religion steht immer im Vordergrund, wenn es auch oft erst auf den zweiten Blick offensichtlich wird / ist.

Ein Interview von Neil deGrasse Tyson (174) ist ein Sinnbild, es ist bezeichnend für das, was vor sich geht. Beide Seiten fördern dies und agieren doch im Sinne der „Autorität“, in dem er „Gott“ zumindest in Frage stellt, wird der Glaube an die Religion, an die Märchenbibel wiederum gestärkt, um es kurz zu sagen. So wird der Bezug sowohl zur flachen Erde, zur Bibel, als auch zum heliozentrischen Weltbild gestärkt, also die „Wissenschaft“ und die Religion. Immerhin waren es ja „Gottes Worte“ in der „Bibel“ mit dem Firmament? Oder etwa nicht?

Heliozentrische ~~Sonnensymbol~~ Welt | Pendel im Panthéon de Paris | Kopernikus und das „Sonnensymbol“

Abb. 197: Die Symbolik hinter der „Theorie“ „Heliozentrisches Weltbild“

Das war eine der richtigen Fragen, falls Sie es nicht bemerkt haben! Dabei wird die Sonnensymbolik, welche er an sich als Person selbst verkörpert, fast schon zur Nebensache. Aber so funktioniert es nun mal. Alles ist so offensichtlich, dass es schon gar nicht mehr gesehen wird, was überhaupt vor sich geht.

Das war ein kleiner Abstecher zur T(R)aumfahrt, welcher an diesem Punkt jedoch notwendig war.

Die Idee des „Turmbau zu Babel“ obliegt also dieser „Autorität“, einer größenwahnsinnigen Wunschvorstellung, sich mit „Gott“ gleichzustellen, was man schon bei den Pyramiden der Pharaonen gesehen hat und auch bei der britischen Bezeichnung „Hohes Haus“!

Der gleichen Idee obliegt die sogenannte ~~Theorie der~~ „Mondlandung“, welche vollkommen im Namen der „Götter“ stattfand.

Nur um es nochmals begrifflich auf die Spitze zu treiben: Das Apollo-Programm ist also das: Helios = Apollo = Sol Invictus = Koloss von Rhodos = Freiheitsstatue

= Horus = Ra = Amun = Atum Ra = Atum Re = Khepri-Programm. Man könnte in moderner Form auch sagen: das Zeus- oder Jesus-Programm.

Wenn Sie bis hier aufmerksam alle Informationen verfolgt haben, spricht die T(R)aumfahrt eigentlich schon für sich! Im eigentlichen Sinne brauche ich nach diesen Erklärungen der „sogenannten Götter" nichts mehr hinzufügen, höchstens noch folgendes:

Das amerikanische „Apollo" und russische „Interkosmos"-Programm waren weitere Versuche in Verbindung des Kalten „religiösen Krieges" des 20. Jahrhundert, der „modernen technologischen Zeit", mit Hilfe zahlreicher Filmstudios und religiösen Regisseuren, sich mit „Gott" gleich zu stellen. Dadurch wurden „Präsidenten" und sogenannte „(T)Raumfahrer" (amerikanische Astronauten und russische Kosmonauten) im wahrsten Sinne „göttlich", zumindest für viele Menschen.

Abb. 198: Freimaurerische Schauspieler Logenbrüder Astronauten in der Rolle ihres Lebens: „Hurra, wir waren auf dem Mond und guckten wer da thront"!

Heute stellen einige Menschen die Frage: „Glauben Sie an die Mondlandung"? Eine solche Frage ist in sich schon mehr als nur falsch formuliert, indem Sie fragen: „Glauben Sie …" stellen Sie ein „Glaubenssystem" in Frage! Sie stellen in diesem Moment, mit Ihrer falschen Satzbildung die „Götter", die „Religion" in Frage! Schon Ihre Art, wie Sie diese Frage formulieren, hat per se einen „religiösen" Hintergrund. Wie ich schon zu Beginn schrieb: Sie müssen die richtigen Fragen stellen!

Fragen, welche mit: „Glauben Sie …" beginnen, stellen immer die Religion Ihres gegenüber in Frage!

Die richtige Frage wäre also: „Gab es eine „Mondlandung"?", ohne das Wort „Glauben"!

Genauso verwenden auch die Mainstream-Monster-Medien in ihren Publikationen oft und ganz bewusst diese Glaubensfrage, zum Beispiel in folgenden Sätze:

- Viele Menschen glauben nicht an eine Mondlandung.
- Viele Menschen glauben nicht an Covid.

- Viele Wähler glauben der Regierung nicht.

In solchen Satzbildungen ist also ein Zweifel an Ihrer „Sonnenreligion“ schon gegeben. In den „Qualitätsmedien“, also in der Religion Ihrer „Autorität“, haben die meisten Menschen gar keine andere Wahl, als die „Mondlandung“ oder den aktuellen Blödsinn aus dem Fernsehen als „authentisch“ zu deuten, also zu „glauben“, wenn dies auch ein sehr fragwürdiges Hintergangen darstellt.

Fakten spielen in einer Glaubensfrage gar keine Rolle mehr!

Das Himmelfahrtskommando

Die „Mondlandung“ ist eben nichts anderes als ein „Glaube“, eine Religion mit Beistand und dem „Schutz“ ihrer „Götter“. So bekommt auch der Mythos „Mondlandung“, eine ganz neue Bedeutung und zwar die eigentliche Bedeutung eines „Glaubens“.

Selbstverständlich stand die Apollo „Mondlandung“ unter der Aufsicht und Beobachtung der religiösen „Autorität“ des „theoretisch-heliozentrischen Weltbildes“.

Papst Paul VI. verfolgte die Mondlandung am 20.06.1969 „Live“ im Fernsehen und sendete Neil Armstrong, den ersten Menschen im „Mondstudio“ selbstverständlich „Live“ den Segen, mit Betonung auf „Live“ ohne dies weiter zu kommentieren!

Entsprechend durfte bei diesem so wichtigen religiösen Ereignis die heilige „Sonnen-Bibel“ auf dem Weg zum Mondstudio nicht fehlen. An dieser Art der religiösen (T)Raumfahrt hat sich bis heute überhaupt nichts geändert.

Im eigentlichen Sinne ist dies der Kern der „T-Raumfahrt“: Sogenannte Astronauten oder Kosmonauten bekommen einen perfekt-inszenierten Bühnenauftritt vor der Welt und die Vatikanpresse gibt regelmäßig ihren „Segen“ des „heiligen“ Papstes für diesen „heiligen“ ~~Scheiß~~ Betrug!

Aber immerhin bekräftigen die Akteure der NASA das religiöse „Sonnen-System“, damit die „Bibel“ und die damit verbundenen angeblichen Götter bis hin zu ihrem Ursprung. [175]

Und genau darum ist eine Show mit dem ach so heiligen Papst, wie auch in der Scheinpolitik, unabdinglich und somit eine dringende Notwendigkeit, um den „Glauben“ an die „T(R)aumfahrt“ oder „Mondlandung“ stets aufrecht zu erhalten und dies in immer neuen Varianten und lächerlicheren Greenscreen-Spielchen. Ohne das hier unnötig vertiefen zu wollen, aber mit Wissenschaft, hat all dies rein gar nichts zu tun. Und auch nicht die so beliebten ISS-Studio-Aufnahmen, mit ihren Taschenspieler-Tricks.

Was die angebliche Traumfahrt über so viele Jahrzehnte der Menschheit bis heute wirklich und nachweisbar gebracht hat, wenn man einmal die hunderte Milliarden in Betracht zieht, wäre ebenso eine der richtigen Fragen!

Es ist auch kein Zufall mehr, dass die „Internationale T(R)aumstation ISS" einen Namen erhalten hat, welcher von einer ihren sieben wichtigsten „Göttern" abgeleitet wurde, denn ISS ist selbstverständlich von ISIS abgeleitet. Damit es nicht zu auffällig wurde, hat man ein „Konsonanten" im Name „ISS", in dem Fall der Buchstabe „I" weggelassen.

Die Namensgleichheit der „ISIS Göttin" und „ISIS" (Islamischer Staat) sei hier wieder nur nebenbei erwähnt.

Anmerkung: Die Verwendung der „7" findet sich in diesem Zusammenhang auffällig oft:

- 7 Fenster,
- 7 Besatzungsmitglieder,
- 7 Weltraumtouristen,
- usw.

Der Kosten-Nutzenfaktor für die Menschheit ist auch hier mehr als fragwürdig!

Vielfältig dennoch immer in der Aufmachung des Systems sind die „göttlichen" NASA-Patches, welche ihre Sonnenverehrung und ihre Götter offenbaren. Auch ihre berühmten Logos, inklusive der restlichen, weltweiten Traumfahrt-Organisationen. Ihre Symbolik offenbart ihren Bezug zu den Sonnengöttern, meist 7-9 an der Zahl, worauf eben die ganze "T(R)aumfahrt basiert.

„Sich mit Gott" der Sonne gleich stellen zu wollen, ist meiner Meinung nach schon vor langer Zeit gescheitert!

Und somit gibt es auch keine realen Aufnahmen, die von der Erde aus gemacht wurden, wo man die angebliche Mondlandung beweisen könnte. Lediglich verpixelte Bilder ist alles was sie in Zeiten von hochauflösenden Kameras und Teleskopen abliefern können. Buh, das sind aber sehr teure Bilder!!!

Ich werde die Logos wegen des Umfangs hier nicht im Detail erläutern. Mit Weisheit werden Sie in der Lage sein, jedes Logo eigenständig und richtig zu entschlüsseln.

Abb. 199: Symbolträchtige Logos voller „Anspielungen" der US-amerikanischen und russischen Welt(T)raumbehörden

Hier ein paar Beispiele: „Science-Fiction" wäre wohl der passende Begriff, mit dem man „NASA" in einem einzigen Wort umschreiben könnte, denn die so beliebten Traumfahrten ist mit ihren „aufregenden" computeranimierten Grafiken oder Greenscreen-Videos natürlich vollständig irdischen Ursprungs.

„Sinn und Zweck" ist es, mit Abermilliarden staatlichen, vom Bürger erpressten Geldern, eine „Religion am Leben zu erhalten" und zwar „ihre Religion", denn nur so ist es möglich, den „Glauben" an ihr unbewiesenes religiöses „Sonnensystem", welches sie „Heliozentrisch" nennen, mit ihren unbewiesenen „Wissen-schaffenden Theorien" aufrecht zu erhalten. Es ist auch überhaupt kein Zufall mehr, dass die „T(R)aumfahrt" von religiösen Sektenführern in Dauergehirnwäschen am Leben erhalten und mit stets neuen spektakulären und wieder „unbewiesenen Theorien", welcher noch immer jede wissenschaftliche Basis fehlt oder spektakulären und doch simplen Animationen erneuert werden.

Bekanntestes Beispiel: Desinformant, Traumfahrt-Sekten-Prediger und Märchenonkel Harald Lesch, mit seinen unzähligen Mythen und unbewiesenen Theorien.

Es ist eben nur ein Glaube! „Traumfahrten", ihre „Wissen-schaffenden Theorien" und das alles „Im Namen der Religion", wie zum Beispiel „IHS" (Isis – Horus – Seth).

Alle sogenannten „Planeten" wurden „Göttern" zugeschrieben. Darum musste die Sonne als Gott der Götter in den Mittelpunkt gestellt werden, indem sie ununterbrochen ihre „Götter", also ihre Planeten in den Vordergrund stellen, wird der Glaube an ihre Religion gestärkt, sei es über NASA, ESA, die chinesische CNSA, die russische Roskosmos oder die unzähligen religiösen Hollywood-Filme. Sie sorgen und garantieren ununterbrochen dafür, dass sie Ihnen ihre „Götter" in endlosen Dauerschleifen, sprich: die endlosen Wiederholungen im Fernsehen präsentieren.

Die moderne Traumfahrt wird ebenso „vergöttert", wie ihr Ursprung, also Hollywood-Filme. Die Menschen bekommen heutzutage einfach nicht genug von Ihren „Göttern" oder religiösen Politikern aus dem Fernsehen.

Das ist freiwillige Sklaverei, welche freiwillige Unterwerfung durch Glaube bedeutet, denn „Sie sind ein Nichts und die Sonne ist so ‚groß'", ein Satz, welcher hier eine ganz neue Bedeutung bekommt! „Die Sonne ist so ‚groß'", verstehen Sie jetzt?!

Es ist eine Verehrung von Religionen! Und diese Religion, dieses Konstrukt, diese „Autorität" wird heute mehr denn je von der Bevölkerung selbst verbreitet und gestärkt!

T(R)raumschiffe aus T(R)aumstudios

Ein weiteres Beispiel Ihrer eigenen Versklavung: Diese Religion, also die „astrologische Welt" der „Traumfahrt-Show" und ihre unbewiesenen Theorien, somit die Gegenintelligenz, wird heute weltweit an Schulen gelehrt! Sehr oft und gern in Verbindung mit dem ~~komischen~~ kosmischen Wikiverblödetdich.

„Sie" nennen es „Bildung"!

Am Mond-Tag (Montag)-Morgen, bevor Sie sich in die freiwillige Sklaverei, also in das Steuersystem der „Autorität" begeben oder auch einfach nur Arbeit genannt, bekommen Sie im 6.00 Uhr „Frühstücksfernsehen" noch Ihr religiöses „Tageshoroskop" vorgelesen, welches Ihren „religiösen Tagesablauf", noch vor dem eigentlichen Tagesbeginn, startet.

Es gibt kein Entkommen von ihrer Religion, wenn dieses „Konstrukt der Weltenlenker" nicht verstanden, verinnerlicht und begriffen wird!

Wo ich direkt den religiösen, also den eigentlichen Hintergrund von Schulen anfügen könnte, ebenso die unzähligen Beispiele der Medien- und Hollywood-MKULTRA-Gehirnwäschen anfügen könnte, was wiederum weitere Bücher füllen würde.

Achten Sie einfach mal darauf, wie oft Sie in Ihrem ganz normalen Tagesablauf unbewusst mit „Ihrer Religion" konfrontiert werden, sei es mit Bilder oder Worten, Musik, Tempel, Kirchen, Monumente, usw., vor allem von wem! Sie werden überrascht sein, vertrauen Sie mir.

Um zu verdeutlichen, wie einfach es ist, Menschen mit einfachsten Mitteln, also begrenzten Informationen, in permanenter Dauerschleife unter Kontrolle zu halten, empfehle ich hier den Film: „Moon" oder „Moon – Die dunkle Seite des Mondes" von 2009, mit Sam Rockwell und Kevin Spacey, jedoch nicht wegen der angeblichen „Mondlandung". Wenn Sie jetzt ein Auge zum Analysieren haben, verstehen Sie wie einfach es ist, mit einfachsten und begrenzten Mitteln, also Einschränkungen, welche im Film durch einen ein Radar-Störsender dargestellt werden oder Videos der „Autorität" und nur gezielte Informationen zugänglich zu machen. Diese wenigen Informationen reichen vollkommen aus, um einen Menschen vollständig unter Kontrolle zu halten und an einen Glauben zu binden, was im Film seine Ehefrau ist, welche schon vor langer Zeit gestorben war. Es funktioniert eben nur, weil es eine implantierte Erinnerung in permanenter Wiederholung der Vergangenheit ist. In Ihrem Alltag ist es die ständige Konfrontation mit der Religion. Schlussendlich erkennt er, dass er nur Mittel zum Zweck ist, eine Arbeitskraft, welche der „Autorität" nur wegen einem falschen Glauben dient. Exakt so verhält es sich, damals wie heute mit der Religion.

Auf die Form der Erde möchte ich hier nicht eingehen, da es an notwendigen Schlüssel-Informationen, die vielleicht zum Ziel führen würden, fehlt. Es wären lediglich wieder nur Theorien, die mehr Fragen als Antworten aufwerfen würden, genauso wie die Theorien der Kugel selbst.

Bild 200: Intro bei Filmen von Universal

Wenn Sie in Zukunft das berühmte Intro der Universal Studios sehen, sollten Sie sich nicht mehr mit Fragen abgeben, ob rund oder flach, auch das wären zu diesem Zeitpunkt noch immer die falschen Fragen!

Sie sollten auch hier die richtigen Fragen stellen. Was genau wollen sie mit dem Intro verdeutlichen?

Hier geht es einzig und allein um ihre „Traumfahrt“, ein religiöses „Sonnensystem“, welches die „Autoritäten“ verehren. Es sind ihre „Götter“, die sie am Leben halten müssen, der Glaube an ein religiöses System, Ihr Glaube an dieses Obrigkeitsgebilde.

An dieser Stelle beende ich die geschichtliche Verblödung, welches Ihnen ganz sicher Wissen zum allgemeinen Verständnis vermittelt hat, obwohl alles aus zugänglichen Quellen stammt!

Alle Märchen, Mythen, unzählige Götter unter unzähligen Namen, die alle den gleichen Sinn und Zweck haben, führen Schlussendlich alle ins Nichts, jedoch auch in die Gegenwart, zum Kult, dem Sonnenkult, welches alle Nationen dieser Erde anwenden, sowie alle sogenannte Anführer verwenden. Der Sonnenkult, ist nicht Geschichte und auch nicht Vergangenheit. Der Sonnenkult, wie Sie ihn jetzt zumindest mit etwas mehr geschichtlichem Wissen einfacher verstehen werden, ist heute präsenter als zu irgendeiner anderen Zeit. Ein Ausmaß, dass die Geschichte des religiösen Sonnenkult, auch alle ihre berühmten Monumente, alle Reiche und Dynastien um Längen in den Schatten stellt!

<u>Es ist die „Autorität des Sonnenkultes“!</u>

Zum Ende dieses Kapitels stellt sich also eine weitere der richtigen Fragen, die Sie nun selbst beantworten können:

„Was wurde seit eh und je, gleich welches Zeitalter, gleich welche Dynastie oder welche Religion vergöttert“?

Sie kennen jetzt die richtige Frage und auch die Antwort! Aber vor allem, werden Sie jetzt erkennen und das Wichtigste richtig deuten können, was Sie vorher gar nicht verstehen konnten?!

Obwohl ich hier schon fast vom Thema abkomme, bleibe ich kurz in Hollywood, sowie auch bei der „Mondlandung“, auf dem direkten Weg zum Regisseur der

„Mondlandung von 1969“: Stanley Kubrick. Sein Meisterwerk: *2001: Odyssee im Weltraum* erschien ein Jahr vor dem „anderen Meisterwerk“, also 1968.

Abb. 201: „2001: „Odyssee im Weltraum“ – Mehr Symbolik geht kaum!

In der Tat, ein wahres MKULTRA-Meisterwerk des „Glaubens“, welcher natürlich „hilfreich“ war, den „Glauben an die Mondlandung“ zu stärken. Man könnte diesen Film schon fast als Taufe und die „angebliche Mondlandung“ als Firmung oder Konfirmation bezeichnen. Also den zuvor erlangten Glauben, in diesem Fall durch den Film *2001: Odyssee im Weltraum* mit der Mondlandung gefestigt und vom Papst beglaubigt, durch den erhaltenen Segen.

Abb. 202: Obere Reihe der Film *2001: Odyssee im Weltraum*
Untere Reihe andere „merkwürdige Dinge“. 2021 taucht wieder ein „mysteriöser Monolith“ auf und die „Alternativen“ staunen wieder wie Affen!

Der normale Bürger erkennt in dieser Szene Affen (Bild oben links), welche einen Monolith bestaunen und nichts damit anfangen können. Der Unwissende (Affe) amüsiert sich also über diese Szene ohne sich tiefgründige Gedanken zu machen.

Der sich „Aufgewachter" nennende würde in dieser Szene eine okkulte Bedeutung interpretieren wollen. Wohlmöglich einen satanischen Bezug zu 9/11 oder Saturn Symbolik, jedoch ohne im Detail begründen zu können. Demzufolge ist dies wieder eine Sackgasse!

Wenn Sie diese Szene nun mit Ihrer erworbenen Weisheit analysieren, werden Sie feststellen, dass es seit Beginn nur um den Sonnenaufgang geht, denn:

> „Der Sonnengott Ra nimmt kurz vor Sonnenaufgang die Gestalt eines Falken an und schlüpft damit in die Rolle von ‚Horus im Horizont', welcher den Sonnenaufgang darstellt." [176]

Also die Morgenröte!

Demnach ist der Mond das „Auge des Horus", Wadjet, die Kobra, männlich oder weiblich, rechts oder links oder andere ägyptische Mondgottheiten wie Toth, usw., denn die Sonne und der Mond stellen die „Augen der Götter" dar. Darum sehen wir in den Sonnensymbolen der Kirchen oder der Illuminati-Pyramide immer das „Auge" in der „Sonne", also das Sonnenauge des Ra. Ganz gleich welche „Gottheit" man dem Mond nun zuschreibt, es sind ihre Götter, die in dieser Szene verdeutlicht werden!

In diesem „Oscar Meisterwerk" namens *2001: Odyssee im Weltraum*, wie der Film damals bezeichnet wurde, wird offensichtlich, wie sie die Menschheit zum Narren (Affen) halten und dass ist nicht nur symbolisch gemeint! Man könnte auch sagen, gerade die alternative Szene mit ihrer „Wahrheitsbewegung" ist so absurd lächerlich, dass man es kaum beschreiben kann. Die „Autorität" platzieren den „Monolithen" geschickt, provokant und so offensichtlich, damit sich alle „Affen" darum versammeln müssen, weil es angsteinflößend, befremdlich, geheimnisvoll, ja sogar „göttlich" erscheint. Die Affen versuchen ein Geheimnis zu lösen, welches kein Geheimnis ist! Selbst wenn sie es verstehen würden, was der Monolith symbolisieren soll und warum er plötzlich dasteht, dann würde es an ihrem Leben eigentlich überhaupt nichts ändern. Aber da er nun dasteht, hat sich ihr Leben plötzlich auch ohne direkte Fremdeinwirkung verändert, jedoch nur visuell und ohne irgendwelchen Einfluss der „Autorität", wird ein Affe von seinem eigenen Volk erschlagen. Das offensichtliche ist demnach, wie im echten Leben, nur eine Ablenkung, eine Art Beschäftigung und hat die eigene Versklavung zur Folge, aber mit der Bedeutung, worum es eigentlich geht, überhaupt nichts zu tun. Genauso wie fast alle Zuschauer in diesem Moment überhaupt nicht verstanden haben, was da gerade symbolisiert wurde. Mit den Affen sind ganz klar „Wir, das saudumme und verblödete Volk" gemeint.

Der Monolith, welcher erst nach der Morgenröte zu sehen war, symbolisiert die „Autorität“ oder ihre „Aktionen“, denn bei dem Sonnenaufgang wird der Monolith durch den Sonnengott in Szene gesetzt, kann man sagen.

Und genau darauf richtet nun die ganze Welt ihre Augen, z.B.: die Plandemie, der Ukraine-Krieg, die Blackout-Gefahr, der in China umfallende Sack Reis, usw.

Sonne und Mond, die Augen der Götter, symbolisieren das wahre Herrschaftssystem, die Götter der „Autorität“!

Genau wie in der Szene wird die „Autorität“ im wahrsten Sinne vor Erstaunen, vor Ehrfurcht, durch eine Art „göttliche Verehrung“ unantastbar.

Um es kurz zu sagen: Die Anfangsszene symbolisiert eins zu eins die aktuelle Weltherrschaft, die „Wahrheits- und Friedensbewegung“, die Religion, Ihr Leben, wenn es denn verstanden wird!

Es erklärt sich von selbst, warum Stanley Kubrick den Film *2001: Odyssee im Weltraum* fast zeitgleich mit seinem berühmtesten Film „Mondlandung“ genannt, erschien.

Das ist ein „Meisterwerk des Glaubens“ und trug erheblich seinen Teil zur religiösen „Wissenschaft“ und „T(R)aumfahrt“ bei.

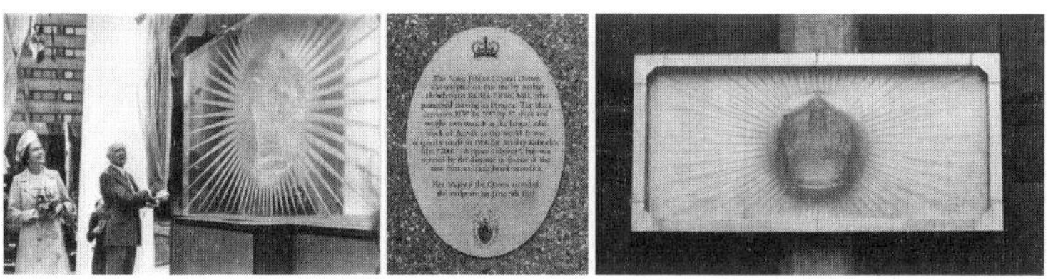

Abb. 203: Die Bilder sprechen für sich ganz alleine!

Sie können all dies in Frage stellen, denn das ist Ihr gutes Recht, darum noch eine ergänzende Zusatzinfo zum Monolith: Der ursprüngliche Monolith, welcher Kubrick für den Film anfertigen ließ, bestand aus durchsichtigem Kunststoff, was zu dieser Zeit der größte einzelne Plexiglasblock war, der jemals gegossen wurde. 1977 erhielt der in London lebende Bildhauer Arthur Fleischmann den Auftrag, in diese Film-Requisite, also in den angefertigten Monolith des Films, eine Kristallkrone für die Feierlichkeiten zum Silberjubiläum der Königin zu schnitzen.

Mehr können Sie, wie immer von mir empfohlen, in der eigenständigen Recherche finden!

Von Horus und Ra

Nun haben wir die vorletzte Tür dieser Ebene erreicht, welche ich Ihnen hier öffnen möchte. Wie immer entscheiden Sie ganz allein, ob Sie nun durch diese Pforte schreiten möchten!

Ich habe mir das folgende Argument ganz bewusst bis zum Ende dieses Kapitels aufgespart. Ja, ich hätte dies auch schon zu Anfang bringen können, dann hätten Sie aber sehr wahrscheinlich den Sinn der jetzt nachvollziehbaren Informationen nicht verstanden. Eine der richtigen und wichtigen Fragen zum Ende dieses Kapitels lautet:

„Was ist der Unterschied zwischen RA und Horus?“

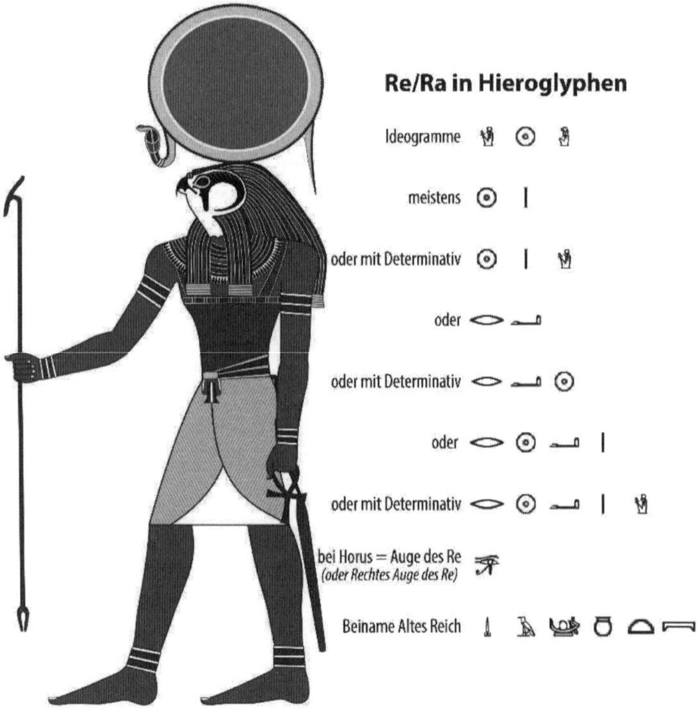

Abb. 204: Re auch Ra genannt, ist der altägyptische Sonnengott. Das heißt, dass die Sonne selbst ein Gott ist und daher nicht von einem göttlichen Wesen geschaffen wurde

Ra oder auch Re genannt, war die altägyptische Gottheit der Sonne, die Maat (Ordnung), der König und des Himmels, der hauptsächlich mit der Mittagssonne oder in Form des Chepri (Skarabäus) mit der Morgendämmerung identifiziert wurde. Ra wurde oft als Falke dargestellt und teilte die Eigenschaften mit dem Himmelsgott Horus. Ra wurde als Amun-Ra verschmolzen. Bitte bedenken Sie, Amun Ra war / ist der König der Götter, der Big Boss und Obermotz!

In einer seiner vielen Formen hat Ra, der Gott der Sonne, den Kopf eines Falken und die Sonnenscheibe in einer Kobra, die auf seinem Kopf ruht.

Sein Symbol ist die Sonnenscheibe, symbolisiert durch das Sonnenauge. Auch Ra-Khepri, Skarabäus oder Amun Ra oder Atum Ra oder Zeus, usw., wird auch symbolisch mit einem Widderkopf dargestellt. Ra wurde unter anderem auch als vollmundiger Widder, Käfer, Phönix, Reiher, Schlange, Stier, Katze oder Löwe abgebildet. Als Ra in der Unterwelt war, verschmolz er mit Osiris, usw. (177)

Horus oder Heru, der Gott des Königtums und des Himmels, wurde am häufigsten als Falke dargestellt oder als Mann mit einem Falkenkopf. Horus ist der Sohn von Isis und Osiris.

Claudius Aelianus schrieb, dass die Ägypter den Gott Apollo in ihrer eigenen Sprache „Horus" nannten. Er wird auch als roter Horus, entsprechend dem Mars genannt.

Seine Symbole: „Auge des Horus", je nach Identifizierung auch als „Auge des Mond" oder „Sonnenauge". Beide Augen wurden durch das Wedjat symbolisiert.

Auch die geflügelte Sonne Behdety war ein altes (3. Jahrtausend v. Chr.) Symbol von Horus.

Da Horus der Himmel sein soll, wurde angenommen, dass er auch die Sonne und den Mond enthält. Die Ägypter glaubten, die Sonne sei sein rechtes Auge und der Mond sein linkes. Horus repräsentierte die Morgendämmerung und die frühe Morgensonne. Demnach ist die Sonne und / oder der Mond Ra oder Re. Zeus, König der Götter, repräsentiert die Sonne und die Maat, was wiederum die Ordnung ist. Horus, also Apollo, Sol oder „Sonne und Mond" ist das Königtum des Himmels.

Fazit: Ra und Horus sind ein und dieselbe Sonnen-Gottheit, je nach Darstellung, je nach Dynastie, entweder das Königreich, das Himmelsreich, die Sonne, der Mond oder Macht, usw.

Ra und Re ist somit Horus und dies auch umgekehrt, verschmolzen oder wie auch immer dargestellt, immer in Verbindung oder direkt als Sonne, Morgensonne, Morgenröte, Sonnenauge, usw.

Wikispinntoft schreibt:

„Diese verschiedenen Formen können möglicherweise unterschiedliche Manifestationen derselben vielschichtigen Gottheit sein. Die Götter wurden ebenso leicht miteinander kombiniert wie sie geteilt wurden.“ (178)

Und genau so ist es auch. Darum ist Helios auch Apollo, Sol Invictus, der Koloss von Rhodos, die Freiheitsstatue, Horus, Ra und Re, Amun Ra, Atum Ra und Atum Re, Khepri, usw. oder ganz modern auch Alexander der Große, Zeus, Jupiter, Jesus oder Shiva genannt, um nicht wieder alle aufzuzählen.

Je nachdem welche Gottheit sie gerade benötigten, also welches Ziel gerade umzusetzen war, welches Programm auf dem Plan stand, wurden die „Götter“, also die Pharaonen, Statuen, usw. passend mit den entsprechenden Masken und Utensilien gekleidet, miteinander verbunden, verschmolzen und/oder vereint. Heute wird dies auch sehr gerne als Koalition bezeichnet.

Und diese Show zieht sich durch alle Epochen und Dynastien, durch jedes Zeitalter und zwar bis in die Gegenwart ohne auch nur einer Ausnahme.

Im 21. Jahrhundert nennt man dieses religiöse Programm: Christentum, Katholizismus, Hinduismus, Paganismus, Islamismus, Judaismus, Satanismus, Buddhismus oder wie Sie auch immer möchten.

Im politischen Neusprech sagt man nun auch hochtrappend: Demokratie, Rot, Schwarz, Grün, Gelb, Blau, egal ob Demokraten oder Republikaner.

Parteien sind exakt das gleiche wie Religion! Dies ist nichts weiter als ein Glaube an ach so „heilige“ Gestalten, die etwas von sich geben, was sie niemals umsetzen dürfen, vor allem was niemals Wirklichkeit werden kann und wird. Politiker haben absolut nichts zu entscheiden. Politiker befolgen nur Befehle. Aber ich komme schon wieder vom Thema ab. Überhaupt nichts hat sich an diesem Schauspiel geändert.

Was früher die verwirrenden Hieroglyphen waren, sind heute das verwirrende Wikidummdumm, Google, sowie das verwirrende Fernsehen und ausnahmslos die komplette Medienlandschaft, inklusive der ach so alternativen Medien, mit ihren „wahrheitssuchenden“ Dummschwätzern, Heuchlern und abkassierende „Tinktur-Verkäufern“.

Das ist das ganze Geheimnis hinter den Anschein nach so komplizierten Symbolen, den scheinbar unzähligen „Göttern“ und ihre unzähligen Hieroglyphen, „geheime“ Schriften und Symbolen!

Das ist ein Geheimnis, welches in meinen Augen kein Geheimnis ist!

Das alles hat seit Jahrtausenden System!

Ihr System!

Das System der „Autorität“!

Kommen wir nun noch zu einem allerletzten Symbol, bevor wir dieses Kapitel abschließen. Ich rede von dem nicht unwichtigen Zeichen:

Anch oder Ankh

Das Ankh oder Schlüssel des Lebens, auch Henkelkreuz genannt, ist ein altägyptisches Hieroglyphensymbol, das am häufigsten in der Schrift und in der ägyptischen Kunst verwendet wurde, um das Wort für „Leben“ und im weiteren Sinne als Symbol des Lebens selbst darzustellen. Es ist also ein religiöses Symbol.

Koptische Christen passten es in die „Crux ansata“ an, eine Form mit einer kreisförmigen statt einer ovalen Schleife und verwendeten es als Variante des christlichen Kreuzes.

Abb. 205: Das Anch-Symbol, Anch-Kreuz, ägyptisches Kreuz, Henkelkreuz, Lebensschleife, Nilschlüssel oder koptisches Kreuz genannt

Ich muss hier eine kleine, aber dennoch nicht unwichtige Ergänzung zur „Neuen Hauptstadt Ägyptens“ einbringen: Mit der „Christi-Geburt-Kathedrale“ und der „Al-Fattah-al-Alim-Moschee“, befindet sich die jeweils größte Kirche bzw. Moschee des Landes in der „Neuen Hauptstadt Ägyptens“. Beide Gebäude wurden zufällig 2019, pünktlich zu Corona und dem Brand der Notre-Dame de Paris, eingeweiht.

Seit 2019 entsteht der „Iconic Tower“, der 400 Meter hoch werden soll und seit Oktober 2020 bereits höher ist, als das derzeit höchste Gebäude des Kontinents, „The Leonardo“ in Südafrika. Der 2022 noch im Bau befindliche „Iconic Tower“, trägt schon vor Bauende einen Museumstitel!

Hier nebenan ein Bild des „Leonardo“ Towers in Sandton, Südafrika. Bitte beachten Sie die Symbolik. Flammen stehen für den Feuerkult, entsprechend der Olympischen Spiele und der Schriftzug „Liberty“ steht für die Göttin „Liberty“, siehe Freiheitsstatue, wie ich bereits ausführlich erklärt habe. Zu dem „Feuerkult“ kommen wir im nächsten Hauptkapitel noch einmal zu sprechen.

Abb. 206: „The Sandton“ in Südafrika

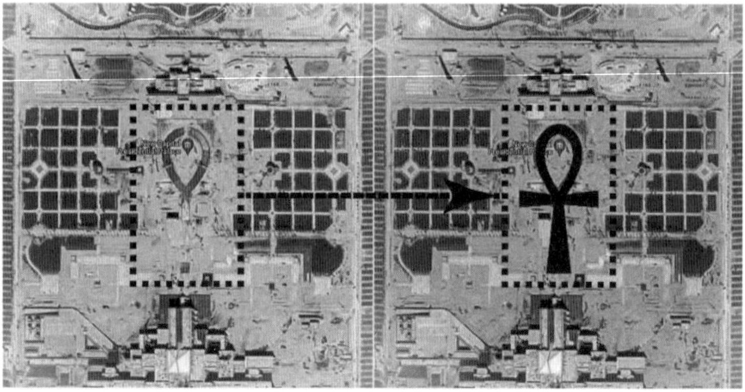

Abb. 207: Auch bei dem „Presidential Palace“ in „New Cairo“ sieht man wieder sehr schön die Bauweise der alten Pharaonen, der sogenannten „Autorität“!

Bei meinen, eigentlich müsste es richtig heißen, unseren Recherchen, denn wir sind ein kleines Team aus drei Seelen bestehend, nutzen wir nicht nur das Internet, sondern wir gehen noch in richtige Bibliotheken (für die Influencer-Generation: dort gibt es ganz viele Bücher zum lesen), suchen in alten Archiven von Schlössern und Burgen nach Lösungen, befragen Zeitzeugen und manchmal ergibt sich eine Zusammenarbeit mit anderen „nach Antwort Suchenden“ und „Wissenden“, wo der eine oder andere meinen mag, dass wäre Zufall. Aber wie wir wissen, gibt es keine Zufälle!

Und so ergab sich auf mysteriösen Wegen ein Schriftwechsel mit Herrn Dieter Rüggeberg, von einem kleinen Verlag in Wuppertal. Auf seiner Internetseite (*www.magie-info.de*) waren wir beim Suchen schon öfters gestoßen. Ich schrieb unter anderem Herrn Rüggeberg von unserem neuen Buchprojekt, mit dem Arbeitstitel: „Die Nachfahren der Pharaonen“. Nur wenige Augenblicke später mailte er mir zurück, mit dem Frage, ob wir auch schon Informationen zu der uralten Magie der Pharaonen hätten.

Als erstes schossen mir Szenen aus den Filmen „Die Mumie“ und „Die Mumie kehrt zurück“ durch den Kopf, welche mich seit Jahren schon faszinieren.

Da solch ein Kapitel meiner Meinung nach, in diesem Buch nicht fehlen sollte, bat ich Herrn Rüggeberg um ein paar Zeilen zu diesem Thema, was er freundlicher Weise auch prompt erledigte. In meinen Augen ist Herr Rüggeberg ein Spezialist auf den Gebieten: Franz Bardon, Rudolf Steiner, Hermetik, Magie, Geheimpolitik, Religion, Rosenkreuzer, Tarot und Theosophie.

Ich bin mehr als nur ehrlich, wenn ich sage / schreibe, dass mir solche „Wissenden“ tausend Mal lieber sind, wie die großkotzigen „Forscher und Wissenschaftler“, welche sich wie Huren von den Geldgebern aushalten lassen.

Nochmals vielen Dank von ganzem Herzen Herr Rüggeberg, für die nachfolgenden Zeilen!

Die Magie im alten Ägypten

Welche Zeitalter existierten vor den alten Ägypter? Der Verlauf der Kulturepochen, wie sie uns von Rudolf Steiner für die Zeit nach Atlantis überliefert hat, gestaltet sich wie folgt:

1. die urindische Kultur (7227 - 5067 v. Chr.),
2. die urpersische Kultur (5067 - 2907 v. Chr.),
3. die ägyptisch-chaldäische Kultur (2907 - 747 v. Chr.),
4. die griechisch-lateinische Kultur (747 v.Chr. - 1413 n. Chr.),

5. die germanisch-angelsächsische Kulturepoche (1413 - 3573 n. Chr., unsere gegenwärtige Epoche),
6. die slawische Kulturepoche (3573 - 5733 n. Chr.) und
7. die amerikanische Kulturepoche (5733 - 7893 n. Chr.)

Jede dieser Kulturepochen umfasst 2160 Jahre. Eine der hervorragenden Gestalten des alten Ägypten war der Eingeweihte Hermes Trismegistos, über den es bei Rudolf Steiner in „Ägyptische Mythen und Mysterien" Seite 121 heißt:

„Die alten Ägypter hatten Schulen, ganz nach dem Muster der Inder, aber sie lernten noch hinzu, wie die geistigen Kräfte mit der physischen Welt korrespondieren. Jetzt hatten sie einen neuen Lehrstoff. In Indien würde man den Schüler gewiesen haben auf die geistigen Kräfte durch das Hellsehen; in Ägypten kam hinzu, dass man zeigte, was physisch korrespondiert mit den geistigen Taten. Man zeigte es an jedem Gliede des physischen Leibes, welcher geistigen Arbeit es entsprach; zum Beispiel wie das Herz einer geistigen Arbeit entspricht, das wurde gelehrt. Und der Stifter der Schule, durch welche nicht nur das Geistige gezeigt wurde, sondern auch seine Arbeit am Physischen, der Stifter dieser Schule war der große Initiator Hermes Trismegistos. So haben wir in ihm, dem dreimal großen Thothi den ersten zu sehen, welcher den Menschen zeigte die ganze physische Welt als eine Schrift der Götter. So sehen wir Stück für Stück unsere nachatlantischen Kulturen ihre Impulse der Menschheitsevolution einverleiben. Wie ein göttlicher Gesandter erschien den Ägyptern Hermes. Er gab ihnen das, was man zu entziffern hatte als die Tat der Götter in der physischen Welt."

Die im Internet zugänglichen Quellen sind sehr umfangreich und ich möchte Ihnen, meine lieben Leser, wenigstens ein paar dieser Quellen nennen, um ihn zu weiteren Studien anzuregen:

- https://de.wikisource.org/wiki/Paulys_Realencyclop%C3%A4die_der_classischen_Altertumswissenschaft

In „Paulys Realencyclopädie der classischen Altertumswissenschaft" heißt es:

„Hermes Trismegistos. I. Der Gott. H. Trismegistos ist die spätere griechische Benennung des ägyptischen Gottes Tehuti oder Thoth ...

Thoth war der Gott des Maßes und der Zahl, der Schrift, der bildlichen Darstellung und der Bibliotheken, der Künder des Verborgenen und Verfasser alter heiliger Schriften, der Lehrer der Isis (Diod. I 27, 4). Als Erfinder haben ihn die Griechen früh mit H. gleichgesetzt und die seinen Kult pflegenden Städte Hermupolis (s. d.) genannt."

Astrologie, Magie und Heilkunde

„Die Anfänge der astrologischen Literatur, die spätestens ab der Römischen Kaiserzeit unter dem Namen des Hermes Trismegistos verbreitet wurde, reichen in die Epoche des Hellenismus zurück. Eine hellenistische Urform dieser Astrologie war anscheinend in den heute verlorenen ägyptischen Astrologumena beschrieben, deren Ursprung wohl in priesterlichem Milieu zu suchen ist. Sehr spät hingegen nach heutigem Forschungsstand erst im byzantinischen Mittelalter entstand der griechische Urtext eines Klassikers der technischen Hermetik, der nur in lateinischer Übersetzung unter dem Titel ‚Liber Hermetis Trismegisti' (‚Buch des Hermes Trismegistos') erhalten geblieben ist. Dieses Handbuch wird auch als ‚Buch über die 36 Dekane' bezeichnet, da es die ‚Dekane, die je 10 Grad umfassenden 36 Abschnitte des Tierkreises, behandelt. Das darin zusammengestellte antike Material stammt aus verschiedenen Epochen, teils aus hellenistischer Zeit, teils aus der Spätantike.

Ein bedeutender Teil der technischen hermetischen Literatur befasst sich mit Magie. Manche auf Papyrus überlieferten magischen Texte bezogen ihre Autorität ausdrücklich vom Trismegistos, in dem man den Begründer der Magie sah, in anderen wurde hermetisches Material verwertet, ohne dass der Name des mythischen Urhebers genannt wurde. Die Anfänge dieses Schrifttums reichen ins 1. Jahrhundert v. Chr. zurück. Man wollte mit den dargestellten magischen Praktiken die Gottheit herbeirufen, um eine Kommunikation mit ihr zu eröffnen und dann von ihrem Wissen und ihrer Hilfsbereitschaft zu profitieren. Zum Teil wurden die magischen Phänomene darauf zurückgeführt, dass der angerufene Gott einen Gegenstand beseelt und von ihm Besitz ergriffen habe. Hermes wurde als kosmische Macht, als Schöpfer und als allmächtiger und allwissender Weltherrscher aufgefasst, zugleich aber auch als Person, zu der man in ein intimes Verhältnis treten konnte.

Ein wichtiges Thema war die Verwertung astrologischer oder magischer Kenntnisse für medizinische Zwecke. Ein Wissen über verborgene Kräfte von Tieren, Pflanzen und Steinen sollte den Weg zur Bestimmung der jeweils wirksamen Heilmittel weisen. Astrologische Therapien fußten auf der Annahme, dass es Entsprechungen zwischen den Gestirnen, den erkrankten Organen und den passenden Heilmitteln gebe. In einer Gruppe von Traktaten wird behauptet, man könne den Ausgang einer Krankheit anhand der Gestirnkonstellation zum Zeitpunkt ihres Ausbruchs vorhersagen.

Eine in der Antike kaum beachtete, aber im Mittelalter stark rezipierte Kompilation von hermetischen Texten über Magie und okkulte Heilkunde ist unter der Bezeichnung Kyraniden bekannt. Die älteste Version entstand wohl erst im 4. Jahrhundert. Das Werk gibt sich als Offenbarung des Gottes Hermes Trismegistos aus, der dem Aufzeichner Harpokration Geheimnisse der Heilkräfte der Natur enthüllt habe. Den Inhalt bilden in erster Linie Hinweise zur Herstellung heilender oder anderweitig magisch wirksamer Mittel sowie Beschreibungen der Tiere, Pflanzen und Steine, aus denen man die benötigten Substanzen gewinnt. Manche Mittel sind dazu gedacht, dem Anwender in der Erotik oder bei seiner Karriere zu helfen." [(179)]

Hier möchte ich Sie darauf hinweisen, dass dieser Artikel nur vollends begriffen werden kann, wenn eine gute Kenntnis der Gesetze der Wiedergeburt des menschlichen Geistes in fortlaufenden Verkörperungen vorhanden ist. Darüber gibt es von Rudolf Steiner sehr viele Informationen, die kostenlos aus dem Internet bezogen werden können!

Die Schlange als Symbol der Weisheit

„Die Uräusschlange ist ein Symbol der altägyptischen Ikonografie. Der altgriechische Begriff in Umschrift Uraios, latinisiert Uraeus, geht vermutlich auf das altägyptische iaret (uaret) zurück, was im Allgemeinen mit ‚die sich Aufbäumende' übersetzt wird. Im Alten Ägypten gilt diese goldene, in Form einer sich aufreckenden, blähenden und Gift sprühenden Kobra dargestellte Stirnschlange Göttern wie Königen (Pharaonen) als Schutzsymbol, indem Uräus mit dem Glutbauch seines Feueratems die Feinde seines Trägers abwehrt. In gleicher Eigenschaft wird das Symbol, zumeist in Form von Uräenfriesen, mindestens seit der 3. Dynastie auch zum Schutz von Bauwerken an deren Fassaden und insbesondere über Eingängen angebracht (wie zum Beispiel im Tempel von Abu Simbel und dem Tempelhaus von Kom Ombo). Aus geisteswissenschaftlicher Sicht ist die Uräusschlange ein Symbol für das Stirnchakra, das als Drittes Auge das Hellseherorgan für die imaginative Erkenntnis ist." (180)

Die vorgenannte Erklärung ist zwar recht gut, aber unvollständig, deshalb möchte ich noch auf den wirklichen Ursprung dieses Symbols hinweisen. In der obigen Auflistung der Kulturen ist zu erkennen, dass vor der ägyptischen sich die indische Kulturperiode entwickelte. In dieser Periode entstand das Yogasystem. Ein Zweig dieses Yogasystems ist der Kundalini-Yoga, aus dem das Symbol der Schlange seinen Ursprung genommen hat, wie aus der Symbolik dieser Wissenschaft und insbesondere des Muladhara-Zentrums gut zu erkennen ist. Das Kundalini System bezieht sich auf die geistig-seelische Entwicklung bestimmter Zentren im Seelen- oder Astralkörper des Menschen. Die planmäßige Entwicklung dieser Zentren ist mit bestimmten magischen Fähigkeiten des Menschen verbunden. Das Symbol der Schlange wurde mit Wissen und Weisheit gleichgesetzt und in den Geheimschulen mit Einweihung in die kosmischen Geheimnisse.

In Indien wurden zwei der höchsten Götter, nämlich Shiva und Vishnu sehr oft mit dem Symbol der Schlange, speziell der Kobra, dargestellt.

Kundalini-Yoga

Die Chakren	
Sahasrara Chakra	Universales Bewusstsein
Ajna-Chakra	Wille + Intellekt
Vishuddha-Chakra	Element = Akasha (Urelement)
Anahata-Chakra	Element = Luft
Manipura-Chakra	Element = Feuer
Svadhistana Chakra	Element = Wasser
Muladhara Chakra	Element = Erde

Da die Yoga Wissenschaft mit der Entwicklung magischer Fähigkeiten zu tun hat, wurden die Einzelheiten dieser Methoden sehr geheim gehalten und unter Todeseid gehütet. Erst im 20. Jahrhundert kam konkretes Wissen über magische Methoden der Einweihung in die Öffentlichkeit. Ein gutes Beispiel dafür sind die Schriften von Swami Sivananda, in denen bereits viele Einzelheiten überliefert wurden. Wenn somit in den ägyptischen Mysterien von Magie die Rede ist, dann wissen wir heute, wo diese Magie ihren Ursprung genommen hat.

Der hermetische Orden des Golden Dawn

Ein magisches System, dass von einiger Wichtigkeit ist, ist jenes aus dem Orden des Golden Dawn, also der goldenen Dämmerung. Dazu heißt es bei Wikipedia:

> *„Der Order of the Golden Dawn, besser bekannt als Hermetic Order of the Golden Dawn (Hermetischer Orden der Goldenen Dämmerung, kurz: Golden Dawn), war eine magische diskrete Gesellschaft. Sie wurde am 12. Februar 1888 von William Robert Woodman, Samuel Liddell MacGregor Mathers und William Wynn Westcott in England gegründet. Am 1. März 1888 erfolgte die offizielle Eröffnung des Isis Urania Tempels No. 3 in London. Der Orden bestand bis 1900/1903 und zerfiel dann wegen innerer Streitigkeiten in diverse Nachfolgeorganisationen."* (181)

Was hier verschwiegen wird, ist die Tatsache, dass alle Gründer dieses Ordens Mitglieder der Freimaurerei waren, somit ist anzunehmen, dass von dort auch das

Wissen der Golden Dawn Schriften gekommen ist. Die Freimaurerei war ursprünglich Erbe der okkulten Schriften von Christian Rosenkreuz (1378 - 1484), die aber zu jener Zeit strengster Geheimhaltung unterlagen. Erst im Jahre 1937 erschien die erste Ausgabe der Golden Dawn Schriften von Israel Regardie im Buchhandel. Das System zeigt deutliche Spuren ägyptischer Herkunft, ist aber offensichtlich verstümmelt, denn die wichtigsten Grundlagen einer magischen Entwicklung fehlen darin.

In dieser kleinen Betrachtung soll insbesondere auf die wichtigsten geisteswissenschaftlichen Tatsachen Rücksicht genommen werden. Tiefere Einblicke in die Hintergründe der Kulturentwicklung wurden uns in den Schriften von Helena P. Blavatsky und Rudolf Steiner geboten.

Im bereits genannten Buch „Ägyptische Mythen und Mysterien" hat Rudolf Steiner deutlich auf den Zusammenhang des ägyptischen mit unserem gegenwärtigen Kulturzeitraum hingewiesen.

> *„Und in unseren Vorträgen werden wir sehen, wie in unserem fünften Zeitraum eine Art Wiedererweckung stattfinden wird des dritten, des ägyptischen Zeitraums."* (Seite 14)

> *„Unser fünfter Zeitraum steht mitten inne in der Welt, deshalb muß er vorausschauen. Erst muß der Christus ganz begriffen werden in unserer Zeit, denn unsere Seelen sind tief hineinverwoben in geheimnisvolle Zusammenhänge. Wir werden sehen, wie die Wiederholung der ägyptischen Zeit in unserer fünften Kulturperiode uns einen Anknüpfungspunkt geben wird, wie wir wirklich in die Zukunft hinüber kommen können."* (Seite 37)

Der Zusammenhang der ägyptischen mit unserer eigenen Kulturepoche in Bezug auf die Magie zeigte uns Franz Bardon durch die Veröffentlichung der ägyptischen Magie in den 50er Jahren des vorigen Jahrhunderts in seinen Lehrbüchern „Der Weg zum wahren Adepten", „Die Praxis der magischen Evokation" und „Der Schlüssel zur wahren Kabbalah".

Der Zusammenhang der indischen zur ägyptischen Magie ergibt sich aus einer Anmerkung im Kapitel „Brahma und Shakti" in dem Buch „Der Weg zum wahren Adepten", wo es heißt:

> *„Der Kenner anderer Einweihungssysteme wird eine gewisse Parallele mit meinem System finden, da ja alle Wege in der Wahrheit gleich sein müssen. Als Beispiel erwähne ich hier das indische, die Schlangenkraft betreffende Yoga-System, das mit den von mir über die ägyptischen Mysterien angegebenen Systemen übereinstimmt."*

Aus diesem Grund habe ich vorher im Kapitel über die Schlangensymbolik das Kundalini-Yoga-System erwähnt.

Das Buch des Tarot

„Vielen Lesern wird bekannt sein, dass Tarot kein Kartenspiel ist, das mantischen Zwecken dient, sondern ein symbolisches Einweihungsbuch, das die größten Geheimnisse symbolisch beinhaltet. Die erste Karte dieses Buches stellt den Magier vor, der die Beherrschung der Elemente verbildlicht und den Schlüssel zum ersten Arkanum, dem Geheimnis des unaussprechlichen Namens Tetragrammaton, dem kabbalistischen JOD-HE-VAU-HE bietet. Deshalb ist hier die Pforte zur Einweihung der Magier, und wie vielsagend und allseits anwendbar diese Karte ist, wird der Leser dieses Werkes selbst erkennen. In keinem bisher erschienenen Werk ist der wahre Sinn der ersten Tarotkarte so deutlich beschrieben worden, wie ich es in meinem Buche getan habe. Das mit größter Sorgfalt und äußerster Bedachtsamkeit aufgebaute System ist keine spekulative Methode, sondern das positive Ergebnis dreißigjährigen Forschens, praktischen Übens und wiederholten Vergleichens mit vielen anderen Systemen der verschiedensten Logen, geheimen Gesellschaften und des orientalischen Wissens, das nur ganz besonders Begabten und einzelnen Auserkorenen zugänglich ist. Es ist also C wohlgemerkt C aus der eigenen Praxis heraus für die Praxis vieler bestimmt und von allen meinen Schülern als das beste und brauchbarste System erprobt worden." („Der Weg zum wahren Adepten“, S. 24-25)

Das Buch des Tarot besteht aus 78 Seiten, von denen sich 22 auf die großen Arkanen beziehen und 56 auf die kleinen Arkanen oder Geheimnisse. Jedes Geheimnis erfordert ein eigenes Buch. Die drei Lehrbücher von Franz Bardon umfassen die ersten drei der großen Arkanen.

Franz Bardon – Magie

Magie ist das höchste Wissen, das es überhaupt auf unserem Planeten gibt, denn es lehrt sowohl die metaphysischen als auch die metapsychischen Gesetze auf allen Ebenen kennen. Dieses höchste Wissen trägt schon seit Menschengedenken die Benennung Magie, war aber bisher nur besonderen Kreisen, zu denen vorwiegend Hohepriester und die größten Machthaber gehörten, zugänglich. Als die höchsten Eingeweihten galten deshalb immer nur die Magos. Diese wussten von den wahren Lehren, hüteten sie aber mit aller Strenge. Sie kannten genau die Synthese nicht nur ihrer eigenen Religion, sondern auch aller übrigen Religionen. Dem Volke dagegen wurde jede Religion nur in Symbolen dargereicht. Erst nach vielen Jahrhunderten kamen einzelne Brocken dieses Wissens, begreiflicherweise sehr verhüllt, auch unter die Menschheit. Da jedoch die überwiegende Zahl der Menschen nicht gesetzmäßig magisch geschult war, konnte sie diese vereinzelten Brocken nur vom individuellen Standpunkt aus begreifen und demzufolge auch nur unzulänglich und einseitig weitergeben. Deshalb ist das magische Wissen ohne jede Übertreibung bis zum heutigen Tage ein Geheimwissen geblieben. Das Begreifen der wahren magischen Gesetze hängt von der magischen geistigen Reife eines jeden einzelnen ab. Um die erforderliche Reife zu erlangen, bedarf es unbedingt einer gewissen Vorschulung. Der Leser wird daher meinen Hinweis begreiflich finden, dass er die erste Tarotkarte wenigstens bis zur achten Stufe vollends beherrschen muss, wenn er in der höheren Magie weitere und ebenfalls gute Erfolge erreichen will.

Es gibt keine Wunder als solche, es gibt auch nichts Übernatürliches, denn diese Auffassung haben nur solche Menschen, denen Dinge und Geschehnisse, die sie nicht zu fassen vermögen, unverständlich sind. Magie ist ein Wissen, welches die praktische Anwendung der niedersten Gesetze der Natur bis zu den höchsten Gesetzen des Geistes lehrt. Wer sich mit Magie befassen will, muss unbedingt vor allem das Wirken der niedersten Naturgesetze verstehen lernen, um dann die darauffolgenden und zu guter Letzt die höchsten Gesetze zu begreifen.

Je nachdem, bei welchem Abschnitt der Leser angelangt ist oder mit welchen Gesetzen er sich augenblicklich befasst, kann er sich der leichteren Übersicht halber das magische Wissen in drei Gruppen einteilen und zwar:

In eine niedere Magie, die die Naturgesetze, deren Wirken, Walten und Beherrschen angibt und gleichsam als Naturmagie bezeichnet werden kann.

Ferner in die mittlere Magie, die das Walten und Wirken und auch das Beherrschen der Universalgesetze im Menschen, im sogenannten Mikrokosmos, also in der kleinen Welt, behandelt, und schließlich:

In die hohe Magie, die das Wirken und Walten sowie das Beherrschen im Makrokosmos, womit das ganze Universum gemeint ist, umfasst.

Dass die Kräfte und Gesetze sowohl der niederen als auch der mittleren und ebenso der hohen Magie in einem analogen Zusammenhang stehen, habe ich bereits in meinem ersten Werk „Der Weg zum wahren Adepten“ einige Male erwähnt, in dem ich diese Kräfte, deren Wirken und Walten, ausführlich beschrieben habe.

Das magische Wissen könnte mit einer Schule verglichen werden, die die niedere Magie in die Elementarklassen, die mittlere Magie, das ist die des Menschen, in die Mittelschule, und die Magie des Makrokosmos, also die hohe Magie, in die Hochschule einreiht. Da laut der Hermestafel in der Magie das universale Axiom gilt, welches lautet, dass „das, was oben ist, auch das ist, was unten ist“ und umgekehrt, so kann eigentlich weder von einer niederen und mittleren, noch von einer hohen Magie die Rede sein. Es gibt demnach nur eine einzige Magie, und der Reifezustand des betreffenden Magiers gibt den Grad seiner Entwicklung an, bis wohin er im magischen Wissen gekommen ist, d. h. wie weit er sich bereits entwickelt hat. Die universalen Gesetze, ob nun in guter oder böser Absicht berücksichtigt oder angewendet, bleiben immer ein und dieselben. Die Anwendungsweise eines Gesetzes hängt vom Charakter und von der Absicht des einzelnen ab. Gebraucht der Magier die Kräfte für gute Zwecke, mag er für sich selbst den Ausdruck „weiße" Magie wählen, verfolgt er aber unedle Zwecke, nenne er es „schwarze" Magie. Bei guten wie bei bösen Handlungen kommen stets ein und dieselben Gesetze in Betracht.

Der vernünftige Leser wird sich jedoch vollkommen klar darüber sein, dass es weder eine weiße noch eine schwarze Magie gibt. Diesen unterschiedlichen Begriff brachten mystische und religiöse Sekten in allgemeinen Gebrauch, indem sie einen Menschen, der ihnen nicht behagte, einfach als Schwarzmagier hinstellten. Um einen schlagkräftigen Vergleich anzuführen, sei bemerkt, dass es ebenso unlogisch wäre, wollte man vom universellen Standpunkt aus z. B. die Nacht als schlecht und den Tag als gut bezeichnen. Eines kann ohne das andere nicht bestehen, und diese beiden Pole mussten bei der Schaffung der großen und der kleinen Welt entstehen, um sich voneinander zu unterscheiden.

Gott, der universale Schöpfer, hat nichts Unreines und Schlechtes erschaffen. Damit soll aber nicht gesagt sein, dass der Mensch das Gute und das Böse tun soll. Der Gegensatz besteht nur deshalb, damit ihn der Mensch beherrsche und das Wahre vom Gegensätzlichen unterscheiden lerne. Der wahre Magier wird deshalb niemals das Negative unterschätzen, er wird es aber auch nicht meiden. Er räumt dem Negativen stets den Platz ein, der ihm zusteht, und das Negative muss ihm geradeso nützlich sein wie das Positive. Der Magier sieht daher in den negativen Kräften niemals böse Kräfte. Gut wie Böse wird er nicht vom religiösen, sondern vom universellen Standpunkt aussehen und berücksichtigen.

Magie wird zumeist mit Zauberei verwechselt. Ich will hier nur kurz den Unterschied zwischen Magie und Zauberei erklären. Der wahre Magier hält sich genau an die universalen Gesetze, er kennt ihre Ursache und Wirkung und arbeitet bewusst mit diesen Kräften, wohingegen sich der Zauberer Kräften bedient, deren wahre Ursache er überhaupt nicht kennt. Der Zauberer weiß zwar, dass, wenn er diese oder jene Kraft in Bewegung setzt, dieses oder jenes geschieht, aber über die weiteren Zusammenhänge kann er sich keine richtige Vorstellung machen, da ihm die Kenntnis der Universalgesetze fehlt. Er kennt vielleicht dieses oder jenes Gesetz oder er weiß teilweise Bescheid darüber, aber er kann sich keinen analogen Zusammenhang vom Wirken, Werden und Walten dieser Universalgesetze machen, da er die nötige Reife nicht besitzt.

Ein wahrer Magier dagegen, der nicht zum Zauberer hinabsinken will, wird niemals etwas tun, worüber er im Voraus nicht vollkommen im Bilde wäre. Auch ein

Zauberer kann im guten oder im bösen Sinne dies oder jenes aus der Geheimwissenschaft in Anwendung bringen, wobei es nicht darauf ankommt, ob es positive oder negative Kräfte sind, mit denen er arbeitet. Nur ist er nicht berechtigt, deshalb schon als Magier zu gelten.

Ein Scharlatan wiederum ist eine Person, die anderen Menschen etwas vorzutäuschen versucht und daher weder als Magier noch als Zauberer angesehen werden kann. Der Volksmund würde einen solchen Menschen einfach Betrüger nennen. Scharlatane prahlen nur zu gerne mit hohen magischen Kenntnissen, die sie nicht besitzen, und hüllen sich in mystische Geheimnistuerei, nur um die eigene Unkenntnis zu verbergen. Gerade diese Kategorie von Menschen hat es auf dem Gewissen, dass das wahre magische Wissen sehr entstellt und entwürdigt wurde. Der wahre Magier kennzeichnet sich weder durch Geheimnistuerei, noch durch äußeren Prunk, im Gegenteil, er ist bescheiden und jederzeit bestrebt, der Menschheit zu helfen und den Reifen das Wissen verständlich zu machen. Dem Unreifen wird der Magier begreiflicherweise keine Mysterien anvertrauen, um das heilige Wissen nicht zu entwürdigen. Niemals wird der wahre Magier durch sein äußeres Gebaren das wahre Wissen nach außen hinzeigen. Ein wahrer Magier ist von einem Durchschnittsmenschen fast überhaupt nicht zu unterscheiden, denn er passt sich jedem Menschen, jeder Gelegenheit und jeder Situation an. Seine magische Autorität ist eine innere, die es nicht notwendig hat, äußerlich zu glänzen.

Noch eine Abart der Magie ist erwähnenswert, die irrtümlicherweise mit Magie verwechselt wird, mit derselben aber durchaus nichts zu tun hat, und zwar ist es die sogenannte Taschenspielerkunst. Der Taschenspieler ahmt durch seine Handfertigkeit und durch Sinnestäuschung anderer Personen einige Phänomene nach, die der echte Magier mit Hilfe der universalen Gesetze vollbringt. Dadurch, dass auch Taschenspieler das Wort Magie für ihre Kunststücke gebrauchen, ist abermals ein Beweis dafür erbracht, wie tief der wahre Begriff von Magie gesunken ist. Es ist nicht meine Absicht, mich in diesem Buch mit Zauberkunststücken und Bühnentricks näher zu befassen, Tatsache jedoch ist, dass ein Taschenspieler weder ein Magier noch ein Zauberer sein kann, selbst dann nicht, wenn er sich seiner Handfertigkeit wegen noch so verlockende Namen gibt.

In diesem Buch beschreibe ich die Synthese des bisher noch nicht aufgeklärten Gebietes der Magie, und zwar das der Beschwörungsmagie, da gerade diese Art von Magie die am schwersten fassbare ist. Seit dem grauesten Altertum bis zur Neuzeit kamen Hunderte von Büchern in den Umlauf, die Anleitungen für Beschwörungen von Wesen, für Teufelspakte u. dgl. m. enthielten, aber keines von diesen Büchern konnte dem Leser wahres Wissen geben, geschweige denn ihm praktische Erfolge an Hand der empfohlenen Lektionen sichern. Allerdings kam es laut Veranlagung und Reife des einzelnen hie und da dennoch vor, dass Teilerfolge erzielt wurden. Ein wahrer Magier aber, der sich mit dem Problem der Beschwörungsmagie eingehend befassen will, braucht nicht zu befürchten, dass er keine Erfolge oder nur Teilerfolge erzielen wird. Er gelangt zu der Überzeugung, dass er mit der Synthese der Beschwörungsmagie ohne weiteres eine erfolgreiche Evokation zustande bringt. Die anderen Kategorien der Magie, wie z. B. Mumialmagie, Sympathiemagie, Besprechungen, Heilungen durch sympathetische Mittel, will ich in diesem Werk nicht behandeln, denn diese ergeben sich einem echten Magier von selbst, falls er sich ihrer gelegentlich bedienen will. Die in den üblichen Büchern gegebenen Anleitungen kann sich der eingeweihte Magier nach den Universalgesetzen selbst umarbeiten und für die eventuelle Praxis anwenden.

Bereits diese wenigen Sätze zeugen von dem hohen Wert der Magie für das Leben und die Entwicklung des Menschen. Diejenigen Schriftsteller, die bis in Gegenwart die Magie als unwissenschaftlichen Aberglauben hinstellen, betreiben ihr Handwerk entweder aus Unwissenheit und Dummheit, oder aus politischen Gründen. Wer aber Schüler dieser Wissenschaft werden will, der kann diese Schülerschaft heute ohne einen persönlichen Lehrer beginnen, weil ihm insbesondere durch das Werk von Franz Bardon ein exaktes Entwicklungssystem zur Verfügung steht.

Vielen Dank noch einmal sehr geehrter Herr Rüggeberg von www.magie-info.de für diese Informationen.

Hier verlassen wir nun die Wissensebene der „alten Pharaonen“ und schreiten durch das Portal in unsere Jetztzeit, sowie in unser Land der Gegenwart, in das hier und jetzt.

Apropos: „Jetzt“, wo ich das hier gerade schreibe, im Februar 2023, feiern die Jecken mal wieder „Weiberfastnacht“. Die „Weiber“, was nebenbei bemerkt kein Schimpfwort ist, denn früher wurden die „Frauen“ unserer Völker so genannt, sind „jück“, also feucht-fröhlich in unserem Land unterwegs, stürmen die Rathäuser, schneiden Krawatten ab und flippen nach ein paar süßer Likörchen ekstatisch zu Bum-Bum-Faschingsmusik aus.

Nun denken Sie bestimmt: Was hat dieser Quatsch hier in diesem Buch zu suchen. Nun gut, dann nehmen wir mal den Kölner Karneval genauer unter die Lupe, ob es da Gemeinsamkeiten zu der bisherigen Handlung dieses Schmökers hat. Vielleicht geht das nun folgende Kapitel ja über die „Wissensebene“ hinaus, in Richtung: „Weisheit“, daher folgen Sie mir bitte, wenn Sie möchten, ich persönlich würde mich darüber freuen.

Ich öffne Ihnen die nächste Tür, welche Sie alleine durchschreiten dürfen und komme daher nun zu dem Thema:

Karneval oder die Prozession der Untoten

So ist der momentane Stand der Dinge: Februar 2023, im „besten Deutschland, dass wir je hatten" und mit der „Sprache der Täter", laut dem Bundes-~~Reichs~~-ver-Walter Steinzeitmeier, dem Schirmherren der von Jesuiten gegründeten Denkfabrik und „Wissen-schaffende" Akademie der LEOPOLDINA, mit der angeschlossenen „Großen Nationalen Freimaurer-Mutterloge „Zu den drei Weltkugeln"!

In Schleswig-Holstein schießen die Reichswindkraftmühlen aus dem Boden, wie der Spargel auf den Feldern in Brandenburg, selbstverständlich mal wieder „im Namen des Herrn Habenichts Habeck". Im babylonischen Berlin konnte man vor Tagen wieder einmal wählen, zwischen Grün wie Döner und Rot wie „Curry-~~esst-mehr~~-Wurst" und die Öffentlich-Rechtlichen sind noch immer im MKULTRA-Modus geil auf das absolut kranke baphometische Gendern.

Einige Politikern, denen man anscheinend schon als Kind den Kakao aus der Schokolade nehmen musste, weil sonst ihre Gesinnung zu „Braun" werden würde, fordern von uns Steuerzahlern, dass wir nur noch drei Blatt Klopapier für das „große Geschäft" benutzen sollten, während sie für ihre „großen Geschäfte" noch jede Menge Papierblätter, getarnt als bedruckte Banknoten, erhalten!

Der treudoofe deutsche Michel spendet selbstlos, wie er nun mal ist, für die Erdbebenopfer in der Türkei und Syrien, aber hat bisher vermutlich noch nicht begriffen, dass die dortigen Leute bis heute keine Lust auf Unterstützung im Ahrtal hatten. Eine Anregung von mir an die ReGIERENDEN: Warum schicken wir statt unser sauerverdientes und am Monatsende noch übrig gebliebenes Geld, nicht einfach ein paar „Fachkräfte" in ihre heimatlichen Gefilde, welche noch dazu die dortige Sprache sprechen. Das wäre mal echte gelebte Solidarität!

Und was gibt es sonst noch Neues?! Ach ja, Yvonne Woelki (Stichwort: Dschungelcamp und Peter Klein, Stiefvater der nervenden Katzenberger, der Herrin des Costa-kost-garnix-Cordalis Sprößlings) ist genauso „in aller Munde", wie ihr Kölner Namensvetter Kardinal Woelki, welcher gern mal seinen „Klingelbeutel" von den kleinen Messdienern schütteln und dabei die „Messlatte" sehr hoch legen lässt, nach dem Motto: „Da simmer dabei, dat is prima" oder „Maach et joot, ävver nit zo off." („Mach es gut, aber nicht zu oft."). Es ist so, denn manch ein Kuttenträger schwebt doch schließlich wegen der kleinen Bengels auf „Woelki 7" und denkt sich: „Et hätt noch emmer jot jejange." („Es ist bisher noch immer gut gegangen.") oder hinterher „Kenne mer nit, bruche mer nit, fott domet." („Kennen wir nicht, brauchen wir nicht, fort damit."). So bekommen die Begriffe „Kölscher Klüngel" oder auch „mein Freund und Kupferstecher" gleich eine ganz neue Bedeutung!

Viele angeblich-aufgewachte Widerständler meinen noch immer, dass wir gerade George Orwells (ein geborener Blair, siehe Tony Blair!) „1984" live und in Farbe erleben, aber haben es noch nicht begriffen, dass auch dieser Autor ein Freund von dem Satanisten Aldous Huxley und den Freimaurern Ernest Hemingway und Leopold Kohr war, sowie ein überzeugter linker sozialistischer Kommunist, dessen risikobereiter britischer Verleger Fredric Warburg (Verlag Secker & Warburg) seine Bücher verlegte, nichts weiter als ein Systemling war, denn sonst hätte er keinen Erfolg gehabt! (182)

Und was machen die aufgeklärten Aufklärer vom aufklärendem Telegram-Kartell?! Sie verbreiten Angst und Schrecken wegen Käferbrot und Insektenschmalz, täglich neue Übersterblichkeitszahlen selbstverständlich wegen der Impfung, die seit Jahren andauernde Aufdeckung des „Laptops aus der Hölle", deren angeblich verstörende Beweise bis heute noch keiner gesehen hat und der kommende Transhumanismus vom bösen Onkel Schwab und seinem stiefelleckenden Lakaien Elon Musk. Ach nee, der war ja einer von den Guten, ich Dummerchen! Eigentlich wurde der „Tiefe Staat" ja sowieso schon längst gestürzt und wie wir wissen, ist eh alles erledigt und wir sehen nur noch einen Film. Man ist sich nun aber mal wirklich absolut sicher, dass Trump bald, ja echt jetzt ganz bald zurückkommt und innerhalb von 24 Stunden den satanisch-kommunistischen und freimaurerischen „Weltfrieden" der Zionisten ausrufen wird (zum Thema „Weltfrieden" kommen wir noch ausführlich). Der rote LENIN wird sich vor Freude in seinem Pharaonengrab schneller drehen, als eine Tesla-Spule. Na das wird ein Spaß, glauben Sie mir! Jedoch die Realität zeigt uns etwas anderes, wenn man sie sehen möchte.

Die Wirklichkeit spielt sich unentdeckt vor aller Augen ab, denn nie gekannte Rituale werden seit Jahren ausgeführt, Zeremonien ganz öffentlich abgehalten und ein dunkles Unheil kommt daher, was keine Seele mehr stoppen kann! Die sogenannten „zehn Plagen" ziehen gerade symbolisch auf, aber nicht als die von „Q" angekündigten Blue-Beam-Effekte aus der khasarischen Alchemisten-Schmiede von Disney und Hollywood, sondern als wahre Bedrohung für uns alle, auch für die „Neue-Welt-Mantra-tanzende-Querdenker-Sekte", die vom RBB und „Spiegel" beworbenen „Gute-Laune-Partypeople-Schein-Oppositionellen" oder „Der-Jude-ist-immer-Schuld-Anhängern" und deren nachlaufenden hypnotisierten Schlafschafe.

In diesem Kapitel gehe ich einmal der Frage nach: Was hat der Karneval, mit dem Brand von Notre Dame und dem Mumienumzug in Kairo, das altägyptische Totengericht und die Auferstehung von einem neuen Messias miteinander zu tun?!

Fasching – Die fünfte Jahreszeit

Entweder man liebt oder man hasst ihn, aber was ist eigentlich Karneval, auch Fastnacht, Fasching oder fünfte Jahreszeit genannt. Wo kommt dieser Brauch her und wieso feiert man dies so ausgelassen?

Fragt man einen Kölner Jecken, so meint er: „Dat kütt vum Napoleon, d´r hätt m'r dat hingerloße" (Übersetzt: Das kommt vom Napoleon, der hat uns das hinterlassen).

Bittet man in der nördlichsten deutschen Karnevalshochburg Marne (schon wieder Dithmarschen, Schleswig-Holstein) um eine Auskunft nach dem Ursprung von Straßenkarneval, hört man einstimmig: „Keine Ahnung, der war auf einmal da!".

Aber auch in der damaligen DDR feierte man schon damals recht ausgelassen Fasching, wenn auch „offiziell" etwas staatlich eingeschränkter. Erkundigt man sich bei einem Ossi (bitte keinen Shitstorm, ich bin selber einer!!!), warum man dieses Narrenfest feiert, kommt zur Antwort: „Nun, weil es wie ‚Jacobs Kaffee' und ‚FA-Seife' aus dem Westen kommt."

Wie man sieht, viele Karnevalisten feiern eine feucht-fröhlich-ausgelassene Zusammenkunft, mit allerlei Schabernack, Lachen und Liebeleien, aber kaum einer dieser Spaßgesellen weiß, was sie da in Wirklichkeit feiern. Fakt ist aber, dass 9 Monate nach Karneval überdurchschnittlich viele Babys geboren werden, aber auch die Scheidungsrate nach den Narreteien extrem ansteigt.

Nun ist es wieder einmal so weit: die Zeit des Schunkelns, Mitsingens, des alkoholischen Frohsinns, das Fest der „Nächstenliebe" und des freimaurerischen „Mopsordens" gipfelt nun in dem Höhepunkt des Jahres, welches vielerorts mit dem altägyptischen und rituellem „Opferfeuerfest" (Feuerkult) namens Nubbel, Äāzebär, Bacchus, De Böögg, Hieronymus, Hoppeditz, Biikebrennen, Lazarus oder Zachaies endet. Das dieses Feuerfest ein über 5.000 Jahre altes Ritual ist, welches im Ursprung zu Ehren von Baal oder auch Moloch genannt galt, ist den meisten Feiernden gar nicht bewusst. Ursprünglich wurden Kinder in dem brennenden Feuerschlund geopfert, zum Wohle ihrer „heiligen Götter". Nur so nebenbei bemerkt existieren noch zahlreiche andere Namen für Baal und Moloch, was ich schon mehrfach in diesem Buch schrieb, zum Beispiel: Jupiter, Zeus, Poseidon, Helios, Sol (Sonne) oder Talos, um nur einige zu nennen. Ja, Sie haben richtig gelesen, dass all diese geschichtsträchtigen Figuren ursprünglich ein und dieselbe Gottheit ist / war.

Abb. 208: Der Nubbel wird in Köln in der Nacht zum Aschermittwoch verbrannt. Karnevalisten setzen ihn erstmals 2023 vor dem Kölner Dom in Brand. Der Nubbel büßt mit seiner Verbrennung die von den Menschen begangenen Sünden. Stadt- und Domdechant Robert Kleine und Mike Hehn leiteten die Zeremonie. Auch hier sieht man wieder, dass die „Narren" mit Fackeln Spalier stehen (siehe Prozessionsumzug) und den typischen Feuerkult

Dieser Feuerkult, auch „Opferfeuer", „Feuerfeste" oder „Brandopferfest" genannt:

> „… gehörte im Alten Ägypten als Feuerweihe zu den rituellen Opfergaben an wichtige Gottheiten und ist seit dem Alten Reich belegt. Es diente zunächst im alten Königskult als Wegöffner für das Ach, das nach dem Brandopfer den Aufstieg aus dem Grab in den Nordhimmel antreten konnte. … Im Alten Reich galt das Brandopfer den Himmelsgöttern Horus, Re, Hathor, Nechbet und Anubis. Im Mittleren Reich kamen Re-Harachte, Amun und Amun-Re hinzu. Während der Zeit des Neuen Reiches konzentrierten sich die Brandopfer als Dankesgaben an Amun-Re, Aton und Re-Harachte. Echnaton erklärte schließlich Aton zur allumfassenden Gottheit, weshalb während seiner Regierungsdauer nur noch Aton mit Brandopfern bedacht wurde." (183)

Okay zugegeben, kleine Kinder werden heute nicht mehr offiziell so oft geopfert. Oder etwa doch?!

Was bedeutet eigentlich dieser:

Flammen und Feuerkult

Die Freiheitsstatue, auch „Liberty Enlightening the World“ oder als „Freiheit erleuchtet die Welt“ bezeichnet, repräsentiert am deutlichsten die „ewige Flamme“ des Sonnenkults. Den Ursprung und die Bedeutung der Freiheitsstatue habe ich ja bereits erwähnt. Sie ist ein Symbol des Systems und repräsentiert eine Sonnengöttin, bzw. den Sonnengott Helios, Apollo, Sol Invictus, usw. Nicht mehr und nicht weniger!

Abb. 209: Das Symbol „Liberty Enlightening the World“ oder auch „Freiheit erleuchtet die Welt“ genannt; (oben) „Sandton City“ Tower in Sandton; (unten links) Logo UN-Menschenrechtsrat; (unten rechts) die Freiheitsstatue

„Das Design der Statue erinnert an die Ikonographie der alten Geschichte, darunter die ägyptische Göttin Isis, die antike griechische Gottheit mit dem gleichen Namen, die römische Columbia und die christliche Ikonographie der Jungfrau Maria.“ (184)

Also an dieser Stelle nochmals eine indirekte Bestätigung, wenn auch nur angedeutet.

Wie bereits erwähnt haben alle „Gottheiten“ den gleichen Ursprung und im Fall der Freiheitsstatue ist es ISIS, Maria, SOL und noch viele andere Sonnengötter.

Abb. 210: Egal wo man hinschaut, wie man es dreht oder wendet, es ist immer die Sonnengöttin ISIS und ihr Sohn Horus!

„Maria mit Jesus“ bedeutet wie schon erwähnt gleichzeitig ISIS mit Horus, welche in allen religiösen Glaubenssystemen übernommen wurde.

Die „Freiheitsstatue“ mit ihrer ewigen Flamme ist ein Ebenbild, in abgewandelter Form des Kollos von Rhodos, welcher eine Statue des griechischen Sonnengottes Helios war.

Abb. 211: Hier noch ein paar Beispiele der „Ewigen Flamme“. Wie ich bereit sagte, die „Autorität“ lässt keine Gelegenheit aus, um ihre ewigen Sonnensymbole des RA zu platzieren.

Die ewige Flamme wird noch heute und zwar weltweit unter falschen „Gegebenheiten“ verehrt. Selbstverständlich werden offiziell die Symbole des Feuerkults immer als „Gedenkstätten“ deklariert.

Feuertempel in Yazd, Indien

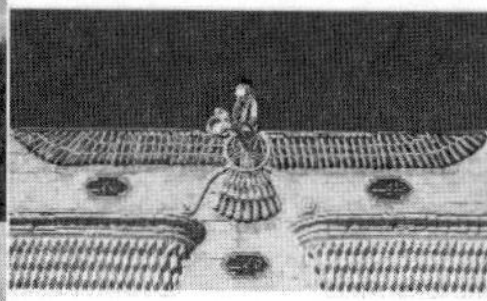
Symbol für den Gott Ahura Mazda

Feuertempel in Kerman, Iran

Abb. 212: Ein Feuertempel oder Feuerheiligtum ist der Verehrungsort im Zoroastrismus. Der Zoroastrismus bzw. Zarathustrismus (auch: Mazdaismus oder Parsismus sowie zoroastrische Religion und Zoroastrianismus) ist eine Religion, die von Zarathustra gestiftet wurde

Der religiöse Zusammenhang, aber vor allem, damit auch hier eine Sonnengottheit verehrt wird, ist entsprechend der Feuerkult-Orte offensichtlich, wenn auch gern andere Umstände der Bevölkerung schmackhaft gemacht wird.

Eine parsi-zoroastrische Jashan-Zeremonie (Segnung eines Hauses)

Tonfigur aus der Tang-Dynastie eines Sogdischen

Drei Arten von Priestermützen mit bedecktem Mund

Abb. 213: Man beachte die Maske, welche seit dem 9. Jahrhundert vor Christus bei Feuerritualen getragen wird. Dieser „Gesichtsschleier" (Maske) wurde verwendet, um das heilige Feuer nicht mit Atem oder Speichel zu verunreinigen! Wie Sie sehen, hat die „Maske" eine religiöse, also eine hohe „heilige" Bedeutung.

Die ewige Flamme, auch als das ewige Licht bezeichnet.

Im Zoroastrismus ist die ewige Flamme eine reinigende Kraft, die in einem Feuertempel verehrt wird. Ein Feuertempel ist eine Begegnungsstätte des Menschen mit dem Göttlichen. Die Symbolik im Feuertempel mit Feueraltar von Yazd im Iran, spricht ihre ganz eigene Sprache, ohne diesen Punkt an dieser Stelle zu vertiefen.

Abb. 214: „Atar“ (heiliges Feuer) ist ein Symbole des Zoroastrismus.

Im Feuerkult finden wir auch den Ursprung der berühmten Fackel der Olympischen Spiele. Entsprechend der zwölf Olympier, die 12 olympischen Gottheiten: Zeus, Hera, Poseidon, Demeter, Athena, Apollo, Artemis, Ares, Hephaistos, Aphrodite, Hermes und entweder Hestia oder Dionysos, von denen Sie im Verlauf nun schon einige richtig identifizieren können.

Im Hollywood „COLUMBIA“-Logo oder auch das Logo des UN-Menschenrechtsrat (United Nations Human Rights Council) finden wir also ihre Gottheiten der „Autorität“.

Flammensymbol von UN-Menschenrechtsrat | Logo von „Columbia Pictures“ mit ISIS-Sonnen- und Flammensymbolik | Links: Logo von „Tri Star“ = 3 Sterne = 3 Sonnengötter Rechts: Sonnensymbol von **I**SIS, **H**orus und **S**eth

Abb. 215: Hier ein paar Beispiele des „Feuerkults“, nicht selten im Design einer Sonne gehalten oder mit Sonnenstrahlen, also als Sonnengott selbst.

Kleine Anmerkung: Aus „COLUMBIA“ wurde „TRI STAR“.

Also wieder eine Religion!

Feuer repräsentierte selbstverständlich das Licht, Wärme, Energie, also die Sonne, wie wir es auch auf ägyptischen Hieroglyphen erkennen können.

Ein großes Rätsel warf auch die okkulte Veranstaltung, welche unter dem Namen „Merkels Zapfenstreich" im Dezember 2021 auf. Zumindest für das normale Volk. Viele identifizierten darin eine Verbindung oder Ähnlichkeiten mit der Reichs-SS, obwohl es solche Veranstaltungen schon öfters gab.

Abb. 216: Mit dem "Großen Zapfenstreich" hat sich am 02.12.2021 die Bundeswehr von Angela Merkel verabschiedet

Dabei war dieser „Abschied" von der Freimaurerin Angela Merkel, wie Sie nun unschwer erkennen, ein ehrenhaftes religiöses Abschiedsritual einer „Autorität" des Sonnenkults, entsprechend ihren hervorragenden Leistungen im Sinne dieser Weltenlenker. Jedoch war es für die „aufgewachten Kanalbetreiber" ein Skandal, dass bei Merkels „Tschööö und weg-Show" „Du hast den Farbfilm vergessen" gespielt wurde, was ein Pädophiler schrieb. Naja, wer sonst keine Sorgen hat, der sucht sich halt welche!

In diesem Zusammenhang hatte auch Merkels Feuer-Ritual den entsprechenden eigentlichen Sinn, im religiösen Hintergrund. (185)

Damit sind auch alle sonstigen Theorien, die aus Unwissenheit oder „scheinbaren Wissen" entstehen, aus der Welt geschafft. Hier geht es weder um erfundenen Antisemitismus noch um die Reichs-SS. (186)

Diese Feuerrituale finden wir weltweit bei autoritären Persönlichkeiten, welche regelmäßig vor Feueraltaren die Sonne anbeten. Diese Sonnenanbetung hat überhaupt nichts mit Gedenkstätten oder Opfer zu tun, jedoch sind tragische Ereignisse ein willkommener Anlass, den Feuerkult zu erweitern und Feueraltare zu platzieren.

In diesem Zusammenhang stellen sich ganz neue Fragen: Was meinen Sie waren die Brände bei den Weltausstellungen, brennende Kirchen, das große Feuer von England 1666, große spektakuläre Feuerwerke oder der Feuersturm im 2. Weltkrieg auf Deutschland?! Na, kommen Sie darauf?

Abb. 217: Feuerrituale sind Zeremonien, bei denen Feuer eine sehr wichtige Rolle spielt. In den meisten Kulturen gibt es Feuerrituale

Feuer-Rituale haben ihren Ursprung und die damit verbundenen Traditionen vor allem den eigentlichen Zweck, welche diese Rituale für das religiöse System bedeuten, selbstverständlich im alten Ägypten, auch wenn Wikidummdumm mal wieder etwas anderes behauptet.

Bekannt sind Feuerrituale auch als „Brazier" und symbolisiert in Hieroglyphen ein Kohlenbecken. Es war in der ägyptischen Sprache ein bestimmender Begriff für viele Wörter im Zusammenhang mit Feuer und Hitze, zum Beispiel: „Feuer", „Flamme", „heiß" und „Kerze". Auch „Grillen", bzw. auf „Neusprech „BBQ" gehört ebenfalls zu diesem Ritual.

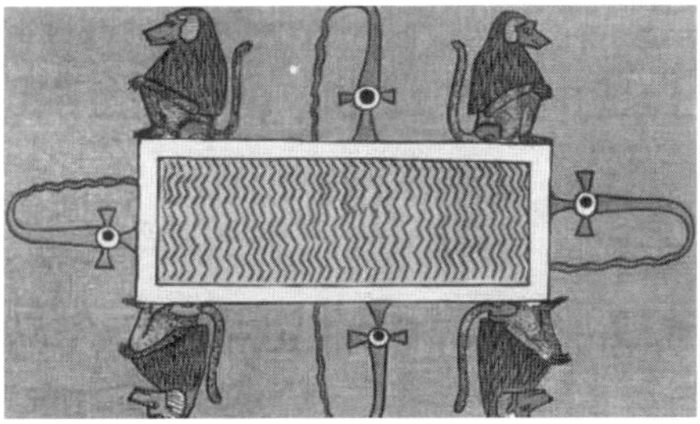

Abb. 218: Symbol für Brazier (Kohlenbecken)

Es war ein Symbol des Feuers in der ägyptischen Kunst und der Konnotationen des Feuers.

Feuer war in vielen alten Kulturen eine mysteriöse und mächtige Entität. Es ist häufig in der ägyptischen Kunst abgebildet.

Feuer scheint eine eigene Lebenskraft zu haben und war somit selbst ein Symbol für das Leben.

Beim Sed-Fest, das seine Herrschaft in Ägypten erneuerte und ihr neues Leben einhauchte, entzündete der Pharao ein symbolisches Feuer. Die Sonne galt als das „Feuer des Lebens". Der Uräus (Uräusschlange ist ein Symbol der altägyptischen Ikonografie), ein Symbol der Sonne, wurde oft dargestellt, wie er Feuer auf die Feinde der Sonne spuckte. Feuer war auch eng mit der sogenannten Unterwelt, also der Nacht verbunden. Feuer war auch ein Schutzelement für die Ägypter. Schutzgottheiten wie Tauret trugen manchmal Fackeln und Kohlebecken, um das Böse abzuwehren.

<u>Fazit:</u> Auch diese Feuerrituale bedienen einzig und allein die Religion der „Autorität“. Und viele Menschen lassen sich bei solchen Veranstaltungen dazu verleiten, mit Ihrer „Autorität“ zusammen zu „beten“. Also ist „ihre Mission“ ein voller Erfolg!

Ein sehr trauriges Kapitel dieses Feuerkults, auf das ich besonders hinweisen möchte, ist die Hexenverbrennung „Im Namen der (schein-) heiligen ~~„Autorität“~~ Kirche“!

Wie bereits erwähnt, steht das Feuer symbolisch für die Sonne und als Sonne ist das Auge von Ra eine Quelle von Wärme und Licht und wird wiederum so mit Feuer und Flammen in Verbindung gebracht.

Auch künstlich erzeugte „Feuerstürme“, wie in Hamburg oder Dresden (Veilchendienstag), am Ende des 2. Weltkrieges, mit Hunderttausenden, wenn nicht sogar Millionen von Opfern, gehören leider zu diesem Feuerkult und verleiht der „Autorität“ einen Energieschub, den sich die überwiegende Mehrheit der kleinen schuldlosen Seelen kaum vorstellen, geschweige denn begreifen können. Das waren Megarituale, welche nur in ebenso kranken Hirnen reifen konnten, wie all die anderen weltweiten Kriege, „Im Namen des Herrn“. Ja Sie haben richtig gelesen, auch der 1. und der 2. Weltkrieg waren „Heilige Kriege“ („Holy War“)! (187) Was für eine „heilige Scheiße“ kann ich nur dazu sagen!

~~Rhein~~ Paris in Flammen

Aber zum Feuerkult gehören auch die uns durch die Medien eingetrichterten großen „Brände“ von der „UNESCO“ geschützter Denkmäler, welche in der Regel alles andere als zufällig geschehen. Im Gegenteil, durch solche Feuer und deren Symbole werden Nachrichten und Botschaften übermittelt. Was, Sie können sich dies nicht vorstellen meine lieben Leser?! Na dann kommt hier mal ein Beispiel:

Abb. 219: UNESCO eine Organisation der UN für Bildung, Wissenschaft, Kultur und Kommunikation

Am 15. und 16.04.2019 wurde bei einem Großbrand das historische Bauwerk der Kathedrale Notre-Dame de Paris teilweise zerstört. Notre-Dame stand schon einmal im Mittelpunkt der Geschichte, während der Französischen Revolution, welche Victor Hugo in seinem Roman „Der Glöckner von Notre Dame" verewigte.

Inzwischen wissen Sie ja, was der Name „Paris" bedeutet.

„Paris kommt von ‚Parisis' oder auch ‚Par' ‚Isis' und steht für ‚Das Haus der ISIS'".

Nun gibt es da auch noch die offizielle „Geschichtsfälschung", welche besagt:

„Notre-Dame de Paris, was ‚Unsere (liebe) Frau von Paris' bedeutet. Der Name bezieht sich auf die Gottesmutter Maria, der die Kirche geweiht ist." (188)

Isis mit Horus   Maria und Jesus   Mahapajapati Gotami und Siddharta

Abb. 220: In allen Religionen der identische Ablauf

Das bedeutet mit logischen Worten, was Sie ja schon wissen, dass die Jesus-Mutter Maria aus der Bibel identisch ist, mit ISIS, der ägyptischen Gottheit, welche ihren Sohn Horus gebar, wie Maria ihren Sohn Jesus. Die immergleiche „Erzählung" wurde in allen Religionen benutzt, nur stets mit anderen Namen, Orten und Jahresangaben versehen!

In eigener Sache: An dieser Stelle muss ich einfach mal anfügen, dass es mir fern liegt, irgendeine Religion zu verunglimpfen, denn jede Seele sollte an das glauben, was ihr beliebt. Und so kommt es auch vor, dass manch ein Narr an Trump und Putin als Erlöser glaubt. Jedem das seine!

Während der von Freimaurern organisierten Französischen Revolution wurde die Kathedrale Notre-Dame verwüstet und entweiht, später dann zum „Tempel der Vernunft“ erklärt. Nach der Unterzeichnung des Konkordats von 1801 gestattete Napoleon I. im Jahr 1802 die erneute Nutzung der Kathedrale, wo er sich zwei Jahre später in diesem Gotteshaus zum Kaiser krönen lies.

Bereits seit 2019 weise ich immer wieder in verschiedenen Artikeln oder in meinem 2021 erschienenen Buch: „Der geheime Pakt der Freimaurer, Khasaren und Jesuiten: Wir bleiben durch unser Blut verbunden. Tod dem, der darüber spricht!“ darauf hin, dass dieser Brand der Startschuss zur letzten Stufe der praktischen Umsetzung der Neuordnung des bestehenden Systems auf dieser Erde war. „Zufällig“ begann kurze Zeit später der Hokuspokus mit „Corona“ und die Unterdrückung der Völker nahm weltweit ihren Lauf.

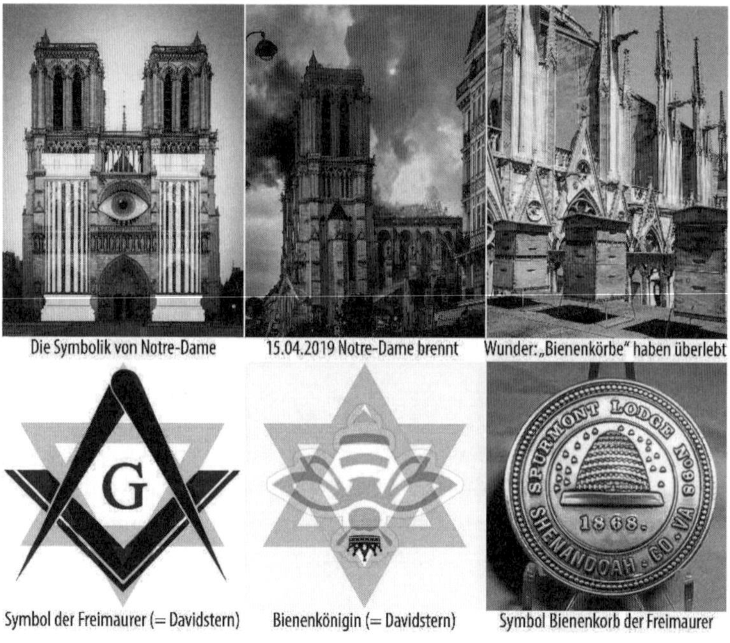

Abb. 221: Die Symbolik zu dem Feuerkult von Notre Dame

Durch dieses Brandritual der Kathedrale, in der Osterwoche 2019, wurde Notre Dame erneut so verwüstet, dass sie nun neu aufgebaut werden muss. Bitte betrachten Sie meine lieben Leser nun die Symbolik, denn wenn man sich das Datum des Brandes anschaut, stößt man automatisch auf das Fest der „Auferstehung", wie „Phönix aus der Asche". Ein sehr wichtiges Detail haben all die sich „Aufgewachte" oder „Aufklärer" nennende in den damaligen Nachrichten überhört und zwar die Schlagzeile: „Bienenstöcke überstehen Brand von Notre-Dame". In den Medien hieß es:

> *„Die Bienen leben. Das hatte ich nicht erwartet. ... „Diese Art gibt ihre Bienenstöcke nicht auf', sagte Géant stolz über seine europäischen Bienen. Im Fall eines Brands saugten sie sich mit Honig voll und schützten ihre Königin. Der Imker hofft, die rund 180.000 Insekten kommende Woche in Augenschein nehmen zu können, wenn die wichtigsten Arbeiten zur Stabilisierung des Gotteshauses beendet sind. ... dass die Bienen putzmunter seien und um ihre Häuser herumschwirrten. Auch auf Satellitenbildern seien die Bienenstöcke erkennbar."* (189)

Meine lieben Leser: Mehr wortwörtliche Symbolik geht nun wirklich nicht, wenn man zwischen den Zeilen lesen kann!

Stichwort: Bienen! In den „drei Notre-Dame-Bienenstöcken" leben seit 2013 zirka 180.000 Bienen der Rasse „Apis Mellifera", welche auch Westliche oder Europäische Honigbiene genannt wird und selbstverständlich als eine Art „Unterart" bereits seit 5.000 Jahren in Ägypten vorkommt. (190)

Nun fragen Sie sich sicherlich, warum Ihnen der Begriff „Apis" bekannt vorkommt, hoffe ich zumindest. Richtig, der ägyptische heilige Stier von Memphis „Apis", welcher als irdische Verkörperung des Osiris verehrt wurde. Osiris war der Bruder und Ehemann von Isis = Paris = „Das Haus der ISIS", nicht zu verwechseln mit der Terrorbande oder etwa doch?!

Apis-Bulle auf einem Sarg der 20. Dynastie | Der heilige Stier Apis im Louvre (=Pyramide!) von Paris | Auch der „Stier"-Kampf hat seinen Ursprung in Ägypten und Griechenland

Abb. 222: „Apis", der heilige Stier von Memphis, wird in anderen Geschichten auch Minotaurus genannt

Nun fragen Sie sich sicherlich, warum Ihnen der Begriff „Apis“ bekannt vorkommt, hoffe ich zumindest. Richtig, der ägyptische heilige Stier von Memphis „Apis“, welcher als irdische Verkörperung des Osiris verehrt wurde.

Osiris war der Bruder und Ehemann von Isis = Paris = „Das Haus der ISIS“, nicht zu verwechseln mit der Terrorbande oder etwa doch?!

Die Bienen und der Bienenstock nannte man die Freimaurerlogen im alten Altertum natürlich auch „rein zufällig“: Bienenkorb“! Dieser wurde als Symbol auch zahlreich verwendet, als Metapher für die „Gemeinschaft“!

„Als gemeine Figur wird sie einzeln oder im Dreipass, also 2:1 im Wappen dargestellt, andere Darstellungen sind jedoch nicht ausgeschlossen. Die in der Draufsicht gezeigte Biene ist leicht stilisiert und die Farbgebung ist sehr häufig gold oder gelb. Die Biene steht für Fleiß, Arbeitseifer und Ordnung. … Als Symbol der Unsterblichkeit und Auferstehung wurde die Biene gewählt, um die neue Dynastie von Napoleon mit den Ursprüngen Frankreichs zu verbinden. … Sie galten als das älteste Emblem der Herrscher Frankreichs. Napoleon Bonaparte hat die Biene vielen Städten als Auszeichnung verliehen. Die Wappen dieser Städte ‚erster Ordnung‘ (Bonne ville de l'Empire français; dt.: Gute Stadt des französischen Imperiums) hatten im roten Schildhaupt drei Bienen gemäß napoleonischer Heraldik. Eine dieser so ausgezeichneten Städte war Mainz. In der Franzosenzeit (napoleonische Kaiserzeit) sind viele Wappen geändert worden, indem die Lilien durch die bonapartischen Bienen ersetzt wurden, die im Grunde nichts anderes als umgedrehte Lilien (Fleur de Lys) waren.“ (191)

Abb. 223: „Ich glaube, dass es eine höhere Repräsentation gibt, die der Bienenstock nachahmt, die spiritueller Natur ist ... Könnte es in den Religionen auf der ganzen Welt eine Beziehung zum Bienenstock geben? Ja!" (192)

Sicher fragen Sie sich nun schon wieder und das mit Recht, was ist die:

Fleur de Lis

„Die Fleur de Lis ist eine Lilie (auf Französisch bedeuten „Fleur und Lis" „Blume" und „Lilie"), das als dekoratives Design oder Symbol verwendet wird." (193)

Fleur de Lis

Wappen der Fugger von der Lilie

Wappen der Jeanne d'Arc

Wappen von Paris

Wappen Frankreichs bis 1830

Wappen engl. Monarchen bis 1801

Abb. 224: Die heraldische Lilie ist in der Heraldik eine gemeine Figur, bestehend aus drei stilisierten Blättern, die von einem Band zusammengehalten werden

Laut Wikiblödia wurde die Jungfrau Maria (ISIS) und der „heilige" Josef mit der Lilie dargestellt. Der „Bibel" Bezug darf natürlich nicht fehlen, denn immerhin muss man die „Autorität" immer ins „reine Licht" rücken, weil sie ja „heilig" ist oder etwa nicht, in Zeiten wo Wiki zum Teil der „Schul–Bildung" wurde. Aber dazu wurde ja schließlich Wiki ins Leben gerufen. Soweit die offizielle Erklärung, denn den Rest kann man sich in Wikiblödia sparen, da es nur Geschichten sind, die von der Wahrheit ablenken.

Dieses religiöse Symbol steht für den ägyptischen Lotus!

Benutzt wird auch dieses Symbol nur, um Könige und Herrscher als „rein", als „heilig" und im „Namen Gottes" darzustellen. So wird es von Monarchen, Päpsten, vor und an „heiligen Stätten" verwendet.

Imperial State Krone | Krone des Prince of Wales 1729–1969 | St.-Edward Krone

Abb. 225: Die „Lilie“ an der englisch-britischen Krone

Für die Öffentlichkeit wird es als Symbol der „Reinheit“, in Form einer Blume dargestellt.

Die wahre Herkunft des Symbols hat nichts mit Frankreich und nichts mit „Heilig" zu tun. Der wahre Ursprung liegt auch hier in Ägypten. Hier ein Beispiel des ägyptischen Tempels von Esna. (194)

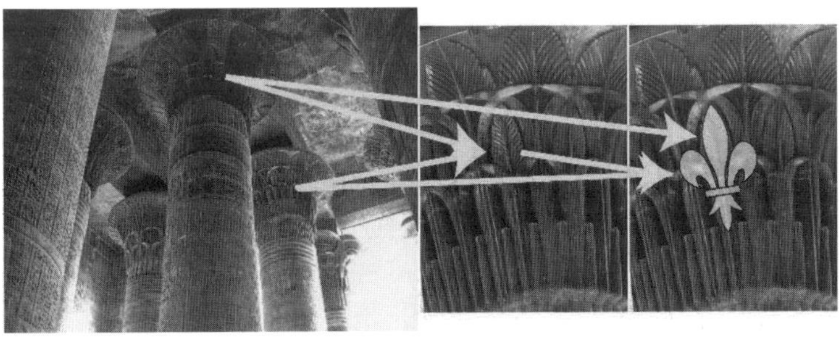

Abb. 226: Lilie am Tempel von Esna

Oder auch in Philae in Ägypten, denn bekannt war Philae für die dort errichteten Tempelanlagen (Tempel von Philae) des Isis-Heiligtums. (195)

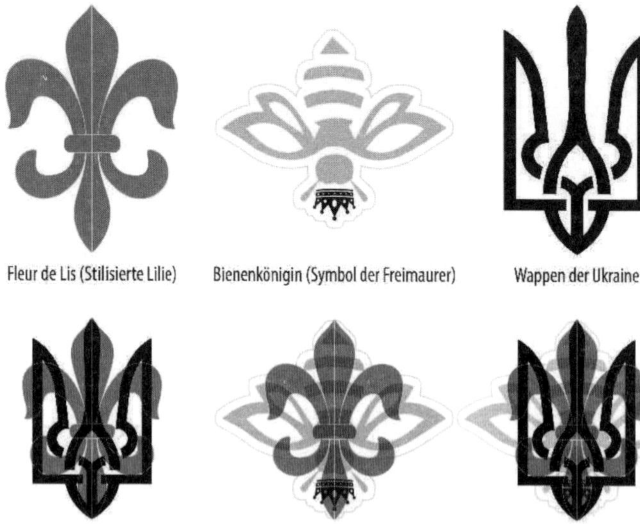

Abb. 227: Hier mal einige ihrer Symbole übereinandergelegt

Und darum findet man nichts in Wikidummidumm, wenn es im eigentlichen Sinne um die „Göttin" ISIS geht. Zu viel wollen sie uns dann wieder einmal doch nicht offenbaren. Man könnte ja den wahren Zusammenhang feststellen!

Es ist ein religiöses Schutz-Symbol der ISIS und um die „Autorität" mit Gegenwissen ins „rechte Licht" zu rücken. In diesem Fall ist der Bibelbezug also heilig. Dabei erkennt man ja hier wieder indirekt den Maria-ISIS Bezug, wenn Sie analysieren können. Sie verdrehen lediglich die Geschichte, die eigentliche Bedeutung als Maria, welche ISIS entspricht, bleibt dabei gleich.

So findet man das „Fleur de Lis" Symbol nicht nur an Zäunen, als Schutzsymbol der ISIS, sondern auch auf Kronen von Autoritäten oder auf deren Wappen. Damit ist gerade auch auf Gemeindewappen immer eine religiöse Verbindung gegeben.

Wie Sie bemerkt haben, hat jedes Symbol, jede Statue seine Funktion. Das „Fleur de Lis – ISIS – Symbol" ist eine weitere religiöse „Schutzgottheit", ein Schutzsymbol welches sie benutzen, um sich vor dem Volk zu schützen.

Doch nun wieder zurück zum Brand von „Notre Dame de Paris" und den Bienen.

Die Biene selbst ist Arbeiter, Architekt, Erbauer und somit ein Maurer, wie auch schon im alten Ägypten.

Die Zeichen der „Autorität“

Oftmals ist es nicht so, wie wir denken, sondern vielmehr so, wie wir es wirklich fühlen.

(Alfred Walter von Staufen)

Bisher haben Sie meine sehr geehrten Leser, bestimmt schon sehr viel Neues in diesem Buch erfahren, was Sie so in diesen Zusammenhängen bisher nicht wussten oder wissen können. Vielleicht klingt alles auch ein wenig „verrückt“ und so ganz anders, wie Sie dachten, wie die „Welt funktioniert“. Das alles, was Sie bisher in diesem Schmöker gelesen haben, ist das, was ich recherchiert habe, wie ich die Welt sehe und vor allem, was ich bei diesen Gedankengängen fühle. In meinen Augen ist es unabdingbar, sich auf seine eigenen Gefühle zu verlassen. Aber das ist wieder ein ganz anderes Thema, was nicht in dieses Kapitel gehört.

Schon seit meiner Kindheit, was sehr lange zurück liegt, habe ich alle Bücher, Berichte und Filme zum Thema Ägypten, Pharaonen und deren magische Anziehung verschlungen. Gerade die Handlung des Films „Die Mumie“, von 1999, mit Brendan Fraser, Rachel Weisz und Kevin J. O'Connor, hat in mir ein unstillbares Verlangen nach „mehr realen Wissen“ ausgelöst und war der Grund für sehr viele Reisen unter anderem in fast alle Teile von Ägypten. Dabei habe ich jedoch Ägypten nicht wie der normale Tchibo-Kaffee-Tourist kennengelernt, sondern ich habe mir vor Ort immer „private Reiseführer“ gesucht, welche Abseits der normalen „Sonnenanbeter-Touren“ angefahren haben. Sehr viele Nachfahren von sogenannten Grabräubern durfte ich kennenlernen, sowie deren Erzählungen und (meinen Gefühlen nach) der realen Vergangenheit, welche letztendlich auch zu diesem Buch führten. Sozusagen steckt in diesem Druckwerk mehr als 20 Jahre persönliche Recherche mit Tuchfühlung, zahlreichen Sonnenbränden in der Wüste, sowie wirklich abenteuerliche Erlebnisse und viele, sehr viele magische Momente.

Für mich war es sehr interessant zu erfahren, dass es wirklich ein sogenanntes „Totenbuch“, auch das „Schwarze Buch der Toten“ oder das „Goldene Buch des Ra“ existieren soll, so wie es immer wieder in Filmen gezeigt wird und in Büchern zu lesen ist, sagten mir Einheimische.

Im „Buch der Toten“ soll unter anderem beschrieben sein, wie man als Toter „göttlich“ werden kann, um ein Leben im Jenseits wie vorher im Diesseits führen und um damit in die Beziehungen zwischen Göttern eingreifen zu können. Das Ziel des Toten gilt der Unsterblichkeit und sich im Anschluss in verschiedene „Geschöpfe“ zu verwandeln. Mit „Geschöpfe“ sind nicht Mäuse, Falken oder Scheißhausfliegen gemeint, sondern dies bezieht sich viel mehr auf die Reinkarnation in weitere menschliche Gestalten und dies alles durch jeweilige „Zaubersprüche". Die Sprüche sollten weiterhin den Verstorbenen vor Dämonen und vor Fallen der Götter schützen, vor dem Feuersee der Hölle bewahren, einen befähigen zwischen Diesseits und Jenseits zu pendeln, im Jenseits zu wohnen und Wasser, Nahrung, Opfergaben, etc. im Jenseits zu nutzen. Durch dieses „magische Buch" wird man durch geographische Kenntnisse der Orte ins Jenseits geleitet, sowie im Jenseits im „Namen der Götter" und durch wichtige Gegenstände den Göttern gleichgestellt, so erzählten mir unabhängig mehrere Einheimische.

Abb. 228: Szene aus dem ägyptischen Totenbuch

Offiziell heißt es:

„Das Ägyptische Totenbuch enthält eine Sammlung von 190 Zaubersprüchen, Beschwörungsformeln und Anweisungen für das Totengericht, den Übertritt ins Jenseits und die Erlangung der Unsterblichkeit. Bereits um 2500 v. Chr. entstanden die ersten dieser Sprüche. Sie wurden auf den Innenwänden der Grabkammern der Pyramiden (Pyramidentexte) angebracht und waren daher zunächst nur Pharaonen vorbehalten, was sich aber gegen Ende des Alten Reiches änderte.

Das Ägyptische Totenbuch enthält das berühmte negative Sündenbekenntnis, in dem der Tote Osiris und den 42 Richtergöttern beim Totengericht während sein Herz auf der Waagschale liegt, berichtet, welche Freveltaten er nicht begangen hat. Er beteuert seinen makellosen und einwandfreien Lebensstil, hier ein Auszug:

- *Siehe, ich bin zu dir gekommen.*
- *Ich habe dir Maat gebracht.*
- *Ich habe keinen Armen an seinem Besitz verarmen lassen.*
- *Ich habe nichts getan, was die Götter verabscheuen.*
- *Ich habe keinen Diener bei seinem Vorgesetzten schlecht dastehen lassen.*
- *Ich habe kein Leid zugefügt.*
- *Ich habe nicht hungern lassen.*
- *Ich habe nicht zum Weinen gebracht.*
- *Ich habe nicht getötet. Ich habe nicht zu töten befohlen.*
- *Ich habe niemands Leid verursacht.*
- *Ich habe die Opferrationen in den Heiligtümern nicht vermindert.*
- *Ich habe nichts von den Opferbroten der Götter abgebrochen.*
- *Ich habe keine Opferkuchen der "Verklärten" weggenommen.*
- *Ich habe nicht mit einem Buhlknaben gebuhlt. Ich habe keine Unzucht getrieben.*
- *Ich habe das Maß nicht vermindert. Ich habe das Ackermaß nicht vermindert.*
- *Ich habe die Äcker nicht verkleinert. Ich habe nichts auf die Gewichte der Handwaage (hinzu)gelegt. Ich habe nichts vom Lot der Standwaage weggenommen.*
- *Ich habe keine Milch vom Mund des Säuglings weggenommen.*" (196)

Abb. 229: Blick auf das entstehende und mehr als symbolträchtige „Neu-Kairo“

Das „Buch der Toten“ soll, wie schon erwähnt, angeblich wirklich existieren. Man sagte mir, dass das „Buch“ vor fast 1.000 Jahren durch „schwarze Mönche“ zu der „Schwester der Sonne auf das Dach“ gebracht wurde (Schweiz?). Ich gehe davon aus, dass mit den „schwarzen Mönchen“ die sogenannten Kreuzritter gemeint sind. Dieses Buch soll sich noch immer im Besitz der „Pharaonen“ befinden und wurde inzwischen in das „Neue Reich“ gebracht, was wahrscheinlich mit dem „Neuen Kairo“ identisch ist. (197) Das dies der Wirklichkeit entspricht, kann ich nicht prüfen, daher schreibe ich dies unter Vorbehalt.

Aber schauen wir uns doch mal ein paar Schlagzeilen und Fakten der vergangenen Jahre an, zum Thema:

3 mal 11 ist 33

Während des Brandes flogen, völlig untypisch, drei wagemutige Vögel durch die Rauch- und Flammenhölle des Moloch, als seien sie drei Superhelden. Ehrlich gesagt, ich würde als Vogel nicht durch die Flammen fliegen wollen, es sei denn, ich wäre ein Phönix. Von ihrer Natur aus haben Vögel Angst vor Rauch und Feuer, bis auf sehr wenige Ausnahmen in Australien und Neuseeland, jedoch präsentieren die Monster-Fake-Medien uns hier eine Aufnahme, wo drei Vögel in der „Vorhölle" zu sehen sind. Sicher ist Ihnen dies entgangen, wie den meisten Seelen auf dieser Erde.

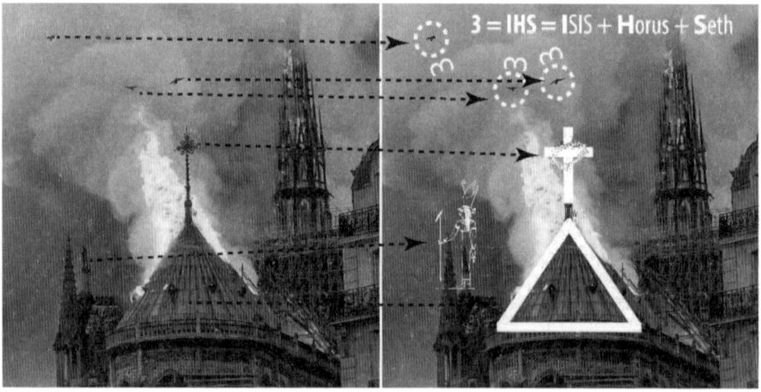

Abb. 230: Die „Autorität" spricht mehr mit uns, als wir denken.
Wir sollten nur lernen, dies zu sehen und verstehen!

Auch hier steht die drei wieder für die „üblichen Verdächtigen" mit den Namen: ISIS - Horus - Seth. Denken Sie bitte in diesem Zusammenhang auch an die drei Bienenstöcke auf dem Dach der Kathedrale, welche, wie durch ein „Wunder", „den Brand" unbeschadet überstanden haben! Schauen Sie sich bitte auch die untenstehende Abbildung an, dass sich während des Höllenfeuers die Bienen auf einen „Wasserspeier" in Form eines Drachen setzten. Ist das nicht sehr merkwürdig, dass, als alles ringsum lichterloh in Flammen stand, ein „Fotograf" es wagte, davon ein Bild zu „schießen"?! Die „Bild" schrieb am 19.04.2019 von: „Das Bienen-Wunder von Notre-Dame" [198]. Aha. Ohne weitere Worte!

Abb. 231: Die 3 Bienenstöcke der ISIS - Bienenstöcke stehen für Freimaurerlogen.

Bienen machen ein Kaffeekränzchen, pausieren also auf dem Hals einer schlangenartigen „Bestie", auch als Lindwurm bezeichnet, als der Rest ringsum lichterloh brannte?! Einen Lindwurm nannte man auch d… end eines Prozessionsumzuges, ähnlich wie beim K…

Nebenstehend sehen Sie das „Große Siegel der Französischen Republik". Bitte verwechseln Sie die abgebildete Figur, mit dem siebenstrahligem Stern auf dem Kopf, ist nicht mit der Freiheitsstatue von den Vereinigten Sonnenstaaten von Amerika, sondern ISIS, wie Sie sich sicher schon denken konnten. Und schauen Sie bitte auch, was unten auf diesem Siegel steht: „XXIV FEVRIER MDCCCXLVIII", also das Datum 24. Februar 1848, der Gründung der „Zweiten Französische Republik, welche aus der Februarrevolution hervorging. Übrigens brach der Ukraine Krieg auch an einem 24. Februar aus! Doch nun wieder zurück zum 15.04.2019, dem Brand von Notre-Dame:

Abb. 233: Achten Sie auf die „Zeichen der Autorität",
denn nichts ist, wie es scheint!

Wenn Sie sich alle Foto- und Videoaufnahmen im Internet ansehen, werden Sie sehr schnell feststellen, dass nicht alle Bilder echt sind, denn es wurden sehr viele Ablichtungen mit Symbolen versehen, auf die kaum jemand achtet! Über diesem Abschnitt sehen Sie eines dieser Fake-Bilder.

Die „Autorität" gibt sich nicht einmal Mühe um Qualität, weil sie genau wissen, wie komplett „verdummt und hirnlos ihre Schafe" sind, so das kaum einer die plumpen Fälschungen erkennt! Bitte schauen Sie sich das Originalbild im Internet an und verstehen Sie was ich meine.

Wo ist die Spiegelung des Feuers im Wasser? Wo ist der Rauch dieser Flammenhölle? Wo sind die Blaulichter von Feuerwehr und anderer Dienste?! Das waren nur wenige Fragen, ich könnte noch endlos weiter machen! Dieses Bild ist eine Bankrott-Erklärung allererster Güte!

Aber es wurden auch Fotos von dem Brand der Notre-Dame durch diese „Autorität" veröffentlicht, welche uns klipp und klar aufzeigen, was uns bevorstehen wird.

Wie Phönix aus der Asche

Millionen Seelen sahen vor Ort oder im Fernsehen ehrfürchtig, wie die Kathedrale „Notre-Dame de Paris“ (= „Unsere Liebe Frau“, dass „Haus der ISIS“ oder auch der „Nicht-Erlöser-Tempel“ genannt) lichterloh brannte, das „heilige Haus“ von Millionen Gläubigen weltweit.

Die allermeisten Wesen dieser Erde „glauben“, dass das Feuer aufgrund von Sanierungsarbeiten ausgelöst wurde. Kaum jemand bemerkte die Zusammenhänge, dass dies ein satanisches Feuerritual war!

Was auch sehr viele nie erfuhren ist:

> *„4 Tage bevor die Kathedrale Notre-Dame in Brand geriet, wurden 16 Statuen von der Spitze entfernt … Am Donnerstag wurde ein 100 Meter hoher Kran eingesetzt, um 16 Kupferstatuen zu bergen, die die 12 Apostel und vier Evangelisten darstellen. Die Figuren, die jeweils knapp 10 Fuß hoch sind, wurden zu Boden gebracht und dann nach Südwestfrankreich geschickt, um dort im Rahmen der Restaurierung bearbeitet zu werden.“* [(199)]

Diese Statuen wogen je ungefähr 150 Kilogramm, bei einer Höhe von drei Metern und repräsentieren die 12 Schüler von Jesus, der eigentlich Horus ist.

Dieser gesamte „Tempel der ISIS“ wurde innen und außen mit über zehntausenden „Götzendienern“ bestückt. Allein an der äußeren Kathedrale wurden mehr als 5.000 steinerne Wasserspeier angebracht, mit teils grotesken und verstörenden Gesichtern, welche allesamt weit oben aufgestellt wurden, damit sie „von oben herab“ uns daran erinnern, dass wir nicht gegen „Fleisch und Blut“ kämpfen, sondern gegen die geistige Bosheit, gegen Dämonen und Monstern aus der Hölle.

Schauen Sie sich die nachfolgende Abbildung an und Sie werden mit etwas geschärften Urteilsvermögen erkennen, dass es sich bei den Skulpturen nicht um Schutzgeister handelt, sondern um Dämonen. Viele von denen erinnern mich an Baphomet!

Wussten Sie, dass Wasserspeier bis zu den alten Pharaonen zurückzuführen sind?!

Abb. 234: Die Notre Dame ist eines der Wahrzeichen von Paris und wird als eine der schönsten Kathedralen der Welt angesehen. Sie wurde zwischen 1163 und 1345 erbaut und ist auch für seine „Steinstatuen“ sehr bekannt

Diese Gargoyles sind Dämonen.

Für mich stellt der Brand von Notre-Dame eindeutig die Geschichte des Phönix dar. Dieser „Tempel der ISIS“ ist ein sogenanntes Heiligtum der Christen, mit all ihren „heiligen Gegenständen“. Symbolisch steht dieser Brand, für die Vernichtung des vorherrschenden Christentums und aus dieser Asche entsteht momentan eine neue Weltreligion und diese wird der (neue) Islam sein. Warum wohl werden wir seit vielen Jahren von Flüchtlingen aus islamischen Ländern überrannt?!

Die alten Pharaonen haben regelmäßig ihre äußere Hülle gewechselt und genau dies erleben wir gerade wieder.

Aus der Asche dieses Tempels der ISIS wird der neue Messias geboren werden und wir sind alle Zeuge davon.

Abb. 235: Bilder sagen mehr als 1.000 Worte. Die „Neue Weltordnung" ist fast vollständig vollendet! Nun wird auf das Kommen des neuen Messias gewartet!

Und was macht die „aufgeklärte Wahrheitsbewegung"?! Sie liefern Beweise, dass der kahle Scholz lügt, der Habeck spinnt, die Baerbock doof ist und der Lauterbach ist sowieso „neben der Spur"! Sehr clever!

Das Hexeneinmaleins

Der Brand startete also am 15.04.2019.

In der englischen Gematrie (die Deutung von Wörtern mit Hilfe des Zahlenwerts ihrer Buchstaben) haben die Worte „Notre Dame Fire" den zufälligen Zahlenwert 415 (= 15.4.) (200)

In der einfachen Gematrie erhalten wir einen Zahlenwert von 133. (201) Rechnen wir doch einmal etwas weiter, nur so „aus Spaß": Welches Datum hatten wir denn 133 Tage nach dem 15.04.2019? Da war der 26.08.2019, der Tag an dem in Frankreich „Trump und Macron Einigkeit demonstrierten", schrieb Reuters!

> *„Er sei unter Umständen bereit, sich mit Irans Präsident Ruhani zu treffen, sagte US-Präsident Donald Trump nach dem G7-Treffen in Biarritz."* (202)

An diesem Tag gelang es Macron, den umtriebigen Drachen Trump zu bändigen, zu zähmen. Das alles geschah bei dem Treffen der Gruppe der „7", dem G7-Gipfel, deren Beschlüsse nach der Stellungnahme der von Jesuiten gegründeten „Wissenschaffenden" Akademie LEOPOLDINA, mit der angeschlossenen „Große Nationalen Mutterloge" „Zu den drei Weltkugeln" e.V." (wie immer) im Vorfeld verfasst wurden. (203)

Der Buchstabe „G" von den „G7", welcher bei den Freimaurern für „Gott" steht, ist der 7. Buchstabe, somit steht für den „G7-Gipfel" (also „G7G") die Zahl: 777!

Nebenstehend sehen Sie eine Abbildung der Notre-Dame de Paris von 1852. In der dazugehörenden Beschreibung heißt es:

Abb. 236: Notre Dame de Paris von 1852

„Diese außergewöhnliche Fotografie demonstriert deutlich Baldus' Genialität sowohl als Architekturfotograf als auch als Drucker. Zentral platziert und die gesamte Komposition ausfüllend, ist dieses großartige architektonische Denkmal klar dargestellt, scheinbar aus der Zeit entfernt, da es keine störenden Elemente wie Figuren oder Wolken gibt, die von der Majestät des Gebäudes ablenken. Diese große, ehrgeizige Ansicht fängt fast konkurrenzlos die physische und symbolische Essenz von Notre-Dame ein. Anstelle der traditionellen Frontalansicht fotografierte Baldus das Gebäude in einem schrägen Winkel, um das Volumen der Struktur zu artikulieren, und er war sich besonders des negativen Raums bewusst, der durch die Kontur der Kathedrale gegen den unmodulierten Himmel entsteht. Seine Salzabzüge von Architekturansichten mit ihren atemberaubend warmen Grautönen gehören zu den markantesten Errungenschaften der Fotografie des 19. Jahrhunderts." (204)

Ein „unmodulierter Himmel"! Demzufolge wurden schon damals die Bilder „verändert", was ein klarer Beleg für die berühmten Fotografien, aus der Reihe „Vanilla Skies" (retuschierte Bilder mit anderem Himmel) ist. Also wurde auf diesem Foto der Himmel entfernt, aber die Kathedrale ist im Original abgelichtet und wurde nicht geändert. Diese „unmodulierten" Fotos gab es genauso damals wie heute, um den Vordergrund, das eigentliche Objekt hervorzuheben und nicht, wie gern in der „Wahrheitsbewegung" analysiert wird, um Raumschiffe, Zeppeline und sonstigen Hokuspokus zu verschleiern! Gerade bei dem Thema „Tartaria" wird so ein Blödsinn gern erzählt, natürlich alles zu 170 Prozent belegbar, mit Beweisen von KGB- und Putin-Archiven!

Ganz ehrlich mal jetzt: Wissen diese Tartaria-Gläubigen überhaupt von was sie da reden?! Den „Glaube" an Tartaria nennt man „Tartarismus", was so viel wie „Höllenreligion" bedeutet! Demzufolge wünschen sich diese Tartaria-Fans dieses

Tartaria zurück, was von dem Wort: „tartarizo“ stammt und bedeutet „in die Hölle werfen“! Aha, wenn diese Freaks nun ein Teil von Tartaria sein möchten, sind sie nichts weiter wie „Bewohner der Unterwelt“, also „Bewohner der Hölle“!

„Tartaros (altgriechisch Τάρταρος Tártaros, lateinisch Tartarus) ist in der griechischen Mythologie ein personifizierter Teil der Unterwelt, der in der tiefsten Region des Hades liegt.“ (205)

Das ist wieder ein wunderbares Beispiel für die kindlich-spaßig-spielerische Naivität der „Aufgewachten“. Die russischen, amerikanischen und vor allem chinesische Geheimdienste werfen denen einen Brocken hin und alle stürzen sich darauf. Und weil dies nicht spektakulär genug ist, erfinden die einzelnen Kanalbetreiber Dinge oder „reimen“ sich „Wahrheiten“ zusammen, dass man nur noch den Kopf schütteln kann!

Ähnlich verhält es sich auch mit den bereits erwähnten „Sternenstädten“ oder „Sternenfestungen“, welche nach Meinung der Tataria- und Tesla-Anhängerschaft in dieser Form gebaut wurden, weil durch die „Geometrie“ (Achtung!) „freie Energie entsteht, weitergeleitet und gespeichert werden kann“!

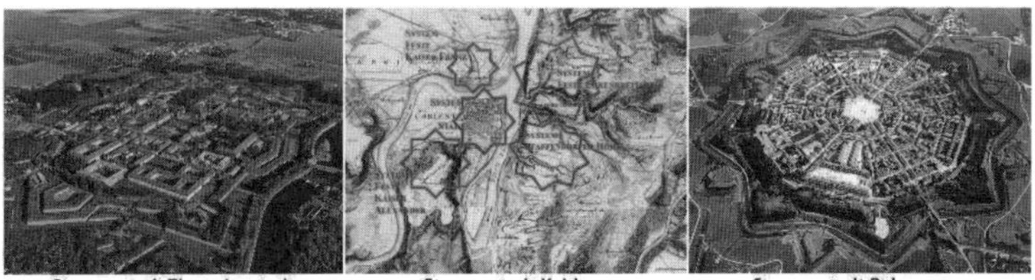

Sternenstadt Theresienstadt — Sternenstadt Koblenz — Sternenstadt Palmanova

Abb. 237: „Sternenstädte“ sind militärische Festungsanlagen!

Diese „Sternenstädten“ oder auch „Sternenfestungen“ genannt, haben nur den einen Zweck: Sie schützen die Stadt in ihrer Mitte. Somit sind dies keine „Energiewunder“, sondern nichts weiter als militärische Festungs- oder Ringanlagen! Jegliche Art anderer Spekulation dient wieder einmal mehr der Ablenkung und wurden genau zu diesem Zweck von der „Autorität“ geschaffen!

Die meisten Blindgänger schlummern nicht im Boden.
Die meisten Blindgänger laufen einfach so frei herum.

(Alfred Walter von Staufen)

Am 15.04.2019, um zu dem eigentlichen Thema wieder zurück zu kommen, war nicht nur der Brand von Notre-Dame de Paris, sondern auch der Start der „PLAN-demie"!!! Dieses Feuer war wieder einmal ein Ritual, der den Weg für die Zukunft aufzeigte, zumindest denen, die dies sehen und wahrlich deuten konnten!

Erinnern Sie sich an die Schlagzeilen: „Corona bedeutet Krone oder Kranz"?! (206)

„Die goldene Dornenkrone ... Der Heilige Nagel, mit dem Jesus ans Kreuz geschlagen worden sein soll, sowie ein Splitter des Heiligen Kreuzes, wurden anscheinend ebenfalls unbeschädigt geborgen. Dasselbe gilt für das Bußgewand, das König Ludwig IX. (1214-1270) trug, als er die Passionsreliquien nach Paris brachte." (207)

Im Evangelium nach Markus heißt es:

„Dann legten sie ihm einen Purpurmantel um und flochten einen Dornenkranz; den setzten sie ihm auf und grüßten ihn: Heil dir, König der Juden! Sie schlugen ihm mit einem Stock auf den Kopf und spuckten ihn an, knieten vor ihm nieder und huldigten ihm."

Mit diesem Verhalten wurde die eigentliche Bedeutung dieser ~~Corona~~ Krone ins Gegenteil verkehrt. Somit war die Dornenkrone das Zeichen der Erniedrigung und kein Zeichen von Macht und Herrschaft!

Durch das Feuer von Notre-Dame wurden bei Aufräumarbeiten zwei Bleisärge gefunden. Zu den Särgen sagt man auch „zwei SARkophage" = SARs - koph = COV und davon „zwei" Stück = „SARs-COV-2"! Aha, sehr interessant, jedoch sicher nur rein zufällig! Aber für was steht das „age" bei Sarkophage? Age kommt aus dem englischen „Zeitalter". Nun sind wir bei dem „SARs-COV-2-Zeitalter"!

In jedem Sarg befand sich ein Skelett. In einem Sarkophag lag der einflussreiche Kleriker Antoine de la Porte, gestorben 1710. Die Presse meldete: „Mysteriöser Fund nach Brand in Notre-Dame" am 17.04.2019. (208)

Der Zahlenwert des Namens Antoine de la Port in der einfachen Gematrie ergibt 174 (Fund am 17.04.)! (209) In der englische Gematrie ergibt sich bei diesem Namen der Wert von 1044. (210) Schaut man sich nun in dieser Gematrie an, welche Begriffe unter der Zahl 1044 zu finden sind, staunt man nicht schlecht, denn dort steht:

- Trust The Plan (Erkennungssatz von „Q“ = „Vertraue dem Plan“ und „Q“ ist der 17. Buchstabe)
- New World Order (Verschwörungstheorien um das angebliche Ziel von Eliten und Geheimgesellschaften, einer autoritären, supranationalen Weltregierung)
- Yuval Noah Harari Berater beim Weltwirtschaftsforum *(„Yuval Noah Harari ist ein israelischer Historiker. Er lehrt seit 2005 an der Hebräischen Universität Jerusalem und ist mit Forschungen zur Militärgeschichte und universalhistorischen Thesen hervorgetreten.“)* (211).

Im zweiten Sarkophag lag ein unbekannter jüngerer Mann, der offenbar an Tuberkulose und Meningitis (Hirnhautentzündung) litt. Interessant oder? Googelt man nun nach Meningitis, dann stößt man direkt auf die elektronische Seite von „NEUROMEDIZIN.DE“, mit dem Zweittitel: „Neurologie- und Psychiatrie-Kompetenz für Fachärzte“ von dem „Medizin Medienverlag“. Dort findet man den Artikel: „Meningitis kann durch SARS-CoV-2 ausgelöst werden“ (212), vom 15.04.2020, also genau einem Jahr nach dem Brand der Notre-Dame, am 15.04.2019! Nach der „Sarkophag-Wortspielerei“ von der letzten Seite, kann man nun den Artikel wie folgt deuten: „Meningitis kann durch zwei Sarkophage ausgelöst werden“!

Neben dem bereits bekannten Corona, können auch „zwei Sarkophage“ in das zentrale Nervensystem, also in das Gehirn, insbesondere in den Hirnstamm eindringen. Dies würde auch die neurologischen Symptome, wie zum Beispiel: Verlust vom Geruchs- und Geschmackssinn, Kopfschmerzen, Fieber oder Bewusstseinsstörungen bei „CoV2-Patienten“ erklären. Selbstverständlich konnte den ollen Mumien dies nicht geschehen, weil denen ja immer auch das Gehirn beim Mumifizieren entfernt wurde!

Meningitis hat den Zahlenwert „714“ in der englischen Gematrie. (213) Den Zahlenwert von „714“ haben auch folgende Begriffe:

- Master Plan (spricht Trump nicht immer von einem „Masterplan“ für seine Rückkehr?!)
- Adrenochrom (na, Sie wissen schon!)
- Maria Magdalena (= ISIS)
- Buch des Satans (ohne Kommentar)
- Davidstern
- Three Eleven („3 11“)
- The King Is Back (Der König ist zurück!)
- All Seeing Eye (Das allsehende Auge)

- Neurolink (liebe Grüße an den Freimaurer Elon Musk)
- King James Bible (die Freimaurerbibel von Donald Trump!)

Interessant ist insbesondere die Zahl: „3 11", denn 3 Mal 11 sind 33 und dazu habe ich folgendes gefunden:

- 3/11, wie der 11.03.2001: Die nukleare Katastrophe von Fukushima, was der Startschuss in Deutschland war, für die Umgestaltung der Energiebranche (214)
- 3/11, wie der 11.03.2020: Der Tag an dem die WHO „Corona" zur Pandemie erklärte" (215)
- 11.02.2020: WHO schlägt den Namen „Covid19" vor (216)
- 11.02.2020: China meldet den ersten „Corona"-Todesfall (217)

11 Tage nach dem 11.03.2020, als die WHO „Corona" zur Pandemie erklärte, war der 22.03.2020, der Tag, an dem die Pharaonin Angela Merkel den ersten Lockdown ausrief. (218)

Den 22.03. kann man auch als Gründungsdatum der „Skull & Bones"-Sekte(„322") betrachten. „Skull & Bones" ist die Freimaurerbrüderschaft amerikanischer Präsidenten. Nehmen wir doch nun einmal die erwähnte Zahl „322" als Buchstaben, so erhalten wir für die „3" ein „C" und für die „22" ein „V", wo wir schon wieder bei dem angeblichen „Corona Virus" sind.

Kehren wir nun wieder zurück zum Feueropfer von Notre-Dame, am 15.04.2019.

Bild 238: Emblem von Skull & Bones

Was meinen Sie: wie viele Tage sind es, vom 15.04.2019 (Feuer) bis zum 11.03.2020 (WHO ruft Pandemie aus)?! Es sind genau 311 Tage.

Nächste Frage: Welches Datum hatten wir 331 Tage nach dem 11.03.2020? Es war der 06.01.2021, als das Kapitol in Washington gestürmt wurde. Erinnern Sie sich, als der nebenstehende „Patriot“ weltweit durch die Presse ging? Die Tattoos auf seinem Körper sagen alles! Erkennen Sie die Symbolik?! Dieser „Buffalo-Mann“ schaut direkt in die Kamera, während er einen Schrei vortäuscht. Ich nehme sehr stark an, weil die Tattoos so „frisch“ wirken, dass diese auch „frisch“ auf diesen Schauspieler gemalt wurden. Vielleicht stammen ja diese „Tattoos“ auch aus dem Kaugummiautomaten! Dieser Typ sieht aus wie beim Karneval, statt wie ein „aufgebrachter Systemfeind“! Aus dem Datum 11.03.2020 kann man wiederum die Zahl 301 herauslesen.

239: „Wenn ich einmal groß bin, dan
le ich bei „Alarm für Cobra 11“ mit!‘

Wissen Sie noch, was 301 Tage nach der Erstürmung des Freimaurertempels namens „Capitol“ war? Nein, Sie wissen es nicht oder sind schon überfordert. 301 Tage nach dem Sturm auf das Kapitol war der 03.11.2021. Dieser Tag war genau ein Jahr nach der Präsidentenwahl in den USA, wegen der es zu dieser Erstürmung kam!

Außerdem war am 03.11.2021 in der elektronischen Zeitung der Titel zu lesen: „Wie Europas härtester Lockdown für Ungeimpfte eine Stadt ins Chaos stürzt“ (Bitte nicht vergessen: Europa ist ISIS!). Weiter heißt es dort:

> *„In Kiew wird zur Realität, was viele in Deutschland befürchten: Wer nicht geimpft ist, für den gilt ein strenger Lockdown. Selbst öffentliche Verkehrsmittel kann man nur mit Impfzertifikat oder negativem Corona-Test betreten. Der erste Tag der Regelung sorgt für Unruhe. Für die Bewohner der ukrainischen Hauptstadt Kiew muss es sich wie Reise in die Vergangenheit anfühlen. Die drei-Millionen-Einwohner-Metropole gehört seit Montag zur ‚roten Zone‘, wie es das …“* (219)

Übrigens die Lesedauer für diesen Artikel beträgt 3 Minuten !

Am gleichen Tag ruft Selenski ein umfangreiches Privatisierungsprogramm ins Leben, das ein Gesamtpaket von 3.000 Unternehmen umfasst! Diese 3.000 Betriebe im Staatsbesitz sind „Relikte" aus der Sowjetzeit. (220)

Was meinen Sie, wie die Ukraine dies finanziert hat?! Ich sage dazu nur „Black-Rock"!!!

Und was meinen Sie, war 113 Tage nach der Übernahme von 3.000 Betrieben, am 03.11.2021? 113 Tage nach dem 03.11.2021 war der 24.02.2022 und somit der Einmarsch von Russland in die Ukraine!

111 Tage nach dem 03.11.2021 wurde am 22.02.2022 „Nord Stream 2" gestoppt.

133 (1+3+3=7) nach dem Einmarsch von Russland in die Ukraine, war der 07.07.2022 und damit der Tag, an dem die Affenpocken-Fälle weltweit um 77 Prozent gestiegen waren! Dabei gab es in Großbritannien am 06.06.2022 (6+6+(2+2+2=6) = 666) gerade einmal 301 bestätigte Fälle!

Wissen Sie noch was 131 Tage nach dem 07.07.2022 war? Am 15.11.2022 schlagen zwei Raketen in Polen ein und töteten zwei Menschen. Genau um 22:22 Uhr versetzte Polen ihre Armee-Einheiten in erhöhte Alarmbereitschaft! ([221]) Das ist meiner Meinung nach langsam gruselig!

Der 07.11.2023 ist der 311 Tag des Jahres 2023!

1717 vereinigten sich vier Freimaurerlogen in London und Westminster, zu einer ersten Großloge!

Wie heißt es doch immer so schön bei den „Q"-Anhängern: Wie oft muss die 17 noch vorkommen, bis ein Zufall mathematisch ausgeschlossen werden kann! Jedoch ich sage Ihnen, meine lieben Leser, wie oft, nämlich: Unendlich oft!!!

Die erste Konstitution der „Ersten Großloge von England" wird in der Freimaurerei allgemein als ein Grundgesetz verstanden. Diese erste Konstitution, auch bekannt als „Die alten Pflichten", wurden am 17.01.1723 von der Großloge genehmigt.

Lassen Sie mich nun bitte zwei Jahreszahlen untereinanderschreiben:

1723 und
2023!

Was fällt Ihnen dabei auf? Nichts?! Kleiner Tipp: Dann recherchieren Sie doch bitte einmal nach dem „Komitee der 300"!

Der Fluch der Mumie

Nach dem ganzen „Zahlen-Gedöns", dem von mir genannten „Hexeneinmaleins", möchte ich nun an weitere und denkwürdige Daten erinnern, welche kaum eine Seele mit der „Autorität" in Verbindung bringt:

Abb. 240: Mega-Aufwand für den Pharao: Ein von 1.500 Soldaten begleiteter Fahrzeugkonvoi brachte die mehr als 3200 Jahre alte Figur zu ihrem neuen Standort und zahlreiche Schaulustige verfolgten den Transport

- 15.-16.04.2019: Brand der „Notre-Dame de Paris"
- 07.04.2020: Am Karfreitag hat der Pariser Erzbischof die Dornenkrone in der Kathedrale Notre-Dame verehrt. Die Dornenkrone von „Jesus" (Horus) wurde bei dem Brand am 15.-16.04.2019 vor den Flammen gerettet. Dabei soll es sich um jene handeln, die römische Soldaten Jesus Christus vor seiner Kreuzigung auf sein Haupt gesetzt haben. (222)

Abb. 241: Die in Notre-Dame aufbewahrte Dornenkronen-Reliquie stammt aus der verschwundenen gotischen Saint-Chapelle

- 05.07.2020: Die Süddeutsche Zeitung titelt: „Aus der Asche" – aha, wie der Phönix bei seinem Feuerkult/Feueropfer" und sieht nicht ISIS mit ihren Flügeln wie ein Phönix aus?! LRMH-Forscher, welche die Ruine Notre-Dame untersuchten, arbeiten in den ehemaligen Ställen eines Schlosses aus dem 17. Jahrhundert in Champs-sur-Marne (bitte nicht zu verwechseln mit Marne in Dithmarschen, Schleswig-Holstein, wo auch sehr viele „Gestüte" der „Autorität" existieren!) in den östlichen Vororten von Paris. Hier haben sie Proben von Frankreichs Top-Denkmälern - dem Eiffelturm, dem Arc de Triomphe - in denselben Räumen analysiert, in denen vor 120 Jahren einige der ersten Experimente zur künstlichen Befruchtung von Pferden durchgeführt wurden. (223) Ich frage mich, was diese Kreaturen noch alles durch künstliche Befruchtung erschaffen wollen?! Etwa die Sonnengöttin ISIS?!

Abb. 242: ISIS wird auferstehen, wie der „Phönix aus der Asche"

- 04.04.2021: In Kairo wurden die Überreste von 18 Pharaonen und 4 Pharaoninnen (18+4=22, denken Sie bitte an die 180.000 Bienen von Notre Dame!) in ein neues Museum überführt - mit einer groß inszenierten und symbolträchtigen Prozession! Unter dem Titel „Die goldene Parade des Pharaonen" fuhren die dekorierten Wagen (Schiffe = Barken) begleitet von einer Polizeikolonne die abgesperrte Nil-Promenade entlang. Dutzende Reiter und kostümierte Darsteller zogen Teile des Wegs ebenfalls mit. Am NMEC verfolgte Präsident Abdel Fattah al-SISI (Rückwärts = ISIS!!!) die Ankunft der Mumien. Unter den Mumien sind die von Ramses II. und Hatschepsut! (224) Offiziell hieß es über den „spontanen Pharaonen-Umzug", dass dieser eine Marketingkampagne für den Tourismus in Ägypten wäre. Marketing für Tourismus während des Lockdowns ist schon sehr seltsam und würde so kein Werbeunternehmen absegnen, geschweige denn durchführen lassen!!!

22 alte Pharaonen wurden in einer epischen „Goldenen Parade" durch Kairo getragen

Auf den Pharaonenwagen stehen die Namen der transportierten Herrscher auf Arabisch, Englisch und in Icons

Ägypten verlegt die „Mumien" mit einer Antik-Show voller Symbolkraft

Abb. 243: Die „Goldene Parade der Pharaos"

Falls Sie den „Goldenen Umzug der Pharaonen" bisher noch nicht gesehen haben, so empfehle ich Ihnen: schauen Sie sich bitte dieses Spektakulum auf YouTube an. Ich verspreche Ihnen: Es lohnt sich!
Jedoch mehr als nur seltsam ist, dass die Wikivertuschungssekte, welche sonst über jeden Fliegenscheiß Artikel erstellt, über den „Goldenen Umzug der Pharaonen" NICHTS, wirklich gar nichts geschrieben hat. In meinen Augen sagt das alles!!!

- 20.02.2022: Beginn des Ukraine Krieges, was wieder ein Opferritual darstellt. Interessant dabei ist die Farbgebung des Wappens der Ukraine, Gelb / Gold für den Herrschaftsanspruch und Blau ist die Kriegsfarbe der alten Pharaonen
- 30.03.2022: Sensationsfund unter Notre Dame - Beim Wiederaufbau der Kathedrale Notre Dame in Paris sind Forscher auf eine Sensation gestoßen: Gräber tauchen auf - und uralte Fundamente. „Die Fundstücke sind für unser Verständnis der Geschichte von Notre-Dame de Paris unglaublich wichtig", erklärt das französische Kulturministerium. Für Frankreichs Geschichte hätten die Funde eine „bemerkenswerte wissenschaftliche Bedeutung". Es war lange diskutiert worden, wie die Kathedrale wiederaufgebaut wird: Doch Notre Dame bekommt keinen Glasturm. Erinnert dies nicht sehr an Schneewittchen mit ihrem gläsernen Sarg(kophag!), welche dann später wiedererwachte?! [225]
- 15.04.2022: Archäologen fanden zufällig mittelalterliche Artefakte unter Notre-Dame de Paris - Unter dem Boden der Kathedrale wurden mehrere mittelalterliche Gräber, ein körperförmiger Sarkophag und antike Statuen gefunden. Die Funde stammen aus dem 13. Jahrhundert und man vermutet im Grab „einflussreiche Würdenträger". [226]
- 17.04.2022: Sensationsfund - Forscher fanden bei Arbeiten in der Kirche einen weiteren mysteriösen Sarkophag aus Blei. Er soll jetzt geöffnet werden. [227]

- 02.06.2022: Funde in Ägypten - Isis und Neftis mit goldenen Gesichtern - Schon zum fünften Mal seit 2018 kann Ägypten neue spektakuläre Funde präsentieren. Die 250 Sarkophage aus Holz, die nun in der Nekropole unweit von Kairo entdeckt wurden, sind etwa 2500 Jahre alt und stammen aus der Spätzeit des alten Ägyptens, als das Land unter persischer Fremdherrschaft stand. Allerdings sind sie dafür in einem erstaunlich guten Zustand, selbst die Farben der Bemalung wirken noch frisch, wie die Archäologen des Ministeriums für Tourismus und Altertümer am Montag mitteilten. Und die meisten der Särge sind auch noch versiegelt, enthalten also noch die Mumien der jeweiligen Verstorbenen. (228)
- 22.01.2023: Ein Pharao kommt nicht zur Ruhe (229)
- 31.01.2023: Als Hatschepsut Pharao wurde: Amun schützt ihren Leib - So wird sie denn in der Königsliste von Karnak geführt als „Hatschepsut-chenemet-Amun“, „die erste der Damen, die Amun umarmt“. Amun war eine der bedeutendsten Gottheiten des pharaonischen Ägyptens. Er taucht auch als „Amen“ auf. Das lädt zu Spekulationen über die Herkunft des jüdisch-christlich-islamischen Amens ein. Ihr Thronname war „Maat-ka-Re“, „Gerechtigkeit und Kraft des Re“ Re war der Sonnengott. (230)
- 01.02.2023: Ägypten 16-Meter langer Totenbuch-Papyrus entdeckt - 2.300 Jahre alte Schriftrolle ist erstes vollständiges Totenbuch aus Sakkara seit 100 Jahren. Zauberformeln und Gebete für den Toten. (231)
- 05.02.2023: Wahrscheinlich älteste Mumie Ägyptens in Sakkara entdeckt - In der ägyptischen Nekropole Sakkara wurden eine goldverzierte Mumie und vier Gräber entdeckt. Vom Umfang her kein großer, allerdings ein spektakulärer Fund, weil über 4.000 Jahre alt. (232) Gold oder Gelb steht immer für Herrscher!!!
- 10.02.2023: Geheimnis der Mumifizierung - In der Mumienwerkstatt von Sakkara südlich von Kairo hat der Boden eine abfallende Rinne, damit Blut und andere Körpersäfte abfließen können und im Dach sind Öffnungen, damit Verwesungsgerüche abziehen. … Aber in dieser 2.600 Jahre alten Werkstatt gibt es darüber hinaus fein säuberlich beschriftete Töpfe und Krüge, die verraten, was einst drin war! Und mehr noch, sagt Philipp Stockhammer, Archäologe an der Münchner Ludwig-Maximilians-Universität und Mitautor der Studie: Auf manchen der 31 Gefäße steht auch die Gebrauchsanweisung. (233) Kleine Anmerkung: Die Münchner Ludwig-Maximilians-Universität arbeitet selbstverständ-

lich sehr eng mit der von Jesuiten gegründeten „Wissen-schaffende" Akademie LEOPOLDINA in Halle an der Saale, mit der Großen Nationalen Freimaurer-Mutterloge „Zu den drei Weltkugeln" zusammen, wie könnte es auch anders sein! Interessant in diesem Zusammenhang ist, dass der Wissenschaftler und das LEOPOLDINA-Mitglied Svante Pääbo schon seit der 1980-er Jahre mit der DNA von den alten Pharaonen „herumspielt"! (234)

- 16.02.2023: Heute vor 100 Jahren: Der Fund und der Fluch des Pharao - Es war einer der größten Momente der Altertumswissenschaft überhaupt. Am 16. Februar 1923, heute vor hundert Jahren, wurde im ägyptischen „Tal der Könige" die Grabkammer des Tutanchamun geöffnet. ... Was auch folgte, war die weltweite Verbreitung der Legende vom „Fluch des Pharao". (235)

Wenn man nun diese Chronologie „entschlüsselt" und sämtliche Umstände berücksichtig, kommt man sehr schnell und leicht auf den „Gedanken", dass da etwas sehr Großes im Hintergrund geschieht. Soll etwa der kommende Messias ein alter Pharao sein?! Aber es geht noch weiter und bleibt so spannend, wie die Gesichtshaut von Carmen Geiss zusammen.

Was ist Karneval?

In einem Artikel zu der Frage, was „Karneval" eigentlich ist, habe ich folgendes aus dem Jahr 1964 gefunden:

„Die pure Fleischeslust Süße, Sex, Fett und Anarchie ... Ob Fastnacht, Fasching, Fastelovend oder Fasnacht, jedes echte Narrenfest verhöhnt das ‚Fasten', weil genau das Gegenteil geschieht: entfesseltes Toben und Treiben, maßloses Trinken und Schlemmen, bevor die Hungerei des Osterfastens beginnt. Das Narrenfest ist der letzte Rausch und das große Fressen. Der Gegenpol zur freudlosen Fastenzeit, in der Sex, Tanz, Fleischgenuss, Alkohol und Anarchie tabu sind.

Im ‚Karneval' schwingt die Fleischeslust mit; ‚Carne' ist das Fleisch und ‚carnale', die ‚fleischliche' Zeit, die man auch als Pause deuten kann, als Interregnum im normalen Lauf der Dinge. Es ist ein gefährlicher Moment, weil die alten Normen nicht mehr gelten und die neuen noch keine Gültigkeit haben. Es ist zum Verrücktwerden. Das alte Jahr ist tot, und man will nicht mit ihm untergehen, doch das neue ist noch nicht in Sicht. Carrus navalis ist das Seegefährt, das sich archaischer Astrologie zufolge in unsichere Gewässer wagt, weit entfernt vom Hafen der sicheren Zeit. Auf offener See gelten die alten Normen nicht mehr. Das Meer ist frei und der Tod nah. … In New Orleans heißt der ‚fette Dienstag' Mardi Gras, in Italien Martedì Grasso. ... Das Karnevalsfest war die Wiederkehr der magischen Zeit. Nur in wenigen ländlichen Regionen und Hochburgen am Rhein, in Basel, Nizza, Rio, Trinidad, Mazatlan oder New Orleans hat der Zauber des alten Festes überlebt. … Dort, wo der Karneval noch heute seine Anarchie entfalten kann, wird das Andere präsent, das im Alltag nicht gelebt werden kann. Es wird sichtbar als Phänomen in Form derber Gelage, orgiastischer Fruchtbarkeitsrituale, grausamer Opfer, Masken, Verwandlungen, Hexen, Teufel, Narren und Totensymbole. Auch die Transvestition der Geschlechter lebt in den Narrenfesten auf. … Die heute weitgehend verschwundenen Karnevalsumzüge gingen zurück auf die Saturnalien.“ (236)

Was versteht man unter den Saturnalien?! Wikifakemedia erklärt dies so:

„Die Saturnalien waren im Römischen Reich zunächst nur ein Festtag zu Ehren von Saturn. Er galt als Herrscher des Goldenen Zeitalters. … Im Jahre 217 v. Chr. im Verlauf des Zweiten Punischen Krieges wurde es als Ritus nach griechischem Vorbild, graeco ritu, umgestaltet. Seit jenem Jahr ist ein Opfer und ein großes Gelage (lectisternium) am Saturntempel bis tief in die Nacht hinein mit karnevalesken Zügen an den Saturnalien belegt. … Römische Bürger legten die Toga ab und trugen bequeme Tuniken. Die Teilnehmer der Saturnalien setzten sich Pillei auf, Filzkappen, die sonst nur von freigelassenen Sklaven getragen wurden.“ (237)

Andere erklären dieses Fest schlicht und einfach:

„Bei den alten Griechen war dieser Gott Chronos, der König der Titanen.“ (238)

Sie erinnern sich: Chronos war der „Gott“, der seine eigenen Kinder verspeiste! Stichwort: Adrenochrom. Man kann es drehen und wenden wie man will, denn es sind immer die gleichen ~~Gestalten~~ Götter der „Autorität“.

Das waren die öffentlich-zugänglichen Informationen zum Karneval. Gehen wir nun etwas tiefer.

Der „Karneval“ ist auf „carnavalis“ zurückzuführen: Das bedeutet „Wagenschiff“ – ein Schiff also, das über Land gezogen werden konnte. Im „carnavalis“ fuhren bekannte Göttinnen wie Isis, Venus und Holle, ebenso Bacchus oder Mars. Die Ursprünge des Kölner Karnevals liegt in der ISIS-Tradition!

Mit Maskenumzug und Musik und jeder Menge Frohsinn feierte man bereits im Alten Ägypten alljährlich am 05. März das sogenannte „Fest der Schifffahrt der Isis". Bei diesem Anlass opferte man der Göttin ein voll beladenes Schiff, verbunden mit der Bitte um gute Seefahrt. So kam der Karneval über Ägypten, Griechenland und schließlich Rom bis an den Rhein. Und Isis segelte mit. Aus ihrem Schiff wurde ein „car(rus) navalis" (daher auch das Wort Karussell), ein Wagenschiff, das nicht nur über Wasser fuhr, sondern vor allem auch – nach Art eines Pfluges – über Land gezogen wurde. Auf diesen Wagen-Schiffen und erst recht um sie herum herrschte ein ausgelassenes Treiben, das sich seit je um die Gottheiten der Liebe und des Weines drehte, von denen man annahm, dass sie auf dem car navalis mitfuhren, um die Menschen mit ihrer Anwesenheit zu erfreuen und zu beglücken und ihrerseits von ihnen beglückt zu werden.

Kommen wir nun zu Karnevalsfiguren, mit dem berühmten Kölner Dreigestirn als Beispiel:

Symbolik vom Kölner Dreigestirn

Ich habe lange überlegt, wie man die Farben und Symbolik darstellen kann. Fangen wir mal so an:

Eine Vereinigung von Bürgern in Köln nannte man Gaffel, die ihren Ursprung in einer oder mehreren Zünften hatte. Der Name Gaffel stammt von den beim feierlichen gemeinsamen Essen verwendeten zweizinkigen Gabeln, eben den „Gaffeln". Die Gaffeln waren von 1396 bis zur Besetzung durch die Franzosen 1794 die herrschende politische Vereinigung in der Stadt Köln. Man kann die Gaffeln als eine Mischung aus Bruderschaft und Berufsgenossenschaft ansehen, da sie auch verpflichtet waren, für ihre Mitglieder und deren Familien in Notsituationen zu sorgen. Diese „Gaffel", also diese Vereinigung sind nichts weiter wie Freimaurer, unter einem anderen Namen!

Die Tradition des Kölner Karnevals geht zurück bis mindestens in das 13. Jahrhundert, was aber bis dato mehr oder weniger nur ein heilloses Besäufnis und unsittliche Begattungen zum Inhalt hatte. Erst nach dem Abzug der Franzosen 1815 und Köln Preußisch wurde, begann man 1823 geordnet mit der Gründung des Festordnenden Comites, vermehrt um die Komponente der Kritik an der fremden Obrigkeit einen „kulturpolitischen Streich mit humoristischem Ambiente". Ab 1827 gab es den Brauch, gleiche Kappen zu tragen: „Gleiche Brüder, gleiche Kappen!".

Ab hier übernehmen die Freimaurer mit dem schwarzen Adel die Herrschaft über den Karneval in Köln, was man bis heute in allen Vereinen anhand der vorgegebenen Uniformen, inklusive aller symbolträchtigen Zeichen und Zubehörteile erkennen kann.

Nun kommen die typischen Farben im Kölner Karneval ins Spiel, als da wären:

- Rot und Weiß für die zwei alten ägyptischen Reiche
- Blau für deren Kriegsfarbe
- Gold / Gelb selbstverständlich für die Besitzansprüche der Pharaonen, bzw. Herrscher und
- Schwarz gilt nicht nur in der christlichen Welt als Farbe der Trauer und des Todes, bzw. Herrscher des Totenreiches.

Krummstab und Flagellum als Zeichen der Herrschaft

Im alten Ägypten war der Krummstab ebenso wie das Flagellum (Nechacha) das Herrschaftszeichen von verschiedenen Pharaonen und Gottheiten, zum Beispiel von Min, Osiris und Horus, was auch „Kind" bedeuten kann. Beide Insignien symbolisieren Macht, Wiedergeburt und Regeneration. Bei dem Flagellum handelt es sich um eine Geißel, einen Wedel oder einen Dreschflegel, je nach Überlieferung.

Krummstab und Flagellum — Osiris im Grab des Sennedjem — Osiris — Horus Osiris Isis - Artefakt

Abb. 244: Krummstab und Flagellum als Zeichen der Herrschaft

„Der Krummstab (altägyptisch heqa (Herrscher-Zepter), auet (Hirtenstab), ansonsten auch Abtsstab, Lituus, Baculum pastorale, Bischofsstab, Pastoralstab, Pastorale und Pedum oder Virga) ist als altägyptische Insigne bereits seit dem Alten Reich (2707–2216 v. Chr.) belegt und wurde als religiöses Herrschaftssymbol von vielen Ländern übernommen." (239)

„Im Alten Ägypten war das Flagellum das Herrschaftszeichen verschiedener Könige (Pharaonen) und Gottheiten, beispielsweise von Min, Osiris, Horus und dem Horuskind. Nach Serge Cassen (2012) ist der Krummstab sowohl ein landwirtschaftliches Werkzeug als auch ein Symbol der Souveränität. Er bedeutete den Schutz und die fruchtbare Macht des Königs, der wie ein Hirte mit dem Bischofsstab und ein Bauer mit dem Dreschflegel sein Volk ernährt. Nach Sandra Sandri (2006) symbolisierte es zugleich Macht, Wiedergeburt und Regeneration. Im altägyptischen Totenbuch gehörte das Flagellum zur Ausrüstung von Osiris in seiner Funktion als Richter über die Toten. Mit dem Flagellum besaß Osiris die Macht, über den Eintritt in das Jenseits zu entscheiden und der Ba-Seele zur täglichen Wiedergeburt zu verhelfen." (240)

Die drei (Dreifaltigkeit = Trinität) obersten Repräsentanten vom Kölner Karneval nennt man das „Kölner Dreigestirn". Dieses besteht aus dem Prinzen, dem Bauern und der Jungfrau und sind die offiziellen Regenten über das „närrische Volk" und repräsentatives, gesamtstädtisches Aushängeschild während einer Session des Kölner Karnevals. Die darstellenden Personen werden jährlich neu bestimmt.

Können Sie sich vorstellen meine lieben neugierigen Leser, dass der Karneval das Totenfest / Totengericht der Gottesmutter ISIS ist?! Nun, dann schauen wir uns doch einmal die Symbolik des Kölner Dreigestirns an:

- „Seine Tollität" der „Prinz Karneval": ist der höchste Repräsentant des Kölner Karnevals. Der Name löste im Verlauf des 19. Jahrhunderts die Bezeichnung Held Carneval ab.

Abb. 245: Die Symbole des Kölner Dreigestirn und der Vergleich, mit dem ägyptischen Totenreiche

Der Prinz oder Held ist seit 1823 die wichtigste Figur des Rosenmontagszugs. Bei der Proklamation (immer Anfang Januar) durch den Kölner Oberbürgermeister erhält er als Symbol die „Pritsche" (die „Pritsche" ist dem pharaonischem / königlichen Zepter nachempfunden! (241)), die er über sein närrisches Volk schwingt. Prinz Karneval fährt im Rosenmontagszug immer auf dem allerletzten Wagen, sozusagen als Höhepunkt des närrischen Lindwurms. Sein Wagen ist der prunkvollste und größte des Zuges.

- Der Bauer (kölsch: Buur): wird als „Seine Deftigkeit“ angesprochen. Er trägt als Stadtbewahrer auch die Stadtschlüssel an seinem Gürtel, welche dem Ägyptischen „Anch“ nachempfunden ist, welcher auch als Nilschlüssel bezeichnet wird! Des Weiteren trägt der Kölner Bauer einen Dreschflegel in der linken Hand. Der Dreschflegel ist das typische Machtsymbol von Osiris, dem ägyptischen Gott des Jenseits, denn er führte den Vorsitz im Totengericht. Osiris war Ehemann der Isis und Vater des Horus und Bruder des Seth. Der Kölner Bauer trägt auf seinem mächtigen Hut Pfauenfedern, dem Herrschaftssymbol der Pharaonen, als Zeichen für „Unsterblichkeit“ (242). Daher ist der Bauer auch immer teilweise schwarz gekleidet und für den Tod und das Totengericht verantwortlich!

Apropos Osiris, dem ägyptischen Gott des Jenseits: Ich persönlich finde es ja mehr als nur merkwürdig lustig, dass es sogar sarkastischer Weise Fakt ist, dass der Kölner Festkomitee-Präsident Christoph Kuckelkorn ein Doku-Soap-Darsteller, sowie Deutschlands bekanntester Bestattungsunternehmer ist und übermäßig viele Prominente unter die Erde brachte, wie zum Beispiel: Dirk Bach, Guido Westerwelle, Kardinal Meisner, Willy Millowitsch, Hans-Jürgen Wischnewski und zahlreiche bekannte Fabrikanten, Bankiers und Verleger.

Herr Kuckelkorn, falls Sie das hier lesen: Meine Seele bekommen Sie nicht!!! Zumindest nur über meine Leiche!

Venedig ist voller Symbolik: Stelzen in Rot-Weiß, die Rialto-Brücke (= Sonnentor) und eine Sonnenbarke

FK-Präsident Christoph Kuckelkorn überreicht dem Papst eine „Stola" (ägyptisches Gebetstuch)

Abb. 246: Deutschlands bekanntester Bestattungsunternehmer (Reich der Toten), der Kölner Festkomitee-Präsident Christoph Kuckelkorn und Kardinal Woelki überreichen Papst Franziskus symbolisch das ägyptische Gebetstuch.

- Die Jungfrau auch „Ihre Lieblichkeit" genannt und ist als beschützende Mutter Colonia (ein anderer Name für ISIS!) wird im Kölner Dreigestirn immer von einem Mann dargestellt, da der Kölner Karneval früher eine reine Männergesellschaft war. Das römische Gewand der Jungfrau erinnert an die römische Kaiserin „Agrippina die Jüngere", welche schon wieder ein anderer Name der ISIS ist!!! Bei der Proklamation erhält die Kölner Jungfrau als Symbol einen Spiegel. Der Spiegel hat seinen Ursprung in Ägypten und ist gleichzeitig ein fast vergessenes Symbol der Freimaurer.

> *„Was wirklich interessant ist, dass das Wort Ankh auch Spiegel bedeutete. Viele Spiegel hatten die Form des Ankhs im Mittleren Reich. Es gab Leben und Tod Spiegel, die in allen Religionen des alten Ägyptens für das Wahrsagen und andere Zwecke benutzt wurden."* (243)

> *„Das Bijou der Loge ‚Zur Wahrheit und Freundschaft' zeigt zwei Frauen, die eine barbusig mit einem Spiegel in der Hand, die andere mit einem Hund zu Füßen. Die barocke Ikonographie liest diese Symbolik so: Die eine Dame symbolisiert die Wahrheit (nackt, Spiegel), die andere die Freundschaft (legt Arm auf die andere, Hund)."* (244)

Da waren sie wieder, die Worte: „Loge" der Freimaurerei, „Frauen" und „Hund". Wissen Sie, an was ich da ganz spontan denken muss? Mir geht da sofort ein „Bund", eine ~~Brüderschaft~~ „Schwesternschaft" durch den Kopf, der bisher in der Öffentlichkeit kaum Beachtung findet. Ich habe die Vermutung, dass man über solche

„Dinge“ nicht gern spricht, da sie wahrlich kein gutes Bild auf die „Hohen Häuser“ wirft. Es geht um das Thema:

Der Mopsorden

Meine Seele sagte einst zu mir:
Ich musste es dir unbequem machen,
denn sonst hättest du dich nie bewegt.

(Alfred Walter von Staufen)

Abb. 247: Eine Mopsfigur thront in Stuttgart auf dem Loriot-Denkmal

Was für Sie wahrscheinlich wie ein Hundezüchterverein klingt, ist in Wirklichkeit ein ebensolcher Zuchtverein für die sehr „gehobene Gesellschaft“, welche, wie wir ja nun wissen, sich nur unter seinesgleichen vermehrt! Und schon sind wir bei dem sogenannten Mopsorden, jenem Orden, wo Frauen einem androgynen (männliche und weibliche Merkmale aufweisend, in sich vereinigend) Meister zugeführt wurden, um durch den „Akt“ für „angemessenen und wertvollen Nachwuchs“, für die Zukunft und Aufrechterhaltung der „Linien“ dieser obersten „Autorität“, zu sorgen. Im Assi-Jargon würde man sagen: „Rudelbumsen“ [245] oder „altmodisch Klonfabrik“, wobei ich keinen Bezug zwischen einem „Klon“, „Clown“, „Narr“ herstellen wollte oder etwa doch?!!

Sehr interessant ist in diesem Zusammenhang, dass das Kölner Dreigestirn in diesem Jahr für ein paar Tage in Italien, unter anderem in Venedig war, um sich mit den „alten Dogen und Logen“ (schwarzer Adel und khasarische Mafia) zu ~~„vereinen“~~ treffen, wo doch schon seit Gründung des Mopsordens Venedig einer deren Hochburgen ist.

Kölner Dreigestirn zu Besuch 2023 mit ~~Sonnenbarke~~ Gondel in Venedig | Großer Auftritt auf dem Markusplatz der venezianischen Dogen und Logen | Kölner Dreigestirn mit C. Kuckelkorn u. Kardinal Woelki bei Papst Franziskus

Abb. 248: Das Kölner Dreigestirn im Reich der Borgia, Medici, Farnese, Grimaldi, Orsini, Savoyen, Sforza und Visconti, welche auch schon Mitglieder des legendären Mopsordens waren und dessen „Vorzüge“ genossen

Aber was ist nun der Mopsorden genau?!

Im 18. Jahrhundert wurden die freimaurerischen Mopsorden offiziell gegründet. Das Freimaurer-Wiki beschreibt den Mopsorden wie folgt:

> *„Im Jahre 1745 erschien in Amsterdam eine sogenannte Verräterschrift: ‚L'ordre des Francs-Macons trahi et le Secret des Mopses révéle', durch die einiges Genaueres über den Mopsorden bekannt geworden ist. Es handelte sich um einen gemischten, androgynen Orden, der angeblich nach der Bulle ‚In eminenti apostolatus specula' (1738) von Katholiken begründet wurde.*
>
> *Der eigentliche Gründer soll 1740 Clemens August, Herzog von Bayern, Kurfürst von Köln (Bruder des Kaisers Karl VII.), gewesen sein. Der Orden fand an den kleinen Höfen Deutschlands und Universitäten Verbreitung, so gab es eine ‚Mopsloge' in Bayreuth, in der die Markgräfin als ‚Großmeisterin' den Vorsitz führte. 1748 wurde er in Göttingen verboten.*
>
> *Auch zu den ‚Antimassonischen Societaten' bestanden Beziehungen. In der oben erwähnten Schrift ist auch das reichlich läppische Ritual des Ordens wiedergegeben, nebst zwei Bildbeilagen, von denen die eine den Plan der Loge (in der Mitte der Mops, das Sinnbild der Treue im Orden), die zweite den Augenblick der Aufnahme einer Neophytin darstellt.*
>
> *Das Gebrauchtum war von einer gewissen galanten Laszivität, wie sie dem Geschmacke des Rokoko entsprach. Der Zirkel einer jeden Mopsloge sollte, wie das Ritual besagt, die Mitglieder folgendes lehren: ‚Gleich, wie alle Durchschnitte des Kreises durch eben denselben Mittelpunkt gehen, also müssen alle Handlungen eines Mopses aus einer Quelle gehen, nämlich der Liebe.'“* (246)

Ebenfalls im 18. Jahrhundert entstanden die sogenannten Adoptionslogen, welches die Nachfolger der Mopsorden darstellen, nur unter anderem Namen. Hierzu schreibt das Freimaurer-Wiki:

„Dieses Ordenssystem für Frauenzimmer, welches nicht mit dem Mopsorden (s. diesen Artikel!: freimaurer-wiki.de/index.php/Mopsorden) zu verwechseln ist, hat, sowie alle andere dem Freimaurervereine nachgeahmte geheime Weiberverbindungen, seinen Ursprung in Frankreich und spricht auch in Hinsicht der Maurerei den Hang der Nation zum Vergnügen und zum Umgange mit dem weiblichen Geschlechte auf eine besondere Weise aus. Wahrscheinlich in der Absicht, um unter neuen Formen den Damen Feste geben zu können, oder um die aus dem Bunde der Freimaurer ausgeschlossenen Frauen über seinen Zweck und seine Arbeiten zu beruhigen und sie glauben zu machen, dass man sie in denselben aufnehme, erfand man gegen das J. 1774 in Paris den Rite d'Adoption, welchen der Grosse Orient daselbst zwar nicht eigentlich sanctionirte, dennoch aber durch das Abordnen von Deputationen zu den Versammlungen und durch andere Handlungen stillschweigend anerkannte." (247)

Diese Mops- und Adoptionslogen waren und sind noch heute nichts weiter als „Vermehrungsanstalten der Autorität" mit Ritualen, in der Hoffnung, dass durch noch zeugungsfähige „Blutlinien", weniger kranke Kinder entstehen. Durch Jahrhunderte andauernden Inzest kam es in den Adelskreisen immer mehr zu diversen Krankheiten und Deformationen. Ich erinnere beispielsweise dabei nur an das markante Kinn, die hervorstehende Unterlippe und die herabhängende Nasenspitze der Habsburger.

Die von Jesuiten gegründete naturwissenschaftliche Akademie LEOPOLDINA in Halle an der Saale, mit der angeschlossenen ältesten freimaurerischen Große Nationale Mutterloge „Zu den drei Weltkugeln", feierte 2022 den 200. Geburtstag von dem Augustinermönch und Jesuiten Gregor Mendel. Das ehemalige LEOPOLDINA-Mitglied Mendel ist der Vater der Vererbungslehre und somit der Vater der Genetik. Um herauszufinden, wie spezielle Eigenschaften auf die nächste Generation übertragen werden, kreuzte Mendel über Jahre hinweg tausende Erbsenpflanzen miteinander. Dabei erkannte er Gesetzmäßigkeiten im Vererbungsmuster, die nach seinem Tod als „Mendelsche Regeln" bekannt geworden sind. Die drei Mendelschen Regeln geben Aufschluss darüber, wie bestimmte Merkmale vererbt werden, etwa eine rote Blüte. Der Mönch erkannte, dass Erbsen – wie auch Menschen – zwei Kopien jedes Erbmerkmals haben. Eine stammt von der Mutter-, die andere von der Vaterpflanze. Beide zusammen bestimmen das Aussehen. Die stärksten Gene werden sich dabei generationsübergreifend immer wieder durchsetzen!

Sehr seltsam finde ich es mal wieder, dass alle Unterlagen und Experimente nach Gregor Mendels Tod komplett verbrannt und vernichtet wurden. Sollte somit vielleicht verhindert werden, dass dieser LEOPOLDINA-Mönch nicht nur an Pflanzen geforscht hatte?! Ich frage ja nur für einen Freund!

Die Erbfoschung und deren Weiterentwicklung wurde gerade in der Nazi-Zeit mit enormen Mitteln fortgesetzt und dies nicht nur durch den berüchtigten Arzt Josef Mengele. Die LEOPOLDINA schreibt dazu auf ihrer Website:

> *„Emil Abderhalden war ein schweizerisch-deutscher Biologe und Mediziner, Mitbegründer der Proteinbiochemie und XX. Präsident der Leopoldina von 1932 bis 1950. … Abderhalden korrespondierte nachweislich u.a. mit dem Berliner Erbforscher Otmar Freiherr von Verschuer, den er um Erprobung seines Konzepts an eineiigen Zwillingen bat, sowie mit Claus Schilling, der damit im Konzentrationslager Dachau an Gefangenen zu experimentieren plante. … Den zweiten bedeutenden Komplex in Abderhaldens Arbeit als Mediziner bildeten die Themen ‚Eugenik' und ‚Sozialhygiene'."* (248)

Als Kind war ich sehr oft bei meinen Großeltern. Montagabend lief regelmäßig die „Rumpelkammer" im DDR-Fernsehen. Dort wurden Filmausschnitte von alten Schwarz-Weiß-Filmklassikern gezeigt und allerlei Hintergründe zur Filmgeschichte und Kurioses zu den Dreharbeiten berichtet.

Schon damals erzählte mir mein Opa immer wieder davon, dass alle Schauspieler, Sportler, Politiker und Könige miteinander verwandt wären. So ist zum Beispiel Hans Albers der Cousin 4. Grades von Hermann Göring, welcher wiederum direkt mit der Familie Bismarck-Schönhausen verwandt war.

Woher mein Opa das wusste? Er wuchs als Kind bei dem Regisseur und Autoren Karl Köstlin auf, als dieser noch mit Emmy Sonnemann verheiratet war, der 2. Frau von Hermann Göring, jedoch nicht dessen leibliches Kind war! Das alle Prominenten miteinander verwandt wären, blieb in meinem Kopf haften.

Bereits als kleines Kind hatte ich das Problem, dass ich mir nie Namen meiner Gegenüber merken konnte, jedoch diese mit Prominenten verglich. Und so waren all meine Tanten, Onkels, Lehrer und Freunde für mich bekannte Persönlichkeiten. Das gipfelte darin, dass ich sogar identische Gesichter von Stars, trotz verschiedener Herkunft, Haarfarben, Bärten, usw. erkennen konnte, was für andere Menschen nicht auf den ersten Blick ersichtlich war.

2003 diagnostizierte man bei mir „Super Recognizer". Dies ist eine Bezeichnung für Menschen, die sich überdurchschnittlich gut Gesichter und dessen Merkmale einprägen und diese wiedererkennen können.

Vor einigen Jahren stellte ich über einen längeren Zeitraum fest, dass auf unserer Programmzeitschrift (ja, wir kaufen noch so etwas!) immer wieder das fast identische Gesicht abgebildet wird, nur mit verschiedenen Namen. Da erinnerte ich mich an die Worte meines Opas, dass alle Prominenten miteinander verwandt wären.

Abb. 249: Schauen Sie sich die Promis auf dieser Programmzeitung an: Erkennen Sie auch diese Ähnlichkeiten? Das ist sicher nur Zufall oder?!

Sicher werden Sie nun denken, das kann doch nicht sein und ist Blödsinn. Dies ist wahrscheinlich wieder eine neue Verschwörungstheorie, um uns davon abzulenken, dass wir dem „göttlichen Plan" vertrauen sollen. Nun gut, dann schauen Sie sich doch bitte die nachfolgende Abbildung an:

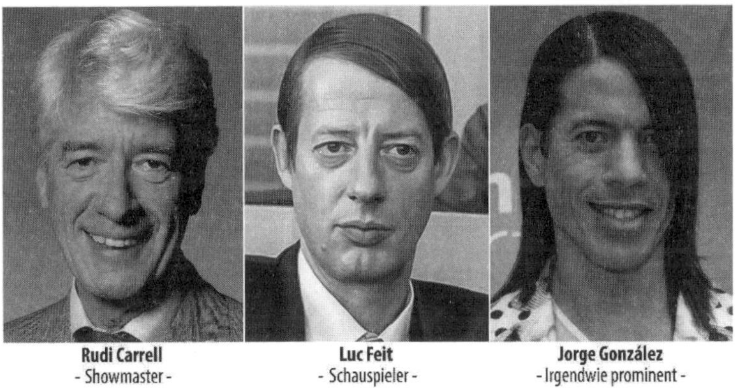

Abb. 250: Am „laufendem Band" immer dieselben Gesichter

Vielleicht meinen Sie nun, dass wäre alles Zufall, denn indirekt zählen Carrell, Feit und Gonzalez zu dem ehemaligen fahrenden Volk, auch Gaukler oder Zigeuner im Volksmund genannt und da könnte so eine Ähnlichkeit schon einmal vorkommen. Dann sage ich: NEIN. Diese zufälligen Ähnlichkeiten finden nicht nur bei Schauspielern und Moderatoren statt, sondern auch bei Politikern, Sportlern und Musikern, welche allesamt aus uralten Familien, mit adligem Stammbaum hervorgehen. Bestes Beispiel dafür ist die nachfolgende Abbildung:

Abb. 251: Glauben Sie nun noch immer an Zufall?!

Ich habe bei diesen Bildern bewusst immer nur drei Personen ausgewählt, obwohl ich die Reihe hätte endlos fortführen können, was aber nicht zielführend wäre. In unserem nächsten Buch, mit dem vorläufigem Arbeitstitel: „Die geheimen Erben der Blutlinien" gehe ich ausführlich auf dieses Thema ein, was ich in diesem Schmöker aus Kapazitätsgründen nicht mehr realisieren kann. Mal wieder haben wir, mit unserem kleinen Team, so viele Informationen gesammelt, um Ihnen liebe Leser, die wahren Herrscher und deren Gehilfen verständlich und nachvollziehbar zu präsentieren.

Sehr viele „Aufklärer"-Kanäle in den sogenannten sozialen Medien werden nicht müde ständig davor zu warnen, das Teufelswerk Fernsehen (Öffentlich-Rechtliche und Private) zu schauen, da diese von den Zielen des „Weltfriedens" und „Freiheit" ablenken und uns in Hypnose halten würden. Einige Dauerschwätzer meinen sogar, man solle den Fernseher aus dem Fenster werfen. Nun gut, jeder wie er mag.

Wenn Sie jedoch selbstdenkend eine (Ihre) eigene Meinung haben und trotz dieser „Warnungen" regelmäßig solche Trash-Shows wie „DSDS", „Das Supertalent", „Dschungelcamp", „Promis unter Palmen", „Promi Big Brother", usw. verfolgen, ist Ihnen bestimmt schon aufgefallen, dass diese Möchtegern-Promis nicht müde werden, immer wieder von Ihrer Kindheit zu erzählen und dabei voll auf die Tränendrüse drücken. Ständig hört man die gleichen Traumata-Geschichten von Adoption, Kinderheimen, Missbrauch und Gewalt, was oft in Drogen-, Alkohol und Tablettenabhängigkeit endet. Genau da liegt der Hund begraben, denn diese Menschen sind meiner Meinung nach allesamt Opfer von MKULTRA-Gehirnwäsche und Manipulationen und das ohne Ausnahmen. Oft sind es deren Familien, Manager und Produzenten, die bei den armen Seelen an den „entsprechenden Knöpfen" drehen, damit diese „funktionieren", um möglichst viel Gewinn abzuwerfen und somit die schlafenden Fernsehvoyeure in einer Art Trance halten. Viele der „Stars & Sternchen" (Stars = Sterne = Sonne = Nachfahren der Pharaonengöttin ISIS) sind den Zuschauern mittlerweile wichtiger, als eigene Familienangehörige. Diese „Prominenten" sind die „neue Familie", welche Ihnen sagen, welche Produkte man zum „Glücklichsein" kaufen muss, welche Meinung man haben sollte und was gerade der aktuelle Trend wäre, „weil sie es gut mit Ihnen meinen"! Auf vielen Kanälen, gerade auf Telegram, findet das gleiche Prinzip statt, unter dem Deckmantel des „Aufwachprozesses".

Dies ist aber keine neue Entwicklung, denn die Grundlagen dafür haben schon vor vielen tausend Jahren begonnen. Seit Menschengedenken wird mit Kindern, speziell immer wieder mit Zwillingen, experimentiert, was bis heute anhält. Schon Pharao Psammetich I. hatte vor 2.700 Jahren allerlei Versuche an Kindern tätigen lassen.

> *„Der griechische Geschichtsschreiber Herodot erzählt, der Pharao Psammetich I. habe zwei Neugeborene ausgewählt und sie in einem abgeschiedenen Haus aufwachsen lassen, versorgt nur von einem Hirten, der den Auftrag hatte, auf keinen Fall mit ihnen zu sprechen. So wollte der Pharao herausfinden, welche Sprache die ursprüngliche gewesen sei. Es war das erste psychologische Experiment der Geschichte – und so grausam, dass Forscher es das ‚verbotene Experiment' nennen. Es sei undenkbar, so ein Experiment jemals zu wiederholen, sagt Sandler."* (249)

Auch der Römisch-Deutsche Kaiser Friedrich I., genannt Barbarossa, aus dem Adelsgeschlecht der Staufer, ließ eineiige Zwillinge sofort nach der Geburt trennen. Dabei wuchs ein Kind in Armut auf und der Zwilling in reichen Gefilden. Kaiser Barbarossa wollte somit erfahren, wie sich diese Kinder in verschiedenen Verhältnisse entwickeln würden. Natürlich alles im Namen der Alchemie, der heutigen Wissenschaft.

Ich gehe davon aus, dass die Trennung der Deutschen, in BRD und DDR, ein ähnliches Experiment war, um der Frage nachzugehen: Wie entwickelt sich eine Gesellschaft (Menschengruppen) unter komplett verschiedenen Umständen (Produktüberfluss kontra Produktmangel, Reisefreiheit kontra Reiseeinschränkung, Industrienahrung kontra Regionale Ernährung, Freiheit kontra Unterdrückung). Sicherlich hat man dabei festgestellt, dass die Menschen in der ehemaligen BRD, wo es alles zu kaufen gab und die Welt schön bunt angemalt war, einfacher zu manipulieren waren, als in der tristen grauen DDR, wo die Bevölkerung durch Repressalien schneller dazu neigen, Dinge zu hinterfragen. Also Raubtierkapitalismus kontra Kommunismus. Ich gehe davon aus, dass daher das BRD-System nach dem Fall der Mauer dazu benutzt wurde, um die gesamtdeutsche Bevölkerung „einzulullen", um im Hintergrund die Neue Weltordnung zu installieren.

Sehr interessant ist in diesem Zusammenhang der Vertrag von Lissabon, den Angela Merkel im Dezember 2007 für die sogenannte BRD unterzeichnete. Wenn man sich dann noch die Definition des „Rheinischen Kapitalismus" ansieht, wusste man schon damals, wo die Reise hingeht. Doch nun wieder zurück in die Geschichte. Dafür muss man nur die nachfolgende Abbildung betrachten:

Abb. 252: Alles läuft Hand in Hand und bleibt in der Familie. Diese Personen vereint nicht nur das Bundesland Schleswig-Holstein

In der oberen Abbildung sehen Sie

- Daniel Günther: Amtierende Ministerpräsident von Schleswig-Holstein

- Frank Schnabel: Geschäftsführer der SCHRAMM Group GmbH & Co. KG, sowie des Brunsbüttel Ports GmbH (Schleswig-Holstein), wo die LNG-Terminals, trotz jahrelanger Proteste, nun gebaut wurden
- Klaus Müller: Präsident der Bundesnetzagentur, somit zuständig für die Verteilung der Energie, auch in „Ausnahmesituationen“

Abb. 253: Man nennt diese Blutlinie auch die Familie der „Fleur de Lis“, angeblich abstammend von den „Merowingern“!

Oder schauen wir doch einmal auf das obenstehende Bild. In dieser Reihe könnte ich endlos viele „Stars“ (Stars = Sonne = ISIS-Nachkommen) aufführen, jedoch ist diese Abbildung wieder nur symbolisch. Sagte uns nicht sogar Armin Laschet, dass er von Karl dem Großen (Stichwort: Karlsruhe!) abstammen würde, welcher ein Merowinger gewesen sein soll?! (250)

Ich wundere mich immer wieder, dass all den „Aufgewachten“ nicht auffällt, dass wir immer wieder von den gleichen Gesichtern politisch geführt, in Filmen und TV unterhalten und in den sozialen Medien „aufgeklärt“ werden. Und all diese Gesichter arbeiten wiederum rein zufällig Hand in Hand.

Die nächste Abbildung wird viele Leser erschrecken und empört Blasphemie rufen lassen. Dort sehen wir einen von Bill Gates finanzierten Fernsehdoktor, einen Kaisererben und einen ehemaligen Stasi-Auswanderer. Sorry liebe Kaisertreuen, jetzt müsst ihr stark sein!

Abb. 254: Sie werden immer kleine Unterschiede finden um zu zweifeln, schließlich sehen sie Ihren Geschwistern und Cousins auch nicht zu 100% ähnlich!

Sicher werden nun viele von Ihnen denken oder meinen: Das ist doch alles nicht möglich und muss wieder eine neue Nebelkerze sein. Wie soll das alles funktionieren, dass uns solch eine Show „dargeboten“ wird. Wo kommen denn all „diese Kinder“ her und wer behält darüber die Kontrolle.

Nun, hier noch ein kleines Beispiel, dass es die „FFF“-Bewegung (F = 6. Buchstabe = FFF = 666!), nein, nicht „Friday For Futures“, auch schon unter Hitler gab, unter den Stichworten: „Fortpflanzen Für den Führer“ oder „Kinder für den Führer“. Man nannte dies „Lebensborn e.V.“ Dort wurden wortwörtlich „Kinder gezüchtet“ und ich bin mir mehr als nur sicher, unter bestimmten Voraussetzungen auch „lebens- und schützenswertes Erbgut“ künstlich gezeugt! Bestes Beispiel ist Edda Göring, die Tochter von Emmy und Hermann Göring. Ich staune etwas, dass Wikiwitzka an dieser Stelle einmal bei der Wahrheit geblieben ist, denn dort steht wortwörtlich:

„Emmy Göring wurde im Alter von 44 Jahren im Rittberg-Krankenhaus in Berlin-Lichterfelde künstlich befruchtet und brachte Edda im Berliner Westsanatorium zur Welt." (251)

Das sich die entsprechenden starken Gene der Blutlinien immer wieder durchsetzen werden, zeigt Ihnen auch die nachfolgende Abbildung.

Agnetha Fältskog
- Sängerin von ABBA -

Bettina Wulff
- Ex-First Lady der BRD -

Wolke Hegenbarth
- Schauspielerin -

Abb. 255: Diese Fotovergleiche könnte man unendlich fortführen, was aber nicht Sinn und Zweck an dieser Stelle ist. Wichtig ist zu wissen: Wir sind von dieser uralten Blutlinie umgeben, immer und überall! Sie spielen mit uns!

Die Kinder, welche in den Hitler-Heimen ~~geklont~~ gezeugt wurden, nannte man später auch die „Kinder der Schande"! Und weil wir gerade auf dem oberen Bild Agnetha Fältskog von ABBA sehen, hier ein kleiner Auszug aus einem Artikel, über ihre brünette Bandkollegin Anni-Frid Synni „Frida" Lyngstad, bürgerlich Anni-Frid Prinzessin Reuß, Gräfin von Plauen:

„Anni-Frid ‚Frida' Lyngstad, eine der Sängerinnen der ehemaligen Pop-Kultband ABBA, ist wohl eines der berühmtesten Lebensborn-Kinder. Als Tochter eines deutschen Nazi-Offiziers und einer norwegischen Mutter während der deutschen Besatzung Norwegens geboren, gehörte Anni-Frid zu den ‚Kindern der Schande' - unerwünscht, nachdem die Deutschen den Krieg verloren hatten. Als uneheliches Kind eines Nazis nahm ihre Großmutter sie mit nach Schweden, um Misshandlungen zu entgehen - Kinder von Feinden wurden im Nachkriegsnorwegen geächtet." (252)

Jedoch ist diese Art von „Kinderzucht" schon viel älter, wie ich bereits schrieb. In den letzten Jahrhunderten lief dies stets unter dem Deckmantel der „Wohltätigkeit", so auch in der Geburtsstadt von Georg-Friedrich Händel, in Halle an der Saale, nur 15 Gehminuten von der durch Jesuiten gegründeten „Wissen-schaffenden“ Akademie LEOPOLDINA, mit der angeschlossenen Großen Nationalen Mutterloge „Zu den drei Weltkugeln“ entfernt. In dieser Salzstadt hatte der evangelische Theologe, Pfarrer, Pädagoge und Hauptvertreter des Halleschen Pietismus August Hermann Francke, im Jahr 1698 die bis heute bestehenden Franckesche Stiftung gegründet.

> *„Der Hallische Pietismus (auch Hallescher Pietismus) ist eine Form des lutherischen Pietismus, die auf den Theologen und Pädagogen August Hermann Francke zurückzuführen ist. Francke kooperierte bei dem Aufbau seiner Schulstadt (Franckesche Stiftungen) und bei der Studienreform in Halle eng mit dem preußischen Staat.“* (253)

An einer vielbefahrenen Handelsstraße südlich von Halle errichtete der „Philanthrop“ August Hermann Francke bei der **LEOPOLDINA** ab 1698 das Hallesche Waisenhaus.

„Die auf den Herrn harren, kriegen neue Kraft, dass sie auffahren mit Flügeln wie Adler, dass sie laufen und nicht matt werden, dass sie wandeln und nicht müde werden.“

Abb. 256: Auch an der „Franckeschen Stiftung“ ist sehr gut die Sonnensymbolik, das Freimaurer-Dreieck (Pyramide) und der Doppeladler zu erkennen!

August Hermann Francke, der „Wohltäter“ und Gründer dieses Waisenhauses, welches er gern „Pflanzstätte für Kinder“ (254) nannte, verbrachte seine Jugend in Gotha, zufällig zu derselben Zeit, als der Rechtswissenschaftler, Freimaurer, Autor, Hochschullehrer und Philosoph Adam Weishaupt dort lebte, der Gründer des Illuminatenordens. In Gotha existiert noch immer Weishaupts einstiges Wohnhaus, in der Siebleber Straße 8.

Ich finde es immer wieder faszinierend, egal welches Thema man „anfängt“, es tauchen immer dieselben Namen und Orden auf!

Wir sind noch immer bei dem Thema „Mopsorden“, falls Sie sich wundern, dass ich wieder „etwas“ vom Thema abgekommen bin. Ich halte solche Zusatzinformationen für sehr wichtig, damit ein großes und ganzes Bild der Macht dieser „Autorität“ bei Ihnen entsteht! Dann schauen wir jetzt wieder zurück nach Venedig:

Giacomo Casanova, heute vielleicht der bekannteste Venezianer des 18. Jhdts., war Freimaurer kam als aus Venedig Verbannter weit in Europa herum. Dabei traf er auch auf Friedrich den Großen, der erste König unter den Freimaurern. Rechts auf dem Stuhl leitet er als Chairman ein Ritual.

Diesen Raum in einem kleinen Palazzo, der bis 2020 als Freimaurer-Tempel bei Ritualen genutzt wurde, kann man noch heute bei Führungen besuchen.

Auf der Friedhofsinsel gibt es einen eigenen Gräberabschnitt für Ungläubige, Protestanten und andere Ketzer mit sehr prominenten Namen, auch viele Freimaurer.

Abb. 257: Das verborgene & mystische Venedig: Geheimgesellschaften, Inquisition, Freimaurer und Mopsorden

Venedig war schon immer, seit der „Ankunft der Pharaonen", in vielerlei Hinsicht eine bedeutende Metropole, sei es für die Seefahrt, den Handel, Banken, Wissen oder die „schönen Künste". Aber auch für allerlei Gesocks von Geheimbünden und sonstigen ~~Weltverschwörern~~ Weltverbesserern.

Empfänglich für alle Arten von Geheimlehren waren solch schillernde Typen wie die Venezianer Antonio Vivaldi, Elena Cornaro, Marco Polo, Bartolomeo Fonzi, Jacob Faber oder Giacomo Casanova, aber durchaus auch der Venedig-Besucher Goethe (siehe seinen „Zauberlehrling"), denn sie gehörten nicht ganz zufällig dem Freimaurerbund an. Zu einem gut ausgestatteten Freimaurer-Gebäude gehörte damals nicht nur ein Tempel als Ritualraum oder eine gut sortierte „aufklärerische" Bibliothek, sondern auch ein naturwissenschaftliches Laboratorium. Sowohl das „mystische Gemüt", das „leidenschaftliche Verlangen", die „gesellschaftliche Anerkennung", clevere „familienpolitische Ehevereinigungen", als auch der „alchemistische Geist" sollten hier ihre Befriedigung finden. Viele von den „Alchemisten", auch „Goldmacher" genannt, schließlich war Veredelung von unedlen Materialien eine fast schon mafiöse „Spezialität" des venezianischen Unternehmertums, welche erst später in München als Scharlatane entlarvt und dort am Marienplatz, mitsamt sehr gefährlich wirkenden schwarzen Pudelhunde hingerichtet.

Noch heute existieren selbstverständlich Freimaurer in Venedig, welche man bei speziellen Stadtführungen besuchen kann, inklusive einen bis 2019 genutzten Freimaurer-Tempel(raum), welche auch frühe Orte der einst in Venedig verbotenen Logen aufsuchen.

Dem Freimaurerbund gehörten zur Hochzeit der Aufklärungsepoche ein großer Teil der aus heutiger Sicht führenden Geister an: Von Voltaire und Rousseau (der arbeitete z.B. im Stadtteil Cannaregio als Sekretär des französischen Botschafters) bis hin zu Schiller, Goethe und auch Mozart. Preußenkönig Friedrich der Große gewährte als erster europäischer Monarch von Rang dem Freimaurerbund „Freiheit", dem er auch selber beitrat, während ihn seine Herrscherkollegen als Brutstätte revolutionärer Umtriebe und republikanischer Umsturzbestrebungen betrachteten.

Quer durch Europa waren diese Geheimgesellschaften, Orden und Vereinigungen erst einmal reine Männerclubs. Aber für wohlhabende und adelige Damen gab es in ganz Europa Ausnahmen.

So standen den damals recht selbständigen und selbstbewussten Damen der europäischen Adelsdynastien im 18. Jahrhundert durchaus geheime Gesellschaften offen, welche Frauen aufnahmen. Dazu gehörten solche bizarre Vereinigungen wie zum Beispiel der schon mehrfach erwähnte Mopsorden. Dieser wohl extra für adelige Damen begründete Geheimgesellschaft ging es weniger um religiös-mystische Rituale, sondern um „Möpse" und deren „Nachzucht". Anzufügen wäre, dass es heute weibliche Freimaurerei quer durch Europa gibt, besonders stark in Frankreich ausgeprägt.

Aufnahmeritual in den Mops-Orden

Die Symbole des Mopsordens

Originalgetreue Replik Mopsorden

Abb. 258: Die Symbole auf dem Mopsorden bedürfen keiner weiteren Erklärung

Maskenbälle verbindet man heute noch vielerorts mit diesem Mopsorden, wo sich gesellschaftlich Gleichgestellte kennen- und lieben lernen, wenn auch nur der „Vermehrung" dienlich. Die Hauptsache ist: „Es bleibt in der Familie". Auf das

Thema des Mopsorden gehe ich in meinem nächsten Buch ausführlich ein, welches den schon erwähnten Arbeitstitel: „Die geheimen Erben der Blutlinien“ trägt und voraussichtlich Ende 2023 erscheinen wird.

Soviel kann ich schon einmal aus dem oben genannten neuen Buch verraten: Sie erinnern sich, dass immer die Erstgeborenen der alten Adligen Alleinerben waren und die weiteren Kinder leer ausgingen und meist in Klöstern verendeten. In den letzten 300 Jahren hat sich dies geändert und auch hier wurde alles in das Gegenteil verdreht. Es scheint, als wollte man an den Erstgeborenen Rache nehmen, durch okkult-satanische Ungleichbehandlungen.

Alle „Ergebnisse“ (die gezeugten Kinder), welche durch die „heilig-organisierten Verbindungen“ im Mopsorden entstehen, wird für die Zukunft Erfolg und Reichtum beschert, wenn sie über den gewissen Biss verfügen, was man auch „Karrieregeil“ nennt. Es werden sich „schützende Hände“ über den „Welpen“ legen, welche ihn, je nach Skrupellosigkeit, bis in oberste Chefetagen führen wird. Bei Selbstständigen werden sich automatisch Geschäfte anbahnen, welche kaum jemand für möglich hält. Jedoch wer nimmt, muss auch geben und schon sind wir wieder bei den Lions- und Rotary-Clubs, wo man sich nicht anmelden kann, wie bei einem Kegelverein, sondern man wird empfohlen.

Jedoch gibt es auch Bedingungen: Die „Möpsin“, sprich die „Erzeugerin“, darf ihrem Nachwuchs niemals deren Herkunft erklären / erläutern, weil dies ein „Bruch mit dem Teufel“ wäre, was zur Folge hätte, dass der Sprössling jegliche Art von Unterstützung verlieren würde.

Eine weitere Bedingung an die „Möpsin“ ist, dass sie ihr erstes Kind opfern muss, auch als Vergeltung wegen dem einstigen Recht des Erstgeborenen. Aber Kinder werden heute nicht mehr in eine brennende Bronzefigur dem Moloch übergeben, wie es einst in Karthago und sonst wo geschah. Heute muss der / die Erstgeborene gegen ihre Natur erzogen werden, dass heißt, dass Jungs als Mädchen und umgekehrt aufgezogen werden müssen. Das ist die postmoderne Kinderopferung, wie sie heute in der „hohen Gesellschaft“ geschieht. Ja, die Kinder werden noch immer Baal, Baphomet, dem Beelzebub und wie man den Teufel sonst noch nennt, hergeschenkt. Wenn diese Kinder jedoch stark genug sind und diese Folterung psychisch unbeschadet überstehen, können auch sie eine Karriere auf das Parkett legen, so dass manch einer denken mag, diese Leute hätten einen Pakt mit dem Teufel geschlossen.

Mehr möchte ich an dieser Stelle nicht verraten, nur noch so viel, dass wir Zeugen treffen durften und diese interviewten, sowie deren Aussagen auf Richtigkeit überprüften. Mehr dazu, wie schon geschrieben, in meinem nächsten Buch. Doch nun wieder zurück zum Karneval und Masken.

Solche Maskenbälle, mit bevorzugt venezianischen Masken, sind in der oberen Gesellschaft besonders zur Karnevalszeit beliebt. Und was verbindet der Karneval (nicht nur in Köln), Venedig und die alten Pharaonengeschlechter?!

Nun, dann schauen wir uns doch die Karnevalskappen (Schiffchen) an. Mal sehen, ob Sie sehen, was ich sehe!!!

Abb. 259: Man kann es nennen wie man möchte, denn letztendlich haben all diese Objekte den gleichen altägyptischen Pharaonen-Ursprung. Auch die flachen „Wikinger-Boote" gehören in diese Rubrik!

Selbstverständlich gehören Masken zum Karneval, wie Klopapier neben die Toilette. Jedoch wenn ich an Masken denke, muss ich immer an einen Pestarzt oder den Illuminaten-Ball der Rothschilds denken, wo alles anwesend war, was Rang und Namen hatte!

Abb. 260: Die Festlichkeiten des Karnevals, „Mopsordens“ oder auch „Illuminati-Ball“ genannt. Wenn es um falsche Liebe, Reichtum, Ruhm, Machterhalt und vor allem um die „Fortpflanzung der Familie“ geht!

Was haben nun das „Fest der Schifffahrt der Isis“, Karneval und die Hexenverbrennung gemeinsam? Antwort: Die symbolische Reinfolge der Rituale:

- Weiberfastnacht: Hexen wurden zusammengetrieben = Weiber übernehmen das Ruder.
- Rosenmontag: Hexen wurden zum Scheiterhaufen getrieben = Rosenmontagsumzüge!
- Veilchendienstag: Hexenverbrennung = Feuer- und Opferkultfest: Nubbel, Äázebär, Bacchus, De Böögg, Hieronymus, Hoppeditz, Lazarus oder Zachaies wird verbrannt.
- Aschermittwoch: Beginn der Fastens wegen der Sünden des Menschenopfers (Hexenverbrennung = Nubbelverbrennung).
- Ostern: Fest der Auferstehung oder wie ich es nenne: Wie „Phönix“ aus der Asche!!! Ohne Worte.

Haben Sie sich eigentlich schon einmal die Frage gestellt, warum der Karneval ausgerechnet am 11.11. beginnt? Was ist die Bedeutung rund um:

Die Zahl 11

Es gibt Menschen die mögen mich nicht, für das was ich sage.
Jetzt stellt euch mal vor, die wüssten, was ich denke.
(Alfred Walter von Staufen)

Wie immer schaue ich als erstes bei Wikiverblödetuns, was es mit dieser „11" auf sich haben könnte. Dort steht in Lettern geschrieben:

> *„Die Elf (11) ist die natürliche Zahl zwischen Zehn und Zwölf. Sie ist ungerade und eine Primzahl. … Die Elf galt als Symbol der Sünde und Maßlosigkeit, aber auch als Glückszahl."* (255)

Boah, was für ein Scheiß!!! Die 11 ist also eine natürliche Zahl, zwischen der 10 und 12. Das darf doch wohl nicht wahr sein, ich lach mich weg. Diesen Mist bekomme ich bestimmt nie wieder aus meinem Kopf heraus!

Da mir diese Antwort natürlich nicht genügt, gehe ich weiter auf die Suche, um die wahre Bedeutung dieser Zahl.

- Das Römische Zahlzeichen der 11 ist „XI", also wie der chinesische Big Boss Xi Jinping, was sicher wieder nur Zufall ist.
- Die „Elfmänner" im antiken Athen hatten die Aufsicht über das Gefängniswesen und überwachten den Vollzug der Todesstrafe.
- Dann gibt es noch den Elferrat: Im 19. Jahrhundert wurde die Elf zur Zahl des rheinischen Karnevals. Den Prunksitzungen sitzt ein Elferrat vor, der Karnevalsbeginn wird in neuerer Zeit am 11.11. um 11:11 Uhr und 11 Sekunden begangen. Dies hat sich dem abgekürzten Wahlspruch der Französischen Freimaurer-Revolution „Égalité, Liberté, Fraternité" abgeleitet. Wie gesagt, Karneval ist eine Freimaurerveranstaltung, ganz im Zeichen der ISIS!
- Dann ist die 11 die kleinste Schnapszahl. Na dann Prost!
- *„Der Paragraph 11 ist der bekannteste und am weitesten verbreitete Paragraph in Bier-Comments von Studentenverbindungen. Gebräuchlich war der Begriff auch unter den mancherorts als ‚Knoten' bezeichneten Gesellen. Er lautet traditionell ‚Es wird fortgesoffen!', ‚Es wird weitergesoffen!' oder lateinisch „porro bibitur!'"* (256) … und nochmal Prost!

- Es gibt 11 Spieler beim Fußball. Tatsächlich hat dies einen freimaurerischen Hintergrund und die 11 ist nicht das einzige okkulte Symbol bei diesem Sport.
- Der Elfmeter im Fußballspiel rührt angeblich von den ursprünglich in angelsächsischen Maßen definierten Abmessungen des Spielfelds her.
- Die Rückennummer 11 gilt als Nummer des Linksaußen, des Stürmers beim Fußball.
- Die Schweizer Stadt Solothurn hat viele geschichtliche Bezüge zur Zahl Elf, die deshalb regional als Solothurnerzahl bezeichnet wird.
- Elf, Charakter aus der Netflix-Serie *Stranger Things*.
- 11 ~~Samen~~ Flammen im Kölner Wappen stammen von der Legende der „Heiligen Ursula von Köln" und ihre 11.000 Gefährtinnen. Jedoch schreibt die Katholische ~~Sekte~~ Kirche heute über dieses Ereignis: „Die Rede von 11.000 Leidensgenossinnen beruht wohl auf einer versehentlichen Multiplikation der tatsächlichen Zahl mit dem Faktor Tausend." [257] Nun ja, kann ja mal passieren!
- Im „christlichen Kontext" überschreitet die 11 die „Göttlichkeit" 1+0 (10) und wird somit zur Zahl der Maßlosigkeit und Sünde. Nach den 10 Geboten ist das 11. der freie Wille des Menschen, der leicht zur Hybris werden kann. Hier wird sie zur Zahl der Sünde.
- 11 Heilige haben aber auch ihren Legenden zufolge nach ihrer Enthauptung ihren Kopf noch ein Stück weiter getragen (Adalbert von Prag, Alban von England, Dionysius (Dénis) von Paris, Felix mit Regula und Exuperantius, Firminus von Amiens, Placidus von Disentis, Valeria, Victor von Solothurn und Nikasius von Reims). Sie konnten die Grenze des Todes überwinden.
- Am 11.11. um 11:00 Uhr 1918 endete offiziell der erste Weltkrieg (Unterzeichnung der Waffenstillstandserklärung).
- In der Kabbala gibt es 10 Sephiroth, Seinsebenen, 10 göttliche Emanationen. Die 11. Sephirroth (Da`at), das Noch-Nicht-Seiende (Ain Soph), ist nach esoterischen Lehren der Bewusstseinsbringer, der Lichtbringer. Luzifer, der „Lichtträger" war der Name der Venus, die als Morgenstern das Bewusstsein der Sonne brachte. Die Verbindung der 11 zu Luzifer aber macht sie im christlich-jüdischen Kontext auch zu einer Zahl des Bösen. Der sogenannte „Luzifer" ist die Spiegelung „Gottes": 1 + 1.
- In esoterischer Numerologie wird die 11 dementsprechend auch zur Meisterzahl, zur Bringerin des Bewusstseins und der Erleuchtung und

wird in vielen Systemen der Numerologie nicht weiter auf eine einstellige Zahl (2) reduziert, sondern bleibt für sich stehen.

Aber all dies stellt mich noch immer nicht zufrieden!

Die „11" kam vor einigen Seiten, in dem Kapitel von Notre-Dame schon sehr häufig vor. Sie erinnern sich?! Aber warum?

Die 11 ist, wie schon erwähnt, eine der häufigsten Zahlen im Okkultismus. Das Böse verbirgt sich jedoch schon in der 11 an sich!

In der Freimaurerei verkörpert sie unter anderem das Prinzip der Dualität, da sich zwei gleich große Zahlen gegenüberstehen. In der erfundenen dualistischen Weltsicht der „Autorität" besteht die Wirklichkeit aus zwei Sphären, die einander absolut entgegengesetzt sein sollen. Dabei werden nicht nur zwei Welten, sondern auch zwei „ewige Gottheiten" als „Schöpfer" unterschieden, die diese Welten hervorgebracht haben sollen.

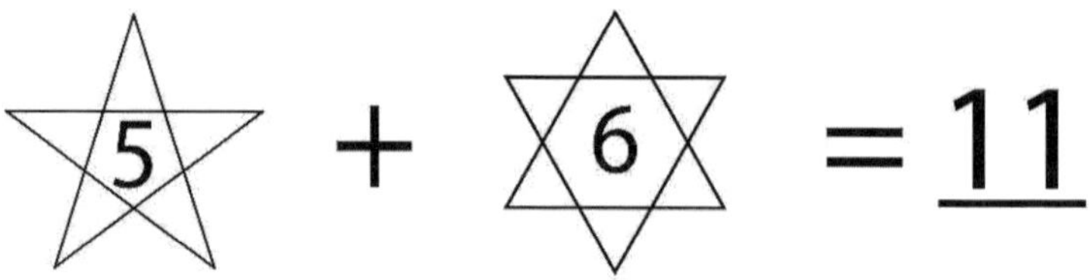

Abb. 261: Die 11 vereint die Zahlen 5 (Pentagramm) und 6 (Hexagramm)

Ebenso wie die 11 sind auch ihre Vielfachen bis hin zur 99 von hoher Bedeutung. So beträgt die Anzahl der Freimaurergrade das Dreifache der 11. In der 33 (siehe Kapitel „Die Zahl 33" und „3 mal 11 ist 33") vereint sich also die 11 mit der 3, welche ebenfalls von hoher okkulter Bedeutung ist. So sind die ersten drei Grade Lehrling, Geselle und Meister die Basis einer jeden Freimaurerkarriere. Multipliziert mit 11 ergibt sich der Gipfel der freimaurerischen Vervollkommnung.

Wie bereits erwähnt, symbolisiert die 33 auch das Siegel Salomons und die Freimaurer sind die Tempelbauer, im Auftrag „des großen Architekten", seiner „Autorität"!

Abb. 262: Diese Abbildung stellt eine deutsche Übersetzung einer amerikanischen Vorstellung dar, jedoch fehlen die Erkenntnisstufen der Großen National-Mutterloge „Zu den drei Weltkugeln“ (Akademie LEOPOLDINA) in Deutschland.

Die 66 ist ebenfalls ein Vielfaches der 11 sowie das Doppelte der 33. Sie kann als Abkürzung der teuflischen Zahl 666 gesehen werden. Zudem steht die einzelne 6 für die Position des Planeten Saturn im Sonnensystem und der Gott Saturn ist wiederum die Vorlage des modernen Satans. Die Multiplikation der 11 mit der 6 ist also ziemlich böse.

Eine ähnliche Botschaft verbirgt sich hinter der Zahlenkombination 9/11, weshalb auch das von Satanisten inszenierte Feuerritual an eben jenem Datum des Jahres 2001 zelebriert wurde. Hinzu kommt, dass die 9 eine umgedrehte 6 und damit von ähnlich satanischer Bedeutung ist. 9+1+1 ergibt indes wiederum die 11, welche beim 9/11-Ritual omnipräsent war.

Was ist Ihnen im Zusammenhang mit 9/11 noch aufgefallen, wenn ich fragen darf?!

Hier liste ich einmal auf, was ich zu diesem denkwürdigen Tag an Symbolen, in Verbindung mit der 11 sehe:

- „New York City“ hat 11 Buchstaben
- „Afghanistan“, wo die USA wegen 9/11 eingefallen sind, hat ebenfalls 11 Buchstaben
- „Ramsin Yuseb“, der Terrorist, der bereits 1993 (1+9+9+3=22:2=11) damit drohte, die Zwillingstürme zu zerstören, hat auch wieder 11 Buchstaben
- Die Hausnummer des ersten Turms war 11
- George W. Bush, der damals amtierende US-Präsident hat ebenfalls wieder 11 Buchstaben

Nun gut, man könnte denken, dass dies alles wieder nur Zufälle sind. Aber bitte warten Sie ab, denn ich bin noch nicht fertig:

- „New York“ ist der 11. Bundesstaat der Vereinigten Sonnenstaaten
- Die Zwillingstürme standen für die freimaurerischen Zwillingssäulen Jachin und Boas, welche ebenfalls für die 11 stehen (11=II)
- Der Bau des World Trade Centers dauerte 11 Jahre und außerdem hatte dieses Gebäude 110 Etagen.
- Der Nordturm des World Trade Centers hatte eine Antenne, welche 110 Meter hoch war.
- Das erste Flugzeug, dass in eines der Türme flog, hatte die Flugnummer AA 11 (A=1, also 11 + 11). Dieser Flug hatte 11 Mann Besatzung und 92 Passagiere: 9+2=11
- Flugnummer AA 77, das in das Pentagon geflogen sein soll, hatte 65 Passagiere an Bord (6+5=11)
- Dieses Ereignis fand am 11.09. statt oder wie man es heute nennt „9/11“ (9+1+1=11)
- Dieses Datum entspricht auch der Telefonnummer des amerikanischen Rettungsdienstes 911 (9+1+1=11)

Glauben Sie immer noch an einen Zufall?! Na dann geht es weiter:

- Insgesamt betrug die Anzahl der Opfer allen „entführten“ Flugzeugen 254 (2+5+4=11)
- Der 11. September ist der 254. (2+5+4=11) Tag des gregorianischen Kalenders (außer im Schaltjahr), somit bleiben noch 111 (1+1+1=3) Tage bis zum Jahresende

- Das Bombenattentat in Madrid fand am 03.11.2004 statt (3+1+1+2+4=11)
- Dieser Anschlag in Madrid fand genau 911 Tage nach dem Attentat auf das WTC statt. Und schon wieder 911, wieder 9/11 und wieder (9+1+1=11)
- Die Terroranschläge in Paris, am Freitag, dem 13.11.2015, fanden im 11. Pariser Arrondissement statt

Wenn Sie das schon interessant fanden, dann habe ich hier noch etwas zu dem Thema „11“ auf der elektronischen Seite von meinem lieben Verleger „PRAVDA TV“ gefunden, was mich irgendwie wieder an den Mopsorden erinnert:

> „Zwischen den folgenden Daten liegen genau 66 (6 x 11) Jahre:
> Am 29. April 1945 heiraten Adolf Hitler und Eva Braun im Führerbunker. Am 29. April 2011 heiraten Prinz William und Kate Middleton in der Westminster Abbey. Die königliche Hochzeit begann exakt um 11:11 Uhr. In genau diesem Moment, genau von Westminster Abbey ausgesehen, erreichte das Zentrum des Sternbilds Phönix kurz unter der Oberfläche des Horizonts in der Unterwelt seinen Höhepunkt, und der Planet Venus erreichte gleichzeitig direkt darüber seinen Höhepunkt. Der Planet Venus wird mit dem ‚Lichtträger‘ Luzifer (aus lat. lucem ferre) identifiziert. Aus diesem Grund schwingt bei Prinz Williams Hochzeit eine starke luziferische Energie mit. William wurde zudem während der Sommersonnenwende symbolisch von der Mondgöttin Diana geboren. … Dies entspricht der rosenkreuzerischen Chymischen Hochzeit!“ (258)

Abb. 263: Die Chymische Hochzeit - Benjamin A. Vierling

Achtung meine lieben Leser, denn nun wird es wirklich unheimlich:

Öffnen Sie bitte in „Word" ein leeres Dokument und schreiben in Großbuchstaben: „Q33 NY", das ist die Nummer des Fluges, welcher zuerst in die Türme hineinflog. Markieren Sie „Q33 NY" und ändern die Schriftart in Wingdings:

Abb. 264: Aus Word-Dokument mit Font Wingdings. Na, ist das gruselig?!

Bevor wir nun zum Ende dieses Kapitels, zum Thema „Karneval“, kommen, möchte ich noch anmerken, dass wir in diesem Zusammenhang so viel Info-Material zusammengetragen haben, dass unser liebes Team-Mitglied Mara Köstlin von Blankenburg sich dazu entschieden hat, ein eigenes Buch über die satanischen Bräuche des Karnevals zu schreiben. Weitere Informationen dazu finden Sie zeitnah auf unserer elektronischen Seite unter: *www-freunde-der-erkenntnis.net.*

Und damit sind wir indirekt am Ende dieses doch umfangreichen Kapitels über die ollen Pharaonen angelangt und kommen noch einmal zurück in das wohl einzig „neutrale Land“ in Europa.

Wahrscheinlich können Sie sich schon denken, von welchem Staat(sunternehmen) ich „rede“ und ja, Sie haben mal wieder Recht, denn im kommendem Teil dieses Buches geht es um die Schweiz oder wie sie richtig heißen müsste:

Die Schwester der ISIS

Bevor es jedoch mit dem eigentlichen Kapitel losgeht, möchte ich zur Einleitung ein paar Dinge behandeln, welche nur indirekt, aber doch direkt mit dem Hauptthema zu tun haben. Damit meine ich auch:

Anstand und Respekt

Vielleicht brauchen wir gar keine Alternative zu „Coffee-To-Go"-Becher. Vielleicht brauchen wir einfach nur wieder mehr Zeit, um den Kaffee an Ort und Stelle zu trinken … und vor allem: aus einer Tasse!

(Alfred Walter von Staufen)

Erinnern Sie sich noch: Am 14.01.2023 war die stinkreiche Showagentin und Rotzgöre Greta Thunberg in Lützerath, zur Demo von weit her angereist, wo sie sich medienwirksam von der Polizei „vorübergehend festnehmen ließ". Das kommt natürlich gut an, besonders bei den nachäffenden Klimaspinnern, die mir wirklich auf den Sack gehen und dem Steuerzahler Millionen kosten.

„Deutschland muss als einer der größten Umweltverschmutzer der Welt zur Rechenschaft gezogen werden",

meinte die Vielfliegerin Greta Thunzwerg in Richtung der Deutschen. Das dies eine stinkende Lüge ist und mal wieder bewusst der hiesigen Bevölkerung zur weiteren Unterdrückung zweckdienlich ist, sollte jedem Freidenker klar sein. Da will diese unerzogene Stinkmorchel uns schon wieder einen neuen Schuldkult einreden?! Das darf doch echt nicht wahr sein. So ein Ding, was noch nie in ihrem sehr kurzem Leben gearbeitet hat, will uns erzählen, woran wir Schuld hätten?! Sorry wenn ich das mal jetzt so drastisch ausdrücke, aber ihr Vater sollte dieser Göre mal den Hintern versohlen und beibringen was „Anstand und Respekt" bedeutet!

An dieser Stelle möchte ich dringend etwas loswerden, was mir auf dem Herzen liegt:

Ich bin 1969 geboren und nutze an dieser Stelle mein Recht, mal ein paar Worte an diese Clowns von der „Letzten Generation" zu richten, welche sich gerne auf

Straßen festkleben oder einbetonieren und die anderen grünen Flachzangen: ihr, von der Generation der Schulschwänzer und Unwissenden, ich wollte nicht „Dummdoofe" schreiben, werft uns ja immer so gerne vor, wir würden auf Kosten eurer Generation leben und würden euch eine zerstörte Welt hinterlassen.

Dann will ich euch mal was erzählen: Als Kinder haben wir nach der Schule Hausaufgaben gemacht, dann ging es raus, bis abends. Mit einem Paket Nägel, einem Hammer und einer Säge waren wir tagelang in den Auen und Wäldern verschwunden, haben uns dort Buden und Hochsitze gebaut oder haben bei Wind und Wetter draußen Fußball gespielt. Nach Hause liefen wir, wenn die Straßenlaternen angingen oder der Kirchturm sechs Mal bimmelte. In der Tasche hatten wir immer einen Telefongroschen, für den Notfall. Die Scheiß-Handys waren nicht nötig und nicht einmal alle hatten ein Telefon zu Hause. Das glaubt einem heute kaum noch jemand. Wir wussten auch ohne Internet, dass ein Huhn zwei Beine hat und Eier legt, dass der Regenwurm nur bei Regen aus dem Boden kommt und wir wussten noch, das Hülsenfrüchte nicht in der Tabakabteilung zu suchen sind. Wir konnten sogar ohne zu Googeln eine Eiche von einer Buche unterscheiden. Unsere Klamotten waren keine überteuerten Markenmassenware und wir mussten sogar von älteren Geschwistern die Sachen auftragen, selbst wenn die Knien in den langen Cordhosen einen Flicken hatten. Socken wurden damals noch gestopft. Die Bommeln an unseren Strickmützen haben wir selber gemacht und mit viel Stolz getragen. Unsere Fahrräder waren nicht elektrisch. Wir mussten noch selber strampeln und haben auch selbst die Drahtesel (Fahrrad) repariert, sowie Ersatzteile untereinander getauscht. Fernsehen gabs in der Woche höchstens mal 10 Minuten am Tag, für das Sandmännchen und wir hatten auch nur drei Programme! Wir waren Sommer wie Winter draußen, bei Wind und Wetter, ganz egal und zur Schule gingen wir zu Fuß, maximal mit der Straßenbahn, wenn es weiter wie fünf bis sechs Haltestellen war, egal ob es stürmte oder schneite. Unsere Handys waren zwei Becher, die mit einer Schnur verbunden waren. Unsere Freunde waren noch real, mit denen wir gelacht, gespielt, gestritten oder Dummheiten gemacht haben. Wir haben Flaschen und Altpapier gesammelt, um uns ein bisschen Taschengeld zu verdienen. Vor älteren Menschen hatten wir Respekt und sind im Bus oder sonst wo für sie aufgestanden! Für die älteren Nachbarn haben wir die Kohlen aus dem Keller geholt und uns über eine Tafel Schokolade als Dank gefreut, die wir dann zu Hause mit allen gerecht geteilt haben

… und ihr? Was macht ihr Weltretter so?! Ihr hängt 20 Stunden am Tag an eurem Handy, spielt PlayStation oder surft im Internet, was Unmengen an Strom, sowie weltweit riesige seltene Ressourcen verbraucht, welche in Dritte-Weltländern von Kindern für einen Hungerlohn unter schlimmsten Bedingungen abgebaut werden müssen. Vor Mittag fallt ihr nicht aus dem Bett, in euren nicht gelüfteten stinkenden

Zimmern, denn von „frischer Luft" könnte man ja krank werden! Ihr braucht regelmäßig die neuesten Turnschuhe aus China, die tollsten Klamotten, die aus Asien eingeflogen werden, das neuste Handy darf natürlich jedes Jahr auch nicht fehlen, ihr produziert haufenweise Plastikmüll und Dreck, weil ihr zu dämlich seid etwas zu reparieren. Ihr fangt an zu heulen, wenn in Mamas fettem SUV die Sitzheizung aus ist, wenn sie euch damit die 200 Meter zur Schule oder freitags zur Demo fährt. Euer Internet verballert Unmengen an Strom und in euren Schulen laufen unentwegt die Klimaanlagen. Ein falscher Luftzug und ihr liegt „sterbend" für drei Wochen im Bett, natürlich wieder mit Spielekonsole und dem Drecks-Smartphone. Eure ach so tolle Elektromobilität ist der größte Giftmüllproduzent. Ihr seid nichts weiter als ein Haufen Spinner und Wichtigtuer, die eine Bühne suchen und von ihren so gebildeten Lehrern gegen uns, die ältere und erfahrene Generation, aufgestachelt und aufgewiegelt werden. In Wirklichkeit habt ihr keinen Plan für eure Zukunft, aber wollt uns ein schlechtes Gewissen einreden. Schämt euch!!!

Eure Vorbilder und Idole sind die Bekloppten und Hirnlosen von „The Real Life" oder „DSDS". Ein kleiner Tipp von mir: Geht erst einmal arbeiten, damit ihr mal wisst, was der Lebensunterhalt so kostet und lauft nicht den in einer Traumwelt lebenden Schickimicki-Gören, auch Influencer genannt, hinterher, welche denken, Deutschland alleine könnte die Welt oder das Klima retten, denen ihre Eltern alles in den Arsch geschoben haben. In Wahrheit könnt ihr nicht einmal die Begriffe Klima und Wetter auseinanderhalten!

Ihr solltet alle die Klappe halten und unserer Generation nicht vorwerfen, wir würden auf eure Kosten leben! Eure Generation wäre doch ohne euren ganzen Hightech-Scheiß, der die Umwelt belastet, gar nicht lebensfähig!

Also erst denken und dann festkleben!

Ach ja, wenn ihr Euch einbetoniert solltet ihr auch bedenken, dass ein Presslufthammer viel Sprit oder Strom kostet. Bleibt doch einfach bis zum Sommer sitzen, dann rettet man euch vielleicht mit Solarenergie. Und wenn nicht, ganz ehrlich mal jetzt: ihr seid bestimmt kein Verlust!

Vom ewigen Schuldkult

Leute, die ständig etwas vergessen haben, gehören nicht in die Politik, sondern in ein Heim für betreutes Wohnen.

(Alfred Walter von Staufen)

Olaf Scholz am 27.01.2023 in einem Tweet:

> „Unvergessen ist das Leid von sechs Millionen unschuldig ermordeten Juden - genauso wie das Leid der Überlebenden“ (259)

Wenn er sich wirklich erinnern würde, dann würden heute nicht wieder deutsche Panzer gegen Russland auffahren! Aber wir wissen ja, dass dieser Bundes-Olaf auch nur eine Marionette der „Autorität“ ist!

Die ewige Aufrechterhaltung des Schuldkults ist halt enorm wichtig für die ~~Politikkasper~~ Politikerkaste, denn damit lässt sich doch jede noch so große Schweinerei gegen die eigene Bevölkerung, aber auch gegen sogenannte „Schurkenstaaten“ „Im Namen der ~~Dämonkratie~~ Demokratie“ rechtfertigen.

Und ganz wichtig ist beim Ständigen erinnern: „Wir müssen die Nazis bekämpfen!“ Nein, nicht die Nazis in der Ukraine, denn die gibt es ja angeblich nicht! „Nazis“ sind im Neusprech der Regierenden alle Regierungskritiker!

Die Deutschen haben die Schnauze gestrichen voll und gehen nun sogar mit der gesteuerten Opposition für „Frieden“ und gegen den Krieg in der Ukraine auf die Straße, wie gerade im Februar 2023 in Berlin!

Dort sah man schon allein von den Reden her, dass alles wieder unterwandert ist, wie damals im Herbst 1989 in der DDR. Themen wie „Flüchtlingsagenda“, „Schuldkult“ und die „Tränendrüsen“ von linken, rechten oder feministischen Politikern standen mal wieder im Vordergrund. Weiter habe ich mich mit diesem Käse nicht beschäftigt, denn das alles stinkt schon von der Wurzel her.

Auch schrie man dort „Baerbock muss weg“ oder forderte den Rücktritt der Regierung. Was für ein Quatsch! Was für eine riesengroße Scheiße!

Wenn, dann sollten alle Politiker und Parteien für immer weg und somit auch die restlichen „Herrscher“, denn sonst würden nur die Marionetten wie immer ausgetauscht werden, die uns aktuell unterdrücken. Wir sollten alle nicht vergessen, dass da ganz andere Mächte herrschen!

Aber was viel wichtiger und auch offensichtlich ist, der Krieg ist von beiden Seiten her ein Schauspiel und richtet sich gegen alle Völker, denn auch sie dienen nur der „Autorität“!

Wenn nun jemand meint, wenn er weiße Fahnen hochhält oder die Friedenstauben des Freimaurers Picasso in sein Profil lädt oder ähnliches, dass dies etwas ändern würde, ist das vermutlich gut gemeint, aber absolut wirkungs- und sinnlos. Selbst wenn es Millionen Seelen machen würden, wäre dies der „Autorität" scheißegal! Mir kommt das alles wieder sehr gesteuert vor, wie damals in der DDR.

Auf der Straße herumlaufen und Fähnchen schwingen hat noch nie einen Krieg verhindert und wird es auch nicht. Das haben schon sehr viele Gutgläubige und Naive vor uns gemacht.

Und ehrlich mal jetzt, was sollen die weißen Fahnen? Sollen wir kapitulieren? Vor was denn?! Fordern wir einen Krieg? Nein!

Noch besser wäre es, wenn diese anführenden Heuchler und Wichtigtuer auf die Knie gehen, wie es bei „Black Live Matter" gemacht wurde. Man erniedrigt uns für etwas, mit dem wir nichts zu tun hatten und haben. Damit macht man sich nur zum Gespött!

Keine Demo oder sonst was kann einen Krieg aufhalten, wenn die gemeinsamen Player dieser Welt beschlossen haben, diesen durchzuziehen.

Das einzige in meinen Augen, was die Völker tun könnten wäre, den Herrschern nicht mehr dienen und somit die „Autorität" zu boykottieren. Nur das könnte den weltweiten Wahnsinn stoppen und sonst gar nichts!

Dazu müssten man ihnen theoretisch den Gehorsam entziehen. Das könnte wirklich etwas bewirken.

Wer also behauptet, dass Demos oder Fahnen oder sonst welcher Kindergarten-Mist den Krieg gegen die Völker stoppen könnten, hat entweder keine Ahnung oder gehört zum System, will somit falsche Hoffnung machen und den überwiegend naiven Seelen die Energie und Zeit rauben!

Aus meiner Sicht sieht es wie folgt aus: Jeder, der diesem korrupten und mörderischem System, auch Scheinstaat genannt, freiwillig sein Geld gibt, finanziert den Krieg, die Soldaten und die Polizisten, die ihn unterdrücken und berauben und natürlich die Gehälter der Kriegstreiber und Völkermörder! Solange es Regierungen gibt, wird es Kriege geben!

Aber ich weiß auch, dass dies auf dem Papier alles einfacher aussieht, als in der Realität ist!

Wie funktioniert denn die „Autorität"? Sie arbeitet international auf vielen Ebenen, per:

- Subversion von Institutionen (Unterwanderung)
- Desinformation & Gehirnwäsche (Medien)
- Vergiftung durch Pharma & Nahrung

- Vergiftung des Geistes (Porno, Amoral)
- Reproduktionskontrolle (Porno, Migration, Verhütung in ohnehin reproduktionsschwachen Ländern durch Propaganda, mRNA-Spritzen, Pharma, LGBTQ, Transgender, Feminismus, Familienzerstörung, usw.)
- Propagieren gelenkter Sammel-Ideologien für die spezielle Ethnien empfänglich sind, um die Verführten dann in Kriegen als Kanonenfutter zu verheizen (Ukraine)
- Schuldkult
- wirtschaftliche Zerstörung
- kulturelle Zerstörung
- ethnische Zerstörung durch Migration & interrassische Vermischung

Die „Autorität" nutzt die Schwächen der jeweiligen Völker und spielt diese untereinander aus.

Fragen Sie sich auch manchmal, warum denn die sogenannte Opposition nichts auf die Reihe bekommt?! Hier meine Erkenntnis:

Kennen Sie nicht auch all diese Mantras, welche uns immer wieder erklären, dass wir nichts tun müssen, da sogenannte Helden die Welt für uns retten. Schon als Kind wird man mit Superhelden darauf getrimmt, einfach nur zuzuschauen und abzuwarten. Und genauso geht es im ganzen Leben immer weiter.

- Wir müssen warten, bis der Messias erscheint.
- Wir müssen auf das Herablassen des dritten Tempel Salomons warten.
- Im Buddhismus müssen wir ruhig sitzen und auf die Erleuchtung warten.
- Im Kali Yuga muss man auf die Zeit warten, in der man in das goldene Zeitalter eintritt.
- Oder wir warten das x-te Mal, bis Nibiru die Erde trifft.

Wir haben auch auf den dramatischen Crash der Computer im Jahr 2000 gewartet.

Ach ja, auf die Rückkehr der Anunnaki könnten wir auch noch alle in Ruhe warten, aber auf die, die auf Nibiru hocken.

Oder warten wir doch auf das große Erwachen der Menschheit, welches durch eine riesige Frequenzverschiebung entsteht und uns dann in eine andere Realität verschiebt.

Das wichtigste dabei jedoch ist:

- Keine Eigenverantwortung!
- Kein selbstständiges Denken!
- Kein selbstständiges handeln!

Höchste Priorität bei all den großen Führern der ach so ehrlichen „Aufklärungs- und Wahrheitsbewegung" ist, dass man handlungsunfähig bleibt. Und schon bleiben all die naiven Seelen, welche das NWO- und Great Reset-Thema durchschaut haben, bei der nächsten Täuschung hängen.

Der aktuellste Fall von „Abwarten" nennt sich „Q", welcher zwar wie alle anderen auch sogenannte „Vorhänge" fallen lässt, aber die „Aufgewachten" in passiver Stellung hält. Und warum?! Weil „Q" mal wieder alles regeln wird, während man einfach nur abwarten muss.

Nicht zu vergessen die AfD, welche als Auffangbecken für wütende Bürger dient, aber immer zurückrudert, wenn sie die Möglichkeit hätte, wirklich etwas zu ändern. Aber warten wir doch einfach noch ein wenig ab, weil es ja so bequem ist!

Alle diese diktierten Beruhigungspillen, haben den gleichen gewünschten Effekt auf unser Denken, denn sie blockieren das aktive Handeln und halten die Menschen passiv in der Wartestellung. Es hält ihre Hoffnungen gefangen und hindert sie daran, den letzten fundamentalen Sprung zu wagen.

Wenn die Aufmerksamkeit erfolgreich abgezogen wird, befinden sich die Menschen in einer fremd diktierten Realität und unterwerfen sich dieser, während ihr eigenes Leben und ihre eigene Realität auf dem Abstellgleis verrostet.

Solange die Menschen es zulassen, dass andere ihnen ihre Realität diktieren, bleiben sie passiv und es wird sich nichts ändern. Diese Selbstaufgabe, ist ein installiertes Programm, welches unbedingt unterbrochen werden sollte.

Dieses „Warte-Spiel" der „falschen Propheten", dient letztendlich wieder nur den böswilligen Kräften der „Autorität" und deren Kontrolle über uns.

Es gehört zum gleichen Programm wie „Teile und Herrsche", wie „Brot und Spiele" oder die Ruhigstellung durch chemische Verdummung.

Vertrauen Sie also nicht dem „scheinheiligen und göttlichen" Plan und stopfen Sie sich nicht jeden Abend Popcorn in den Kopf, denn das bringt nur Diabetes und dient der Pharmamafia!

Haben Sie sich auch schon einmal gefragt, wo all die Typen herkamen und von wo aus sie gesteuert wurden, diese Figuren, wegen denen wir uns schuldig fühlen müssen?! Diese Marionetten, wegen denen uns dieser Schuldkult eingeredet wird?!

Dies versuche ich nun im folgendem Kapitel zu ergründen, mit dem Titel:

Das Land in den Bergen

Ich achte auf die kleinsten Details in diesem Spiel.
Also glaube mir oder glaube mir nicht,
wenn ich sage, dass ich schon alles gesehen habe.
Das ist keine Panikmache,
sondern eine zensierte Version dessen,
was der Wirklichkeit entspricht.

(Alfred Walter von Staufen)

Ich kann mir sehr gut vorstellen, dass vieles, was Sie nun lesen werden, wieder unglaublich und eigentlich schon fast skandalös ist, jedoch sieht so die Wirklichkeit aus. Die Realität spielt sich nun einmal nicht in unserer „Traumblase" ab, wie uns von allen Seiten immer eingeredet wird.

Das Wort „Matrix" möchte ich nicht so gern benutzen, weil dies durch den Hollywood-Film schon wieder eine Art von „Programmierung" darstellt.

Jedoch möchte ich mich auch nicht mit fremden Federn schmücken und bedanke mich daher an dieser Stelle bei dem südafrikanischen Historiker Sean Hross, für seine hervorragende analytische Aufklärungsarbeit, welche auch in dieses Kapitel einfließen werden.

1.000 Dank lieber Sean und alles Gute für Deinen Kampf!

Was meinen Sie, meine lieben Leser, wer der Hauptfeind unseres Volkes ist und von wo aus er uns regiert?

Allen politisch interessierten Lesern, gleich welcher Strömung, kann ich nur empfehlen, dieses Kapitel in aller Ruhe zu lesen und auch zu verstehen, dass es absolut keinen Sinn und Zweck hat, sich in Parteien zu engagieren. Ich werde Ihnen den wahren und gemeinsamen Feind aller Völker aufzeigen.

Ich gehe davon aus, dass sämtlicher gegen Deutschland gerichteter Terrorismus von der Schweiz ausgeht. Bereits in meinem letzten Buch habe ich Zusammenhänge belegt, dass die ach so neutrale Schweiz, gegen sämtliche gegen die DDR gerichtete Embargos verstoßen hat. Und genauso wurde die RAF, mit der offiziellen Bader-Meinhof Spitze, finanziert, wobei ich noch einmal anmerken möchte, dass ich von Ulrike Meinhofs Unschuld bis heute überzeugt bin. Ich gehe ebenfalls davon aus, dass Erich Honecker ein „Schläfer" Agent aus der „Saarländischen Schweiz" war.

Für mich ist es auch mehr als klar, dass die Finanzierung der Nazis, des zweiten Weltkrieges, somit die Verantwortung des organisierten Völkermordes in Europa von der Schweiz aus gesteuert hat und finanziell gefördert wurde.

Ja wie Sie sehen, meine lieben Leser, die Schweiz ist mehr al DJ Bobo, Beatrice Egli oder das Matterhorn, welches aussieht wie eine Pyramide! Also gießen Sie sich eine gute Tasse Ricola-Kräutertee auf, holen eine zahnvernichtende Toblerone aus dem Schrank und nehmen Sie eine neue und bequemere Stellung ein, denn nun wird es wieder sehr spannend!

Sicher denken Sie sich nun, wie ich darauf komme, so etwas zu behaupten. Dann frage ich Sie: Haben Sie schon einmal etwas von den Schweizer Templern gehört? Dann springen wir doch noch einmal in der Zeit ein paar Jährchen zurück:

Templer, Aschkenasim und die Banken der ISIS

Vielleicht erinnern Sie sich noch, am Freitag, den 13.10.1307 der Franzosenkönig Philipp der Schöne alle Templer, sprich Tempelritter in Frankreich und auf deutschen Gebieten verhaften ließ. Genau aus diesem Grund hassen noch heute die Schweizer Templer Frankreich und die Franzosen.

Jedoch 16 Jahre vorher, am 01.08.1291, hatten die cleveren Templer schon die Schweiz gegründet, weil sie solche Probleme auf sich zukommen sahen und vorbeugten.

Noch heute ist der 01. August der Nationalfeiertag der Schweiz, der Tag der Templer, wo alle Läden geschlossen sind, das Volk frei hat und Feuerwerke im Templerstil im ganzen Land zu sehen sind.

Über das letzte Jahr der Templer-Kreuzzüge und die Belagerung von Akkon, im Jahr 1291 habe ich bereits geschrieben. Nur wenige Wochen nach dem Fall von Akkon, gründeten die Templer ihr „Zion in den Alpen", die Schweiz, am 01.08.1291.

Die Ruinen vom Arkkon liegen heute in Nordisrael.

An dieser Stelle möchte ich noch einmal betonen, dass die Templer keine armen Mönche waren, die die ach so christlichen Werte in und um Jerusalem, gegen die so schrecklichen Mohammedaner geschützt haben.

Wie Sie auch schon erfuhren, waren es diese „armen Mönche", welche zu Templern wurden, ausnahmslos adliger Abstammung und allesamt von pharaonischer

Herkunft! Weil diese Mönche es leid waren, ewig in Armut zu leben, beschlossen Sie ihr eigenes Königreich zu errichten. Aber für ein Königreich braucht man Gold und Geld, viel Gold und Geld. Sie erinnerten sich an die großen Schätze der Pharaonen, ihrer Vorfahren. Also was machen, wenn nicht stehlen, dachten sie sich.

Die Mönche taten sich zusammen und gründeten den Templerorden. Da sie aber nicht genug Kämpfer hatten, bedienten sie sich einer List und suchten im dummen Bauernvolk, im Land Aschkenas überall nach Verbündeten, welche für sie kämpfen und notfalls auch geopfert werden sollten.

Aschkenas ist heute das Gebiet der Schweiz, Österreich, Bayern, Franken und Baden-Württemberg, also im Siedlungsgebiet Nordwesteuropas, vor allem entlang dem Rhein, bis unterhalb von Köln.

Die Bewohner von Aschkenas nennt man „Aschkenasi" oder auf Englisch: „Ashkenazi"! Was meinen Sie, wo dieser Begriff wohl herkommt?! 1939 waren 94 Prozent aller Juden aschkenasischer Abstammung und im 21. Jahrhundert machen sie etwa 70 Prozent aus. Wir kennen diese Aschkenasim auch unter der Bezeichnung: „Khasaren", welche keine Juden im eigentlichem Sinne sind, sondern sie haben das Judentum nur angenommen, um sich unauffälliger in der Weltbevölkerung zu bewegen. Man nennt diese „falschen Juden" säkulare Juden.

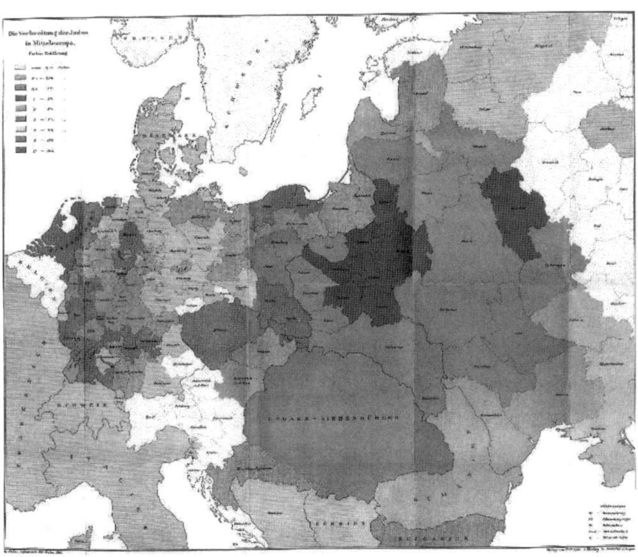

Abb. 265: Die jüdische Bevölkerung in Zentraleuropa von 1881

Typisch aschkenasischen Familiennamen sind im übrigen Oppenheim, Warburg, Guggenheim, Frankfurter, Landauer, Feuchtwanger, Kissinger, Spira und ähnlich (von Speyer), Dreyfuss (von französisch Trèves für Trier) und Mintz (von Mainz), Rothschild (vom „Haus zum Rothen Schild"), Schwarzschild (vom „Haus zum Schwarzen Schild"), Rubin, Bernstein, Diamant, Rot und Roth, Grün, Schwarz und Schwartz, Weiss und Weiß, Rosa, Grünspan, Rosenblatt, Rosenzweig, Spahn, Rosenthal, Goldberg, Goldmann oder Goldstein, Silberberg, Silbermann, Silberstein, Silbereisen, Weizenbaum, Feigenbaum, Honigmann, Teitelbaum, Cohen (mit den Varianten Coen, Cahn, Cohn, Kohn, Kagan, Kahn, Katz und Kuhn), Levi und die Variante Weil (geht auf den jüdischen Volksstamm der Leviten zurück), Löw, Loew und davon abgeleitet Loeb oder Lew, um nur einige zu nennen. (260)

Da sich die Aschkenasim wieder in verschiedene Glaubensrichtungen geteilt haben, kann man die Blutlinien wieder bis zu solchen (in meinen Augen) tragischen Figuren wie Gil Ofarim (alias Gil Doron Reichstadt) und Anetta Kahane (DDR „Bürgerrechtlerin", Stasi-Petze und Ex-Führerin von der Coca-Cola-Antonio Stiftung, gestiftet von Konrad von der Groeben), um nur einige ~~unbedeutende~~ wenige zu nennen.

> „Laut einer Studie der Hebräischen Universität Jerusalem leben in Israel 2,8 Millionen Aschkenasim, in den USA sind geschätzte 90 Prozent der 6 Millionen dort lebenden Juden Aschkenasim. In Deutschland leben etwa 200.000 aschkenasische Juden. Das heutige Judentum besteht zu etwa 80 Prozent und entsprechend 10 Millionen Menschen aus Aschkenasim." (261)

Hier noch ein paar Erläuterungen zu Aschkenas:

- *„Bekannte aschkenasische Juden waren beispielsweise Albert Einstein, Franz Kafka, Gustav Mahler, Heinrich Heine, Sigmund Freud, Theodor Herzl."*
- *„Dies zeigt eine jüngere Studie über die Haplogruppe K, die bei den aschkenasischen Juden und den übrigen Europäern gleich häufig ist. Die mögliche aschkenasische Besonderheit liegt also nicht einfach in dieser Haplogruppe. Bei vollständiger Auswertung der mtDNA-Sequenzen, die ausführlichere genetische Informationen liefert, lassen sich durch feinere Aufspaltung des Mutationsbaums vier mütterliche Linien erkennen, die ausschließlich bei aschkenasischen Juden auftreten - allerdings nur bei einem knappen Drittel von ihnen."*

- *„Die mitgebrachte religiöse Tradition aus der ehemaligen Sowjetunion ist zu 90 Prozent aschkenasisch geprägt. So erleichterte Vladimir Oks das von den Großeltern gelernte Jiddisch, sich in die deutsche Sprache einzufinden. Es gibt daneben aber ebenfalls orientalisch-jüdische Traditionen aus dem Kaukasus, die sich ganz anders gestalten als die aschkenasische."* (262)
- *„Generationen aschkenasischer Juden erwarben für den Umgang mit Nicht-Juden durchaus weitgehende, aber nicht notwendig umfassende Kenntnisse dieser Sprachen, blieben aber untereinander beim Gebrauch des Jiddischen."*
- *„Mündlich dürfte eine Verständigung zwischen aschkenasischen und sephardischen Juden schon im späten Mittelalter schwierig geworden sein…"*

Mehr dazu (aus Platzgründen) in meinem nächsten Buch: „Die geheimen Erben der Blutlinien".

Falls mir nun jemand mal wieder „Antisemitismus" oder gar „Antizionismus" vorwirft, weil ich hier offizielle Quellen zitiert habe, ist dies sein ganz persönliches Problem und nicht meins! Schluss, aus und Ende der Diskussion!!!

Mit gewissen Menschen lohnt es sich einfach nicht zu diskutieren. Bienen verschwenden ihre Zeit auch nicht damit, Fliegen zu erklären, dass Honig besser ist als Scheiße.
(Alfred Walter von Staufen)

Oje, da bin ich aber wieder weit vom Thema abgekommen. Sorry!

Wir waren stehen geblieben, dass sich die ach so armen Mönche, welche ohne Macht, Geld und ohne einem Schloss in armseligen und kärglichen Klöstern leben mussten, in den sogenannten Tempeln Gottes. Und so gründeten sie den Templerorden. Da sie ein eigenes Königreich wollten, jedoch dafür Geld und eine militärische Macht brauchten, suchten sie durch List und Heimtücke „Bauernopfer" in der Region Aschkenas.

Vielen ungebildeten jungen Männern, ganz gleich welchen Berufsstandes, erzählten sie, dass da drüben, über dem mittleren Meer, in Jerusalem ein junger gewisser Jesus lebte mit seiner Mutter. Diesen Jesus müsse man unbedingt vor den Sarazenen („Menschen des Ostens", Bewohner der arabischen Halbinsel) retten, da ansonsten „Gott" alle Menschen dieser Erde durch das Fegefeuer vertilgen wird, was das Ende der Welt bedeuten würde.

So ziemlich 1.000 Jahre später nutzt man noch immer solche Lügen, um Kriege weltweit anzuzetteln, seien es die zwei Weltkriege, der Kosovo-Krieg, Irak, Afghanistan oder oder oder … Sie, die „Autorität" lässt immer Lügen im Vorfeld verbreiten und benutzt stets dieselbe Taktik. Ist halt so!

Aber das angebliche und vorgetäuschte Ziel der Templer, mit dem biblischen Namen „Zion" oder die „Heilige Stadt", also Jerusalem, war nur für die Durchreise gedacht, für das eigentliche Ziel.

Abb. 266: Die Kreuzzüge der Templer, waren wie jeder Krieg **„Im Namen Gottes"**

Nun sollte man auch wissen, dass die „Templer" ihren Namen nicht von dem „Tempel des Salomons" in Jerusalem herrührt, dem Symbol der Juden, welche noch immer tagtäglich ihre Köpfe dort an die sogenannte Klagemauer von Salomons Tempel hauen, um den „göttlich adligen Herrscher" zu ehren, während die Kreuzritter unter der Führung der Templer, welche die gleiche Pharaonenblutlinie inne haben wie der Judenkönig Salomon, welcher am 14.07.1099, am heutigen Französischen Nationalfeiertag, ein schreckliches Massaker an Juden und Muslimen anrichtete.

Das gleiche Prinzip haben die „Schweizer Nazitempler" während der sogenannten nationalsozialistischen Zeit wiederholt!

Das wahre Ziel der Kreuzzüge war Ägypten und die Schätze ihrer Vorfahren in den Pyramiden! Nur aus diesem Grund fanden die auch als Orientkreuzzüge bezeichneten Kriege statt.

Nazi-Grüße aus den Lederhosen

Sicher fragen Sie sich nun, was aus dem berühmten und reichhaltigen Templerschatz, auch „Schatz der Pharaonen" genannt, geworden ist. Dies ist ganz einfach beantwortet: Die Templer nahmen den Reichtum mit in ihr neues Imperium in den Bergen, womit sie 1291 die Schweizer Banken gegründet haben. Die Geschichte lehrt uns auch, dass der Templerorden im Mittelalter die Bänker Europas waren, die unter anderem auch den Scheck erfunden hatten.

Daher ist es auch nicht sonderlich verwunderlich, dass später die Schweizer Banken auch mit den Nazis kollaboriert haben. [263] Diese Templer-~~Nazi~~-Banker haben auch, in Zusammenarbeit mit der CIA und den angeblich entnazifizierten Nazis, die sogenannte BRD via CDU gegründet, welche selbstverständlich mit Nazi-Vermögen finanziert wurde! Und nun wird es schmutzig, richtig dreckig:

„Die CDU wurde nach 1945 mit Nazi-Vermögen und CIA-Hilfe aufgebaut. … Nach dem Zusammenbruch Deutschlands und der Kapitulation der Hitlerfaschisten am 8. Mai 1945 war für die meisten hochrangigen Nazis, die nicht in Nürnberg verurteilt worden waren, eindeutig klar, dass sie fortan lieber in den Westteil des Landes gingen, der unter der Besatzung der Westallierten war und nicht in den Ostteil des Landes, wo nach 1945 unter sowjetischer Besatzung die spätere DDR entstehen sollte.

Obwohl USA, Rußland und Großbritannien Kriegsverbündete gegen Hitlerdeutschland waren, bildete sich bald eine Blockkonfrontation zwischen Ost und West und für die US Behörden wurde Ostdeutschland und der Kommunismus schnell wieder zum neuen Hauptfeind. So kooperierten die US Besatzungsbehörden zunehmend mit den Altnazis im Lande. Gleichzeitig wurden etliche Nazi-Funktionäre und Mitläufer des NS Regimes schnell wieder in die bundesdeutsche Politik und namentlich vor allem in die neu gegründete CDU nach 1949 integriert, wo sie Spitzenfunktionen einnahmen und bis in hohe Staatsfunktionen der BRD nach 1949 aufstiegen.

Die Westintegration und Wiederbewaffnung der Bundeswehr unter Adenauer wurde von der US Besatzungsmacht forciert und massiv unterstützt. Der Kommentator der Hitlerschen Rassegesetze, Globke, wurde sogar die rechte Hand von CDU-Kanzler Adenauer, der im Nazi-Reich als Bürgermeister von Köln jenen konservativen der Zentrumspartei angehört hatte, die durch das Ermächtigungsgesetz 1933 die Machtübernahme Hitlers in Deutschland aktiv unterstützt hatten.

So war CDU Bundeskanzler Kiesinger genauso NSDAP Mitglied wie beispielsweise der CDU Bundespräsident Karl Carstens und der Baden- Württembergische Ministerpräsident Filbinger von der CDU war sogar Nazi-Richter, der Todesurteile gegen Nazi-Gegner fabrizierte und sie vollstrecken ließ.

Schon letztes Jahr, machte eine Dokumention auf ARTE deutlich, dass die CDU bereits in den 50 er Jahren die Parteienfinanzierung mit Geldern organisierte, die aus Nazi-Gold-Vermögen und aus Provisionen für Panzer-Waffen-Geschäfte stammten. 1944 treffen sich Vertreter der deutschen Groß-Industrie und der Wehrmacht in einem Hotel in Straßburg. Die Nazis versuchten Gelder und große Mengen von Nazi-Gold für die Zeit nach einem Zusammenbruch geheim zu horten.

Nach dem 2. Weltkrieg arbeiteten so die Nazis, die etwas zu verkaufen hatten, lieber für die US-Amerikaner als für die Sowjets. Eine zentrale Figur spielt dabei der Nazi-General

Reinhard Gehlen, der im Westen einen Geheimdienst aufbaute, der Vorläufer des BND werden sollte. Er war praktisch der Mielke des Westens. Bis 1956 leitete er die West-Spionage, die sich im Wesentlichen gegen die DDR richtete und der Antikommunismus im Stile der Alt-Nazis propagierte. Reinhard Gehlen versteckte sich im Mai 1945 an der österreichisch-bayerischen Grenze und hortete dort ein Nazi-Vermögen und Kunstschätze in einer Fabrikhalle.

An dieser Grenze werden Milliarden Reichsmark und Goldbarren entdeckt. Die Nazis horteten schon immer Vermögen in der Schweiz.

Der Nazi-General Gehlen und die US Besatzer haben diese Vermögen an der deutschen Grenze zur Schweiz gemeinsam geborgen. Die CIA koordinierte diese Operationen.

Rudolf Ruscheweyh war Kaufmann, Industrieller, Waffen-Lobbyist und ein NS-Geheimagent Hitlerdeutschlands, der auch Waffenlieferungen aus der Schweiz für Deutschland im 2. Weltkrieg organisierte, die offiziell verboten waren. Dafür erhielt er Millionen-Provisionen für die Waffengeschäfte. Hans Toeppen war der Finanzbeauftragte der Nazis, der 1940 hierbei Ruscheweyh im Namen des Führers behilflich war.

In Bern wurden bei einer Bank eine Million Schweizer Franken als Entlohnung für deutsche Agenten deponiert.

Am 6. Januar 1944 reiste Ruscheweyh mit einem Diplomatenpass als Konsul aus Liechtenstein und einem Cadillac aus Richtung Österreich nach Liechtenstein ein. Er war Staatsbürger Liechtensteins geworden. Auch er diente sich später den US Besatzern an. Der Nazi-Agent Ruscheweyh hatte auch Kontakte zu Naval in Frankreich, der quasi Präsident von ‚Nazi-Frankreich' und der Mitarbeiter des französischen Nazi-Kollaborateurs Petain war. Seine Miliz machte Jagd auf Juden und Linke in Frankreich. Ruscheweyh legte auch Gold von Laval in Liechtenstein ein. Der deutsche Nazi-Admiral Canaris wollte auch Laval bestechen. Während Laval in Frankreich zum Tode verurteilt wurde, befand sich sein Millionen-Gold im Anwesen von Ruscheweyh in Liechtenstein in der Villa ‚Octogon'. Ruscheweyh war Eigentümer einer geheimnisvollen Villa in Liechtenstein / Schaan, die den Namen ‚Octogon' trägt.

Ab August 1946 planten die US Besatzer die Aufrüstung der Bundesrepublik mithilfe des Nazi-Agenten Ruscheweyh. Er war in der Organisation von heimlichen Rüstungsgütern geübt. Der Kalte Krieg eskaliert in Form der Berlin-Blockade.

Der Nazi-Agent wurde in den USA in Kalifornien (Santa Barbara) bearbeitet und die USA versuchten die antikommunistische CDU zu stärken, damit die Wiederbewaffnung forciert werden kann.

Die Bundesrepublik wird gegründet und der CDU Kandidat Adenauer wird erster Bundeskanzler. Linke Ideologien sollten bekämpft werden. Offiziell hatte ‚die Verfassung' eine Wiederbewaffnung Westdeutschlands verboten. Anfang 1952 kehrt Ruscheweyh in seine Villa ‚Octogon' nach Liechtenstein (Schaan) aus den USA kommend zurück, wo er die Organisation ‚Octogon' wohl mit CIA-Hilfe gründet. Die Gesellschaft soll Import und Export und

Vermögensverwaltung betreiben und die Waffengeschäfte für Deutschland abwickeln. Der Gesellschaft gehörte der CIA Agent Wright und ein Minister Liechtensteins namens Dr. Voigt sowie der spanische Direktor und Waffenfabrikant der Hispano-Suiza aus Genf im Aufsichtsrat an. Ruscheweyh hatte auch gute Kontakte zum deutschen Agenten Gehlen.

Der CIA Agent Wright bestätigte bei Vernehmungen seine Arbeit für den Geheimdienst CIA und für englische Geheimdienste und seine Kontakte zu Allen Dulles. Ruscheweyh kauft bald darauf Panzer bei Hispano-Suiza in Genf im Wert von 3,7 Milliarden Schweizer Franken für die geheime deutsche Wiederaufrüstung des CDU Kanzlers Adenauer. Dafür sollen Kanonen und Munition gekauft werden. Die Bundeswehr wird aber erst 2 Jahre später gegründet.

Das System Octogon – Die CDU wurde nach 1945 mit Nazi-Vermögen und der CIA-aufgebaut

Bundesminister (für besondere Aufgaben) Franz-Josef Strauß CSU unterschreibt bald darauf einen Vertrag mit Hispano-Suiza und ‚Octogon' für den Ankauf von 10 600 Panzern für die CDU-Bundesregierung im Wert von 2,5 Milliarden DM, von dem es nur ein Holz-Modell gibt. Strauß überweist 193 Mio. DM Vorschuss plus 12 Mio. DM für Provisionen auf ein Sperrkonto der Sal. Oppenheim-Bank. Gleichzeitig werden Milliarden DM von ‚Octogon' aus der Schweiz nach Deutschland überwiesen, dass aus Nazi-Vermögen bzw. vom NS-Geheimdienst Hitlers stammt. … Der BND und Gehlen hatten immer Kontakte zu Rüstungsexporteuren, die illegale Waffengeschäfte abwickelten. Das Geld floß an die Bank Sal. Oppenheim von Robert Pferdmenges. Der Bankier Pferdmenges war ein persönlicher Intimfreund von Adenauer, welche 1927 zusammen den Rotary-Club in Köln gegründet hatten. Es wurde die Staatsbürgerliche Vereinigung e.V. einbezogen, die die Finanzierung der CDU ab 1954 organisierte bzw. Spendengelder sammelte. Auch die Hermann-Göring-Werke und die Krupp-Werke wurden von dieser Privatbank seinerzeit finanziert. Diese Bank spielte schon im Dritten Reich eine kriegswichtige Rolle. Adenauer hatte sich schon 1933 bemüht, die Nazis mit ins Boot zu holen. Offensichtlich knüpfte er nach 1949 heimlich an diese Tradition an.

Technisch wurde Geld so gewaschen, indem eine Firma Geld gibt, dass für einen angeblich gemeinnützigen Zweck auf eine Schweizer oder Liechtensteiner Bank eingezahlt wurde. 10 Prozent werden abgezogen und der Rest wird verdeckt und illegal zurück an die CDU transferiert. Es war eine finanzielle Waffe der CDU gegen die politische Konkurrenz. Damit sollten die Sozialisten bekämpft werden. Die illegale Parteienfinanzierung wurde über Schweizer Nummernkonten und Stiftungen wie Aspe organisiert.

Helmut Kohl nutzte später die ‚Staatsbürgerliche Vereinigung' in Rheinland-Pfalz für die Fortführung dieser Spendengeld-Praxis. … Otto Lenz, CDU Regierungssprecher und CDU Minister, gehört auch zu den 15 bestochenen CDU Spitzenpolitikern. Der Sachbuchautor

Bernt Engelmann recherchierte den Fall. Angeblich verstarb der Diplomat an Malaria während eines Besuchs im italienischen Ischia in einer billigen Pension. Wie kam die Leiche in den Keller der CDU?

Die Sekretärin und Geliebte von Otto Lenz namens Marie Claire wollte dann vor dem Untersuchungsausschuss nach dem Tod von Lenz aussagen. Sie verbrachte die letzten Tage zusammen mit Otto Lenz in Italien. Otto Lenz sei im Zusammenhang mit der Affäre ermordet worden. In Österreich gab sie eine Eidesstattliche Versicherung ab. ‚Sie traute sich nicht nach Deutschland. Lenz wickelte ein Panzergeschäft mit Bankiers ab'. Nach Auskunft von Marie Claire realisierte er das Waffengeschäft. Wenig später verstarb auch Marie Claire ebenfalls unter ungeklärten Umständen. Der Ausschuss wurde nach 4 Jahren aufgelöst. … Später baute Bundeskanzler Kohl ein gleiches System der Parteienfinanzierung über Banken in der Schweiz und Liechtenstein und via Stiftungen erneut wieder auf.“ [264]

Aber auch die Bush-Familie war an der Nazi-Finanzierung an vorderster Front dabei. [265] Sie alle gehören zu demselben Clan der Pharaonen! Aber ich bin schon wieder abgekommen. Wir waren bei den Kreuzzügen der Templer stehen geblieben.

Also wie bereits erwähnt, haben sich die wahren Kreuzzüge in Ägypten abgespielt, wo Saladin, bzw. Salah ad-Din Kalif war, sprich der König von ~~Mallorca~~ Ägypten. Saladin, der ebenfalls der Pharaonen-Blutlinie entstammt, gewährte den Kreuzrittern freien Ausgang, bei der Rückeroberung von Jerusalem, wo Zeitzeugen belegen, wie die Priester, die armen Mönche des Templerordens, vollbeladen mit Gold und Diamanten auf Pferden und Eseln ungeschoren davonkamen.

So und nicht anders sind die Schweizer Templer an ihr riesengroßes Vermögen gekommen. Das nennt man den Templerschatz und die „armen“ Priester und Mönche waren die Templer. Wie schon erwähnt, Saladin hat diese Halunken mit dem roten Kreuz auf ihrer Brust ziehen lassen, weil er ein edler Herrscher war, sondern weil es mal wieder in der Familie bleibt und er ein „Eingeweihter“ war!

Jerusalem war nur die Durchgangsstraße des Templerschatzes, nicht mehr und nicht weniger!

Der Tempel der Templer war nicht der „Tempel des Salomons“ in Jerusalem, sondern nur ein einfaches Kloster, also wieder ein „Tempel Gottes“!

Der Templerschatz, die Templer und die Adligen kamen wohlbehalten in Europa an, während das aschkenasische, fränkische, englische, deutsche und sonstige Fußvolk, die eigentlichen Kämpfer, also wie üblich das „dumme“ sich aufopfernde Volk verraten und zurückgelassen wurde, im heißen fremden Wüstensand, wo es qualvoll krepierte.

Gleichzeitig standen zu Hause in Europa die Frauen der getöteten Kämpfer alleine und ohne jeglichen Schutz da, weil ihre Männer eben nicht mehr zurückkamen.

Wie bereits erwähnt, schrieben daraufhin zwei Schweizer, der Dominikaner, Theologe und Inquisitor Heinrich Kramer aus Mühlhausen, was damals noch zu der Schweiz gehörte und der Gelehrte und Schriftsteller des Dominikanerordens Jakob Sprenger aus Basel, das Buch mit dem Titel: „Malleus Maleficarum“ oder „Der Hexenhammer“, um die guten hinterbliebenen Frauen, die Witwen der Kämpfer, auf den Scheiterhaufen Europas zu verbrennen. In Süddeutschland, im Raum Bamberg, Würzburg und Nürnberg, nahe der Schweizer Grenze, war die Situation für alle betroffenen Frauen am Schlimmsten. Sie waren den Schweizer Söldnern schutzlos ausgeliefert. Diese Schweizer Söldner wurden später die Schutztruppe des ~~Teufels~~ Vatikans, die berühmte Schweizer Garde! Alles lief nach Plan und wurde perfekt ausgeführt, wie ein Schweizer Uhrwerk.

Als die Templer mit Pharaonenursprung, nach den Kreuzzügen zurück in die Schweiz kamen, benannten sie ihr neues Reich mit dem französischen Wort: „Suisse“, was die „Schwester der Isis“ bedeutet, mit dem Hauptsitz in Genf. Französisch war traditionell schon immer die Sprache des Adels per Excellenz, weshalb es auch später die Sprache der Diplomaten wurde.

Apropos: Wenn ich „Suisse“ höre, muss ich immer an die Pharaonen-Nazi-Banker der „Credit Suisse“ denken! Aber nein, werden Sie sicher nun meinen, dass die Banker der „Credit Suisse“ was mit Nazis zu tun haben, kann doch nun wirklich nicht sein. Wenn ich das schon so schreibe, können Sie sich sicher denken, dass nun die Belege dafür kommen. Ja, Sie haben Recht und hier kommen schon die entsprechenden Schlagzeilen:

- *„Credit Suisse soll milliardenschwere Nazi-Konten öffnen: In Argentinien hat ein Forscher eine alte Liste mit 12.000 Nazi-Anhängern gefunden. Viele von ihnen brachten Vermögen in der Schweiz unter – das ihnen nicht gehört.“* [(266)]
- *„Credit Suisse soll 33 Nazi-Milliarden bunkern: Eine Namensliste aus Argentinien soll beweisen, dass bei der Schweizer Grossbank Milliarden von alten Nazi-Sympathisanten lagern.“* [(267)]
- *„Seit 78 Jahren soll auf einem geheimen Konto der Credit Suisse ein Milliardenschatz der Nazis liegen - Und die Bank mauert: Deutsche Namen und Nummern“* [(268)]
- *„Jagd nach den Nazi-Milliarden: DIESE Papiere sollen zu geheimen Nazi-Milliarden führen +++ In argentinischem Lagerhaus aufgetaucht“* [(269)]

- *„Argentinien - Braune Geldwäsche: Bereits in den 30er-Jahren war Argentinien ein gutes Pflaster für ausländische und einheimische Nazis. Nach dem Ende des Zweiten Weltkriegs wurde es zum Fluchtziel vieler NS-Kriegsverbrecher, darunter Adolf Eichmann und Josef Mengele.“* (270)
- *„Lang verschollene Nazi-Liste weist zum Paradeplatz“* (271)

Aber nicht nur Nazi-Gold und Geld ist dort „versteckt“, sondern diese Bank ist noch in ganz anderen „Geschäften“ verstrickt:

- *„Hat die Credit Suisse Terroristen finanziert? Die Credit Suisse und weitere vier Banken sollen mitverantwortlich sein für die Ermordung von Soldaten und Zivilisten im Irak. ... Die Institute haben angeblich Geschäfte mit dem Iran gemacht, der offenbar Terroristen finanzierte.“* (272)
- *„Anklageerhebung gegen die Credit Suisse und Mitglieder der Organisation: Nach umfangreichen Ermittlungen zu den schweizerischen Geschäftstätigkeiten einer bedeutenden, im internationalen Betäubungsmittelhandel und in der grossangelegten Geldwäscherei der daraus gewonnenen Erträge aktiven kriminellen Organisation aus Bulgarien, hat die Bundesanwaltschaft (BA) Anklage beim Bundesstrafgericht (BStGer) eingereicht. Sie erhebt Anklage gegen die Bank Credit Suisse AG und wirft ihr vor, nicht alle erforderlichen und zumutbaren organisatorischen Vorkehren getroffen zu haben, um die Geldwäscherei von Vermögenswerten zu verhindern, welche der kriminellen Organisation gehörten und unter ihrer Kontrolle standen.“* (273)
- *„Autokraten und Kriminelle: Enthüllungen über Kunden der Credit Suisse: Mehr als ein Dutzend früherer Geheimdienstchefs aus aller Welt, darunter auch ‚Folterer und enge Vertraute von Diktatoren‘, sollen ‚geheime Konten mit Millionensummen‘ bei der Schweizer Kreditanstalt unterhalten haben. Dabei hätten Kriminelle Konten eröffnen oder behalten können, selbst wenn die Bank darüber Bescheid gewusst habe, dass es sich bei diesen Kunden um Straftäter gehandelt habe.“* (274)
- *„Credit Suisse nach dem Leck in den Schwarzgelddaten in der Defensive: Die Credit Suisse wurde am Montag in einen Skandal um schmutziges Geld verwickelt, nachdem Medien berichtet hatten, dass die Schweizer Bank Konten für Menschenrechtsverletzer, Betrüger und Geschäftsleute verwaltet hatte, die mit Sanktionen belegt worden waren.“* (275)
- *„Suisse Secrets: Die dunklen Geheimnisse der Credit Suisse: Die Datensätze dokumentieren Geschäftsverbindungen von Credit Suisse zu tausenden Kunden aus rund 120 Ländern. Die ältesten Einträge stammen aus den 1940er Jahren, die jüngsten aus der vergangenen Dekade. Das darin abgebildete Vermögen übersteigt*

umgerechnet 100 Milliarden Euro. Auch ein ehemaliger Offizier der ostdeutschen Stasi ist in den Daten zu finden. Anfang 2010 lagen auf einem ihm zuzurechnenden Konto mehr als 200 Millionen Franken." (276)

- *„Die bürgerlichen Helfer der DDR - Kurz vor dem Bankrott der DDR flossen Staatsgelder illegal ins Ausland ab. Involviert waren Schweizer Banken ... Bis zu seinem Ende war der deutsche Arbeiter-und-Bauern-Staat Drehscheibe des internationalen Waffenhandels. Unter der Führung des ostdeutschen Geheimdienstes Stasi wickelte die DDR geheime Rüstungsdeals ab, die Millionen in schwarze Kassen ausserhalb des Staatshaushaltes spülten. Mit einem Teil dieser Einnahmen finanzierten sich die Funktionäre ihr luxuriöses Leben, ein anderer Teil wurde als eiserne Reserve in der Schweiz versteckt – unter anderem, um im Ausland Mikroelektronik für die marode ostdeutsche Wirtschaft und Überwachungstechnologie für die Stasi zu kaufen."* (277)
- *„Der Wirecard-Skandal und die dubiose Rolle einer Schweizer Bank: Die Schweizer Bank Credit Suisse spielte im Skandalfall Wirecard eine zweifelhafte Rolle. Das belegen nun auch interne Mails. Die Banker schlossen über Jahre lukrative Deals mit dem Unternehmen. Und das schlussendlich auf Kosten der eigenen Kunden."* (278)

Das war nur ein kleiner Auszug der vergangenen Monate und dabei ist die „Credit Suisse" nur eine Bank von unendlich vielen!

Wie Sie sehen, meine lieben Leser, stinkt im Schweizer Reich der Pharaonen-Nazis nicht nur der olle Käse, sondern das Land selber, mit dieser „Autorität", zum Himmel!!!

Die Pharaonen aus Ägypten sind bis heute nie wirklich verschwunden gewesen und ihre aktuelle Basis ist noch immer die Schweiz.

Die Schweiz liegt schön zentral, sowohl am Wasser-, als auch am Geldhahn von Europa und der Welt. In der Schweiz redet man immer noch vier verschiedene Sprachen, um in alle Windrichtungen Europas ihr Unwesen zu treiben.

Als die Pharaonen nach Europa kamen, haben Sie überall ab den 10. Jahrhundert Schlösser und Burgen gebaut, um diesen Kontinent so zu erobern. Bis zur offiziellen Abschaffung des Adels, vor etwas über 100 Jahren, war es noch mehr als offensichtlich, dass denen faktisch die „Welt" gehört.

Die Pharaonen und deren Nachfahren sind es auch, welche das sogenannte „Blaue Blut" haben, also der Adel ist. Ja genau „Blau", wie die pharaonische Farbe des Krieges. Genau wegen diesen Vögeln haben wir ständig auf der Welt Kriege, Leid und andere Katastrophen gegen uns gerichtet. Und dies schon seit Anbeginn der Menschheit!

Wachen Sie endlich auf!

Die pharaonische Weltordnung

Weil es zu viele Aufstände des Pöbels gab, allen voran in Frankreich und Russland, hatte der „Adel“ sich dazu entschieden, aus dem Verborgenen heraus zu agieren. Und so wurden die Freimaurerlogen erfunden, aus denen alle Politiker entstammen! Die Pharaonen sind auch der Grund, warum uns die Freimaurer immer und überall „ihre Kultobjekte“ zeigen, seien es Obelisken, Pyramiden, Sonnenkultsymbole, das allsehende Auge des Horus, die ISIS, sowie all die anderen Zeichen.

Die Politik, welche wir heute erleben, ist noch immer das feudale System der alten Herrscher. Warum wohl entscheiden Politiker immer gegen das Volk?

Warum wohl ziehen uns die Oberen der hohen Häuser finanziell immer mehr ab? Was man früher Wegzoll oder Wegegeld nannte, sind heute all die erpressten Abgaben, freundlich beschrieben als Steuern. Und wenn man diese nicht bezahlt, kommt man in das Verlies, damals wie heute!

Man spricht immer von der „Neuen Weltordnung“. Wenn es eine „Neue“ gibt, dann muss es auch eine „Alte“ gegeben haben. Nur was war die „Alte Weltordnung“?!

Es war, wie oben schon erläutert, das System der Könige, mit den Prinzen und Prinzessinnen oder das System des Erstgeborenen.

Von den Templern mit ihrem Sitz in der Schweiz wurde die Freimaurerei ersonnen und geboren, mit einer „Neuen Weltordnung“ als Folge.

Ihre internen Kriege mit der „Alten Weltordnung“ und die Verfolgung des französischen Königs Philipp I. von Kastilien aus dem Haus Österreich, genannt der Schöne (1478-1506), weil er seinen Thron nicht abgeben wollte. Und so haben die Schweizer Söldner (Templer) das französische Volk mit Hunger und Verfolgung terrorisiert und in der Bastille (war ursprünglich eine besonders befestigte Stadttorburg im Osten von Paris und später ein „Staatsgefängnis) folterten, um eine Revolution zu provozieren.

Das Ziel der (Französischen) Revolution war es, dass die alten Herrscher vom Volke gestürzt werden und so der Weg für die „Neue Weltordnung“ frei ist. Und genauso wie die Templer, also die Nachfahren der Pharaonen es planten, passierte es auch im Jahre 1789.

Langweilig: Immer dasselbe Strickmuster

Die Stimmung wurde damals im Volke zusätzlich aufgeheizt, mit dem Spruch: „Wenn sie kein Brot haben, dann sollen sie doch Kuchen essen!", welcher Marie-Antoinette, die Frau des „Sonnenkönigs" Ludwig der XVI. in den Mund gelegt wurde, jedoch niemals von ihr gesagt worden ist. Dieser Satz, auch wenn er nicht wahr ist, ist jedoch zum Sinnbild für das Unverständnis des Volkes gegen die adeligen Herrscher geworden, neben den Tatsachen, dass der König und die Königin jeglichen Bezug zum Geld verloren haben. Gerüchte wurden gezielt gestreut, dass die damalige „Elite" des Landes wortwörtlich als verschwenderisch und zu dumm zum Regieren wären abgestempelt. Von Korruption der hohen Beamten ganz zu schweigen. Unter anderem gab Marie-Antoinette Unmengen für ausgefallene Frisuren aus, während die einfachen Franzosen immer ärmer wurden und hungern mussten.

Die zehn Jahre andauernde Französische Revolution (1789-1799) und das gleichzeitige Symbol der Willkür des Königs, lässt sich in drei Phasen einteilen:

- Frankreich vor der Revolution
  Das Volk ist machtlos, hat keine Rechte, wird unterdrückt. Die obere Gesellschaft genießt hingegen Privilegien! Die Staatskassen sind leer und der König zögert. Dies sind genügend Gründe für den Ausbruch einer Revolution. Die Zeit der „großen Aufklärung" beginnt: Mitte des 18. Jahrhunderts bedeutet das: seinen Verstand einsetzen und alles kritisch hinterfragen anstatt - wie bis dahin üblich - alles als gottgegeben hinzunehmen. Auslöser dieser Zeit der „Aufklärung" sind zahlreiche Schriftsteller und Philosophen in Frankreich und in ganz Europa. Sie üben Kritik am politischen System und der alleinigen Macht des Königs, entwickeln neue Ideen der Staatsführung. Das Volk verinnerlicht die Gedanken der „Aufklärer", verändert sein Bewusstsein, ist nicht mehr obrigkeitshörig und will die Ungerechtigkeiten nicht mehr länger akzeptieren. Dieser Geist der Aufklärung - auch er trägt wesentlich zum Ausbruch der Französischen Revolution bei. Ihr Ziel ist weniger Macht für den König, mehr Macht fürs Volk.
- Der Anfang vom Ende der Monarchie
  Das französische Volk rebelliert weiter mit Erfolg: Der Verzicht der Oberschicht auf seine Privilegien, dazu Menschenrechte und eine Verfassung – das französische Volk hat mit seiner Rebellion von 1789 bis

1792 viel erreicht. Vielleicht zu viel für den machtverwöhnten König, denn er will zurück zum alten System, versucht zu fliehen, macht aber damit alles nur noch viel schlimmer.
Von der Nationalversammlung am 26. August 1789 beschlossen, ist sie die erste Menschenrechtserklärung Europas. Sie umfasst 17 Artikel. Grundlegende Menschenrechte, wie das Recht auf Freiheit, Eigentum, Sicherheit und das Recht auf Widerstand gegen Unterdrückung sind dort festgeschrieben. Aber auch, dass jeder Mensch gleich viel gilt, besonders vor dem Gesetz und dem Recht. Weil sie die von Montesquieu geforderte Gewaltenteilung miteinschließt, gilt sie als Grundlagentext für die „Demokratie und Freiheit" in Frankreich.

- Die letzten Etappen
  Neue politische Gruppierungen entstehen, wie: die „Sansculottes" (aus den unteren Schichten) und die „Jakobiner" (drahtziehende Freimaurer der Obrigkeit), um nur zwei zu nennen. Politisch gesehen „rollen ein paar Köpfe" als Opfer für das dumme Volk, so wie es auch bei den Nürnberger Prozessen oder am Ende der DDR war.
  Eine brennende Königsresidenz, Massenmorde und ein toter König war die 2. Revolution in Frankreich, welches am Ende eine „Republik" war und der Pharaonenerbe „Napoleon" kam an die Macht. Mit Napoleon Bonaparte und mit seiner Machtübernahme endet die eigentliche Zeit der Französischen Revolution. Am 10. November 1799 tritt er als erster Konsul an die Spitze der Regierung, ernennt sich 1804 selbst zum Kaiser der Franzosen und bringt fast ganz Europa unter seiner Kontrolle. Später schlägt er die preußische Armee und zwingt den spanischen König 1808 zur Abdankung. 1813 wird er in der Völkerschlacht bei Leipzig von seinen Gegnern Preußen, Russland, Großbritannien, Österreich und Schweden besiegt, dankt 1814 ab und muss nach Elba fliehen. 1815 kehrt er für 100 Tage nach Frankreich zurück, jedoch seine Armee wird bei Waterloo geschlagen, wobei sich Rothschilds nicht nur eine goldene Nase verdient haben, sondern auch „England" an sich reißen konnten.

Ist Ihnen irgendetwas aufgefallen, als Sie die letzten Absätze gelesen haben? Kleiner Hinweis: Unsere Politiker sind der Adel von gestern und die Pharaonen von Vorgestern. Na, kommen Sie darauf? Hier mal ein paar Schlagzeilen der letzten Wochen:

- *„Baerbocks Make-Up-Artistin bekommt 7500 Euro im Monat"* (279)

- *„Innenministerin Nancy Faeser, pauschale Vergütung plus Mehrwertsteuer und Nebenkosten für Maskenbildnerin erzeugt Kosten in Höhe von 7.500 Euro"* (280)
- *„Annalena Baerbock gibt 136.500 fürs Styling aus"* (281)
- *„Robert Habeck legt Wert auf professionelle Fotos: Das Make-up & Co. keine reine Frauensache ist, beweist unser Bundeskanzler par excellence. 40.000 Euro zahlte er an seine Visagisten, on top kommen noch eine halbe Million für professionelle Bilder."* (282)

Ja, unsere Politiker verschleudern maßlos das von uns erpresste Geld, wie damals vor über 300 Jahren in Frankreich.

Die damaligen „Aufklärer", heute würde man sagen: die gesteuerte Opposition, heizte die Stimmung durch Propaganda, Übertreibungen und Lügen an, welche letztendlich irgendwie und allesamt für die Seite der „Autorität" kämpften, ob gewollt oder nicht. Damals wie heute sind es dieselben Logen, Vereine und „Geheimbünde"!

Den Herrschern wurde damals Dummheit vorgeworfen. Und heute wurden wieder nicht „die scheinbar hellsten Kerzen auf der Torte" eingesetzt, welche die Medien und die „Wahrheitsbewegung" wie auf Kommando noch zusätzlich vernichten".

Damals war die Opposition nur für den „Übergang", faktisch bis kurz vor der „Vollendung" kontrolliert an das „Ruder der Macht" gelassen wurden, bevor die „Autorität" das wortwörtliche Zepter wieder übernahm.

Sie wissen bestimmt auf was ich hinaus möchte und erspare mir daher alle weiteren Kommentare. Nur eines noch: Die Geschichte wiederholt sich immer und immer wieder!

Was wird wohl in diesem Land als Nächstes geschehen?

Dasselbe Ende wie in Frankreich, war auch in Russland geschehen, nur das die Köpfe der Romanows (Zarenfamilie) nicht nach dem Schafott in einem Weidekorb landeten.

Fazit: Eine „Revolution" war nie als Vorteil für das Volk gedacht, sondern immer nur für den Übergang von einer alten zu einer neuen Weltordnung! Das Volk wird immer Sklave bleiben. Die „Autorität" hat immer gesiegt und dies wird sich (leider) auch nicht ändern!

Nur so nebenbei bemerkt war es auch Napoleon, der begann, den Adel weltweit abzuschaffen. Die entsprechenden Revolutionen waren immer nur ein Ablenkungsmanöver, damit die alten adligen Feudalherren abtauchen konnten, sozusagen „in das Meer der Völker"!

So wurden die Franzosen auf Befehl der Templer und mit Hilfe der Schweizer Söldner unterwandert, um ihre eigenen Marionetten an die Spitzen der wichtigsten Schlüsselpositionen in Frankreich und Deutschland zu setzen.

In England kümmerten sich die Rothschilds höchstpersönlich darum, dass die zukünftigen Thronbesetzer aus den eigenen Reihen, ja sogar aus der eigenen Blutlinie stammen. Aber das ist eine andere „Geschichte", für das in diesem Buch kein Platz mehr ist (siehe kommendes Buch „Die ge

Nur so am Rande erwähnt: Wussten Sie, da die französische Fremdenlegion von den Schwe zer Templern ins Leben gerufen wurde, mit de Schweizer Offizier, Oberst Baron Christoph A ton Jakob von Stoffel (1780- 1842) war e Schweizer Offizier. Der Initiator dieser Fremde legion im Jahr 1831 war der französische Kön Louis Philippe, der die meiste Zeit seines Lebe in der Schweiz verbrachte.

Abb. 267: Siebenflammige Grar
Abzeichen der Légion Étrangè
Dieses Wappen erinnert nicht u

Apropos: Leben in der Schweiz: Auch Beni Mussolini, Moses Mordechai Levy (besser b kannt als Karl Marx), Wladimir Iljitsch Lenin, R dolf Heß, Josef Mengele und viele andere ließe es sich auch in der Schweiz gut gehen.

Noch einmal möchte ich ausdrücklich wiede holen, dass der Feind der Menschheit NICH DIE JUDEN sind. Vielmehr sind die Feinde de Deutschen die Pharaonen, bzw. der Pharaonen-adel, mit ihrem Hauptsitz in der Schweiz!

Schauen Sie sich doch bitte die Geschichte von Europa an. Wer hat denn immer regiert?! Es war der Adel und nicht die Juden! Die meisten Juden waren auch nur willfährige Sklaven und somit Fußabtreter der Obrigkeit, ausgenommen von den machtbesessenen khasarischen säkularen Juden!

Diese globale Elite legt ohne Ausnahme ihr Geld, inklusive ~~Steuerhinterziehung~~ Steuervermeidung, im Rot-Weiß Vereinigtem Königreich der Pharaonen, der Schweiz an. Man redet hier von 80 Milliarden Euro aus Frankreich, sowie 100 Milliarden Euro aus Deutschland, welche jährlich steuerfrei in der Schweiz landen, weil der alte Adel noch nie Steuern bezahlt hat, obwohl sie die Erfinder der Steuern sind, damit sie auf den Rücken der kleinen Leute gut leben konnten und noch können! Man nennt solche Typen auch Schmarotzer, Nutznießer, Parasiten, Nassauer, Faulenzer, Taugenichts, Faulpelze oder einfach nur dumme und schädliche Arschlöcher! Schluss, aus und Ende der Diskussion!

Und was geschieht, wenn jemand Schweizer Bankdaten veröffentlicht?! Dann wird er während der Untersuchungshaft in seiner Zelle in einem Hochsicherheitsgefängnis „verselbstmordet", wie der mutmaßliche Steuer-Spion Wolfgang U. aus Österreich! [283]

Das Verderben kommt aus den Bergen

Die US-Präsidenten Dwight D. Eisenhower (Eisenhuber), Herbert C. Hoover, dessen eigentlicher Name Huber ist und Bill Clinton, stammen ursprünglich aus der Schweiz. [284] Barack Obama hat ebenfalls Schweizer Wurzeln, genauer gesagt aus Ried bei Kerzers, im Kanton Freiburg. [285]

Selbst die Ahnen des Verbrechers und Hochkriminellen Erich Honecker, Ex-Obermufti der „untergegangenen" DDR, stammen von der „Schwester der ISIS" und wurden seinerzeit noch „Honegger" geschrieben. Sie lebten im Kanton Zürich und wanderten in die „saarländische Schweiz", auch Saarland genannt, aus. [286]

Als der Schweizer Herbert C. Hoover 1929 Präsident der Vereinigten Sonnenstaaten von Amerika wurde, provozierten einige Monate später die Schweizer Templer am 29.10. desselben Jahres einen Börsencrash an der Wall Street (287), um die Ersparnisse der einfachen amerikanischen Bevölkerung zu stehlen. Ein Börsencrash ist nichts weiter als ein großangelegter und fingierter Diebstahl, ein Raub wenn Sie es so wollen. Für genau solche Fälle (Börsencrash), brauchte man eine Zentralbank, um die Beute über diese Bank (FED) nach Europa zu transferieren, um damit Hitlers Kriegsindustrie zu finanzieren.

Pro Juventute Gründer Ulrich Wille

Der Mann, der Hitler in die Schweiz holte

Ulrich Wille junior war Mitbegründer der Pro Juventute und prägte diese über Jahrzehnte. Daneben war er ein grosser Freund der Nazis – und warb offensiv für sie.

Ein begeisterter Anhänger Hitlers: Korpskommandant Ulrich Wille junior

Bei Familie Wille gibt es Grund zum Feiern im Herbst 1912. Ulrich Wille senior, der spätere

Abb. 268: Pro Juventute Gründer Ulrich Wille – Der Mann, der Hitler in die Schweiz holte

Und so auf diesem Weg haben die Schweizer ~~Nazis~~ Templer am 17.05.1930 die „BIZ" gegründet, die „Bank für Internationalen Zahlungsausgleich" in Basel, ganz praktisch neben dem Baseler Bahnhof. Gründungschef der BIZ war der deutsche Bankier und Politiker Hjalmar Schacht, welcher auch Mitglied der NSDAP, von 1934 bis 1937 Reichswirtschaftsminister, sowie ab 1939 Reichsbankpräsident unter Adolf Hitler war. Hjalmar Schacht wurde selbstverständlich in dem Nürnberger Prozess gegen die 24 Hauptkriegsverbrecher vor dem Internationalen Militärgerichtshof als Führungsperson angeklagt und am 01.10.1946 natürlich in allen Anklagepunkten freigesprochen. Schacht war auch ein 33 Grad-Mitglied der Freimaurerloge „Urania zur Unsterblichkeit" in Berlin. Und auch nur so lässt sich der schon fast unmöglich schnelle Aufstieg Hitlers und die Finanzierung der Nazi-Kriegsmaschinerie erklären!

Adolf Hitler lebte schon seit 1923 in der Schweiz, wo der Schweizer General Ulrich Wille, welcher mit der deutschen Gräfin Clara von Bismarck verheiratet war, ihn in Zürich einlud, um Hitler zu finanzieren, über Rudolf Heß, dem zweiten Mann des dritten Reiches, der an der ETH Zürich studierte. Übrigens wurde Rudolf Heß in Ägypten geboren, dieser kleine Pharao, welcher wie ein Phönix in seinem Flugzeug fliegen konnte.

Es heißt, was ich jedoch leider nicht zu 100 Prozent bestätigen und daher wieder nur unter Vorbehalt schreiben kann, dass es auch die Schweizer (Nazi) Templer waren, welche die Hitler-Banditen finanziert hätten, unter der Bedingung, alle Juden Europas umzubringen und Deutschland zu zerstören.

Die Juden sollten vernichtet werden, weil sie einerseits eine patriarchale Gesellschaft waren und andererseits, weil sie eine Gesellschaft in der Gesellschaft formten, welche außerhalb der Kontrolle des Pharaonenadels sind.

Aus diesem Grund schrieb der Abkömmling von Anselm Salomon von Rothschild und Schweizer Agent Adolf Hitler in seinem Buch „Mein Kampf", dass die Juden den 1. Weltkrieg finanziert hätten, was wohl eine sehr naive Lüge war, welche leider noch heute eine sehr große Anhängerschaft findet. Jeder etwas logisch Denkende sollte eigentlich wissen, dass der ganze Hochadel uns in den Krieg zwang und keine andere Rasse! Es war unter anderem Kaiser Wilhelm II., der eine Uniform anzog, sich eine Pickelhaube aufsetzte und sinngemäß sagte: „Ab jetzt ist Krieg und wer sich verweigert, wird erschossen!" Der Kaiser von Österreich, der König von Italien und England, sowie der russische Zar taten alle dasselbe. Sie alle zogen sich eine Uniform an und zwangen die Völker zum Sterben auf dem Schlachtfeld. Es kam kein Jude als Ursache für den Krieg in der Geschichte vor.

Es war wie immer der alte Adel, der diesen Krieg wollte. Daher hatte Adolf Hitler auch immer ein Gemälde von Kaiser Friedrich der Große, volkstümlich der „Alte Fritz" oder auch der „Schwule Fritz" hängen, was sein Vorfahre war. Warum wohl klingt „Führer" dem Wort „Pharao" so ähnlich?!

An dieser Stelle möchte ich die dunklen Flecken der Schweiz verlassen, obwohl mir noch so viele Informationen von Schweizern vorliegen, welche in sehr schmutzigen Angelegenheiten verstrickt waren und sind. Aber ich bin mir sicher, dass Sie meine lieben Leser einen Einblick erhalten haben, welche bedeutende Rolle die Schweiz mit ihrer Pharaonenvergangenheit spielt.

Auch hier kann ich Sie wieder nur dazu animieren, selber zu recherchieren, um weitere Informationen für Sie zu entdecken.

Anhand des Titel dieses Buches weiß man, dass es um die Pharaonen und deren ~~Brut~~ Nachfahren geht. Daher lassen Sie uns direkt zum nächsten Kapitel kommen, mit der Überschrift:

Amen oder A Men?

Vielleicht ist es Ihnen in diesem Buch schon aufgefallen, dass ich versucht habe, den Begriff „Mensch“ zu vermeiden. Stattdessen schrieb ich von beseelten Wesen oder Seelen. Woran das liegt, fragen Sie sich nun sicherlich.

Und somit öffne ich Ihnen die nächste Tür, die nächste Pforte, durch die Sie gehen können, wenn Sie möchten und dazu bereit sind! Also folgen Sie Ihren Weg, welcher wieder Licht ins Dunkle bringen wird, was jedoch keine Anspielung auf einen Lichtbringer sein sollte!

„Wissen ist eine Holschuld!“, sagt man immer so schön.

„Wissen ist eine Holschuld“, das dürfen wir niemals vergessen, jeden Tag. Es gehört zur Selbstverantwortung und zur Eigenverantwortung, das man alles und jeden hinterfragt und sich dann, durch das Wissen was man sich aneignet, auch wirklich eine eigene und fundierte Meinung bilden kann. Das alles gehört zum Prozess des Erkennens und auf den langen, teils sehr schmerzhaften und steinigen Pfad des Wissens, mit dem Ziel der Weisheit. Dieses Gefühl der Erkenntnis, über sich selbst und was Sie zu leisten imstande sind, möchte ich Ihnen vermitteln und bei Ihnen auch erzeugen. Und dazu gehört auch das Thema:

Mensch

Haben Sie sich schon einmal ganz ehrlich gefragt, wo dieser Begriff: „Mensch“ eigentlich herkommt und was er überhaupt bedeutet? Was heißt es eigentlich: „Mensch zu sein“? Sind wir überhaupt „Menschen“ und wenn ja, wer hat das so beschlossen, dass es ist, wie es ist?! Oder sind wir in Wirklichkeit was ganz anderes! Haben Sie sich das schon einmal gefragt?

Über dieses Wort „Mensch“, denke ich schon sehr lange nach. Bereits als kleines Kind nervte ich meine Umwelt mit Fragen, wie zum Beispiel: „Warum heißen Zebras Zebras?!“, „Wieso nennt man Flamingos nicht anders?“ oder „Kommt der Name Giraffen von Affen?!“ Ja, schon damals stellte ich überall Fragen und trieb damit sehr oft meine Gegenüber in die Weißglut. (Warum heißt die Weißglut eigentlich so?)

Oft gaben mir die Erwachsenen zur Antwort: Das hat Gott so genannt. Jedoch konnte ich mir bereits als Kind nicht vorstellen, dass es so etwas wie einen Gott geben sollte, aber das ist ein anderes Thema!

Auf der Suche nach einer Antwort, wo das Wort „Mensch“ herkommen soll, habe ich vor wenigen Tagen eine Steilvorlage von einer Demokratin, von den Vereinigten Sonnenstaaten von Amerika, die eine Rede vor Linksradikalen gehalten hatte und solche Begriffe wie „A Man“ und „A Woman“ benutzte.

Zuerst dachte ich, ist jetzt auch schon der stumpfsinnige Transgenderwahn bei dem Wort „Amen“ ausgebrochen, denn wenn es „A Men“ (Amen) heißt, dann muss es ja auch wegen der Gleichberechtigung „A Woman“ (Awoman) geben! Diesen Gedanken fand ich großartig und absolut wundervoll! Und so hat es bei mir „Klick“ gemacht, wie wahrlich bedeutsam dieses „Mensch“ eigentlich ist und was hier auf Erden für ein Kokolores stattfindet, wie tief und wie weit das alles zurück liegt, was wir heute erleben.

Durch das Wort „Amen“ haben wir den absoluten Beweis, wie clever die „Autorität“ uns über all die Jahrtausende manipuliert hat!

Wir alle kennen diesen uralten Begriff „Amen“, sei es aus der Kirche, vom Vatikan, von dem Tisch- oder Nachtgebet oder aus einem Film mit Bud Spencer und Terence Hill. Auch die alten rocktragenden Pfaffen, welche uns so gern das Leben und die ganze Welt des Schöpfers erklären möchten, benutzen diesen sakralen Zauberspruch „Amen“ zu gern, für den sie hinterher immer den Klingelbeutel oder die Hand aufhalten. Aber wo kommt dieses „Amen“ bloß her?

Wenn man bei Wikipedia einmal schaut, kann man mal wieder nur schmunzeln, wenn man dort liest, was die Bedeutung und die Herkunft angeblich wäre. Mir ist es einfach zu blöd, auch nur ein Satzteil der dort steht, zu zitieren, denn das würde sonst das gesamte Buch unglaubwürdig erscheinen lassen! Es ist wirklich einfach nur lachhaft, wie die „Autorität“ versucht, uns etwas zu erklären, um uns nur nichts von Bedeutung zu zeigen, worum es in Wirklichkeit geht, denn, worum geht es hier wirklich?!

Gab es denn jemanden der „Amen“ hieß? Und wenn ja, wer war dann dieser „Amen“?

Verehren wir mit „Amen“ vielleicht eine Gottheit, immer am Ende eines Gebetes, von dem wir eventuell eigentlich gar nichts wissen? Welche Funktion hatte dieser „Gott“, wenn es ihn gab?!

Bevor ich Ihnen dies verrate, möchte ich Ihnen noch einmal ein paar Bilder in den Kopf rufen, zum einen das „Auge des Horus“, welches in der satanischen Musikindustrie so oft und wunderbar eingesetzt wird oder oben auf der Illuminaten-Pyramide der Dollar-Note, als Zeichen für Ägypten. Verbindet man uns vielleicht mit solchen Symbolen energetisch, mit der alten Zeit? Das eine Verbindung existiert, dass wissen Sie ja mittlerweile, spätestens aus diesem Buch.

Vielleicht sollte man, wenn es eine Gottheit mit dem Namen „Amen“ gibt, bei den ollen Ägyptern suchen!

Ups, na so ein Zufall mal wieder, denn genau so ist es. Da gab es doch tatsächlich mal einen Herrscher, einen Gottherrscher, von dem Sie alle schon einmal gehört oder gelesen haben, aber vielleicht nicht unter dem Namen, den ich Ihnen jetzt verrate. Dieser Pharao hieß: „Amenophis“, auch unter „Amenhotep“, „Amenhetep“ oder „Imenhetep“ bekannt. Es gab (angeblich) vier Pharaonen mit dem Namen „Amenophis“. Hier an dieser Stelle interessiert uns aber nur der vierte, also „Amenophis IV.“, der sich später umbenannte. Scheinbar fand er seinen Namen nicht mehr gut oder hat sich geschlechtlich umentschieden. Jedoch haben diese Figuren nie etwas ohne Grund gemacht, denn nicht umsonst haben all diese Typen bis heute immer einen großen Beraterstab um sich. Und so entschloss sich „Amenophis IV.“ umzubenennen, in den Namen „Echnaton“! Diesen Namen haben wir schon in diesem Buch gelesen, wenn Sie sich erinnern.

Ein Pharao kommt selten allein

Abb. 269: Nofretete (links) und ihre Urahnin Angela Merkel (rechts), welche das „Neue Museum“ eröffnet.

„Echnaton“ war unter anderem auch der Ehemann von Nofretete. Die beiden hatten, wie es uns die Geschichte erzählen möchte, auch einen gemeinsamen Sohn, was ja passieren kann. Dieser Sohn war der berühmte „Tutenchamun“. Sind diese alten Objekte nicht, so gut wie alle, in Berlin ausgestellt?! Sicher nur Zufall.

„Echnaton“ stand nicht nur an erster Stelle unter den Sklaventreibern weltweit und hatte seinen Namen nicht einfach nur aus langer Weile umbenannt, nein, er hatte sogar einen wunderbaren philosophischen Grund dafür.

Bevor Echnaton Pharao in Ägypten wurde, war in seinem Reich der Polytheismus angesagt. Polytheismus oder auch Vielgötterei bezeichnet die religiöse Verehrung einer Vielzahl von Göttinnen, Göttern und sonstigen Gottheiten oder Naturgeistern, welches auch die heidnische Religion oder Religion der Heiden genannt wurde, was auf unsere Deutschen Urahnen zurückzuführen ist.

Pharao Echnaton hatte also die Idee oder auch „Eingabe", dass per sofort der Polytheismus durch Monotheismus abgelöst, bzw. ersetzt wird.

Ganz ehrlich, meine lieben Leser, leben wir nicht immer noch in diesem Monotheismus?! Alles was „Mono" ist, ist eintönig, wie „Monokultur" auf den Feldern, welche gerade dadurch zerstört werden. Mono ist in der Natur nie gut, also kann Monotheismus auch nicht gut für uns Beseelte sein.

Echnaton führte, wie gesagt, den Monotheismus ein und bestimmte, dass „Aton" der alleinige Gott wäre, den man jetzt anbeten müsse. Aton, wie erinnern uns, ist nichts anderes wie die Sonne.

Es war nebenbei bemerkt ein genialer Trick der Jesuiten, unsere Sprache so zu verändern, dass manchmal nur ein Konsonant oder Vokal im Wort +1 oder -1 verdreht wurden, denn so wurde unter anderem auch aus „Aton" das „Atom" oder „Atem". Die Worte haben dann fast dieselbe phonetische Bedeutung, was sehr wichtig für den Energiefluss ist, obwohl nur ein Buchstabe verändert wurde. Dann lassen Sie uns doch nun diesen Echnaton etwas näher betrachten:

Das besondere an Pharao Echnaton und seiner Gemahlin Nofretete war, dass beide „Langschädel" waren! Ja Sie haben richtig gelesen: Langschädel. Die Wissenschaft möchte uns sehr gern glauben machen, dass diese Deformation durch Schmuckbänder entstanden wären, ähnlich wie bei den Langhals-Padaung-Frauen an der Grenze Burma / Thailand wären, was natürlich wieder außergewöhnliche Fehlinformationen sind. [288] Man möchte uns glauben machen, dass diese Langschädel auch besonders große Hüte aufhatten, damit man diese ungewöhnlichen Kopfformen etwas versteckt, um die „Bevölkerung nicht zu sehr zu erschrecken". Wer es glaubt wird glücklich, sagt man doch so schön!

Fakt ist, dass Pharao Echnaton und Nofretete die alleinigen Herrscher waren und somit auch die Götter, welche Sie vertreten haben.

Profile der erwachsenen Töchter des Echnaton und Nofretete   Nofretete und Pharao Echnaton mit einigen Kinder

Abb. 270: „Nofretete und Echnaton waren das erste Königspaar, das sein Privatleben in der Öffentlichkeit abbilden ließ. Die gesamte Königsfamilie wird auf diesen Darstellungen stets durch die Strahlen der Sonnenscheibe des Aton beschützt", will uns Wikispinneria glauben machen! (289)

Weltweit gibt es viele Skulpturen anderer Götter, welche einen ähnlichen Langschädel haben und daher bin ich der Meinung, dass man da mal etwas genauer hinsehen sollte.

Einmal Genderscheiß mit Reis

Aber haben Sie sich schon einmal mit Pharao Echnaton beschäftigt? Dann empfehle ich Ihnen einmal die Bilder dieses Königs zu betrachten, vielleicht fällt Ihnen ja auch auf, dass Echnaton geschlechterlos dargestellt wird! Ja, Sie haben richtig gelesen und werden nun bestimmt denken: Na was ist das denn für ein ~~Genderscheiß~~ Ding. Gab es den Blödsinn etwa auch schon bei den ollen Pharaonen, bei diesen „heiligen Göttern"?!

Ja, dieser „Pharao" wird auf sehr vielen Skulpturen und Reliefs als ein geschlechtsloses Etwas dargestellt, aber mit einem Babybauch. Was soll das denn? Gab es schon damals die verblödete und absolute familienfeindliche LQ-Leck-mich-ander-Agenda? Der gesamte Gender, Transgender, Transistoren, Transen-Frantzen-Schwachsinn ohne Männlein und Weiblein, komplett gegen die Natur von uns beseelten Wesen. Kein Papa, keine Mama, stattdessen nur noch Elternteil Eins oder Elternteil Zwei und bei der Geburt des Babys meldet man am besten 72 geschlechtslose Geschlechter an … mir wird schlecht. Sorry meine Leser, aber mir wird wirklich sehr übel, während ich für Sie diesen Mist hier schreibe, was die „Autorität" mit uns vorhat! Ich finde es wirklich zum kotzen! Demnächst wird es auf der Geburtsstation während der Entbindung so sein, dass man vorher eine „Menükarte" wie beim Chinesen bekommt und sich dann aussuchen kann: Einmal die 17, aber mit viel 32, wenn es geht aber nicht so dunkel, jedoch mit viel Reis aber bitte nicht ganz so scharf!

Abb. 271: ... Männlichkeit sieht anders aus!
Auf welches Klo, geht dieser Pharao?!

Um dies noch einmal zu verinnerlichen: Das Pharao-Ding Echnaton lebte schon damals den Traum von Transhumanismus aus, dem wir heute auch noch oder schon wieder ausgesetzt sind. Es gibt halt Dinge, welche sich nie ändern.

An diesem Beispiel sieht man sehr gut, dass noch immer die selber „Autorität" wie damals an der Macht ist, mit ihren fanatischen und absolut geisteskranken Schulbüchern, wo kleinen Jungs in der 3. Klasse gezeigt wird, wie sie ihren Pipimann bei ihrem Freund reinstecken können oder wie kleine Mädchen … NEIN, es ist mir zuwider über das zu schreiben, was in den Heften unserer Sprösslinge zu finden ist. Es ekelt mich regelrecht an! Jeglicher Anstand, Moral und Würde haben uns die Spinner dieses Agenda-Drecks abtrainiert.

<u>Lasst die Kinder endlich wieder Kinder sein!!!</u>

In meinen Augen ist dieser Gender-Gaga-Quatsch eine der gefährlichsten Ideologien unserer Zeit!

Ich finde, dass all die Schulen, Universitäten, die gebührenerpressenden Öffentlich-Rechtlichen, die Regierung sowieso nur noch Unzucht- und Zuchtanstalten für Pädophile und sonstige sehr kranke Kreaturen sind. Geisteskrank ist noch zu harmlos formuliert! Für diese, welche sich diese Scheiße ausdenken und Befürworten ist der einzige Grund, uns Seelen noch weiter von der Natur zu entfernen. Nun bin ich schon wieder vom eigentlichen Thema abgekommen, denn wir waren bei dem „Ding“ Echnaton, dem geschlechtslosen Sonnenanbeter und seinem Langschädel-Monotheismus.

Aber wir sehen hier an diesem Beispiel sehr gut, dass das, was wir heute erleben, ein Aufguss in moderner Form ist. Die Geschichte wiederholt sich, nur die Namen, Orte und Jahreszahlen wurden geändert. Die „Autorität“ ist nach wie vor geblieben und am Ende kommt die große Sintflut, wegen Sodom und Gomorra. Okay, der letzte Satz war sehr sarkastisch, muss ich ganz ehrlich zugeben, aber ich bin wegen diesem Genderblödsinn und der damit verbundenen Verdummung der Völker gerade auf 180!!!

Also der Mist aus der Vergangenheit wurde eins zu eins in unsere Neuzeit übernommen. Und so beten wir noch immer in den als Kirche bezeichneten Tempeln, wie schon seit Jahrtausenden, diesen „AMENophis“, diesen „Echnaton“ mit seinem absolut perversen Kult an, ob Sie es wollen oder nicht! Dieser Vogel hat nicht nur die Sonne angebetet, sondern er hat scheinbar auch alle Perversitäten ausgelebt, wie es ihm der Satan in seinen volumenreichen kranken Langschädel einhauchte. Da braucht man sich nicht zu wundern, wenn dessen Nachfahren, welche heute unsere Obrigkeit spielen, nicht nur pädophil oder nekrophil sind, sondern noch ganz andere Dinge der schlimmsten Art lieben. Das alles gehört zum:

Kult von Babylon

Wie wir wissen, war Ägypten auch nur ein Zwischenstopp unserer „Autorität“, denn es begann schon wesentlich früher und wird noch ewig so weiterlaufen.

Die eigentliche Reise begann ja schon weit vor Babylon, danach waren es die Sumerer, dann die Ägypter, die Griechen, die Römer, dann ging es weiter nach Venedig zu den Venezianern und dann führte ihr Weg in die Schweiz, wo sie bis heute ihren ~~Teufelskult~~ Spaß verbreiten. Dazwischen waren noch die Byzantiner, Phönizier und wie sie alle heißen.

Ich danke an dieser Stelle noch einmal der amerikanischen Demokratin, vom Anfang dieses Kapitels, denn dadurch weiß ich nun, dass „Amen“ für den Pharao Amenophis / Echnaton steht und „Awoman“ für Nofretete! Und genau das ist ihr

Glaube, der alte perverse „Glaube" der „Autorität", mit ihrem Transhumanismus und Transgenderismus, den sie noch heute in vollen Zügen leben.

Und genau solche autoritären Spinner sind es, die uns eine Greta Thunberg unausweichlich präsentieren, welche nicht müde wird und uns immer wieder sagt: „Wir müssen das CO^2 verringern." Meine Meinung dazu ist, entweder haben die bei der Photosynthese nicht aufgepasst oder die stammen von Langhohlschädel ab! Scheinbar haben solche Thesenerfinder viel zu wenig CO^2 eingeatmet, sonst würden die Seelenlosen nicht so eine Gülle propagieren. In meinen Augen haben die wirklich einfach nur ganz großes Aua im Kopf.

Wie Sie also sehen, stammt der Begriff „Mensch" von „AMENophis" ab, genau wie „Amen" und so weiter.

Falls Sie daran zweifeln sollten, dann habe ich einen kleinen Tipp für Sie: Fragen Sie doch mal Ihren Pfaffen vor Ort, ob „Amen" etwas mit „Amenophis" und Co. zu tun hat! Sie können mir sehr gern Ihre Begegnung und Ihr Erlebtes schildern, ich freue mich schon darauf. Fragen Sie den „heiligen Würdenträger" bei dieser Gelegenheit auch, wie es zu dem Monotheismus gekommen ist und zu der neuen alten Gender-Ga-Ga-Agenda und was darüber in seiner „heiligen Schrift" steht, wobei ich nicht den „Playboy" meine. Ich würde den Klingelbeutel-Vertreter dabei auch noch fragen, ob das „Wissen", was er verbreitet auch belegbar ist oder ob er absichtlich falsches „Wissen" verbreitet.

Für mich persönlich haben all die „religiösen Sektenführer" keinen nennenswerten Mehrwert, über den es sich lohnt zu sprechen.

Meine Mail-Adresse für die Schilderung Ihrer „heiligen „Begegnung ist: kontakt@freunde-der-erkenntnis.net! Vielen Dank im Voraus.

Schauen wir uns doch noch einmal das Wort „Amen" an. Dort ist die Silbe „Men" unübersehbar. Also „Men" wie Mensch, was nicht wirklich positiv behaftet ist. Darum steckt dieses Wortteil auch in dem Begriff „Mensa", weil man weiß, dort bekommt man Füllstoffe für den Körper und wird dadurch satt. Ob das letztendlich auch gut und bekömmlich für den Körper ist, ist eine andere Frage. Oder das Wort „Menstruation" geht auch oft einher mit Schmerzen und Krämpfen.

Auch ist das lateinische Wort „Mens" interessant, was soviel wie: Denkvermögen, Verstand, denkender Geist, Besinnung, Denkart, Sinnesart, Gesinnung, Zorn, Leidenschaft, Seele, Geist, aber auch Staatsgesinnung, Meinung, Ansicht, Absicht, Plan oder Vorsatz bedeutet. [(290)] Dabei sollte man wieder nicht vergessen, dass Latein nichts weiter als eine Militärsprache der Römer, statt eine uralte Wissenssprache war. Und wer waren die Römer? Die Römer waren nichts weiter als Söldner und kein eigenes Volk, wie immer behauptet wird, was selbstverständlich absoluter Mumpitz ist! Wenn das lateinische „Mens" übersetzt Verstand heißt, bedeutet das nun, dass wir der „Verstand" sind, sprich eine Gruppe „Verstandene" oder so?! Einigen Lesern wird die letzte Frage sehr suspekt vorkommen, doch genau dort liegt der Hase begraben. Denn genauso ist es, dass wir (Menschen) zu einer Gruppe mit „Verstand" gemacht wurden, weil wir es verstanden haben obrigkeitshörig zu sein. Das ist aber falsch, denn wir sind Seelen und sollten uns nur das von der Natur gegebene unterordnen und nicht irgendwelchen Wichtigtuern, Schmarotzern oder Satanisten!

Wir bestehen nicht aus dem Verstand, denn dies wäre eine Reduzierung auf den Körper! Wir sind jedoch mehr als „nur ein Körper"! Wir sind beseelte Wesen!

Die Verbindung zwischen „Mens" und „Mensch" ist also nur der Verstand, die Staatsgesinnung und der Plan, wie wir weiter oben bei der Übersetzung lesen durften. Wie schon gesagt, ist dies nur auf das fleischliche Gebilde fixiert und nicht auf die Seele oder die Materie. So wurde die Verbindung und die Programmierung des leichtgläubigen Volkes durch die „Autorität" aufgebaut.

Weitere Ableitungen von dem lateinischem Begriff „Amen" oder „Mens" sind zum Beispiel: Namen: Durch „Namen" sehen wir nur eine personifizierte Menschenhülle, jedoch nicht die wahre Seele.

Oder nehmen wir das Wort: „Armee", bzw. „Armeen", wo man dieses „Amen" auch wiederfindet. Die englische Bezeichnung für „Armee" lautet „Army", was phonetisch dem Begriff „Ami" ähnelt und schon sehen wir wieder, dass der „Ami" die „Armee" der Welt ist, also die Armee der „Autorität"!

Folgende Wörter mit dem Begriff „Amen" könnte man noch auseinandernehmen: Damen, Samen, Dramen, Examen, Flamen, Imamen, Lamento, Abrahamen oder Amalgamen, um nur einige zu nennen. Ebenso sieht es mit „Men" aus: Menage, Menora, Mentor, Menilith, Meniskus oder Menagerie.

Wenn wir mal bei Wikistrunzblöd nachsehen, wie dort der „Mensch" definiert wird, möchte man schon wieder seinen Kopf stundenlang klagend an die Klagemauer hauen, denn dort steht:

> *„Der Mensch (Homo sapiens, lateinisch für ‚verstehender, verständiger' oder ‚weiser, gescheiter, kluger, vernünftiger Mensch') ist nach der biologischen Systematik eine Art der Gattung Homo aus der Familie der Menschenaffen, die zur Ordnung der Primaten und damit zu den höheren Säugetieren gehört."* (291)

Aha, laut Wikitotalbekloppt gehören wir also angeblich zu der „Ordnung der Primaten", also „Primitiven" und ja, das kann ich bei sehr vielen „Artgenossen" nur bestätigen. Dieser Eintrag ist mir nun wirklich zu blöd und daher unterlasse ich jeden weiteren sinnfreien Kommentar!

Die Herrschenden sprechen auch sehr gern von „wir", „wie „Wir das Volk" oder „Wir müssen Solidarität" üben.

In der lateinischen Sprache hängt man auch sehr gern die Endungen „um" oder „us" hinten dran. Dann würde aus „Wir" ein „Wirus", sprich „Virus" werden und man könnte denken, dass „wir" das „Volk" für die pandemieausrufende „Autorität" das eigentliche Problem sind, Stichwort: Bevölkerungsreduzierung! Ist halt nur ein Gedankenspiel meinerseits, der mehr Hintergrund hat, als man meinen mag.

Mit der energetischen Verbindung von „Amen", „Mens", „Mensch" und „Amenophis/Echnaton", auf den laut Latein „reinen Verstand", lasse ich mich persönlich überhaupt nicht reduzieren! Schluss, Aus und Ende der Diskussion!!!

Ich definiere mich nicht als „Mensch", auch nicht für diese sogenannte „Autorität"!

Ich sehe mich als Seele!

Ich sehe mich auch definitiv als Schöpferwesen!

Menschen leben noch dazu in einer Gesellschaft. Eine Gesellschaft ist immer auch eine Unternehmensform. Speziell hier in Deutschland kennen wir dieses Phänomen sehr gut, denn mir kommt es oft so vor, als lebe man hier in einer „Gesellschaft mit beschränkter Haltung" und genau diesen Quatsch brauchen wir nicht mehr. Wir alle sollten uns endlich zu einer „Seelengemeinschaft" weiterentwickeln, was ich persönlich für sehr wichtig halte, denn dies wäre eine wahrlich positive Evolution, sozusagen ein Quantensprung für uns alle, denn wir haben doch alle den Wunsch, gemeinsam zu agieren, weit über den Verstand hinaus. Aus diesem Grund sollten wir uns abkoppeln von dieser „Autorität", von dieser erzwungenen Gesellschaft und von diesem tyrannischen System.

Diese auferlegte „Menschen-Verstands-Reduzierung" sollten wir endlich abschütteln, weit hinter uns lassen, was noch immer in Verbindung mit den ollen satanischen Babyloniern, den brutalen Pharaonen und dem feudalem Adel steht.

Lassen Sie uns damit beginnen, endlich wieder Seelen und Schöpfer zu sein, welche in ihrem „Dasein" Wunder verbringen dürfen und lassen wir uns auch nie wieder von „ihnen" unterdrücken und versklaven.

Dieses Vorhaben dürfen wir aber den Agenten vom Vatikan nicht verraten, weil dies gegen dessen Geschäftsmodell arbeiten würde, was ihm bestimmt nicht gefallen wird!

Auf ein letztes Wort

Was ist ein Paradoxon?
Je mehr ein Mensch die Wahrheit spricht, desto mehr wird ein programmierter Verstand sich an die Lüge Klammern.

(Alfred Walter von Staufen)

Bereits am Anfang dieses Buches schrieb ich: Um die richtigen Antworten zu erhalten, sollte man auch die entsprechenden Fragen stellen. Hier, zum Abschluss dieses Buches, kommen noch einmal ein paar Fragen, worauf Sie eine Antwort finden sollten.

Können Sie mir, meine lieben Leser, folgendes erklären:

Wenn es, so wie man uns immer wieder und überall erzählt, einen sogenannten Gott gäbe, wo ist dann Gott, wenn 3,5 Milliarden Menschen zeitgleich beten?

Warum ändert sich nichts?

Wieso war es schon immer so?!

Dieser Aberglaube tötet in meinen Augen Seelen und das wortwörtlich, wenn man nicht endlich aufwacht!

Und das, meine lieben Leser, meine ich im Ernst.

Alle sogenannten Religionen sind nichts weiter als Sonnenkulte dieser „Autorität"!

Die „Autorität" sind allesamt Sonnenanbeter! Nicht mehr und nicht weniger.

So wie ich es in diesem Buch beschrieben habe, wurden alle Religionen erschaffen.

Es herrschen Manipulationen und nichts weiter als Lügen und das auf allen Ebenen.

Seit mehr als 15.000 Jahren sind wir über diese vorgeschobenen Götter belogen und ganz bewusst falsch informiert worden.

Alle Religionen sind Märchen und Märchen hat man sich ausgedacht, um Kinder zu verängstigen und zu beeinflussen.

Egal ob man sie als Gott, der Herr, der Vater, Herr der Welt, Lord of Kacka, King, Enki, Saturn, Amon, Amon Ra und Amon Re, Amen, Ra, Isis, Horus, Osiris, Jesus, Metatron, Brahma, Anubis, Shiva, Odin, Zeus, Hammon, Erlöser, Erretter, Heiland, Sonnengott oder Olaf Scholz anspricht, um nur einige Namen zu nennen, es steckt immer die „Autorität" dahinter. Es gibt für sie so viele Namen, was einem einzigen Verwirrspiel gleicht. Man muss sich nur einmal die Zeit nehmen, um die gesamte erfundene Geschichte auseinander zu spalten. Wie Sie bereits schon gelesen und erfahren haben, braucht man sich nur die ägyptische Geschichte anzuschauen, denn da ist eine Figur mal der Vater, mal der Sohn, dann wieder die Tochter und so weiter und so fort.

Alle Religionen auf der Erde sind Lügen, erfunden von den falschen Göttern und ihren dunklen Engeln, mit ihren falschen Meistern und Propheten.

Es gibt wirklich keine Ausnahmen!

Alles ist mehrfach ineinander verdreht.

Die Religionen sind ihr Machtinstrument, über das sie viel Einfluss haben, sehr viel Geld generieren und unsere Seelenenergie abziehen.

Jedoch dürfen wir niemals vergessen:

<u>Sie brauchen uns, wir aber brauchen sie nicht!</u>

<u>Der wahre Gott ist Liebe!</u>

<u>LIEBE ist der wahre Gott!</u>

Das Leben gebende Prinzip ist die Liebe!
Die Liebe ist die Urfrequenz der Schöpfung!
Wir tragen das gesamte göttliche Erbe tief in uns!
Jeder einzelne von uns!
Sie in sich!
Ich in mir!
Sie sind der Schöpfer!
Sie sind Ihr eigener Schöpfer und Liebe ist der Grundbaustein der Schöpfung!

Glauben Sie mir bitte: Es gibt weder einen Teufel noch einen Gott da draußen. Beides sind nichts weiter als angsteinflößende Erfindungen dieser „Autorität"!

Wenn beides Erfindungen der „Autorität" sind, was ist dann derjenige, der über diese „Erfindungen" beruflich in seinem schwarzen Rock spricht, predigt und angeblich an sie glaubt?

Er ist ein Instrument der dualistischen Spiele!

Und wessen Informationen teilen diese Dualisten?

Diejenigen, die an den Teufel glauben, sagen das der Teufel stärker und der Gott dieser Welt wäre.

Und die anderen sagen, dass Gott der allerhöchste ist und der Teufel gegen ihn kämpft.

Da stellt sich mir die Frage: Es ist also ein Gott, der mit sich kämpfen lässt?!

Nun ja, aber er ist halt Gott.

Ein Teufel, der seinen Schöpfer bekämpft und noch erfolgreich dabei ist, ist für mich nicht logisch.

Vielleicht meinen Sie nun, dass ich mich lustig über Sie oder die Religion machen würde! Nein, genau das Gegenteil ist der Fall, denn diese „Autorität" macht sich lustig über Sie, über uns alle!

Denken Sie bitte einmal darüber nach!

Kinder sind unsere spirituellen Lehrer

Herausforderungen sind dafür da, um an ihnen zu wachsen. Speziell die schmerzhafteren Lernphasen des Lebens sollten wir schätzen, da wir an diesen Situationen reifen können.

So ist es auch mit den Herausforderungen mit unseren Kindern. Sie bringen uns körperlich, auch emotional häufig an unsere Grenzen.

Wenn wir es aber schaffen, in diesen besonderen Momenten achtsam mit diesen Situationen umzugehen und in der „Herz-Kommunikation" bleiben, dann können wir unglaublich viel über uns selbst lernen!

Mit jeder in Liebe gemeisterten Situation werden wir auch unsere eigene Kinderseele nähren und im besten Fall, haben wir mit jeder fürsorglich gemeisterten Situation die Herzensbindung zu unserem Kind verstärkt.

Wir sollten auch zuhören, wenn unsere Kinder von ihren Vorstellungen und ihrer „magischen Welt" erzählen, sie zu achten und ihre Gefühle ernst nehmen. Kinder erkunden noch mit allen Sinnen und dort wo diese nicht reichen, vertrauen sie auf „ihren Glauben" und „ihre Phantasie", welche uns Erwachsenen abtrainiert wurden.

Kinder fühlen sich mit der Natur und ihrer Umwelt verbunden, können leicht an übernatürliche Wesen glauben und sie auch manchmal sehen, anders als Erwachsene vermögen sie ihre Umgebung zu beseelen.

Es macht uns das Leben leichter, wenn wir unsere Kinder als unsere kleinen Gurus, ja selbst als Meister sehen, die unser spirituelles Wachstum fördern.

Manche Menschen laufen über Scherben und glühende Kohlen um stärker zu werden, andere Menschen lernen von ihren Kindern.

Ehren Sie Ihren Weg

Ihr Weg ist ein Geschenk!

Sie kommen auf die Erde, um einen Weg zu erschaffen, die beste Route zu finden, zu leben und dann nach Hause zurückzukehren.

Ihr Weg wurde auf der anderen Seite mit dem Ursprünglichen, Ihren (Ahnen-) Engeln und (Ahnen-) Energie erschaffen.

Sie werden Tag für Tag, Minute für Minute angeleitet, mit Ihren Ahnen zusammen zu erschaffen und Ihren Weg zu gehen.

Nur Ihr irdisches Leben, Ihr irdischer Weg sollte Ihnen „heilig" sein und nicht die uns durch die „Autorität" vorgesetzten.

Einige der schmerzhaftesten Wege sind die höchsten oder die tiefsten.

Negieren oder kritisieren Sie niemals Ihren Weg, wenn er mit Rückschlägen behaftet ist, denn es waren Ihre Entscheidungen und Ihre Ziele, was man auch Lernprozess nennt.

Alles ist darauf ausgerichtet, zu wachsen und sich zu verändern, sich zu reorganisieren und zu erneuern.

Der Weg des Lebens ist eine Illusion und dieser Weg ist hart und schmerzhaft im Physischen. Aber wenn wir nach Hause zurückkehren, erkennen wir, dass es nur ein seltsamer „Film" war, den wir erlebt haben, um wachsen zu können! Wenn Sie Ihren Weg negieren, negieren Sie Ihren Zweck und Ihre Entscheidungen. Schmerzhafte Entscheidungen können das meiste Wachstum hervorbringen.

Die beseelten Wesen, die wir beobachten müssen, sind diejenigen, die uns inspirieren und an unser Herz stoßen.

Wir sollten uns zu denen hingezogen fühlen, von denen wir uns energetisch angezogen fühlen. Jedoch sollten es reale Wesen sein und keine Figuren aus dem Funk und Fernsehen. Deren Weg zu ehren, ist wie Ihre Seele zu ehren.

Sie sind ein großartiges Wesen und nur die tapferen Seelen haben den Mut, auf die Erde zu inkarnieren!

Die Seelen, die wählen, hierher zu kommen, haben eine starke und unzerstörbare Essenz, an die Sie sich erinnern und aus der Sie schöpfen sollten, wenn Sie sich hilflos und verletzt fühlen.

Ehren Sie sich selbst, wie Sie einen großen Musiker oder eine Berühmtheit ehren würden.

Respektieren Sie Ihren Weg und Ihre Erfahrungen.

Nutzen Sie die Erfahrungen hier unten, als Lernwerkzeuge und Lektionen, denn je mehr wir unseren Herzschmerz umarmen, desto mehr werden wir uns selbst respektieren.

Es gibt Führer, Engel und aufgestiegene Wesen, die nur einen Gedanken oder ein Wimpernschlag entfernt sind.

Ihr Spiegelbild

Ich bin der tiefsten Überzeugung, dass, bevor man andere Wesen wirklich lieben kann, sich erst einmal anfangen sollte, sich selber zu lieben, was man jedoch nicht mit Egoismus und Narzissmus verwechseln sollte. Daher habe ich mir erlaubt, einen kleinen Test für Sie zu verfassen, womit Sie Ihren „Zustand" selber beurteilen können. Wenn auf die folgenden 12 Fragen Ihr Spiegelbild eindeutig und deutlich JA sagt, dann sind Sie für den kommenden und höchsten Schritt bereit. Es erfordert nur ein wenig Mut und Ehrlichkeit!

- Geben Sie Ihrem inneren Kind die Herzenswärme, die es verdient?
  Sind Sie „gewachsen" und können für Ihr inneres Kind jetzt selbst sorgen, es nähren und warmhalten?
- Hätten Sie sich selber gerne zum Freund?
  Knüpfen Sie selber das wertvollste Freundschaftsbändchen, jenes, was lebenslang hält!
- Akzeptieren Sie sich, auch wenn Sie Fehler machen?
  Bitte vergessen Sie nicht: jeder „Fehler" ist nur eine Erfahrung und in jeder Erfahrung liegt der Lösungsschlüssel!
- Haben Sie den Mut zu einer Veränderung?
  Wenn nein, dann lösen Sie bitte die Steine auf Ihrem Weg und bauen ein Kunstwerk daraus, denn es ist Ihr Lebenswerk!
- Beeinflusst Sie die Welt positiv?
  Jeder positive Gedanke trägt den Keim einer besseren Welt in sich. Dieser schwingt und vibriert als Ton auf dieser Welt und erzeugt Resonanz!
- Inspirieren Sie Ihre Mitmenschen mit Freude?
  Wenn Sie Menschen begegnen und sie mit Freude über die Begegnung mit Ihnen sprechen, schwingen Sie auf einer sehr guten Frequenz.

- Schenken Sie sich und den Seelen in Ihrem Umfeld genug Freiheit?
  Seelen wollen frei fliegen. Ein freier Flug heißt glückliche Persönlichkeitsentfaltung.
- Würden Sie Ihrer Beruf-ung auch nachkommen, wenn Sie im Lotto gewinnen würden?
  In einer Beruf-ung erkennen Sie Ihre höhere Mission, in einem Job buckeln Sie meist gegen den Mangel. Eine Herzens-Sache geben Sie für kein Geld der Welt auf.
- Sind Sie ein Bewunderer Ihrer selbst?
  Schaffen Sie Ihre eigene Bühne und glänzen mit Ihrem Schöpfer-Potential.
- Haben Sie auch die Motivation zur einer Veränderung und motiviert das zu tun, was Ihrer Seele guttut?
  Wer nur auf die eine Chance setzt, wird nie erfahren wie sich die zweite angefühlt hätte. Für den Mutigen ist das ganze Leben eine Chance, ergreifen Sie sie!
- Kümmern Sie sich um Themen, die erledigt werden müssen?
  Was Sie jetzt nicht sehen wollen, existiert aber dennoch! Es holt Sie irgendwann ein, weil Sie später nachholen müssen, was Sie im Jetzt versäumten.
- Bekennen Sie sich klar zu Ihrem Spiegelbild? Lieben und achten Sie das Wesen, was sich da zeigt?
  Lieben und achten Sie alle Lebewesen und achten Sie in großer Liebe auch sich selbst! Halten Sie viel von Ihnen, jedoch halten Sie die anderen nie für „dümmer".

Erkennen Sie sich wieder oder stellen Sie sich nun die Frage, was ist:

Der Sinn des Lebens

Der Sinn des Lebens besteht für mich darin, die eigene Weisheit zu entdecken, zu schwingen, in allen Sphären der Unsterblichkeit.

Meine geistige Unabhängigkeit weiterzuentwickeln.

Ein Leben in Freiheit, erfüllt von Lachen und Liebe, Trennung aufzuheben und Verbundenheit zu fühlen.

Anzukommen bei mir selbst, als weiser Mensch, der verstanden hat, was wirklich zählt und dem es gelingt, die Freude, das Glück und die Flamme des Daseins wieder zu entfalten, zu brennen für mein Leben und meine Erkenntnisse weiterzugeben, um am Ende ehrlich sagen zu können:

ICH BIN ICH!

Am Ende genau zu wissen, was es mit dem „ICH BIN" und „ICH SEIN" auf sich hat!

Vom ewigen Kampf gegen die „Autorität"

Im „Krieg" gegen die „Autorität" gibt es keine Gnade. Der Krieg gegen die „Autorität" ist ein Luftkampf. Es gibt keine Regeln und auch keinen Schiedsrichter.

Es geht nicht nur um das Überleben der Stärksten, der „Autorität", sondern die Schwachen werden vernichtet. Wenn jemand schwach ist, wird er oder sie zum Diener irgendwelcher schändlicher Mächte gemacht. Die Starken der „Autorität" regieren ungestraft.

Sie kümmern sich nicht um die Wünsche und Bedürfnisse der Schwachen. Es scheint, nein es ist so, je rücksichtsloser man ist, desto mehr steigt man im Rang der „Autorität" auf. Ja, es ist ziemlich naiv und auch katastrophal, in der autoritären Kriegsführung schwach zu sein.

Viele Menschen wollen die Arbeit nicht investieren und glauben lieber, dass es einen Gott gibt, der alles richten wird. Sie sagen, alles was wir tun sollten, ist uns zu entspannen und zuzusehen. Und genau da liegt das Problem, dass passt diesen faulen Programmen der „Autorität".

Die Seelenlosen, die die Bestrafung der „Autorität" ausführen, haben keine Grenze an Gnade, denn sie besitzen 100 Prozent gnadenlosen Skrupel. Sie haben keine Energiequelle, welche die Energie der Liebe ist, denn sie sind voller Hass und eigentlich lieben sie es, ihren Hass auszudrücken, da dies ihre Natur ist.

Um Liebe auszudrücken, würden sie außerhalb ihrer Komfortzone handeln müssen und somit sterben, da die „Matrix" ihre Versorgung sofort unterbinden würde. Sie sterben dann, durch irdische Krankheiten!

Im Reich der „Autorität" gibt es keine menschlichen Körper, die Seelen dazu bringen, an eine bestimmte Uniform gebunden zu sein und nach irgendwelchen Gesetzen zu handeln.

Wenn Menschen also schwach sind, missbraucht man sie gnadenlos. Menschen wurden belogen, dass es einen Gott im Himmel gäbe, der barmherzig sei. Dies hat die Notlage der Schwachen und Bedürftigen nur noch verschlimmert.

Stellen Sie sich vor, jemand verbringt seine Zeit damit, sich auf den Gott der Barmherzigkeit zu verlassen, der gar nicht existent ist. Das bedeutet, dass dieser Mensch verschlungen würde, während er seine Bemühungen und somit seine Energien in einen nicht existierenden Gott steckt.

Mächtig zu sein und den autoritären Jargon zu verstehen, ist keine Option. Es ist eigentlich zwingend erforderlich, wenn jemand hier ein gutes Leben haben möchte.

Mein Zweifel an Gott

Als ich anfing, an der Existenz eines erfundenen Gottes da oben zu zweifeln, hatte ich wirklich Angst, dass dieser erfundene Gott mich irgendwie bestrafen würde!

Es hat lange gedauert, mich von dieser Angst zu befreien. Es war nur meine eigene indoktrinierte Programmierung, die diese Denkweise bezweckt hat. Seit langer Zeit bin ich frei von dieser Angst, weiß jetzt das ich selbst die Quelle in mir habe und lasse mich nicht mehr von einem imaginären Tyrannen leiten, sondern von meinem eigenen moralischen Gewissen und meiner Seele.

Religion ist erkenntnistheoretisch, arrogant, programmiert und unzuverlässig, tückisch, unverantwortlich, kapriziös, ungesund, instabil, nicht vertrauenswürdig, unglaubwürdig und regelmäßig sogar tödlich!

Wenn der Mensch ein vernünftiges und frei entscheidendes „Tier“ aus dem „Tierreich“ wäre, wäre die tödliche Religion und das ganze Drumherum längst verschwunden!

Tiere sind die besseren Menschen, denn was beten Tiere an?!

Das war wieder einer der richtigen Fragen, deren Antwort Sie nun, nach dem lesen dieses Buches selber finden werden!

Die Frequenz wird immer durch die Geschwindigkeit eines Zyklus bestimmt, die durch die Latenz des Informationspfades zwischen den relativ absoluten desintegrierten und wiederintegrierten Zuständen jedes einzelnen Ausdrucks des unendlichen Potenzials bestimmt wird, das dem ersten Prinzip innewohnt: Zulassen!

Allein die Betonung des Fokus reicht aus, um eine ganze Welt in einen Sklavenmarkt zu verwandeln, wo Pflicht und Loyalität prämiert werden.

Viele Menschen sind zu weit von ihrer eigenen Realität entfernt, um sie in ihren Kontext einzuordnen. Es gibt keine Optik oder Form, nur Kommunikation und Konzept.

Und warum ist der Wandel immer langsamer als erwartet, aber dennoch schneller als erwartet? Gewinnt das Gute nur, weil es besser ist als das Böse? Ist das Leben ein Unfall, wenn Sie darauf warten, dass es passiert? Ich frage nicht, wen ich anbetteln oder anbeten muss.

Die oberste Direktive ist genau das: Eine Direktive. Es ist kein Gesetz und keine Regel.

Die Grundlage der universellen Hierarchie ist das einzig wahre Gesetz, die einzige absolut unzerbrechliche Regel, also somit überhaupt keine Regel. Es ist keine Maßnahme.

Es ist das Absolute. Das Absolute ist unter vielen Namen bekannt und doch total unbekannt. Es ist die einfachste Sache, die erste und einzige unbedingt ewige Sache, deren wir uns alle absolut sicher sein können. Was wir sind, wo wir sind und wie alles begann, ist nur deshalb eine einsame Idee. Eine einzige Information. Die notwendige Potentialquelle selbst.

Wenn Sie sich vollständig als diese ursprüngliche einfache Idee identifizieren würden und ich Sie fragen würde: Was sind Sie und was tun Sie hier auf Erden? Sie würden nicht antworten: „Ich bin Erlaubnis und ich erlaube!“ Und wissen Sie warum? Weil es keine andere Möglichkeit für Sie gibt.

Man hat die „Aufgewachten nun schon drei Jahre (2020-2023) beobachtet um das umzusetzen, was die „Autorität" bald tun wird.

Was haben die „Aufgewachten" denn in dieser Zeit getan, wenn sie so „aufgewacht" sind? Sie haben sich mit Illusionen rumgeschlagen und sogar auch noch andere Menschen damit beschäftigt.

Sie waren blind. Sie waren alle blind und nur gestärkt durch Illusionen, falschen Versprechen und dem ewigen Abwarten.

Darüber rege ich mich auf, denn auch wir und ich sitze in diesem Boot, dass wegen deren Unwissenheit gerade gegen die Wand gefahren wird. Es mag sein, dass dies vielen egal ist, jedoch mir nicht!

Und am Abend wird die „Gute-Laune-Schlafsprachnachricht" auf diversen Telegram-Kanälen angehört, wo man erfährt, dass der „Tiefe Staat", welche eigentlich die „Autorität" ist, eigentlich schon längst am Ende sei, aber man könne doch das neue Kochbuch dieses Dummschwätzers für lächerliche 25 Euro kaufen, weil es doch für eine gute Sache sei!

Genau das wird uns retten, wenn ein ewiger Betrüger, ein Typ, der keine zwei Meter geradeauslaufen kann, der Menschheit die Illusion täglich ins Gehirn pflanzt!

Aufgewachte Menschen nennen sie sich! Herzmenschen nennen sie sich! Es sind Hochstapler und dumme Idioten, die weniger IQ besitzen, als jede Raumtemperatur hat.

All die Zuhörer sind Sklaven und Opfer. Nennen Sie sie wie Sie wollen! Ein Haufen unwissender Naivlinge, die sogar Menschen töten würden, die diese Märchen nicht glauben und sie auslachen.

Oder die angeblich „brandgefährlichen" geleakten Twitter-Dateien, die ganzen unbewiesenen Enthüllungen, gehören allesamt dazu, die sogenannte Dunkelheit dieser „Autorität" zu enthüllen, um das neue „Licht" hervorzubringen. Und so wird es geschehen, wenn der „gewünschte" Lichtbringer erscheint! Jedoch ist es dann zu spät.

Dieses System wird durch die angeblich „Aufgewachten" fallen, daher werden sie gegen alle Andersdenkende mobilisiert. Ja, das alles wird zum falschen Königreich, der Digitalisierung führen, was bisher kaum jemand verstanden oder begriffen hat.

Die Aufstellung ist klar: Trump, Putin, Musk, Ukraine, Russland und ab und zu kommt China mit der Corona-Politik mit dazu. Das sind ihre Manifestationen und ihre Abläufe, denn alles ist perfekt geplant.

Putin lenkt Europa ab und hält die Naiven in der falschen Hoffnung. Dasselbe macht die angebliche „Retter- und Aufklärungs-Bande“ auf den sozialen Netzwerken.

Musk mobilisiert die Menschen in den USA, die wiederum verteilen ihre Märchen auf der ganzen Welt und so etabliert sich ein falsches Licht.

Der ganze Klub der „Autorität“ lacht sich schlapp und freut sich, dass alles einfacher war, als sie dachten!

Ich spare mir an dieser Stelle lange Worte und lasse die Fakten sprechen. Donald J. Trump, Freimaurer, Jesuit, Zionist, großer Täuscher und Verführer. Trump ist einer der Schlüsselfiguren in der NWO-Agenda. Er soll das falsche Erwachen auslösen und die Welt in Chaos und Verderben stürzen.

„Ordo ab Chao“, die Ordnung (Maat) aus dem Chaos. Aus den Trümmern unserer sich in Auflösung befindlichen Welt, soll die Neue Weltordnung errichtet werden.

Religionen schaffen Millionen von abhängigen, unterwürfigen, unwissenden Menschen, die glücklich für jeden gefährlichen Spinner stimmen, solange er / sie / es mit der Bibel schwenkt!

Hier kommt noch eine richtige Frage: Ohne Wasser und Sauerstoff gäbe es kein menschliches Leben. Ist das richtig?

Was würde sich jedoch ohne die erfundenen Götter ändern? Würde es uns noch geben oder nicht?

Gehen Sie doch einmal in den Wald oder Dschungel und schreien, dass der uns bekannte Gott da draußen weg wäre, obwohl er nie da war! Die Tiere bewerfen Sie mit Früchten und lachen Sie aus!

Religionen prangern die Sklaverei nicht an!

Religionen sind die Sklaverei!!!

Und wer regiert uns nun?

Wer regiert uns wirklich? Wer ist diese „Autorität? Von wem rede ich hier, in diesem Buch?

Rede ich hier von sogenannten „Menschen“ oder vielleicht sogar außerirdischen Wesen?

Um dies zu beantworten, muss ich als erstes zugeben, dass diese Fragen schon allein sehr komisch gestellt wurden, denn diese Fragen implizieren, dass regiert werden würde und geht somit, an allen wesentlichen Antworten vorbei!

WIR LASSEN UNS REGIEREN!

Ja, Sie haben richtig gelesen, wir lassen uns regieren, weil wir an Hierarchien glauben!

Das ist der eigentliche Akt!

Das ist das eigentliche Problem!

Wir sind das eigentliche Problem, weil wir das selber machen, uns unterdrücken lassen!

Wenn ich Verantwortung abgebe, dann zwinge ich ein anderes Wesen im Außen, für mich Verantwortung zu übernehmen und zu tragen, ob ich will oder nicht!

Derjenige, der diese Verantwortung abgibt, ahnt nicht, dass sich jemand dafür hergibt, uns unsere Verantwortung abzunehmen, eine kriminelle Handlung darstellt, das wir sie abgeben.

Wir gehen zur Wahlurne und geben somit unsere Verantwortung ab. Mit dem Einwurf unseres Stimmzettels bestimmen wir ein anderes Wesen, über uns zu entscheiden! Dies steht oftmals sogar an Wahllokalen dran, der Begriff: „STIMMABGABE“!

Im normalen Fall kommt in die Urne immer der „Tod“ hinein und mit dem Wurf unseres Stimmzettels in die Wahlurne, übergeben wir unser Leben und sind hinterher unmündig, fast schon leblos oder faktisch tot!

So funktioniert das System!

So funktioniert die „Autorität"!

Der Einzige, der eine Option auf Veränderung hat, ist der, der diese Verantwortung abgegeben hat und sollte sie wieder annehmen. Wir alle sollten wieder lernen, Verantwortung anzunehmen und zu übernehmen!

Diesen Schritt „zurück" sollten wir machen, um den Schritt nach „vorn" zu wagen.

Wenn wir die Selbstverantwortung wieder übernehmen, gibt es keine Regierungen mehr und das ist die wirkliche Antwort auf die Frage, wer uns regiert.

Wer letztendlich dieses „Verantwortungs-Vakuum" gefüllt hat oder füllt, kann man natürlich auch beantworten, doch das würde in eine fatal falsche Richtung führen.

Wenn wir unseren Blick nach außen werfen und denjenigen der momentan die Verantwortung trägt, beseitigen würden, um einen anderen Verantwortlichen zu „wählen", dann verändert sich gar nichts und daher ist solch eine Frage witz- und sinnlos.

Im Außen wird es keine Veränderung geben,
denn die Veränderung muss in uns stattfinden!

Mein Dank von ganzem Herzen

Wir leben auf dieser wunderschönen Erde
in einer wahrlichen Scheißwelt!
Es ist Zeit, dass dies endlich aufhört!
Es ist Zeit, dass wir in das Paradies heimkehren!
(Alfred Walter von Staufen)

Nun sind wir am Ende dieses Buches angelangt.

Vieles habe ich für Sie aufgeschrieben, von dem Sie, meine lieben Leser, bestimmt noch nie etwas gehört haben oder in solch einen Zusammenhang brachten. Viele Erkenntnisse mögen auch, auf den ersten Blick, brutal klingen und schmerzhaft sein.

Jedoch bitte ich Sie, gehen Sie in sich und vor allem: Seien Sie ehrlich zu sich, denn alles andere wäre Selbstbetrug.

Jedoch muss ich nun, wo doch sehr viele Seiten bedruckt wurden, auch ehrlicher Weise zugeben, dass ich vieles nicht wiedergeben konnte, aufgrund der Komplexität! Aber dennoch bedanke ich mich bei Ihnen aus der Tiefe meines Herzens, dass Sie mir Ihre Zeit geschenkt haben, meinen Worten lauschten und auf dieser Reise mal geschockt, mal belustigt und auch einmal erstaunt waren.

Selbstverständlich bedanke ich mich auch bei meinem Verleger, Nikolas Pravda, für seine Geduld und seine Unterstützung. Er war es auch, der mir Mut machte, als ich im April 2022 „aufgeben“ und keine weiteren Bücher oder Artikel mehr schreiben wollte. Grund dafür waren zahlreiche Bedrohungen und Einschüchterungen von „Außen“. Speziell ging es um eine Warnung, von einer sehr „mächtigen weltweit operierenden Banditengesellschaft“, welche manchmal sehr verLOGEN erscheinen. Heute weiß ich, dass wir beseelte Wesen wesentlich stärker sind, als die seelenlosen Kreaturen, aus dem Reich der Finsternis. Achja und sorry lieber Herr Pravda nochmals, dass Sie mehrmals Ihre terminlichen Planungen ändern mussten, weil ich dieses Buch bei Ihnen mit nur 9 Monaten Verspätung abgegeben habe. Umso mehr hoffe ich, dass sich diese Wartezeit gelohnt hat, jetzt, wo das „Baby“ Ihnen vorliegt!

Aber einen sehr großen Dank, möchte ich auch meiner lieben Frau zusprechen, denn ohne ihre Unterstützung, wäre die Realisation dieses Buches nicht möglich gewesen. Sie hat mich kulinarisch versorgt, hat mich nachts bei Albträumen geweckt und gab mir die Freiheit, welche ich benötigte, dieses Druckwerk zu schreiben.

Wie oft habe ich ihr in den vergangenen Monaten nicht richtig zugehört, weil ich in Gedanken war?

Wie oft habe ich Kleinigkeiten oder Wünsche unabsichtlich überhört, weil ich den „ägyptischen Spuren“ folgte?

Wie oft habe ich übersehen, den Müll rauszubringen oder einmal das Katzenklo zu reinigen?

Ich bin ihr unendlich dankbar dafür, dass sie so viel Geduld mit mir hat. Ihr allein gehört mein Herz und unsere Seelen, welche sich schon solange kennen, werden auf Ewigkeit verbunden bleiben!

Bevor ich jedoch dieses allerletzte Kapitel beende, möchte ich Ihnen, meine lieben Leser, noch eine kleine Weisheit mit auf den Weg geben:

In dieser Begebenheit, geht es um einen Raben. Dieser Rabe sitzt auf einem Ast und guckt blöd herum. Da kommt ein zweiter Rabe angeflogen und fragt den ersten: „Was machst du hier?“. Da sagt der erste Rabe: „Ich mache nichts Besonderes. Ich sitze hier so dumm herum und gucke blöd.“.

„Ach“, sagt der zweite Rabe, „Davon habe ich ja noch nie etwas gehört. Das klingt sehr spannend und mache ich jetzt auch.“. Und zack sitzt er auf dem Ast neben ihm.

Da kommt ein Häschen an gehoppelt, guckt nach oben und meint: „Was macht ihr beiden denn da oben?“. Sagt der zweite Rabe: „Du Häschen, ich kannte das auch nicht, denn das ist was ganz Neues. Wir sitzen jetzt einfach ganz dumm herum und gucken blöd.“

„Oh Gott wie ungewöhnlich“, sagte das Häschen, „Ich glaube, ich probiere das auch.“ Und wieder zack sitzt es unter dem Baum und guckt auch blöd herum.

Da kommt ein Fuchs, guckt sich das Häschen an, schaut hoch zu den beiden Raben, zögert ein paar Sekunden und fragt dann in die Runde: „Was macht ihr hier eigentlich?“.

Sagt das Häschen: „Du wirst es nicht glauben, aber wir sitzen hier dumm herum und gucken blöd.“

„Oh“ sagt der Fuchs. „Wenn das alle machen, dann mach ich das auch.“ Zack setzt er sich auch unter den Baum, neben dem Häschen und guckt auch blöd herum.

Da kommt ein Jäger aus dem Wald, guckt ein paar Sekunden, nimmt das Gewehr von der Schulter und erschießt erst den Fuchs und dann das Häschen, sammelt die Trophäen ein und zog von dannen.

Da guckt der erste Rabe den zweiten Raben an und sagt: „Siehst du, dumm rumsitzen und blöd gucken funktioniert eben nur von einer höheren Position!“

Und daher: Hören Sie auf Ihr Herz, denn diejenigen, die Sie alle getäuscht und handlungsunfähig gemacht haben, machten Sie auch gleichzeitig selbstvergesslich!

Diese „Autorität“ und deren Handlanger des Bösen haben Sie alle, von Ihrem Selbst entfernt. Sie können als „Feind Ihrer Selbst“ keine Antworten finden.

Genau das ist das Spiel der „Autorität“, indem sie Ihnen andere Spiele zeigen und nicht davon erzählen, dass Sie die Antwort auf alles sind.

Sie lehrten Sie, ein Bettler in der Welt zu sein, obwohl Sie den Schatz der Schätze in Ihrer Brust tragen!

Passen Sie bitte gut auf sich auf!

Herzlichst
Ihr Alfred Walter von Staufen

Unsere Zeit ist alt geworden.
Sie hat uns getragen und verändert.
Was kann es Schöneres geben,
als gemeinsam etwas zu teilen.
Ich danke Ihnen von ganzen Herzen,
für Ihre geteilte Zeit!

Im Verlag bisher erschienen:

Der Hollywood-Code: Kult, Satanismus und Symbolik: Wie Filme und Stars die Menschheit manipulieren

Der Musik-Code: Frequenzen, Agenden und Geheimdienste: Zwischen Bewusstsein und Sex, Drugs & Mind Control

DUMBs: Geheime Bunker, unterirdische Städte und Experimente: Was die Eliten verheimlichen

Der geheime Pakt der Freimaurer, Khasaren und Jesuiten. Wir bleiben durch unser Blut verbunden. Tod dem, der darüber spricht.

Die moderne Musik-Verschwörung: Popstars, Hits und Videoclips – für die perfekte Gehirnwäsche

Hollywood-Code 2: Prophetische Werke, Alien-Agenda, Neue Weltordnung und Pädophilie – sie sagen es uns durch Filme

Illuminatenblut 2: Jagdgesellschaften der Elite. Sie benutzen Rituale & Magie um Dich zu kontrollieren

Bildquellen:

Bild 1: https://www.facebook.com/KatapultM/posts/3063815287168537/

Bild 2: https://twitter.com/welt/status/1492766030669692928

Bild 3: Alfred Walter von Staufen (https://www.averoy.net)

Bild 4: https://www.vanityfair.com/culture/2015/05/bill-gates-summer-reading-list

Bild 5: https://www.zeit.de/politik/ausland/2019-02/aegypten-arabische-liga-eu-scharm-al-scheich-menschenrechtsverletzungen

Bild 6: https://de.wikipedia.org/wiki/Tafelrunde; https://www.merkur.de/politik/blitz-krieg-russland-putin-duma-ukraine-krieg-deutschland-nato-tragoedie-sanktionen-zr-91655197.html; https://www.spiegel.de/geschichte/20-jahre-runder-tisch-a-948157.html

Bild 7: https://www.faz.net/aktuell/stil/trends-nischen/wie-corona-unsere-begruessungs-rituale-veraendert-hat-17489424.html; https://www.sueddeutsche.de/panorama/coronavirus-ellenbogen-begruessung-1.4990230; https://www.handelsblatt.com/karriere/homeoffice/busi-nessetikette-handschlag-fist-bump-ellbogencheck-wie-begruesst-man-sich-derzeit-eigentlich-korrekt/27578036.html; https://www.main-echo.de/freizeit/mami-papi-ich/neues/begrues-sung-mit-dem-ellenbogen-art-7093882; https://www.faz.net/aktuell/wirtschaft/union-muss-klare-haltung-finden-opposition-will-gelernt-sein-17729739/ghetto-faust-mit-dem-kanzler-17729744.html; https://www.badische-zeitung.de/der-ellenbogengruss-steht-in-zeiten-des-coronavirus-hoch-im-kurs--183418404.html

Bild 8: Alfred Walter von Staufen (https://www.averoy.net)

Bild 9: https://de.wikipedia.org/wiki/In_God_we_trust

Bild 10: https://de.wikipedia.org/wiki/Datei:Egyptian_-_Isis_with_Horus_the_Child_-_Walters_54416_-_Three_Quarter_Right.jpg; https://www.pinte-rest.de/pin/551268810635292398/; https://de.wikipedia.org/wiki/Mahapajapati_Gotami

Bild 11: https://www.babelli.de/geburtsurkunde; https://www.iserlohn.de/kultur/stadtar-chiv/bestaende-recherche/personenstandsregister-der-standesaemter-iserlohn-i-und-ii; https://de.wikipedia.org/wiki/Tierkreiszeichen; Alfred Walter von Staufen

Bild 12: https://de.wikipedia.org/wiki/Reichstagsgeb%C3%A4ude; https://en.wikiarqui-tectura.com/building/the-madeleine/; https://de.wikipedia.org/wiki/Parlaments-geb%C3%A4ude_%28Wien%29; https://de.wikipedia.org/wiki/Pantheon_(Rom); https://de.wikipedia.org/wiki/Bundeshaus_%28Bern%29; https://www.tripadvisor.de/Attrac-tion_Review-g312659-d480283-Reviews-Parliament_of_the_Republic_of_South_Africa-Cape_Town_Central_Western_Cape.html; https://de.wikipedia.org/wiki/Datei:US-Whi-teHouse-Logo.svg; https://de.wikipedia.org/wiki/Griechisches_Parlament; https://de.wikipe-dia.org/wiki/%C3%96sterreichische_UNESCO-Kommission

Bild 13: https://de.wikipedia.org/wiki/Vitruvianischer_Mensch; https://de.wikipe-dia.org/wiki/Vitruvianischer_Mensch; https://de.wikipedia.org/wiki/Vitruvianischer_Mensch; https://de.wikipedia.org/wiki/Vitruvianischer_Mensch; https://de.wikipedia.org/wiki/Vitruvi-anischer_Mensch; https://de.wikipedia.org/wiki/Vitruvianischer_Mensch

Bild 14: https://www.spiegel.de/sport/sonst/nfl-verbietet-den-kniefall-kapitulation-vor-donald-trump-a-1209427.html; https://www.rtl.de/cms/klare-kante-gegen-rassismus-spieler-und-referees-knien-nieder-4556153.html; https://www.idowa.de/inhalt.bundesliga-kniefallgegen-rassismus-starke-zeichen-aus-dem-fussball.df9dacd6-835d-49cb-95b9-f657f86cb0b6.html

Bild 15: https://www.katholisch.de/artikel/6978-jesus-ist-der-koenig; https://de.wikipedia.org/wiki/Datei:Christus_Ravenna.jpg; https://ipicasso.de/malen-nach-zahlen/jesus-christus-pc4050978

Bild 16: https://www.sendbote.com/content/lebensgefahr-fuer-christen; https://fsspx.de/de/news-events/news/christenverfolgung-heute-20517; https://www.schantall-und-scharia.de/wallah04-sind-christen-wirklich-die-meistverfolgte-religionsgemeinschaft/

Bild 17: https://pixabay.com/de/photos/t%c3%bcren-entscheidungen-w%c3%a4hlen-offen-1767559/

Bild 18: https://pixabay.com/de/photos/grand-canyon-vereinigte-staaten-1839279/

Bild 19: https://jeanclaudegolvin.com/de/project/italien/italie-roma-cirus-maximus-au-ive-siecle-jc-golvin-2/; https://romtipps.de/circus-maximus.html; https://romtipps.de/circus-maximus.html; https://images.fineartamerica.com/images-medium-large-5/restoration-of-the-circus-maximus-mary-evans-picture-library.jpg

Bild 20: https://pbs.twimg.com/media/ELmZ2TpX0A04M3j?format=jpg&name=large; https://fr.wikipedia.org/wiki/Statue_de_Jupiter_%28Ermitage%29

Bild 21: https://en.wikipedia.org/wiki/Khnum; https://www.cairotoptours.com/de/Agypten-Reisefuhrer/Gotter-des-alten-Agypten/Gott-Khnum

Bild 22: https://en.wikipedia.org/wiki/Helios; https://de.wikipedia.org/wiki/Freiheitsstatue

Bild 23: https://en.wikipedia.org/wiki/Brandenburg_Gate

Bild 24: https://www.wikiwand.com/de/Triumphtor; https://www.wikiwand.com/de/Triumphtor; https://www.parisentdecken.de/sehenswuerdigkeiten/triumphbogen-arc-de-triomphe.html

Bild 25: https://en.wikipedia.org/wiki/Halo_(religious_iconography)

Bild 26: Alfred Walter von Staufen (https://www.averoy.net)

Bild 27: https://www.vox.com/2021/4/24/22400851/armenian-genocide-turkey-biden-erdogan; https://www.mainpost.de/ueberregional/meinung/leseranwalt/leseranwalt-wie-sich-putins-imaginaerer-heiligenschein-deuten-laesst-art-10826959; https://www.weser-kurier.de/politik/ende-einer-praesidentschaft-was-passiert-mit-trump-doc7e4ecl1su5y9pj821ec; https://www.bmbf.de/bmbf/shareddocs/kurzmeldungen/de/g20-treffen-wissenschaftler-uebergen-an-bundeskanzlerin-merkel.html; https://twitter.com/vonderleyen/status/1412680662805590017; https://www.dailymail.co.uk/news/article-7915307/Prince-Charles-flies-Davos-jet-emitting-six-tonnes-carbon-launch-sustainable-project.html

Bild 28: https://de.wikipedia.org/wiki/Shiva; https://biblioteca.acropolis.org/los-shiva-sutras-y-la-ciencia-del-yo/

Bild 29: https://publicdelivery.org/shiva-statue-cern/

Bild 30: https://en.wikipedia.org/wiki/Xihe_(deity)

Bild 31: https://www.brasil-latino.deBLOG20180615inti-raymi-das-fest-der-sonne-in-cuzco-peru

Bild 32: https://www.welt.de/reise/Fern/gallery122725469/Als-deutscher-Livingstone-bei-den-Staemmen-Afrikas.html; https://www.welt.de/reise/Fern/gallery122725469/Als-deutscher-Livingstone-bei-den-Staemmen-Afrikas.html; https://www.etsy.com/at/listing/1345062426/afrikanische-kunst-afrikanische-echte

Bild 33: https://de.alegsaonline.com/art/43209; https://de.alegsaonline.com/art/26840; https://commons.wikimedia.org/wiki/File:Blue_crown.svg; https://commons.wikimedia.org/wiki/File:White_House_north_and_south_sides.jpg; https://commons.wikimedia.org/wiki/File:Flag_of_the_United_Nations.svg

Bild 34: httpiers.grial.eumodulesintroductionjudaismijudindex-4_de.html

Bild 35: https://www.malteserorden.at; https://de.wikipedia.org/wiki/Johanniterorden; https://de.wikipedia.org/wiki/Jesuiten; https://de.wikipedia.org/wiki/Templerorden

Bild 36: https://www.tagblatt.ch/leben/nicht-1291-und-nicht-beim-rutlischwur-wann-die-schweiz-wirklich-gegrundet-wurde-ld.1520013; https://de.wikipedia.org/wiki/R%C3%BCtlischwur

Bild 37: https://www.deutschlandfunk.de/deutsches-historisches-museum-geschichte-aus-frauensicht-100.html; https://magazin-forum.de/de/node/14260

Bild 38: https://de.wikipedia.org/wiki/Franz%C3%B6sische_Revolution

Bild 39: https://de.wikipedia.org/wiki/Franz%C3%B6sische_Revolution

Bild 40: https://www.cairotoptours.com/de/Agypten-Reisefuhrer/Gotter-des-alten-Agypten/Gott-Aton

Bild 41: https://pixabay.com/photos/pyramids-egypt-egyptian-ancient-2371501/; https://pixabay.com/photos/building-architecture-landmark-102840/; https://pixabay.com/photos/chichen-itza-maya-mexico-pyramid-3922846/; https://pixabay.com/photos/dollar-dollar-bill-finance-funds-943738/; https://pixabay.com/photos/san-francisco-california-skyscraper-959232/; https://pixabay.com/photos/london-england-city-architecture-5279133/

Bild 42: Alfred Walter von Staufen (https://www.averoy.net)

Bild 43: https://pixabay.com/photos/peter-cathedral-179389/; https://pixabay.com/photos/washington-monument-washington-dc-569143/; https://pixabay.com/photos/w%c3%bcrzburg-bavaria-swiss-francs-1094367/; https://pixabay.com/photos/jordan-petra-tombs-cliff-obelisks-1326696/; https://pixabay.com/photos/obelisk-robe-south-australia-sea-3847699/; https://pixabay.com/photos/portland-bill-weymouth-portland-843609/

Bild 44: Alfred Walter von Staufen (https://www.averoy.net)

Bild 45: https://ilovebern.wordpress.com/2011/04/08/whats-the-story-behind-this-building-3/; https://www.20min.ch/story/russische-botschaft-in-bern-will-mehr-schutz-durch-die-schweiz-801167265022; https://de.m.wikipedia.org/wiki/Datei:Bernabrunnen_(Bronzestatue_Berna_-_Raphael_Christen_1863)_09.jpg

Bild 46: https://ilovebern.wordpress.com/2011/04/08/whats-the-story-behind-this-building-3/

Bild 47: Alfred Walter von Staufen (https://www.averoy.net)

Bild 48: https://de.wikipedia.org/wiki/Re_(%C3%A4gyptische_Mythologie)

Bild 49: Alfred Walter von Staufen (https://www.averoy.net)

Bild 50: https://de.wikipedia.org/wiki/Sono_Motors; https://de.wikipedia.org/wiki/Sono_Motors; https://sonomotors.com

Bild 51: https://www.isideco.de/aegyptische-goettin-isis-stehend-mit-ausgebreiteten-fluegeln/kulturen/aegypten/figuren/a-22361; https://dzen.ru/media/id/5b94fa2c46f39d00aa674836/boginia-isida-5bbd0a11531b4500aa230253; https://aegyptische-goetter.de/isis/; https://de.wikipedia.org/wiki/Datei:Reichsadler_Deutsches_Reich_(1935%E2%80%931945).svg; https://www.welt.de/geschichte/zweiter-weltkrieg/article177598118/Uniformen-Hitlers-Panzersoldaten-trugen-Totenkoepfe-wie-die-SS.html; https://de.wikipedia.org/wiki/Mini_(Automarke)

Bild 52: Alfred Walter von Staufen (https://www.averoy.net)

Bild 53: https://lokalklick.eu/2020/06/08/krefelder-archaeologen-entdecken-seltene-isis-darstellung/

Bild 54: https://de.wikipedia.org/wiki/Amun

Bild 55: https://de.wikipedia.org/wiki/Maat_(%C3%A4gyptische_Mythologie)

Bild 56: Alfred Walter von Staufen (https://www.averoy.net)

Bild 57: Alfred Walter von Staufen (https://www.averoy.net)

Bild 58: https://de.wikipedia.org/wiki/Quadriga

Bild 59: https://de.wiktionary.org/wiki/Union; https://de.wikipedia.org/wiki/Afrikanische_Union; https://de.wikipedia.org/wiki/ASEAN; https://de.wikipedia.org/wiki/Europ%C3%A4ische_Union; https://de.wikipedia.org/wiki/Afrikanische_Union; https://de.wikipedia.org/wiki/ASEAN

Bild 60: https://de.wikipedia.org/wiki/Paneuropa-Union

Bild 61: https://www.stuttgarter-nachrichten.de/inhalt.grundsatzrede-zur-eu-macron-foerdert-europa-wenn-es-frankreich-nutzt.7933e08d-20ec-4499-9bd4-6798afbc31e2.html; https://www.sueddeutsche.de/politik/eu-parlament-charles-michel-ratspraesident-1.4509924; https://www.rnd.de/politik/juncker-will-die-eu-reformieren-I2DMIAKKQEN-QPTRNE7I7VJRNVA.html

Bild 62: https://www.dw.com/de/von-der-leyens-antrittsbesuch-bei-den-nachbarn-in-afrika/a-51570887; https://www.faz.net/aktuell/politik/ausland/baerbock-strebt-enge-beziehungen-zu-afrika-an-18600616.html; https://taz.de/Staatengipfel-der-Afrikanischen-Union/!5916921/

Bild 63: https://de.wikipedia.org/wiki/BRICS-Staaten; https://www.freiheit.org/de/deutschland/brics-individuelles-miteinander

Bild 64: Alfred Walter von Staufen (https://www.averoy.net)

Bild 65: https://commons.wikimedia.org/wiki/File:Eye_of_Horus_bw.svg; https://commons.wikimedia.org/wiki/File:Eye_of_Ra.svg

Bild 66: https://upload.wikimedia.org/wikipedia/commons/thumb/c/c2/Horus_standing.svg/896px-Horus_standing.svg.png

Bild 67: Alfred Walter von Staufen (https://www.averoy.net)

Bild 68: https://de.wikipedia.org/wiki/Templerorden; https://www.welt.de/geschichte/article191018747/Tempelritter-Nackt-und-brennend-stiess-Molay-seinen-Fluch-aus.html; https://de.wikipedia.org/wiki/K%C3%B6nigreich_Jerusalem

Bild 69: Alfred Walter von Staufen (https://www.averoy.net)

Bild 70: Alfred Walter von Staufen (https://www.averoy.net)

Bild 71: https://de.wikipedia.org/wiki/Albrechts-Orden; https://de.wikipedia.org/wiki/Das_Eiserne_Kreuz; https://de.wikipedia.org/wiki/Eisernes_Kreuz

Bild 72: Alfred Walter von Staufen (https://www.averoy.net)

Bild 73: Alfred Walter von Staufen (https://www.averoy.net); https://de.wikipedia.org/wiki/Johanniterorden; https://www.auktionshaus-sieglin.de/produkt/0332-st-stanislaus-orden/; https://de.aliexpress.com/item/4000434564877.html; https://www.meine-kirchenzeitung.de/c-glaube-und-alltag/das-kreuz-symbol-der-christen_a4991; https://de.wikipedia.org/wiki/Pour_le_M%C3%A9rite; https://de.wikipedia.org/wiki/Ludwig_II._(Bayern); https://de.wikipedia.org/wiki/Nikolaus_II._(Russland); https://de.wikipedia.org/wiki/Wilhelm_II._(Deutsches_Reich)

Bild 74: https://de.wikipedia.org/wiki/Gro%C3%9Fe_Sphinx_von_Gizeh; https://de.wikipedia.org/wiki/I%C5%A1tar

Bild 75: https://de.wikipedia.org/wiki/Wappen_des_Vereinigten_K%C3%B6nigreichs; https://de.wikipedia.org/wiki/Markusl%C3%B6we; https://de.wikipedia.org/wiki/Bayerisches_Staatswappen; https://de.wikipedia.org/wiki/Wappen_Spaniens; https://de.wikipedia.org/wiki/Schleswigsche_L%C3%B6wen; https://de.wikipedia.org/wiki/L%C3%B6we_Judas; https://de.wikipedia.org/wiki/L%C3%B6we_(Wappentier); https://de.wikipedia.org/wiki/Berlin

Bild 76: https://de.wikipedia.org/wiki/Markusl%C3%B6we; www.pixabay.com

Bild 77: https://www.derstandard.at/story/2000029973028/bereits-die-alten-babylonier-konnten-die-jupiter-bahn-berechnen; https://ar.pinterest.com/pin/822047738231242839/

Bild 78: Alfred Walter von Staufen (https://www.averoy.net); https://www.miocasa.de/steinfiguren/saeulenzapfen/pinienzapfen-mittel--saeule-derby.php; https://www.facebook.com/unseraachen/photos/a.184767734810/10158410544199811/?type=3; https://de.wikipedia.org/wiki/Angkor_Wat; https://dwellersthreshold.wordpress.com/2015/03/31/osiris-rem-nebket-the-staffs-of-osiris/

Bild 79: https://www.vaticannews.va/de/vatikan/news/2021-07/vatikan-antiker-pinienzapfen-museen-restaurierung-leben.html

Bild 80: https://sites.google.com/site/artustafelrunde/reiseberichte/auf-der-suche-nach-guinevere-und-dem-gral-in-spanien; https://www.zdf.de/dokumentation/zdfinfo-doku/mythos-die-groessten-raetsel-der-geschichte-der-heilige-gral-100.html; https://www.fotocommunity.de/photo/heiliger-gral-christian-dolle/40993791; http://www.pixabay.com; Alfred Walter von Staufen (https://www.averoy.net)

Bild 81: https://commons.wikimedia.org/wiki/File:VW_logo_1937_to_1939.svg; https://de.wikipedia.org/wiki/Volkswagen; https://de.wikipedia.org/wiki/Datei:Wikipedia-W-bold-in-square.svg; https://www.nurfussball.com/2022/04/adidas-fuhrt-neues-logo-ein.html; https://www.pngplay.com/de/image/195410; https://seeklogo.com/vector-logo/245134/citroen; https://www.spiegel.de/geschichte/winston-churchill-und-sein-v-wie-victory-die-geschichte-einer-geste-a-5111bdc1-325b-420d-95c0-168cc688897a; https://blog.tagesanzeiger.ch/nevermindthemarkets/index.php/40495/warum-ignorieren-die-finanzmaerkte-den-trump-faktor/; https://www.rnd.de/medien/podcasts-von-prominenten-von-barbara-schoneberger-bis-verona-pooth-ein-uberblick-BT5S3BKSMBEZHP3QDNASIT3NNM.html

Bild 82: https://www.isideco.de/schmuckdose-templer-kreuzritter-mit-siegel-der-templer/kollektionen/templer-kreuzritter/dosen-vasen/a-36393; http://www.freier-ritterorden-der-templer.de/die%20templer.htm; https://www.freimaurer-templer.de/templer-accessoires/aufkleber/2617/aufkleber-templersiegel-templarseal-weiss

Bild 83: Alfred Walter von Staufen (https://www.averoy.net)
Bild 84: Alfred Walter von Staufen (https://www.averoy.net)
Bild 85: Alfred Walter von Staufen (https://www.averoy.net)
Bild 86: https://www.trolleytours.com/washington-dc/white-house; https://pixabay.com/de/
Bild 87: https://de.wikipedia.org/wiki/Reichstagsgeb%C3%A4ude; https://berliner-abendblatt.de/2022/08/08/sommerfest-des-bundespraesidenten-im-schloss-bellevue-vom-26-bis-27-august/; https://www.semperoper.de/ihr-besuch/oeffnungszeiten-und-kontakte.html; https://www.buildington.co.uk/buildings/5693/london-ec4/1-king-william-street/one-king-william-street; https://www.searchforthor.com/blog/tag/M.M.+Warburg+Bank%3B+bank%3B+Hamburg; https://www.welt.de/kultur/article207241711/Leopoldina-Kleine-Kulturgeschichte-der-nationalen-Akademie.html
Bild 88: Alfred Walter von Staufen (https://www.averoy.net)
Bild 89: Alfred Walter von Staufen (https://www.averoy.net)
Bild 90: Alfred Walter von Staufen (https://www.averoy.net)
Bild 91: Alfred Walter von Staufen (https://www.averoy.net)
Bild 92: Alfred Walter von Staufen (https://www.averoy.net)
Bild 93: Alfred Walter von Staufen (https://www.averoy.net)
Bild 94: https://de.wikipedia.org/wiki/Skull_%26_Bones; https://commons.wikimedia.org/wiki/File:Bonesmen_clock.jpg
Bild 95: https://www.aboutww2militaria.com/de/kleiderkasse-waffen-ss-visier-hut-fuer-einfachen-soldaten.html
Bild 96: https://de.wikipedia.org/wiki/Wappen_Preu%C3%9Fens; https://de.wikipedia.org/wiki/Bundeswappen_Deutschlands; https://de.wikipedia.org/wiki/Reichsadler
Bild 97: https://de.wikipedia.org/wiki/Wappen_Russlands; https://de.wikipedia.org/wiki/Doppeladler; https://de.wikipedia.org/wiki/K%C3%B6lner_Wappen
Bild 98: https://freimaurerloge-europa.de/; https://en.wikipedia.org/wiki/Albert_Pike
Bild 99: https://www.merkur.de/politik/donald-trump-praesident-usa-unternehmer-vermoegen-portraet-zr-13235348.html; https://de.wikipedia.org/wiki/Gro%C3%9Fes_Siegel_der_Vereinigten_Staaten; https://de.wikipedia.org/wiki/Flagge_der_Vereinigten_Staaten; https://www.vorwaerts.de/artikel/praesident-immer-wladimir-putin-macht-retten-will; https://de.wikipedia.org/wiki/Flagge_Russlands; https://de.wikipedia.org/wiki/Pr%C3%A4sident_Russlands
Bild 100: https://www.watson.ch/schweiz/international/109382405-trump-kommt-im-januar-ans-wef-nach-davos; https://www.shipsticks.com/trump-international-golf-links-doonbeg
Bild 101: https://www.pinterest.de/pin/this-is-so-siiiiiick-i-would-love-to-turn-that-triangle-into-the-deathly-hallows-symbol--474285404478906594/; https://zombiewoodproductions.wordpress.com/2012/10/22/die-eule-der-minerva/; https://www.amazon.de/Illuminati-Sterling-Pyramide-Schlange-Freimaurer/dp/B072MFN8JH; https://www.freimaurer-templer.de/freimaurer-accessoires/geschenkideen/2452/eule-der-minerva
Bild 102: Alfred Walter von Staufen (https://www.averoy.net)
Bild 103: http://noicon101.blogspot.com/2012/03/was-bedeutet-die.html
Bild 104: Alfred Walter von Staufen (https://www.averoy.net)

Bild 105: https://www.bundeskanzler.de/bk-de/mediathek/berlin-11-03-08-angela-merkel-is-presented-with-a-jewish-award-of-merit-205760

Bild 106: https://pixabay.com

Bild 107: https://pixabay.com

Bild 108: https://commons.wikimedia.org/wiki/File:Faust_und_Mephisto_beim_Schachspiel_19Jh.jpg

Bild 109: https://www.etsy.com/de/listing/687330848/statue-der-isis-gottin-der-heilung; http://el-arte-de-ser-madre.blogspot.com/2011/07/la-diosa-isis-amamantando-horus.html; https://de.wikipedia.org/wiki/Gottesgeb%C3%A4rerin

Bild 110: https://moslenta.ru/news/city/ikony-07-10-2022.htm; https://portal-kultura.ru/articles/news/345301-organizatory-vystavki-liki-marii-obrazy-sveta-7-oktyabrya-ustroyat-unikalnuyu-aktsiyu-v-moskve/; https://twitter.com/jonnytickle/status/1580176100373958656

Bild 111: https://www.pinterest.de/pin/134052526382339989/

Bild 112: Alfred Walter von Staufen (https://www.averoy.net)

Bild 113: Alfred Walter von Staufen (https://www.averoy.net)

Bild 114: https://www.google.de

Bild 115: Alfred Walter von Staufen (https://www.averoy.net)

Bild 116: https://upload.wikimedia.org/wikipedia/commons/a/a4/Baphomet.png

Bild 117: https://telegram.org/satanic; https://upload.wikimedia.org/wikipedia/commons/a/a4/Baphomet.png

Bild 118: https://commons.wikimedia.org/wiki/File:Baphometrev.jpg

Bild 119: https://www.freimaurer-wiki.de/index.php/Traktat:_Rauhe_und_behauene_Steine

Bild 120: Alfred Walter von Staufen (https://www.averoy.net)

Bild 121: Alfred Walter von Staufen (https://www.averoy.net)

Bild 122: https://de.wikipedia.org/wiki/Marble_Arch; https://de.wikipedia.org/wiki/Konstantinsbogen

Bild 123: Alfred Walter von Staufen (https://www.averoy.net)

Bild 124: https://www.stadt-meldorf.de/tourismus-kultur/kunst-kultur/skulpturen; https://de.wikipedia.org/wiki/Armillarsph%C3%A4re; https://de.wikipedia.org/wiki/Gro%C3%9Fe_National-Mutterloge_%E2%80%9EZu_den_drei_Weltkugeln%E2%80%9C

Bild 125: https://anthrowiki.at/Sephiroth

Bild 126: https://de.wikipedia.org/wiki/Kubushaus; https://www.vaticannews.va/de/welt/news/2019-09/vatikan-new-york-abrahamic-family-house-interreligioes.html; https://de.wikipedia.org/wiki/Kaaba; https://commons.wikimedia.org/wiki/File:SPD_W%C3%BCrfel_Skulptur.jpg; https://de.wikipedia.org/wiki/Cube_Berlin; https://www.nationalworld.com/news/world/mukaab-saudi-arabia-440m-golden-cube-skyscraper-riyadh-4034573; https://abcnews.go.com/Politics/inside-trumps-global-business-interests/story?id=44416694; https://de.wikipedia.org/wiki/Grande_Arche; https://upload.wikimedia.org/wikipedia/commons/5/59/Thyssen-Krupp-Quartier-Essen-Q1-2013.jpg

Bild 127: https://pixabay.com/de/vectors/metatrons-w%C3%BCrfel-blume-des-lebens-1601161/; https://thelink.berlin/2016/02/bruessel-belgien-atomium-entwurf-andre-waterkeyn-architekten-andre-polak-jean-polak-bruessel-expo/#&gid=1&pid=1

Bild 128: https://achama.blogs.sapo.mz/203079.html; https://www.redbubble.com/de/i/galeriedruck/Auge-von-Horus-und-Metatrons-W%C3%BCrfel-von-SpiraLotus/40531360.NVL2T; https://reikikunst.wordpress.com/angelique%C2%B4s-kunst/attachment/464/

Bild 129: Alfred Walter von Staufen (https://www.averoy.net)

Bild 130: Alfred Walter von Staufen (https://www.averoy.net)

Bild 131: Alfred Walter von Staufen (https://www.averoy.net)

Bild 132: https://de.wikipedia.org/wiki/Heide_(Holstein); Alfred Walter von Staufen (https://www.averoy.net)

Bild 133: https://de.wikipedia.org/wiki/Heilige_Lanze

Bild 134: Alfred Walter von Staufen (https://www.averoy.net)

Bild 135: Alfred Walter von Staufen (https://www.averoy.net)

Bild 136: Alfred Walter von Staufen (https://www.averoy.net)

Bild 137: Alfred Walter von Staufen (https://www.averoy.net)

Bild 138: Alfred Walter von Staufen (https://www.averoy.net)

Bild 139: Alfred Walter von Staufen (https://www.averoy.net)

Bild 140: https://collections.louvre.fr/en/ark:/53355/cl010050476; http://www.ancient-egypt.info/2012/03/end-of-battle-between-horus-and-seth.html; http://4.bp.blogspot.com/-oAcR3JkZALA/T0_pN8skpFI/AAAAAAAAAeY/mGlw7Se-zRw0/s1600/battle+between+horus+and+seth.jpg

Bild 141: https://telegram.org/satanic

Bild 142: https://telegram.org/satanic

Bild 143: https://telegram.org/satanic

Bild 144: https://telegram.org/satanic

Bild 145: https://telegram.org/satanic

Bild 146: https://looking-at-london.com/2015/09/27/who-is-that-sphinx

Bild 147: https://de.wikipedia.org/wiki/Flagge_der_Vereinigten_Staaten; https://de.wikipedia.org/wiki/Flagge_der_Vereinten_Nationen; https://de.wikipedia.org/wiki/EU-Flagge

Bild 148: ttps://en.wikipedia.org/wiki/Khepresh; https://de.wikipedia.org/wiki/Chepresch; https://www.welt.de/politik/ausland/article132667329/Chinas-Soldaten-sollen-Oelfelder-in-Afrika-schuetzen.html

Bild 149: https://de.wikipedia.org/wiki/Tutanchamun; https://www.aedeweb.com/4-historia-de-egipto-simbolos-y-emblemas/; https://en.wikipedia.org/wiki/Aleister_Crowley

Bild 150: https://de.wikipedia.org/wiki/World_Trade_Center; http://www.freigeist-forum-tuebingen.de/2016/06/die-saulen-des-solomonischen-tempels.html; https://www.britannica.com/topic/Notre-Dame-de-Paris

Bild 151: https://en.wikipedia.org/wiki/Solar_barque; https://de.wikipedia.org/wiki/Sonnenschiff

Bild 152: https://upload.wikimedia.org/wikipedia/commons/7/7b/Nebra_Scheibe.jpg; https://www.himmelsscheibe-erleben.de/; https://www.aegypten-geschichte-kultur.de/die-sonnenbarke

Bild 153: Alfred Walter von Staufen (https://www.averoy.net)
Bild 154: Alfred Walter von Staufen (https://www.averoy.net)
Bild 155: https://en.wikipedia.org/wiki/Jacob_Epstein
Bild 156: https://myloview.de/fototapete-ancient-pillars-with-hieroglyphics-in-egypt-nr-B9BB6C8; http://afaraka.blogspot.com/2017/12/the-math-origin-ausar-auset-and-heru.html
Bild 157: https://de.wikipedia.org/wiki/Large_Binocular_Telescope; https://esahubble.org/images/heic1310b/; https://de.wikipedia.org/wiki/Galaxie
Bild 158: https://www.welt.de/kultur/article3587812/Warum-die-Illuminaten-immer-noch-wirken.html; Alfred Walter von Staufen (https://www.averoy.net)
Bild 159: https://www.welt.de/politik/ausland/article5934607/Die-komplizierte-Hassliebe-der-USA-zu-Haiti.html; https://www.augsburger-allgemeine.de/politik/Italien-Warum-ist-Ministerpraesident-Mario-Draghi-in-Italien-so-beliebt-id60876471.html; https://www.stuttgarter-zeitung.de/inhalt.robert-habeck-und-die-gruenen-kein-katastrophen-bewusstsein.2f966335-8404-47fd-93a1-93d180b8da4c.html; https://www.stern.de/bdt/bilder-des-tages--die-besten-bilder_33202142-5849334.html; https://de.nachrichten.yahoo.com/fotos/stars-mit-heiligenschein-slideshow/heiligenschein-illusion-photo-1387466747322.html
Bild 160: https://thailand-trip.org/de/flag-i-gerb; https://de.wikipedia.org/wiki/Hoheitszeichen_Thailands
Bild 161: https://en.wikipedia.org/wiki/Thai_solar_calendar
Bild 162: https://www.holidify.com/places/mysore/mysore-palace-sightseeing-2954.html; https://pixabay.com
Bild 163: https://de.wikipedia.org/wiki/In_God_we_trust
Bild 164: https://www.google.com/maps/search/versailles/@48.8118931,2.0961422,2576m/data=!3m1!1e3!5m1!1e4; https://pixabay.com/de/vectors/k%c3%a4fer-insekt-k%c3%a4fer-insekt-35741/
Bild 165: https://commons.wikimedia.org/wiki/File:Seal_of_the_United_States_Federal_Reserve_System.svg; https://de.wikipedia.org/wiki/Marriner_S._Eccles_Federal_Reserve_Board_Building; https://www.capital.de/geld-versicherungen/fed-laesst-die-luft-aus-blasen---und-kann-einen-crash-vermeiden-32999984.html; https://de.wikipedia.org/wiki/Flagge_%C3%84gyptens
Bild 166: https://en.wikipedia.org/wiki/The_Exodus
Bild 167: https://en.wikipedia.org/wiki/Well_of_Moses; https://de.wikipedia.org/wiki/Moses_(Michelangelo); https://portfolio.fotocommunity.de/hartmuth-bendig/54103/photo/22648962/7; https://de.wikipedia.org/wiki/Mose; https://commons.wikimedia.org/wiki/File:Pan_goat_MAN_Napoli_Inv27709_n01.jpg
Bild 168: https://commons.wikimedia.org/wiki/File:William_de_Brailes_-_The_Israelites_Worship_the_Golden_Calf_and_Moses_Breaks_the_Tablets_(Exodus_32_-1-19)_-_Walters_W10613R_-_Full_Page.jpg
Bild 169: https://pt.wikisource.org/wiki/P%C3%A1gina:Fabulas_de_Esopo.djvu/180; https://theserbiantimemachine.quora.com/Old-Serb-calendar; https://www.numisbids.com/n.php?p=sale&sid=3902&cid=118779
Bild 170: https://brill.com/view/journals/grot/38/1/article-p176_176.xml?language=en
Bild 171: https://de.wikipedia.org/wiki/Feldhase_%28D%C3%BCrer%29

Bild 172: https://commons.wikimedia.org/wiki/File:Adam_Olearius_boyare.jpg; https://www.kettererkunst.de/kunst/kd/details.php?obnr=411400239&anummer=414; https://www.britishmuseum.org/collection/object/P_1873-0712-1-15

Bild 173: https://www-litfund-ru.translate.goog/auction/99s1/1/?_x_tr_sl=ru&_x_tr_tl=de&_x_tr_hl=de&_x_tr_pto=sc

Bild 174: http://www.heraldicum.ru/lietuva/cities/vilnius.htm

Bild 175: https://www.spektrum.de/wissen/isaac-newton-1643-1727/935104

Bild 176: https://de.wikipedia.org/wiki/Joseph_Justus_Scaliger

Bild 177: https://de.wikipedia.org/wiki/Anti-Defamation_League

Bild 178: https://www.nzz.ch/feuilleton/freimaurer-john-dickie-seziert-mythen-rund-um-den-geheimbund-ld.1584563; https://www.facebook.com/senat.hamburg/photos/300-jahre-freimaurerei-das-ist-ein-stolzer-geburtstag-er-verweist-auf-300-jahre-/1186344528177420/; https://www.bundespraesident.de/SharedDocs/Reden/EN/Frank-Walter-Steinmeier/Reden/2017/05/170524-International-Charlemagne-Prize-Aachen.html

Bild 179: https://en.wikipedia.org/wiki/Rotary_International; https://www.deutschland-lese.de/vorgestellt/organisationen-institutionen-vereine/rotary-international; https://en.wikipedia.org/wiki/Lions_Clubs_International

Bild 180: https://www.bnaibrith.org/bnai-brith-organizes-a-symposium-on-the-hebrew-language-in-paris-with-unesco/

Bild 181: https://www.jfklibrary.org/asset-viewer/archives/JFKWHP/1962/Month%2005/Day%2015/JFKWHP-1962-05-15-D; https://www.bundeskanzler-helmut-kohl.de/seite/ehrungen/; https://www.vaticannews.va/es/papa/news/2022-05/francisco-bnai-brith-dialogointerreligioso.html; https://www.tagesspiegel.de/berlin/stadtleben/medaille-fur-merkel-4212184.html; https://www.juedische-allgemeine.de/unsere-woche/auszeichnung-fuer-bild-chefredakteur/; https://commons.wikimedia.org/wiki/File:Obraz_symboliczny_bielskiej_lo%C5%BCy_B%27nai_B%27rith_%22Austria%22.jpg

Bild 182: https://en.wikipedia.org/wiki/House_of_the_Temple; https://en.wikipedia.org/wiki/House_of_the_Temple; https://web.archive.org/web/20161012002239if_/http://static.panoramio.com/photos/large/5485070.jpg; https://www.grunley.com/market-sector/religious-cultural/scottish-rite-house-temple-renovation; http://www.aasrnyc.org/about-us#faqs

Bild 183: https://de.wikipedia.org/wiki/IHS; https://www.jesus.ch/information/christentum_und_andere_religionen/311209-die_bedeutung_des_christusmonogramms.html

Bild 184: https://en.wikipedia.org/wiki/Burney_Relief

Bild 185: https://de.wikipedia.org/wiki/H%C3%A4ngende_G%C3%A4rten_der_Semiramis; https://alugha.com/videos/0f5811fc-b1dc-11e9-88e8-9f9165c891de?lang=deu

Bild 186: https://www.fotocommunity.dephotohaengender-garten-im-europaparl-rolf-paul-fuetterer38148042

Bild 187: https://www.google.com/maps/place/Europarat/@48.5949688,7.7712437,568a,35y,180h/data=!3m1!1e3!4m6!3m5!1s0x4796c8f25327bf2d:0x3e306f1425dd8af6!8m2!3d48.5948367!4d7.7719195!16s%2Fg%2F11xb9yx_7?hl=de

Bild 188: https://www.google.commapsplaceWashington,+D.C.,+District+of+Columbia,+USA@38.8891985,-

77.0100141,1755a,35y,90hdata=!3m1!1e3!4m6!3m5!1s0x89b7c6de5af6e45b0xc2524522d4885d2a!8m2!3d38.9071923!4d-77.0368707!16zL20vMHJoNms!5m2!1e1!1e4

Bild 189: https://octopusmold.ru/de/animals/vorota-ishtar-v-vavilone-chto-izvestno-istorii-o-stareishem-sooruzhenii.html; https://en.wikipedia.org/wiki/Siegestor; https://travel.sygic.com/de/poi/triumphbogen-poi:3033; http://cargocollective.com/joepreston/The-Victory-Arch; https://www.holidaywolf.de/arc-de-triomphe/; https://de.wikipedia.org/wiki/Brandenburger_Tor_%28Potsdam%29

Bild 190: https://de.wikipedia.org/wiki/Stadtplanrelief_in_der_Karlsruher_Pyramide

Bild 191: https://de.wikipedia.org/wiki/Karlsruher_Pyramide

Bild 192: https://de.wikipedia.org/wiki/Irminsul

Bild 193: https://meikesbuntewelt.wordpress.com/2017/05/21/der-hammer-mann/

Bild 194: https://bnn.de/karlsruhe/karlsruhe-stadt/pdw-verschwoerungstheorien-rund-um-karlsruhe-von-pentagrammen-pyramiden-und-illuminaten; http://www.livinginkarlsruhe.com/eigene-mystery-serie-fuer-karlsruhe-der-zirkel/

Bild 195: https://bz-ticket.de/karlsruher-pyramide-karlsruhe; https://www.google.com/maps/place/Karl-Friedrich-Stra%C3%9Fe+20,+76133+Karlsruhe/@49.0068903,8.4038262,143m/data=!3m1!1e3!4m6!3m5!1s0x47970645dfe137cf:0x10537541db096f35!8m2!3d49.0072736!4d8.4035087!16s%2Fg%2F11b8v6nbh_; https://wogibtswas.de/Karlsruhe/B%C3%A4cker/Badische-Backstub%27-%28-%29-732908

Bild 196: https://de.wikipedia.org/wiki/Datei:Pieter_Bruegel_the_Elder_-_The_Tower_of_Babel_%28Rotterdam%29_-_Google_Art_Project_-_edited.jpg; https://de.wikipedia.org/wiki/Europ%C3%A4isches_Parlament; https://es.wikipedia.org/wiki/Archivo:Burj_Khalifa_2021.jpg

Bild 197: https://de.wikipedia.org/wiki/Heliozentrisches_Weltbild

Bild 198: https://www.domradio.de/artikel/dieses-maerchenhafte-unternehmen-papst-paul-vi-war-einer-der-groessten-apollo-fans; https://www.pinterest.de/pin/british-queen-elizabeth-ii-with-the-apollo-11-astronauts-at-buckingham-palace-in-great-britian-during-the-astronauts-worl--365354588513541384/; https://www.vaticannews.va/de/papst/news/2019-07/mondlandung-jahrestag-apollo-11-papst-paul-vi-angelus-aufnahme.html

Bild 199: https://en.wikipedia.org/wiki/List_of_Apollo_missions; https://www.sovietmilitarystuff.com/sowjetisches-weltraumprogramm-fur-russische-missionen-interkosmos-logo-aufnaher.html; https://commons.wikimedia.org/wiki/File:Sojus_31_Interkosmos_DDR_SU.svg; https://www.wallpaperflare.com/agency-logo-roscosmos-russia-russian-space-white-wallpaper-mkvpu

Bild 200: https://de.gta5-mods.com/misc/universal-pictures-intro-video

Bild 201: https://de.wikipedia.org/wiki/2001:_Odyssee_im_Weltraum; https://www.houstonpress.com/arts/50-years-later-2001-a-space-odyssey-is-still-unmatched-10804762

Bild 202: https://blu-ray-rezensionen.net/2001-odyssee-im-weltraum-4k-uhd/; https://www.moviebreak.de/film/2001-a-space-odyssey; https://de.wikipedia.org/wiki/Georgia_Guidestones; https://www.monopol-magazin.de/unbekannte-sprengen-mysterioeses-stein-monument-usa; https://winfuture.de/news,119716.html

Bild 203: https://www.ianvisits.co.uk/articles/the-2001-monolith-is-on-display-by-tower-bridge-6977/

Bild 204: https://de.wikipedia.org/wiki/Re_(%C3%A4gyptische_Mythologie)

Bild 205: https://de.wikipedia.org/wiki/Anch

Bild 206: https://sandtontimes.co.za/additional-security-measures-in-place-at-sandton-malls/

Bild 207: https://www.google.com/maps/search/new+capital+presidential+palace/@30.0336655,31.7547754,850m/data=!3m1!1e3!5m1!1e4

Bild 208: https://www.spiegel.de/panorama/koeln-karneval-endet-mit-nubbelverbrennung-vor-dem-dom-a-35f41e2d-dc43-46a2-baff-3cfd128bef94; https://www.24rhein.de/bilder/2023/02/22/92102061/30974769-nubbelverbrennung-am-koelner-dom-karnevalisten-mit-fackeln-2shgFgpoAW73.jpg

Bild 209: https://en.m.wikipedia.org/wiki/File:Sandton_City_Tower_in_Sandton.jpg; https://de.wikipedia.org/wiki/UN-Menschenrechtsrat; https://de.wikipedia.org/wiki/Freiheitsstatue

Bild 210: https://de.wikipedia.org/wiki/Aphrodite; https://de.wikipedia.org/wiki/Maria_%28Mutter_Jesu%29; https://de.wikipedia.org/wiki/Venus_mit_Amor_als_Honigdieb_%28London%29

Bild 211: https://de.wikipedia.org/wiki/Ewige_Flamme; https://www.wdrmaus.de/aktionen/olympia2016/olympische_flamme.php5

Bild 212: https://www.skr.de/iran-reisen/sehenswuerdigkeiten/feuertempel/; https://www.zarathustra-verein.de/feuertempel/; https://www.deutschlandfunk.de/zoroastrische-glaubensgemeinschaft-zarathustra-hat-uns-100.html

Bild 213: https://en.wikipedia.org/wiki/Fire_temple

Bild 214: https://de.wikipedia.org/wiki/Zoroastrismus

Bild 215: https://de.wikipedia.org/wiki/Columbia_Pictures; https://de.wikipedia.org/wiki/TriStar_Pictures; IHS: https://de.m.wikipedia.org/wiki/Datei:Ihs-logo.svg

Bild 216: https://www.welt.de/politik/deutschland/article235428102/Grosser-Zapfenstreich-fuer-Kanzlerin-Merkel-Ich-danke-Ihnen-von-Herzen.html

Bild 217: https://en.wikipedia.org/wiki/The_Crystal_Palace; https://www.journal21.ch/artikel/instrumentalisierter-feuersturm; https://www.businesswire.com/news/home/20131231005293/de/

Bild 218: http://www.egyptianmyths.net/brazier.htm

Bild 219: https://www.nzz.ch/feuilleton/gebaut-um-die-deutschen-deutscher-zu-machen-die-walhalla-ist-die-urform-deutscher-leitkultur-ld.1410195?reduced=true; Alfred Walter von Staufen (https://www.averoy.net)

Bild 220: https://de.wikipedia.org/wiki/Datei:Egyptian_-_Isis_with_Horus_the_Child_-_Walters_54416_-_Three_Quarter_Right.jpg; https://www.pinterest.de/pin/551268810635292398/; https://de.wikipedia.org/wiki/Mahapajapati_Gotami

Bild 221: https://de.wikipedia.org/wiki/Kathedrale_Notre-Dame_de_Paris; https://www.dbz.de/artikel/dbz_Brand_und_Reparatur_Notre-Dame_de_Paris-3371301.html; https://www.spiegel.de/panorama/notre-dame-180-000-bienen-ueberleben-den-brand-in-ihren-stoecken-a-1263722.html; https://www.freimaurer-wiki.de/index.php/Biene#/media/Datei:Spurmont_reverse.JPG; Alfred Walter von Staufen (https://www.averoy.net)

Bild 222: https://de.wikipedia.org/wiki/Apis_(%C3%A4gyptische_Mythologie); https://de.wikipedia.org/wiki/Apis_(%C3%A4gyptische_Mythologie); https://www.tagblatt.ch/international/kann-ein-stier-rassistisch-sein-ld.2177640

Bild 223: https://www.freimaurer-wiki.de/index.php/Bienenstock

Bild 224: https://de.wikipedia.org/wiki/Lilie_(Heraldik)

Bild 225: https://de.wikipedia.org/wiki/Britische_Kronjuwelen; https://www.24royal.de/grossbritannien/koh-i-noor-diamant-geschichte-karat-wert-einsatz-eigentumsrechte-krone-koenigin-elizabeth-90246720.html

Bild 226: https://de.wikipedia.org/wiki/Tempel_von_Esna

Bild 227: https://de.m.wikipedia.org/wiki/Datei:Blue_fleur-de-lis.svg; https://pixabay.com/de/; Alfred Walter von Staufen (https://www.averoy.net)

Bild 228: https://de.wikipedia.org/wiki/%C3%84gyptisches_Totenbuch

Bild 229: https://de.wikipedia.org/wiki/Neu-Kairo

Bild 230: https://www.welt.de/newsticker/news1/article191994345/Braende-Paris-unter-Schock-Kathedrale-Notre-Dame-teilweise-abgebrannt.html

Bild 231: https://aleteia.org/2020/02/04/survival-of-the-bees-of-notre-dame-cathedral-seen-as-almost-miraculous/

Bild 232: https://de.wikipedia.org/wiki/Siegelbewahrer_von_Frankreich

Bild 233: https://www.ingenieur.de/fachmedien/technischesicherheit/brandschutz/die-flammen-der-notre-dame/

Bild 234: https://www.pinterest.de/pin/595038169490365473/; https://de.wikipedia.org/wiki/Datei:Notre_Dame_-_Gargola_2.jpg; https://pixers.de/fototapeten/wasserspeier-von-notre-dame-paris-46213682; https://www.etsy.com/de/listing/702015957/zauberstab-aus-holz-gargoyle-buchenholz

Bild 235: https://ichef.bbci.co.uk/images/ic/1024x576/p076l244.jpg; https://www.dw.com/de/weltweite-best%C3%BCrzung-%C3%BCber-brand-in-notre-dame/a-48343812; https://www.merkur.de/welt/notre-dame-paris-experten-haben-nach-feuer-enttaeuschende-nachricht-zr-12195573.html

Bild 236: https://www.meisterdrucke.fr/fine-art-prints/%C3%89douard-Baldus/748913/Notre-Dame,-Paris,-1852-1853.-.html

Bild 237: https://telegram.org = Unbekannt

Bild 238: https://de.wikipedia.org/wiki/Skull_%26_Bones

Bild 239: https://www.tagesschau.de/ausland/amerika/kapitol-sturm-aufarbeitung-101.html

Bild 240: https://www.n-tv.de/mediathek/bilderserien/panorama/Agypten-verlegt-Mumien-mit-Antik-Show-article22469359.html; https://www.dw.com/de/feierliche-prozession-f%C3%BCr-22-pharaonenmumien/a-57095302; https://www.sciencealert.com/22-ancient-pharaohs-have-been-carried-across-cairo-in-an-epic-golden-parade

Bild 241: https://www.bild.de/news/ausland/news-ausland/die-schaetze-von-notre-dame-der-kampf-um-die-dornenkrone-61270826.bild.html

Bild 242: https://pixabay.com/de/

Bild 243: https://www.n-tv.de/mediathek/bilderserien/panorama/Agypten-verlegt-Mumien-mit-Antik-Show-article22469359.html; https://www.dw.com/de/feierliche-prozession-f%C3%BCr-22-pharaonenmumien/a-57095302; https://www.sciencealert.com/22-ancient-pharaohs-have-been-carried-across-cairo-in-an-epic-golden-parade

Bild 244: https://en.wikipedia.org/wiki/Crook_and_flail; https://de.wikipedia.org/wiki/Osiris; https://www.neo-mfg.com/products/history-egyptian-triad-of-osiris-dedia-70943

Bild 245: https://www.radiokoeln.de/artikel/zick-eroem-fuers-dreigestirn-869387.html; https://de.wikipedia.org/wiki/%C3%84gyptisches_Totenbuch

Bild 246: https://www.skr.de/venedig-reisen/sehenswuerdigkeiten/rialtobruecke/; https://www.domradio.de/bildergalerie/koelner-dreigestirn-und-kardinal-woelki-rom

Bild 247: https://www.welt.de/regionales/stuttgart/article127701474/Ein-Leben-ohne-Mops-ist-moeglich-aber-sinnlos.html

Bild 248: https://www.radiokoeln.de/artikel/koelner-dreigestirn-zu-besuch-in-venedig-1565036.html; https://www.rundschau-online.de/karneval-in-koeln/koelner-delegation-feiert-karneval-in-venedig-454065; https://www.kirche-und-leben.de/artikel/koelner-karnevalsprinz-besucht-papst-franziskus

Bild 249: TV14: obere Reihe v.l.n.r.: Nr.23/2019, Nr. 22/2017, Nr. 18/2020, Nr. 21/2019; untere Reihe v.l.n.r.: Nr. 25/2019, Nr. 11/2018, Nr. 22/2019, Nr. 24/2019

Bild 250: https://www.flickr.com/photos/truusbobjantoo/4787338892; https://www.filmstarts.de/personen/144612.html; https://commons.wikimedia.org/wiki/File:2018-05-

Bild 251: https://www.berliner-zeitung.de/wochenende/robert-habeck-im-portrait-scheissegal-ich-rede-so-li.183322; https://www.podium-redner.de/portfolio-item/oliver-kahn/; https://www.tz.de/stars/tote-hosen-saenger-campino-gesteht-was-er-immer-heimlich-auf-flughafen-toilette-macht-zr-11880268.html

Bild 252: https://www.daniel-guenther-cdu.de/artikel/person; https://www.dvz.de/rubriken/menschen/detail/news/frank-schnabel-uebergibt-vorsitz-beim-gvsh-an-ulfbenno-krueger.html; https://www.tagesspiegel.de/wirtschaft/neuer-chef-des-vzbv-klaus-mueller-wird-oberster-verbraucherschuetzer/9628608.html

Bild 253: https://de.wikipedia.org/wiki/Boris_Pistorius; https://www.fr.de/politik/armin-laschet-cdu-kanzlerkandidat-vorsitz-13544243.html; https://www.tz.de/stars/elton-heisst-gar-nicht-elton-warum-ihn-trotzdem-sogar-seine-frau-so-nennt-zr-8489426.html; https://de.wikipedia.org/wiki/David_Ren%C3%A9_de_Rothschild; https://commons.wikimedia.org/wiki/File:Verteidigungsminister_Dr._Franz_Josef_Jung_(4909819994).jpg; https://www.capital.de/karriere/roland-mack-mehr-als-ein-schnitzel-kann-man-nicht-essen; 3. Reihe Links: Stephan Weil: https://www.stk.niedersachsen.de/startseite/der_ministerprasident/pressefotos/offizielle-bilder-von-ministerpraesident-stephan-weil-zum-download-179371.html; Mitte: Rudolf Hickel: https://www.uni-bremen.de/universitaet/hochschulkommunikation-und-marketing/web-news/detailansicht/rudolf-hickel-erhaelt-die-bremische-senatsmedaille; Rechts: Rudolf Dreßler: https://de.wikipedia.org/wiki/Rudolf_Dre%C3%9Fler; 4. Reihe Links: Manfred Stolpe: https://www.stiftung-toleranz.de/die-stiftung/stiftungsrat-und-das-team/dr-manfred-stolpe/; Mitte: Larry Hagman: https://www.filmstarts.de/personen/36283/bilder/detail/?cmediafile=19638918; Rechts: Reiner Haseloff: https://de.wikipedia.org/wiki/Reiner_Haseloff

Bild 254: https://www.gala.de/beauty-fashion/beauty/dr--eckart-von-hirschhausen--mit-dieser-diaet-hat-er-zehn-kilo-verloren-21547156.html; https://www.preussen.de/; https://www.fernsehserien.de/jens-buechner/filmografie

Bild 255: https://www.focus.de/panorama/boulevard/wolke-hegenbarth-trennte-sich-aus-liebe-leute_id_2322304.html; https://www.pinterest.de/pin/461267186833220676/; https://www.bundespraesident.de/SharedDocs/Bilder/DE/Bettina-Wulff/Allgemein/110517-Bettina-Wulff-Kleid.html

Bild 256: https://museumsnetzwerk-halle.de/location/franckesche-stiftungen-zu-halle-1; https://www.francke-halle.de/de/ausstellung/historisches-waisenhaus

Bild 257: https://stadtfuehrung.info/venedig/stadtfuehrungen/geheimgesellschaften_venedig

Bild 258: https://de.wikipedia.org/wiki/Mops-Orden; https://de.wikisource.org/wiki/Der_Mopsorden; https://www.freimaurer-wiki.de/index.php/Mopsorden

Bild 259: Alfred Walter von Staufen (https://www.averoy.net)

Bild 260: https://www.ksta.de/koeln/karneval-in-koeln/karneval-koelner-dreigestirn-besucht-maskenball-in-venedig-451009; https://www.express.de/koeln/karneval/dreigestirn-in-venedig-fk-praesident-zieht-vergleich-zu-koeln-450709; https://therake.com/stories/icons/pedro-pascal/; https://serienfuchs.de/c-international/serienschoepfer-enthuellt-alternatives-ende-von-staffel-1_a24669; https://www.nytimes.com/2017/08/30/fashion/illuminati-ball.html

Bild 261: Alfred Walter von Staufen (https://www.averoy.net)

Bild 262: https://www.freimaurer-wiki.de/index.php/Grade

Bild 263: https://bvierling.com/books-print

Bild 264: Alfred Walter von Staufen (https://www.averoy.net)

Bild 265: https://de.wikipedia.org/wiki/Aschkenasim

Bild 266: https://www.spiegel.de/geschichte/die-kreuzzuege-krieg-im-namen-gottes-a-a693b120-0002-0001-0000-000158349244

Bild 267: https://de.wikipedia.org/wiki/L%C3%A9gion_%C3%A9trang%C3%A8re

Bild 268: http://www.thata.net/pro_juventute_gruender_ulrich_wille_der_mann_der_hitler_in_die_schweiz_holte_beobachter_11april2012.pdf

Bild 269: https://www.tagesspiegel.de/kultur/merkel-eroffnet-neues-museum-6794617.html

Bild 270: https://www.reiseninaegypten.com/blog/koenig-echnaton; https://www.efodon.de/html/publik/sy/SY127/SY12712%20Bruechmann%20-%20Aegyptische%20Gottkoenige.pdf/https://www.facebook.com/photo/?fbid=1113359312134493&set=pcb.1113359882134436&locale=de_DE

Bild 271: https://live.staticflickr.com/334/32056588645_71513f5fa4_b.jpg; https://www.arsmundi.de/echnaton-portraetkopf-mit-aufgesetzter-krone-441417/; https://treffpunkt-philosophie.de/wer-war-echnaton-wirklich/

Quellenverzeichnis

[1] https://www.gmx.net/magazine/news/extreme-meinungen-strafbar-37288648

[2] https://www.gesetze-im-internet.de/gg/art_5.html

[3] https://de.wikipedia.org/wiki/Kunstfreiheit

[4] https://de.wikipedia.org/wiki/Schm%C3%A4hkritik

[5] https://de.statista.com/statistik/daten/studie/1134544/umfrage/militaerische-einrichtungen-der-us-streitkraefte/

[6] https://www.nato.int/cps/en/natolive/official_texts_8443.htm

[7] https://de.wikipedia.org/wiki/GRECO

[8] Nahum Goldmann: Der Geist des Militarismus, Stuttgart/Berlin, Deutsche Verlagsanstalt; 1915, Seite 37 f; http://www.luebeck-kunterbunt.de/Judentum/Juden-Plan.htm

[9] https://de.wikipedia.org/wiki/Staatsreligion

[10] https://www.bibelwahrheitsfinder.de/zusammenfassung-der-rolle-der-kirche/

[11] https://www.duden.de/rechtschreibung/Religion

[12] https://de.wikipedia.org/wiki/R%C3%B6misch-katholische_Kirche

[13] https://en.wikipedia.org/wiki/Jesus

[14] https://de.wikipedia.org/wiki/Autorit%C3%A4t

[15] Mehr finden Sie zu diesem Thema in: Projekt Gutenbergs Mythos Jesus. (Originaltitel: The Truth About Jesus: Is He a Myth?) 2014

[16] https://www.vatican.va/roman_curia/congregations/cfaith/documents/rc_con_cfaith_doc_19750319_ecclesiae-pastorum_ge.html

[17] https://de.wikipedia.org/wiki/11._September

[18] https://de.wikipedia.org/wiki/Koptischer_Kalender

[19] https://de.wikipedia.org/wiki/Sol_(r%C3%B6mische_Mythologie)

[20] https://de.wikipedia.org/wiki/Sol_(r%C3%B6mische_Mythologie)

[21] https://de.wikipedia.org/wiki/Heiliger_Krieg#20._Jahrhundert

[22] https://de.wikipedia.org/wiki/Heiliger_Krieg#Zweiter_Weltkrieg

[23] https://simple.wikipedia.org/wiki/Amun

[24] https://en.wikipedia.org/wiki/Amun

[25] https://de.wikipedia.org/wiki/%C3%84gyptische_Chronologie

[26] https://en.wikipedia.org/wiki/Tax

[27] https://en.wikipedia.org/wiki/Archaeology_of_Ancient_Egypt

[28] https://en.wikipedia.org/wiki/Isis_Temple

[29] https://en.wikipedia.org/wiki/Temple_of_the_Sun_(Utah)

[30] https://en.wikipedia.org/wiki/Temple_of_the_Moon_(Utah)

[31] https://www.americansouthwest.net/utah/arches/arches-tower-of-babel_l.html

[32] https://en.wikipedia.org/wiki/Cathedral_Mountain_(Zion_National_Park)

[33] https://www.nps.gov/care/planyourvisit/cathedralvalley.htm

[34] https://en.wikipedia.org/wiki/Vizier

[35] https://de.wikipedia.org/wiki/Reichskirche

[36] https://en.wikipedia.org/wiki/Pharaoh

[37] https://de.wikipedia.org/wiki/Maat_(%C3%A4gyptische_Mythologie)

[38] https://simple.wikipedia.org/wiki/Ma%27at

[39] https://de.wikipedia.org/wiki/Zeus

[40] https://en.wikipedia.org/wiki/Circus_Maximus

[41] https://en.wikipedia.org/wiki/Circus_Maximus

[42] https://en.wikipedia.org/wiki/Flaminio_Obelisk

[43] https://de.wikipedia.org/wiki/Donnerstag

[44] https://de.wikipedia.org/wiki/Interpretatio_Graeca

[45] https://de.wikipedia.org/wiki/Interpretatio_Graeca

[46] https://en.wikipedia.org/wiki/Alexander_the_Great

[47] https://studyflix.de/geschichte/athene-goettin-5727

[48] https://en.wikipedia.org/wiki/Athena

[49] https://en.wikipedia.org/wiki/S%C5%ABryaprabha

[50] https://en.m.wikipedia.org/wiki/S%C5%ABryaprabha

[51] https://www.bibleserver.com/de/verse/Epheser5,14

[52] https://en.wikipedia.org/wiki/Halo_(optical_phenomenon)

[53] https://de.wikipedia.org/wiki/Halo_%28Lichteffekt%29

[54] https://en.wiktionary.org/wiki/corona

[55] https://de.wikisource.org/wiki/Seite:Christliche_Symbolik_(Menzel)_II_389.jpg

[56] https://www.kath.net/news/67622

[57] https://de.wikipedia.org/wiki/Chinesische_Mythologie

[58] https://en.wikipedia.org/wiki/Tiv_people

[59] https://de.wikipedia.org/wiki/Jens_Stoltenberg

[60] https://www.focus.de/politik/deutschland/kgb-dossiers-ruetteln-am-denkmal-willy-brandt-spionage_id_1898064.html

[61] https://de.wikipedia.org/wiki/Camilla_Stoltenberg

[62] https://de.wikipedia.org/wiki/Ius_primae_noctis

[63] https://www.focus.de/wissen/mensch/archaeologie/fast-jeder-zweite-deutsche-stammt-von-tutanchamun-ab-koenigliche-gene_id_2215236.html

[64] https://www.ndr.de/nachrichten/hamburg/Mit-Z-Symbol-durch-Hamburg-gefahren-4000-Euro-Geldstrafe,ukraine3110.html

[65] https://www.zeit.de/politik/deutschland/2022-10/frank-walter-steinmeier-bundespraesident-ukraine-wolodymyr-selenskij-russland/seite-2

[66] https://de.wikipedia.org/wiki/Pschent

[67] https://de.wikipedia.org/wiki/Pyramide_(Bauwerk)

[68] https://www.derkleinegarten.de/mehr-infos-bilder/symbollexikon/obelisken.html

[69] https://dasversteckspiel.de/die-symbolwelt/verschwoerungsmythen/heiko-schrang-zeichen-der-wahrheit-erkennen-erwachen-veraendern-msw-verlag-347.html

[70] https://www.google.com/search?client=firefox-b-d&q=synonym+symbol

[71] https://lokalklick.eu/2020/06/08/krefelder-archaeologen-entdecken-seltene-isis-darstellung/

[72] https://de.wikipedia.org/wiki/Union

[73] https://de.wikipedia.org/wiki/Europa_(Tochter_des_Agenor)

[74] https://transinformation.net/isis-breitet-ihre-fluegel-ueber-europa-aus-jesus-christus-wurde-am-konzil-von-nizaea-kreiert/

[75] Hubert Houben: Kaiser Friedrich II. (1194–1250). Herrscher, Mensch, Mythos. Stuttgart 2008, S. 232.

[76] https://www.smb.museum/ausstellungen/detail/achmim/

[77] https://de.wikipedia.org/wiki/Europ%C3%A4ische_Union

[78] https://de.wikipedia.org/wiki/Paneuropa-Union

[79] https://www.andreas-wehr.eu/geschichte-und-wirklichkeit-der-eu.html

[80] https://www.berliner-zeitung.de/politik-gesellschaft/brics-china-spielt-zunehmend-nach-eigenen-regeln-li.244566

[81] https://de.wikipedia.org/wiki/BRICS-Staaten

[82] https://orf.at/v2/stories/2172892/2172894/

[83] https://de.wikipedia.org/wiki/Jim_O%E2%80%99Neill

[84] https://vista.ch/einblick/augensymbole/

[85] https://de.wikipedia.org/wiki/Horusauge

[86] https://de.wikipedia.org/wiki/Tatzenkreuz

[87] https://de.wikipedia.org/wiki/Pinienzapfen_(Architektur)

[88] https://freimaurer-wiki.de/index.php/Pinienzapfen

[89] https://de.wikipedia.org/wiki/J%C3%BCdische_Diaspora

[90] https://de.wikipedia.org/wiki/Hotel_garni

[91] https://de.wikipedia.org/wiki/Memento_mori

[92] https://dewiki.de/Lexikon/Skull_%26_Bones

[93] https://freimaurer-wiki.de/index.php/Traktat:_Ordo_ab_Chao

[94] https://www.augsburger-allgemeine.de/panorama/Aberglaube-Zwischen-Wahn-und-Wirklichkeit-Freitag-der-13-id40197072.html?wt_mc=redaktion.escenic-reco.article.desktop.

[95] https://de.wikipedia.org/wiki/Dame_(Schach)

[96] https://www.freimaurer-wiki.de/index.php/Traktat:_Die_Mitte_des_Tempels#Schach-spiel_als_Weltganzes

[97] https://de.wikipedia.org/wiki/Freiheit,_Gleichheit,_Br%C3%BCderlichkeit

[98] https://de.wikipedia.org/wiki/Symbol

[99] https://www.hinzuu.com/2021/08/07/mcdonalds-verwendet-menschenfleisch/

[100] https://correctiv.org/faktencheck/2021/07/09/behauptungen-ueber-menschenfleisch-dna-und-zaehne-in-mcdonalds-burgern-fuehren-in-die-irre/

[101] https://de.trustpilot.com/review/correctiv.org

[102] https://www.rnd.de/politik/steinmeier-wir-leben-im-besten-deutschland-das-es-jemals-gegeben-hat-79e657f9-a7b2-4fc8-b330-3a6eddfd5622.html

[103] https://de.wikipedia.org/wiki/Baphomet#%C3%89liphas_L%C3%A9vis_Baphomet_und_moderne_Rezeption

[104] https://pateo.nl/HTML/EN/PateoPedia/Subjects.htm

[105] https://www.freimaurer.online/2011/11/endlich-gefunden-der-stein-der-weisen/

[106] https://de.wikipedia.org/wiki/Meister_vom_Stuhl

[107] https://staedtische-zeitung.de/2018/11/leopoldina-der-seltene-ritualraum-der-freimaurer/

[108] https://de.wikipedia.org/wiki/Speakers%E2%80%99_Corner

[109] https://de.wikipedia.org/wiki/George_Orwell

[110] https://de.wikipedia.org/wiki/Armillarsph%C3%A4re

[111] https://anthrowiki.at/Raumw%C3%BCrfel

[112] https://anthrowiki.at/Sephiroth

[113] https://de.wikipedia.org/wiki/Pergamonmuseum

[114] https://www.freimaurer-museum.de

[115] https://de.wikipedia.org/wiki/Heide_(Holstein)

[116] https://www.wikiwand.com/de/Georg_(Heiliger)

[117] https://de.wikipedia.org/wiki/Heilige_Lanze

[118] https://de.wikipedia.org/wiki/Nusku

[119] https://de.wikipedia.org/wiki/Hahn_(Wappentier)

[120] https://www.südereggen-hahnbeer.de

[121] Buch: Freimaurer für Dummies

[122] https://cogniarchae.com/2017/02/09/horus-st-george-jarilo-and-the-star-lore-of-the-equinoxes/

[123] https://en.wikipedia.org/wiki/Tricolour_(flag)

[124] https://en.wikipedia.org/wiki/Nemes

[125] https://en.wikipedia.org/wiki/Hermetic_Order_of_the_Golden_Dawn

[126] https://www.goodreads.com/videos/85639-president-george-bush-senior-s-new-world-order-speech-sept-11-1991

[127] https://de.wikipedia.org/wiki/Sonntag

[128] https://en.wikipedia.org/wiki/September_11_National_Day_of_Service

[129] https://www.ucl.ac.uk/museums-static/digitalegypt/ideology/festivaldates.html

[130] https://en.wikipedia.org/wiki/Egyptian_calendar

[131] https://de.wikipedia.org/wiki/Sonntag

[132] https://de.wikipedia.org/wiki/Vesakh

[133] https://de.wikipedia.org/wiki/Erleuchtungstag

[134] https://en.wikipedia.org/wiki/Sun_(hieroglyph)

[135] https://de.wikipedia.org/wiki/Sonnenkult

[136] https://de.wikipedia.org/wiki/Pfingsten

[137] https://de.wikipedia.org/wiki/Geb_(%C3%A4gyptische_Mythologie)

[138] https://de.wikipedia.org/wiki/Kronos

[139] https://de.wikipedia.org/wiki/Saturn_(Mythologie)

[140] https://de.wikipedia.org/wiki/Neunheit_von_Heliopolis

[141] https://de.wikipedia.org/wiki/Baal-Hammon

[142] https://en.wikipedia.org/wiki/Birmingham_Museum_and_Art_Gallery

[143] https://de.wikipedia.org/wiki/Beelzebub

[144] https://en.wikipedia.org/wiki/Baal

[145] https://de.wikipedia.org/wiki/Allah

[146] https://en.wikipedia.org/wiki/Baal

[147] https://en.wikipedia.org/wiki/Set_(deity)

[148] https://en.wikipedia.org/wiki/Large_Binocular_Telescope

[149] https://www.google.com/search?client=firefox-b-d&q=salt+lake+city

[150] https://en.wikipedia.org/wiki/Thai_solar_calendar

[151] https://t.me/vereinigteWahrheitsbewegung/22033

[152] Aus E. Otto, Mose und das Gesetz, in: ders. (Hrsg.), Mose, S. 53.

[153] https://en.wikipedia.org/wiki/Solomon%27s_Temple

[154] https://de.wikipedia.org/wiki/Adam_(Name)

[155] https://de.wikipedia.org/wiki/Adam_Olearius

[156] https://de.wikipedia.org/wiki/Vilnius#Geschichte

[157] https://de.wikipedia.org/wiki/Joseph_Justus_Scaliger

[158] https://twitter.com/adl/status/472384478464061441

[159] https://de.wikipedia.org/wiki/Hasbara
[160] https://freimaurer-wiki.de/index.php/Tempel_Salomos
[161] https://de.wikipedia.org/wiki/Geschichte_der_Freimaurerei
[162] https://lionsclub-berlin-brandenburgertor.de/ueber-lions/
[163] https://de.wikipedia.org/wiki/Albert_Pike
[164] https://de.wikipedia.org/wiki/Hure_Babylon
[165] https://de.wikipedia.org/wiki/Robert_Koldewey
[166] https://de.wikipedia.org/wiki/IHS
[167] http://www.whale.to/c/isishorusseth.html
[168] https://wikiislam.net/wiki/72_Jungfrauen
[169] https://wikiislam.net/wiki/72_Jungfrauen
[170] https://de.wikipedia.org/wiki/Seth_(%C3%A4gyptische_Mythologie)
[171] https://de.wikipedia.org/wiki/Burney-Relief
[172] https://en.wikipedia.org/wiki/Burney_Relief
[173] https://en.wikipedia.org/wiki/Tower_of_Babel
[174] https://www.youtube.com/watch?v=I0nXG02tpDw
[175] https://www.pro-medienmagazin.de/mit-zehn-bibeln-zum-mond
[176] https://en.wikipedia.org/wiki/Eye_of_Ra
[177] https://en.wikipedia.org/wiki/Eye_of_Ra
[178] https://de.wikipedia.org/wiki/Alt%C3%A4gyptische_Gottheit
[179] https://de.wikipedia.org/wiki/Hermetik#Astrologie,_Magie_und_Heilkunde
[180] https://anthrowiki.at/Ur%C3%A4usschlange_(Symbol)
[181] https://de.wikipedia.org/wiki/Hermetic_Order_of_the_Golden_Dawn
[182] https://de.wikipedia.org/wiki/George_Orwell
[183] https://de.wikipedia.org/wiki/Brandopfer_(Altes_%C3%84gypten)
[184] https://en.wikipedia.org/wiki/Statue_of_Liberty
[185] https://de.wikipedia.org/wiki/Gro%C3%9Fer_Zapfenstreich
[186] https://de.wikipedia.org/wiki/Ewige_Flamme
[187] https://de.wikipedia.org/wiki/Heiliger_Krieg#Zweiter_Weltkrieg
[188] https://www.zeit.de/2019-04/kathedrale-notre-dame-daten-fakten
[189] https://www.spiegel.de/panorama/notre-dame-180-000-bienen-ueberleben-den-brand-in-ihren-stoecken-a-1263722.html
[190] https://de.wikipedia.org/wiki/%C3%84gyptische_Biene
[191] https://de.wikipedia.org/wiki/Biene_%28Wappentier%29
[192] https://masonicvibe.com/blog/the-beehive-and-the-freemasons-apron/
[193] https://en.wikipedia.org/wiki/Fleur-de-lis
[194] https://de.wikipedia.org/wiki/Tempel_von_Esna
[195] https://de.wikipedia.org/wiki/Philae_(Insel)
[196] https://www.leben-in-luxor.de/luxor_lexikon_goetter.html
[197] https://de.wikipedia.org/wiki/Neu-Kairo
[198] https://www.bild.de/news/ausland/news-ausland/auf-luftbildern-zu-sehen-das-bienen-wunder-von-notre-dame-61352200.bild.html
[199] https://www.insider.com/statues-removed-from-notre-dame-cathedral-days-before-fire-2019-4

[200] https://www.gematrix.org/?word=Notre+dame+fire

[201] https://www.gematrix.org/?word=Notre+dame+fire

[202] https://www.reuters.com/video/watch/trump-und-macron-demonstrieren-einigkeit-idOVATUT5Q3

[203] https://www.leopoldina.org/uploads/tx_leopublication/AI_G7_2019_EN.pdf

[204] https://commons.wikimedia.org/wiki/File:%C3%89douard_Baldus_-_Notre_Dame,_Paris_-_1991.35_-_Cleveland_Museum_of_Art.jpg

[205] https://de.wikipedia.org/wiki/Tartaros

[206] https://de.wikipedia.org/wiki/Corona_(Antike)

[207] https://www.tagesspiegel.de/kultur/diese-schatze-haben-den-brand-uberlebt-4058047.html

[208] https://www.rtl.de/cms/mysterioeser-fund-nach-brand-in-notre-dame-20-meter-unter-der-kirche-wurde-ein-sarkophag-geborgen-4954721.html

[209] https://www.gematrix.org/?word=Antoine+de+la+Porte

[210] https://www.gematrix.org/?word=Antoine+de+la+Porte

[211] https://de.wikipedia.org/wiki/Yuval_Noah_Harari

[212] https://www.neuromedizin.de/Neurologie/Meningitis-kann-durch-SARS-CoV-2-ausgeloest-werden.htm

[213] https://www.gematrix.org/?word=Meningitis

[214] https://www.hna.de/welt/katastrophen-weltuntergang-maerz-zr-1727373.html

[215] https://www.wienerzeitung.at/nachrichten/chronik/welt/2095779-11.-Maerz-2020-WHO-ruft-Pandemie-aus.html

[216] https://www.dw.com/de/lungenkrankheit-hat-eigenen-namen-covid-19/a-52344408

[217] https://www.spiegel.de/nachrichtenarchiv/artikel-11.01.2020.html

[218] https://www.wiwo.de/politik/deutschland/corona-wie-verlief-der-erste-lockdown-in-deutschland/26853384.html

[219] https://www.welt.de/politik/ausland/plus234807460/Ukraine-Wie-Europas-haertester-Lockdown-fuer-Ungeimpfte-eine-Stadt-ins-Chaos-stuerzt.html

[220] https://www.ots.at/presseaussendung/OTS_20211103_OTS0103/ukraine-privatisiert-3000-staatsbetriebe

[221] https://www.tagesspiegel.de/politik/ministerprasident-beruft-sicherheitsrat-ein-russische-raketen-angeblich-in-polen-eingeschlagen-8880883.html

[222] https://www.rnd.de/panorama/dornenkrone-wird-an-karfreitag-in-notre-dame-verehrt-62Z27VQ5F3YQK7EVY4DF4KY6KU.html

[223] https://www.sueddeutsche.de/wissen/notre-dame-paris-brand-forschung-1.4955997

[224] https://www.sueddeutsche.de/kultur/mumien-kairo-parade-1.5254888

[225] https://www.merkur.de/welt/notre-dame-paris-frankreich-forscher-graeber-fundamente-sensationsfund-91446355.html

[226] https://planetofhotels.com/guide/de/blog/archaeologen-fanden-zufaellig-mittelalterliche-artefakte-unter-notre-dame-de-paris

[227] https://www.rtl.de/cms/mysterioeser-fund-nach-brand-in-notre-dame-20-meter-unter-der-kirche-wurde-ein-sarkophag-geborgen-4954721.html

[228] https://m.faz.net/aktuell/stil/funde-in-aegypten-isis-und-neftis-mit-goldenen-gesichtern-18076866.amp.html

[229] https://www.spiegel.de/deinspiegel/tutanchamun-ein-pharao-kommt-nicht-zur-ruhe-dein-spiegel-podcast-a-cceadff2-311a-43d8-bcfa-94399c493fe1

[230] https://www.fr.de/kultur/gesellschaft/als-hatschepsut-pharao-wurde-amun-schuetzt-ihren-leib-92060030.html

[231] https://www.scinexx.de/news/archaeologie/aegypten-16-meter-langer-totenbuch-papyrus-entdeckt

[232] https://www.br.de/nachrichten/amp/kultur/sakkara-wahrscheinlich-aelteste-mumie-aegyptens-entdeckt,TURJbEv

[233] https://www.srf.ch/wissen/mensch/geheimnis-der-mumifizierung-einzigartige-mumienwerkstatt-in-aegypten-entdeckt

[234] https://www.eva.mpg.de/documents/Isensee/P%C3%A4%C3%A4bo_Nachweis_Altertum_1984_2110621.pdf

[235] https://www.tagesspiegel.de/wissen/heute-vor-100-jahren-der-fund-und-der-fluch-des-pharao-9352472.html

[236] https://taz.de/Die-pure-Fleischeslust/!725673/

[237] https://de.wikipedia.org/wiki/Saturnalien

[238] https://www.deutschlandfunk.de/die-saturnalien-100.html

[239] https://de.wikipedia.org/wiki/Krummstab

[240] https://de.wikipedia.org/wiki/Flagellum_(%C3%A4gyptische_Mythologie)

[241] https://de.wikipedia.org/wiki/Pritsche_(Symbol)

[242] http://www.ubique.org/Webfans/pfau/pfau.htm

[243] http://www.touregypt.net/de/featurestories/ankh.htm

[244] https://www.freimaurer-wiki.de/index.php/Hunde-Symbolik

[245] https://www.freimaurer-wiki.de/index.php/Mopsgesellschaft_1745

[246] https://freimaurer-wiki.de/index.php/Mopsorden

[247] https://freimaurer-wiki.de/index.php/Adoptionslogen_und_Mopsorden#MA.C3.87ONNERIE_d.27adoption.

[248] https://www.leopoldina.org/mitgliederverzeichnis/mitglieder/member/Member/show/emil-abderhalden/

[249] https://www.sueddeutsche.de/wissen/kapitel-2-das-verbotene-experiment-1.2508659

[250] https://www.spiegel.de/politik/deutschland/armin-laschet-familie-glaubt-an-abstammung-von-karl-dem-grossen-a-e91b3e59-aa7b-4663-88cf-06430abac8e5

[251] https://de.wikipedia.org/wiki/Edda_G%C3%B6ring

[252] https://www.dw.com/de/kinder-der-schande-norwegens-dunkle-geschichte/a-329043-0

[253] https://de.wikipedia.org/wiki/Hallischer_Pietismus

[254] https://www.francke-halle.de/de/ueber-uns/august-hermann-francke

[255] https://de.wikipedia.org/wiki/Elf

[256] https://de.wikipedia.org/wiki/Paragraph_11

[257] https://www.heiligenlexikon.de/BiographienU/Ursula_von_Koeln.htm

[258] https://www.pravda-tv.com/2018/11/illuminati-numerologie-die-okkulte-bedeutung-der-zahl-11-videos/

[259] https://www.welt.de/politik/deutschland/article243459185/Bundeskanzler-Scholz-erinnert-an-historische-deutsche-Verantwortung-fuer-Holocaust.html?wtrid=socialmedia.socialflow....socialflow_twitter

[260] https://de.wikipedia.org/wiki/Aschkenasim

[261] https://de.wikipedia.org/wiki/Aschkenasim#20._Jahrhundert_bis_heute

[262] https://de.wiktionary.org/wiki/aschkenasisch

[263] https://www.derstandard.de/story/901787/schweizer-banken-waren-die-drehscheibe-fuer-finanzoperationen-der-nazis

[264] https://de.paperblog.com/das-system-octogon-die-cdu-wurde-nach-1945-mit-nazi-vermogen-und-cia-hilfe-aufgebaut-349587/

[265] https://www.berliner-zeitung.de/die-geld-geschaefte-des-grossvaters-von-george-w-bush-goldener-notgroschen-fuer-nazi-fuehrer-li.46660

[266] https://www.wiwo.de/unternehmen/banken/dokumentenfund-in-argentinien-credit-suisse-soll-milliardenschwere-nazi-konten-oeffnen/25615760.html

[267] https://www.handelszeitung.ch/news/credit-suisse-soll-33-nazi-milliarden-bunkern-389495

[268] https://www.vol.at/nazi-milliarden-auf-geheimen-konto-der-credit-suisse/7507834

[269] https://www.bild.de/bild-plus/news/ausland/news-ausland/milliarden-schatz-fuehren-diese-papiere-zu-einem-nazi-geheimkonto-80519052.bild.html

[270] https://www.juedische-allgemeine.de/juedische-welt/braune-geldwaesche/

[271] https://www.finews.ch/news/banken/40215-nazis-argentinien-liste-cs-ska-simon-wiesenthal

[272] https://www.finews.ch/news/banken/17486-credit-suisse-klage-terrorismus-finanzierung-iran-irak-mord-extremisten-gary-osen-hsbc-barclays

[273] https://www.admin.ch/gov/de/start/dokumentation/medienmitteilungen.msg-id-81686.html

[274] https://snanews.de/20220221/autokraten-und-kriminelle-enthuellungen-ueber-kunden-der-credit-suisse--zeitungsbericht-5445455.html

[275] https://de.marketscreener.com/kurs/aktie/CREDIT-SUISSE-GROUP-AG-9364979/news/Credit-Suisse-nach-dem-Leck-in-den-Schwarzgelddaten-in-der-Defensive-39528855/

[276] https://www.profil.at/suissesecrets/suisse-secrets-die-dunklen-geheimnisse-der-credit-suisse/401911933

[277] https://www.aargauerzeitung.ch/verschiedenes/die-burgerlichen-helfer-der-ddr-ld.1622387

[278] https://www.focus.de/finanzen/boerse/neue-brisante-mails-schweizer-bank-schickte-wirecard-informationen-ueber-gegner_id_13096381.html

[279] https://www.bild.de/politik/inland/politik-inland/baerbocks-stylistin-macht-sie-fuer-7500-euro-im-monat-schick-fuer-die-weltbuehne-82319818.bild.html

[280] https://www.focus.de/kultur/stars/christian-lindner-annalena-baerbock-co-so-viel-geben-sie-fuer-make-up-aus_id_184016992.html

[281] https://www.focus.de/kultur/stars/christian-lindner-annalena-baerbock-co-so-viel-geben-sie-fuer-make-up-aus_id_184016992.html

[282] https://www.focus.de/kultur/stars/christian-lindner-annalena-baerbock-co-so-viel-geben-sie-fuer-make-up-aus_id_184016992.html

[283] https://www.krone.at/223431

[284] https://www.bernerzeitung.ch/drei-us-praesidenten-haben-wurzeln-in-der-schweiz-695442132289

[285] https://www.swissinfo.ch/ger/politik/barack-obamas-schweizer-wurzeln/15353222

[286] https://echta-derminga.de/?p=3051

[287] https://www.swissinfo.ch/ger/politik/aargauer-auswanderer_krisen-praesident-hoover-hatte-schweizer-wurzeln/29011902

[288] https://de.wikipedia.org/wiki/Sch%C3%A4deldeformation

[289] https://de.wikipedia.org/wiki/Nofretete

[290] https://de.pons.com/%C3%BCbersetzung/latein-deutsch/mens

[291] https://de.wikipedia.org/wiki/Mensch